미국외교정책사

루스벨트에서 레이건까지

제임스 E. 도거티
로버트 L. 팔츠그라프 지음
이수형 옮김

한울
아카데미

AMERICAN FOREIGN POLICY

FDR To Reagan

James E. Dougherty
Robert L. Pfaltzgraff, Jr.

HAPER & ROW, PUBLISHERS, INC.
New York

역자 서문

국제정치에서 미국의 외교가 차지하는 비중은 냉전시대에 있어서와 마찬가지로 탈냉전시대에 있어서도 여전히 크다. 많은 국가들이 자국의 외교정책을 수립하고 시행함에 있어서 미국의 외교정책을 중요한 변수의 하나로 고려하는 것에서 볼 수 있듯이 미국의 외교정책이 여타의 국가에 미치는 영향이란 적지 않다.

양극적 세력균형으로 특징지어졌던 냉전시대의 한국의 외교정책은 구조적으로 미국의 외교정책이란 그늘 밑에서 자주성을 발휘하기 힘들었다. 탈냉전이라는 국제정치체제의 구조적 변화는 전 세계에 걸쳐 국가 간의 동맹관계의 이완을 가져왔으나 예외적으로 한반도에서는 아직도 냉전의 잔재가 남아 자주외교와 다변화외교라는 한국외교의 당면목표의 실현을 지연시키고 있으며 한국의 대북한 핵외교정책에서 보듯이 여전히 미국의 외교정책이 한국의 외교에 미치는 영향은 지대하다. 시대적 상황의 변화에도 불구하고 미국의 외교를 잘 이해한다는 것은 국제정치를 잘 이해하는 것이요 또한 한국의 외교를 잘 이해하는 지름길이다.

이러한 중요성에 비추어 볼 때, 미국의 외교정책을 포괄적이고 체계적으로 다루고 있는 이 책은 국제정치에 대한 기본적인 이해서로서의 역할뿐만 아니라 냉전시대의 미국 외교정책의 전반적인 모습을 다룬 기본적인 교과서로서의 역할을 훌륭히 해낼 것이라고 확신한다.

이 책은 『국제관계의 논쟁이론(Contending Theories of International Relations)』

이라는 국제정치이론서를 저술한 제임스 E. 도거티(James E. Dougherty)와 로버트 L. 팔츠그라프 2세(Robert L. Pfaltzgraff, Jr.)의 American Foreign Policy: FDR To Reagan(New York: Harper & Row, Publishers, 1986)을 완역한 것이다. 일국의 외교정책을 연대기적으로 혹은 두 저자가 시도하고 있는 것처럼 행정부별로 서술함에 있어서 이 책은 전문에서 밝히고 있듯이 어떤 이론적인 틀 속에서 일관성을 유지하면서 설명하기보다는 경직된 틀에서 벗어나 객관적인 사실을 충실히 서술하는 데 중점을 두고 있다. 따라서 이러한 왜곡되지 않은 사실에 기초하여 미국 외교에 있어서의 어떤 지속적으로 반복되는 패턴을 찾아 이를 인과적으로 설명할 수 있는 새로운 이론적인 틀을 개발하는 것은 독자 여러분들의 몫이다.

이 책에서 저자들은 간결한 문체를 사용하지 않아 이를 우리말로 자연스럽게 번역하는 데 많은 애로(隘路)를 겪었다. 간혹 어색한 번역이 있으리라 생각하며 이 점에 대해 독자들의 양해와 질정(叱正)을 구한다. 이 자리를 빌어 그동안 역자에게 많은 도움을 주신 분들께 고마움을 표하고자 한다. 먼저 역자를 학문적으로 이끌어주신 한국외국어대학교 정치외교학과 교수님들께 감사드리고자 한다. 특히 역자를 묵묵히 지켜보면서 학문적·인간적으로 격려해주신 성황용 선생님께 머리 숙여 감사의 마음을 전하고자 한다. 또한 역자가 이 책을 번역함에 있어서 어려움에 처할 때마다 해결책을 제시해준 박재영 선배님과, 많은 충고와 조언을 해 준 김석우, 김성형 박사께 깊은 감사를 드린다. 아울러 국제정치세미나 모임인 한국외국어대학교의 〈세계정치학회〉 회원들에게도 고마움을 표한다. 끝으로 이 책의 출판을 쾌히 승낙해주신 도서출판 한울 사장님과 이 책에 깊은 관심을 가져주었던 오현주 과장님께 감사드린다.

1997년 2월
옮긴이 이수형

저자 서문

이 책은 제2차 세계대전 이후의 미국의 외교정책에 관한 것이다. 많은 대학생들이 외교정책 분야에서 한 과목 이상을 수강하지 않는다는 사실을 고려해 미국 외교의 주요한 전통적인 주제들을 설명하는 서설을 책의 중요한 일부로서 포함시켰다. 비록 이러한 서설이 초기 미국 외교를 다루는 정규과목을 적절히 대체할 수 있다고 생각하지 않지만, 미국 외교에 있어서 지속되거나 반복되는 요인들을 이해하기 위해서는, 이 책이 다룰 지난 반세기의 미국 외교를 좀 더 광범위한 역사적인 맥락 속에서 바라보는 것이 반드시 필요한 것이라고 생각한다.

이 책은 순전히 지역별 혹은 기능별 주제에 기초하지 않고 루스벨트로부터 레이건에 이르는 개개 대통령들의 행정부에 기초하여 구성했다. 이러한 구성은 미국의 헌법상 대통령이 대외정책의 수립에 있어서 중심적인 역할을 한다는 명백한 이유 때문만은 아니다. 비록 대외정책이 수립되는 대내외적 환경은 필연적으로 대통령의 통제 밖에 있지만, 대통령은 외교정책을 방향짓는 정치적·철학적인 접근방법을 만들어낸다. 대통령은 국사(國事)의 우선순위를 정하고 연설, 기자회견, 브리핑과 그 밖의 다른 다양한 의사전달 방법을 통하여 국민들의 이목을 집중시킨다. 특정의 정책을 지지하도록 의회에 압력을 가하고, 부추기고, 또 설득하기도 한다. 대통령은 행정부서와 기관의 장(長), 대사, 중요 군 장교, 보좌관 그리고 정책의 결정과 집행을 도울 행정직원들을 선출한다. 대통령은 민감한 안보문제 특히 위기 시에서의 안보문제에 관한 중대한 결정을 내리는 과정에서 뉴스의 흐름을 최소한 부분적으로 통제한다.

미소 간에 벌어지는 일을 잘 살피는 외에, 대통령 모두는 대서양을 벗어나 전개되는 여타 국가와의 관계에도 상당한 주의를 쏟아왔어야만 했다. 즉 대개의 대통령들은 중동과 아시아·태평양 또한 서반구 지역에서 벌어지는 심각한 도전에 직면해왔다. 억지와 안보독트린, 군축, (국제개발원조, 무역, 관세, 화폐정책을 포함하는) 대외경제정책, 그리고 국제기구에의 참여와 같은 지속적인 기능적 이슈들은 이를 다루어야만 하는 개개 행정부의 독자성을 배태(胚胎)해왔다. 이것은 이 책의 여러 장(章)에서 강조된 주제인 미국외교에 있어서의 지속적인 중요한 여러 요소들의 부재(不在)를 시사하는 것은 아니다. 개개 대통령의 대외정책을 고정된 틀 속에 집어넣으려고 시도하기보다는, 다양한 이슈들, 지역적·기능적 관심사들, 그리고 특정의 프로그램·위기·결정들을 다소 균형있게 다루도록 노력했다. 발생한 일들을 대통령과 그를 보좌하고 정책을 실행하는 사람들이 면했던 대내외적인 환경 속에서 살펴보고자 했다. 따라서 핵시대에 있어서의 국가안보, 대서양동맹(the Atlantic Alliance), 미소 혹은 미중 관계, 군축협상, 중동, 동아시아 혹은 동남아시아에 있어서의 갈등, 마샬 플랜·진보동맹(Alliance for Progress)·유럽공동시장의 경제학, 베를린과 쿠바에 있어서와 같은 위기문제가 개개 행정부 내의 정책결정자의 국가안보 의제에서 차지한 중요성 때문에 광범위하게 다루어졌다.

도거티 박사는 미국무성과 미국해외공보처(USIA)에 의해 지원된 해외 강연을 통해 많은 것을 얻었고, 영국, 벨기에, 덴마크, 노르웨이, 스웨덴, 네덜란드, 서독, 일본, 한국, 그리고 인도네시아에서의 대사관 직원과 대학에서 일하는 학자들, 그리고 연구소와 직접 접촉할 수 있었다. 또한 그는 다양한 조직에서 일하는 동료들과의 활발한 교류로부터도 많은 것을 얻었으며 이에는 런던의 국제전략연구소, 국제학술협회(International Studies Association), 앤 아보와 필라델피아에서 개최된 국제군축심포지엄, 아덴 하우스(Arden House)와 에어라이 하우스(Airlie House)에서의 십여 차례의 평화전략회의가 포함된다. 그는 또한 국립전쟁대학(National War College), 항공대학(Air University), 미주국방대학(Inter-American Defense College), 국무부 외교연구원(Foreign Service Institute of the Department of State)에서의 강의와 토론을 통해서도 많은 것을 얻었다. 도거티 박사는 사물을 바라보는 시각을 형성하는 데 영향을 준 성 조셉 대학의 친구와 동료로서 로렌스 벨(Lawrence J. Bell), 데이빗 버튼(David Burton), 엘윈 체이스(Elwyn F. Chase), 프랭크 게러티(Frank Gerrity) 그리고 앤소니 조우즈(Anthony J. Joes)를 꼽고 있다.

팔츠그라프 교수는 터프츠 대학교의 플레처 법·외교학교(Fletcher School of Law and Diplomacy)의 외교정책분석연구소(the Institute for Foreign Policy Analysis)와 국제안보연구프로그램(the International Security Studies Program)의 후원하에 열린 토론에 참여한 여러 동료들로부터 미국 외교정책에 관한 다양한 통찰력을 받아들였다. 이 연구소의 많은 연구토론회와 연례회의는 광범위한 이론적 그리고 전략적인 맥락에서 중요한 많은 정책 이슈들을 살펴볼 기회를 제공해주었다. 더불어 이 연구소는 갈등이론과 전략을 접목시키는 이슈들을 검토할 수 있는 다양한 기회들을 제공해왔다. 팔츠그라프 박사는 정책과 외교의 실제세계를 살펴봄으로써 국제관계의 이론적 접근법을 실질적으로 검증해 볼 수 있는 교실 안팎으로의 무수한 기회를 플레처 법·외교학교 덕분에 가질 수 있었다. 에드먼드 걸리온(Edmund A. Gullion) 명예학장, 시오도르 엘리오트 2세(Theodor L. Eliot, Jr)와 존 로쉬(John P. Roche) 학장보, 우리 라아난(Uri Ra'anan) 국제안보연구프로그램의 회장(Chairman of the International Security Studies Program)에게 감사를 표하고자 한다.

저자들은 또한 외교정책분석연구소의 부회장인 재클린 데이비스 박사(Dr. Jacquelyn K. Davis)와 동 연구소의 고위 스탭인 찰스 페리 박사(Dr. Charles M. Perry)에게 지적인 용기와 통찰력을 준 것에 대해 감사함을 표하고자 한다. 마크 에딩톤(Mark Eddington), 이정민, 로버트 리스터(Robert Lister), 그리고 타마스웬슨(Tamah Swenson)이 연구조교로 일했고 로버트 허버(Robert C. Herber)가 행정적인 지원을 해주었기에 감사하며, 외교정책분석연구소의 메리 드아모어(Mary D'Amore), 마조리 더간(Marjorie Duggan), 그리고 아네트(Annette)에게 비서로서 출판을 위한 원고준비를 도와준 것에 대해 감사함을 표하고자 한다.

제임스 E. 도거티와 로버트 L. 팔츠그라프

차례

제1장

미국의 외교정책 전통, 1776~1933년의 주요 논제와 긴장

2세기 동안의 정치적 실험을 끝낸 후 미합중국을 구성한 미국인들은 그들이 행하고자 하는 역할과 조국이 세계 정세에서 취하기를 그들이 원하는 방향에 관해서 합의를 이루는 것이 어려웠다. 오래된 유럽 국가들과 비교하여 보았을 때, 미국은 아직도 젊은 국가였다. 미국은 또한 아주 다양한 인종적·언어적 집단, 종교적·철학적 신념, 그리고 다양한 생활방식을 받아들였기 때문에 훨씬 더 이질적이었다. 미국의 역사를 통해서 미국의 외교정책은 활동성(activism)과 수동성(passivity), 활발한 국제주의와 자기만족적인 고립주의, 공격적인 제국주의적 충동과 죄의식을 가진 자기 희생, 그리고 때때로 완고한 오만함과 다른 때에는 비길 데 없는 관대함 사이를 이상하게 왔다갔다 하였다. 다른 민족들이 미국을 이해하는 데 어려움을 겪는 것은 별로 놀라운 일이 아니다.

예측할 수 없는 국민들의 분위기와 여론의 변동에 예민한 미국의 정치 지도자들과 외교정책 결정자들은 이데올로기나 혹은 감정에 의해서 지시된 극단 사이를 흐르는 실용주의적인 현실주의적 정책을 구성함으로써 대부분 국가 이익을 추구해왔다. 그러나 자신들의 국무장관과 보좌관들과 더불어 국제 공동체 내에서 국가의 진로를 설정하는 책임을 맡은 대통령들은 필요는 종종 정치적 선택을 강요한다는 한계를 항상 인식해왔다. 어떠한 시대의 어느 정부도 국민들이 원하는 모든 것을 성취할 수는 없다. 특정 상황에서 행동을 취하거나 취하지 않는 데서 생기는 결과는 항상 조심스럽게 비교·검토되어야 한다. 잠재적 이득은 관련 비용과 위험의 측면에서 평가되어야만 한다.

외교정책을 형성하는 주요 행위자로서 대통령은 종종 의회와 마찰을 일으키고 보좌관들의 권유를 받거나 혹은 억제를 당한다. 미국의 헌법체계에서 보완적인 역할을 하는 행정부와 입법부 모두는 미국 정치체계의 외부 행위자들 – 외국 정부, (유엔, 북대서양조약기구, 유럽경제공동체 그리고 석유수출국기구와 같은) 국제기구와 동맹체, 다국적기업 그리고 (정당, 종교단체, 평화운동, 심지어는 테러리스트 집단과 같은) 비정부적 실체뿐만 아니라 유권자, 정당, 이익단체, 매스 미디어, 교회 그리고 경쟁적인 정부의 각 부처들 – 로부터 끊임없이 갈등적인 압력을 받는다. 동요하고 있는 국제환경 속에서 일관성 있고 확고한 외교정책을 형성하는 것은 단순한 작업이 아니다.

초대 워싱턴(Washington) 행정부 때부터 미국민들은 효율적인 외교정책 형성에 관해서 때때로 분열되었다. 미국의 초기 대통령들이 국가 이익에 관한 자신들의 개념에 기반을 둔 현실적인 정책을 구상·실행하는 것은, 심지어 분노한 대중들이 자신들의 상(像)을 만들어 불태웠을지라도, 특별히 어렵지 않았다. 그러나 19세기 후반부터 미국의 외교수행은 더 이데올로기적이고 감정적인 부담을 안게 되었고 보다 더 복잡한 업무가 되었다. 미국의 지도자들은 교화적인 어조에 몰두하거나 혹은 언제나 공고한 국제적 현실에 잘 맞지 않았던 정치철학의 추상적 원칙들을 설명하고자 하는 유혹을 점증적으로 느끼게 되었다. 종교적·철학적 사상과 가치들이 모든 민족들의 삶을 인도하는 데 중요한 역할을 담당해야만 하고 담당한다는 것은 의문의 여지가 없다. 그러나 건강하고 유익한 이상주의는 경험적 현실과 조화를 이루어야 한다. 미국의 비전이 그들이 바라는 세계에서보다는 현실의 세계로부터 너무 심하게 벗어났을 때 그것은 반생산적이 될 수 있다. 제2차 세계대전 이후 미국 외교정책사는 현실주의와 이상주의, 공약과 능력 그리고 미국 자신의 낭만적인 자아상에서 세계를 재창조하려는 유토피아적 꿈으로서의 정치와 현실적으로 미국이 할 수 있는 것을 알고자 하는 기술로서의 정치 사이에서 감당할 수 있는 균형을 맞추려는, 때로는 성공적이었고 때로는 그렇지 못한, 국민적 노력의 역사였다. 그러나 우리가 제2차 세계대전 이후의 미국 외교정책의 복잡한 문제점들을 탐구하기 전에 그 이전의 미국 외교정책 전통의 주요 논제와 긴장을 재검토하는 것은 교훈적일 것이다.

젊은 공화국 시절의 외교정책

13개 주 식민지의 미국인들은 독립투쟁 초부터 국제적 세력균형체제의 현실들을 인식하였다. 그러한 현실들 중의 하나가 외국으로부터 원조를 받아야 하는 자신들의 필요성이었다. 프랑스의 도움이 없었더라면 미국의 혁명은 성공하지 못했을 것이다. 영국의 주요 경쟁국에게 원조를 요청하기 위해 대륙회의(Continental Congress)는 실라스 딘(Silas Deane), 아더 리(Arthur Lee), 벤자민 프랭클린(Benjamin Franklin) 그리고 존 아담스(John Adams)를 파견하기로 결정하였다. 지략가인 프랭클린은 루이 16세(Louis XVI)가 이전에 참여하고 싶지 않았던 동맹을 얻기 위한 앵글로-아메리칸(Anglo-American)의 화해에 관한 프랑스의 오해를 교묘하게 이용하였다.

미국의 식민주의자들은, 왕정 지배에 대한 반란 전쟁은 성공적으로 수행될 수 있을 뿐만 아니라 그러한 전쟁은 도덕적으로 정당화 될 수 있고 그들의 지도자들이 세상에 "그들의 기치와 …… 소망(devices)이 인간에 대한 새로운 철학을 공표한 모범적인 사자들"로서 표현될 수 있다는 것을 보여주었다.[1] 미국은 민주적 평등과 시민의 개인적 자유의 추구를 공개적으로, 그리고 도덕적으로 언명하였다는 의미에서뿐만 아니라 이러한 공약을 국제체계 내에서 자국 정책의 토대로 삼았다는 의미에 있어서 역사상 최초의 "이데올로기적" 국가였다.

그 기원에 있어 미합중국은 현실주의자와 이상주의자의 사상의 혼합을 반영

1) L. C. B. Seaman, *From Vienna to Versailles*, New York: Harper & Row, 1963, pp.32~33.

하였다. 새로운 국가는 유럽의 세력균형체제에 가입할 수 있었으며 자국의 독립을 성취하기 위해 그것을 이용할 수 있었다. 동시에 새로운 국가는 자국과 그러한 체제를 분리시키고 역사에 새로운 견해를 표명한다고 선언하였다. 이러한 것은 프랑스 정부의 국가 이익에 호소함으로써, 그리고 미국인들을 "자연의 자손들(children of nature)"로 간주한 루소(Rousseau)의 지적 신봉자들의 낭만주의적 합리주의에 호소함으로써 가능하였다.

그러나 연방규약(the Articles of Confederation)하의 허약한 정부 때문에 혁명시의 빛나는 외교가 수포로 돌아갈 위험에 처했다. 젊은 국가의 정부를 강화·통일시키기 위한 강제적인 국내의 정치적·경제적 동기 이외에 미국의 국제적 협상 지위를 지지하기 위한 보수주의 진영의 바람은 연방헌법(federal constitution)하에서 중앙집권적 정부를 발전시키려는 또 다른 강력한 동기였다. 새로운 기본적인 제도가 형성되었을 때 그것은 정치철학, 주(states), 분파 그리고 사회적·경제적 이익들 간의 많은 타협의 산물이었다. 유럽의 오래된 민족국가들에서 일상적으로 행정부가 갖고 있는 대외 업무를 수행할 권한 — 외교사절 임명권, 조약 체결권, 전쟁 선포권, 군대의 모집·지원 권한 그리고 대외 상업 통제권 —이 여기에서는 대통령과 상원 혹은 상·하원으로 분권되었다. 이렇게 행정부와 입법부로 권력을 분립시킴으로써, 헌법은 미국의 외교정책을 지시하는 특권에 관해서 역사적 투쟁을 초래하는 것처럼 보였다.

신생 공화국은 외교정책에 있어서 즉시 실용주의적 접근방법을 채택하였다. 국가의 지도자들은 국민의 감정적인 편견이 군사적으로 위약한 나라의 국가 이익에 해로운 영향을 끼치지 못하도록 하고자 했다. 나폴레옹(Napoléon) 시대에 영국과 프랑스가 전쟁 중일 때 미국의 동정심은 양분되었다. 워싱턴(Washington), 아담스(John Adams) 그리고 해밀턴(Alexander Hamilton)이 이끄는, 뉴 잉글랜드의 대부분과 산업적, 어업적 그리고 금융적 이해관계를 대변하는, 연방주의자들(The Federalists)은 군주제적 제도와 종교적 전통을 지지하는 보수주의자들처럼 영국의 편을 들었다. 제퍼슨(Jefferson)과 페인(Paine)이 이끄는, 농업적 이해관계와 프랑스혁명의 자유주의적 원리를 찬양하는 지식인들을 대변하는, 공화주의자들(The Republicans)은 단호하게 프랑스를 지지하였다. 해밀턴은 미국이 프랑스에 보답할 빚을 졌다고 주장하는 사람들에 반대해서 외교적 현실주의와 중립정책을 위한 상황을 주장하였다. 해밀턴은 우리는 프랑스에게 정말로 감사해야만 하나, 정부는 자국의 정책이 자기 이익에 기반을 두어야 한다고 썼다. 프랑스는 이타주의적으로 행동한 것이 아니라 자국의 이익을 증진시키기 위해서 실용주의적으로 행동하였고 영국 제국이 약화되었을 때 이미 그 대가를 받았다. 이제 막 독립하려고 하는 미국은 실제적으로 프랑스를 도와줄 수 없으며 그저 자신을 크게 다치게 할 수 있을 뿐이다. 해밀턴의 친영주의적 현실주의는 제퍼슨의 친프랑스적 이상주의를 압도하였다. 다양하게 변형된 두 사람의 사상적 주류는 미국 역사를 통해서 지속되었다.

워싱턴은 자신의 고별연설(Farewell Address)에서 신중한 정치적 수완의 필요성을 강조하였다. 그는 미국인들이 모든 국가에 대해서 선의의 신념과 정의를 준수할 것을 촉구하였으며 그리고 "특정 국가들에 대한 영구적이고 뿌리 깊은 반감과 다른 국가들에 대한 열정적인 애착"에 대해서 경고하였다. 그의 가장 유명한 성명은 다음과 같다:

> 우리에게 이해관계가 없거나 아주 먼 관계가 있는 것에 유럽은 일련의 일차적인 이해관계를 가지고 있다. 따라서 유럽은 틀림없이 때때로 논쟁에 관여할 것이다. 그것의 원인들은 필연적으로 우리의 관심사에서 외부적인 것이다. 그러므로 우리 자신들이 유럽 정치의 일상적인 변천이나 혹은 유럽의 우방국이나 적국의 일상적인 동맹과 충돌과의 인위적인 관계에 우리 자신들을 연루시키는 것은 현명치 못하다.

고립주의자들이 자신들의 목적을 위해서 때때로 워싱턴의 성명을 인용했지만, 대부분의 역사가들은 이러한 성명으로 워싱턴이 미국을 고립주의적 방향으로 돌리려고 의도하지 않았다는 데 동의한다[우연히도 그는 "분규를 일으키게 하는 동맹들(entangling alliances)"에 대해서는 경고하지 않았다. 그 문구는 제퍼슨의 표현이었다].

대통령은 때때로 자신의 이상들과 일치하지 않는 행동을 어쩔 수 없이 취할 경우가 있다. 진정 반제국주의자인 제퍼슨은 미국 역사상 무력에 의해서가 아니라 헌법에 관한 그 자신의 "엄격한 해석자로서의 양심의 가책"을 뿌리친 후 루이지애나(Louisiana)를 구매하여, 국토의 규모를 2배로 늘린 가장 커다란 제국주의적 영토 획득을 달성하였다. 그는 군대의 1/3을 해체시키고 해군의 대부분을 예비로 남겨 놓는 반군국주의적 성향을 보여주었으나 후에 트리폴리(Tripoli)의 해적들에 대한 응징 조치를 명령하였다. 그는 세력균형이론을 경멸하였지만 그것이 미국에 유리하게 작용되기를, 즉 나폴레옹이 영국의 해상지배권을 격파하고, 반면 영국과 그 동맹국들이 유럽대륙에서 보나파르트(Bonaparte)의 헤게모니 장악을 저지시키기를 은근히 희망했다. 제퍼슨과 그의 후임자 매디슨(James Madison)은 나폴레옹 전쟁 시 제한적인 경제조치를 적용하여 미국의 중립을 보존하고자 하였다. 그러나 그들의 통상금지정책은 결코 성공적이지 못했다. 이러한 정책들은 시행되기가 어려웠고 때때로 그러한 정책의 강압적인 효과들이 외국에게 타격을 입히는지 아니면 국내에 더 손해가 되는지를 결정하는 것이 어려웠다. 자신들의 경제적 고통이 영국의 불명예스러운 무역정책("orders-in-Council") 때문이라고 확신한 서부와 남부의 농업적 이해관계자들은 전쟁 매파의 파벌을 야기시켰다. 공해상에서 미국 선박의 선원들을 강제적으로 징용하는 영국의 고압적인 관행에 대한 격노와 결부된 이러한 분개는 1812년의 다소 혼란스러운 전쟁을 야기하였다. 그 전쟁은 대의 명분과 동기를 위해 치루어졌고 그러한 것들 중의 일부는 미국의 역사가들이 결코 합의를 이룰 수 없었던 모순적인 것이었다.

먼로 독트린과 대륙 팽창

유럽의 전쟁으로 미국의 국민들은 심히 양분되었다. 평화를 복구시킨 비엔나 회의(The Congress of Vienna)로 미국인들은 유럽의 세력균형정치에서 떨어져 그들의 관심을 내부와 서부로 돌릴 수 있었다. 1823년의 먼로 독트린(Monroe Doctrine)은 미국이 자국의 "명백한 운명(manifest destiny)"에 전념하게 될 마음의 준비를 하는 새로운 분위기를 상징하였다. 1810년 이후로 신세계의 스페인 식민지 대부분이 독립하여 각자의 공화국을 수립해 나갔다(포르투갈의 브라질은 독립 제국이 되었다). 매디슨 대통령 기간 동안 미국은 그들의 대의 명분에 동정적이었으나 적극적으로 그들을 도와주진 않았다. 이제 먼로 대통령의 주요 관심사는 최근에 스페인 왕좌에 복귀한 절대주의자 부르봉(Bourbon) 왕가의 페르디난드 7세(Ferdinand VII)가 이전의 미국의 식민지들에 대해 스페인의 통제권을 재수립하려는 것을 도와주기 위해 다른 유럽 국가들이 개입하는 것에 있었다. 만약 그러한 상황이 발생한다면 영국은 이전의 10년에 걸쳐서 스페인에서 영국 항구로 전환된 무역을 상실할 처지였다. 영국은 공화국 정부들에 대해서는 예민하지 않았으나, 자국의 상업을 보존하기 위해 라틴 아메리카에서의 어떠한 상황 반전도 저지코자 미국과 협력할 용의를 보였다. 빈틈없는 아담스(John Quincy Adams) 국무장관은 미국이 스페인의 야망에 대해서뿐만 아니라 (그 당시 북아메리카의 태평양 연안을 따라 자국의 영향력을 확장하고 있었던) 러시아에 대해서도 일방적으로 미국의 원칙을 천명하는 것이 "영국의 군함에 뒤이어 작은 배로 참가하는 것"보다는 더 위엄이 있다고 먼로 대통령을 설득하였다.

먼로는 서반구 전체에 걸쳐서 유럽의 식민지화는 끝났다고 선언하고 홀로 행동하기로 결심하였다. 1823년 12월 2일 의회에 대한 연두 교서에서 그는 아담스의 원칙을 되풀이하였다.

> 금후 서반구는 …… 어떠한 유럽 국가들에 의해서도 장래의 식민지화를 위한 종속국으로 여겨질 수 없다. …… 그러므로 우리는 서반구의 어떠한 지역에 대해서도 유럽 국가들의 입장에서 그들의 체제를 확장하기 위한 어떠한 시도도 우리의 평화와 안전에 위험스러운 것으로 고려해야만 한다. 이는 미국과 서반구 국가들과의 현존하는 정직함과 우호관계 때문이다.

유럽의 군주들은 건방진 공화국이, 특히 그 공화국이 자국의 포고를 실행할 수 있는 권력을 결하였을 때 일방적으로 식민지화에 관한 국제법을 재정의하는 것은 구세계에 대한 오만한 모욕이라고 생각했다. 그러나 미국인들은 만약 그들이 이를 시험한다면 미국은 영국과 영국 해군의 지원에 의지할 수 있다는 것을 알았다. 먼로 독트린은 현실적으로 법률적 효과가 없었으나 젊은 연방 공화국은 금후 서반구 안보를 자국의 국가 이익의 필연적, 정말로 제1차적인 요소로 간주한다는 것을 유럽인들에게 주지시켰다.

그 당시 스페인령 멕시코의 일부분이었던 텍사스와 서남부 지역에 대한 미국의 주장을 포기하는 대가로 스페인으로부터 플로리다(Florida)를 할양받는 것을 시작으로 19세기 대부분의 미국사는 남부와 서부로의 국경선 확장과 관계가 있었다. 그러나 멕시코는 곧 스페인으로부터 독립하여 텍사스에 대한 통제를 중앙집권화해 나갔다. 자유를 사랑하는 텍사스인들은 멕시코의 지배가 참을 수 없게 억압적이라는 것을 알고 1836년에 독립하여 9년 후 미연방에 가입하였다. 비록 미국이 텍사스에 대해 타당하게 행동했지만 병합은 전쟁을 불러일으켰고 오랫동안 미국-멕시코 관계를 괴롭혔다. 훨씬 이전인 1817년의 러시-바고트 협정(Rush-Bagot Agreement)으로 미국이 캐나다에 대해서 가졌던 모든 계획들이 백지화되었다. 그 협정은 양국 간 국경선에서의 비군사화를 위한 토대를 마련했다. 폴크(James K. Polk) 대통령은 유럽의 국가들에게 미국의 영토팽창을 방해하여 서반구에서 세력균형정치를 행사하지 말라고 경고하였다. 미국은 태평양 북서쪽에 먼로 독트린을 적절히 적용시켰고, 그것은 미국에게 뉴멕시코와 캘리포니아의 할양을 약속하였다. 오늘날 아리조나(Arizona)와 뉴멕시코의 일부인 1853년의 개즈덴 구매(Gadsden Purchase)와 1867년 러시아로부터의 알래스카 구매로 북아메리카 대륙에 대한 미국의 확장은 끝이 났다.

모든 강대국들이 그러했듯이, 대륙적인 미국의 건설은 제국주의적 사업이었다. 그러한 방법에 따라서 합법적·불법적인 점령과 정착이 이루어졌고 국경 침입과 침투가 있었으며, 때때로 반란의 조장과 지원이 뒤따랐다. 문명의 반대자들로 여겨졌던 아메리카 토착 인디언들은 일반적으로 하찮게 취급당했다. 그들은 자신들의 사냥지역과 신성한 장소에서 추방당했다. 군지휘관들과 외교사절들이 자신들의 권한 밖의 행동으로 인디언들을 다룬 수많은 예들이 있었다. 그러한 준공식적 행위는 제국주의적 팽창을 구성한 것이었으나 가장 조잡하고 가혹한 대부분의 행위들은 개인적 차원이나 혹은 미국 정부의 허락을 받지 않은 집단들에 의해서 이루어졌다. 다른 제국주의적 국가들과 비교해 보았을때, 대체적으로 미국의 대륙 팽창은 훨씬 덜 폭력적이었고 보다 더 순진하였다. 원래의 13개 주를 넘어서서 북아메리카 대륙의 거의 모든 부분을 전쟁 없이, 그러나 구매, 협상, 비강제적인 합병 그리고 관련 국민들의 압도적인 다수결에 의한 자발적 동의를 통해서 획득하였다. 더군다나 퍼킨스(Dexter Perkins)가 지적하였듯이, "성장의 과정은 동화시킬 수 없는 중요한 요소들을 포함하는 영토 획득을 야기시키지 않았고" 각 지역은 더 오래된 주들과 완전한 평등을 이루면서 연방에 가입되었다.

남북전쟁(The Civil War)은 전기적(轉機的) 시기였다. 시워드(William Seward) 국무장관은 미국의 성장을 시기하는 유럽 국가들이 신생 경쟁국을 약화시키기 위해서 "분할과 지배(divide and rule)"로 알려진 세력균형 메커니즘을 적용하고자 하는 것을 우려했다. 영국은 연방에서 연합으로의 분리를 선호하여 국제법하에서 남부의 교전국 지위를 즉시 승인하고 자국은 중립을 선포하였다. 남부는 영국이 직물공장을 위해서 남부의 목화를 필요로 한다는 것을 믿고 영국의 지원을 받기 위해 "목화왕 외교(King Cotton diplomacy)"에 의존하였다. 그러나 저가(低價)의 이집트와 인도산 목화가 그러한 희망을 위태롭게 하였다. 더군다나 남부의 귀족정치의 품위 있는 방식에 대한 매력보다도 노예제도 폐지론자의 감정이 더 강했던 영국 국민들의 입장에서 보았을때 링컨(Abraham Lincoln) 대통령의 1863년 노예해방령(Emancipation Proclamation)은 미국의 도덕적 입장을 크게 향상시키는 것이었다. 나폴레옹 황제 3세하의 프랑스도 멕시코에 개입하여 오스트리아 합스부르크(Austrian Habsburg)의 맥시밀리언(Maximilian) 왕자를 새로 탄생한 권좌에 앉히기 위해서 남북전쟁을 이용하고자 하였다. 그러나 일단 전쟁이 끝나자, 미국 정부는 전투 경험이 있는 상당한 군사력을 보유하게 되었다. 먼로 독트린에 대한 프랑스의 도전은 빠르게 붕괴되었고 불운한 맥시밀리언 왕자는 총살대에 넘겨졌다.

남북전쟁 후 미국인들이 국가의 부상을 치유하고 서부에 정착하고 대륙횡단 철도의 건설과 상업을 증진시키는 데 전념하였으므로 대다수 미국인들은 외교정책에 대해서 별로 신경을 쓰지 않았다. 아마도 미국의 고립주의자 전통의 한 특징은 국무장관직에 외교적 경험이 있는 인물들을 기대하지 않았고 남북전쟁 이후 세기말엽의 존 헤이(John Hay) 이전까지의 국무장관 중 어느 누구도 외교적 경험이 없다는 사실이었다. 영국-베네수엘라의 국경선 분쟁동안, 클리브랜드(Grover Cleveland) 대통령의 국무장관인 올니(Richard Olney)는 미국이 유럽의 강대국들과 서반구 국가 간에 일어나는 어떠한 분쟁에 대해서도 중재를 강행할 수 있다는 것을 암시하였다. 이로 인해서 영국의 뛰어난 외교관인 샐리스버리(Lord Salisbury) 경은 먼로 독트린의 정확한 의미에 대해서 올니에게 강의하였다. 결국 영국은 빌헬름(Kaiser Wilhelm)을 지지하고 있었던 남아프리카의 보어인(Boers)들과의 분규 때문에 베네수엘라와 원만한 해결을 보았다. 클리브랜드 대통령은 결코 제국주의자가 아니었지만 베네수엘라에 대한 그의 강경자세는 무의식중에 미국인들에게 제국주의적 열정을 불러일으켰다.

제국주의에 관한 대논쟁

많은 미국인들이 19세기 후반기에 제국주의적 혹은 팽창주의자의 열망을 품었었으나, 그러한 충동들은 억제되어 왔었다. 그러한 충동들은 영토적 확장보다는 정치적 자유와 인권을 위해 투쟁하는 민족들을 지지하고자 하는 바람의 문제였다. 초기에 칼훈(John C. Calhoun)은 미국민들에게 시민적·종교적 자유를 전 세계로 보급하는 것이 미국의 임무라고 생각하지 않도록 주의를 주었다. 그는 우리의 자유는 모든 민족에 대해서 중용과 정의의 과정을 채택하여 자유를 사랑하는 국민들이 처신하는 방법의 모델로 기능함으로써 가장 잘 보존될 수 있다고 말했다. 쿠바에서의 갈등은 테러주의자의 흉폭성과 스페인의 잔인한 반게릴라 활동 전략을 야기시켰다. 랜돌프 허스트(William Randolph Hearst)와 퓰리처(Joseph Pulitzer) 소유의 신문들은 제국주의자와 인도주의자의 감정을 점화시켰다. 미국의 전함 메인(Maine) 호가 하바나 항구에서 폭파된 후(비난이 결코 확실할 수 없었던 사건), "선정적 신문(the yellow press)" 과 주전론자들로 인해서 전쟁은 불가피하였다. 당시 주영 미국 대사인 존 헤이가 그렇게 불렀듯이, "영광스러운 작은 전쟁"은 불과 3개월밖에 지속되지 않았다. 스페인 군대는 쿠바, 푸에르토리코(Puerto Rico) 그리고 필리핀에서 결정적으로 패배했다. 푸에르토리코는 괌(Guam)과 더불어 미국에 할양되었고 쿠바에 대한 스페인의 주권은 끝이 났다. 전쟁 전날 의회는 미국은 쿠바에 대한 주권, 관할권 혹은 통제권 행사에 대한 어떠한 의도도 거부한다는 입장을 만장일치로 채택하고 평화조약을 체결한 후 그 섬의 국민들에게 통치를 위임하기로 결정했다. 필리핀 문제에 관해서는 한 마디 언급도 없었다. 정말로 세기의 전환기에 접어들면서 대논쟁을 야기시킬 쟁점에 대해서는 이전에 어떠한 고려도 없었다. 미국의 승리로 필리핀 독립공화국이 탄생할 것이라는 일부의 기대가 있었다. 그러나 사업적 이해관계자들, 미 해군 그리고 미국의 프로테스탄트 교회는 제국주의적 정책을 옹호하는 정치 지도자들과 마찬가지로 그 섬에 대하여 딴 생각을 품고 있었다.

미국 역사에 대한 경제적 해석가들이 자신들의 지위를 획득한 것은 바로 세기말의 제국주의를 다루는 데 있었다. 1890년대 이전에 국내 시장의 꾸준한 확장에 대한 요구를 만족시키는 데 전념해 있던 미국의 사업계는 수출무역에 대해서는 19세기 초반 때보다도 상대적으로 더 냉담했었다. 그러나 남북전쟁 이후 30년 동안 산업과 철도가 현저하게 성장하였고, 국민총생산은 4배, 제조품목은 5배로 성장하였다. (최근의 공황의 원인으로 여겨졌던) 소비에 대한 생산의 잉여는 예기치 못한 상황을 야기하여 비록 필연적으로 식민지 영토를 위한 것은 아니지만 의식적인 해외시장의 추구가 이루어졌다.

1914년까지 미국은 완전히 자본 수입국이었다는 단순한 이유 때문에 마르크시스트 사상과 자본주의 최고의 단계로서의 제국주의에 대한 홉슨-레닌(Hobson-Lenin)의 설명에 영향을 받아왔던 근대의 역사가들은 잉여자본을 투자하기 위한 해외 지역의 추구에 관한 저소비(underconsumption) - 과저축(oversaving) 가설을 1890년대의 미국 상황에 적용할 수 없었다. 따라서 그들은, 그러한 추구는 특히 라틴 아메리카와 극동에서 상품을 위한 해외시장을 위한 것이었다고 주장하였다.

그러나 심지어 세기말의 미 제국주의의 "웅대한 시기"에 있어서조차도 미국 외교정책의 경제적 설명을 너무 많이 강조하는 것은 옳지 않다. 1890년대 미국의 수출은 평균적으로 국민총생산의 불과 7%밖에 되지 않았다. 그리고 그러한 수출의 80% 이상이 캐나다와 유럽으로 나갔고 불과 13% 내지 14% 정도만이 제국주의적 영토 획득 지역인 아시아와 라틴 아메리카로 수출되었다. 일반적으로 무역을 위한 안정되고 예측 가능한 국제환경을 선호하는 사업계와 산업계는 전쟁에 반대하였다. 그러나 일단 전쟁이 발발하고 필리핀이 가능한 전리품이 된다면, 사업계는 재빠르게 그리고 실수로 그것들을 잠재적인 큰 이익 — 자신들의 권한하에 있는 시장이자 모든 유럽 국가들이 중국에서 경제적 이익의 영역을 만들고 있을 때 단숨에 아시아 본토로 이르는 상업적 길 — 으로 인식하였다. 마한(Alfred Thayer Mahan) 대령의 저작물들로부터 크게 영향을 받은 미 해군은 태평양의 전초 지점으로서 해군의 전략적 가치를 위해 필리핀을 얻으려고 애썼다. 범선에서 증기선으로의 변화는 석탄 공급항의 필요성을 야기시켰다. 많은 사람들은 만약 미국이 그 섬을 차지하지 않는다면 그 밖의 다른 국가 — 아마도 독일이나 일본 — 가 차지할 것이라고 주장하였다. 미국 외교사에 있어서 가장 유명한 이론적 근거의 성명 중 하나에서, 맥킨리(William McKinley) 대통령은 신의 가르침을 위해 기도를 한 후 미국은 필리핀을 스페인에게 다시 되돌려 줄 수 없고, 동양에서 우리의 상업적 경쟁국들에게 넘겨줄 수도 없으며 (그들은 자치에 적합치 못함으로) 필리핀인들이 만든 제도에 위임할 수도 없기 때문에, 필리핀을 병합하기로 결정한 사정을 이야기했다. 그래서 그는 모든 섬을 점령하고 필리핀의 주민들을 교육, 고양, 개화 그리고 기독교화시키는 것 이외에는 할 일이 아무것도 없다고 말했다[19세기 초 스페인의 선교사들이 필리핀 사람들을 아시아에서 유일하게 기독교인들(Filipinos)로 개화시켰다는 사실에도 불구하고 이러한 상황은 현저하게 지속되었다].

대통령의 결정은 상원의 동의를 필요로 하였기 때문에 반제국주의자와 제국주의자 간의 대논쟁이 뒤따랐다. 반제국주의자 진영은 양당 출신의 자유주의적 정치인들과 대학의 지식인들, 언론인들, 문인들 그리고 산업계와 노동계의 지도자들로 구성되었다. 반제국주의자들은 지리적으로 멀고 인종적·문화적으로 이질적인 민족을 그들의 동의 없이 미국의 깃발아래 두고, 또한 미국이 초기에 지지하였던 게릴라 폭동 — 아기날도(Aguinaldo)의 폭동 — 을 진압하기 위해 싸울 생각을 하니 소름이 끼쳤다.

이러한 합병 반대자들은 그것을 비헌법적이고 자유주의 원칙에 위배되며 그리고 식민지 압제자인 스페인의 행동과 마찬가지로 무책임한 행동이라고 하였다. 그들의 입장에서는 그러한 제국주의적 정책은 필시 우리 자신의 공화국 제도를 타락시키고 극동에서 미국을 유럽의 식민지열강들과 연루시키게 만들고 일부 소수의 사업계에만 혜택을 주는 반면에, 모든 국민들에게 부담이 되는 중가된 방위비 지출을 초래한다는 것이었다. 반식민주의자들은 지성과 웅변력을 갖추었으나 지도력과 조직력을 결하였다. 그들은 당시 전국을 휩쓰는 팽창주의자 감정의 물결을 저지하기에는 수적으로 역부족이었다.

비버리즈(Albert J. Beveridge)와 로지(Henry Cabot Lodge) 상원의원, 그리고 당시 해군성 차관보였던 루스벨트(Theodore Roosevelt) — 이들 모두는 마한의 문하생 — 가 이끄는 제국주의자 운동은 해외 상업을 수행할 수 있는 능력은 국력의 징표(hallmarks)의 하나이며, 상업은 효과적인 해군의 지원을 받은 상선을 필요로 하고, 역사상 위대한 해양 제국들 모두는 주로 강력한 해군과 기지망을 제공할 수 있는 해외 식민지를 소유하였기 때문에 그들의 지위를 성취할 수 있었고, 그리고 1890년대의 미국은 해군력의 기본적인 요건에 있어서 놀랄 만하게 부족하다고 믿었다. 만약 미국이 국가적 위대성을 이룩하여 문명화의 그러한 기본적인 공동이익, 즉 국제사회에서 법과 정의의 증진에 최대한의 공헌을 하고자 한다면 미국민들은 고립주의를 단념하고 밖을 향해 처다보고, 그리고 해군력의 토대를 마련하기 위해서 필요한 모든 조치들을 취해야만 한다.

제국주의자들 대부분은 사회진화론자들(Social Darwinians)이었다. 그들은 생물학적 진화, 자연도태 그리고 "적자생존(survival of the fittest)"에 관한 다윈(Charles Darwin)의 새로운 가설들이 사회관계와 세계정치에 있어서 경쟁과 갈등의 이해를 위한 함축성으로 가득 차 있다고 믿었다. 앵글로-색슨 민족은 민주주의적 제도들, 과학적·산업적 기술, 인간의 자유 그리고 시민의 권리 등을 최고로 발전시켜 자신들의 우월적 적합성을 증명하였으므로 모든 곳의 야만주의를 억누르고 전 세계의 문명화 수준을 증진시킬 천부적 사명감을 가지고 있다고 확신하였다.

연속적으로 루스벨트(Theodore Roosevelt) 대통령은 세계 문명화의 혜택을 위해 계획되었고 비열한 보고타(Bogota) 정권의 협박적인 탐욕으로 방해를 받고 있기 때문에 파나마 운하 프로젝트를 추진해야 한다는 이유로 콜롬비아에서 새롭게 떨어져 나온 독립적인 파나마를 인정하는 자신의 결정을 정당화하였다. 사실 제국주의자들은 단순히 미국의 경제적 이점을 추구하는 데에는 별 관심이 없었다. 그들의 실제적인 관심은 권력, 위신, 앵글로-색슨 민족의 우월성, 그리고 세계를 문명화하는 고상한 업무에 있었다.

스페인과의 전쟁으로 미국은 고립주의와 국내 문제의 전념에서 탈피하였다. 수년 내에 미국은 제국주의적 열광의 흥분 속에서 자국의 반식민주의 전통을 포기하는 것 같았다. 명백한 운명이라는 전통 때문에 반식민주의적 전통을 압도할 수 있었던 요소들은 정치적, 경제적, 종교적, 전략적으로 다양하였다. 미국인들은 권력, 위신, 상업, 해군, 해외기지, 유럽 제국주의 열강들과의 대등함, 그리고 지구적, 개화적 임무감 등을 원했다. 금세기 미국에서 가장 영향력 있는 평론가인 월터 리프만(Walter Lippmann)은, 제2차 세계대전 동안에 쓴 저서에서, 왜냐하면 그로 인해 확대된 미국 군사력의 공약을 수반하였기 때문에, 필리핀의 획득은 대실수였다고 선언하였다. 그리고 리프만은 권력에 비례하여 공약을 유지하는 것 이외에는 어떠한 것도 합리적인 외교정책이 될 수 없다고 보았다.[2)]

세기의 전환기에 있어서 그러한 논쟁은 일부 미국인들이 상대적으로 다른 강력한 국가들의 국민들 못지 않게 제국주의의 충동적 경향이 있다는 것을 보여주었다. 또한 그것은 미국은 자국의 역할에 대해서 부담감과 심지어는 죄책감을 느끼고 점령권에 의해서 다른 민족들을 통제하는 정치적 부도덕성에 관해서 대규모의 국민적 비판의 충격을 경험한 역사상 최초의 제국주의 국가라는 것을 입증하였다. 반세기 후 미국 사상에 뿌리 깊은 반식민주의적 전통이 의기양양하게 다시 되살아났다.

문호개방정책

카리브 해 지역에서 자국의 지배력을 수립하고 극동에서 전략적 거점을 획득한 후 미국은 강대국의 역할을 맡기 시작해야만 하였다. 이 당시 유럽의 제국주의 열강들은 세력균형의 활동분야를 낯설은 아시아 지역으로 이전시키기 시작했다. 그 곳에서는 어느 국가도 그 규칙을 확실히 알지 못했다. 러시아와 일본

---

2) Walter Lippmann, *U.S. Foreign Policy: Shield of the Republic*, Boston: Little, Brown, 1943, p.7, 26.

은 그 곳에서 그들이 다른 곳에서 누리지 못하는 어떠한 자연적 이점을 누렸다.

무너져 가는 중국의 만주 왕조(Manchu Dynasty)가 자국이 서유럽 국가들의 경제적 이익과 정치적 통제권을 위한 각축 대상임을 알았을 때, 미국은 자국의 산업을 위해서 중국 시장의 공정한 몫을 확보하고자 하였다. 중국시장은 서구 자본주의 국가들이 거의 100년 동안 헛된 꿈을 가졌고, 그 당시에 아마도 중국 대외무역의 불과 3%에 해당되었던 "제한 없는 시장"이었다. 이러한 상황은 모든 국가들에게 동등한 상업적 기회를 보장하는 것을 의미하는 미국의 "문호개방(Open Door)"정책을 야기시켰다. 중국의 대외무역의 상당 부분의 통제자이며 독일, 러시아, 일본 그리고 프랑스에 의해서 종속적 상태로 되고 있는 중국의 구획화(compartmentalization)를 반대해 온 영국은 존 헤이가 제기함에 따라 적어도 처음에는 "문호개방"사상을 지지하였다.

국무장관 헤이는 싹트고 있는 앵글로-아메리칸의 우정을 성숙시키기를 원했다. 그러나 그는 고립주의의 잔재와 투쟁을 해야만 하였다. 대부분의 미국인들은 아직도 강한 해군과 제국주의적 모험에 부속되는 권력과 위신에 대한 좋은 감정을 원했다. 그러나 그들은 하물며 세계의 강대국으로서 자신들의 새로운 지위에 수반되는 전범위의 책임감을 맡는 것은 고사하고 고립주의를 단념하고 싶지 않았다. 헤이는 상업적 동등성에 대한 약속뿐만 아니라 이익권도 폐지하고 싶지 않았다. 결국, 영국조차도 자국의 방책을 강구하면서 다른 국가들과의 유사한 승인을 조건으로 하는 보장만을 하고자 했다. 대부분의 다른 국가들은 분명치 않고 모호한 답변으로 응하였다.

기독교 선교사들의 죽음과 북경 주재 외국 공사관에 대한 공격을 수반한, 서구에 "의화단사건(Boxer Rebellion)"으로 알려진 일부의 민족주의적 광란이 중국에서 발생한 후 미국은 2만 명으로 구성된 국제적 원정구조군에 2,500명을 지원하였다. 헤이는 동등한 무역 원칙을 반복하는 통첩을 열강들에게 유포시키고 그것이 중국의 영토적·행정적 보전뿐만 아니라 중국의 정치적 독립을 지지하는 미국의 정책임을 선언하였다. 그러나 미국은 문호개방정책을 시행하기 위한 어떠한 군사적 행동도 취할 준비를 하지 않았다. 극동에서 활동 중인 세력들을 이해하지 못한 미국민들은 그러한 권력투쟁의 결과를 그들 자신들의 미덕으로 생각하는 경향이 있었다. 먼로 독트린의 경우처럼, 문호개방원칙을 거의 확고하게 믿고 있는 그들은 단순히 새로운 대외공약과 모순되는 과거의 도덕주의적 이상을 재천명함으로써 자신들의 외교정책 전통이 유지될 수 있다고 생각하는 것 같았다.

루스벨트는 외교적 수단으로 문호개방정책을 계속 지지하였다. 그러나 미국은 무력 사용이 필요하게 될지도 모르는 아시아 정치에 활동적인 관여를 약속하지는 않았다. 1904~1905년의 러·일 전쟁에서 자신의 도덕주의적 선언이 암시하는 것보다 세력균형이 더 낫다고 이해한 루스벨트는 러시아가 극동에서 일본 세력의 성장에 대한 평형추의 지위를 보유하는 결과를 선호하였다. 그는 조정자 역할을 하면서 두 교전국을 뉴 햄프셔(New Hampshire)의 포츠마우스(Portsmouth)로 불러들여 1905년 9월 5일 강화조약을 체결시켰다. 비록 강화조약 조건이 일본측에 유리했지만 일본 국민들은 포츠마우스 조약에 만족하지 않았다. 그 기간 이후로 대통령이 극동에서의 가공할 만한 새로운 국가로서 일본의 출현에 대한 현실주의적이고 우호적인 조정을 하려고 노력하였음에도 불구하고, 미·일 관계는 악화되기 시작하였다. 양국은 필리핀, 조선, 만주, 태평양에서 그들 각자의 영토 보유, 그리고 중국의 독립과 보전, 그 제국 내의 문호개방원칙에 대해서 다소 깨지기 쉬운 협정을 보았으나, 일본은 캘리포니아의 자국민들에 대한 인종적 편견과 차별로 심히 감정이 상했다. 이민에 관한 "신사협정(gentlemen's agreement)"을 체결코자 한 루스벨트의 노력에도 불구하고, 일본·미국 간의 상호 불신의 구름은 전적으로 해소될 수 없었다.

루스벨트의 직접적인 계승자들은 아시아 상황에 대한 그의 감정을 결하였다. 태프트(William Howard Taft)와 국무장관 녹스(Philander C. Knox)는 법인 변호사들이었다. 그들은 주로 외교정책에 대한 법률주의적 접근방법과 재정적 수단에 의존하였다. 그들은 해외에서 미국의 시장과 투자를 증진시키고 동시에 국가의 외교정책 목적들을 이루기 위해 정부와 기업이 함께 일하고 상호 이익을 위해 협력해야만 한다고 믿었다. "달러로 총탄을 대신하는 것" — 태프트 자신의 표현 — 은 "달러 외교(dollar diplomacy)"로 알려지게 된 것의 본질이었다. 태프트와 녹스는 아시아 철도의 재정과 관리를 위해 다소 비현실적인 제안을 하였으나 오직 독일의 지지만을 받았다. 명백히 유럽과 아시아 간의 점진적 관계는 고사하고 어느 누구도 유럽이나 아시아에서의 세력 균형을 이해하지 못하였다. 러시아와 일본은 미국의 계획에 강력히 반대하였다. 영국은 일본과 동맹을 맺었고 1907년에 이미 페르시아에 관해서 러시아와 협정을 체결하였다. 러시아와 프랑스는 독일과 오스트리아에 대한 대항동맹을 결성하였다. 영국이나 프랑스 어느 국가도 태프트와 녹스를 만족시키기 위해 동쪽의 자신의 상대국을 공격하려고 하지 않았다. 태프트가 대통령이 되기 이전에, 많은 중국인들은 미국을 열강들 중에서 자신들의 나라에 이해관계가 없는 유일한 우방국으로 여겼었다. 이제는 미국이 국제적 사업관계를 증진시키기 위해 마치 약탈국에 합류하고자 하는 것처럼 보였다. 워싱턴의 정책은 그 상황을 악화시켜 외국의 경제적 착취에 대한 중국의 민족주의 감정을 불러일으켰고, 만주 왕조를 무너뜨린 1912년의 손문(Sun Yat-sen) 혁명을 초래한 의도하지 않은 결과를 낳았다.

대통령이 된 지 2주 내에 윌슨(Woodrow Wilson)은 전임자의 달러 외교를 비난하였다. 뿐만 아니라 미국은 사실상 법률상의 중국 정부로서의 중국 공화주의자들의 인정을 승인한 최초의 국가가 됨으로서 중국에 이해관계가 없는 우방으로서 그리고 문호개방의 수호자로서의 자국의 역할에 복귀하였다. 제1차 세계대전이 발발하여 일본이 산뚱 반도(Shantung Peninsula)에 있는 독일을 침공하였을 때 미국에 대한 중국의 의존도는 현저히 증가하였다.

세기 전환기의 미국과 라틴 아메리카

19세기에는 미국과 라틴 아메리카 간의 정치적 상호작용이 별로 없었다. 대부분의 라틴 아메리카 정부는 먼로 독트린을 미국의 이익과 마찬가지로 그들 자신들의 이익으로 간주하였다. "양키 제국주의(Yanqui imperialism)"는 세기의 전환기 때까지는 서반구 내의 관계에서 불명예의 용어가 되지 않았다.

미국민들에게 있어서 카리브 해 연안에 대한 미국의 이해관계는 아시아에서의 이해관계보다 더 중요하였다. 특히 대양 간 운하건설은 미국 정책의 일차적인 목표가 되었다. 스페인과의 전쟁 후 쿠바의 지위를 고정시키는 데 있어서 주요한 고려대상은 그 운하에 대한 접근방법을 확보하는 것이었다. 유럽의 관찰자들은 미국의 팽창주의자들이 분명히 그 섬을 합병하리라고 완전히 기대하였다. 그러나 자유주의적 반제국주의자들은 그러한 입장에 반대하였다. 1901년의 플래트 부가조항(The Platt Amendment)으로 쿠바는 모든 실질적인 목적을 위해 미국의 보호국이 되었다.

미국과 영국은 반세기 동안 운하건설에 협력할 것을 약속하였다. 그리고 어떠한 국가도 그 운하를 독점적으로 통제하거나 요새화 할 수 없었다. 1901년 미국과의 관계 발전에 열중인 영국은 헤이-폰세훼트 조약(Hay-Pauncefote Treaty)에서 양보하여 결국 미국이 그 제안된 운하를 통제·요새화할 수 있다고 합의하였다. 미국의 모든 외교사학자들은 운하의 위치와 건설에 관한 논쟁에 대해서 알고 있다. 미국에서 이해당사자들의 묵인과 공식적으로 "불간여"적인 미국 정부의 지지를 확신한 파나마인들은 콜롬비아로부터 독립하는 뮤지컬-코메디 같은 혁명을 수행하였다. 루스벨트는 지체 없이 파나마를 독립국가로 승인하였다. 그는 대통령 선거해에 파나마와 우호적인 운하 조약을 최종적으로 끝맺었다. 결코 그 자신 스스로가 하지 않았기 때문에 루스벨트의 파나마 운하 조약에 관한 정치적·법률적 정확성을 밝히고자 하는 것은 아무 의미가 없다. 그는 그러한 문명화를 위한 새로운 고속도로를 건설하기 위해 집단적인 문명화의 명령에 호소함으로써 자신의 행동을 옹호하였다. 역사는 위대한 공학적 성취를 통할하지 않았기 때문이라기보다는 그러한 일들을 수행한 정치적 방법 때문에 그를 비난하였다.

20세기 초 북·남 아메리카 관계는 다소 강압적인 미국의 몇 가지 행동들로 특징지어졌다. 다른 경우였다면 카리브 해 연안 정부들의 고질적인 불법 행위와 재정적 무책임에 대한 대응으로 정당하게 착수될 수도 있었던 유럽의 개입을 배제하기 위해 루스벨트는 미국의 "국제적 경찰국가" 행사권을 천명하였다. 먼로 독트린에 대한 이러한 루스벨트의 추론(Roosevelt Corollary)하에서 그와 그의 두 계승자인 태프트와 윌슨은 도미니카, 하이티, 니카라과, 그리고 멕시코 공화국에 몇 번의 정치적·군사적 개입을 시도하여 관세 수금의 양도, 외국 투자의 보호, 강도 추방, 미국에 대한 모욕과 미국 시민들에 대한 테러리스트들의 공격을 처벌, 계엄령 선포, 그리고 자유선거에 의한 헌법적 시험을 충족시킬 수 없는 정부에 대한 승인을 철회하였다. 경제적·전략적 자기 이익, 인도주의, 그리고 미개 지역의 혼란으로부터 질서를 바로 잡는 데 필요한 비전과 권력을 자국만이 소유하고 있다고 확신한 일국가의 도덕적 이상주의와 같은 혼합적 동기에서 비롯된 이러한 행동들은 미국의 자유주의적 반제국주의자들로부터 그리고 라틴 아메리카의 민족주의자들로부터 비난을 받았다.

미국의 제1차 세계대전 참전

침략적인 이웃 국가들의 위협으로부터 지리적으로 격리된 미국인들은 국제정치에 대해서 유럽인들보다 더 오랫동안 이상주의적 경향을 가졌다. 이상주의적 이론들이 주로 유럽인들의 르네상스와 영구적 평화를 보장하는 세계기구의 청사진을 제의한 계몽주의 철학자들의 산물이라는 것은 사실이다. 그러나 미국의 정치인들은 자신들의 유럽의 상대자들보다도 더 진지하게 이상주의적 비전을 받아들인 것 같았다. 대서양의 양 진영에서 지적 엘리트들과 여러 부류의 일반대중들 중에서 국제법의 고안, 중재, 이성적인 타협외교 등을 통해서 전쟁을 피할 수 있다는 정부들의 능력에 대한 신념이 꾸준하게 성장해왔다. 발전하고 있는 국제적 운송, 무역, 그리고 커뮤니케이션 수단들 – 기차, 증기선, 그리고 전신 – 로 인하여 문명화된 국가들의 유력 인사들이 대규모적 전투와 파괴적인 군사 기술을 이용하는 근대 전쟁은 경제적으로 수지가 맞지 않고 정치적으로 생각할 수 없게끔 하는 산업국가들 간의 화해와 상호의존의 시대가 열리고 있다는 희망이 높았다.

외교관들, 변호사들, 중재자들, 그리고 군축회의 그 어떠한 것도 제1차 세계대전의 비극을 피할 수 없었다. 그 전쟁의 대부분의 원인들은 지리적으로 멀리 떨어져 있는 미국인들과는 거의 관계가 없었다. 결국 미국인들은 동맹체들에 대해서 항상 의심을 해왔다. 미국인들은 자국의 해상 상업을 보호하고 해안을 방어하기 위해 거대한 해군을 믿었던 반면 군비 확장, 지상군, 그리고 징병을 혐오하였다. 미국인들은 분쟁의 해결수단으로서 중재를 언제나 우호적으로 생각하였다. 처음에 일부 고립주의자들의 감홍에는, 유럽에서의 전쟁은 우리의 중대한 국가 이익을 손상시키지 않고 따라서 중립은 추구해야 할 최고의 노선이라는 감정이 광범위하게 존재하였다. 윌슨 대통령은 미국인들이 생각과 행동에 있어서 공평할 것을 촉구하였다. 그는 평화로운 상태로 남아 도덕적 원칙의 중재력을 발휘하는 것이 국가의 임무라고 말했다. 그러나 중립을 지키는 것은 쉽지 않았다. 수년 동안 미국과 영국과의 관계는 점점 더 좋아진 반면, 독일과의 관계는 악화되고 있었다.

시초부터 전쟁은 미국과 미국의 경제에 영향을 끼쳤다. 윌슨은 교전국들에게 미국 상품을 판매하는 것이 중립정책과 모순되지 않는다고 결정하였다. 전쟁발발 후 증가일로에 있던 미국과 유럽과의 무역은 현저하게 줄어들었다. 그러나 몇 달 이내에 영국과 프랑스에 대한 수출은 급속히 증가한 반면 영국이 바다를 통제하고 동맹제국(Central Powers)의 봉쇄를 강화할 수 있다는 단순한 이유로 미국은 독일에 대한 소량의 판매에도 반대하였다. 독일은 한쪽으로 기운 미국의 무역형태는 비록 국제법을 위반했다고 엄격하게 주장하진 않았지만 사실상 미국의 중립정책 선언과 상반된다고 주장하였다. 미국은 기뢰와 잠수함과 같은 중요한 기술적·공학적 발전을 고려하지 않았기 때문에 20세기에는 어울리지 않는 19세기에나 타당한 개념을 토대로 중립권을 천명하고자 하였다. 이러한 노력은 실패로 끝났다. 1917년 초 독일은 적국 해상에 있는 모든 선박에 대한 무제한의 전쟁정책을 발표하였다. 이러한 정책으로 인해 미국이 연합군측에 가담하게 된다 할지라도 명백히 독일은 미국의 엄청난 자원이 대서양의 맞은편으로 동원, 운송, 그리고 작동되기 전에 영국과 프랑스를 패배시킬 수 있다고 가정하였다.

윌슨은 오랫동안 그 분쟁을 중재하고자 하였다. 그러나 고상한 도덕적 원칙을 지닌 공평한 지도자는 중재자의 일반적인 운명 — 반대자의 게임을 하는 각 진영의 의심을 받는 것 — 을 겪고 괴로워했다. 윌슨은 "승리 없는 평화"를 언급했으나 연합국과 동맹제국은 군사적 승리에 뒤따르는 가장 유리한 조건으로만 해결을 협상하고자 하였다. 연합국측에 가담하겠다는 미국의 위협에도 불구하고,

독일 정부는 무제한적인 잠수함 공격을 시작하였다. 그럼에도 불구하고 윌슨은 미국의 상선을 무장시켜야 한다고 주장했다. 1917년 4월 초 윌슨이 어쩔 수 없이, 그러나 고매한 웅변으로 전쟁 선포를 요청하였을 때, 의회는 압도적으로 이를 찬성하였고 윌슨에게 자신의 가장 슬픈 승리를 안겨주었다.

역사가들은 그 문제에 대해 열띤 논쟁을 벌였다: 왜 미국은 전쟁에 참여했고 연합국측에 가담하였는가? 마르크스주의의 경제적 결정론에 입각한 설명에 따르면, 미국의 참전은 "죽음의 상인들(merchants of death)"에 의해서 계책된 피상적이고 의심받는 "악마이론(devil theory)"으로 시작되어, 전쟁참여로 이윤을 얻는 군수품 납부업자들과 은행가들이 많이 존재했다는 사실로 설명된다. 그러한 설명은 또한 1915년과 1917년간의 미국-연합국의 무역과 투자량으로 보아 연합국이 승리할 경우 미국은 엄청난 이익을 볼 것이라는 것이다. 미국 내에 전쟁으로 이득을 보는 집단들이 존재했었다. 그러나 어느 누구도 경제적 이해관계가 정치가의 선택을 위한 기반으로서 경제적 이해관계를 경멸하는 이상주의적 교수에서 대통령으로 변신한 사람의 마음을 지배했다는 것을 만족스럽게 증명하지는 못했다.

경제적 이해관계를 넘어서 몇 가지 다른 동기들이 제시되어 왔다: ① 벨기에(Belgium)를 공격하고 정기 여객선을 침몰시켰다는 이유로 독일을 응징하기 위해, ② 민주주의 체제의 승리를 확보, 민주주의를 위한 세계를 안전케 하기 위해, ③ 중립권을 정당화하고 해상자유의 원칙을 지지하기 위해, ④ 전쟁을 종식시키고 더 나은 세계질서의 창조를 위한 지속적인 정의의 과정을 추구하기에 충분한, 오직 이기심 없는 권력으로서 평화 정착을 돕기 위해, ⑤ 독재적이고 군사적인 독일의 헤게모니 목표에 대항하여 유럽의 세력균형을 보존 혹은 복구시킴으로써 국가 이익을 수호하기 위해 등이었다. 요약하면, 전쟁참여 결정은 정치적·경제적인 자기 이익의 결합과 미국민들은 정의로운 일을 하고 있다는 이타주의적 신념에서 나온 것이라고 말하는 것이 무난하다.

윌슨은 연합국의 대의명분을 지지했지만 그들의 전쟁목표와 연계되거나 연합국들끼리 맺은 전시비밀조약과 협정에 관한 정보를 알고 싶지 않았다. 윌슨은 14개 조항(Fourteen Points)에서 "세계의 모든 국가들 중에서 …… 자유, 정의 그리고 자치를 위한 전쟁"에서 자신의 고상한 목표들을 공표하였다.[3]

그러나 베르사유(Versailles)의 주고받기식 강화협상에서, 윌슨은 14개 조항에서 공표된 고상한 원칙들과 조화될 수 없는 많은 실용주의적 타협을 할 수밖에 없다는 것을 느꼈다. 오스트리아-헝가리 제국(Austro-Hungarian Empire)을 승계한 국가들의 국경선, 독일의 무장 해제, 동유럽과 중유럽의 소수민족의 권리, 라인란트(the Rhineland)와 자르지방(the Saar)의 처리, 아랍세계의 신생국가들에 대한 위임 통치, 그리고 서유럽에서 극동에 이르기까지 영토분쟁으로 인한 민족적 대립 등과 관련된 문제에 직면하여 대통령은 그러한 것들이 국제연맹(League of Nations)에 대한 자신의 전망을 강화시킨다는 이유하에 자신의 모든 타협들을 정당화시켰다. 그러므로 윌슨은 이상주의적 성향과 거리가 먼 유럽의 정치인들이 강화조약과 국제연맹규약(League's Covenant) 간의 연계를 받아들이도록 하였다. 그가 타협할 수 없는 유일한 목적은 비폭력적으로 국제적 상이성을 조정하는 국제연맹을 영구적으로 작동할 수 있게 만드는 것이었다. 강화조약에서의 모든 결점들은 후에 수정될 수 있었다. 그는 상당히 완고하게 자신의 방식을 고집하였고, 종종 독선적인 중재뿐만 아니라 신중치 못한 면도 보였다.

전쟁의 막바지에 미국의 도덕적 열정은 고조되고 있었다. 미국민의 압도적 다수와 여섯 명 중 다섯 명의 모든 상원들은 국제연맹에서 평화를 위한 미국의 역할을 지지하였다. 시간이 흐르고 로지가 의장으로 있는 상원외교관계위원회(Senate Foreign Relations Committee)가 문제를 계속 제기하고 유보사항을 첨가함에 따라 이상주의는 수그러들었다. 많은 사람들은 베르사유의 해결은 단지 구질서를 영속화시키고 영토적 현상유지를 동결시켰을 뿐이라고 생각하였다. 미국의 주도적인 문인들 중의 일부는 전쟁에 대한 끔찍한 환멸감을 표현하고 있

3) 14개 조항 중에는 다음과 같은 것이 있었다: 공개적으로 체결된 공개적 맹약, 평화 시나 전쟁 시나 한결같은 해상의 자유, 모든 국가들 간의 동등한 무역 조건, 국가의 군비 감축, 국민들과 정부의 이익을 위한 평등한 비중과 더불어 모든 식민지적 요구의 재조정, 모든 점령 영토의 명도(明渡), 오스트리아-헝가리, 터키의 지배하에 있는 민족들의 자결, 모든 국가들에게 정치적 독립과 영토보존을 보장하는 일반적인 민족 결사체의 구성[14개 조항의 전문은 Ray Stannard Baker and William E. Dodd (eds.), *Public Papers of Woodrow Wilson: War and Peace*, 2 vols, New York: Harper and Brothers, 1927, vol.I, pp.159~161에서 찾아볼 수 있다].

었고 이러한 경향은 미국민들이 고립주의와 불간섭으로 복귀하여 장차 전쟁을 초래할지도 모르는 어떠한 대외공약도 멀리하고자 하는 자연스러운 경향을 강화시켰다. 고립주의자의 지도적 인물인 아이다호(Idaho) 주의 보라(William E. Borah) 상원의원은 세계에 대한 모델로서의 미국은 내치(內治)에 몰두함으로써 평화와 자유의 대의명분에 가장 잘 봉사할 수 있다고 진지하게 주장하였다. 윌슨은 심각한 타격을 받았고 이로 인하여 국제연맹의 주도적 옹호자는 활동적인 무대에서 물러났다. 그러나 그는 1920년의 대통령 선거가 로지의 규약이 아닌 자신의 규약에 대한 비준을 묻는 국민투표가 되기를 바랐다. 그러나 그 당시까지 미국민들은 집단안보의 개념으로 조직된 평화로운 세계에 대한 윌슨주의적 비전에 관심이 거의 없었다. 국제연맹규약은 결코 비준되지 않았다. 미국은 후에 독일과 개별적인 강화조약을 체결하였다.

양차 대전기간의 고립주의

윌슨의 고상한 노력들에 싫증난 미국의 유권자들은 압도적으로 "정상 상태"로의 복귀를 촉구하는 하딩(Warren G. Harding)에 감응하였다. 대통령 유세에서 "국민들의 결합"이라는 애매한 공약을 내놓았지만 하딩은 1920년의 선거결과를 국제연맹에 반대하고 국제적 관여에서 물러나라는 명령으로 해석하였다. 몇 개월 동안 미국무성은 제네바에 있는 국제연맹본부로부터의 어떠한 커뮤니케이션의 접수 전달도 거부하였다. 그러나 나중에 미국은 군축 토론뿐만 아니라 백인노예(매춘), 마약거래의 통제와 같은 특정한 비정치적·기능적 분야에서 활동하는 연맹 산하기구들과 활동적으로 협력하기 시작하였다.

상원은 국제적 결정에 종속되어 필시 상원의 주권적 독립을 제한하는 쪽으로 해석될 수 있는 어떠한 제안에 대해서도 냉담한 유보를 보였다. 외교정책을 수행하는 법률주의적 전통에 젖어 있던 미국의 외교관들은 국제사법재판소(the Permanen Court of International Justice)에서 미국이 모범적인 회원국 역할을 수행하여 국제법을 강화시키는 것을 선호하였다. 그러나 상원은 처음에는 이를 반대했으나 나중에는 국제사법재판소가 받아들일 수 없는 조건을 달아 이를 승인하였다. 미국을 국제사법기구에 가입시키려는 후버(Herbert Hoover)와 루스벨트(Franklin Delano Roosevelt) 대통령의 연속적인 노력들도 실패하였다. 1920년대를 통해서, 미국은 자국의 행동 자유에 영향을 미치는 공약을 의도적으로 피하면서 평화를 증진시키기 위한 이니셔티브를 계속 지지하였다. 이러한 것들은 중재협정, "냉각기(cooling-off)" 조약, 그리고 가장 중요한 해군력 군축 등을 포함하였다. 양쪽 어느 진영에도 별 관심이 없었던 해군 군비의 낭비적 경쟁을 피하고자 한 미국과 영국은 일본, 프랑스 그리고 이탈리아를 설득하여 1921~1922년의 워싱턴 회담에 이들을 참석시켰다. 이 회담에서 새로운 주력함 건설 프로그램에 10년간의 유예기간 설정, 거의 총 200만 톤에 이르는 주요 3개국의 해군력에서 66척의 폐기 처분, 그리고 현존 해군력, 즉 미국, 영국, 일본, 프랑스, 그리고 이탈리아가 각각 전투함과 항공모함을 보유할 수 있는 5 : 5 : 3 : 1.75 : 1.75의 비율에 기반을 둔 장래의 해군력 비율이 받아들여졌다. 1936년 12월 31일까지 유효한 5대국 해군조약(The Five-Power Naval Treaty)은 주력함 수준에서 해군 군비 경쟁을 약화시켰고, 경쟁 방향을 순양함, 구축함 그리고 더 낮은 계열의 무제한적인 군함 건조로 옮겨놨다. 워싱턴 해군조약(The Washington Naval Treaty)은 그 결과에 있어서 불과 일시적인 것이었다. 그것은 상당량의 건조비용에서 영국과 미국을 구했으나, 후에 미국을 태평양에서의 잘못된 안보의식으로 빠지게 하였다고 비난받았다.

미국은 양차 대전기간 동안 국제평화를 증진시키기 위한 성의협정(goodfaith agreements)에 지나치게 의존했다. 이러한 협정들은 다음과 같은 조약들을 포함하였다: ① 영국, 일본, 프랑스, 그리고 미국이 태평양에서 서로 간의 섬 보유에 대한 존경을 공언한 1921년의 4대국 조약(the Four-Power Treaty), ② 중국의 주권, 독립, 그리고 영토 보존에 대한 존경을 공표한 1930년대에 중국에 전혀 도움이 되지 못한 다자적 서약인 1922년의 9대국 조약(Nine-Power Treaty: 4대 강국 외에 벨기에, 중국, 이탈리아, 네덜란드, 포르투갈), ③ 60개국 이상이 신성한 척하면서 "국가의 정책수단"으로서의 전쟁을 포기하고 많은 국가들이 자국의 국익을 안전케 하는 대대적인 유보 사항들을 간직한 1928년의 켈러그-부리앙 조약(Kellogg-Briand Pact). 국제적 안정과 평화에 대한 이러한 "약속어음식" 접근방법의 무익함은 1931년 일본의 만주 침략과 1937년의 중국 침략, 이탈리아의 파시스트(Fascist), 독일의 나치(Nazi), 그리고 1936~1939년의 스페인 내란에 대한 소련 공산주의의 무력 개입, 베르사유와 로카르노 조약(the Versailles and Locarno Treaties)을 위반한 1936년 나치 독일의 라인란트(Rhineland)의 재군사화, 그리고 1938년 히틀러(Adolf Hitler)의 오스트리아와 체코슬로바키아 점령 등에 직면한 제국가들의 명백한 무기력에 의해서 충분히 입증되었다.

덜레스(Foster Rhea Dulles)는 국제적 불안정의 시작이라는 이러한 전기적(轉機的) 기간에 미국 외교정책의 가장 중요한 측면은 "이상주의와 무책임감 간의 불행한 동맹"이라고 결론 맺었다.[4] 미국민들은 국내의 경제적 문제에 몰두해 있었다. 그들은 적당한 도덕적 태도를 공격할 준비를 갖추고 야단스러운 원칙과 법률주의적 공식을 지지하였다. 이는 아마도 윌슨이 초기에 호소했던 독특한 미국적 이상주의의 흔적으로 말미암아, 미국민들이 세계의 다른 지역에서 일어난 일은 자신들의 관심사가 아니라는 점을 공개적으로 인정하지 못했기 때문이었다. 그러나 그들은 평화적 어조와 정의로운 비분을 뒷받침하기 위해 자신들의 생명은 두말할 필요가 없고, 어떠한 경제적 이익도 희생하길 꺼렸다.

설상가상으로 1920년대의 미국-유럽의 관계는 전쟁 부채, 전쟁 보상, 자본투자 흐름의 유형, 그리고 관세정책 등을 포함한 일련의 경제적 쟁점들로 인해서 심각하게 왜곡되었다. 유럽의 정부들은 미국으로부터 100억 달러를 빌렸다. 영국이 전쟁 부채의 상호 취소를 제안했을 때 의회와 국무성은 주저하였다. 왜냐하면 이러한 조치는 순전히 채권국인 미국에게 가장 심각한 재정적 부담을 지우기 때문이었다. 그 전쟁으로 자신들이 가장 심한 인적·물적 피해를 입고 미국은 전시무역으로 이득을 보았다고 느낀 유럽인들은 미국인들이 그 비극으로 야기된 빚을 말소시켜 공동의 전쟁노력에 공헌해야만 한다고 믿었다. 그러나 정치적 고려로 계약상의 부채를 취소한 선례가 없었고 그렇게 엄청난 손실을 흡수할 만한 제도적 메커니즘이나 혹은 과정도 존재하지 않았다.

---

4) Foster Rhea Dulles, *America's Rise to World Power, 1898~1954*, New York: Harper & Row, 1963, p.166.

처음부터 유럽인들은 보상을 부채 지불과 연계시켰다. 영국은 채권국들에게 지불할 필요가 있는 그 이상의 어떠한 보상도 요구하지 않겠다고 선언했다. 따라서 독일에게 보상을 요구하는 책임을 미국에게 전가시켰다. 미국은 보상은 순전히 유럽인들의 문제이고(미국인들은 어떠한 것도 추구하지 않았기 때문에) 두 쟁점은 별개의 것이며 가치가 없는 것이라고 주장하였다. 1920년대의 중반과 후반을 통해서 미국의 자본 투자는 독일로 흘러들어갔고 독일은 자국의 보상 지불을 가능케 한 산업의 부흥을 촉진시켰다. 그리고 이로 인하여 연합국은 자신들의 채무 원리금 변제액 일정을 충족시킬 수 있었다. 그러나 전쟁기간 동안 순자본 수입국에서 채권국가로의 미국의 세계적 위상변화에도 불구하고, 그에 상응하는 대외무역 형태와 정책상의 변화들은 일어나지 않았다. 강력한 미국의 경제는 계속해서 수출 흑자를 낳았다. 의회는 1922년의 포드니-맥컴버 법안(Fordney-McCumber Act)과 1930년의 헐리-스무트 법안(Hawley-Smoot Act)을 통해 관세장벽을 수정하였다. 유럽의 채무국들은 자신의 의무를 이행하는 데 필요한 달러를 벌어들일 정도로 충분하게 상품을 미국 시장에 팔 수 없었고, 따라서 다량의 금을 수송할 수밖에 없었다. 이로 인하여 유럽 국가들의 신용구조가 위태롭게 되었다. 대공황이 심화되고 1930년 이후로 세계 무역이 위축됨에 따라, 1932년 후버 대통령은 부채와 보상지불에 대해 1년간의 유예기간을 촉구하여 유럽의 경제, 특히 독일 경제에 대한 고조되는 압력을 완화시키고자 하였다. 이러한 호소는 정치가다운 조치로서 환영을 받았으나 경기하락의 주기를 역전시키기에는 불충분했다. 유예기간 후 핀란드를 제외하고는 부채지불이 결코 완전하게 재개되지 않았다. 결국 미국은 그 손실을 감수해야만 하였다. 이것은 대공황을 악화시켰고 1930년대에 걸쳐서 미국 내에서 고립주의자와 중립주의자의 감정을 강화시켰다.

제2장

루스벨트의 외교정책

고립주의에서 전시외교로

1933년 1월 대통령에 취임한 프랭클린 델라노 루스벨트(Franklin D. Roosevelt)는 외교정책에 있어서 윌슨주의적 이상을 부활시키지 않았다. 선거유세 기간에 루스벨트는 고립주의자 유권자의 의향을 고려하여 국제연맹 가입에 반대하였다. 그가 대통령이 되었을 때, 미국 역사상 가장 심한 경제적 위기는 모든 산업국가들을 광란의 국가적 배타주의로 몰아가고 있었다. 그는 1933년의 런던 경제회담(London Economic Conference)을 사보타지 하는 것처럼 보이는 정책들을 채택할 수밖에 없다는 것을 알았다. 각국의 정부들이 금본위제를 포기하고 있는 이상, 어떤 형태의 국제적 태환성을 통해 통화 안정화를 이루어 세계를 대공황으로부터 구해내는 방안을 모색하기 위해 런던 경제회담이 소집되었다. 그러한 해결책이 없었다면 세계무역은 계속해서 떨어졌을 것이다. 다른 국가 지도자들처럼, (미국의 경제상황에서 아직까지는 제1차적인 중요성을 갖지 않는) 루스벨트도 국제무역을 증진시킬 목적으로 통화를 조정코자 한 정책들이 국내의 경기회복을 위한 자신의 프로그램과 상충되는 것을 두려워했다.

루스벨트의 첫 번째 임기에서의 라틴 아메리카와 극동과의 관계

루스벨트가 첫 번째 취임연설에서 대외문제에 관해 유일하게 언급한 것은 실질적으로 후버 대통령이 시작한 “선린(Good Neighbor)” 정책이었다. 주로 헐(Cordell Hull) 국무장관과 웰즈(Summer Welles) 보좌관의 외교적 노력 덕분에 미-라틴 아메리카 관계는 후버-루스벨트의 선린정책을 실행하기 위한 지속적이고 실제적인 개선이 이루어졌다. 1933년 12월 몬테비데오(Montevideo)에서 열린 미주회의(Pan-American Conference)에서, 미국은 “어떠한 국가도 타국의 국내적·대외적 업무에 개입할 권리가 없다”는 결의안에 동의하였다. 미국은 1933년 니카라과와 1934년 아이티에서 군사력을 철수시켰고, 아이티의 재정적 안정화를 이루기 위해 아이티와 호혜적 무역협정을 체결하였다. 1934년 쿠바와의 협상으로 플래트 수정안과 오랜동안 쿠바인들을 괴롭혔던 1903년의 플래트 부가조항을 철회하였다. 1933년과 1939년 사이에 파나마에 대한 미국의 보호정책의 종식과 운하의 공동 보호를 제공하는 조치들이 단행되었다. 루스벨트는 외국의 위협으로부터 서반구의 안보를 보호하기 위해 공표된 먼로 독트린의 시행책임을 다국적화 하기 위해 1936년 12월 부에노스아이레스 미주국가회의(Buenos Aires Inter-American Conference)에 참석하였다.

미국은 라틴 아메리카에서 자국의 개입주의적 이미지를 청산하고자 하는 한편, 또한 극동에서 제국주의적 태도를 바꿨다. 1934년 의회는 10년간의 순조로운 과도기를 거친 후 필리핀의 완전한 독립을 약속한 타딩즈-맥더피 법안(Tydings-McDuffie Act)을 통과시켰다(일본 점령을 포함한 4년간의 전시 혼란에도 불구하고, 미국은 태평양 전쟁이 끝난 지 채 1년도 안된 1946년 7월 4일 자국의 약속을 이행하였다).

루스벨트의 첫 번째 임기 시의 미소 관계

루스벨트가 직면한 최초의 심각한 외교적 문제는 지구의 맞은편에 위치한 광대한 대륙국가에 대해 채택한 정책의 문제였다. 1920년 러시아에서 자국의 군대를 철수한 후, 미국은 13년 동안 소련과의 공식적인 관계를 단절했다. 공화당 행정부는 윌슨의 불승인정책을 고수하였다. 미국의 공산당원들, 소수의 좌익 지식인들, 그리고 일반 다수에 반대하는 입장을 취하는 보라 상원의원과 같은 불과 몇 명의 보수주의자들은 별도로 하고, 대부분의 미국인들은 볼셰비키 정권을 무신론적이고, 무자비하고, 반자본주의적이며, 그리고 미국의 체제에 대하여 악의로 가득 찼다고 생각했고, 또한 그들과의 관계를 원치 않았다. 후버는 인도적 차원에서 러시아에서 실제적인 구제 프로그램을 조직하였다. "전시 공산주의(war communism)" 시기의 혼란 후, 미국의 기업체들은 자본주의의 도움을 끌어들이는 레닌의 신경제정책(1921~1925)과 또한 스탈린의 제1차 5개년 계획(1928~1933)하에서 수지맞는 상업 계약을 체결했다. 그들은 무역을 독점하고 있는 국가와 거래하는 것이 상당히 어렵다는 것을 알았으나, 특히 대공황이 심화됨에 따라 수출 이윤을 위해 그와 같은 좌절감을 기꺼이 참아냈다.

루스벨트 대통령은 취임 후 바로 소련과의 관계 정상화를 위해 공개토론을 모색하였다. 개인적 외교에 매력을 느낀 루스벨트는 국무장관을 무시하고 미국의 베르사유 대표단의 일원이었고 1919년 러시아를 방문하여 레닌과 회담을 가졌던 불리트(William C. Bullitt) 대사의 도움을 받았다. 이때까지는 1920년대 초반의 "공산주의 공포(Red scare)"가 진정되었다. 그러나 소련이 미국의 회사로부터 몰수한 재산의 보상지불과 짜르 정권의 부채 인수·지불에 대해 오랫동안 반대했기 때문에 다시 새로워진 외교관계는 아직도 원만하지 못했다. 그러나 아마도 부분적으로는 아시아에서 팽창주의 정책에 몰두하고 있는 듯한 일본에 대한 공동의 우려감 때문에 1933년 미국과 소련은 새로운 관계를 여는 데 관심이 있었다.

루스벨트와 소련 외상 리트비노프(Maxim Litvinov)는 승인 조건을 협상하였다. 그 협상에서 소련은 미국에 대한 선전을 그만두고, 재소 미국 시민들에게 종교적 자유를 허용하고, 러시아에서 죄를 진 미국인들에 대한 공정한 재판을 보장하는 협정, 그리고 재정적 요구에 대한 문제를 재개하는 것 등에 합의하였다. 1933년 11월 16일 그 승인은 효력을 발휘하였다. 미국 자본주의자들의 높은 기대에도 불구하고, 소련-미국의 무역에 있어서는 말할 것도 없이, 소련의 태도나 행동에서 커다란 진전이 없었다. 1930년대 중반 스탈린의 공산당에 대한 무자비한 숙청과 심지어는 부농(kulaks) 청산에 대한 보다 더 가혹한 캠페인이 백일하에 드러났다. 2년 후, 환멸을 느낀 불리트는 대사직을 사임하였다.

미국의 중립과 전쟁 발발

세계 위기가 심화되고 국제적 현상유지에 반대하는 독재정치가 강하게 성장하자 미국은 의회를 통해서 대외국가의 문제에 불관여를 보장하는 행동을 추구하였다. 미국에서는 그 자신에게 커다란 희생이었고 전쟁 후 연합국으로부터 고마움을 받지 못한 1917년의 전쟁에 참여한 것은 커다란 실수였다는 믿음이 증가했다. 그로 인해 1935년과 1937년 사이에 일련의 중립법이 만들어졌다.

중립법안은 처음에는 어떠한 교전국가에게도 무기 판매나 수출, 그리고 미국 상선에 의한 운송을 금지하였고, 각자의 위험부담은 예외로 하고 미국의 시민들이 교전국 배로 여행하는 것을 금지시킬 수 있는 권한을 대통령에게 부여하였다. 연속적인 법률제정으로 교전국들에 대한 대부와 각자의 위험부담이라 할지라도 교전국들의 배로 미국인들이 여행하는 것이 전면 금지되었다. 그러나 교전국들이 그들 자신들의 배로 구매·운송하는 비군사 물품을 작성할 수 있는 권한 — "무배달주의(the cash and carry)" 조항 — 을 대통령에게 부여하였다.

1937년 3월의 중립법안으로 대통령은 자신이 외국에서 전쟁상태가 존재하고 있다는 것을 '알았을' 때마다 위에서 언급한 조항을 적용해야 하였다. 동년 7월 일본이 중국을 공격하였을 때, 중국에 대해 동정적이고 중립법안의 엄격한 적용은 피침략국에게 불리하다는 것을 걱정한 루스벨트 행정부는 전쟁을 '알지' 못했다는 이유로 그 법을 적용하지 않았으며, 불행한 장개석(Chiang Kai-shek)의 중국 정부에게 무기수출을 허용하였다. 1937년 10월 루스벨트가 침략의 '격리'를 요구했을 때, 대중과 언론의 반응은 결코 호의적이지 않았다. 1938년 1월 의회는 러들로우 수정안(Ludlow Amendment)을 가까스로 저지하였다. 그 수정안에 따르면, 전쟁 선포는 국가적인 국민투표에서 승인을 받을 때까지 유효하지 않다는 것이었다.

영국 수상 챔벌린(Neville Chamberlain)과 외상 핼리팩스(Halifax) 경은 1938년을 통해서 무솔리니(Mussolini)와 히틀러(Hitler)에 대해 유화정책을 추구하였다. 그들은 이탈리아의 에티오피아 정복을 인정하고, 체코슬로바키아를 희생시켜 히틀러를 회유할 준비를 하였다. 어떠한 현실주의적 대안도 부족했기 때문에 루스벨트는 유럽 민주정체들의 유화정책을 받아들이는 것 같았다.

1939년 7월 상·하원의 고립주의자들은 무배달주의를 기반으로 무기선적을 허용한 루스벨트 행정부의 제안을 무용지물로 만들어 자신들의 마지막 기세를 올렸다. 독일의 폴란드 침공을 시작으로 1939년 9월 1일 전쟁이 발발한 후, 루스벨트가 고립주의자들의 반대를 극복하기에 충분할 정도로 피침략국과 민주주의의 대의명분에 대한 국민들의 동정은 상당히 고조되었다. 심지어 그 당시에 중립법안을 수정하기 위해 루스벨트는 영국과 프랑스를 도와주는 이유 때문이 아니라 자국의 중립을 보전할 수 있는 미국의 능력을 강화시킨다는 이유에서 자신의 노력들을 정당화해야만 하였다.

미국민들은 도덕적 무관심으로 외부 세계로부터 등을 돌리기 원했다는 의미에서 고립주의자가 아니었다. 당시의 미국의 소설과 단편소설, 영화, 연극, 신문의 사설, 서적, 그리고 라디오의 논평들은 때때로 전체주의와 민주주의 체제간의 투쟁의 결과에 따라 얼마나 많은 것들이 결정되는지에 대한 예민한 자각을 반영하였다. 그러나 미국인들은 루스벨트 대통령이 현명한 과정을 계획, 선택의 자유를 보존, 전쟁을 비켜가고, 그리고 어느 정도 결국에는 모든 것이 옳았다고 입증되게 할 수 있기를 절망적으로 기대하였다. 1938년 초에 이르러 루스벨트는 함선과 항공모함 건조를 위한 미국의 방위 프로그램에 박차를 가하기 시작하였다. 1939년 1월 루스벨트 행정부는 프랑스에 전투기를 판매하기로 결정하였다. 6개월 후, 대통령은 일본이 미국으로부터 특정한 전쟁관련물자들(고철도 포함)을 구매할 수 있었던 상업조약을 종결시킨다고 일본에 통고하였다. 그러나 계속해서 전쟁발발 후 처음 근 2년 동안 루스벨트는 독일과 일본을 분리시키거나 혹은 적어도 그 전쟁에서 일본 정부가 동남 아시아에 있는 미국, 영국, 네덜란드의 이익에 반하는 일본 군대의 활동적 임무수행을 자극하는 어떠한 조치도 피하고자 하였다.

1939년 유럽인의 전쟁이 시작었을 때, 미국민들의 3/4 이상이 영국과 프랑스의 승리를 기대하였다. 이러한 여론은 “위조 전쟁(the phony war),” 교착전(sitzkrieg), 그리고 이상한 전쟁(la drole de guerre) 등 다양하게 불려진 서부전선에서의 7개월간의 휴지기 동안에도 거의 변하지 않았다. 역설적으로 유럽에서의 유일한 전투는 소련의 침공 희생국인 핀란드에서 일어났다. 미국민들은 전쟁부채 의무에 대한 그들의 성실함 때문에 핀란드 국민들에게 상당한 동정심을 느꼈다. 1940년 1월 루스벨트는 매년 5만 대의 비행기 생산을 요구하였다. 이 시점 동안 무배달주의 프로그램은 영국과 프랑스에게 도움을 주기 시작하였다. 그러나 제1차 세계대전과는 대조적으로 대부를 원조하거나 혹은 미국의 선박을 이용하는 데 아무 문제도 없었다. 나치-소련의 불가침조약의 결과로 스탈린이 히틀러와 동맹을 맺었다는 사실은 두 주요 전체주의 국가들이 민주주의에 대항할 준비를 했다는 것을 의미하였다. 이는 그 어떤 다른 경우보다도 미국의 원조를 별 문제없게 만들었다.

4월에 덴마크, 노르웨이가 떨어지고 다시 5월에 벨기에에 대한 침공과 중립정책을 선포한 네덜란드가 함락되었고, 6월에 독일의 기갑사단이 마지노선(Maginot Line)을 따라 배치된 프랑스 방어를 궤멸시켜 거의 대부분의 국가들이 무너졌을 때, 민주주의 국가들은 엄청난 충격을 받았다. 프랑스가 붕괴된 후, 미국민의 불과 30%만이 아직도 연합국의 승리를 기대하였다. 그러나 독일이 저지대국가들(low countries)을 침공한 후 어느날 영국에서는 존경할 만한 처칠(Winston Churchill)이 챔벌린을 대신하였다. 처칠이 국가를 결속시키기 위해 최초로 취한 조치 중의 하나는 보수당과 노동당의 전시연합내각 구성이었다. 1940년 6월 루스벨트도 이와 유사하게 두 명의 공화당원을, 즉 전쟁성 장관에 스팀슨(Henry L. Stimson), 해군성 장관에 녹스(Frank Knox)를 임명하였다.

수상이 되자마자 처칠은 즉시 그리고 위급하게 루스벨트에게 원조를 요청하였다. 8월과 9월 영국의 전투(Battle of Britain) 동안에 영국이 보여준 끈기는 민주주의 대의명분을 위한 희망을 고조시켰다. 실제로, 1930년대 후반 영국과 독일 양국은 독일 폭격기의 신속한 파괴력을 과대 평가해왔다. 독일이 영국을 굴

〈중립에서 전쟁까지 미국 사건 변화표(1939~1941)〉

1939	
8월 23일	나치-소련(리벤트로프-몰로토프 혹은 히틀러-스탈린)의 불가침조약은 핀란드, 에스토니아, 라트비아, 그리고 베사라비아를 소련에게 그리고 리투아니아를 독일에게 할당하고 폴란드를 분할함으로써 제2차 세계대전 발발을 촉발시킴
9월 1일	독일의 폴란드 침공
9월 3일	영국의 대독 선전포고. 프랑스는 마지못해 전쟁 상태를 인정. 이탈리아의 중립 선언
10월	파나마에 모인 미주국가의 외무장관들은(전쟁에 참여한 캐나다를 제외하고) 서반구 주변의 300마일에서 1,000마일에 걸쳐 중립지역을 설정하는 선언과 비미주 교전국들에게 적대 행위의 위임에 대해 경고함. 그러나 시행 규정이 없음
9~10월	나치-소련의 불가침조약의 개정. 독일은 폴란드의 더 많은 영토를 할양받고 리투아니아를 소련에게 양도. 폴란드는 독일과 소련으로 합병됨. 파리에 망명해 폴란드 정부 수립(후에 런던으로 옮김). 소련은 에스토니아, 라트비아, 그리고 리투아니아의 발틱 3개국을 점령
11월 4일	루스벨트 대통령은 1939년의 중립법안에 서명. 이 법안은 교전국들에게 미국선박에 의한 여객이나 화물의 수송을 금지, 교전국 선박으로 미국의 승객들이 여행하는 것을 금지, 교전국들이 미국에서 유가증권을 판매하는 것을 금지, 그리고 미국의 항구를 떠나기 전에 소유권 변경을 위해 적성국가들에게 군사적·비군사적 수출품 요구를 금지하였다.
11월 30일	소련은 핀란드를 공격, 완강한 저항에 부딪힘
12월 14일	국제연맹은 핀란드 침공 이유로 소련을 추방
1940	
3월 12일	격렬한 "겨울 전쟁" 후 소련의 적군은 매너하임 선(Mannerheim Line)의 용감한 저항을 분쇄, 핀란드를 항복시키고 카렐리안 반도(Karelian Peninsula)를 할양 받음
4월 9일	독일은 덴마크와 노르웨이를 공격. 덴마크는 즉각적인 정전을 명령. 노르웨이는 용감하게 저항했으나 아무 소용이 없었다. 하콘 왕(King Haakon)은 내각과 함께 영국으로 피신. 앵글로-프랑스 원정군이 노르웨이에 도착했으나 참사 당함
5월 10~27일	독일군은 갑작스럽게 벨기에, 네덜란드, 그리고 룩셈버그를 공격. 중립 보전을 갈망하는 네덜란드 정부는 앵글로-프랑스 원조를 요청하기 전에 "독일침공에 대한 완전한 확신"을 예상했으나 원조는 너무 늦었다. 불신임 받은 챔벌린을 대신하여 처칠이 수상을 맡음. 네덜란드의 빌헬미나 여왕(Queen Wilhelmina)은 내각과 함께 영국으로 피신. 공격 후 4일이 지나 네덜란드 군대는 정전을 명령. 영국과 프랑스 군대의 도움으로 벨기에의 저항은 18일간 지속되었으나 연합국 부대가 독일의 협공 작전에 말려든 후 붕괴됨. 영국은 "던커크의 기적(miracle of Dunkirk)"으로 338,000명의 연합국 병력을 후송시킴
6월 5~22일	독일은 프랑스에 대하여 전격전(blitzkrieg)을 수행하고 루스벨트가 무솔리니의 "배신"이라고 불렀던 곳에서 5일 후 이태리와 합류. 프랑스의 방어는 신속히 무너짐. 마지노선을 돌파한 후 독일 군대는 6월 14일 파리를 점령. 제3공화국이 무너지고 비시(Marshal Henri Petain's Vichy) 정권이 들어섬. 드골은 런던에서 자신이 자유 프랑스 세력을 이끌 것이라고 공표
6월 30일	서반구 외무장관들은 아바나 선언을 공포, 비아메리카 국가들(덴마크, 네덜란드, 혹은 프랑스를 의미)이 서반구에서 보유하고 있던 영토를 다른 비아메리카 국가(독일을 의미)에게 이전할 수 없다는 원칙을 구체화시킴

8월	독일 공군의 폭격으로 "영국의 전쟁(Battle of Britain)"이 시작, 독일은 영국 공군을 격파, 운하 횡단 침공계획을 준비
8월 31일	의회의 승인을 얻고 루스벨트는 처음으로 주방위군(national guard)을 연방군에 배속시킴
9월 2일	루스벨트는 의회를 무시하고 영국에게 제1차 세계대전 당시의 공급량을 초과하는 50척의 구축함을 공급, 그 대가로 버뮤다, 바하마, 자마이카, 세인트루시아, 트리니닫, 안티구아, 그리고 영령 기아나에 있는 기지장소를 위해 99년간의 무지대 임대를 제공받는 행정협정을 영국 정부와 체결
9월 16일	버크-와즈워스 의무병역법안(Burke-Wadsworth Selective Service Act)이 법률로 확정되어 미국 역사상 처음으로 평시의 징병을 제도화함
9월 27일	독일, 이탈리아 그리고 일본은 베를린에서 3국 동맹조약(Tripartite Pact)에 서명, 이것은 세계의 분쟁으로부터 미국을 격리시키기 위한 방어적 동맹이라고 세계에 공표됨
9월 27일	독일, 이탈리아 그리고 일본은 베를린에서 3국 동맹조약(Tripartite Pact)에 서명, 이것은 세계의 분쟁으로부터 미국을 격리시키기 위한 방어적 동맹이라고 세계에 공표됨
10월 27일	무솔리니 군대의 그리스 침공
10월 30일	자신의 3번째 임기를 위한 선거 며칠 전에 보스턴에서 행한 연설에서 루스벨트는 미국의 어머님들에게 다음과 같이 말했다: "저는 전에도 이 점을 말해왔습니다. 그러나 저는 다시 한 번, 그리고 반복해서 이 점을 말씀 드리겠습니다: 여러분의 아들들을 외국의 어떠한 전쟁에도 내보내지 않을 것입니다."
12월 29일	〈가정 생활의 좌담(fireside chat)〉이라는 라디오 방송에서 루스벨트는 미국은 "민주주의의 위대한 병기고(the great arsenal of democracy)"가 되어야 한다고 말함
1941	
1월 6일	에 대한 연두교서에서 루스벨트는 미국의 안보에 중대하다고 여겨지는 국가의 방위를 위한 군사원조를 제공하는 무기대여법(Lend-Lease Act)을 요구, 그에 의해서 미국은 영국 승리의 대의명분을 위해 전념할 수 있었다.
3월 11일	무기 대여법이 법률로 확정됨
4월 9일	루스벨트는 워싱턴에서 그린랜드(Greenland)를 "협력적인 서반구 방위영역" 내에 두는 협정을 덴마크 장관과 체결
4월 13일	소련과 일본은 중립 조약을 체결
6월 22일	히틀러의 소련 침공
7월 7일	미국과 아이슬랜드(Iceland)는 그린랜드에 관한 것과 유사한 협정을 체결
7월 26일	일본이 동남 아시아로의 군사이동을 가속화시킨 후 루스벨트는 미국 내 일본 자산의 동결, 석유선적을 중단하기 시작
8월 10일	루스벨트와 처칠은 해상에서 만나 대서양 헌장(Atlantic Charter)을 공표
9월	일의 유 보트(U-boat) 잠수함은 어뢰를 발사하여 미구축함 그리어(Greer) 호를 격침시킴. 루스벨트는 현장발포명령을 공표. 루스벨트 대통령과 일본 수상 고노에(Konoye) 간의 회담 제안이 합의문제로 무산됨. 미국과 영국은 모스크바에서 대소련 군사원조협정에 서명함
10월	미구축함 커니(Kearny) 호가 아이슬란드 근해에서 독일 잠수함과의 전투로 어뢰공격을 받음. 미구축함 류벤 제임스(Reuben James) 호가 어뢰공격을 받고 아이슬란드 근해에서 침몰당함. 루스벨트는 "발포는 시작되었다"고 선언

복시키지 못하는 한 히틀러의 영국 침략계획인 시라이온 작전(Operation SEA LION)의 취소도 불가피하였다. 독일 공군이 먼저 완전한 제공권을 갖지 못하면, 독일 해군은 그 계획을 수행할 수 없었다.[1)]

앵글로-아메리칸 연합을 향하여

대통령이 기지구축을 위해 서반구에 있는 영국 영토를 99년간 무지대 임대로 사용하는 대가로 영국에 50척 이상의 구축함 이전을 승인한 "구축함 대 기지 교환(destroyers-for-bases)" 거래는 영어 사용국인 미국과 영국이 사실상 연합을 향하여 움직이고 있음을 나타내었다. 앵글로-아메리칸 간의 거래에 대한 첫 반응은 우호적이었다. 공화당의 대통령 후보인 윌키(Wendell L. Willkie)조차도 적어도 며칠 동안은 그것을 지지했다. 그러나 몇 주 지나서 윌키는 그것을 미국 역사상 어떠한 대통령이 행한 것보다도 "가장 독재적이고 독단적인 행위"라고 비난하였다. 윌키 후보가 루스벨트의 재선은 거의 확실히 전쟁을 의미한다고, 점차적으로 귀에 거슬리는 비난을 하자 대통령은 부득이 자신의 논점을 바꿔 더욱 더 활발히 유세활동을 전개하였다. 유권자들의 유동적 분위기를 우려한 루스벨트는 정치적 전략의 진로를 변경하고, 선거일 마지막 2주 동안 평화를 위한 투쟁을 전개하면서 자신의 군사적 준비 노력은 자신에 대한 윌키의 비난, 즉 자신이 국가를 전쟁으로 몰고가는 것이 아니라 그 전쟁으로부터 조국을 멀리 떨어지게 하려는 유일한 목적을 위해 계획된 것이라고 주장하였다. 11월 5일 윌키가 2,230만 표를 얻은 반면, 루스벨트는 2,720만 표를 얻었다. 아마도 외교정책에 관한 논쟁이 선거결과에 결정적인 영향을 미치지는 않았을 것이다; 대다수가 뉴딜(New Deal)정책을 찬성해서 투표했거나, 아니면 뉴딜정책에 반대해서 그리고 어떠한 대통령도 2번 이상을 연임하지 않았던 전통에 대한 루스벨

---

1) Chester Wilmot, *The Struggle for Europe, New York: Harper*, 1952, Ch.1; Gordon A. Craig, *Germany, 1866~1945*, New York: Oxford University Press, 1978, pp.723~724; George H. Quester, "Strategic Bombing in the 1930's and 1940's," in *Deterrence Before Hiroshima*, New York: Wiley, 1966, pp.82~122 참조.

트의 무시에 반대하여 투표했을 것이다.

루스벨트는 영국에 대한 대대적인 군사원조를 위한 무기대여법(Lend-Lease Act)을 제안하면서 자신의 3번째 임기를 시작하였다. 이로 인하여 의회에서 대 논쟁이 야기되었다. 무기대여법에 격렬하게 반대한 고립주의자들은 그것은 영국으로 무기를 수송하는 선박들에 대한 호송을 불가피하게 야기시킬 것이라고 주장하였다. 독일은 "민주주의의 병기고"로부터 민주주의의 전진 기지인 영국으로의 공급 흐름을 차단시킬 수밖에 없으며, 따라서 미국은 그렇지 않다는 루스벨트의 엄숙한 맹세에도 불구하고 결국 전쟁에 참전하게 될 것이다. 비판자들은 무기대여법이 중립정책과 모순된다고 주장하였다. 1941년 봄까지 미국인들은 덜 중립적이라고 느끼고 있었다; 하물며, 정부의 정책은 훨씬 더 중립적이지 않았다. 호송을 지시할 어떠한 의도도 부인하면서 루스벨트는 무기운반수송을 보호하기 위한 "중립 순찰"을 조심스럽게 승인하기 시작하였다. 북대서양에서 선포되지 않은 실전이 막 시작되려고 하였다. 그러나 공식적인 전쟁은 1936년 해군제한협정의 만료 이후 워싱턴과 도쿄의 관계가 악화되어 왔었던 지구의 맞은편에서 발생한 상황 전개의 결과로 일어났다.

진주만: 미국의 제2차 세계대전 참전

1937년 7월 일본이 중국을 침략했을 때, 도쿄 정부는 미국과의 궁극적인 전쟁에 대해서는 생각하고 있지 않았다. 12월 양자강(Yangtze River)에 정박 중인 미군함 파나이(Panay) 호에 대한 폭격으로 일본은 즉각적인 사과와 보상 지불을 약속했다. 일본의 육군이나 해군 어느 쪽도 미국과의 갈등을 원치 않았다. 정말로, 일본의 육군과 해군은 해외의 위협과 기회를 평가하는 데 있어서 때때로 일치하지 않았다. 육군은 만주에서 일본의 지위에 대한 위협세력으로 소련에 초점을 맞추었다. 반면 해군은 천연고무, 주석, 그리고 다른 전략적 원료들, 특히 해군의 생명인 석유의 원산지인 태국, 영령 말라야, 그리고 네덜란드령 동인도를 향해 프랑스령 인도지나를 거쳐 남쪽으로의 팽창을 지지하였다. 일본은 자국 해군의 팽창, 해안 도서들의 점령, 그리고 중국에 대한 서구의 상업적 이익을 봉쇄하면서 고립주의자 미국의 전쟁 참여를 자극하는 행동을 계속 억제하였다. 그러나 1938년과 1939년에 루스벨트는 재정 신용, 비행기와 항공모함 부품, 고옥탄가의 항공 연료, 고철, 그리고 공작 기계들의 수출을 제한하는 대일 경제정책을 엄격하게 시행하였다.

유럽에서 전쟁이 일어나자 일본의 지도자들은 독일이 승리하는 것을 이용하여 아시아에 있는 유럽의 식민지 영토로 침투하기 위해 극동과 유럽의 분쟁을 혼합시키는 데서 잠재적인 이득을 발견하였다. 1940년 6월 프랑스가 함락되자마자, 일본은 프랑스령 인도지나로 군대를 파견하였고, 중국으로 군사물자의 공급이 이루어지고 있었던 버마 루트(Burma Road)의 폐쇄를 영국에게 요구했다. 1940년 9월 베를린에서는 아시아와 유럽의 주요 침략국인 3국을 연계시키는 3국 동맹조약(Tripartite Pact)이 체결되었다. 일본은 추축국(Axis powers)이 그들의 지역에서 새로운 질서를 수립하는 것을 인정했다. 반면, 추축국은 동아시아에서 일본의 새로운 질서를 인정하였다. 또한 3국동맹은 일국이 유럽이나 혹은 아시아 분쟁에서 피가맹국의 공격을 받았을 경우에는 서로 원조할 것을 약속하였다. 따라서 3국동맹조약은 진정한 상호 방위동맹이 아니라 대서양과 태평양에서 동시에 전쟁을 하도록 미국을 위협하여 미국의 중립을 유지시키고자 한 정치적 수단이었다. 만약 그것이 성공했더라면, 3국 동맹은 루스벨트를 낙담시켜 영국에 대한 미국의 과도한 공약을 하지 못하도록 하였을 것이고, 서구에서 히틀러가 승리할 수 있었을 것이다. 그것은 또한 자급 자족을 위해 남쪽으로의 팽창노선을 추구하는 일본의 행동을 보다 더 자유롭게 했을 것이다. 일본의 입장에서 보았을 때 그 외교는 대실패였다. 왜냐하면 영국의 전투에서 독일이 승리할 가능성이 이미 매우 희박했던 상황에서 그 조약을 체결했기 때문이었다.[2)]

---

2) Frank W. Ikle, “Japan’s Policies Toward Germany,” in James W. Morley(ed.), *Japan’s Foreign Policy, 1868~1941: A Research Guide*, New York: Columbia University Press, 1974, p.327; Paul W. Schroeder, *The Axis Alliance and Japanese-American Relations, 1941*, Ithaca, N.Y.: Cornell University Press, 1958, pp.29~47.

루스벨트의 지구적 전략 조망은 영국에 대한 원조에 최우선순위를 두어야 한다는 것을 오랫동안 보여왔다. 1940년 여름 후반 이후로 대서양 전쟁의 위험이 고조되고 있다는 것과 미해군은 두 대양에서의 중대한 재난에 대처할 준비가 안 되었다는 것을 깨달은 대통령은 일본을 전쟁 참여의 위기로 몰고가는 것을 피하고자 하였다. 중국 침략에 대한 강한 불만을 나타내기 위해 루스벨트와 헐은 일본이 자국의 노선을 계속 추구한다면 경제적 압력을 적용하고 더 커다란 응징을 가하겠다고 위협할 수밖에 없었다. 도쿄의 일부 인사들이 미국은 아시아에서 "공동 번영권(co-prosperity)"을 수립하려는 일본의 노력을 묵인할 것이라는 헛된 희망을 갖고 있었던 것처럼, 루스벨트와 헐도 도쿄의 중도적 인사들이 군국주의자들로부터 통제권을 획득하여 추축국에서 탈퇴하고 해외의 점령영토에서 일본 군대를 철수시키기를 명백히 기대하였다.

루스벨트 행정부가 직면한 문제는 일본의 전쟁 선택을 단념시키고 실제로 일본의 전쟁 참여를 자극하지 않기 위해 어떠한 조치를 취할 것인가를 결정하는 문제였다. 1941년 7월 일본의 동남 아시아로의 행군이 가속화되자, 중대하고 즉각적인 군사적 함축을 결한 효과적인 경제 제재를 취하는 것이 아주 어렵게 되었다. 일본 정부는 미국으로부터의 비우호적 행동처럼 보이는 반응들을 불러일으키는 독특한 능력을 보여주었다. 아마도 일본은 그 지역에서 영국과 네덜란드의 이익을 보호하고자 하는 미국의 결심을 과소 평가했을 것이다.

일본의 팽창을 저지하려는 노력 속에서, 1941년 7월 26일 루스벨트는 미국 내의 모든 일본인의 자산을 동결시켰고, 육군성과 해군성 장관들이 촉구했듯이, 일본으로의 석유수송을 차단하였다. 작전지휘관인 해군의 스타크 장군(Harold Stark)은 이로 인해서 태평양 전쟁이 불가피하다고 확신했기 때문에 석유수출금지에 강력히 반대했다; 비록 미국의 대서양 전쟁 참여에 대한 매일 매일의 지연으로 영국의 생존이 위태롭게 되었다고 생각했지만, 스타크 장군은 해군이 아직 전쟁준비가 안 되었다고 생각했다. 명백히 그는 아직도 유럽과 아시아에서의 전쟁을 분리할 수 있다고 생각하였다. 만일 석유가 상당히 중요하지 않았더라면, 이전의 무모한 모험들에 반대해왔던 일본 해군이 석유공급을 확보하기 위해 자국 정부에게 미국과의 협정체결을 주장할지 아니면 전쟁 옹호를 요구할지 어느 누구도 확신할 수 없었다.

7월부터 11월까지 양국이 아직도 타협책을 모색하고 있다는 징후가 있었으나, 양국 간의 근본적인 목표들, 필요사항, 그리고 요구들은 일치될 수 없었다. 저자들은 전쟁은 피할 수 있었고 불필요했다는, 즉 일본의 공격은 수출금지의 직접적인 결과였고 "일련의 장기적인 상호 적대행위를 최고조로 끌고 갔다"[3]는 루셋(Bruce M. Russett)의 기본 가설은 설득력이 없다고 생각한다. 사실, 루스벨트 행정부가 일본에 대해 어떠한 압력도 행사하지 않고, 대신 일본 군국주의자들에게 10년간의 고조적인 침략을 가능케 하는 유화정책을 추구하기란 불가능하였다.

1941년 1월 초에 접어들어 그루(Joseph C. Grew) 대사는 일본 항공기들이 하와이의 진주만을 공격할 것이라는 풍문이 일본에서 떠돌고 있다는 것을 국무성에 경고했었다. 이러한 사실로 인해, 다른 상황적인 증거와 더불어, 자신이 알고 있는 임박한 공격에 진주만을 그대로 방치하여 그러한 상황이 발생하는 것을 용인했거나, 아니면 심지어 일본의 공격을 유도하여 뒷문(back door)으로 미국을 유럽 전쟁에 참여케 했다는 이유로 루스벨트가 진주만의 재난에 어느 정도 책임이 있다는 반복적인 의구심을 야기시켰다.[4] 실제로, 미국의 해군 전략가들은 그들의 전형적인 전쟁 게임 중에서 진주만에 대한 공격을 오래동안 포함시켰었지만, 그루 대사가 보고한 루머에 대해서는 어떠한 확신도 갖지 못했다. 1941년 11월 27일 육군성은 하와이의 육군사령관 쇼트 장군(Lt. General Walter C. Short)에게 다음과 같은 메시지를 보냈다.

> 일본과의 협상이 모든 실제적인 목적들 때문에 종결된 것 같다. …… 일본의 장래 행동을 예측할 수 없지만, 어느 때라도 적대행위가 가능하다. 만약 전쟁을 피할 수 없다면, 미국은 일본이 먼저 공개적인 행동을 하기를 바란다. 귀하는 이러한 정

---

3) Bruce M. Russett, *No Clear and Present Danger: A Skeptical View of the U.S. Entry into World War II*, New York: Harper & Row, 1972, p.20.

4) 예를 들면, Charles Callan Tansill, *The Back Door to War*, Chicago: Henry Regnery, 1952 참조.

책을 귀하의 방위를 위태롭게 할지도 모르는 행동지침을 위해 귀하를 구속하는 것으로 해석해서는 안 된다. 적대적인 일본의 행동 이전에, 귀하는 귀하가 필요하다고 생각하는 정찰과 다른 조치들을 취해야 한다. 그러나 이러한 조치들은 시민들을 놀라게 하거나 혹은 그 의도가 노출되지 않도록 수행되어야 한다. 취한 조치들을 보고할 것.

전쟁을 회피하거나 혹은 전쟁을 위한 어떠한 구실도 주지 않는 것이 가장 중요한 고려라고 결론을 내린 쇼트 장군은 일본인들을 자극시키지 않고, 지역 주민들을 놀라게 하지 않는 경계 명령에 주의를 기울였고, 외부의 공격보다는 내부의 사보타지의 위험에 초점을 두었다.

워싱턴의 정치·군사 지도자들은 준비를 촉구했지만, 12월 7일 일본의 진주만 공습으로 입증되었듯이, 너무나 사실적인 그 위험을 낮게 평가했다. 돌이켜보면 항상 그러한 것들을 발견할 수 있듯이 무능력, 근시안적 시각, 태연함, 그리고 무기력함 등이 대통령 이하의 모든 수준에서 나타났다. 프랜즈(Gordon W. Prange)의 뛰어난 기록 자료 연구는 극적인 사건에서 어떠한 희생양이나 악한도 없었고, 일본 정책결정자들에 대한 조정자 역할을 수행하는 어떠한 미국 대통령도 존재하지 않았다는 설득력 있는 결론을 내리고 있다.[5] 그것이 발생시킬 수 있었던 근본적인 불신은 그 비극의 본질에 있었다. 진주만은 아마도 그들의 고립주의적 환상에서 깨어나도록 미국민들에게 충격을 가한, 루스벨트가 희망한 기적이었을지도 모르지만 – 그것은 확실히 그렇게 했다 – 루스벨트가 아닌 일본이 그 기적을 만들었다.

전시외교

마치 1917년 3월까지 러시아의 짜르 정부가 제1차 세계대전에 참전하여 연

---

5) Gordon W. Prange, *Introduction to at Dawn We Slept: The Untold Story of Pearl Harbor*, New York: Penguin Books, 1982, pp.xi-xii.

합국의 민주주의 대의명분을 손상시켰던 것처럼, 제2차 세계대전시 히틀러에 대한 앵글로-아메리카의 협력은 소련 제국주의의 계획과 스탈린(Josef Stalin)의 전체주의적 독재정치와 연계되어 나쁜 평판을 받게 되고 복잡하게 되었다. 스탈린은 러시아 인민들이 볼셰비키 이념을 위해 영웅적 희생을 감당하지 않을 것이라는 것을 깨달을 정도로 빈틈이 없었다. 따라서 그는 민족주의적 열정을 자극하기 위해 전통적인 종교적, 역사적 그리고 문화적 테마들을 허용하였을 뿐만 아니라 또한 그것들을 조장하였다. 미국에서는 양국 간의 지속적인 우정뿐 아니라 소련의 공산주의보다는 "조국 러시아(Mother Russia)"를 찬양하기 위한 의식적인 노력들이 이루어졌다. 1943년 봄 스탈린은 국제공산주의(Communist International: Comintern)를 해체하는 허세적이며 거의 의미 없는 제스처를 보였다. 그 결과 전쟁의 지속을 위해 미국의 공산당이 해체되었다. 그럼에도 불구하고, 서방의 많은 사람들은 소련의 권력에 대한 처칠의 깊은 불신감을 공유하고 있었다. 소련은 히틀러의 침공으로 사실상의 연합국이 되었다. 비록 스탈린이 처칠보다는 루스벨트와 훨씬 잘 어울렸지만, 대연합은 항상 거북한 연합이었다.

전쟁이 계속 진행되는 동안 서방 민주주의의 이익과 소련의 이익을 분리시키는 것보다는 그것을 결합시키는 것이 더 많이 존재하였다. 1941년 6월 이후로 루스벨트와 처칠은 소련에 대한 원조가 절대적으로 필요하다고 생각했다. 독일군이 소련의 수도를 향해 진격하고 있을 때인 1941년 10월 모스크바에서는 군사장비원조에 관한 공식협정이 체결되었다. 스탈린은 루스벨트의 무이자 10억 달러 대부 제의를 받아들이고 진실한 사의를 표명하였다. 1942년 중반까지 영국과 미국은 4,400대의 탱크와 3,100기의 비행기를 포함하여 선박 침몰시의 엄청난 희생을 무릅쓰고, 280만 톤의 장비를 소련으로 수송하였다.

제2차 세계대전은 강대국 정부 수뇌들과 그들의 수행원들[헐, 이든, 몰로토프, 해리만, 홉킨스, 그리고 비버부루크(Beaverbrook)] 사이에서 이제껏 국제체계 내에서 볼 수 있었던 회담, 개인적 만남, 편지, 문서, 해저 케이블, 그리고 전화 대화 등의 가장 집약적인 외교관계를 자극하였다. 루스벨트와 처칠은 테헤란과 얄타 회담에서 스탈린과 두 번째 만남, 그리고 카이로 회담(스탈린이 중국 정부와의 어떠한 회담 협정체결도 원치 않았기 때문에 스탈린과 몰로토프는 참석하지 않았다)에서 장개석과의 만남 이외에 7번의 다른 회담에 대해서도 서로 합의하였다. 처칠은 또한 모스크바에서 스탈린과 두 번 만났다. (1945년 4월 12일 루스벨트를 계승한) 트루먼 대통령과 스탈린은 마지막으로 처칠을 만났고, 후에 이들은 포츠담에서 (1945년 수상이 된) 애틀리(Clement Attlee)와 만났다. 여기에서는 지면상의 이유로 이상의 회담과 다른 커뮤니케이션에서 다루어진 가장 중요한 쟁점들만을 요약한다.

스탈린은 (소련이 중립적이라고 생각한) 일본보다 먼저 독일을 패배시키는 데 전략적 우선순위를 두기로 한 루스벨트와 처칠의 결정에 대단히 만족하였다. 1942년 1월 1일 처칠이 워싱턴에 머물렀을 때 처칠, 루스벨트, 몰로토프, 그리고 중국 외무장관 송(T. V. Soong)은 다른 국가 대표자들과 더불어 각국은 추축국에 대하여 "자국의 모든 군사적 혹은 경제적 자원을 동원"하고 "적들과 개별적인 정전이나 강화"를 맺지 않기로 약속한 국제연합선언서에 서명하였다. 또한 참여국들은 대서양헌장의 "목적과 원칙의 공동 프로그램"에 동의하였다. 그러나 그 선언서에는 이러한 것들이 철자화되지 않았다. 왜냐하면 소련이 관계 국민들의 자유롭게 표현된 소망들과 일치하지 않는 모든 영토적 변화들을 포기하지 않았기 때문이었다. 그리고 그것은 모든 민족들이 자국의 정부 형태를 선택할 권리를 존중하고 강제적으로 이주당했던 민족들에게 자치정부를 허용한다는 어떠한 약속도 하지 않았다. 소련이 대서양헌장의 원칙들에 대해 다만 부분적인 승인만을 하였다는 사실은 그 연합에서의 깊은 정치적-이데올로기적 균열을 나타내는 징표였다. 그러한 분열은 그 당시에도 마련되었으나, 전쟁의 막바지 단계에서 재개되었다.

제2전선의 쟁점

전시 연합국 내에서 가장 불화를 일으킨 전략적 쟁점은 가능한 한 빠른 시일 내에 소련에 대한 독일의 압력을 완화시켜 달라고 스탈린이 자연스럽게 요구한 제2전선(a second front)의 형성과 관계되었다. 루스벨트와 처칠은 이 점에 관해서 의견 일치를 못보았다. 영국의 전쟁 내내 히틀러의 조약 당사자로서 전쟁에 참여치 않았던 스탈린을 지켜보았던 처칠은 서방 연합국들이 소련에게 자신들이 더 필요로 했던 많은 양의 전쟁장비를 제공하고 있다고 생각하였다. 처칠은 독일 심장부로의 침공에 대하여 간접적, 주변적 그리고 소규모적 전략을 선호하였다. 루스벨트와 스팀슨은 가능한 한 빠른 시일 내에 정면으로 해협을 가로지르는 공격을 원했다. 1942년 5월 대통령은 금년 내에 제2전선의 형성이 가능하다고 스탈린에게 약속하였다. 자신들이 미국인들보다 더 뛰어난 전략가라고 생각한 영국인들은 잠정적으로 이러한 미국의 제안을 받아들였으나 점차 그것을 의심하였고, 그 이후에는 독일이 약화되었을 때까지, 그리고 영국제도(the British Isles)에서 연합국의 적절한 병력 증강이 이루어졌을 때까지 그 제안을 반대하였다. 1942년 가을 처칠은 북아프리카 상륙작전을 대단히 선호하였다. 루스벨트는 앵글로-아메리카의 단결을 위해 궁극적으로 그 계획을 받아들였다. 그러나 프랑스에서 제2전선을 형성하는 대신 북아프리카에 상륙하는 계획을 낙담할 스탈린에게 알리기 위해 모스크바를 방문하는 일은 처칠이 맡았다.

1942년 앵글로-아메리칸의 북아프리카 침공은 영어권 연합국과 프랑스와의 관계를 복잡하게 만들었다. 북아프리카의 거의 대부분은 군사적으로 취약한 비시(Vichy) 정권 통제하에 있었다. 미국은 비시 정권과 외교관계를 유지하고 있었다. 이는 미국의 자유주의자들과 드골 장군의 심한 분노를 자아냈다. 처칠과 스탈린은 드골을 자유 프랑스의 지도자로서 지지·승인하였다. 그러나 드골이 자신을 프랑스 대표자로 생각하는 것처럼, 루스벨트는 자기 추천적 지도자는 프랑스 국민의 대표자가 아니라고 의심하면서 드골을 좋아하지도 지지하지도 않았다.[6] 그 당시 미국의 외교는 다소 비관적으로 많은 자유주의자들에게 충격을 주었다.[7] 그러나 희생이 아주 적은 비용으로 실질적인 정치적·전략적 이득

---

6) 1939년의 파나마 선언으로 서반구에서의 중립지역 설정에도 불구하고, 드골이 비시 정권이 보유하고 있는 조그마한 세인트-피에르(Saint-Pierre) 제도와 뉴파운드랜드(Newfoundland)의 미켈론(Miquelon) 남부를 점령할 것을 자신의 병력에게 명령하였을 때, 루스벨트와 헐은 화가 나고 당황하였다.

7) 비판을 받은 외교와 관련된 측면은 친추축국 독재자인 스페인의 프랑코 장군(General Francisco Franco)과 루스벨트 간의 우호적 서신 왕래와 관계가 있었다. 원정군이 스페인 보호령의 각 측면에 접해 있는 알제리와 모로코의 해안가에 도착하였을 때, 연합국은 그 지역의 15만 명의 스페인 군대를 중립화하고, 지브랄터에 대한 스페인의 조치를 막는 것이 중요하다고 생각하였다. 루스벨트는 미국은 "어떠한 방

을 산출하는 한 그것은 충분히 정당화되었다.

북아프리카에서의 성공적인 작전으로 독일이 스탈린그라드(Stalingrad)에서 항복하기 2주 전이자 북아프리카에서 추축국이 붕괴되기 4개월 전인 1943년 1월 카사블랑카에서 루스벨트와 처칠의 회담이 열렸다. 스탈린도 초대받았으나, 대항 공격이 가능하게 됨에 따라 군통수권자라는 이유로 이를 거절하였다. 다시 한 번, 처칠과 그의 군사 참모들이 미국의 최고사령부보다 더 설득력이 있음이 입증되었다. 미국의 최고사령부는 아직도 해협을 가로지르는 페스탕 유럽(Festung Europa)으로의 진격계획을 염두에 두고 있었다. 다음 작전은 시실리(Sicily)로의 진격으로 결정되었다. 북아프리카의 침공으로 소련에 대한 독일의 군사적 압력이 완화됐다는 점을 부인하였던 스탈린은 다시 당황하였다. 이러한 점을 인식하고 루스벨트는 아마도 스탈린이 독일과의 독자적인 강화조약을 협상하지 않기를 희망하면서 "독일, 이탈리아, 그리고 일본의 무조건적 항복"이라는 전쟁목표정책을 발표하기 위해서 카사블랑카 회담의 경우를 이용하였다. 1943년 연합국이 일부 전선에서 주도권을 잡기 시작할 즈음에 나온 이러한 발표는 연합국 간의 신뢰를 보여주었다. 그러나 이것은 그렇지 않았더라면 히틀러를 전복시키고자 했을지도 모르는 약화된 독일의 결의를 강화시켰고, 전쟁을 질질끌게 만들었다고 많은 사람들로부터 비난을 받았다.

빅토르 엠마뉴엘 3세(King Victor Emmanuel III)가 몹시 약화된 무솔리니를 해임·구금하고, 바도글리오(Marshal Pietro Badoglio)가 새로 탄생한 의원내각제의 수상이 된 지 9일이 지난 9월 3일 시실리 서부에 있던 연합국은 이탈리아 본토로 진격하였다.[8] 바도글리오 정부는 연합국의 일원은 아니었지만, 10월에 서방 국가들의 공동 참전국의 지위를 얻었다. 스탈린은 앵글로-아메리카가 이탈리아와

식으로도 스페인의 영토를 불법 월경하는 종류의 어떠한 행동도 하지 않을 것"이며, 양국은 "최고의 찬사라는 의미에서 우방"이고, 스페인 정부가 전쟁에 참여하지 않기를 원한다는 점을 믿는다고 프랑코에게 재천명하였다. Arthur P. Whitaker, *Spain and Defense of the West*, New York: Praeger, 1962, pp.11~14.

8) 일주일 후, 무솔리니는 한 나치 조종사에 의해 구출되어 북이탈리아의 인위적인 "사회공화국(social republic)"에서 나치의 꼭두각시 지배자가 되었다.

개별적인 정전협상을 체결한 것은 1942년 1월 1일의 국제연합성명서와 모순된다고 분개했다. 그러나 지중해 지역 어디에도 소련 병력이 없었으므로 그의 불평은 별로 중요하지 않았다. 게다가 독일은 이탈리아 본토에 대한 연합국의 일련의 군사행동에 가능한 한 큰 타격을 주기 위해 — 실제로 그러했다 — 참호를 파고 머물러 있었다. 따라서 진정한 평화정착에 관해서 언급하는 것은 불가능하였다.

서방 지도자들 중에서 처칠만이 전시 군사작전의 전후 지정학적 의미를 이해하였고, 만약 발칸에서 제2전선에 관한 그의 충고가 받아들여졌다면, 소련은 전쟁의 막바지에 이루어진 동유럽에서의 전리품을 결코 얻지 못했을 것이라는 사실은 종종 잘못 가정되어 왔다. 실제로, 1943년 루스벨트 대통령은 독일이 갑작스럽게 붕괴될 경우 소련의 베를린 진격과 동시에 미군의 베를린 진격의 필요성을 인식하였다. 루스벨트는 유럽 대륙에서 제2전선을 원했다. 하지만 그는 미국의 엄청난 사상자 희생을 감수하면서까지는 원치 않았다. 왜냐하면 그것은 태평양 전쟁의 예봉을 책임질 국가의 능력을 위태롭게 할 뿐 아니라 전후 국제적 책임감을 짊어질 자국의 자발성을 위태롭게 할 수도 있었기 때문이었다. 따라서 루스벨트는 자신의 군사 참모들처럼 가능한 한 조기에 제2전선을 형성코자 하는 강한 열망이 없었다. 그와 그의 참모들은 1944년 5월까지 해협을 가로지르는 침공을 하기로 최종 합의를 보았다.

테헤란 회담

영국 해협을 가로질러 점령당한 프랑스에 대한 오버로드 침공작전(Operation OVERLORD invasion)의 시기가 일단 정해지자, 1943년 11월 27일에서 12월 1일에 걸쳐 그 당시에 페르시아였던 이란의 테헤란에서 3대 강국 지도자들 — 루스벨트, 처칠, 그리고 스탈린 — 의 첫 모임에서 그 방법이 명백해졌다. 페르시아의 수도로 가는 도중에 루스벨트와 처칠은 카이로에서 장개석을 처음 만났다. 일본에 대한 중립적 입장 때문에 스탈린은 태평양 전쟁과 그 여파가 주된 주제였던 토론에 참여하고 싶지 않았다. 카이로에 모인 3명의 지도자는 일본의 무조건적 항복과 만주, 포르모사, 그리고 팽호제도(the Pescadores)와 같은 일본이 점령한 중국의 모든 영토 복구를 위해 대일전을 수행하기로 약속하였다. 테헤란

회담 동안, 스탈린은 장개석 대신 중국 공산당 지도자인 모택동(Mao Zedong)을 지원하고 싶다는 어떠한 징후도 보이지 않았다. 스탈린은 중국 영토의 반환에 대한 의도를 명확하게 승인하였다.

스탈린은 실질적인 권력이 앵글로-아메리칸 연합에 있다는 점을 이해하였다. 처칠과 영국의 국민들은 국제적 외교에 더 많은 경험이 있었다. 그리고 반볼셰비키인 영악한 늙은 처칠이 영국의 제국주의를 소생시키고 전쟁의 막바지에 소련의 영향력 팽창을 저지할 수 있는 일이라면 무엇이든지 할 것처럼 보였지만, 영국 제국은 장기적으로 구조적 쇠퇴를 겪고 있었다. 대조적으로, 스탈린은 루스벨트와 미국인들을 건전한 관점에서 인식하였다. 왜냐하면 자본주의 세계의 지도력이 오래 전에 영국에서 미국에게로 넘어갔기 때문이었다. 스탈린은 국내의 빈틈없는 정치가인 루스벨트에게 더 많은 영향력을 행사할 수 있다고 인식하였다. 루스벨트가 처칠의 폭넓은 경험을 소유했더라면 국제 문제에 대한 이해력이 틀림없이 보다 더 정교했을 것이다. 스탈린은 루스벨트가 때때로 자신에 대해서 앵글로-아메리카 자본주의의 동호인 입장보다는 객관적으로 중립적인 태도를 취하려는 것을 인식하였다. 따라서 스탈린은 일부러 루스벨트의 비위를 맞추어 개별적 모임에서 그에 대한 공격을 피했고, 처칠의 제국주의적 성향에 대한 루스벨트의 반식민주의적 감정에 호소하였고, 그리고 처칠과 자신의 의견이 틀릴 때, 조정자 역할을 하는 루스벨트의 의견을 존중하였다. 루스벨트는 스탈린을 한 인간으로서 온화하고 매력적인 인물로, 정치 지도자로서는 인상적인 사람이라고 생각하였다. 루스벨트는 소련이 독일의 패망과 더불어 대일전에 참전할 것이라는 스탈린의 확신을 듣고 기뻐했다.

노르망디 상륙과 드골

연합국이 로마에 입성한 후 이틀이 지난 1944년 6월 6일 이제까지 소집된 가장 막강한 미국-영국의 함대는 노르망디(Normandy) 해안에 대한 오버로드 작전을 감행하였다. 아이젠하워(Dwight David Eisenhower) 장군은 연합국의 대규모 원정군의 최고 사령관으로서 자신의 역할을 성공적으로 수행한, 유명한 군인이자 외교관이었다.

드골은 그날 저녁 때까지 침공시기에 대한 정보를 받지 못했다. 루스벨트와 헐은 드골이 자유 프랑스의 지도자로서 광범위하게 인식되고, 드골만이 연합국의 침공을 지원하도록 그들의 노력을 단결시켜 프랑스 레지스탕스의 모든 구성원들에게 효과적으로 호소할 수 있다는 점이 명백해졌을 경우에만 프랑스민족해방위원회(the French Committee of National Liberation)의 지도자 지위를 인정하였다. 심지어 그 당시까지도, 루스벨트는 드골의 위원회를 사실상의 프랑스 임시정부로 인정하기를 주저했다. 드골과 프랑스 병력이 8월 25일 파리로의 해방 행진을 주도하는 것이 허용되었다. 드골은 독일의 장래문제를 결정하기 위해서는 3대 강국을 4대 강국으로 바꾸어야 한다고 주장했다. 드골은 독일을 목표로 한 프랑스-소련의 상호 원조조약을 협상하기 위해 12월에 모스크바를 방문하였다. 1945년 초 얄타에서 3대 강국 간의 최종협상이 준비됨에 따라, 드골은 자신도 참석해야만 한다고 주장하였다. 처칠은 이에 동의했으나 스탈린은 논평을 하지 않았으며, 루스벨트의 확고한 반대 입장이 우세하였다.

연합군과 패전국 독일

무조건적 항복 조건은 별 문제를 야기시키지 않았다. 독일은 완전히 무장 해제되고, 연합국측에 가한 전쟁 피해에 대한 보상을 지불해야만 한다고 결정되었다. 그러나 정확한 액수에 대해서는 어떠한 합의도 이루어지지 않았다. 개별적인 공동 점령지역으로서 베를린을 명확한 책임지역으로 다시 분할할 것과 더불어 독일은 거의 동등한 3곳의 점령지역으로 분할될 운명이었다. 소련은 동쪽지역을 점령하였고, 영국과 미국은 서베를린을 서로 양분하였다 — 소련 지도자는 방법에 개의치 않았다(후에 베를린이 서쪽지역으로부터 분할되는 한, 그는 또한 프랑스 지역도 있을 수 있다는 데 동의하였다). 루스벨트의 최초의 계획안에 의하면, 베를린은 3개 지역의 교차 지점이 되어 3개국의 접근을 보장하는 것이었다. 그러나 결국에는 소련 지역의 경계선이 서베를린쪽으로 100마일 이상 더 뻗었다. 그리고 접근권리에 대한 문제에 별 관심이 없었다. 그러한 간과로 인해서 베를린은 수년 동안 국제적 불화의 원천이 되었다.

영국과 미국은 지역 분할에 대해서 의견을 달리 했다. 이미 북쪽에서 자국의 병력을 전개하였던 영국은 (그들이 잘 알았던) 저지대국가들에 가깝고, 독일 해군의 무장 해제를 감독할 수 있고, 공급선을 더 짧게 하여 최소한의 경제적 비용으로 자국의 업무를 수행할 수 있는 서북쪽 지역을 원했다. 그러나 루스벨트는 남쪽으로 전개되었던 미국 병력이 서남쪽과 서북쪽 지역을 교환하기를 원했다. 그 지역에서 미국은 태평양에 대한 재배치를 위해 독일과 네덜란드 항구들로 더 쉽게 접근할 수 있었다. 더군다나, 그는 아마도 자신과 드골과의 부자연스러운 관계나 혹은 프랑스에서의 정치적 갈등과 불안정을 예상했기 때문에 미국의 병력이 프랑스를 통한 커뮤니케이션 라인에 의존하게 되는 것을 원치 않았다. 루스벨트는 브레멘(Bremen)과 브레메르하펜(Bremerhaven)에 대한 미국의 통제와 접근 보장을 조건으로 최종적으로 영국에게 양보하였다.

1944년 9월 2차 퀘벡(Quebec) 회담에서 루스벨트와 처칠은 미국의 재무장관 모겐소(Henry Morgenthau, Jr.)가 제안한, 즉 루르(Ruhr)와 자르(Saar) 지역의 잠재적인 독일의 전쟁준비산업은 연합국에 의해서 해체되어야 한다는 제안을 구체화시키는 협정을 가조인하였다. 모겐소 플랜하에서 독일은 "그 성격에 있어서 일차적으로 농업적이고 목축적인 국가"로 전환되어야만 하였다. 그 제안은 경험 있는 외교관들과 언론으로부터 상당한 조소를 받았다. 루스벨트와 처칠 모두는 인정한 지 한 달 만에 그 제안을 철회하였다. 루스벨트는 그 계획이 지닌 함축성으로 자신이 동요되어 어떻게 그것을 가조인할 수 있었는지 의아해했다. 루스벨트가 그것의 통제를 선호했음에도 불구하고, 모겐소 플랜은 그의 의도를 훨씬 넘어섰다.

덤바튼 오우크스와 얄타 회담

처칠과 스탈린은 평화와 안보유지를 위한 전후 국제기구의 창설에 루스벨트보다 관심이 없었다. 그러나 워싱턴 디시(Washington, D.C.)에 있는 덤바튼 오우크스(Dumbarton Oaks) 별장에서 1944년 여름 후반부터 10월초까지 7주에 걸친 회담에서 (영국과 미국이 소련, 중국과 개별적으로 모임을 가진) 4대 강국의 대표자들은 새로운 국제연합(United Nations)의 총회와 안전보장이사회의 기본구조에 관해서 합의를 보았다. 총회는 회원 국가들의 평등성의 원칙을 구현시키고, 평화유지는 4대 강국의 만장일치에 달렸으며, 그들의 특별한 책임감은 거부권을 수반한다는 승인을 바탕으로 안전보장이사회가 설립되었다. 이것은 소련의 제안이 아니었다. 상원의 비준을 받지 못한 윌슨의 연맹규약의 운명을 기억한 루스벨트가 거부권을 주장했다. 그러나 루스벨트와 처칠은 안전보장이사회의 투표에서 거부권 사용에 대한 일부의 제한을 두어 그것이 절차적인 문제로까지 확대되지 않고, 또한 강대국 중의 일국이 분쟁 당사국이 되어 그것이 안전보장이사회로까지 확대되지 않는 것을 지지하였다. 총회의 대표 파견의 문제에 관해서 소련은 연방 내의 사회주의 공화국 각각을 위한 16석을 요구하였다. 루스벨트는 그 요구를 거절하였고, 심지어 어느 시점에서는, 그렇다면 미국은 48개 주 각각에 투표권을 부여해야 한다고 장난같은 제안으로 되받아쳤다. 미국과 영국은 영연방이 총회에서 6개 회원국을 갖고 있다는 사실을 인정하고 그리고 서방측에 의해서 소련이 고립되고 표수로 질 수도 있다는 스탈린의 우려를 인정하여 얄타에서 소련은 우크라이나(Ukrainia)와 벨로루시아(Byelorussia) 공화국을 위한 두 개의 의석 추가를 받을 수 있다는 타협안을 지지하기로 동의하였다. 그리고 소련은 안전보장이사회에서 거부권 사용을 제한하는 서방측 계획에 동의하였다.

1944년 대통령 선거에서 듀이(Thomas E. Dewey)를 물리친 후 얼마 지나지 않아 지친 루스벨트는 스탈린과 처칠을 마지막으로 만나기 위해 크리미아(Crimea)로 향했다. 소련군이 국경선을 넘어 (중립화되었으나 점령당하지 않은) 핀란드, 루마니아, 불가리아, 헝가리 그리고 폴란드로 이동함에 따라, 1944년 여름부터 스탈린을 상대하는 것이 더욱 어려워졌다. 1944년 10월 처칠과 스탈린은 모스크바에서 전후 동유럽에서의 영향권과 같은 것에 대해 논의하였다. 그러한 개념에 관련되고 싶지 않았던 루스벨트는 그에 대한 공식적 입장을 표명하지 않았고, 또한 그에 대한 이의도 제기하지 않았다.

루스벨트의 일차적 관심은 대일전에서 소련의 구체적인 참전에 대한 공약을 확보하는 것이었다. 스탈린은 의심의 여지없이 전쟁이 끝나기 직전에 태평양 전쟁에 참여하여 극동에서의 평화정착 형성에 일조하고자 했고, 자신에 대한 연합국의 원조지불대가를 늘리기 위해 열심히 움직였다. 그래서 그는 참전 날

짜를 고정하지 않았다. 장개석의 중국 정부를 4대 강국의 회원국으로 인정코자 한 루스벨트는 또한 장개석의 국민당과 모택동의 공산주의 간의 상이성을 해결하는 데 소련의 협력을 모색하였다. 스탈린이 장개석에 대해서 상당히 비판적이었지만, 그 당시에는 장개석을 중국을 통합시킬 수 있는 유일한 국가 지도자라고 인정하였다. 명백히 스탈린은 모택동의 공산주의자들이 장개석을 압도하리라고는 예상치 못 했다.

폴란드 문제

폴란드 쟁점은 전시외교의 어떠한 쟁점보다도 대연합에 가장 심각한 긴장감을 부여하였다. 폴란드 문제는 연합국들을 심히 분열시키는 정치적 상이성을 메우기 위한 서방 민주주의와 소련의 불안정을 상징화하였다. 두 가지의 주요 관련 문제들은 국경선과 폴란드 정부 형태에 관한 것이었다. 폴란드 민족주의자들에게 쓰라린 마지막 해결이 된다 할지라도, 연합국은 국경선 문제에 관해서는 그럭저럭 합의를 보았다. 그러나 서방 민주주의 국가들은 적군(赤軍) 때문에 소련이 폴란드에 부과할 수 있었던 정치체계를 결코 승인할 수 없었기 때문에 폴란드 정부 형태에 관해서는 합의를 볼 수 없었다.

1939년 8월의 나치-소련 간의 불가침 조약의 직접적인 결과로 인해서 스탈린은 한 달 후 폴란드 전체의 약 2/5에 해당하는 동폴란드를 점령·합병하여 약 500만 명의 폴란드인들과 그에 상당하는 벨로루시아와 우크라니아 주민들을 러시아로 합병시켰다. 우크라이나는 한때 짜르 체제에 속했으나, 1921년 러시아의 약화로 상실되었던 지역이었다. 런던에 기반을 둔 폴란드 망명 정부는 동폴란드 지역의 소련 합병을 승인하지 않았다. 이후 1943년 테헤란에서 처칠은 스탈린에게, 사실상 그러했지만, 폴란드를 서쪽으로 이동시킬 수 있는 방법을 설명하기 위해 3개의 성냥개비를 사용하였다. 소련은 동쪽에 자국의 지역을 보유하고 폴란드는 독일을 희생으로 오데르(the Oder) 강과 나이세(the Neisse) 강까지 영토 보상을 받을 수 있었다. 소련이 쾨니히스베르크(Konigsberg)의 항구도시를 포함하여 동프러시아의 북쪽 지역을 병합할 수 있다면, 상대하기 어려운 협상가인 스탈린은 몰로토프-리벤트로프 라인(Molotov-Ribbentrop Line)에서

1920년의 커즌 라인(Curzon Line)까지 철수할 용의가 있다고 말했다. 소련의 안보 욕구를 이해한 처칠은 이러한 변화들을 찬성했으나, 유럽의 안보체계에서 독자적인 활동을 할 수 있는 강력한 폴란드가 존재해야만 한다고 주장하였다. 루스벨트는 국경변경의 필요성에 대해서 묵묵히 동의하는 입장이었다. 그러나 미국 내 폴란드계의 600~700만 유권자들에 대한 자신의 견해와 더불어 루스벨트는 스탈린에게 테헤란에서나 혹은 그 이듬해인 1944년 선거 이전에는 그 주제에 관한 어떠한 결정에도 참석할 수 없다고 말했다.

처칠은 폴란드 망명정부를 설득하여 테헤란 협약을 받아들이고 그것을 유리하게 이용할 것을 요구했다. 망명 정부의 미코라이치크(Stanislaw Mikolajczyk) 수상과 다른 정치·군사 지도자들은 원래 나치의 침공으로부터 폴란드를 구하기 위해 1939년 전쟁에 참여했던 영국이 이제는 소련의 분할을 부추기고 있다고 주장하면서 완강히 반대하였다. 처칠은 영국과 미국은 엄격하고 불변적인 정치-군사적 현실에 기반을 둔 소련의 요구를 군사력을 동원하여 거절함으로써 전시연합을 깨지는 않을 것이라고 경고하였다. 미코라이치크는 루스벨트에게 호소했으나, 아무 소용이 없었다. 왜냐하면 루스벨트는 – 선거 고려는 별도로 하더라도 – 전후 동유럽에 관한 보증이 필요한 어떠한 정책결정에도 관련되고 싶지 않았다.

워싱턴과 런던은 점차적으로 국경선 문제에서 전후 폴란드의 정부 형태로 관심을 돌렸다. 2년 이상 스탈린은 폴란드 망명 정부를 불신임했다. 후에 루블린 위원회(the Lublin Committee)로 발전된 친공산주의 계열의 폴란드 애국자동맹(Union of Polish Patriots)은 폴란드가 적군(赤軍)에 의해 "해방"된 후 폴란드 정부가 되는 가정을 세우기 위한 연장된 캠페인을 전개해왔다. 1939년에서 1941년까지 소련이 점령한 폴란드 영토의 일부인 카틴 숲(Katyn Forest)에서 1943년 4월 수천 명에 이르는 폴란드 장교들의 대량 죽음이 발견되었고, 1944년 8월에서 10월까지 용감한 봉기를 수행한 보르-코모로위스키(Tadeusz Bor-Komorowski) 장군의 폴란드 지하군대가 스탈린을 배반하여 소련-폴란드 관계가 악화되었다.

적군(赤軍)이 수도에 접근하자 모스크바의 폴란드 언어 라디오 방송국은 폴란드 국민들에게 봉기하여 후퇴하는 독일 점령군을 물리칠 것을 호소하였다. 그러나 보르 장군이 반란을 일으킬 조짐이 있자, 모스크바의 라디오 방송은 침묵하고 바르샤바 상공의 소련 비행기들과 소련 포병은 모든 활동을 멈추었다. 그리고 적군의 지상공격도 중단되었다. 스탈린은 포위된 보르의 4만 유격대인 홈 아미(Home Army)를 도와달라는 처칠과 루스벨트의 호소에 무심하였고, 만약 영국과 미국의 비행기가 스탈린이 바르샤바에서 무책임하고, 무모하고, 그리고 범죄적인 모험으로 규정한 것을 도와준다면, 영국과 미국 비행기의 소련 영토 착륙을 허락하지 않겠다고 말했다. 사실상, 스탈린은 전후 폴란드에서 자유로운 대의제 정부를 지지하였던 군부를 적군에 의해서가 아니라 바르샤바의 독일군 4개 사단에 의해서 제거하도록 조치하였다. 그 봉기는 8주 만에 진압되었다. 얄타에서 소련식 범장을 한 루블린 위원회가 "자유롭고 속박 없는 선거"가 곧 치러질 것이라는 보장에도 불구하고 폴란드의 전후 정부를 구성할 것이라는 점은 이전의 결론이었다.

원자폭탄 제조 결정

독일에서 히틀러의 권력 장악이 원자 물리학 분야에 있어서의 과학적 연구와 급속한 발견의 증대와 일치하였다는 사실에서 비극적인 아이러니가 존재하였다. 독일인, 헝가리인, 그리고 아인슈타인(Albert Einstein), 맥스 본(Max Born), 스질라드(Leo Szilard), 그리고 텔러(Edward Teller)와 같은 다른 과학자들의 이주로 미국은 최고의 이론가 집단을 보유하였다. 그들 중의 일부는 히틀러의 인종정책의 피난자들이었다. 그들은 나치가 최초로 "최후의 무기"를 개발할까봐 매우 당황하였다. 덴마크인 보어(Nils Bohr)는 그들을 격려하였다.

1939년 전쟁이 발발하기 4주 전 아인슈타인은 루스벨트에게 가까운 장래에 아마도 (확실치는 않지만) "새로운 유형의 아주 강력한 폭탄"의 제조를 주도하는 "핵 연쇄반응을 달성하는 것이 가능하게 될 것"이라는 내용을 편지로 전했다. 대통령 자신은 실행을 원한다는 뜻을 비추었고, 4개월 후 약간 회의적이었던 육군과 해군은 연쇄 반응이 달성될지의 여부를 결정하기 위한 실험에 필요한 우라늄과 흑연을 구매하기 위해 6,000달러를 할당하였다. 정부의 최고 과학자들은 더 심화된 연구로 미국이 그 문제를 진지하게 추구해야만 한다고 확신하였다. 맨해튼 프로젝트(Manhattan Project)의 조직화는 그로브즈 소장(Major General Leslie P. Groves)에게 위임되었다. 1942년 12월 2일 시카고 대학교의 축구경기장 지하의 임시 실험실에서 원자로의 최초의 성공적인 기능과 연쇄반응의 실험이 행해졌다. 미군이 1944년 11월 스트라스부르(Strasbourg)에 도착하였을 때, 독일의 원자탄 제조 노력은 미국보다 3년 먼저 착수했음에도 불구하고 별 진전이 없다고 알려졌다. 맨해튼 프로젝트와 관련된 일부 과학자들은 원자 폭탄의 제조를 계속하는 것에 대해서 재고하기 시작하였다. 그러나 역사상 가장 비용이 든 과학적 계획을 바꿔 놓기에는 너무 늦었다. 그 프로젝트의 과학적 책임자인 오펜하이머(Robert Oppenheimer)는 그 작업을 완성시키고 그 이론을 확인할 지적 의무를 가졌다는 점을 동료들에게 주지시켰다. 많은 물리학자들은 그 무기의 사용에 대해 우려하여 전후 원자력 에너지에 관한 국제적 통제를 수립할 가능한 방법을 토의하기 시작하였다. 스질라드와 보어는 미국의 원자 무기개발로 소련이 두려움을 느껴 장래에 새로운 형태의 권력투쟁을 초래하지나 않을까 하고 각별히 우려하였다. 보르는 의심과 경쟁을 피하기 위해 소련과의 협력을 주장했다. 그러나 루스벨트와 처칠은 새로운 폭탄의 비밀을 스탈린과 공유해서는 안 된다는 데 동의하였다.

루스벨트의 중국 정책

아시아-태평양 무대에서 일본은 미국, 영국, 네덜란드, 그리고 오스트레일리아 병력을 불명예스럽게 후퇴시키면서 필리핀, 말라야, 버마 그리고 네덜란드령 동인도를 신속하게 점령하였다. 미해군은 미드웨이에서 일본 함대를 패배시킨 1942년 6월 초경에 주도권을 잡기 시작하였다. 그것은 전쟁의 전환점이었다. 미드웨이 해전 후 일본은 솔로몬 제도(the Solomon Islands), 뉴기니아, 그리고 거의 모든 군도를 상실하였고, 동시에 일본이 점령했던 다른 섬들에서 무시당하고 고립되었다. 더군다나 미군의 잠수함은 일본 함대에 엄청난 희생을 부과하기 시작하였고 이러한 손실은 일본경제를 심각하게 압박하였다. 도쿄의 사려 깊은 정치인들은 1943년까지 일본의 전쟁승리에 대해 의심하고 강화조약에 관해서 논의하기 시작했다. 그러나 특히 루스벨트-처칠의 무조건적 항복 정책에 비추어 보았을 때, 군부는 그러한 패배주의적 제안을 용인하지 않았을 것이다. 1944년 후반 일본은 중국의 서남부 지역에서 대규모 공격을 수행할 수 있었다. 인도-버마 국경선에서 일본의 주요 패배에도 불구하고, 미국의 계획자들은 장기적인 유혈 투쟁을 예상하였다.

루스벨트는 소련의 참전과 중국의 정치적·군사적 통일을 일본에 대한 마지막 군사행동의 조건으로 파악하였다. 1942년 초 루스벨트는 장개석에게 국민군을 스틸웰[Joseph W. Stilwell("Vinegar Joe")] 장군의 지휘하에 둘 것을 제안했으나, 대만의 총통은 주저하였다. 1944년 6월 루스벨트는 왈라스(Henry Wallace) 부통령을 진상조사 임무차 국민당의 수도 중경(Chungking)으로 파견하였다. 루스벨트는 국민당과 공산주의자 간의 내전을 막고,[9] 그리고 더 좋은 중국-소련 관계를 갈망하였다. 국민당 정예부대가 북쪽의 공산주의에 대한 군사작전을 전개한 것에 주목한 왈라스는 장개석이 외부 침략자에 대한 전쟁보다는 중국의 내부 통제를 위해 모택동과의 투쟁에 더 몰두해 있다고 결론지었다. 모택동은 장개석을 상당히 우려했으나, 일본군에 대한 제한적인 작전을 수행하여 "해방군"에 대한 인민의 지지를 조성하였다는 점에서 더 영리하였다. 왈라스가 중국의 단합된 대일전 노력을 위해 압력을 가했을 때, 장개석은 모택동의 추종자들은 실제적인 공산주의자들이 아니고 전후 초기 미국의 지식인 계층에서 광범위한 평판을 얻었던 해석, 즉 그들은 단지 농업 개혁가들이라는 소련의 선전지침으로 워싱턴이 속고 있다고 경고하였다. 왈라스는 장개석의 이러한 주장에 직면하여 루스벨트에게 최고위층의 개인적 대표자를 중경으로 보낼 것을 추천하였다.

루스벨트는 자신의 개인적 대표자(후에 대사)로 친구이자 후버 행정부에서 전쟁성 장관을 역임한 헐리(Patrick J. Hurley) 장군을 임명하였다. 헐리는 중국을 잘 몰랐다. 그는 매력적이고, 화려하며, 그리고 때때로 이상한 성격의 소유자였

9) 공산주의자들은 손문(Sun Yat-sen)의 최초의 혁명당인 국민당의 좌익진영이었다. 그들은 1925년 손문의 죽음 후 해체되었다.

다. 군사적 차원에서 보면 정확한 가정인 국민당이 더 강하다고 확신한 그는 장개석만이 중국을 통일시킬 수 있다고 믿었다. 그러나 중국에 있는 미국의 재외 공관원들은 장개석의 정부는 타락하고, 비효율적이며, 소집단의 부르주아지 대금업자와 지주들과 너무 밀접하게 연합되어, 따라서 인민들로부터 소외되었다고 파악하였다. 이러한 "중국통들(China hands)"의 관점에서는, 농민들과 더 밀접했고 인민의 개혁과 결합되었던 공산주의자들이 정치적으로 더 강했다.

1944년 9월 스틸웰 장군으로부터 버마와 중국의 상황이 악화되고 있다는 보고를 받은 후, 그리고 중국이 곧 그 전쟁에서 패배할 것을 두려워 한 루스벨트는 스틸웰을 통해 장개석에게 긴급한 호소를 보냈다. 만약 중국이 구제되고 일본에 의해서 완전히 무너지지 않는다면, 국민당 병력은 스틸웰의 명령하에 배속되어야만 한다. 그때까지 스틸웰 장군과 장개석은 서로를 경멸하였고,[10] 장개석은 스틸웰이 최후통첩을 준비하고 있다고 의심하였다. 장개석은 루스벨트의 지시를 거절하면서 스틸웰을 소환하고 대신 웨더마이어(Albert C. Wedemeyer) 장군을 임명할 것을 요구하였다. 헐리는 연안(Yenan)을 방문하여 모택동을 만나 국가적 연립정부하에서 중국의 모든 군사력을 위한 복잡한 협정을 논의했다. 타협의 가능성에 대해서 지나치게 낙관한 헐리는 국민당과 공산당 간의 심오한 이데올로기적 상이성을 과소평가했다. 장개석은 공산주의자들이 완전한 권력이양을 위한 전술적 전조의 경우를 제외하곤 결코 연정에 참석치 않을 것이라고 생각했기 때문에 연정 계획을 거절하였다.

전쟁의 마지막 단계

얄타 회담은 중요한 많은 쟁점들을 미해결인 채로 남겨 놓았거나 혹은 아주 명확하게 해결하였다. 스탈린은 폴란드에서나 혹은 중유럽과 동유럽의 다른 곳에서 "자유선거"의 의미에 관해서 루스벨트와 처칠과 의견을 달리했다. 적군(赤軍)이 소련의 안보지대의 형성에 반대하는 국가들을 향해 서쪽으로 진격해감에

---

10) 장개석은 아마도 스틸웰이 일상적으로 자신을 "별 볼일 없는 사람"으로 언급한 것을 알고 있었을 것이다.

따라, 서방의 민주주의적 지도자들이 전시의 협정들을 어떻게 해석하든지 상관하지 않고 소련의 안보 이익에 따라서 그 지역에서 전후의 상황을 형성하기로 한 스탈린의 결심은 명백해졌다. 스탈린이 원했던 것은 그 자신이 착안해낸 새롭고 보다 더 효과적인 방역선, 즉 서방쪽을 향하고 있는 보호지대였다. 처칠은 스탈린의 의도에 관해 루스벨트보다 더 회의적이었으나, 이제까지 지치고 병든 루스벨트조차도 서방이 유럽과 극동문제에 관해서 비타협적인 동맹과 다소 힘든 협상을 벌여야 한다는 것을 얄타 회담 후에야 비로소 깨닫기 시작하였다. 그럼에도 불구하고, 아마도 미국 내의 여론이 미군이 유럽에 1~2년 이상 주둔하는 것을 지지하지 않을 것이라고 생각했기 때문에 루스벨트는 전시연합국 간의 협력을 막연하게 전후시기로까지 그럭저럭 연장시키기를 계속 기대하였다. 따라서 루스벨트는 소련의 대일전 참전을 앞당기고 유럽의 안전을 위해 소련의 지지를 얻기 위해 양보를 하였고, 또한 때때로 스탈린의 요구를 들어주기 위해 최대한 노력하였다.

전쟁이 막바지에 이르자 1941년에서 1945년까지 잠잠했던, 자본주의 국가들을 향한 소련의 오랜 이데올로기적 적대심이 다시 나타나기 시작하였다. 1945년 3월 소련의 외무장관 몰로토프(Vyacheslav M. Molotov)는 이탈리아 북부에서 독일군이 항복할 조짐이 보였을 때, 베른(Berne)에서 가진 독일 장교들과 앵글로-아메리칸과의 회담에 대해 항의서한을 워싱턴과 런던에 전달하였다. 며칠 후, 몰로토프는 서방 연합국이 독일과의 개별적인 강화조약을 체결하려고 한다는 것을 암시하였다. 스탈린은 루스벨트에게 몰로토프는 한 달 후에 개최될 예정인 샌프란시스코에서의 반추축 연합국 회담(United Nations Conference)에 참석할 수 없을 것이라고 통보하였다. 루스벨트는 얄타결정, 특히 폴란드에 관한 합의를 이행하는 데 별 진전이 없다는 사실에 낙담하여 자신은 "솔직히 당황했다고" 스탈린에게 불만을 표하였다. 스탈린은 베른 협상에 대해 계속 비난하였다. 스탈린은 베른 협상으로 앵글로-아메리칸 군대가 어떠한 저항도 받지 않고 독일의 심장부로 신속하게 전진할 수 있다고 생각하였다. 물론 동부전선에서 독일 육군이 진격해오는 소련의 적군에 대해 격렬하게 전투를 해야만 하는 반면, 영국과 미국의 군대가 독일 영토의 대부분을 점령하고, 아마도 소련보다 먼저 베를린에 도착할 것이라고 생각하는 것은 상당히 설득력이 있다. 그것을 위해서는 어떠한 협상도 필요치 않았다.

프랭클린 델라노 루스벨트가 대통령으로서 4번째 취임식을 한 지 불과 3개월도 지나지 않아 서거했을 때, 미소 관계는 분열되고 있었다. 루스벨트가 가장 어려운 정치적 쟁점들의 해결을 군사적 승리를 거둘 때까지 혹은 그 이후로 연기하는 것을 선호해왔기 때문에, 그렇게 중요한 시기에 루스벨트의 갑작스러운 죽음은 이미 국제적 외교상황에 내재해 있었던 애매모호함을 강화시켰다. 국내정치에는 밝았으나, 대외문제에는 경험이 없고 자신의 전임자의 전시외교 거래에 대해서 거의 모르는, 미주리 출신의 솔직한 인물이, 점잖고 귀족적이며 감명적인 뉴욕 시민(New Yorker)을 계승하였다.

루스벨트하의 외교정책 결정

1933년 루스벨트가 취임했을 때, 미국 외교정책의 형성과 수행에 관한 전통적인 가정들은 원상 그대로였고 의심의 여지가 없었다. 미국의 헌법은 조국이 나아가야 할 일반적 방향에 관한 국민적 합의와 특별한 정책들의 형성과 그것들을 수행하는 전술적 결정에 관한 엘리트의 경험들을 결합시키는 데 공공정책의 기반을 둔 메커니즘을 수립하였다. 민주주의에서는 국민들이 바람직함, 비용들, 그리고 국제무대에서의 대안적인 행동 혹은 무위의 과정에 대한 결과들을 다양하게 평가하고, 책임감을 공유하는 행정부와 입법부를 선출한다. 그러나 일반적인 국민들이 국가라는 선박이 출항하는 최종적인 목적지에 대한 선택에 영향을 미칠 수는 있으나 정확한 항로를 계획하거나 항해할 수는 없다.

행정부에 내재해 있는 고유한 이점들 — 결정과 명령의 통일성, 뛰어난 정보 원천, 비밀성, 그리고 필요할 경우, 특히 위기 시에 신속히 행동을 취할 수 있는 능력 — 때문에 모든 정치체계는 외교정책 주도권을 잡을 수 있는 전권을 행정부에 부여한다. 미합중국 대 커티스 라이트 수출회사(United States v. Curtiss-Wright Export Corporation, 1936)의 경우에서, 대법원은 "국제관계의 분야에 있어 연방정부의 유일한 기관으로서 아주 신중하고 완전하며 배타적인 대통령의 권력"에 관해서 언급하였다. 서더랜드(Sutherland) 판사는 대법원 판결을 옹호하면서 "협상과 (해외의) 조사를 통해서 효과적인 의회의 법률제정은 …… 만약 국내적 문제에만 관련되었다면, 허용할 수 없는 법률적 엄격함으로부터 어느 정도의 자유 재량과 자유를 때때로 대통령에게 부여해야만 한다"고 말했다. 대법원의 역사를 통해 보았을 때, 대법원 자체는 대외문제의 영역에 있어서 대통령의 어떠한 행동에 대해서도 그 합헌성의 여부를 판결하지 않았다.

루스벨트는 테네시 주 출신인 헐(Cordell Hull)을 국무장관에 임명하였다. 헐은 의회에서 22년간 근무한, 법률에 조예가 깊은 사람이었다. 그는 외교적 경험이 없었으나 재정문제, 특히 관세문제에 전문가였다. 루스벨트는 개인적 우정이나 그의 고귀한 도덕적 원칙 때문이 아니라, 헐이 민주당 내에서 권력이 있고, 시카고에서 루스벨트가 지명을 얻는 것을 도와주었고, 의회로부터 좋은 평판을 누리고, (비록 루스벨트는 그 당시에 다른 정부 지도자들 못지 않게 보호주의적 국가경제를 옹호했지만) 새로운 행정부가 관세 인하를 통해서 국제무역을 소생시키는 것을 진심으로 지지하는 것처럼 보이게 할 수 있었기 때문에, 아마도 그를 선택하였을 것이다. 헐은 고관세가 1930년대 국제적 불안정과 긴장의 주요 공헌자라고 믿었다. 그는 아마도 1934년의 호혜적 무역협정법(Reciprocal Trade Agreements Act)에 대한 자신의 열렬한 지지를 가장 잘 기억하였다. 국내문제에서는 제퍼슨주의적 민주당원이자 대외문제에서는 윌슨적 이상주의자인 헐은 권력정치, 세력균형과 영향권 개념에 대해서 깊은 혐오감을 가졌고 그리고 국제법, 국제기구, 도덕성에 대해서는 강한 애착을 보였다. 헐의 실질적인 전망은 프린스톤(Princeton), 트렌튼(Trenton), 그리고 나중에는 대통령이 된 버지니아주 사람(윌슨)에게 결코 뒤지지 않는 이상주의자였다. 그러나 그는 윌슨이 의회와의 관계를 무시했고, 외교정책을 당파적 갈등의 주제로 전환시켰다고 비난하였다.

1933년부터 1937년까지 루스벨트는 대공황의 여파를 다루는 데 대부분의 주의를 집중할 수밖에 없었다. 이 기간은 외교정책의 형성에 있어서 헐이 최대한의 영향력을 행사할 수 있었던 시기였다. 헐은 냉철하고, 확고하며, 꾸준히 일하는 인물이었다. 그는 각 국가들에 의한 개화된 자기 이익에 대한 인식에 입각한 호혜적 관세삭감과 다른 국제경제 조정을 실현시키려고 노력하였다. 그는 또한 루스벨트의 선린우호정책 — 라틴 아메리카 공화국들의 문제에 불개입을 선언 — 의 핵심적 교의에 신뢰감을 부여하여 미주체제를 건설하는 데 많은 일을 하였고, 심지어는 서반구 안보를 위해 결속을 굳히도록 라틴 아메리카 국가들을 설득하였다. 그러한 방식으로 그는 자신의 도덕적 분개를 표현했고, 그가 진주만 침공 후 수 시간 내에 일본 공사들에게 했던 것처럼, 다른 국가들의 국제적 예절에 대한 비양심적인 위반에 대해서도 그들의 외교관들에게 훈계할 수 있는 능력을 보였다. 의회와 대중들로부터 존경을 받았던 헐은 궁극적으로 언론으로부터도 비판받지 않았고, 그리고 1944년 11월 선거 후 나이와 건강상의 이유로 사임하기 전까지, 거의 12년 동안 미국 역사상 가장 오랫동안 국무장관을 맡았다. 그는 국제연합에 희망찬 새로운 국제적 평화질서의 토대를 구축하고자 한, 최후까지 윌슨주의적 이상주의자였다.

루스벨트와 헐은 서로 존경했으나, 그들은 결코 친밀하거나 친구답지 않았고 항상 다소 공식적이었다. 그리고 그들은 항상 직접 대면하지 않았다. 헐은 당재원의 기부자보다는 전문 외교관이 되는 대사직을 더 원했다. 자신의 몇몇 후계자들처럼, 대통령은 진부하고 활기가 없다고 생각한 국무부의 업무를 관리·조직할 수 있는 자유재량권을 국무장관에게 부여하였다. 그러나 테네시 주 출신인 보수주의자 헐은 개혁가나 혹은 대담한 혁신가도 아니었다. 그는 국무부(Foggy Bottom)를 떠나기 전에 10년 동안 몸담았던 한 전통적 부서의 마지막 회의를 주재하였다.

1937부터 국제적 상황이 악화되면서 대외문제에 대한 루스벨트의 관심이 활기를 띠었다. 전쟁의 접근방법과 더불어 백악관은 점점 더 중대한 외교정책 쟁점들을 결정하는 중심이 되었고, 헐은 계속해서 일상적인 외교업무의 흐름을 관리하였다. 헐은 루스벨트 유형에 더 가까운 웰즈(Sumner Welles) 차관이 대통령과 직접 만나 때때로 이니셔티브를 추천했다는 사실에 크게 분개하여 앞으로는 그렇게 하지 않도록 웰즈에게 주의를 주었다. 그리고 그러한 주의는 종종 먹혀 들어갔다. 헐의 유용성은 그의 비판정신에 있었다. 중요한 특정 시점에 아무 행동도 취하지 않은 이유를 알고 나면, 헐이 지나치게 조심스럽다고 여겨졌으나, 그의 비판정신은 때때로 조급하고 경솔한 조치로부터 대통령을 구하였다.

1930년대에는 외교정책이 무척 단순하였다. 대외원조도 없었고, 진주만 침공 이전에는 해외로부터 긴급한 소식도 거의 없었다. 국가안보보장회의, 통합된 국방부, 중앙정보부, 통합참모본부 등이 존재하지 않았다. 1941년 기간 동안 전쟁위원회(War Council)는 대통령을 만나기 시작했으나, 헐은 공식적인 전쟁선언 때까지만 한 회원이었다. 그 이후에는 정치적 함축성에 대한 체계적인 분석을 결여한 군사적인 정책결정이 지배하였다. 루스벨트는 전문 외교관들, 특히 헨더슨(Loy Henderson), 그루(Joseph Grew), 그리고 스탈린 정권에 대해서 한결같이 의심적이었던 헐과 같은 사람들을 점차 못마땅하게 여겼다. 처음에는 영국에게 그리고 나중에는 소련에게 무기대여원조를 가속화시키고자 한 루스벨트는 처칠과 직접 계약을 맺었고, 스탈린에 대한 자신의 개인적 특사로서는 홉킨스(Harry Hopkins)와 해리만(W. Averell Harriman)에게 의존하였다.

전쟁은 새로운 조직의 확산을 가져왔다. 전쟁정보국(Office of War Information), 전쟁보호국(War Protection Board), 전쟁식량국(War Food Administration), 무기대여행정국(Office of Lend-Lease Administration), 전쟁경제국(Economic Warfare Board), 전쟁선박국(War Shipping Administration), 전쟁동원국(Office of War Mobilization), 전략업무국(Office of Strategic Services)과 다른 기관들 등이었다. 1940년과 1945년 사이에 국무부의 직원 수는 거의 4배로 늘어났다. 조직개편에 대한 절박한 요구가 있었다. 1944년 사업계 출신 — 제너럴 모터스(General Motors)와 미국 철강(U.S. Still) — 의 노련한 행정가인 스테티니어스(Edward R. Stettinius) 국무차관이 그 작업을 주도했다. 스테티니어스는 유사한 업무를 동일한 부서에 배정하였고 일상적인 결정으로부터 고위 관료들을 구제하고, 그들에게 정책분석과 장기적인 계획수립을 위한 더 많은 시간을 주기 위해 보다 더 효율적인 보고 경로를 마련하여 국무부의 지역적·기능적 분할을 개조하고 합리화하였다.

스테티니어스는 전쟁의 절박한 상황하에서 국무부의 절차를 전통적인 것에서 근대적인 것으로 바꿔놓았다. 그 당시 루스벨트가 정상외교 — 3대 강국의 회담뿐 아니라 정기적인 통신 왕래 — 를 통해서 가장 중요한 결정을 하고 있었고 자신에게 정책방침서(position papers)와 정책선택안을 전달하고 실행을 위해 대통령의 결정을 다시 국무부에 전할 수 있는 기술가를 필요로 했다는 사실에 비추어 보아, 헐이 사임한 후 스테티니어스가 그를 승계하는 것은 자연스런 선택이었다. 스테티니어스는 유능한 재사였으나, 외교정책에 대한 창조적 사고는 없었다. 그는 국제연합을 대표하여 헐의 헌신적 업무를 수행했고, 얄타 회담에서 안전보장이사회의 투표방식과 샌프란시스코 회담에서 그 주제에 관해서 상대하기 힘든 몰로토프로부터 힘겨운 동의를 얻어낸 협정들을 스탈린과 처칠에게 명확히 하였다.[11] 마지막으로, 스테티니어스는 유능한 요원을 발굴하는 안목이 있었다. 그의 차관은 조세프 그루였다. 애치슨(Dean Acheson)은 국제경제정책을 맡았다. 다른 보좌관들 중에는 클레이튼(William L. Clayton)과 맥클레이시(Archibald MacLeish)가 포함되었고, 후자는 새로운 문화업무부(Division of Cultural Affairs)를 책임 맡았다.

루스벨트는 국무부와는 독자적으로 적어도 상당히 중요한 일부 외교정책들을 형성하려고 했던 최초의 그리고 최후의 대통령도 아니었다. 대외관계에서 가장 직접적인 역할을 할 수 있는 대통령의 헌법적 권한부여는 의문시될 수가 없다. 대통령은 항상 이용 가능한 최고의 정책조언을 받아야만 하고 전문적 외교팀은 일상적으로 그러한 조언의 논리적 원천이거나 혹은 원천이 되어야만 한다. 심지어 가장 창조적인 조언이 국무부 밖에서 가능할 경우에도, 전문적인 재외 공관근무가 현재의 상황전개에 관해서 완전히 정통해야 하는 것이 아직도 필수적이다. 그 어떠한 대통령보다도, 프랭클린 델라노 루스벨트는 국무부를 의심이나 무지의 상태로 바라보면서 광범위한 외교정책 결정을 행하였다.

전시에 루스벨트는 때때로 군사적 필요성이라는 명목하에 의회의 끊임없는 비판적 검토에 구애받지 않았다. 그리고 그는 또한 의회에 압도되지 않으면서 광범위한 정치적 결정을 할 수 있는 놀랄 만한 능력을 보였다. 루스벨트가 구축함 대 기지교환 협상을 영국과 체결하였을 때, 그의 정적들은 이에 반발하였다. 그러나 루스벨트의 불가사의한 타이밍 감각으로 인해 중대한 특정 시점에 여론

11) 1943년 모스크바에서 헐이 처칠과 스탈린을 상대했지만, 그는 카사블랑카, 카이로 그리고 테헤란의 정상회담 때에는 루스벨트를 수행하지 않았다.

의 지지를 받을 수 있었기 때문에 그들은 루스벨트에게 도전할 수 없었다. 반민주주의적 정권에 의한 명백한 국제적 침략위험이 더 커짐에 따라, 민주당이 지배하는 의회와 결부된 그의 영향력은 강력한 고립주의를 극복하고 중립법안을 무기대여법안으로 대체할 수 있을 정도로까지 증가하였다.

일단 전쟁이 공식적으로 선포되자 로지터(Clinton Rossiter)의 표현에 의하면, 그는 사실상 헌법적 독재자가 되었다. 카리스마적 지도자이자, 뛰어난 전략가이고, 감명적인 라디오 방송 책략의 대가였으며, 무엇을 해야 할지를 정확히 아는 것처럼 보이는 군통수권자였다. 전임 대통령들에게서는 결코 찾아볼 수 없었던 직감력으로 일을 행한 루스벨트는 국민적 신임을 받았다. 의회와 언론이 국민들로부터 국가적인 전쟁 노력을 위태롭게 했다는 비난을 받지 않기 위해서는 감히 루스벨트에게 도전하는 것을 포기해야만 하였다. 국가의 신문 출판업자들은 대다수 미국인들에게 인간의 자유와 전체주의에 반대하는 도덕을 위한 정당한 전쟁으로 보이는 것을 지지하였다. 노동신문의 대다수는 국가의 최고의 뉴스메이커(newsmaker)로서 루스벨트를 경외하였고, 근대 대통령들 중에서 그에게 유례없는 존경심을 표하였다. 본질상, 누설될 수 없는 단일 프로젝트를 위해 역사상 가장 많은 총액을 사용한, 비밀무기를 위해 20억 달러를 의회를 설득하여 승인받을 수 있었던 또 다른 지도자를 어느 누구도 상상할 수 없다. 루스벨트는 그러한 특권을 향유한 마지막 대통령이었다. 그의 계승자가 배웠듯이, 제2차 세계대전은 미국 외교정책사에 있어서 하나의 분수령이었다. 비록 제2차 세계대전으로 인하여 미국이 고립주의에서 세계무대의 주도적 국제주의적 행위자로 전환했지만, 그 전쟁은 또한 국내정치와 외교정책 간의 연계에 있어서 심오한 변화를 야기시켰다.

제3장

트루먼과 전후 미국의 국제체계 형성

유럽에서의 전쟁이 막바지로 접어들고 있던 기간 미국의 지도력은 프랭클린 델라노 루스벨트(Franklin Delano Roosevelt)에서 해리 트루먼(Harry S. Truman)으로의 극적인 전환을 보였다. 1944년 루스벨트는 이미 정치적으로 논란이 되었던 왈라스(Henry A. Wallace) 대신 트루먼을 부통령으로 선출했다. 트루먼은 소련 공산주의의 친구도 아니고 공산주의 탄압자도 아니었다. 1941년 6월 나치가 소련을 공격하였을 때 그는 두 전체주의 국가가 소모전으로 서로를 피폐화시키는 것을 관망하겠다는 뜻을 비췄다. 그러나 일본의 진주만 공격이 있은 후 그는 실용주의적 측면에서 소련을 미국의 원조를 받을 만한 연합국으로 생각했다. 짧은 기간 내에 그는 스탈린이란 인물을 파악해야만 하였고, 또한 폴란드, 독일, 그리고 다른 주요 쟁점들에 관한 스탈린의 의도를 평가하는 시금석으로서 스탈린으로 하여금 그 나름의 조치를 취하는 것을 허용해야만 했을 것이다. 그러나 취임선서를 한 직후, 트루먼이 내려야 했던 첫 번째 결정은 국제평화유지기구를 위한 윌슨의 이상주의적 계획에 대한 루스벨트의 수정된 견해를 반영한 마지막 형태의 헌장을 완성하기 위해 유엔에 관한 샌프란시스코 회담을 예정대로 진행시켜야 할지의 여부였다.

미국 외교정책을 바라보는 외국의 관찰자들은 종종 국제기구에 대한 미국의 성향을 종잡을 수 없었다. 물론, 미국은 그것이 발생한 유럽의 국가들과는 달리 역사를 통틀어 안보에 대한 위협으로 여겨질 바로 접한 인근 국가를 갖고 있지 않다. 그러므로 기술의 발달로 세계가 보다 더 좁아진 금세기에 있어 미국의 지도자들과 국민의 대표자들은 타국 간의 전쟁과 여타의 갈등을 국제평화와 질서를 파괴하는 것으로, 그리고 예측 가능한 국제환경에 대한 잠재적인, 그러나 만에 하나 있을까 말까한 위협으로 인식하는 경향을 띠어 왔다. 다른 강대국들과 실제적인 분쟁상태에 빠지기 오래 전에 미국의 지도자들과 국민들은 좀 더 멀리 떨어져 있는 국가들에 의한, 국제체제의 당위성에 대해 이념적으로 적대적인 구도하에서 야기된 공격적인 팽창주의자 행위를 미국의 복지와 안전을 위협하는 것으로 해석해왔다.

자신들의 변방개척경험에 의해서 영향을 받은 미국민들은 다른 국가들의 도전을 해외에서 해결하고 안보위협이 자국의 영토에 미치기 전에 처리하는 것을 선호해왔다. 그러한 경향은 19세기에 먼로 독트린(Monroe Doctrine)을 탄생시켰다. 20세기에는 세계질서를 유지 또는 회복시키기 위해 비슷한 동기를 갖고 있는 평화적 국가들과의 집단행동을 조직화함으로써 그러한 일들이 이루어질 수 있다는 희망이 있었다. 이런 것은 그들이 재빨리 (나중에) 철회한 국제연맹규약(League's Covenant)에 대한 초기의 애착에서도 엿보였다. 미국인들은 양차대전 시에 전 세계에 도덕적 설교를 행하는 정책을 덜 추구했다. 제2차 세계대전 후 미국인들은 보다 더 큰 애착을 가지고 세계적 집단안보의 사상으로 복귀했으나 유엔헌장에 보다 제한적인 지역적 형태의 집단방위를 규정함으로써 안전을 도모했다.

전쟁이 진행 중인 동안에도 미국민의 압도적인 다수뿐 아니라 양정당의 주요 인물들도 일단 분쟁이 끝나면 미국은 자기만족적인 고립주의로 복귀하는 초기의 실수를 되풀이해서는 안 된다는 데 동의하였다. 오하이오와 미시간의 태프트(Robert A. Taft)와 반덴버그(Arthur H. Vondenberg) 상원의원과 같은, 한때 완강한 고립주의자였던 인물들은 1940년과 1944년의 공화당 대통령 후보인 윌키(Wendell Willkie)와 듀이(Thomas E. Deway)와 합류하여 평화를 유지하기 위해 국제기구에 대한 미국의 책임있는 참여와 지도력을 촉구하였다.

4대 강국의 외무장관들은 1943년 10월 모스크바에서 회동하여 유엔 창설을 위한 계획을 발표하였다. 그 회의에서 돌아온 헐(Cordell Hull) 국무장관은 "더 이상 세력권, 동맹, 그리고 세력균형의 필요성이 없다"라고 천명하여 자신의 윌슨적 이상주의를 표명하였다. 그러나 새로운 기구는 과거의 국제연맹보다는 더 좋은 상황하에서 탄생될 것 같았다. 아칸사스의 풀브라이트(J. William Fulbright) 상원의원에 의해서 하원에 회부되고 텍사스의 코낼리(Tom Connally) 의원에 의해서 상원에 회부된 결의안은 새로운 세계기구의 필요성을 확인했다. 불과 소수의 고립주의적 강경론자들만이 국제주의로 알려지게 될 일반적인 조류를 거슬렀다.

트루먼은 샌프란시스코 회담이 계획대로 열려야 된다는 것을 조금도 주저하지 않고 결정했다. 스탈린은 생각을 바꿔 몰로토프가 샌프란시스코로 가고 또한 트루먼을 만나기 위해 워싱턴에 잠시 체류한다는 데 동의하였다. 새로운 대통령인 트루먼은 합의 이행의 필요성에 대한 입장을 명백하고 확고하게 표명하기로 결정하였다. 트루먼은 미국의 선의를 보여주고 또 스탈린의 협력을 얻기 위해 모스크바에 대해 루스벨트보다 덜 양보지향적인 국무성의 관료들과 군 장교들로부터 조언을 받고 있었다. 동시에 트루먼은 대일전과 현실적인 기초위에 유엔을 창설코자 소련의 참여를 얻고자 한 전임자의 정책을 계승하였다. 그의 견해로는 러시아 없이는 세계기구가 존립할 수 없었다. 그럼에도 불구하고 몰로토프가 워싱턴에서 트루먼을 만났을 때 대통령은 단호한 어조로 몰로토프에게 폴란드는 미소 양국이 얄타의 합의정신에 입각하여 협력할 수 있는지의 여부에 관한 상징적 시금석이라고 말했다. 그리고 양국에 대한 광범위한 여론의 지지가 없다면, 미국의 어떠한 대통령도 의회로부터 전후 경제협력을 위한 정부특별지출금을 승인받을 수 없다는 점을 몰로토프에게 주지시켰다. 트루먼은 얄타협정은 일방통행로가 될 수 없다는 점을 강조하였다. 몰로토프는 "나는 내 생전에 그런 식의 말을 들어본 적이 결코 없었다"라고 말했다. 트루먼은 "당신의 협의사항을 이행하시오, 그러면 그런 식의 말을 듣지 않을 것이오"라고 응수했다.

1945년 4월 중순까지 앵글로-아메리칸 국가들은 중유럽에서 소련군과 합류할 준비를 하였다. 서방 연합국들은 동쪽으로 가능한 한 깊숙이 진격할 것인지, 아니면 1944년 9월 퀘백(Quebec)에서 루스벨트와 처칠이 승인한 점령지역으로 소련군이 이동하는 것을 기다리면서 좀 느린 속도로 전선을 따라 이동하는 독일 저항군을 격파할지 여부가 문제가 되었다. 처칠은 서방 연합국들이 전후 협상을 위해서 가능한 한 독일의 많은 영토를 점령하기를 원했다. 특히 그는 영국군과 미군이 베를린을 손에 넣는 것에 관심이 있었다. 이든(Anthony Eden) 외상은 미군이 프라하를 해방시켰으면 하는 희망을 피력하였다. 처칠은 그 점령지역이 1945년 4월까지 실제로 가능했던 진군을 어느 누구도 예측할 수 없었던 1942년에 — 퀘백 회합 이전에, 정말로 연합국 원정군이 작전개시일(D-Day)에 영국해협을 통과하기 전에, 그리고 독일이 전쟁을 일으키기 오래 전에 — 한꺼번에 조급하게 설정되었다고 주장하였다. 영국 수상은 점령지역과 일치하는 전선으로 서방 연합국이 조기에 자동적으로 물러나는 것을 원치 않았다. 그러나 아이젠하워(Dwight D. Eisenhower) 장군과 마샬(George C. Marshall) 참모총장은 베를린은 군사적으로 중요한 목표가 아니며 어떠한 경우에도 일시적일지 모르는 정치적 고려 때문에 올바르게 판단된 군사작전이 철회될 수 없다고 주장하였다. 왜냐하면 서방 연합국들은 궁극적으로 자신들이 동의한 점령경계로 연합국 군대를 철수시킬 것으로 기대하였기 때문이었다. 트루먼은 미군이 필요 이상의 위험에 노출되어서는 안 된다는 아이젠하워와 마샬의 판단에 근본적으로 동의했다. 그는 베를린, 프라하, 그리고 비엔나를 수하에 넣는 것이 바람직하다고 생각했으나, 러시아는 그 곳을 점령하고 희생을 감당할 더 유리한 입장에 있었다. 더군다나 그는 러시아에게 협정을 위반했다는 구실을 주고 싶지 않았다.

원자폭탄 사용 결정

대통령이 된 트루먼은 스팀슨(Henry L. Stimson) 전쟁성 장관(Secretary of War)의 브리핑을 받고서야 비로소 맨해튼 프로젝트(Manhattan Project)를 알았다. 유럽에서 종전된 지 2개월이 지난 1945년 6월 16일까지 원자폭탄의 성공적 실험이 없었기 때문에 독일에 대한 원폭 사용의 문제가 제기되지 않았다. 그러나 고위층 수준에서는 오래 전부터 전쟁이 끝나기 전에 원폭을 이용할 수 있으면 사용해야 한다는 가정이 있어 왔다. 잠재적인 독일 무기의 사용에 대한 억지로서 원폭계획을 강력하게 지지해왔던 일단의 과학자들은 원폭을 만들 의사가 없다고 여겨진 일본에 대한 원폭의 사용에는 반대하였다. 샌프란시스코 회담 후 트루먼의 선택으로 스테티니어스 국무장관을 승계한 남캐롤리나 출신의 번스(James F. Byrnes) 상원의원의 조언에 따라서 트루먼 대통령은 자신에게 원자폭탄문제에 대해 조언할 스팀슨 전쟁성 장관을 의장으로 하는 특별위원회를 신설하였다.

1945년 늦은 봄 일부 과학자들이 촉구한 선택 중의 하나는 원폭의 시위사용이었다. 정책결정자들은 그 제안을 간략히 고려해 보았으나 다음과 같은 몇 가지 비실제적인 이유로 거부했다. 적대국가와의 통신문제, 시위사용에 대해 일본군 관찰자들이 그것의 심각성을 끊임없이 주장할 가능성, 원폭이 불발탄이 될 두려움, 그리고 폭발 시간과 장소가 사전에 알려질 경우 일본 내 미국의 전쟁포로가 목표지역에 집중될 우려 등이었다. 유일한 반대자인 해군차관 바드(Ralph Bard)와는 달리, 스팀슨 위원회는 사전경고 없는 군사적 사용을 추천하였다. 트루먼, 번스, 그리고 스팀슨은 일본 본토에 대한 수륙양면작전의 필요성을 없애기 위해 가능한 한 빨리 일본의 무조건적 항복을 가져올 최대한의 충격효과를 노리고 미국의 모든 힘을 사용하기로 결정하였다.

히로시마(Hiroshima)와 나가사키(Nagasaki)에 대한 원폭 투하가 상당한 도덕적·정치적 논쟁을 불러일으켜 왔기에 그것은 당시의 전후 사정 속에서 파악되어야만 한다. 트루먼 대통령은 장기적이고 유혈적인 전쟁의 막바지에 이제껏 알려지지 않은 무기를 획득하였다. 1930년대까지 서방은 군사기술의 필연적인 전시의 결과로 에티오피아, 스페인, 그리고 중국의 경우에 있어 도심지와 산업중심지에 대한 폭탄 투하를 당연한 것으로 받아들였다. 독일군의 폴란드 도시와 로테르담(Rotterdam)에 대한 폭격으로 시작된 제2차 세계대전으로 베를린과 런던은 공습을 받았다. 히로시마와 나가사키에 대한 원폭 투하 이전에 라이프지히(Leipzig), 드레스덴(Dresden), 도쿄(Tokyo), 오사카(Osaka), 그리고 나고야(Nagoya)에 대한 집중폭격과 소이탄(燒夷彈) 공격으로 수많은 민간인들이 죽어갔다.

미국의 정책결정자들은 일본군이 본토를 방어하기 위해 격렬하고 장기적인 완강한 저항을 하리라고 생각했다. 맥아더(Douglas MacArthur) 장군과 마샬 참모총장은 일본에 대한 마지막 공격으로 50만에서 100만의 미군 사상자와 더 많은 일본인들이 희생될 것이라고 예측하였다. 이러한 상황 속에서 아마도 미국이 자제했을지도 모르는 유일한 요소는 일본이 보복적으로 샌프란시스코와 로스앤젤레스를 강타할, 미국에 필적할 만한 능력을 보유하고 있다고 알려진 것이었을지도 모른다. 그러나 일본은 아무런 억지력도 없었다. 비록 원폭 사용이 무고한 비전투원들을 직접적으로 살해하는 것을 금하는 전통적으로 도덕적이고 개화된 (전투원과 비전투원을 구별해야 한다는) 차별화 원칙을 명백히 위반했지만, 이 경우는 일본의 두 도시에 대한 원폭 사용이 전쟁을 빨리 종결시키고 더 엄청난 양의 죽음과 파괴를 방지했다는 이유에서 비례의 원칙하에 최소한도로 정당화될 수 있었다고 주장될 수 있다.

포츠담 회담과 그 영향

1945년 7월의 마지막 2주 동안 베를린의 교외 포츠담(Potsdam)에서 연합국 간의 마지막 전시회담이 열렸다. 회담의 주역들이 바뀌고 있었다. 루스벨트를 계승한 트루먼은 솔직하고 정직한 사람이었고, 참모들에게 그리고 국무성 정책방침서에 대한 자신의 견해를 밝히는 데 자신의 경험부족을 충분히 인식하였다. 그러나 또한 그는 (어떤 때는 성급하게) 상당히 단호했으며 일단 시작하고 나면 행동방침과 더불어 업무를 철저히 완수했고, 그리고 한 번 결심을 하면 결코 양보하지 않을 정도로 완고하였다. 포츠담 회담은 그와 외교적으로 좀 더 많은 경험을 갖고 있던, 냉혹하며 간계한 스탈린과의 처음이자 마지막 만남이 되었다. 여러 쟁점들에 걸쳐서 스탈린과 끊임없이 충돌하였다는 사실에도 불구하고 트루먼은 개인적으로는 그와 잘 어울렸다. 처칠은 포츠담 회담의 첫 단계에서 노동당의 온건한 지도자인 애틀리 부수상을 동반하였다. 회담이 끝나기 전에 처칠과 애틀리는 10년 만에 치러지는 영국의 첫 의회선거 때문에 런던으로 돌아갔다. 선거결과 노동당은 보수당을 이겼다. 애틀리는 수상이 되었다. 최초의 3대 강국 수뇌들 중에서 스탈린만이 남게 되었다.

자연히 그 회담은 전후 유럽형성(특히 폴란드와 독일)에 관한 문제와 태평양에서 대일전의 막바지 단계에 관련된 문제가 지배적이었다. 그러한 정책노선들을 분간할 수 있는 한 트루먼은 루스벨트의 정책노선들의 연속성을 견지코자 하였다. 자신의 전임자 생애의 마지막 몇 달 동안 트루먼은 미소 간의 의구심이 어떻게 그렇게 빨리 증폭되어 왔는가를 알 수 없었다. 루스벨트 자신도 다음과 같이 말한 것으로 알려졌다. "아베렐(Averell)이 옳다. 우리는 스탈린과 같이 일을 할 수 없다. 그는 얄타에서 약속한 모든 협정을 위반해왔다."[1] 소련 지도자에 대해 단호하게 대처하겠다고 마음먹었지만 트루먼은 또한 안정된 전후 평화와 그러한 평화를 유지하고 오랫동안 보전시킬 수 있는 유엔에 도움이 될 수 있는 타협안을 작성하는 데 열정적이었다.

포츠담에 참석한 모든 연합국은(드골은 참석자가 아니었다) 독일을 4개의 점령 지역으로 분할하지만 4대 강대국 통제위원회(Four-Power Control Council)가 공동으로 수립하고 승인한 중앙통제정책에 따라서 독일을 단일의 경제단위로 취급해야 한다는 데 합의를 보았다. 그 위원회 내에서 패전국 독일의 비군사화, 탈나치화, 그리고 민주화라는 일반적인 목표 이상의 많은 합의를 기대한 것은 아마도 처음부터 비현실적이었다. 군대를 무장해제하고 나치(Nazis)를 정치직에서 제거하고 민주적 정당 결성을 용인하는 정책을 시행하게 되었을 때 상호 비난이 격렬히 전개되었다. 진정한 협력을 이룬 유일한 분야는 1946년 10월까지 19명의 주요 나치 전범의 유죄를 밝히고, 그중 12명을 처형한 뉘른베르크(Nurenberg) 전범재판소의 설치였다.[2] 포츠담 회담 후 6개월이 못되어 독일전체

1) W. Averell Harriman, "Russia and the Cold War," in Robert D. Marcus and David Burner(eds.), *America Since 1945*, New York: St. Martin's Press, 1972, p.5n에서 인용.

2) 뉘른베르크 재판은 순전히 법률적 이유로 그 이후에 상당한 비판을 받았다. 왜냐하면 그 재판은 중립국이나 독일의 법적 절차에 관한 고문관 출신의 공정한 재판관 없이 승전국에 의해서 행해졌기 때문이었다. 그 재판은 개인이 아닌 오직 국가만이 국제법에 종속된다는 전통적인 원칙을 넘어섰다. 그리고 그 재판은 국제법하에서 이전에는 명확하게 정의되지 않은 범죄 행위로까지 소추함으로서 소급입법에 의한 재판 금지를 위반한 것처럼 보였다. Quincy Wright, "The Law of the Nuremberg Trial," *American Journal of International Law* 41, 1947, pp.38~72; Robert K. Woetzel, *The Nuremberg Trials in International Law*, New York: Praeger, 1950.

를 하나의 경제단위로 취급하는 중앙통제적 정책은 불가능한 것임이 명백해졌다.

포츠담과 유럽문제

포츠담에서 미국과 영국의 관료들은 복수심에 입각한 평화를 강요해서는 안 된다는 점에 동의했다. 왜냐하면 1919년의 그러한 접근방법이 1933년 히틀러의 등장을 도와주었기 때문이었다. 유럽이 경제적으로 피폐화되고 수백만 명의 난민이 서쪽으로 유입되는 상황에서 미국과 영국의 정책결정자들은 유럽에서 장기적인 경제적 혼란을 피하기 위해서는 결코 분할되지 않고 형벌로 억압되지 않은 독일의 산업을 재건해야 한다고 확신하였다. 영국은 전쟁 배상금 문제가 양차 대전 사이에 공황을 야기시키는 역할을 했다는 점을 상기하였다. 미국의 정책결정자들은 전쟁부채와 연계됨으로써 배상금 부담이 미국 납세자에게 전가되었다는 점을 기억하였다. 트루먼, 처칠, 그리고 애틀리는 독일의 분할로 총 배상금액수의 의미가 없어졌고, 또한 해체된 공장으로부터의 지역 간 자본이동, 현 공장의 생산량 및 식량을 계산하기 위한 공식이 의미 없게 되었다는 점을 생각하여 정확한 달러 배상 액수에서 서서히 손을 떼기 시작했다. 폴란드의 비민주적 정부수립과 더불어 서방 자유진영은 나이세 강 동부지역(the Eastern Neisse)으로, 공산진영은 나이세 강 서부지역(the Western Neisse)으로 인식하고 있는 폴란드 서부국경에 관한 논란이 있었다. 소련은 동독 영토의 4만 평방마일을 폴란드의 통제지역으로 설정하였다. 미국과 영국은 국경문제를 강화회담에서 처리하길 원하는 서방 연합국과 상의하지 않고 폴란드에게 점령지역과 오데르(the Oder) 강과 나이세 강 서부지역에까지 이르는 독일영토를 사실상의 폴란드 지배하에 두고자 하는 소련의 결정에 항의했다. 스탈린은 그것은 점령지역이 아닌 관리지역이고, 공식적인 국경변경은 강화회담에서 이루어질 수 있다고 주장하였다.

이탈리아가 전쟁을 포기한 첫 번째 적국이었기 때문에 미국이 원했던 이탈리아의 유리한 항복조건을 놓고서 트루먼과 스탈린은 충돌하였다. 소련은 또한 헝가리, 불가리아, 그리고 루마니아에서 자유선거가 실시될 때까지, 아니면 실시된 후 그들 정부를 승인하겠다는 미국의 선택안을 반대했다. 미국은 보스포

러스(Bosporus)와 다다넬스(Dardanelles) 해협의 항해통제권과 더불어 전시나 혹은 터키의 안보에 위협이 있을 경우 이 곳을 폐쇄할 수 있는 권리를 터키에 부여하였던 몬트룩스 협정(Montrux Convention)을 소련-터키 공동 통제체제로 바꾸자는 소련의 요구를 거부하였다.

결국 번스는 배상금 문제, 폴란드 영토문제, 그리고 동유럽 위성국가들에 관한 복잡하고 미봉적인 타협안을 마련하였다. 얄타 회담처럼 포츠담 회담은 페이스(Feis)가 "조잡하게 구성된 협약이라기보다는 헐겁게 꿰맨 위조물"이라고 말한 허점 투성이의 협정을 이끌어 냈으며, 이러한 협정의 특성으로 인해 각국은 상대방을 파렴치한 위반국이라고 비난하고 자국은 협정을 준수하고 있다고 생각하기가 쉬웠다. 정치적·경제적·사회적·이데올로기적 그리고 전략적 측면에서 소련, 미국, 그리고 서방 국가 간의 심각한 입장 차이가 존재했을 때 유럽을 가로지르고 있는 폭풍전선 문제를 두고 새로운 두 세계강국은 회담을 통해서는 더 좋은 결과를 기대할 수 없었다. 그런 상황 속에서 전시 연합국 지도자들이 할 수 있는 최선의 것이란 자신들이나 혹은 이제 막 태동한 유엔이 문제해결을 위한 더 바람직한 여건을 조성할 수 있으리라는 막연한 희망을 지닌 채, 해결 불가능한 모든 문제들을 몇 달 안에 있을 외상모임으로 전가하는 것이었다.

포츠담 회담과 일본

일본에 관한 사정은 매우 달랐으며 이는 주로 종전방식에서 기인했다. 저자들은 태평양 전쟁 막바지 단계에서 소련을 참전시키고자 한 루스벨트의 노력과 극동에서, 특히 영토적, 정치적 그리고 상업적 양보의 형태로 참전의 대가를 더 요구하는 스탈린의 노력을 앞에서 언급했었다. 루스벨트와 처칠은 유럽에서 최후의 승리를 거둔 후 2~3개월 내에 대일전에 참여하겠다는 스탈린의 보장에 대한 대가로 얄타 회담에서 그러한 양보를 해주었다. 포츠담 회담이 개최되기 전날 트루먼, 번스, 그리고 스팀슨은 알라모고르도(Alamogordo)에서 원자폭탄 실험이 성공적이라는 전갈을 받았다. 그들은 소련의 대일전 선전포고의 대가를 지불하는 데 별 관심을 두지 않았다.

포츠담 회담 이전 앞에서 언급한 핵에너지 문제에 관한 특별위원회의 강력한 요구에 응하여 스팀슨은 트루먼에게 원폭을 사용했을 경우 불필요한 스탈린의 불신을 불러일으키지 않도록 폭탄에 관한 정보를 스탈린에게 알려줄 것을 고려해야만 한다고 조언을 했다. 그러나 포츠담 회담에서 소련의 요구에 직면하여 트루먼, 번스 그리고 스팀슨은 스탈린에게는 자신을 속였다는 차후의 비난을 모면할 정도로만 언질하면 된다는 데 의견일치를 보았다. 따라서 그 실험 후 1주일 내내 트루먼은 스탈린에게 그 무기의 본질에 대해서는 말하지 않고 대일전에 사용될, 그리고 미국민들이 생각하기에 그로 인해 전쟁이 끝날 것이라는 "매우 강력한 폭발물"에 관해서 피상적으로만 알려주었다. 역시 말이 없는 스탈린은 놀라움을 보이지 않고, 다만 그 무기에 관해서 들으니 기쁘고 대일전에서 그것을 잘 사용하기를 바란다는 말만 했다. 스탈린은 그러한 새로운 소식의 중요성을 전혀 이해하지 못했거나, 아니면 무관심을 가장하여 자신의 감명받은 듯한 모습을 보여주길 원치 않았거나, 혹은 트루먼으로 하여금 그 폭탄이 외교에 있어서 하나의 새로운 중요한 요인이 될 것이라는 생각을 갖게 하고 싶지 않았을 것이다. 오키나와에서 일본군이 패한 후 히로이토(Hirohito) 국왕의 소망으로 도쿄 정부는 모스크바를 통해서 강화를 타진하였다. 소련과 일본은 교전 중에 있지 않았다. 양국은 1941년 4월 5년간의 중립조약을 체결했었다. 일본은 무조건 항복보다는 다소 덜 가혹하고 덜 불명예스러운 조건으로 종전을 모색하기 위해 스탈린이 중재자로 나서기를 원했다. 일본 정부는 스탈린이 이미 대일전에 참전하기로 약속한 것을 알지 못했다. 소련 지도자는 워싱턴에 일본의 강화제의를 알리지 않았다. 그러나 미해군은 도쿄와 모스크바를 왕래한 외교 메시지의 내용을 담은 전보의 암호를 해독했다. 트루먼이 포츠담 회담에서 스탈린에게 이 문제를 제기하였을 때 스탈린은 영국과 미국이 결정한 것보다도 더 좋은 일본의 항복조건을 모색한 것은 연합국의 충실한 일원이 행할 도리가 아니라는 말만 넌지시 던졌을 뿐이었다. 십중팔구 스탈린은 패색이 짙은 대일전에 적기에 참전함으로써 최소한의 희생으로 극동에서 소련의 중요한 이해관계가 충족될 수 있을 것이라는 확고한 생각을 하고 있었다. 딘(John R. Deane) 장군은 1945년 여름에 일본은 전쟁에서 벗어나려 하고, 소련은 전쟁이 끝나기 전에 이에 참전하려고 하는 "이상한 경주"에 대해 언급하였다.[3] 물론,

미국과 소련은 일본의 붕괴가 얼마나 가까웠는지를 몰랐다; 그것은 오늘날까지 열띤 논쟁거리로 남아 있다. 우리가 앞에서 살펴보았듯이, 미국의 정치적·군사적 지도자들은 미국의 공격은 격렬함과 큰 희생을 동반하리라 예견했다.

모르긴 해도 트루먼 대통령은 소련이 대일전에 참전하기 전에 전쟁을 종결시켜 극동문제 해결에 있어 스탈린의 강력한 발언권을 막고자 일본에 대해 원폭을 사용하고 싶은 자극을 받았을 것이다. 포츠담 회담에서 소련의 비타협적 자세에 직면한 후 트루먼이 일본점령은 지역을 분할하여 책임을 맡긴 독일식 패턴을 따르지 않겠다고 확고히 정했다는 것은 부인할 수 없다. 일본에 대한 공동지배를 획득하고 동아시아에 있어서 추가로 영토적 그리고 다른 이득을 취하기를 희망하는 가운데 소련은 B-29 에놀라 게이(Enola Gay)의 승무원이 히로시마에 최초로 원폭을 투하한 지 이틀 후이자 스탈린이 중국에서 자신이 추구해 왔었던 이권을 획득하기 전인 1945년 8월 8일 대일전 참전을 선포하였다. 당분간 소련인들이 일본 대신 만주와 북한의 점령자가 되었다. 그러나 소련은 자국이 요구했던 일본에 대한 공동 지배권을 얻지 못했다.

전시동맹에서 냉전으로

20년 이상 냉전의 기원에 관한 정통주의와 수정주의 간의 논쟁이 미 대학교 내에서 맹위를 떨쳐 왔다. 1960년대 초반까지 우위를 누렸던 좀 더 오래된 정통주의의 해석에 따라서 저자들은 다른 곳에서 다음과 같은 견해를 피력해왔다.

> 소련의 외교정책은 팽창을 향한 두 개의 상호 보완적인 경향에 의해 추진되었다. 즉 보편적 메시아주의(universal messianism)라는 아주 오래된 러시아의 전통을 기간으로 한 명백히 서구 자본주의 체제의 붕괴에 몰두한 공산주의 이데올로기와 영향력을 확장시킬 수 있는 지역을 끊임없이 추구하는 짜르 정부의 정책이었다. 양차 세계대전 동안 소련은 서방의 자본주의적 민주주의 국가들에 대한 자신의 적대감을 숨기지 않았다. 전쟁기간 동안 소련은 다소 다루기 힘든 까다로운 연합국이었다 —

3) John R. Deane, *The Strange Alliance*, New York: Viking, 1947, chap.15 and 16.

> 스탈린의 제2전선의 요구에서 보듯이 …… 서방측의 눈에는 비록 지체되긴 했으나 받은 원조에 대해서 소련이 결코 고마워하지 않는 것으로 비쳤다. 전쟁기간과 전후, 즉 소위 이스태블리쉬먼트(The Establishment)라고 불리는 미국의 정책형성에 책임 있는 정책엘리트들은 결코 스탈린과의 동맹상태에 완전히 마음을 놓을 수가 없었고, 러시아 군사력을 중부 유럽에 있어서 전례가 없는 서쪽 국경선으로 밀어부쳤던 스탈린 체제가 전시연합을 또다시 비타협적 태도로 대체시키고 있다는 것이 명백해진 이상, 그들은 전시에 필요했던 것을 전후 기간으로 연장시키고자 하지 않았다.[4)]

대부분의 정통주의적 역사가들의 견해에 따르면 미소의 냉전은 중부 유럽의 힘의 공백상태에서 정반대의 두 정치·경제체제 간의 갑작스런 대결에서 오는 필연적 결과였으며, 이들 각각의 체제는 국제수준에서 어떻게 인간사회를 조직해야 하는가에 대하여 강력한 이념적 편견에 젖어 있었다. 정통주의 연대기 작자들은 — 궁극적으로 1960년대 이전의 모든 정치학자들과 역사가들 — 만약 냉전발발에 대한 비난의 몫이 할당된다면 더 많은 몫이 스탈린 정권에 부과되어야만 한다고 추정하는 성향이 있었다. 그 당시 스탈린 정권은 적군(赤軍)의 주둔에 기반을 둔 강력한 무장전술로 동유럽을 장악하였고, 전후 독일점령, 유럽부흥 그리고 유엔에 있어서의 정치적 협력을 위한 서방측의 제안들에 대해 무절제한 비난으로 일관했으며, 처칠이 철의 장막(Iron Curtain)이라고 불렀던 것을 발틱해에서 아드리아 해까지 드리움으로써 근대 산업국가의 역사에 있어서 알려진 바 없는 적대적 고립주의의 일단을 분명하게 보여주었다.

이와는 대조적으로 수정주의자들은 만일 미국이 다른 정책을 추구했더라면 미소 간의 냉전은 피할 수 있었다고 주장한다. 수정주의 비평가들로는 윌리암스(William Appleman Williams), 플레밍(D. F. Fleming), 알페로위츠(Gar Alperowitz), 번스타인(Barton J. Bernstein), 콜코(Gabriel Kolko), 호로위츠(David Horowitz) 그리고 맥도프(Henry Magdoff)가 포함되었다. 수정주의자들 사이에서도

4) James E. Dougherty and Robert L. Pfaltzgraff, Jr., *Contending Theories of International Relations: A Comprehensive Survey*, New York: Harper & Row, 1981, p.240.

냉전의 기원에 관한 의견일치는 결코 없었다. 기실 윌슨적 이상주의자인 플레밍은 번스타인과 더불어 러시아인들을 이해하고 이들과 좋은 관계를 유지코자 했던 루스벨트의 정책을 뒤집어엎은 트루먼과 그의 보좌관들의 성격을 비난하였다. 윌리암스, 콜코, 호로위츠, 그리고 맥도프를 포함한 다른 수정주의자들은 대통령이 바뀌었다는 측면에서 악화돼 가고 있던 미소 관계를 설명하는 데 결코 만족하지 않았다. 그들은 미국의 산업 자본주의는 이의 영향력을 세계화하고 궁극적으로는 소위 군산복합체(military-industrial complex)의 비호하에 산업 자본주의의 목표를 달성하기 위해서 거대한 군비공창(軍備工廠), 전 세계적 군사기지, 동맹, 그리고 원조협정을 체결하여 미국의 산업 자본주의의 내부 모순을 해결할 수 있다고 가설화시킴으로써 보다 더 근본적 구조적 원인을 미국이 제국주의로 부상하는 세기의 전환기로까지 거슬러 올라가 찾았다. 알페로위츠와 콜코는 일본에 대한 미국의 원폭 사용결정을 설명하는 데 의견이 달랐다. 알페로위츠는 동유럽에서 소련의 행태에 영향을 주는 외교적 목적을 강조하였고(그것이 실질적인 목적이었다 할지라도 완전히 실패하였다), 콜코는 앞서 논의한 군사적 고려를 강조하였다. 일반적으로 말해서 수정주의자들은 전후 초기 기간 동안 미국은 자국의 국가이익을 추구하는 데 있어서 외교정책상 이용 가능한 모든 수단을 사용했다고 소련이 아닌 미국을 비난하였다.

대다수의 수정주의자들은 소련은 1918년 연합국의 개입 이후로 자국의 안보에 대해 깊은 관심을 보여왔다는 근거하에 소련의 행태를 합리화 하였다. 크랩(Cecil V. Crabb)이 언급하였듯이, 모든 국가는 안보에 대한 권리가 있고 안보문제에 대한 일국의 지나친 고정화는 다른 국가들 사이에 불안감을 불러일으킨다. 수정주의자들은 종전 이후 소련에 대한 군사원조의 중단을 단호하게 비난하였다. 수정주의자들은 전후 10년 동안 폴란드, 동독, 체코슬로바키아, 헝가리, 루마니아 그리고 불가리아에 대한 소련의 정치적 억압정책을 비난하는 데에는 거의 침묵하였다. 크랩 교수는 수정주의는 그것이 새롭고, 권력구조의 선호적이고, 오래된 공식적인 설명에 도전할 뿐만 아니라 그것을 자극하기 때문에 지적으로 유행하였다고 설명하였다.

이 책의 저자들은 두 주요 승전국이 광범위하게 다른 역사적·문화적·정치적 그리고 경제적 배경을 가졌고 지리적으로 지구의 서로 맞은 편에 위치해 있고, 따라서 그들의 전후 관계는 일단 공동의 적이 붕괴된 이상 반드시 변증법적 충돌을 일으킨다는 사실까지 거슬러 올라간다는 경향을 가지고 있다. 미소 양국은 그것을 수행할 수 있는 에너지, 자원 그리고 창조적 생명력에 따라서 세계적 임무를 갖고 있었다. 양국은 자국의 가치와 부합하고 적어도 부분적으로는 상대방의 가치와는 조화될 수 없는 목표를 추구하는 데 전념하였다. 그것은 당시의 일반적 상황하에서 대통령이 서거하지 않았거나 혹은 그보다는 후자의 원조정책을 특별히 '중요한' 시점에 적용했다 하더라도, 거의 피할 수 없었던 돌이킬 수 없고 연장된 갈등에 대한 처방이다.

1946년 이란 위기

정통주의건 수정주의건 냉전에 관한 대부분의 역사가들은 근동과 중동에서의 권력투쟁에 대해서는 다소 주의를 기울이지 않는 반면, 독일과 동유럽에 관한 미소의 논쟁, 경제관계의 악화, 그리고 원폭의 역할에 초점을 맞추는 경향이 있어 왔다. 1941년 이전 전략적으로 핵심지역의 지위를 성취한 이후로 미국은 세계의 다른 지역(근동과 중동지역)에서는 어떠한 "국가이익"도 인식하지 못하였다. 종전까지 미국의 엘리트들은 그것의 정확한 본질을 확실히 알지 못했지만 그러한 이익이 점증하고 있다는 것을 확실히 느꼈다.

이와는 대조적으로 영국은 지중해 동부와 서남 아시아에서의 발전에 대하여 오래 전부터 특별히 민감하였다. 19세기에 영국은 부동항을 찾는 러시아 전제군주의 압력에 대해서 오토만 제국을 지원할 특별한 책임감을 느꼈다. 처음에 영국은 인도로의 "제국주의적 연락"선에 대한 프랑스의 위협으로서 수에즈 운하(Suez Canal) 건설을 반대했으나 후에 영국은 운하의 주요 보호국이 되었다. 제2차 세계대전 이후 정치적·군사적 그리고 특히 경제적으로 약화된 영국은 경험이 부족한 미국에게 해협, 나일 강 유역, 페르시아 만, 그리고 아프리카 동북부(Horn of Africa)의 중요성을 일깨워 줄 필요성을 깨달았다. 영국은 그 작업이 쉽지 않다고 생각했다. 왜냐하면 미국은 1776년 이래로 국민정신에 깊게 뿌리박힌 감정적인 반식민주의에서 연유한 독특한 정치적 순진성을 표명하였기 때문이었다.

1941년 나치의 러시아 침공 후 얼마 안 있어 소련과 영국은 거의 1907년의 영국-러시아 조치를 복사한 듯한 이란(페르시아)에서의 영향권의 경계를 정했으며, 1941년 8월 공동으로 그 나라에 군사력을 주둔시켰다. 소련군은 북쪽지역을 그리고 영국군은 남쪽지역을 차지하였고, 뒤이어 이란의 해군을 무찌르고 이란 국왕을 퇴위시켰다. 소련과 영국은 바쿠(Baku) 유전지대에 대한 공격을 강화하면서 이란의 유전지대에 대한 통제권을 얻고자 하는 독일의 가능한 공격을 막기 위해 이와 같이 행동하였다. 미국의 무기 대여원조가 시작되었을 때 미군은 500만 톤에 달하는 소련에 대한 전시공급물자수송을 용이하게 하기 위해 군사적 임무(전투가 아님)와 민간인 기술자들과 더불어 페르시아 만 사령부(Persia Gulf Command)를 설치하였다. 1942년 1월의 3자 조약(소련-영국-이란)에 의해서 보장되었듯이, 테헤란 회담에서 3대 강국은 이란의 독립, 주권, 그리고 영토적 존엄성을 유지하기로 약속하였다. 그 조약에서 연합국은 점령의 색채를 최소화하기 위해 추축국(樞軸國)들과의 전쟁을 끝낸 후 6개월 내에 이란 영토에서 모든 외국군을 철수하기로 약속했었다.

소련군은 자기 지역 내에서 공산주의 선전을 퍼뜨리고 이란인에 대한 쿠르드(Kurdish) 민족주의 감정을 선동했으며, 테헤란 중앙정부에 대한 공개적인 전쟁에서 공산주의 투드[Tudeh(대중)]당을 지지하였다. 1945년 11월 테헤란 정부가 북쪽으로 증원군을 파병했을 때 소련군은 그들을 가로막았다. 한 달 후 (지금은 민주당으로 당명을 바꾼) 투드당은 아제르바이잔의 "자치공화국"을 선포하였다. 1945년 크리스마스 전까지 모스크바에 있던 번스 국무장관은 스탈린에게 제대로 장비도 못 갖춘 1,500명의 이란군이 잘 훈련되고 완전한 장비를 갖춘 3만 명의 소련군으로부터 심각한 위험을 받고 있다는 자신의 의구심을 나타냈다. 런던 외상회의(London Conference of Foreign Ministers)는 이란에서 외국군의 완전한 철수시한을 1946년 3월 2일로 정했다. 미국과 영국의 모든 병력은 그날 이전에 철수하였다. 소련은 철수 의사를 보인 후 이란의 북쪽지역에 병력을 그대로 주둔시켰다.

유엔안전보장이사회의 첫 개회날인 1946년 1월 19일 미국의 지원하에 테헤란 정부는 소련이 이란의 국내문제에 개입함으로써 유엔헌장과 다른 조약의무를 위반했다고 공식적으로 비난하였다. 그 당시 상대적으로 유엔에서 고립된 소련은(유엔은 미국 외교정책의 융통성 있는 수단으로 간주됨) 모든 비난을 정중하게 부인하였다. 소련은 그리스와 인도네시아에서 평화를 위협하는 영국군과 네덜란드군을 비난함으로써 공세를 취하였다. 안전보장이사회는 소련과 이란이 해결책을 모색하도록 촉구하는 것 이외에는 별다른 도리가 없었다.

처칠이 미조리(Missouri)의 풀튼(Fulton)에서 "철의 장막" 연설을 행하고 오직 유엔에게만 의존하는 것은 유화정책과 같다고 경고한 1946년 3월 초까지 상황은 상당히 불길한 것처럼 보였다. 이란에서 소련의 군사활동은 증대되고 있었다. 영국과 미국의 언론들은 전쟁 가능성을 생각하고 있었다. 안전보장이사회에서 다시 이란의 문제가 제기되었다. 제안된 소련통제하의 공동석유회사(나중에 실패로 돌아갔다)의 수립을 위해 모스크바와 이란의 수상 가밤(Qavam) 간의 애매한 협상진전이 있었다. 그리고 소련군이 완전히 철수하지 않으면 미군을 다시 이란으로 파견하겠다고 위협해왔던 격노한 트루먼이 소련에게 최후통첩을 보낸 혼란의 시기가 이어졌다.

이란과 소련은 양국의 공동석유회사를 허가하는 조약을 비준하는 대가로 5월까지 소련의 군사적 철수를 약속한 합의서를 8월 4일 상호 교환하였다. 그 조약은 이란 의회(Majlis)의 승인을 필요로 했다. 또한 이란정부와 아제르바이잔 국민들은 후자에 자비심을 보이며 아제르바이잔 문제를 법적·평화적으로 해결하기로 합의했다. 이란의 국회가 그 협정을 거부했기 때문에 소련은 석유 이권을 얻지 못했다. 그러나 모스크바는 항의하지 않았다. 소련의 행태는 이란의 민족주의 감정을 점화시키는 데 기여했다. 이로 인하여 이번에는 이란의 남부에서 영국의 석유회사 운영에 대한 비난이 증대되었고, 그것은 1951년 영국-이란 석유회사에 대한 모사덱(Mossadeq) 수상의 국유화 조치의 초석이 되었다. 또한 1946년 이란의 위기로 미국 정책결정자들은 페르시아 만 부근지역에 대한 장기적인 소련의 목표를 의심하였다. 적어도 공개적으로 유엔안전보장이사회를 통하여 미국이 이란의 위기를 다루고자 했던 사실은 신생 유엔의 위상을 강화시켜 주었다. 그러나 동시에 새로운 국제기구는 영-미 외교의 도구라는 소련의 신념을 더욱 굳어지게 하였다.

봉쇄정책과 트루먼 독트린

처칠에 의하면 스탈린은 전후 그리스에서 영국이 90%의 영향력을 행사하는 것에 동의했었다. 그러나 영국이 그리스에 진주하고 1944년 후반 독일이 철수했을 때 그리스 공산주의자들은 아테네에서 권력을 잡고자 하였으며, 몇 주 동안 영국군과 격렬한 전투를 벌였다. 마침내 영국군이 우세했으나 종전과 더불어 그리스는 물질적으로 황폐해지고 경제적으로 궁핍해졌다. 1946년 8월 유고슬라비아, 불가리아, 그리고 알바니아로부터 외부의 지원을 받은 공산주의자들이 북쪽에서 게릴라 전쟁을 도모하여 권력투쟁은 재개되었다. 그리스와 터키는 대략 같은 시기에 위기에 처했다.

트루먼 독트린(Truman Doctrine)의 기초가 되고 있는 이론적 근거를 이해하기 위해서는 처칠의 "철의 장막" 연설이 행해진 기간 동안 미국의 정책결정자의 심중에 서서히 형성되고 있었던 소련의 위협에 대한 해석을 고려해야만 한다. 미국이 동원해제 분위기에 있다는 것을 인식한 트루먼은 그 연설에 대한 자신의 공식적 입장을 즉시 표명하지 않았다. 그러나 1946년 워싱턴의 주요 관료들은 조지 케난(George F. Kennan)에 의해서 가장 명료하게 표명된 소위 "봉쇄전략(strategy of containment)" 노선을 따라서 생각하기 시작했다. 1946년 2월 전문외교관이자 국무성 내에 신설된 정책기획국(Policy Planning Staff)의 초대 국장을 맡게 된 소련문제 전문가인 케난은 소련체제의 본질, 목표, 그리고 행태에 관해 자신의 견해를 밝힌 800자의 전보를 모스크바에서 워싱턴으로 발송하였다. 가디스(John Lewis Gaddis)는 케난의 메시지를 영국의 독일·프랑스와의 관계에 관한 크로우(Eyre Crowe) 경의 유명한 1907년의 비망록에 비유하면서 외교사에서 개인은 좀처럼 단일문서에 일국의 외교정책을 재구성할 정도로 강력한 사상을 제시하지 않는다고 언급하였다.[5)]

케난의 유명한 전보는 논문형태로 채택되어 1947년 7월 ≪포린 어페어(Foreign Affairs)≫에 실렸다. 그리고 그의 분석은 군사학교에서의 다른 저술과

5) John Lewis Gaddis, *Strategies of Containment: A Critical Appraisal of Postwar American National Security Policy*, New York: Oxford University Press, 1982, p.19.

강의에서 정교하게 되었다. 케난은 국가는 권력현실을 무시하고 오직 국제적 조화를 추구해야 한다는 윌슨의 이상주의적 가정은 미국 외교의 행동지침을 위한 적절한 토대가 될 수 없다고 생각하고 이를 거부하였다. 케난은 국제문제에서 무장충돌을 궁극적으로 제거할 수 없기 때문에 전쟁은 항상 악이 아니며, 합법적인 국가이익이 위태롭게 된다면 평화는 항상 선이 아니라고 생각하였다. 그는 국가안보는 착각 속에 빠져 있는 유엔에 달려 있는 것이 아니라 세계의 다양한 적대적인 이익과 세력 간의 안정된 평형에 더 좌우된다고 주장하였다.

케난은 솔직함을 통해서 스탈린의 믿음을 얻거나 혹은 공정한 협상을 통해 그의 존경심을 얻어내어 소련과 정상적인 관계를 수립하는 것이 쉽다고 생각하는 것은 미국 정책결정자들의 순진함 때문이라고 생각하였다. 케난의 견해로는 소련의 외교정책은 미국이 행하거나 행하지 않는 것보다는 소련 내의 구조적 요인들에 의해서 좌우된다고 보았다. 소련의 지도력(즉 스탈린)은 잔인하고 억압적인 독재정권외에 달리 지배할 방법을 몰랐기 때문에 자신의 가혹한 방법을 유지하고 정당화하기 위해서는 적대적인 국제환경을 조성할 필요가 있었다. 사회주의와 자본주의 간의 화해 불가능한 적대관계와 전자에 의한 후자의 필연적 붕괴(실제상 서방에 대한 소련의 승리를 의미)를 가정한 이데올로기에 깊은 뿌리를 둔 소련의 의심을 풀기 위해 아무리 아량이 넓다 할지라도 미국이 할 수 있는 일은 없었다. 스탈린과 그 주변 인물들은 믿을 수 없을 정도의 광신자들이자 국내외에서 경쟁자들과 타협할 수 없는 독선적인 공론가들이었다.

케난은 소련의 이데올로기가 사회주의와 자본주의 간의 필연적 적대관계를 가정하였기 때문에 소련은 자국과 다른 국가들과의 목표의 일치를 인식할 수 없고 소련이 정반대로 행동하는 것처럼 보이는 서류에 서명하는 경우는 단지 적을 다루기 위한 전술적 행동에 불과하다고 하였다. 소련의 외교정책 행태는 비밀성, 솔직함의 결여, 이중성, 깊은 의구심 그리고 기본적으로 비우호적인 목적 등으로 특징지어졌다. 이러한 점은 소련 권력의 내부 본질이 변화될 때까지 계속되는 경향이 있었다. 오래 전부터 러시아인들을 상대하는 것이 어렵다는 것을 확신한 그는 언제나 "러시아인들이 변해왔다"는 흔적을 찾으려는 미국인들에게 경고하였다.

케난은 미국의 정책은 장기적이고 인내력이 있되, 러시아의 팽창주의 경향에 대한 확고한 봉쇄정책의 일부가 되어야만 한다고 결론지었다. 전시의 파괴와 전후 소련 사회의 고갈로 인하여 소련의 후진성 문제는 낙후된 많은 부문에서 경제발전을 필요로 하였고, 공산당의 내부 위기감으로 장래 권력이양을 통해 지배력을 유지할 수 있는 능력이 불확실했다. 따라서 케난은 소련의 권력체계의 불변성을 의심하였다. 케난은 공산주의 확산을 봉쇄하는 정책을 추구함으로써 미국은 소련체제 내에 긴장감을 증가시킬 수 있고, 따라서 소련이 해체되거나 이완되는 취사선택의 상황을 맞이할 수 있다고 제시하였다.

봉쇄의 필요성이 가장 시급한 것으로 인식된 곳은 바로 서유럽이었다. 1946~1947년의 겨울동안 기상적, 경제적 그리고 정치적으로 서유럽의 상황은 전쟁 때보다도 더 악화되었다. 폭설로 도로와 철도운송이 마비되었고 찬바람으로 강이 얼고 운하통행이 정지되었다. 영국은 지방의 식량부족, 전력단전, 석탄운송의 두절, 공장폐쇄, 그리고 급속도로 불어나는 실업률 등으로 특히 어려웠다. 그러나 영국뿐 아니라 대륙에서도 이탈리아, 루마니아, 불가리아, 헝가리 그리고 폴란드와의 평화조약 체결에도 불구하고 유럽의 정치적 · 경제적 장래는 역시 비관적이었다. 소련을 주시하고 그리스에 적용된 것과 같은 종류의 외부압력과 혼란을 조장하는 데 열중해 있는 이탈리아와 프랑스 공산당의 내부압력에 대한 자신들의 취약성을 숙고하였을 때 서유럽의 정치학자들은 동요하였다.

국무장관 번스의 "인내와 확고함"에 대한 강조에도 불구하고 루스벨트 행정부 시절 농무장관과 부통령을 역임했고 지금은 트루먼 행정부의 상무장관을 맡고 있는 왈라스(Henry Agard Wallace)는 1946년 9월 뉴욕 메디슨 스퀘어 가든(Madison Square Garden)에서 열린 민주당 정치집회에서 미국의 반공산주의와 동유럽에서 소련의 입장에 대한 미국의 강경자세는 제3차 세계대전을 초래할지도 모른다는 우려감을 나타내면서 트루먼 행정부를 떠났다. 상무장관 때문에 소련에 대한 태도를 완화하는 방향으로 바뀌는 미국 외교정책의 근본적인 방향전환의 발표처럼 보였던 것에 대해 번스와 국무성은 분개하였다. 번스가 사임하겠다고 한 후 트루먼은 왈라스를 해임했다. 그러나 왈라스는 결국 1948년 좌익진영의 진보당(Progressive party) 대통령 후보자가 되었다. 그러한 일은 1947

년 2월 21일 워싱턴 주재 영국대사인 인버채펠(Inverchapel) 경이 미국 정부에게 영국 정부는 경제적 어려움 때문에 1947년 3월 31일 이후로 더 이상 그리스와 터키에 재정원조를 할 수 없다는 내용을 전달한 것을 배경으로 일어났다. 트루먼 행정부는 수개월 동안 영국이 동지중해 연안에서 자국의 공약을 이행하는 데 있어 증가된 재정적 어려움에 직면했다는 것을 알고 있었지만 그럼에도 불구하고 절박한 마감기일의 발표로 충격을 받았다. 그리스와 터키를 위한 가용자금이 마련되어 있지 않았으므로 긴급한 상황을 모르고 예산삭감 분위기에 있었던, 다수당인 공화당이 지배하고 있는 양원의 표결에 자금문제를 맡겨야만 하였다.

그러는 동안 1947년 1월 마샬(George C. Marshall)장군은 번스 국무장관을 계승하였다. 전후시대의 어느 미국인도 마샬처럼 고상한 존경심을 누려보지 못했다. 같은 날 대통령은 그를 국무장관으로 지명했고 상원은 만장일치로 이를 비준하였다. 애치슨(Dean Acheson)은 자신의 운명을 결정한 6개월 동안 계속 차관으로 남아 있었다.

트루먼은 다수당과 소수당의 의회 지도자들을 백악관으로 초청하여 그들에게 그리스와 터키에 관한 문제의 절박함을 상세히 설명하기로 결심하였다. 마샬과 애치슨으로부터 브리핑을 받은 후 한때 고립주의자였던 미시간의 반덴버그 상원의원은 만약 대통령이 그 같은 메시지를 의회에 전달한다면 자신과 자신의 대부분의 동료 의원들은 대통령을 지지할 것이라고 말했다. 나머지 의원들은 주로 공식적인 답변만 하였다. 1947년 3월 12일 대통령은 의회의 합동회의에 나타나 소련의 팽창주의를 막기 위해 그리스와 터키 원조를 위한 4억 달러를 요구하였다. 미국에서 역사가 위기를 뚫고 나간다는 감이 있었다. 두 달간의 논쟁을 치룬 후 그리스-터키 원조법안(Greek-Turkish Aid Act)은 하원에서 287 대 107로 상원에서는 67 대 23으로 통과되었다. 트루먼 독트린은 냉전이 시작되었고 미국은 이제부터 유럽에서 시작되는 봉쇄전략을 추구한다는 사실을 공식적으로 인정하는 것이었다.

체코슬로바키아에서의 공산주의 쿠데타

서구의 자유주의 엘리트들은 양차 대전기간 동안 체코슬로바키아 헌법의 민주적 실험을 항상 호의와 찬양 속에서 바라보았다. 제1차 세계대전 종전에 새로 탄생한 국가들 중에서 체코슬로바키아는 제2차 세계대전 발발까지 민주적 정부형태를 유지한 유일한 국가였다. 서방 지도자들이 젊은 공화국을 희생하여 "우리시대의 평화"를 추구하기 위해 뮌헨에 갔을 때 서구의 많은 사람들은 죄의식을 느꼈다. 뮌헨에 초대받지 않은 소련은 모든 국가들이 마다할지라도 체코의 자유를 지키겠다고 맹세했다. 그러나 형세에 저항할 수는 없었다. 그러나 모스크바가 반동주의적이라고 여기는 동유럽의 다른 국가들보다 체코 정부에 더 우호적이었다는 것은 틀림없다.

전쟁 동안 체코부대는 연합국과 더불어 독일군과 싸웠고, 적군과 같이 프라하의 해방전에 참여하였다. 1945년 4월 13일 미군은 체코 영토에 진주하였고 처칠은 트루먼에게 아이젠하워가 가능한 한 프라하와 체코의 많은 영토를 차지하도록 지시할 것을 촉구하였다. 트루먼은 처칠의 제안을 아이젠하워에게 말했다. 그러나 아이젠하워는 군사적으로 현명치 못하다고 생각되는 어떠한 행동도 하지 않을 것이라고 대답하였다. 스탈린은 체코 공화국을 역사적 동반자이자 전시 동맹국으로 여겼기 때문에 체코에서는 일반적으로 자신의 포악한 전술을 사용하지 않았다. 그러나 스탈린은 적군을 철수시키고 민주적 국가(체코)를 공산주의 정부로 재조직하였다.

공산주의자 고트왈드(Klement Gottwald) 수상과 내각의 다른 8명의 공산주의자들과 더불어 베네스(Eduard Benes) 대통령과 마자리크(Jan Masaryk) 외상이 이끄는 통치연립은 전후 2년 이상 동·서와 균형잡힌 우호정책을 유지하고자 하였다. 한동안 체코는 자유롭게 선출된 정부가 동유럽에서 어떻게 소련의 안보에 위협이 되지 않는가를 보여주는 일례를 제공하였다. 1947년 초 러시아인과 지역 공산주의자들은 헝가리, 루마니아, 불가리아의 정부조직에서 비공산당의 지도력을 완전히 일소했다. 자국을 넓은 유럽의 일부분이라고 생각한 체코슬로바키아가 마샬 플랜(추후 논의)에 관심을 보였을 때 체코는 그로 인하여 소련의 노여움을 샀다. 공산주의자 통제하에 있는 프라하의 경찰조직은 1948년 2월 조린(Valerian Zorin) 소련 부외상의 권고를 받아들여 국경선에 주둔한 적군의 지원을 받아 테러에 의한 쿠테타를 일으켰다. 프라하 경찰은 잠재적인 모든 적대자를 체포했으며 그들에게 반동주의적·자본주의적 반혁명을 수행하기 위해 미국과 공모했다는 죄를 뒤집어 씌웠다. 대량학살로부터 조국을 구하기 위해 그 당시 건강상태가 나빴던 베네스는 고트왈드에게 정권을 넘겨주었다. 2주 후 마자리크의 골절된 시체가 외무부의 시멘트 안뜰에서 발견되었다. 공식적인 설명은 자살이었다. 서방의 민주적 여론은 대단한 충격을 받았다. 공산주의자의 정권장악은 아마도 다른 어떤 사건보다도 1년 후의 대서양 동맹의 탄생을 용이하게 만들었다. 체코슬로바키아에서의 쿠테타는 미국의 나토(NATO) 참여의 길을 열어놨던 반덴버그 결의안(Vandenberg Resolution)에 초기의 자극을 가했다.

베를린 봉쇄

대서양동맹을 위한 외교협상은 베를린 봉쇄(Berlin Blockade)로 구체화된 서방에 대한 소련의 위협으로 상처를 입었다. 1945년 6월 연합국이 각자의 점령지역에서 철수할 때 베를린에 대한 서방의 출입권이 인정되었다. 어느 통로를 이용하고 하루에 얼마나 많은 기차가 서방지역에서 베를린으로 통과할 수 있느냐에 관한 논쟁이 있었다. 그러나 서방의 점령국가들이 베를린에 있는 자국의 경비대에 병력과 물품을 공급할 수 있는 권리에 대해서는 의심의 여지가 없었다. 1945년 가을 4대국 통제위원회(Kommandatura)는 서방지역으로부터의 열차통과와 서방점령국가들에 의한 3곳의 공중회랑의 자유로운 이용에 관해서 합의를 보았다. 그러나 도로와 열차이용에 관해서는 명확하고 문서화된 합의를 이루지 못했다.

1948년 봄까지 독일에 대한 서방과 소련 사이의 긴장은 파국의 순간에 있었다. 제조업의 해체, 전쟁 배상금을 위한 소련에 의한 발전소 가동, 허용 가능한 산업 수준, 서쪽으로의 식량수송에 대한 동쪽지역에 있는 소련당국의 무능력이나 거절, 그리고 일반적으로 점령정책에 관한 논쟁이 고조된 결과 때때로 마지못해 따르는 프랑스와 더불어 영국과 미국의 점령지역은 보다 더 밀접한 상호협력관계로 움직이고 있었다. 각 점령국가들은 서로가 통합독일의 5자 관리에 대한 붕괴를 야기시킨다고 상호 비난하였다. 그 당시 실제적인 원인은 독일의 정부형태에 관한 두 개의 양립 불가능한 모델에 있었다. 1947년 후반 런던 회의에서 몰로토프의 독선적인 공격에 비추어서 베빈(Ernest Bevin)과 비도(Georges

Bidault)의 지지를 받은 마샬은 현재의 통제위원회 내부의 기본적인 불일치라는 상황 속에서는 어떠한 형태의 독일 정부의 수립도 권한이 없을 것이라고 선언하고 회의를 휴회할 것을 제안하였다.

런던에서 외교적 실마리를 찾지 못하게 되자 이는 곧바로 상호 방위동맹의 형성, 서독정부의 탄생 그리고 마샬 플랜에 서독정부를 참여시키기 위한 서방의 이니셔티브를 초래했다. 소련 소식통은 독일의 분할은 베를린의 지위변화를 초래할 것이라고 제의하기 시작하였다. 1948년 4월 소련은 무작위로 그러나 점점 더 베를린을 통과하는 육상교통을 방해하기 시작했다. 소련 당국은 포츠담 협정을 위반하여 서방지역이 경제적으로 결합하고 새로운 통화를 도입하고 있기 때문에 베를린의 4대국 통제위원회가 해체되고 있다고 발표하였다. 연합국 통제위원회는 결코 다시 열리지 않았다.

미국 점령지의 군사통제자인 클레이(Lucius Clay) 장군은 소련이 올가미를 죄는 궁극적인 목적은 서방 국가들을 베를린 밖으로 몰아내기 위한 것이라는 우려감을 나타냈다. 그래서 그는 필요하다면 군사력 지원하에 실수없는 확고한 대응을 승인해 줄 것을 워싱턴에 촉구하였다. 클레이 장군은 만약 미국이 확실한 결단을 보인다면 소련은 대결양상에서 한걸음 뒤로 물러날 것이라고 확신하였다. 그러나 마샬 국무장관과 미군사령부는 국가정책을 그러한 허세에 기반을 두는 것은 현명치 못하다고 생각하였다. 그들은 소련군에 필적하는 미국의 유럽주둔군이 부족한 상태에서 만약 그러한 허세가 시험당한다면 미국은 치욕적인 철수에 직면한다는 점을 지적하였다. 클레이 장군은 미국의 점령권을 거듭 주장할 수 있는 권한이 있었으나, 소련에 의해 제지를 받을 경우 열차 경비병이 이를 뚫고 나가는 것을 허락치 않았다. 4월 1일 그러한 상황이 발생했으나 어느 진영도 무력사용을 시도하지 않았다.

6월에 소련 장교들은 기술적인 이유로 서방에서 베를린으로 들어가는 모든 열차와 도로교통을 '일시적으로' 중단시켰으나 그것은 곧 베를린에 있어서 서방 국가들의 권리를 부정하는 것으로 옮겨졌다. 트루먼의 일부 참모들은 베를린을 보호하는 것이 잠재적인 위험성을 내포하고 있는가 궁금해했다. 클레이 장군은 만약 베를린이 무너지면 다음은 서독이 무너지고 유럽에서 전반적인 미국의 위상이 위협받을 것이라고 경고하였다. 그의 견해로는 민주주의의 미래는 미국의 확고한 입장표명을 필요로 하였다. 트루먼은 결코 그것을 의심하지 않았다. 그리고 다만 어떻게 미국의 권리를 확보할 것인가 외에는 그 점에 관해서 어떠한 토론도 하지 않았다. 소련은 군사행동을 취할 선택을 불리한 상황에 있는 미국에게 맡기면서 물리적으로 육상교통을 방해할 입장에 있었다. 미국이 소련에게 군사행동의 부담을 전가하는 공중회랑을 이용할 수 있는 명확한 권리를 가졌으므로 트루먼 행정부는 항공로를 선택하였다.

미 공군은 군사요새뿐 아니라 서베를린의 200만 명에게 공수보급물자를 제공한다는 그러한 대대적인 병참작전으로 다른 지역의 미 공군력이 소진되고 많은 항공기가 위험에 노출될 것을 우려하여 처음에는 적극적으로 찬성하지 않았다. 모든 것들이 비행기로 공수되었다. 10월까지 거의 5,000톤의 공수물자가 매일 템펠홉(Tempelhof) 비행장으로 공수되었다. 1949년 4월 하루 동안 매 61.8초 간격으로 착륙하는 1,398대의 연합국기들이 12,941톤의 물자를 공수하였다. 채 11개월도 않지나 공수병참술사상 최대의 단일 훈련으로 230만 톤의 공급물자가 서베를린으로 공수되었다. 서베를린의 일반 시민들의 사기가 대단히 높자 스탈린은 봉쇄가 반생산적이라는 것을 알고 1949년 5월 조용히 베를린 봉쇄를 철회하였다.

유럽 경제부흥을 위한 마샬 플랜

1947년 봄 피폐한 서유럽 경제는 거의 마비상태가 되었고 인구의 태반이 만성적으로 고통을 겪는 상태에 처했다. 아직도 전시에 파괴당한 흔적들을 어디에서나 — 공장, 주택 그리고 운송체계의 파괴, 7년간의 전시와 전후 무거운 긴장감, 두려움, 영양부족, 그리고 비극을 겪으며 살았던 사람들의 표정과 모습 등에서 — 볼 수 있었다. 모든 서유럽 국가들은 한 가지 종류 이상의, 즉 식량, 석탄, 비료, 가축, 곡물사료와 공장을 다시 가동시키는 데 필요한 기계나 필수부품 등의 심각한 부족상태를 겪고 있었다. 설상가상으로 실업자와 굶주린 자의 수는 동원 해제된 군병력의 민간경제로의 전환과 심지어는 동유럽에서의 수백만의 피난민 유입으로 더욱 늘어났다.

유럽은 대규모의 수입품을 필요로 했으나 이를 지불할 방도가 없었다. 외국환 보유는 전쟁 동안에 변제되었고 실질적으로 존재하지 않는 국제무역의 부흥 없이는 대체될 수도 없었다. 1946년 미국은 영국에 37억 5,000달러를 대부하였고, 직접적·쌍무적으로 다른 수혜국들을 포함하여 다양한 형태로 이미 90억 달러에 해당하는 원조를 쏟아부었다. 이러한 노력들이 상황을 완화시켰지만 급박한 상황이 발생하여 진정한 복구를 자극하게 되었을 때에는 그러한 노력들이 별 쓸모가 없었다. 왜냐하면 그러한 노력들은 어떤 확고한 계획의 한 부분이 아니라 단편적으로 이루어졌기 때문이었다.

유럽 경제부흥의 주요 창안자들은 케난, 애치슨, 클레이튼(William L. Clayton) 경제담당 국무차관, 보렌[Charles ("chip") Bohlen], 그리고 물론 1947년 6월 5일 하버드 대학교 학위수여식에서 군인이자 정치가인 인물이 1,500자의 메시지에서 밝힌 유명한 계획에 트루먼이 이름을 붙이기를 원했던 마샬도 포함되었다. 유럽은 해체되고 있으며 "환자는 위독한데 의사는 느긋하다"고 확신한 마샬은 즉각적인 미국의 행동을 요구했고 케난에게 국무성 내에 정책기획진을 구성하여 유럽문제를 최우선적으로 다루라고 명령하였다. 케난은 경제원조를 통해 서유럽의 정치적·심리적 자신감을 강화시켜야 한다고 확신하였다. 그러나 미국이 이 나라 저 나라에 단편적인 원조를 하는 대신 유럽지역을 전체로 다루는 것이 중요하였다. 유럽인들을 설득하여 서로 간의 통합된 접근방법을 모색하도록 하고 그들이 필요로 하는 것에 대한 전반적인 성명서를 제시함으로써만 미국은 효율적인 원조를 할 수 있었다.

하버드 대학교의 연설에서 마샬은 그 프로그램은 미국과 유럽의 공동의 것이나 조정된 계획에 대한 책임은 유럽의 수혜국가들에게 있다고 말했다. 케난은 그 제안은 소련과 동유럽 위성국가들에게도 개방되어야 한다고 촉구하였다. 왜냐하면 그들의 참여는 서방에 대한 소련의 적대감을 완화시키고 동·서 유럽 간의 경제적 유대를 지속시키는 데 도움이 되는 반면, 그들의 거부는 유럽을 정 방향으로 분할하였다는 비난을 모스크바에 씌울 수 있기 때문이었다.

워싱턴의 많은 정책결정자들은 소련에 대한 원조제의를 반대하였다. 그들은 트루먼 독트린을 지지하기 위해 논의를 개진한 이후 의회는 소련 경제를 강화시키기 위해 납세자의 돈을 지출하는 것을 결코 승인하지 않을 것이라고 생각하였다. 다른 사람들은 만약 소련이 참여하고자 한다면 아마도 결정적인 시기에 물러나 그 프로그램을 사보타지할 목적에서만 그럴 것이라고 생각하였다. 트루먼 행정부는 그 제안을 필히 미국에 기반을 둔 국제 자본주의를 강화하기 위한 음모로 간주할 소련의 참여를 기대하지 않았다. 그러나 세계의 분할을 심화시키는 모습을 피하고 싶었기 때문에, 문은 동유럽에게도 개방되어 있었다.

서유럽의 반응은 대단하였다. 애치슨에 의해서 이미 준비를 해왔던 영국 노동당 정부의 베빈 외상은 파리에서 초기의 회담을 준비하기 위해 자신의 프랑스 상대자인 비도를 지체 없이 만났고, 또한 그 회담에 몰로토프도 초대하였다. 비록 소련이 서유럽 경제와 자국의 계획에 협력하는 대신 소련이 필요로 하는 개별적 상품목록을 제출하겠다고 주장했지만 몰로토프 역시 처음에는 마샬의 원조제의를 우호적으로 생각하였다. 그러나 스탈린으로부터 더 많은 지시를 받은 후 몰로토프는 갑자기 비타협적 자세로 변했다. ≪프라우다(Pravda)≫는 미국이 유럽경제의 통제권을 획득하여 급박한 자본주의 불황을 막기 위해 유럽 국가들의 국내문제에 간섭하고자 한다고 비난하였다. 동유럽 위성국가들에 대한 서유럽의 영향력을 두려워 한 소련 정부는 폴란드, 루마니아, 그리고 유고슬라비아를 대신하여 이를 거절하였고 체코슬라비아(공산주의자가 정권을 잡기 반년 전)에게 참여하지 말도록 경고하였다. 체코는 마지못해 철회하였고 국제적 환경은 냉전으로 치달았다.

마샬 플랜을 반대하는 크레믈린의 이유에 상관없이 그것의 반작용은 심각한 실수로 판명되었다. 미국에 의한 관대하고 선견지명적 정책에 대한 모스크바의 화해하기 어려운 적대감은 비록 그것이 또한 번창한 해외시장의 필요성에 의해서 생산자의 개화된 자기이익에 의해 동기를 부여받았다 할지라도 그들의 부흥계획을 조정하는 데 있어 서유럽의 통일에 일조하였다.[6] 1948년 4월까지 19개국에 의한 유럽경제협력기구(OEEC)가 형성되었다. 동시에 유럽부흥프로그램

6) 프랑스와 이탈리아 공산당은 모스크바의 압력을 받고 "마샬 플랜"을 신랄하게 비난하였다. 그들은 파업, 폭력시위, 그리고 사보타지를 일으켜 원조 프로그램을 전복시키려 하였다.

(ERP: European Recovery Program)이 미 의회의 자금으로 착수되었다. 원래의 요구액은 모두 300억 달러였다. 법적으로 예산년도를 넘어서는 자금을 할당할 수 없는 의회는 4년 동안 매년 약 60억 달러를 도덕적으로 승인하겠다고 말했다. 유럽의 요구액은 나중에 170억 달러로 줄어들었다. 1952년 4년간의 프로그램이 끝날 때까지 양원은 원조금으로 단지 125억 달러만 승인하였다. 그러나 그 액수는 생산성과 지역통합을 고무하기에 충분하였다.

1950년에 원조기금의 효율성과 회원국의 유동성을 증가시킨 유럽 내의 결제, 즉 흑자와 적자의 다자적 취소를 위한 어음교환소인 유럽결제동맹(EPU: European Payments Union)이 창설되었다. 달러의 갭이 좁아졌고 무역은 자유화되었다. 유럽경제협력기구의 첫 10년 동안 서유럽은 완전한 통화의 태환성을 이루었고, 외환 보유액을 두 배로 늘렸으며 거의 매년 연평균 5%의 GNP 성장률을 기록하였다. 서유럽인들이 정치지도력, 행정기술, 그리고 그것을 운영할 수 있는 기술적 노하우를 가졌기 때문에 마샬 플랜은 역사상 가장 성공적인 대외원조 프로그램이 되었다. 가장 중요한 것은 그로 인해 앞으로 미국과 서유럽 국가들은 경제적으로 상호 의존적이 될 것이라는 그들 국가 내의 지배 엘리트들의 인식을 예시했다는 점이다. 따라서 그것은 북대서양동맹 내에서 그들의 정치적·군사적 안보의 후속적 연계를 위한 토대를 마련했다.

팔레스타인과 중동 정책

대통령 취임 직후부터 트루먼은 팔레스타인(Palestine)의 골치아픈 문제들과 이스라엘의 독립 국가창설을 위한 시온주의자들의 요구와 씨름을 해야만 하였다. 시오니즘(Zionism)은 유럽 민족주의에 잠재해 있던 반유대주의에 대한 반작용으로 허즐(Theodor Herzl)에 의한, 19세기 말 유럽에 토대를 둔 유대 민족주의 운동이었다. 제1차 세계대전 이전 시온주의자들은 디아스포라(Diaspora), 즉 성경시대의 결과로 전 세계에 걸쳐 오랫동안 뿔뿔이 흩어져 있던 유대인들은 자신들의 정치적·영토적 기반을 마련해야만 한다는 가정을 중심으로 뭉쳤다. 제1차 세계대전 동안 영국외상 벨포어(Balfour) 경은 영국 정부는 팔레스타인에 유대 민족을 위한 "민족의 고향"의 수립을 지지한다는 취지의 성명서를 공표하였다. 이것은 독일과의 전쟁에서 시온주의자들의 지지를 받기 위한 영국의 대의명분에서 나왔다. 오토만 투르크(Ottoman Turks)에 대한 반란에서 영국이 지지하고 있었던 아랍 민족에게 벨포어 성명서(Balfour Declaration)가 전달되자마자 아랍 민족은 영국이 자신들을 배신했다고 비난하였다. 팔레스타인에 관한 갈등이 본격적으로 시작되었다.

제1차 세계대전 후 국제연맹은 영국을 팔레스타인 위임 통치국으로 임명하였다. 양차 대전의 20년에 걸쳐서 영국 정부는 점차적으로 시온주의자들과 아랍 민족들 간의 중간적 입장에 머무르게 되었다. 영국은 특히 히틀러의 박해기간 동안 팔레스타인으로의 유대인 이민자들의 할당률을 더 높이라는 시온주의자들의 요구를 점차적으로 받아들였다. 영국은 이민을 허용할 때마다 팔레스타인의 아랍 거주자들에게 그들의 권리는 위험에 처하지 않을 것이라고 진지하게 확신시켰다. 그러나 아랍 민족은 점점 더 영국에 대한 미몽에서 깨어나게 되었다. 아랍 민족은 영국이 독일과 이탈리아에 반대하는 아랍의 지지를 얻기 위해 당시 시온주의자들로부터 파문을 당한 아랍인들에게 양보를 하는 경우를 제외하고는 아주 적대적이 되었다. 그러나 영국이 위임 통치국으로 있는 기간 동안 내부의 세력균형상의 전반적인 변화가 시온주의자들에게 유리했다는 것은 결코 부인될 수 없다.

트루먼 대통령은 때때로 팔레스타인 문제를 국내의 선거정치로 이용해왔다는 비난을 받아 왔다. 트루먼의 행동을 공정하게 평가하려면 1944년 유세기간 동안 공화당과 민주당의 정강정책이 팔레스타인에 대한 무제한적 이민을 촉구했다는 사실을 지적해야만 한다. 뉴욕 주지사 듀이(Thomas E. Dewey)와 오하이오의 태프트(Robert A. Taft) 상원의원은 유대인표를 얻기 위해 트루먼처럼 그 문제를 이용하고자 하였다. 그러나 일단 그 문제가 선거정치의 회오리 속으로 말려들자 대통령은 그 누구보다도 그 문제를 이용할 수 있는 보다 유리한 입장에 있었다. 때때로 시온주의자들의 압력적인 책략으로 격노했지만 트루먼은 개인적으로는 대학살의 결과로 유대인들과 그들의 비통함을 매우 동정하였다. 그는 주저 없이 팔레스타인으로 10만 명의 이민을 보내는 제안을 승인하였고 1945

년 9월 애틀리 수상에게 그것을 발송하였다. 1945년에서 1948년까지 국무성의 주요 인물인 스테티니어스, 애치슨, 로베트, 헨더슨, 케난 그리고 마샬은 중동에서 미국의 중요한 이해관계들, 특히 아랍 정부의 우호적 태도와 확실한 석유 접근로를 위태롭게 할지도 모르는 시온주의자들에 대한 공약을 하지 않도록 트루먼에게 충고하였다.

트루먼의 입장으로 당황해진 영국은 보다 더 많은 규모의 유대인 이민에 반대하였다. 왜냐하면 영국 정부는 그것은 팔레스타인에서 고조된 긴장감을 악화시키고 이스라엘 창설에 대한 시온주의자의 요구를 한층 강하게 할 것이라고 정확하게 추측하였기 때문이었다. 불법적인 유대 군대인 하가나(Haganah)와 두 개의 테러집단인 레우미(Irgun Zrai Leumi)와 스턴 갱(the Stern Gang)이 이미 팔레스타인에서 아랍과 영국에 대항 활동을 전개하고 있었다. 트루먼이 영·미의 조사위원회에서 전반적인 문제를 숙고하자는 런던의 제의에 동의했을 때 시온주의자들은 자신들에 대한 약속을 어겼다고 트루먼을 비난하였다. 1946년 4월 위원회는 10만 명의 이민은 권장하나 독자적인 유대국가 창설은 반대했다. 그들은 영국의 계속적인 위임통치 보유를 촉구하였다. 양 진영의 표적이 된 영국은 자국의 역할에 대해서 좌절감과 환멸감을 느꼈다. 제2차 영·미 위원회는 팔레스타인 연방을 위한 계획을 구성하였다. 이 계획에 따르면 팔레스타인 연방은 자치적인 유대와 아랍 지역 그리고 독립적인 예루살렘과 네게브(Negev)로 구성되며 모두 영국의 중앙통치를 받도록 되어 있었다. 이러한 타협안은 시온주의자들을 더욱 실망시켰다. 그들은 오직 독립국가에서만 유대인의 안보를 누릴 수 있다고 확신하였다.

1946년 10월 상·하원선거가 임박해지자 트루먼은 팔레스타인을 분할하여 적당한 지역에 "생존 가능한 국가"를 위한 유대인 대리국의 제안을 승인하였다. 사우디아라비아 국왕은 아랍인들에 대한 약속을 저버렸다고 미국을 비난하였다. 벨포어 성명서에서 독자적인 시온주의자들의 국가가 아닌 "팔레스타인에서 유대인을 위한 민족의 고향"을 선호한다는 점을 계속 견지하였던 영국도 격노하였고 배신감을 느꼈다. 베빈 외상은 하원의 연설에서 미묘한 국제적 외교가 필요한 문제를 가지고 선거정치를 하고 있다고 트루먼을 비난하였다.

제2차 세계대전으로 피폐해진 영국은 분할은 무력에 의해서만 이루어질 수 있고 그러한 목적을 위해 영국은 무력을 사용하지 않겠다는 입장을 명백히 했다. 통합참모본부(the Joint Chiefs of Staff)의 조언으로 트루먼 역시 이와 유사한 입장을 여러 번 표명했다. 영국은 그 문제를 유엔총회로 넘겼다. 1947년 봄 유엔총회는 팔레스타인 특별위원회(SCOP: Special Committee on Palestine)를 구성하고 그 문제를 연구하여 가을까지 보고서를 다시 제출하도록 하였다. 그 위원회의 다수 국가들은 개별적인 유대·아랍 국가의 창설과 이스라엘에게 네게브 지역을 할당해 줄 것을 권고하였다. 1947년 11월 29일 총회는 영국, 중국, 유고슬라비아, 에티오피아 그리고 라틴 아메리카의 6개국이 기권한 가운데 33 대 13으로 분할을 찬성하였다. 아랍 국가들과 다른 회교 국가들(아프카니스탄, 이란, 파키스탄 그리고 터키)과 그리스, 인도 그리고 쿠바는 분할에 반대하였다. 미국, 프랑스, 소련 그리고 대다수의 유럽과 라틴 아메리카 국가들은 분할을 찬성하였다. 소련은 처음에는 2민족 단일국가(a single binational state)를 선호했으나 결국에는 아마도 중동에서 영국 제국주의의 존재를 약하게 하고 분할이 아랍세계를 급진화시킬 것이라는 기대 속에서 개별국가를 찬성하였다.

물론 그 결의안은 총회가 국제적 입법부가 아니기 때문에 법적 구속력이 없는 단지 권고적인 것이었다. 팔레스타인의 아랍인들은 위임통치의 전지역에 대한 역사적 권리를 천명하면서 결의안 수락과 자신들을 위한 불완전한 국가 수립을 거부하였다. 영국은 그 결의안을 시행하는 데 따르는 모든 책임을 거부하고 6개월 후인 1948년 5월 14일 팔레스타인 문제를 유엔에 이관할 것이라고 발표하였다.

군사적 충돌의 속도가 즉각적으로 고조되었다. 12월 5일 미국은 중동에 대한 무기판매를 금지하였다. 국무성 내 케난의 정책기획국은 미국은 안보이익을 희생하면서 정치적 시오니즘의 극단적인 목표들을 지지하고 있다는 것을 애도하는 비망록을 준비하였다. 그 비망록에 의하면 회교도의 적개심으로 인해 현존 석유와 수송관의 허여, 그리고 무역과 공군 기지권이 위태롭게 되고, 중동에 대한 소련의 정치적·군사적 침투를 야기하고, 팔레스타인 아랍인들을 대가로 유대인의 욕구를 충족시키고, 서방의 양심을 진정시키려 하였으며, 전 세계적인 반유대·반서방 감정을 초래하게 될 것이라고 예견하였다. 그 비망록은 분할은 시행될 수 없다고 결론을 맺고 유엔의 신탁통치의 창설로 이관할 것을 추천하였다.

분할에서 신탁통치로 후퇴한 국무성 안을 승인하는 것처럼 보이게 한 후 트루먼은 국무성이 알지 못하는 개인적 회담에서 자신이 칭송하는 시온주의자의 지도자인 바이스만(Chaim Weizmann)을 만나도록 설득받았다. 트루먼은 미국은 아직도 분할을 지지한다고 바이스만을 확신시켰다. 바로 그 다음날 유엔의 미 대표부 의장인 오스틴(Warren Austin)은 적어도 당분간은 대통령이 신탁통치에 관한 의견을 승인했다는 인상을 받은 국무성의 지지를 받으면서 신탁지위를 호소하는 공식적인 연설을 하였다. 다시 한 번 시온주의자들은 분개하였다. 자신의 일기에서 나는 결코 거짓말쟁이와 배신자와 같은 느낌을 가져본 적이 없었다고 썼던 트루먼은 국무성 내에 자신을 파멸시키려고 하는 사람들이 있다는 것을 알았다.

이스라엘은 1948년 5월 14일 오후 6시 영국의 위임통치가 끝나는 순간 자국의 독립을 효과적으로 선포하였다. 트루먼은 소련이 먼저 외교적으로 승인을 함으로써 자국에 선취(先取)하려 한다고 의심하면서 미국의 승인을 즉시 발표하였다. 반면에 신탁통치 문제는 아직도 논의되고 있었고, 그것은 유엔의 많은 국가들에게 경악과 분노를 주었다. 며칠 후 이집트, 시리아, 요르단, 레바논 그리고 이라크는 팔레스타인을 "점령한 적"으로부터 통제권을 다시 찾을 수 있다는 희망을 갖고 신생국에 선전포고를 하였다. 비록 아랍 민족은 오랫동안 일어나고 있었던 상황에 대하여 알고 있었지만 그들은 준비를 못했다. 위기가 발생하였을 때 그들은 전략에 관해서 일치를 볼 수 없었다. 치욕적인 패배를 경험한 후 그들은 이스라엘, 즉 전쟁국의 목표를 공식적으로 인정하진 않으면서, 불명예스러운 조건으로 이스라엘과 개별적으로 휴전협정을 체결할 수밖에 없었다. 그 결과는 이웃한 이집트와 요르단으로 거의 100만에 해당하는 팔레스타인 피난민의 추방, 반서방·반시온주의자 제국주의로 자라난 맹렬한 기질의 아랍 정권에 대한 혁명적 반정부자의 괴로움, 그리고 오늘날까지 지속되고 있는 지역 불안정의 원인인 아랍-이스라엘 간의 갈등의 출현이었다.

전후 미국의 아시아 정책

19세기 후반 이래로 일본과 중국에서 점점 더 집약적인 미국의 이익에도 불구하고 미국의 정치적·군사적 엘리트들은 몇 가지의 현저한 경우를 제외하고는 유럽 무대보다는 아시아 무대에 더 낯설었다. 그들은 전후 세계로의 중국의 이행문제를 이해하거나 혹은 대처할 준비를 미처 못했다.

장개석 정부는 1945년 8월 소련과 우호조약을 체결하였다. 스탈린은 만주에 대한 중국의 주권을 공식적으로 인정하였다. 장개석 정부는 그 지역에 대한 소련의 팽창주의를 제한하고 모택동 세력에 대한 러시아의 원조를 저지하기 위해 얄타 협정의 극동조항을 받아들였다. 국가 지도자로서 장개석의 지위는 표면상 확고한 것처럼 보였다. 그의 지위는 승전국인 연합국들에 의해서 합법적인 정부로 인정되었다. 그의 위신은 적어도 일시적으로나마 일본군이 점령했던 중국의 모든 영토의 반환으로 강화되었다. 그러나 50만의 국민군(Nationalist troops)을 내륙과 북부지역으로 이동시키는 것을 미국이 도와주었다는 사실에도 불구하고 장개석은 북쪽지역의 공산주의자들이 일본 사단들의 항복을 접수하는 것을 막을 수가 없었다. 그러는동안 중국 공산주의자는 국민당으로부터 생포한 미군 병력과 더불어 만주의 일본 병력을 접수하였다. 따라서 모택동 군대는 만주를 지배할 수 있게 되었고 소련은 이를 허용했다. 더군다나 8년간의 국제전쟁과 내란으로 중국에는 전국 도처의 농업과 무역이 붕괴되었고, 연약한 생산능력과 운송체계의 파괴와 인플레이션이 만연해왔다. 군사 전략가로서뿐만 아니라 정치 선전가로서도 장개석보다 한수 위인 모택동은 궁극적으로 종전 직전에 중국을 괴롭혔던 모든 경제적 혼란에 대한 비난을 용케도 국민당에게 덮어씌웠다.

1945년 11월 뉴스속보(ticker-tape news story)를 통해 트루먼 대통령은 헐리(Hurley)가 대사직을 사임하고 대통령이 자신의 행동을 정당화하고, 국무성이 자신의 노력을 타도한다고 비난하는 문서가 언론에 유출된 것을 알았다. 트루먼 대통령은 매우 분개했다. 다른 많은 미국인들처럼 헐리는 동시대의 음모이론을 신봉하였다. 전시의 사회적 격변의 심오함과 30여 년간 중국에 영향을 미쳐 온 혁명세력의 힘을 이해하지 못한 헐리는 국무성에 대한 배신행위는 아닐지라도 중국에서의 사건들에 둔감한 탓으로 돌렸다. 트루먼은 마샬 장군을 설득하여 헐리가 사임한 자리를 맡겼다. 1년 후 마샬은 국무장관이 되었다. 마샬은 다소 중립적이고 사려깊은 인물이었으나 헐리처럼 (중국의 내전에서) 양자의 입장을 화해시키는 점점 더 해결하기 어려운 문제를 해결하지 못했다. 어떤 의미에서는 일찍이 국민군의 병력이 절반으로 축소되었을 때 마샬이 연정수립과 모든 군병력의 통일을 위한 협상을 일궈내는 것처럼 보였다. 자문을 위해 마샬을 워싱턴으로 소환하였을 때 양진영의 절대적 권력추구의 극단자들은 사건의 전개방향을 설정하여 결코 유익하지 않았던 진정한 잠정협정(modus vivendi)의 기회가 전적으로 사라지게 하였다.

마샬은 가망 없고 보람 없는 업무를 맡았다. 장개석은 공산당과 싸울 수 없었고 그가 우선적으로 개혁에 관심을 가졌다는 것을 가정한다면 동시에 모든 내부로부터 중국을 개혁할 수도 없었다. 1946년 이후로 그의 유일한 희망은 미국의 군사개입에 있었다. 그러나 중요한 미국의 군사원조와 관련하여 그때까지 그는 한 미군 장성에게 실질적인 지휘권을 맡기려고 하였다. 그러나 때는 너무 늦었다. 공산주의자에게 중국을 '상실'하게 되자 오랫동안 아쉬움을 남긴 것은 상당 규모의 미군 병력의 파견으로만 그러한 상황을 막을 수 있었다는 것과 태평양 전쟁의 종료 이후로 어떠한 시기에도 그렇게 정치적으로 연약하지 않았다는 것이다. 미국이 전후 짧은 기간동안 아시아의 중국 공산주의보다 유럽의 소련 공산주의를 봉쇄하는 데 불가피하게 정책의 우선순위를 두었을 때 장개석의 운명은 결정되었다.

심지어 19세기 말 최초의 미 제국주의가 태평양으로 밀려온 이래로 공화당원들은 민주당원들보다도 아시아에 더 깊은 관심을 보여왔다. 결과적으로 미국 내에는, 특히 서부 해안가를 따라서 중요한 '아시아 제일주의(Asia First)' 유권자들이 있었다. 그들은 동부의 도시와 대학교에서 자라난 민주당원들은 유럽지역에 열중하여 아시아에 있어서 미국의 이익을 무시하는 경향이 있다고 생각하였다. 더군다나 장개석 정부의 웰링턴 쿠(V. K. Wellington Koo) 주미대사가 이끄는 친중국 국민당 로비는 워싱턴에서 활발하게 활동을 벌였고, 또한 매혹적인 장개석 부인의 임시 방문으로 지지받았다. 결국 트루먼과 마샬은 장개석 정부의 미몽에서 깨어나게 되었다. 그리고 국민군에 대한 미국의 원조는 쓸모없게 되었고 모택동의 뛰어난 전략을 무찌르기보다는 장개석 지지자들의 은행계좌만 더 부유하게 만드는 데 도움이 될 뿐이라고 결론지었다. 일단 그러한 미몽에서 깨어나자 중국의 로비, 위스콘신(Wisconsin)의 매카시(Jeseph McCarthy) 상원의원, 그리고 트루먼, 마샬, 국무성에 대한 다른 신랄한 비판자들은 전국에 걸쳐 고조되고 있는 반공산주의 물결을 이용하기 시작하였다. 1948년이 저물어가는 시점에 모택동 군대는 대대적인 공격을 시작하여 그 이듬해 최후의 승리를 거두었다. 1949년 시초까지 만주의 모든 지역은 공산주의자들의 통제하에 있었다. 그 이후로 그들은 북쪽지역 전체에 걸쳐서 영향력을 확장시켜 나갔다. 모든 곳에서 신뢰를 잃은 국민군은 패배하였다. 9월에 모택동은 북경(Peking)을 수도로 하는 중화인민공화국(People's Republic of China)의 수립을 선포하였다. 남경(Nanking), 관동(Canton) 그리고 국민당 수도인 중경(Chungking)이 10월에 접수되었다. 2개월 후 장개석, 국민당 내각, 그리고 거의 100만에 해당되는 국민군과 그의 가족들은 본토에서 100마일 떨어진 포르모사(Formosa: 대만의 포르투갈 명) 섬으로 추방되었다. 장개석은 4반세기 동안 국민당(The Nationalists)이 중국 인민의 유일한 합법정부라는 무용한 외침을 천명하였으므로 그 섬을 떠날 수가 없었다. "누가 중국을 상실하였나?"는 트루먼 행정부 적대자들의 야유적인 외침이 되었다.

루스벨트-트루먼 행정부의 많은 정책결정자들이 그것을 정의했을 때 그 문제는 제2차 세계대전이나 그 이후 동안 동아시아에서 영국, 프랑스, 그리고 네덜란드 등의 대부분의 유럽 식민제국을 붕괴시킨 일본의 연속적인 군국주의, 침략 그리고 점령과 결합된 아시아 민족주의의 새로운 세력과 관련된 것이었다. 미국과 소련은 반식민주의적 전통을 공유하고 있다고 순진하게 믿은 루스벨트는 전전의 식민지 지배를 복구하도록 영국을 도와주는 데 별 관심이 없었다. 미국의 군사령관들은 영국이 태평양 전쟁의 막바지 단계에서 중요한 역할을 맡는 것을 원치 않았다. 루스벨트는 영국, 프랑스 그리고 네덜란드가 동남아시아의 해방에서 중요한 역할을 하도록 하는 것보다는 대일전에 소련을 참전하도록 설득하는 데 보다 더 열정적인 것처럼 보였다. 빌헬미나(Wilhelmina) 여왕이 궁극적인 자치를 약속하였기 때문에 루스벨트는 기꺼이 네덜란드령 동인도가 잠정적인 네덜란드 통치로 복귀하는 것을 예상하였다. 그러나 루스벨트는 여왕의 약속이 아직도 유효하다는 것을 확인하기 위해 주로 미국의 힘으로 그 섬들을 해방시키고자 했다. 그 당시 말라야(Malaya)의 수도인 싱가포르에 인접해 있었기 때문에 영국이 수마트라(Sumatra)를 해방시키는 것이 허용되었다. 전쟁이 끝나기 바로 직전인 1945년 8월 일본의 점령당국은 인도네시아 공화국의 독립을 선포하였다. 인도네시아인들은 재빨리 독립을 받아들였다. 몇 달 후 네덜란드가 돌아왔을 때 그들은 수카르노(Achmed Sukarno) 대통령 영도하의 단호한 민족적 저항에 직면하였다. 네덜란드는 민족운동을 탄압하고 일종의 연방적 관계를 수립하고자 하였으나 그러한 노력은 성공하지 못했다. 결국 내전이 일어났다. 1948년 초 유엔 산하의 한 위원회는 미군함 렌빌레(Renville) 호에서 정전협정을 체결하였다. 그러므로 미국이 호의적인 견지에서 1949년 11월 인도네시아로 주권의 공식적 이양을 조장하였다고 말할 수 있다.

미국은 1934년 타딩즈-맥더피 법안(Tydings-McDuffie Act)에 구체화된 약속을 이행하여 자국의 반식민적 양심에서 세기의 전환기 때의 필리핀에서의 "사악한 제국주의적 모험"을 일소하고자 노력하였다. 4년이 넘는 전쟁, 점령 그리고 전후 경제적 혼란에도 불구하고 예정대로 정확하게 1946년 7월 4일 필리핀의 독립을 인정하였다. 그러나 전쟁 때문에 필리핀 국민들은 민주적 자치를 제대로 준비하지 못하였다. 독립 초기의 기간 동안 15억 달러 상당량의 미국의 경제원조는 낭비적이거나 혹은 부정하게 쓰여졌다. 반면 학대받는 많은 필리핀 사람들은 후크발라합스(Hukbalahaps)로 알려진 공산주의 폭도들의 선전에 매료되었다.

필리핀에서의 실망적인 경험에도 불구하고 미국은 1947년 인도와 파키스탄의 독립, 그리고 1948년 버마의 독립을 우호적으로 바라 보았다.[7] (영국의 제국을 떠난 최초의 국가인) 미국의 반식민주의적 태도와 정책을 달가워하지 않았던 영국은 동남아시아, 인도양, 페르시안 걸프 지역, 그리고 나일 강 유역에서 영국의 현존과 영향력을 완화하거나 가능하다면 대체하려는 미국을 의심하였다.

7) 인도와 파키스탄은 영연방 내의 공화국이 되었다; 버마는 영연방 밖의 공화국이 되었다.

미국은 일본에서 전후 가장 놀랄 만한 성공을 이루었다. 일본 본토에 참전하는 러시아의 어떠한 병력도 연합군 최고사령관(SCAP: Supreme Commander Allied Powers)인 맥아더 장군의 통제하에 배속되어야만 한다는 미국의 주장과 결부되어 일본의 갑작스런 항복은 일본 점령에 있어 효과적인 소련의 참전을 배제시켰다.[8] 일본은 독일처럼 분단국가가 되는 운명에서 벗어났다. 이로 인해 전후 민주적 개혁작업은 훨씬 수월했다. 미국은 오키나와(Okinawa)를 포함하여 보닌 제도(the Bonins)와 유구 열도(the Ryukyus)뿐만 아니라 태평양에 있는 일본의 이전 위임 통치령 도서들을 접수하였다. 미국은 또한 일본의 이전 태평양 위임통치국들 – 유엔에 의한 미국의 신탁통치국으로 1947년에 비준된 마샬 군도, 캐롤라인(Caroline) 제도와 마리아나(Marianes) 제도 – 에 대한 관할권을 떠맡았다.

맥아더 장군은 궁극적으로 절대자였으나 자비롭게 그리고 놀랄 만하게도 평판이 좋은 최고 권력자로서 패전국을 지배하였다. 그의 비호하에 새로운 헌법이 1868년의 메이지 유신(Meiji Restoration) 헌법을 대체하였다. 일본 황제는 상징적 존재로 남았으나 영국식의 의원내각제를 선호하여 정치적 권위는 박탈당하였다. 군대 창설은 해체되었다. 새헌법 제9조에 의하면 국제분쟁의 해결수단으로서 전쟁은 영원히 금지되었다. 대기업결합체(Zaibatsu)는 부분적으로 해체되었다. 언론의 자유가 주어졌다. 최초로 여성의 참정권이 부여되었으며 노조가 장려되었고 파업권을 인정받았다.

맨체스터(William Manchester)가 "미국의 시이저"[9]라고 칭했던 사람이침략적 전체주의체제였던 일본을 4년 내에 경제기적으로 곧 세계를 놀라게 한 평화로운 민주국가로의 전환을 주도하였다. 소련은 전후 아시아의 주요 산업 국가를 형성하는 데 있어 미국의 일방주의에 대해 자주 불평을 하였다. 그러나 소련은 일본에 대해 많은 것을 할 수 있는 입장이 아니었다. 일본의 변화는 국무성의

---

8) 일본이 항복을 선언하기 불과 5일 전인 1945년 8월 9일 소련은 대일 선전포고를 하였다. 소련군은 하보마이(Habomai), 시코탄(Shikotan), 그리고 다른 북쪽 도서들과 더불어 사할린(Sakhalin)의 남쪽 지역의 절반을 점령하였다.

9) William Manchester, *American Caesar: Douglas MacArthur, 1880~1964*, Boston: Little, Brown, 1978.

동북아시아정세국(the Office of Northeast Asian Affairs)이 아무리 친절하다 할지라도 자존심이 강한 일본인들처럼 한 민족이 얼마나 오랫동안 외국의 점령을 인내할 것인가 의심할 정도의 그렇게 빠른 속도로 진행되었다. 심지어 강화조약 작성 전에 시작된 숙고와 협상하에 있었던 일본의 해결문제는 (다음에서 논의된) 한국전쟁의 발발로 인하여 새로운 긴박성을 부여받았다. 국방성은 강화조약 협상은 시기상조라고 주장하였고 이러한 영향에 대한 국방성의 논의는 북한의 침략 이후 더 단언적이 되었다. 그러나 미국의 외교관들은 만약 독립에 대한 일본인의 점증하는 욕망이 너무 오랫동안 좌절된다면 점령국에 대한 분개가 고조될 것이고 1945년 이후 일본에서 민주주의를 위해 이루어진 발전들은 사라져버릴 것이라고 우려했다.

1950년 5월 일본의 강화조약에 관한 작업이, 만약 1948년의 선거결과가 달랐다면 듀이(Thomas E. Dewey) 대신 국무장관이 되었을 덜레스(John Foster Dulles)의 일차적 책임하에 초당적 이익에서 진행 중이었다. 뛰어난 협상가인 덜레스는 1951년 9월 샌프란시스코에서 개최된 한 회담에 완성된 조약을 제출하였다. 소련과 동구 위성국가들은 그 회담에 참여하여 기본적으로 영-미의 협력하에 이루어진 조약의 최종초안을 뒤엎으려 하였다. 그러나 그들의 노력은 애치슨의 절차규칙으로 실패하였다.

북대서양 조약

아무리 마샬 플랜이 서유럽 경제부흥을 위해서 중요하였다 할지라도 그것은 동쪽에 있는 소련의 군사공격의 가능성에 대한 어떠한 안보 보장도 제공하지 못했다. 서유럽은 경제적 차원에서는 힘차게 성장하고 있었으나 군사적인 면에서는 더욱 약화되고 있었다. 미국이 핵무기 독점을 누리고 있었지만 세계에서 가장 큰 대륙국가에 이웃한 유럽인들은 재래식 병력에서의 불균형을 생각하였을 때 점증하는 공포감을 느꼈다. 1947년 중반까지 미국은 무장병력을 1,200만에서 150만으로 축소하였다. 많은 사람들은 스탈린이 자신의 제국주의적 지배력을 그가 안전하게 채울 수 있는 어떠한 권력의 공백상태로 확장시키는 것을 두려워했다.

아마도 2,000만 명의 사상자와 도처의 파괴를 야기시킨 전쟁으로 피폐화된 소련은 서방 공격을 전혀 준비하지 못했을 것이다. 그러나 정치학에서는 위협을 평가하는 데 있어서 때로는 현실보다도 인지가 더 중요하다. 제2차 세계대전의 마지막 2년 동안 그리고 그 다음해에 걸쳐서 소련은 정치적·심리적 그리고 군사적으로 공격적인 입장에 있었다. 미국의 원폭 독점이 폴란드, 이란, 그리스, 터키, 분단된 베를린 그리고 동유럽 전체에까지 압력을 행사하고자 한 스탈린의 의지를 억지하지 못했다는 것은 거의 의심의 여지가 없었다. 스탈린 자신은 국제정치에서 원자무기의 중대성을 조롱하였고, 반면 자신이 통달한 고전적인 전략 원칙들을 고양시켰다. 소련의 적군이 프랑스와 이탈리아의 국경선에 도달했을 때 그들의 공산당 지도자인 마우리스 토레스(Maurice Thorez)와 토글리아티(Palmiro Togliatti)가 그들의 의회에 대해 국민들이 소련의 적군을 해방군으로 환영한다고 선언하고 있었다는 사실에 비추어 보아 서유럽의 신경은 심히 놀라고 있었다.

1948년 2월 프라하의 쿠데타는 마샬 플랜의 원조금액을 위한 의회의 승인을 촉진시켰을 뿐만 아니라 1948년 3월 브뤼셀 조약(Brussels Treaty)에 서면하도록 영국, 프랑스 그리고 북해연안의 저지대국가들(Low Countries)을 고무시켰다. 이로 인해 지역적 집단방위기구가 창설되었다. 같은 날 트루먼은 징병재개를 의회에 요구했다. 후에 서유럽연합(WEU: Western European Union)으로 확장된 이러한 조직을 위한 최초의 동인은 베빈(Ernest Bevin), 비도(Georges Bidault), 벨기에의 스파크(Paul Henri Spaak) 그리고 네덜란드의 클레펜스(N. F. van Kleffens)에게서 나왔다. 전후 2년이 훨씬 지나 유럽의 대부분의 국가들은 유엔에 구체화된 보편적인 집단안보사상에 담겨 있는 희망을 포기하길 주저해왔었고, 유엔헌장 제51조에서 허용하고 있는 그러한 지역적 집단방위기구의 형성을 꺼려왔었다[이것의 좋은 예는 1947년 리오 조약(Rio Pact)에서 미국과 라틴 아메리카의 21개 공화국이 창설한 미주기구(OAS: the Organization of American States)이다]. 1948년 6월 11일 상원은 "헌법적 과정에 따라서 계속적이고 효과적인 자조와 상호원조에 기반을 둔 그리고 미국의 국가안보에 영향을 미치는 것과 같은 지역적이며 다른 집단적 제도와 미국과의 연합"을 촉구하는 결의안을 64 대 6으로 통과시켰다. 반덴버그(Vandenberg) 상원의원의 이름을 따서 명명된 이 결의안은 미국의 외교정책에서 하나의 혁명을 이루었다. 그것은 이제부터 미국의 안보가 유럽의 안보와 얽히게 되었고, 1949년 봄에 북대서양동맹(North Atlantic Alliance) 창설을 마련하였다는 점을 인정하는 것이었다.

북대서양동맹 창설자들은 처음에는 군사적 측면보다는 정치적 측면에서 사고하고 있었다. 확실히 그들은 소련의 침공이 급박하다고는 여기지 않았다. 그러나 그들은 군사적 불균형의 연장은 서유럽 민주주의의 안정과 경제적 복지를 위태롭게 할 정도의 심각한 심리적·정치적 문제를 유발할 것이라고 예상하였다. 서유럽연합의 회원국인 프랑스, 북해연안의 저지대국가들, 그리고 영국 간의 정치적 반대 때문에 그 당시에는 서독이 포함될 수 없었으므로 순수한 서유럽 방위동맹은 불완전하였다. 필요한 것은 바로 유럽안보에 대한 공식적인 미국의 보장이었다.

초기에 그 동맹은 서유럽연합 국가들과 더불어 미국과 캐나다가 가입함으로써 형성될 수 있었다. 거의 때를 같이 하여 소련과 핀란드 간의 밀접한 관계를 우려한 노르웨이가 대서양동맹에 가입하고자 했다. 가스페르비(Alcide de Gaspervi)하의 이탈리아 역시 자국을 지중해 국가로 여기기보다는 대륙경제의 일부분으로 인식하였다. 트루먼 대통령은 처음에는 이탈리아로 인하여 조약의 범위가 지중해까지 확장되고 이탈리아의 초기 동맹 실적이 저조했기 때문에 이탈리아의 회원자격을 받아들이고 싶지 않았다. 그러나 프랑스는 이탈리아의 포함을 주장하였다. 북대서양에서 그린랜드(Greenland)의 중요한 위치 때문에 덴마크가 포함되어야만 하고 역시 같은 이유로 아이슬랜드도 가입되어야만 한다고 생각되었다. 애치슨은 살라세우(Antonio de Oliveira Salazeu)의 권위주의적 통치하의 비민주적 조합국가라는 사실에도 불구하고 후에 미국이 라제스(Lajes)[10]에 공군기지를 건설한 대서양 중간에 위치한 포르투갈령 아조레스 제도(the Azores)의 전략적 중요성 때문에 포르투갈의 회원자격을 지지하였다. 이로써 12개국의 대서양동맹이 탄생되었다.

---

10) 영국은 포르투갈의 가입에 우호적이었다. 이는 포르투갈이 영국의 가장 오래된 현존하고 있는 조약 상대국이자 1386년으로 거슬러 올라가는 관계국이었기 때문이었다.

계속되는 북대서양 조약의 제2조에서 서명 국가들은 그들의 자유제도를 강화하고 안정과 복리증진 조건들을 증진하고 경제적 갈등을 제거하여 평화적이고 우호적인 국제관계를 위해 공헌할 것을 약속하였다. 이는 북대서양동맹이 과거와 같은 순수한 군사적 동맹을 넘어서 정치적·경제적 협력의 긍정적 목표들을 가정했다는 것을 의미하였다. 조약 제3조에는 "개별적·공동적으로 각 당사국들은 계속적이고 효과적인 자조와 상호원조에 의해서 무력침략에 저항할 수 있는 당사국 각자의 그리고 집단적인 안보능력을 유지하고 발전시켜 나갈 것"이라고 구체화되어 있다.[11] 조약 제5조는 그 조약을 활성화시키는 중요한 단서를 담고 있었다:

> 회원국들은 유럽이나 북아메리카에서 한 회원국 이상에 대한 무력공격을 회원국 전체에 대한 공격으로 간주한다는 데 동의하였다. 결과적으로 그들은 만약 그러한 무력공격이 일어난다면 회원국 각자는 유엔헌장 제51조에 의거하여 개별적으로 그리고 다른 회원국들과의 협력하에 북대서양 지역의 안보를 회복·유지하기 위해 무력사용을 포함하여 필요하다고 여겨지는 행동을 즉각적으로 취함으로써 공격받은 회원국이나 회원국가들을 도울 것이라는 데 동의하였다.

나토와 헌법적 문제

비준을 위한 청문회 기간 동안 일부 상원들은 제5조에 의해 미국은 자동적으로 전쟁에 참여하고 상원의 헌법적 기능이 무시될지도 모른다는 우려감을 나타내었다. 이것은 본질적으로 국제연맹규약의 집단안전조항에 대하여 상원이 표명하였던 상원의 특권에 대한 똑같은 우려감이었다. 애치슨은 가까운 장래의 위기 시에 동맹국들은 미국이 의무감을 이행하기 위해 필요한 행동을 취할 것이라고 기대할 수 있으나 그것은 미국 자신의 헌법적 과정에 따라서 조취를 취한다고 강조하면서 아슬아슬한 순간을 모면했다. 1949년 5월 한 여론조사에 의하면 미국민의 67%가 그 조약을 찬성하였고 단지 12%만이 반대하였다. 1949년

---

11) 북대서양조약기구(NATO)는 그 조약하에서 공동으로 조정된 방위계획을 수행하기 위해 창설된 통합된 군사적 명령구조였다.

7월 21일 상원은 82 대 13으로 비준에 동의하였다. 비준문서에 서명한 후 1주일 내에 트루먼은 유럽에 대한 군사원조로 11억 6,000만 달러를 요하는 군사원조 법안을 의회에 제출하였다. 1949년 8월 24일 프랑스와의 구동맹이 해체된 1800년 이후로 미국 최초의 평화 시의 동맹공약인 북대서양 조약이 발효하였다.

유럽에서 전쟁이 있은 이후로 두 번의 유럽전쟁에 참전했던 미국은 이제는 침략이 일어나기 전에 그 의도를 간파함으로써 또 다른 전쟁을 억지하고자 하였다. 어떻게 억지가 이루어질 수 있을까? 미국이 유럽에서 영구적인 군사작전을 전개하기 위해 실제적으로 미군의 파병이 가능한가? 아이오와(Iowa)의 히켄루퍼(Bourke Hickenlooper) 상원의원이 그러한 문제를 제기했을 때 (후에 인정했지만 어리석은) 애치슨의 대답은 "명확하고 확고하게 '아니오'"였다. 일반적인 가정은 억지는 원자폭탄을 장착하고 있는 미국의 전략폭격기에 달려 있다는 것이다. 그 당시에 미국은 이러한 무기들을 독점하고 있었다. 그러나 1949년 후반 소련이 이와 유사한 폭탄을 성공적으로 실험하였을 때 그것도 끝이 났다. 그럼에도 불구하고 미국이 누린 계속적인 우세로 미국은 전면적인 제3차 세계핵전쟁을 억지할 수 있는 능력을 갖고 있었다. 그러나 1950년 6월 한국전쟁의 발발로 유럽인들은 제한적인 재래식전쟁의 가능성을 예민하게 인식하게 되었다.

1951년 초반까지 트루먼 행정부는 유럽에 군대를 파견하는 것이 필요하다고 생각하였다. 이로 인해 또 한 차례의 헌법적 논쟁이 일어났다. 입법부가 언젠가는 전쟁을 선포할 수밖에 없는 상황에 미국이 직면하는 것을 의미하는 6~7개 사단규모의 유럽 주둔군의 군사작전 문제에 대해 의회는 당연히 민감하였다. 트루먼 대통령으로서는 군통수권자로서 대통령의 특권을 보전하고자 하였다. 한 기자회견에서 이미 거기에 있는 2개 사단 이외에 유럽에 미국의 군대를 파견하는 데 양원의 승인이 필요한지의 여부에 관한 질문을 받았을 때 그의 대답은 명백히 "아니오"였다. 트루먼은 미국의 조약의무를 수행하기 위해 해외에 군대를 파견하는 것은 대통령의 권한이라고 재천명하였다. 그리고 트루먼은 의회와 상의는 하되 파병을 위해 의회의 동의를 요구하지 않겠다는 점을 명백히 했다. 왜냐하면 그것은 이미 법의 일부가 되었고 이전에 상원이 승인한 북대서양 조약에서 벌써 요구하고 있듯이 유럽방위계획을 실행하는 행정부의 의무를 부정하는 것이기 때문이었다. 심지어 상원의 엄격한 해석주의자들조차도 서유럽 방위를 지지하기 위한 트루먼 행정부의 노력을 방해하고 싶지 않았기 때문에, 트루먼은 그 논쟁에서 이길 수 있었다.

서독의 재무장문제

1950년 12월 아이젠하워 장군이 초대 유럽연합군 최고사령관(SACEUR: Supreme Allied Commander, Europe)으로 임명되었을 때 그는 소련의 정예사단이 거의 10 대 1 정도로 서유럽 동맹국들의 사단수보다 많다는 것을 알았다. 유럽인들은 제2차 세계대전의 유형을 본떠서 해방의 과정에 의해 일어난 대대적인 맹공격에 직면하여 후퇴하는 전략에는 관심이 없었다. 특히 프랑스, 네덜란드 그리고 벨기에는 가능한 한 더 동쪽으로 — 즉 엘베 강(Elbe River)쪽으로 — 의 "전진방위전략(forward strategy of defense)"을 주장하였다. 이러한 논리의 전체적인 추론은 서독은 재무장되어야만 한다는 것이었다. 확실히 독일의 점령을 경험한 국가들은 만약 독일이 자신의 영토를 위해서 싸우지 않는다면 공격을 막아낼 수 없었다. 그 추론은 좌절적인 것이었다. 왜냐하면 독일의 많은 인접국가들이 미래에 그들 스스로를 방위해야 한다는 것을 생각하였을 때 그들은 심중에 소련뿐 아니라 독일도 염두에 두고 있었기 때문이었다. 1950년 9월 뉴욕에서 열린 북대서양위원회는 새로 탄생된 독일연방공화국(Federal Republic of Germany)의 동맹 내에서의 정치적·군사적 역할에 관한 문제를 다루었으나 점령체제가 끝나기 전에 이미 4년 이상이 경과되었다. 따라서 아데나워(Konrad Adenauer) 수상의 지도력 하에 있는 서독의 준주권적 지위가 북대서양조약기구(NATO)에 의해 최종적으로 인정되었다. 서독의 재무장에 대한 견제책으로 유럽방위공동체(European Defense Comminity)를 위한 프랑스의 제안은 유럽통합운동사의 한 부분이다.

서유럽통합

1948년 처칠은 '유럽합중국(United States of Europe)' 창설을 촉구하였다. 마샬플랜의 목표들을 추구하기 위해 창설된 유럽이사회(Council of Europe)와 다양한 조직들은 15개 정부들에게 그들의 경제적·사회적 그리고 다른 기능적 문제들에 대한 보다 넓은 지역적 안목을 취하는 데 있어서 중요한 실행을 제공하였다. 1950년 5월 프랑스 외상 슈만(Robert Schuman)은 서독은 결국 대서양방위구조의 일원이 될 것이라는 점을 감지하였다. 또한 그는 독일의 군수제조산업 능력을 국제적 감독하에 두기를 희망하면서 유럽석탄철강공동체(ECSC: European Coal and Steel Community)를 위한 대담한 계획 — 헌신적인 초국가주의자인 모네(Jean Monnet)가 인식한 — 을 제안하였다. 그 계획은 프랑스-독일의 협력과 다른 유럽 정부들에게 개방된 참여를 토대로 그러한 기본적인 생산성 부문을 위한 공동시장과 중요한 권한을 그리고 있었다. 이탈리아와 베네룩스 국가들(벨기에, 네덜란드, 룩셈부르그)은 합류했으나 영국은 국제적 정책결정기구에 대한 조심성과 자국의 경쟁적 지위와 사회복지 프로그램에 대한 관심을 포함한 일단의 정치적·경제적 이유로 합류하지 않았다.[12] 트루먼과 애치슨은 슈만의 제안을 "위대한 프랑스 전통에 있어 …… 건설적인 정치적 수완 행위"라고 환영했고 그 계획의 핵심국가인 "6개국(the Six)"과 더불어 서유럽 경제통합을 지지하였다.

슈만 플랜(Schuman Plan)에 수여된 호평으로 프랑스는 초국가적 통합념을 군사적 수준으로 확대하여 독일의 재무장 문제를 해결하고자 하였다. 르네 플레벤(Rene' Pleven) 정부는 유럽방위공동체(EDC: European Defense Community)를 위한 제안을 작성하여 1950년 10월 의회에 제출하였다. 그 계획하에서 유럽 대륙을 축으로 하여 6개국의 군대(프랑스 해외병력은 제외)가 하나의 공동군대로 통합될 예정이었다. 기능적 효율성을 위해 사단수준까지는 국가언어단위를 보유하고 반면, 병참과 다른 보조군뿐만 아니라 군단과 최고사령부는 국제적으로 통합되었다. 따라서 독일병사는 있어도 독일군대나 독일참모그룹은 존재하지 않았다. 미국이 그 계획을 강력히 지지했음에도 불구하고 1950년 이것을 급진

12) 영국의 외상 베빈은 슈만과 애치슨이 그 계획을 "꾸며내었고" 그것을 공식적으로 발표할 때까지 자신을 어둠 속에 몰아넣었다고 비난하였다. 나중에 애치슨은 그 업무는 잘못 처리되었고 미리 런던에 자문을 구하지 않아 아마도 그것의 부정적인 반작용을 한층 더 악화시켰다는 점을 인정하였다.

적인 상상적 계획이라고 인식한 프랑스가 그 계획을 단념했기 때문에 결국 유럽방위공동체는 성립되지 못했다. 그 때문에 서독의 나토(NATO) 가입을 위해서는 다른 조직체들을 필요로 하였다(이러한 조직체들은 제4장에서 다룰 것이다).

1952년 2월 아이젠하워가 대통령에 입후보하기 위해서 유럽연합국 최고사령관(SACEUR)을 사임하기 정확히 7주 전 리스본에서 회합한 북대서양위원회는 나토(NATO)의 동맹군을 무장시키키 위한 아주 야심적인 목표들을 승인하였다. 1954년까지 40개의 전투사단(그리스와 터키에 필요한 사단들을 제외하고)과 56개의 예비사, 그리고 1,000대의 항공기가 생겨났다. 서유럽 국가들의 경험있는 관리들은 회의적이었다. 처칠은 이미 의회에 핵무기에 더 크게 의존함으로써 방위비 지출이 삭감될 수 있다고 말하고 있었다.[13] 1952년 말 이전 자국의 희생이 큰 인도차이나 게릴라 전쟁에 대한 군사개입 때문에 프랑스는 나토의 중부전선에 주둔하고 있는 동맹군에 대한 자국의 군사적 기여를 증가시킬 수 없다고 나토(NATO)에 통보하였다. 미의회는 유럽인들이 그들의 재래식 방위능력을 강화하기 이전에는 추가적인 군사원조를 승인하기를 꺼려했다. 아데나워는 서독 정부가 주권적 독립을 결했다는 것을 알고 있었지만 항상 독일연방공화국이 보다 완전하게 서유럽으로 통합되었듯이 동등한 동반자로 취급되어야만 한다고 주장하였다.

1949년 독립적인 서독 정부의 수립을 저지코자 했던 소련은 1952년 초 서독의 서방과의 경제적·군사적 결합을 막기 위한 최후의 전력을 기울였다. 3월 10일 소련 외상 비쉰스키(Andrei Vishinsky)는 서방의 3개국 독일점령 국가에게 통일독일을 위하여 1년 이내에 독일 영토로부터 모든 외국군대와 기지의 철수, "민주주의에 해로운" 조직의 금지, (이전 군 장교와 나치를 포함하여) 모든 독일시민을 위한 평등한 시민적·정치적 권리, 전쟁에서 독일과 싸웠던 국가들에 대한 군사적 동맹에 독일가입의 금지 등을 촉구하는 서한을 보냈다. 포츠담에서 합의한 국경선을 영구적으로 만들고 독일 군대를 엄격히 제한하였다.

3개국 서방 외무장관 모두(애치슨, 이든, 슈만)는 소련의 발상을 연합국들을

13) 1952년 10월 영국은 오스트레일리아 근해의 몬테 벨로(Monte Bello) 도서에서 핵실험을 성공리에 끝마쳐 세계에서 3번째의 핵보유국이 되었다. 소련은 1949년에 성공적으로 그 실험을 했었다.

분열시키고 그들이 지난 16개월 동안 힘들여 이룩한 방위구조 구축을 위한 진보를 막기 위해 서방쪽으로 던지는 "불화의 씨앗"으로 간주하였다. 동시에 그들은 비쉰스키의 제안이 많은 사람들에게 — 통일을 염원하는 독일인들, 서독의 재무장을 두려워하는 프랑스, 네덜란드, 벨기에, 덴마크, 노르웨이, 그리고 다른 국가들, 소련을 회유하여 냉전을 종식시키려는 모든 사람들에게 — 는 피상적으로 매혹적이라는 것을 깨달았다. 애치슨은 조국을 위해 대서양 지향 정책에 전념한 아데나워의 성심성의의 협력과 더불어 서방의 회신을 조정하였다. 연합국은, 모든 독일인의 정부 수립은 평화조약을 작성·서명하기 위한 회담개최가 선행되고 또한 그러한 선거를 위해서 필요한 자유로운 상황뿐 아니라 자유로운 모든 독일인의 선거가 단일 정부수립을 위한 전제조건이 되어야 한다고 모스크바에게 통보하였다. 그들은 유엔조사위원회가 자유선거를 위한 분위기를 점검하기 위해서 소집되어야 하고 그러한 조사를 용이하게 하기 위해 서독과 서베를린이 수배(受配)되어야 한다는 점을 모스크바에 상기시켰다. 동독과 동베를린도 똑같이 되어야 하는가? 그 문제로 비쉰스키의 제안이 더 이상 진척되지 못하였다. 아데나워 정부가 중립과 탈군사화를 통해 통일을 이루자는 경쟁적인 사회당의 호소를 멀리하고 서독의 안보와 번영을 대서양-서유럽 국가들과의 밀접한 관계에 기반을 두었다는 것이 1952년 이후로 점차 명확해졌다.

미국의 스페인 정책

트루먼과 애치슨은 미국의 스페인 정책으로 양원과 그 밖의 다른 곳의 보수주의자들로부터 가차 없이 비난을 받았다. 샌프란시스코 회담에서 강대국 3국은 추축국 군사력의 도움으로 수립된 어떠한 체제도 유엔회원국에서 제외할 것을 채택하였다. 1946년 12월 유엔총회는 회원국들에게 마드리드(Madrid) 주재 대사관들을 소환할 것을 촉구하였다. 1945년 12월 이후로 미국의 그 자리는 공석이 되었다. 따라서 대리 대사가 그 임무를 수행했다. 트루먼과 애치슨은 스페인과의 관계가 전혀 없었고 한편 프랑코(Franco)가 권좌에 있었다. 그러나 네바다(Nevada)의 상원의원인 맥클란(Pat McCrran) 보수주의자가 이끄는 양원의 대다수 의원들은 서유럽의 다른 모든 국가들이 마샬 플랜으로 혜택을 받고 있는 시기에 스페인도 경제적 원조를 받아야 한다고 생각했다. 국방부 — 처음에는 해군이 나중에는 공군이 — 는 지중해의 서쪽끝에 위치한 상당한 전략적 가치가 있는 국가에 군사기지를 마련하기를 기대했다. 애치슨은 심지어 나토(NATO) 밖에서라도 미·스페인 군사협정이 영국, 프랑스, 그리고 다른 동맹국들의 감정을 해치거나 피레네 산맥(the Pyrenees) 넘어 유럽을 방위하고자 하는 미국의 의도에 대한 의심을 야기하지 않을까 걱정하였다. 트루먼은 마샬 플랜에 스페인의 포함을 거부했다. 그러나 1950년 양원은 각각 1억 달러의 대부를 승인하였다. 대통령은 경제적인 대부를 고려하는 것을 거부하고 미국의 이익을 위해 지불금이 필요할 때까지 그 기금을 보류함으로써 스페인 친구들을 자극하였다. 트루먼은 대사들에 대한 유엔금지가 풀린 이후에도 파시즘의 문제뿐 아니라 카톨릭 국가인 스페인이 신교에 대한 종교적 자유를 위반하고 있다고 확신했기 때문에 아직도 감정적으로 대사임명을 반대하였다. 국무부의 애치슨과 국방부의 마샬은 "스페인 로비"의 입장에 — 애치슨은 국내의 정치적 변화를 모색하기 위해 대사 금지의 이용은 현명치 못하고 실패할 것이라는 생각으로 그리고 마샬은 군사적 이유로 인해 — 점차적으로 동조하였다. 트루먼은 마지못해 찬성하여 대사를 임명하였다. 따라서 트루먼은 1953년 아이젠하워 정부가 서명한 경제적·군사적 협정에 대해서 길을 열어 놨다.

한국전쟁

트루먼 행정부하의 주요 인물들 중 어느 누구도 1940년대 말까지 냉전이 절정에 달하고 있다는 것을 의심치 않았다. 워싱턴에서는 조작적 측면에서 봉쇄 독트린을 보다 명확하게 상세히 설명하기를 원하는 바람이 점증하였다. 1949년 말 케난이 정책기획국장을 사임한 이후 보다 명확한 정책설명을 작성하는 작업은 니체(Paul H. Nitze)가 이끄는 정책기획국의 국무부와 국방부 관료들에게 맡겨졌다. 1950년 초반 그 결과물은 NSC-68로 알려진 국가안보보장회의 문서번호 68(National Security Council Paper No.68)였다. 그것은 케난이 소련의 위협을 정의했던 것보다 다소 더 놀랄만한 것이었다. 그것의 대처방안은 더 긴급한 것이었다. 케난은 스탈린 시기 소련의 목표들은 민주적 사회의 목표들과 "완전히 조화될 수 없는" 것이라는 점에 동의했었다. 그러나 케난은 산업 중심국가들에 대한 소련의 통제력을 막고자 하였지 소련 주변의 모든 곳을 방어하는 것을 주장하지는 않았다. 공산주의자의 성공적 침공의 적대적인 정치적·심리적 결과에 대해서 걱정하였던 NSC-68의 작성자들은 양극 세계에서 소련의 어떠한 팽창도 전 세계 자유제도들의 패배를 의미한다고 믿었다. 따라서 그들은 심각하게 위협받은 자유세계의 지도국으로서 국가의 책임감에 상응하는 주요한 미군사력 증강에 자본을 제공하기 위해 세금인상과 비방위지출액의 삭감을 촉구하였다. 국민여론과 양원의 압도적인 예산삭감 분위기에서 만약 한국전쟁이 발발하지 않았더라면 그러한 권고들은 아주 심각한 반대에 직면했었을 것이다.

트루먼에게 있어 한국은 비극이었다. 제2차 세계대전 종전에 어느 누구도 그러한 사태를 의심했을 리가 없었다. 한국사를 통해서 보았을 경우 한국은 중국, 러시아 그리고 일본의 침략 대상국이나 완충국처럼 종종 아시아 강대국들의 담보국가로 취급받아 왔다. 세기말 중국과 러시아와의 전쟁에서 승리한 이후 부상한 일본은 1910년 한국을 병합하였다. 카이로 선언(Cairo Declaration)에서 미국, 영국 그리고 중국은 가까운 장래에 한국의 독립을 약속하였다. 얄타 회담에서 (소련을 포함한) 4대 강국은 잠정적인 신탁통치를 행한다는 비공식적 합의를 하였다. 스탈린이 외국 군대를 한국에 주둔시킬 것인가를 물어 보았을 때 루스벨트는 "아니오"라고 대답하였다. 소련의 독재자도 이에 동의하였다. 일본이 갑작스럽게 붕괴하자 미국과 소련은 일시적인 분할선으로 맥아더가 임의적으로 선택하였던 38선의 이남과 이북의 일본군의 항복을 접수하기 위해 1945년 9월 초 한국에 군대를 상륙시켰다.

일본의 항복이 뜻밖에 일찍 이루어졌기 때문에 맥아더는 정예부대와 그 지역의 정치와 문화에 민감한 다소 덜 군사적인 지도자들과 더불어 한국을 점령할 준비를 하지 못했다. 조만간 해방의 열매에 굶주린 남북한의 한국인들은 하나의 점령행태가 결코 겸손하지 않은 새로운 두 개의 점령형태로 교환되었다는 것을 느끼게 되었다. 경제적·정치적 혼란에 직면하여 미군정은 일본 점령자들과 협력했던 일부 우익인사들에 의존하여 시민질서를 복구하고자 하였다. 1910년 미국으로 망명하여 하버드와 프린스톤에서 박사학위를 취득한 한국의 애국자 이승만(Syngman Rhee)은 보수주의적 민족독립운동의 지도자로서 고국에 돌아왔다.

곧 소련과 미국 어느 쪽도 상대방의 후원하에 한국의 통일을 허용치 않는다는 것이 더 명확해졌다. 그럼에도 불구하고 남한에서의 완전한 책임감을 열정적으로 떠맡지 않으면서 서유럽에 대한 소련의 위협에 점증적으로 몰입된 워싱턴은 한국에서의 미국의 현존을 단계적으로 철수하는 단아한 방법을 모색하기 시작하였다. 그래도 역시 트루먼 행정부는 한반도 전체가 공산주의자 통제에 들어가는 것을 원치 않았다. 왜냐하면 이것이 일본과의 관계에 나쁜 영향을 끼친다고 생각했기 때문이었다. 그러므로 트루먼 행정부는 해결책을 유엔으로 돌렸다. 소련의 반대에도 불구하고 유엔총회는 한국에서 1948년 국회 선출과 그 이후 거국일치내각을 수립하고 소련군과 미군의 철수를 촉구하였다. 북한 입국을 제지당한 유엔사절단은 1948년 5월 10일 남한에서 선거를 수행하였다. 이승만이 한국의 대통령으로 선출되었고 수도는 서울(Seoul)이었다. 몇 주일 후 북한에는 새로운 공산주의 정부가 들어섰다. 수도는 평양(Pyongyoung)이고 수반은 김일성이었다.

미국은 1948년 말 이전에 한국에서 자국 병력을 철수하기로 결정하였다. 반면 이승만 정부에 대한 경제적 원조는 계속 제공되었다. 1948년 12월 미국의 재촉으로 유엔총회는 한국(즉 남한)을 한반도의 합법정부라고 선언하였다. 이미 권위주의적 경향을 보여주었던 이승만 정부는 이 선언을 무력을 통해 북한에 대한 자신의 통제를 확장시킬 수 있는 자격을 부여받은 것으로 해석하였다. 미국은 이승만의 군대가 남한을 방위할 정도로 강하되 38선을 넘어 공격하지 않기를 원했다. 극동의 최고사령관인 맥아더 장군은 한국이 보다 더 잘 무장된 북한의 전면적인 침공에 직면했을 때 자신을 방어할 수 있는 전망이 희박하다고 워싱턴에 충고하였다.

1949년 6월 말 예정된 미군철수 이전에 국가안보보장회의의 조사는 북한 침공의 우발성을 건의하였다. 국가안보보장회의의 참모진은 전쟁이 일어났을 경우 미국의 일방적인 군사선택보다는 유엔 제재의 국제경찰 행동에 참여한다는 가능성을 가지고 유엔안전보장이사회에 대한 호소를 추천하였다. 국가안보보장회의는 한국의 공산화는 중국과 일본에 대한 소련의 정치적·전략적 입장을 강화시키고 역으로 극동에 걸쳐서 미국의 이익에 영향을 미칠 것이라고 인식하였다. 1950년 1월 12일 애치슨은 워싱턴의 내셔널프레스클럽(National Press Club)에서 미국의 중국정책에 관한 연설을 하였다. "중국 상실"의 비난에 대한 변명인 그 연설은 어떻게 군사적으로 우세한 장개석 정부가, 모택동이 이용 방법을 알았던 정치적으로 보다 더 강력한 혁명주의적 민족주의 세력에 의해서 전복되었는가를 설명하고자 하였다. 국무장관은 불과 1년도 안 된 도쿄에서의 한 인터뷰에서 맥아더가 발표한 성명을 되풀이하면서 미국의 방위지역을 일본의 알류산(the Aleutions) 열도에서 필리핀의 유구(the Rykyus) 열도에 미치는 것으로 정의하였다. 한국은 그러한 방위지역에서 "특별히 제외되지는" 않았다. 그러나 결과적으로 자주 인용되듯이, 미국이 자신의 안보에 필수적인 것으로 일방적으로 보호하는 지역에 한국은 확실히 포함되지 않았다. 애치슨은 만약 한국에 대한 침략이 발생한다면 침략을 물리치기 위해 유엔헌장하에서 지역적 저항과 문명세계의 공약에 대한 의존이 부과되어야만 한다고 말했다. 그 연설로 인해서 트루먼과 애치슨은 상원의원 매카시(McCarthy)의 극단적인 당파심에 의해서뿐만 아니라 심지어 대통령 후보인 아이젠하워를 포함한 보다 책임 있는 공화당원에 의해서도 궁극적으로 한국에 대한 공산주의자의 침략을 "유발시켰다고" 후에 세상의 웃음거리가 되었다. 그러한 맞비난 시대 동안 어떠한 비평가도 미국은 자국의 전반적인 군사적 형세의 견해에서 1946년 이후로 남한에 신뢰성 있는 억지적 보장을 제공할 준비가 전혀 되어 있지 않았다는 점을 좀처럼 지적하지 않았다. 또한 그 기간 동안 현직의 민주당원과 야당의 공화당원들도 더 뛰어난 방위준비를 마련하지 못했다.

1950년 6월 25일 우려했던 공격이 일어났다. 자신의 고향인 미주리(Missouri)로 주말 방문을 하였던 트루먼은 워싱턴으로 되돌아왔고 유엔안전보장이사회가 개최되었다. 말리크(Jacob Malik) 소련대표는 공산주의 중국 대신 국민당 정부를 유엔회원국으로 선출하는 것에 대한 항의 표시로 1950년 1월 안전보장이사회에서 퇴장하였다. 모든 사람들은 그가 그날 보이코트를 끝내고 미국이 이끄는 행동을 거부하지나 않을까 우려하였다. 그러나 그는 나타나지 않았다. 일반적인 가정은 스탈린의 수권 없이 북한이 감히 공격을 단행하지 못한다는 것이었기 때문에 일부 사람들은 소련은 그 당시 진행 중이었던 일본의 평화조약 협상을 방해하기 위해 그 공격을 승인하였을 것이라고 추측하였다. 스탈린이 워싱턴으로부터 초기의 반작용을 기대하지 않았고 모스크바가 말리크를 유엔에 복귀하도록 지시할 정도로 재빨리 반응할 수 없다는 가능성을 고려에 넣지 않을 수 없었다.

트루먼과 그의 주요 보좌관들은 미국은 적절하고 단호한 대응을 해야만 하며 그렇지 않으면 극동에서 미국의 위신은 말할 것도 없고 유엔이 급속히 붕괴될 것이라는 데 즉각 동의하였다. 맥아더는 다음과 같은 두 가지 이유로 책임을 맡았다: ① 미국은 공산주의를 봉쇄해야만 하고 봉쇄 독트린이 유럽에 한정되지 않는다는 것은 자명한 것이며, ② 미국의 관료들은 소련의 신속한 보복수단을 예견치 못했다는 것이었다. 전쟁 첫 주가 끝날 때까지 맥아더는 북한의 남침 추세를 저지하기 위해 일본에 있는 2개 사단 규모의 미국의 지상군을 파견할 것을 추천했다. 미국의 민간 관료들과 군사 지도자들은 아시아 대륙의 끝에 위치한 취약한 반도 — 전면전 시대에 전략적 가치가 높게 평가되지 않는 반도 — 에 많은 수의 군대를 파견하는 것을 탐탁지 않게 생각하였다. 그러나 한국에 대한 공격은 유엔, 전후 세계의 세력 균형, 그리고 자국의 동맹 — 한국이라기보다는 일본과 서유럽을 방위하고자 하는 미국 공약의 신뢰성에 대한 공격 — 으로 인식되었기 때문에 파병이 이루어졌다.

전쟁이 발발한 지 2주 내에 영국의 베빈 외상과 인도의 네루(Jawaharlal Nehru) 수상은 특히 한국전쟁의 휴전대가로 공산주의자들에게 포르모사와 북경 정부의 유엔 가입을 양보할 것을 미국에 촉구하였다. 트루먼의 승인과 더불어 애치슨은 미국은 그러한 쟁점들에 대한 평화적 결의안을 시비에 따라서 토론하고자 하나 그때에 사용된 공갈협박하에서는 안 된다는 점을 명백히 했다. 왜냐하면 그것은 단지 또 다른 곳에서 그 이상의 침략에 대한 공산주의자들의 식욕을 자극할 뿐이기 때문이었다. 미국은 한국에서의 대응행동을 위한 안전보장이사회의 권한을 소유하였기 때문에 미국은 소련이 그 토론을 한국에 대한

〈연표: 한국전쟁 발발 첫째 주〉

1950년 6월 25일	·탱크와 항공기 지원을 받으며 최전선에 나선 북한 침략군의 7개 사단(9만 명)이 전선을 따라 배치된 남한의 5개 사단을 격파 ·유엔안전보장이사회는 평화를 위반했다고 북한을 비난하면서 휴전과 북한의 철수를 촉구하고 모든 원조를 제공하기 위해 유엔회원국들에게 호소하는 결의안을 9 대 0(유고슬라비아는 기권)으로 채택 ·트루먼 대통령은 영빈관(Blair House)에서 애치슨, 국방장관 존슨(Louis Johnson), 통합참모본부장 브래들리(Omar Bradley)와 다른 임원들, 육·해·공군성 장관, 그리고 국무부 4개 부서의 주요 인물들을 만남 ·맥아더 장군은 한국군에 대한 군사장비의 수송을 촉진시키고 유엔 결의안에 따라서 휘하병력을 사용할 수 있는 권한을 부여 받음. 미 공군은 서울 근교의 김포공항을 사수하도록 명령 받음. 제7함대는 필리핀에서 북쪽으로 항진하고 포르모사에 대한 중국의 어떠한 공격과 그 반대의 경우도 저지하도록 지시 받음
1950년 6월 26일	·미 공군과 해군은 38선 이남으로 작전지역을 한정시키면서 한국군에 대한 총력적 지원을 하도록 명령 받음
1950년 6월 27일	·미국은 소련에게 북한을 억제시키기 위한 노력을 요구하는 서한을 전달
1950년 6월 28일	·상원은 만장일치로 대통령에게 의무병역제도법을 발동시키고 예비군을 소집할 수 있는 권한을 부여. 맥아더는 개인적 시찰을 위해 한국으로 날아감
1950년 6월 29일	·맥아더는 참패를 막기 위해 미군사단의 투입을 권고. 국가안보보장회의와 통합참모본부장(TCS)의 조언을 받은 후 트루먼은 병참활동과 미국 시민의 철수를 보호하기 위해 부산지역에서 미 전투부대 사용을 승인. 트루먼은 3만 3,000명에 이르는 장개석의 국민군의 제의를 고려. 그러나 그들의 한국전 참여는 중국 공산주의자의 개입을 초래할 것이라고 우려한 애치슨의 권고에 따라 결정을 유보. 미국의 서한에 대한 답변에서 모스크바는 남한이 전쟁을 일으켰다고 비난

공산주의자의 계획적 침략에서 그리고 유엔헌장의 조건하에서 정치적으로 더 불투명하고 평화위반을 다루는 기구의 기능과 별 상관이 없는 다른 문제들로 전환시키는 것을 결코 허락할 수 없었다. 애치슨의 기본원칙은 만약 다른 선택이 유효하다면 결코 무력의 위협하에서는 협상을 할 수 없다는 것이었다.

1950년 8월까지 유엔군 — 12개국 이상의 다른 국가들(거의 모두 미국의 동맹국들)이 참전한 소규모 부대와 더불어 원칙적으로는 미국과 한국군으로 구성된 — 은 단지 동남쪽 항구도시인 부산(Pusan) 주변만을 확보하였다. 그러나 9월에 맥아더는 주도권을 잡고 서울 근교 서해안의 인천(Inchon)에 육·해·공 수륙양용 상륙작전에 의한 유명한 측면작전을 전개하였다. 2주 내에 맥아더 군대는 38선까지 진격하였다. 그들의 새로운 유엔의 권한은 무엇이었는가? 소련의 유엔 대표 말리크가 안전보장이사회에 복귀했을 때 그 기구는 휴지상태로 마비되었다. 애치슨은 거부권을 책략에 빠뜨리기 위해 안전보장이사회가 활동할 수 없을 때 유엔총회의 효율적 역할을 증대시키기 위한 "평화를 위한 단결(uniting for peace)" 계획을 제의하였다.[14]

트루먼 행정부 내의 몇몇 정책결정자들은 남한에 대한 장래의 공격의 위험성을 제거하고, 유엔의 1947년 목표 – 통일되고 독립적이며 민주적인 한국 정부의 실현을 가능케 하는 안정상태 – 를 창출하기 위해서 38선 진격에 찬성하였다.[15] 9월 말 애치슨, [존슨(Louis Johnson)을 계승한] 마샬 국방장관, 그리고 통합참모본부는 소련이나 중국 병력이 개입하지 않는다면 맥아더에게 38선을 넘어 북한군을 전멸시킬 수 있는 권한을 부여하는 계획을 추천하였다. 트루먼은 이를 승인하였다. 10월 7일 유엔총회는 47 대 5로 통일된 자유로운 한국 수립의 촉구를 반복하였다. 미국민들은 6월 24일의 상황으로 되돌아가는 애매한 약속이 아닌 한국문제에 대한 영원한 해결을 원했다. 트루먼 행정부에게 있어서 아시아에서 공산주의 국경선을 뒤로 물러나게 함으로써 유엔에 대한 침략을 지지했다는 이유로 소련에게 벌을 가하는 것이 점차적으로 매력적인 것으로 보였다. 왜냐하면 그것은 일본에게 원기를 북돋우고 북경의 정책방향의 재설정을 자극하기 때문이었다. 그러나 이것은 오직 전면전의 위험성이 없을 경우에만 착수 가능한 것이었다.

모택동과 주은래(Zhou Enlai)는 공식연설에서 그리고 인도의 공식적인 중립과 그러나 개인적으로는 중국에 우호적인 파니카르(K. M. Panikkar) 대사와 네루 수상을 통한 외교매체에서 중화인민공화국은 자국 국경선쪽으로의 미군대의 접근을 묵인하지 않을 것이라고 경고하였다. 대부분의 미국 정책결정자들은 그러한 행동은 유엔의 의석을 얻는 데 중국의 이해관계와 모순되기 때문에 중국 개입의 가능성을 엄포로 무시하는 경향이 있었다. 백악관 참모진들은 트루먼에게 웨이크 섬(Wake Island)에서 맥아더를 만날 것을 권했다. 그들은 그것이

---

14) 영국의 외무성 관리는 총회의 과반수는 장래에 우호적이지 않을 것이라고 경고하였다. 그러나 영국은 그 계획을 후원하였다.

15) 케난과 그 당시 정책기획국장이었던 니체(Paul H. Nitze)는 소련이나 중국 공산당 병력과 충돌할 위험이 높기 때문에 38선 이북으로 올라가는 것을 반대했다.

양원선거 바로 3주 전에 이루어지는 극적인 접촉이 될 것이라고 생각하였다. 그들은 루스벨트가 1944년 대통령 선거를 염두에 두고 그해 7월 호놀룰루(Honolulu)에서 맥아더를 만났던 사실을 중시하였다. 처음에 트루먼은 정치적 곡예를 할 생각이 없었으나 맥아더가 중국의 한국전 참전을 어떻게 생각하는가를 알기 위해 자신이 "신의 심복(God's right-hand man)"이라고 불렀던 맥아더와 만나기로 결정하였다. 맥아더는 그렇게 생각하지 않았다. 맥아더보다는 덜 확신했지만 미국의 중앙정보부와 워싱턴의 대부분의 정책결정자들 어느 누구도 한국전쟁이 추수감사절 때까지 종식되어 크리스마스 때까지는 미군 병력이 다시 일본으로 복귀하리라고는 생각지 않았다.

1950년 10월 하순 중국군은 '지원군'으로 한국으로 이동하기 시작하였다. 왜냐하면 결코 전략적으로 강한 입장이 아니었던 북경은 미국의 반응이 어떠한지를 알 길이 없었기 때문이었다. 몇 주 내에 맥아더의 미군병력은 만주의 2개 예비군의 지원을 받는 20만이 넘는 중국군의 맹공격에 직면하였다. 통합참모본부가 중국군이 북한으로 쇄도하는 압록강(the Yalu River) 다리에 대한 폭격 연기를 명령했을 때 맥아더는 폭격할 수 있도록 트루먼을 설득하였다. 그러나 맥아더가 유엔군을 공격하고 있는 만주에 기지를 둔 미그 15기(MIG-15)를 압록강을 넘어 추격할 수 있도록 요구했을 때 한국전에 참전한 연합국들의 반대, 특히 베이징과 외교관계를 수립한 영국의 반대 때문에 맥아더의 이러한 요구는 묵살되었다. 압록강에 도달하는 대신 맥아더의 공세적인 "전쟁종결(end-the-war)"은 중국군의 엄청난 역공에 직면하였다. 그리고 유엔군은 후퇴하였다. 11월 28일까지 유엔의 공격은 붕괴되었고 맥아더는 "우리는 전적으로 새로운 전쟁에 직면하였다"고 말했다. 재난이 만연하였다.

그때를 기점으로 해서 한국전쟁은 질질끄는 소모전이 되었다. 11월 30일 기자회견에서 트루먼 대통령은 미국은 한국에 대한 원폭 사용을 적극적으로 고려하고 있으며 비록 1946년의 원자력법안(the Atomic Energy Act)에서 오직 대통령만이 핵무기 사용을 명령할 수 있다고 규정했지만 야전군 사령관이 결정권을 가질 수도 있다는 것을 암시하였다. 그의 발언으로 전 세계는 충격을 받았다. 영국은 한국전쟁이 유럽에 대한 소련의 위협으로부터 미국의 주의를 딴 데로 돌리게 하고 아시아에서 영국의 중대한 이해관계가 다소 떨어진다고 여겼던 곳에서 세계를 전면전의 나락으로 몰아가고 있다는 자국의 광범위한 두려움을 반영하여 영국의 애틀리 수상은 트루먼에게 한국전쟁을 국지전으로 유지하도록 촉구하기 위해 워싱턴으로 날아갔다.

맥아더는 한국전쟁을 제한시키고 그의 작전기능에 부과된 불리한 상황들 — 주요 증원군이 없고 압록강을 넘어 만주나 중국의 목표물에 대한 폭격의 금지, 장개석 군대의 한국전 참전금지(부분적으로 인도를 소외시킬 수 있는 두려움 때문), 중국의 연안항구에 대한 해군의 봉쇄금지(이것은 연합군의 무역을 다치게 하고 홍콩의 입장을 위태롭게 하기 때문), 그리고 심지어는 암시적인 경우가 아니라 할지라도 원폭 사용에 대한 위협금지(아시아인의 반미감정을 유발시키고 서방동맹군을 분열시키며 미국정책에 대한 유엔지지의 장막을 잃어버리는 것을 막기 위해) 등 — 을 격렬하게 반대했다. 맥아더는 자신과 일치하지 않는 정치적인 이유로 한 손을 등 뒤로 묶이고 한 손만을 가지고 싸울 것을 요구받고 있다고 믿었던 한 군사령관의 역정을 나타내었다.

맥아더가 미국의 전략정책에 대한 자신의 비판, 특히 하원의 공화당 지도자인 마틴(Joseph W. Martin)에게 보낸 편지에서 그리고 워싱턴과 유엔에게는 분명하게 하지 않고 중국 공산주의에 대한 자신의 최후통첩처럼 보였던 것을 공표했을 때 트루먼은 이것을 대통령으로서 자신의 권한과 무(武)에 대한 문(文)의 우월성이라는 미국의 전통적 원칙에 대한 명백한 도전으로 간주할 수밖에 없었다. 자신의 공공연한 반항으로 맥아더는 1951년 4월 10일 거의 모든 지휘권을 박탈당했다. 그리고 리즈웨이(Matthew B. Ridgway) 장군으로 대체되었다. 맥아더 — 바탄(Bataan) 반도, 레이티(Leyte) 섬, 그리고 인천상륙작전의 영웅, 태평양 연합군총사령관, '일본의 점령국 사령관,' 그리고 주한 미군사령관 — 는 미국민들과 양원(전쟁 후 그는 결코 고향으로 돌아가지 않았다)의 열렬한 환영을 받으면서 돌아왔다. 반면 대통령은 자신의 비판자들로부터 계속되는 비난의 폭풍우를 견뎌내기 위해 참호를 파고 몸을 보호하였다.

한국전쟁 시초에 트루먼의 결단성은 대중들과 양원, 그리고 양당으로부터 상당한 호응을 받았다. (일부 극단주의자들을 제외하고는) 유럽동맹과 유엔으로부터, 심지어는 월라스(Henry Wallace)도 트루먼의 정책을 성원하였다. 전쟁 초기 미국과 유엔군이 용감하게 부산지역을 사수했을 때 아직도 지지율은 높았다. 심지어 한국전체가 해방될 것처럼 보였던 인천상륙작전 이후에 지지율은 더 높았다. 한국전쟁 발발 4개월 후에 중국은 처음에는 조심스럽게 그러나 미국이 소련이나 중국과의 확전에 관여하지 않을 것이라는 점을 명백히 한 워싱턴의 징후에 따라 보다 과감하게 한국전에 참여하였다. 그 이후의 많은 비평가들은 핵전의 두려움을 지적해왔다. 회고컨대, 1950년에서 1952년에 걸쳐서 미국이 행한 어떠한 행동도 소련을 부추켜 핵능력에 있어 압도적으로 우위에 있는 미국과의 전면전으로 치달을 것 같지 않았다. 그러나 당시의 책임 있는 정책결정자들은 조심스럽게 실행해야만 하였다. 그들은 미국은 주도적인 세계국가로서 유럽인들이 부담하지 않는 극동에서의 의무감을 갖고 있었기 때문에 단지 유럽 동맹국가들의 소망에 양보할 수 없다는 것을 알았다. 동시에 그들은 미국의 우선적인 이해관계가 있는 유럽에서 공산주의의 위협이 더 컸다는 점을 인식하였다. 맥아더의 유명한 금언, “승리의 대체물은 존재하지 않는다”에 대한 답변으로 트루먼 행정부는 브래들리(Omar Bradley)의 격언, “잘못된 시기에 잘못된 장소에서의 잘못된 전쟁”을 인용할 수 있었다.

1951년 6월 전쟁의 여신이 유엔군을 지지하는 쪽으로 조심성 있게 나아감에 따라 소련은 정전회담을 제의하였다. 이 제안은 유엔의 (정치적으로보다는 군사적으로 더 실행 가능했던) 전술적 공격을 배제시켰다. 실제적으로 정전이 이루어질 때까지 연합국이 계속적인 공격을 주장하였던 1918년과는 대조적으로 이번에는 미국은 정전협상이 개시되기 이전에 궁극적인 휴전에 대한 공산주의자의 요구를 수락하였다. 이것은 커다란 실수로 입증되었다. 왜냐하면 그것은 한국전쟁의 중요한 시점에서 공산군에 대한 모든 공격적인 압력을 경감시켰기 때문이었다. 또한 이로 인하여 공산주의자들은 거의 실망적인 1년 동안 정전협상을 연기하기 위한 다양한 지연작전을 구사할 수 있었다. 열 달 동안 기진맥진해지고 진퇴양난에 빠진 전쟁이 멈췄다. 중국 공산주의자들과 북한의 협상능력은 군사작전을 재개코자 하는 유엔의 자발성의 감소에 반비례하여 증가하였다. 시간이 흐름에 따라 한국에서의 유엔의 경찰행위는 보다 더 경멸적으로 “트루먼씨의 전쟁(Mr. Truman's war)”으로 알려지게 되었다. 그 때문에 대통령과 국무장관은 북한, 중국 공산주의자들, 혹은 소련보다도 더 강한 책임을 지게 되었다.

마지막 분석에서 한국전쟁은 전쟁이 발생한 한반도를 훨씬 넘어서는 충격을 불러일으켰다. 유엔의 이상과 미국의 전략적 이해에 대한 군사적 침략을 지원하거나 전개한 소련과 중국 공산주의자들의 자발성을 생생하게 보여줌으로써 한국전쟁은 미국민들을 자극하여 1950년 6월 이전에 가능하였던 수준보다 몇 배 더 높은 방위비용에서 국민총생산의 15%를 증가시키는 것을 인내하도록 하였다. 미국의 군비증강은 궁극적으로 나토(NATO)의 군사적 이점이 되었다. 한국에서 직면한 도전은 또한 서유럽 동맹국들이 서독 재무장의 필요성을 받아들이는 과정을 촉진시켰다. 의심의 여지없이 한국전쟁은 미국-일본의 상호 안보조약뿐 아니라 일본에 대한 강화조약 체결을 재촉하였다.

국내에서는 미국 사람들이 정치적 고려가 군사적 고려를 우선하는 애매모호한 전쟁에 전적으로 익숙지 않았기 때문에 한국전쟁은 미국의 정치행태 내에 심오한 분열을 야기시켰다. 한국전쟁은 중국상실과 간접적으로 한국에서의 적대감을 꾀하는 데 책임이 있는 공산주의자들로 "완전히 들끓는다"고 단정된 국무부에 대한 정적색출로 시작된 매카시즘(McCarthyism)으로 알려진 우익의 반지식인 히스테리의 물결에 공헌하였다. 그 기간의 쓰라림은 1950년과 1952년 선거에서 민주당원들에게 고통을 주었을 뿐만 아니라 트루먼 행정부가, 특히 유엔총회가 중화인민공화국을 유엔에 대한 침략국이라고 비난한 이후에 북경을 인정함으로써 영국의 모범을 따르는 것을 고려하는 것이 불가능하게 되었다. 마지막으로 즉각적이 아닌 1950년대 후반에 들어와 한국전쟁은ㅌ 핵시대의 제한전에 대한 미국의 방위정책의 함의에 관한 전략적 논쟁을 야기시켰다.

원자력의 국제적 통제를 향한 노력

히로시마(Hiroshima)와 나가사키(Nagasaki)에 대한 원폭 투하 수년 전 맨해튼 프로젝트(the Manhattan Project)에 참여한 과학자들은 파괴력으로서의 원자의 위험성뿐만 아니라 새로운 형태의 에너지를 통제하는 문제를 토의하는 가운데 평화적 혜택을 위한 원자의 놀라운 잠재력을 인식하였다. 1945년 후반 국무장관 번스는 유엔에 제시할 계획을 작성하는 한 위원회 의장으로 당시 차관이었던 애치슨을 임명하였다.[16] 그 위원회가 심사숙고한 결과물은 1946년 3월의 애치슨-릴리엔탈(Acheson-Lilienthal) 보고서였다. 그 보고서는 유엔원자력위원회(UN Atomic Energy Commission)의 미국의 초대 대표자였던 바루치(Bernard Baruch) 고문의 이름을 딴 핵 군축을 위한 전후 최초의 제안인 바루치 플랜(Baruch Plan)의 근간을 이루었다. 그 계획의 기본가정은 당시 미국이 보유한 핵 기술의 독점은 5년 이상 지속될 수 없다는 것이었다. 그 계획은 유엔 틀 내에서 국제원자력발전기구(IADA: International Atomic Development Authority)의 창설을 촉구하였다. 국제원자력발전기구는 핵무기 분야에서 모든 "본질적으로 위험한 행위들"을 관리하고, 중요한 모든 원료의 출처와 관련시설을 소유·통제하고, 핵무기에 대한 계속적인 연구와 원자력의 모든 단계들을 수행하며, 어떠한 국가도 기술적 지식에서 그것을 능가할 수 없고, (평화로운 원자계획과 같은) 모든 국가의 개별적인 핵 활동들을 허용, 모든 원자시설의 구조, 디자인, 그리고 능력을 승인하고, 사전 경고 없이 어느 때라도 모든 국가들을 조사할 수 있는 권리를 가졌다. 국제원자력발전기구는 어떠한 국가의 거부권에도 종속되지 않고 — 후자의 조항이 바루치 플랜의 주요 공헌이었다 — 안전보장이사회와 유엔총회에 정치적으로 책임을 졌다. 그것은 모든 원자무기의 비축량에 대한 배타적 통제권을 행사했으며 비축량은 단일국가에게 압도적인 양을 배정하지 않는 방식으로 분배되었다. 원자발전을 위한 새로운 계획은 또한 똑같은 원칙에 따라서 이루어졌다. 만약 일국이 자국 영토 내에 시설을 설치했다면 이러한 조치는 조사체계를 유발할 것이고 국제원자력발전기구의 시설물들은 강대국의 위협하에서 국제적 의무감에 따른 위반국의 승락을 강제하기 위해 충분한 기간 동안 유엔의 재량권하에 있었다.

만약 조약을 협상해야 한다면 상원이 국제원자력발전기구의 승인 여부를 생

16) 다른 집단들 중에서 그 위원회에는 상당한 비중을 갖고 있었던 인물들 — 부시(Vannevar Bush), 코난트(James B. Conant), 그로브즈(Leslie R. Groves), 맥클로이(John J. McCloy), 오펜하우머(Robert Oppenheimer) 그리고 릴리엔탈(David E. Lilienthal) 등이 포함되었다.

각할 이유가 존재하였다. 그러나 소련의 지속적인 반대 때문에 그런 상황은 결코 일어나지 않았다.

그 당시 일부 관측자들은 왜 소련이 미국의 핵독점을 국제화할 수 있는 기회를 이용하지 않았는지 의아해했다. 회고컨대 바루치 플랜은 미국의 업적을 모방하는 소련 자신의 최우선적인 목표를 방해하였기 때문에, 소련이 그것을 수락하는 것이 인지된 자국의 국가 이익이 아니었다고 예측하는 것은 어렵지 않다. 그것은 통제받지 않는다 해도 국제기구에 의한 소련의 주권에 대한 침해를 야기하고 사회주의 계획경제과정을 외부의 자본주의 간섭에 종속시켜야만 하였을 것이다. 마지막으로 미국이 이제까지 원폭을 소유한 유일한 국가였으므로 소련 지도력은 미국의 과학자들과 기술자들이 단지 국제기구의 미명하에 미국의 핵기술 독점을 영속화하려는 실질적인 위험을 인식하였다. 소련은 민족국가체제의 규칙하에서 사용할 수 있는 권리를 부여받은 그 자신의 원자폭탄을 얻기로 하였다. 바루치의 불길한 경고 — "우리는 여기에서 산 자와 죽은 자 간의 선택을 해야만 한다" — 에도 불구하고 어떠한 강대국들도 아직 근본적으로 변화되고 탈군사화된 세계를 지배하는 새로운 형태의 행동규범에 익숙한 규칙들을 상호 교환할 준비가 되어 있지 않았다.

1940년대 후반에 걸쳐서 미군사 계획자들은 점차적으로 소련의 재래식 무기의 우위를 상쇄시키기 위해 미국의 원자독점에 더 많이 의존하는 쪽으로 기울었다. 1949년 소련이 자국 최초의 원폭 실험을 행한 이후로 미국의 양원 — 이전에 가능한 한 적게 국방예산을 유지하려 하였던 — 은 나토동맹국에 대한 원조와 더 많은 원자무기 생산을 위한 군사적 특별지출금을 기꺼이 증대시키고자 하였다. 코네티커(Connecticut)의 맥마흔(Brian McMahon) 상원의원이 의장을 맡은 상하원합동원자력위원회(The Joint Congressional Committeeon Atomic Energy)는 미국 외교정책의 토대와 이데올로기적으로 분할된 세계에서 군사적 억지로서 일단의 더 광범위한 핵무기와 (B-36에 의한) 전략폭격을 선호하였다. 원자융합보다는 핵열융합의 이론적 가능성에 입각한 수소무기, 즉 히로시마에 투하된 원폭의 경우보다 100~1,000배 이상의 에너지 방출과 (측정된 지역피해에 있어) 20~100배 이상의 파괴력을 가진 수소폭탄(super-bomb)에 대한 이야기가 많이 나왔다. 소련이 수소폭탄을 생산할지도 모른다는 일부의 우려가 존재하였다.

대통령의 주요 정책고문들은 (미국민들에게 유례없는 취약성을 환기시켰던) 소련의 원폭실험에 대한 대응으로 미국의 수소폭탄계획을 옹호하였다. 과학계는 분열되었다. 로렌스(Ernest O. Lawrence), 텔러(Edward Teller) 그리고 컴프튼(Karl T. Compton)은 그 계획을 지지하였다. 원폭의 생산과 사용에 찬성하였던 오펜하이머(J. Robert Oppenheimer), 코난트(James Co- nant), 퍼미(Enrico Fermi) 그리고 라비(I. I. Rabi)는 도덕적 이유를 내세워 자신들이 잠재적인 민족말살 수단으로 간주하였던 것을 반대하였다. 소련이 먼저 수소폭탄을 생산하고 따라서 미국은 억지력을 상실한다는 위험과 수소폭탄 가능성에 대한 소식이, 의회와 대중의 압력을 유발시키기 위해 새어 나왔다는 사실과 결합되어 국제적 통제를 위한 바루치 플랜에 있어 진전이 없자 트루먼은 1950년 초반 수소폭탄 생산을 긴급한 문제로 다루게 되었다.

트루먼은 핵시대의 처음 7년 반 동안 대통령을 맡았다. 그 기간 동안 아마도 주로 미국과 소련의 원자력에 있어 상당한 불균형 때문에 국제적인 군비통제에 관한 어떠한 진전도 없었다. 통제, 예방, 그리고 사찰을 위한 서방의 계획을 해마다 거절하면서 소련은 상호 공식적 선언으로 "핵폭탄 금지"를 위한 전 세계적인 선전 캠페인을 전개하였다. 비록 그 선전은 한국전 발발 후 한층 가열되고 그 효과는 스톡홀롬 평화호소(Stockholm Peace Appeal)와 미국이 북한과 중국에 대한 "세균전"을 전개하고 있다는 공산주의자의 근거 없는 비난으로 보충되었지만 서방 국가들은 어떠한 방법의 검증·승낙도 없이 핵무기를 규탄·폐지하자는 단순한 약속에 해당되는 소련의 군축방식에 대한 요구를 시종일관 무시하였다. 그러나 모스크바의 심리전의 효과는 전 세계 수백만 사람들에게 소련이 평화의 진정한 승자인 반면, 미국은(소련이 아닌) 핵무기를 원하고 미국의 핵전략과 무기는 전 인류에 대한 악이자 위협이라는 것을 납득시켰기 때문에 실패했다고 볼 수 없다.

트루먼 시대의 외교정책 결정

역대 대통령들은 변화하는 환경으로부터 끊임없이 나타나는 일련의 문제들에 직면하는 것처럼 보인다. 트루먼이 대통령이 되었을 때 미국은 유례없이 전후 국제주의의 높은 파도를 타고 갈 준비를 하고 있었다. 많은 미국인들은 역사적 힘이 미국의 원칙과 소망에 따라 발전하였다는 것을 확신하기 위해 대외개입, 특히 동유럽과 중국에 대한 개입에 조급성을 보였다. 두 번의 중요한 시기인 1947년과 1948년에 트루먼은 공화당이 지배하는 의회와 맞섰다. 그리고 트루먼은 양당의 분파주의자들이 확고한 입장표명을 위해 필요로 하였던 군사력 증강 프로그램을 지지하는 것조차도 거절하면서 세계의 한 지역이나 다른 지역에서 확고한 입장을 취하지 못했다고 자신을 비난하는 데 민첩하다는 것을 알았다.

대외문제에 전혀 경험이 없는 트루먼이 공직을 맡았다. 그는 각료회의 밖에서 루스벨트(FDR)를 단지 두 번 만났을 뿐이다. 그리고 트루먼은 전직 국무장관인 스테티니어스(Stettinius)를 만난 적이 없었다. 자신의 민주당 전임자들인 윌슨과 루스벨트와는 달리, 트루먼은 하우스(Colonel House)나 홉킨스(Harry Hopkins)와 같은 인물을 갖지 못했다.[17] 금세기 초기의 민주당 출신 대통령들은 전시에 국무장관들과 문제가 있어 의견의 불일치를 보이거나 가장 중요한 외교정책 문제에 대한 그들의 자문을 확신할 수 없었다. 반면 트루먼은 조직의 적절한 채널을 통한 외교정책 결정을 신뢰하였다. 더군다나 트루먼은 대부분 자신이 임명한 세 명의 국무장관, (적어도 당분간) 정치인으로서의 번스(James F. Byrnes), 대장부로서의 마샬(George Marshall), 그리고 외교관으로서의 애치슨(Dean Acheson)의 식견을 신뢰하였다.

트루먼의 국무장관들

국무장관으로서 스테티니어스는 유엔헌장을 완성시켜 자신의 짧은 경력(7개월)이 최고조에 달했고 샌프란시스코 회담이 끝나자 트루먼 그 자신은 그 자리

17) 그러나 그는 종종 특별한 임무 ― 예를 들면, 1951년의 영국-이란의 석유 분쟁 시 루스벨트와 홉킨스 사이처럼 그렇게 가까운 개인적 관계 때문이 아니라 모스크바와의 협상에 있어 해리만의 경험과 명성 때문에(민주당 내에서의 그의 명성은 말할 필요도 없이) ― 를 위해 해리만(Averell Harriman)을 고용한 루스벨트의 관행을 계속 따랐다.

를 계승할 기회를 얻었다. 번스는 — (양원에서) 30여 년의 의정생활, 16개월의 대법원 경력, 자신이 '보조 대통령(assistant president)'으로 알려지게 된 2년 반 동안의 경제안정국(the Office of Economic Stabilization) 책임자 등의 — 폭넓은 경험을 가졌다. 그는 얄타 회담 시 루스벨트를 수행했고, 따라서 트루먼보다 먼저 스탈린을 만났다. 트루먼이 그를 국무장관으로 지명하였을 때 비록 몇 명의 상원의원들은 마치 스탈린이 바로 까다로운 공화당원인 것처럼 스탈린과 같은 사람들을 엄하게 디루기 위해 정치적 타협 기술에 너무 기울어져 있다고 생각했지만 상원은 청문회나 토론 없이 오랜 의회 동료(club member)를 만장일치로 승인하였다.

번스는 연합동맹 국가들은 나치 독일을 패배시키기 위한 통일된 노력에 엄청난 희생을 치루어 전후 서로 간의 필연적인 견해 차이는 심각한 어려움없이 해결될 수 있다고 믿었다. 포츠담에서 협상 후 그는 소련이 자발적으로 (외무장관위원회의 수립과 같은) 절차적인 문제들에 대해서는 양보하지 않으려는 것을 알았다. 전후 미국의 신속한 탈동원화의 위험성에 대한 1945년 10월 번스의 공공연한 저항은 보수주의적 비판자들의 눈에는 헝가리, 루마니아 그리고 불가리아의 새로운 정부들을 인정코자 하는 그의 자발성을 보충할 정도로 충분치 않았다. 심지어 웰즈(Summer Welles)는 루스벨트의 얄타 원칙에서 벗어났다고 번스를 비난하였다. 번스는 서방이 변화의 대가를 부담하지 않으려는 전후 사실들에 대한 그 자신의 현실주의적 수용을 고려했던 것 때문에 러시아에 대해서는 너무 너그러운 존재라는 평판을 얻었다. 분극적 태도의 한 실험기에 대통령 그 자신은 아마도 번스가 자신의 명성 때문에 적절한 토론이나 백악관의 승인 없이 수많은 중요한 외교정책 결정을 해왔을지도 모른다고 생각하기 시작했다. 국무장관 재임 시절 번스는 562일 중 350일을 워싱턴을 떠나 있는 여행에 소비하였다. 1947년 1월까지 협상을 통해서 미소 일치감의 유지를 상징하였던 번스는 그의 정치적 생애를 끝마쳤다.

근 1년 동안 트루먼은 중국에 대한 자신의 특별한 임무를 띠고 번스의 후임자로 마샬을 염두에 두고 있었다. 대통령은 자신이 "이 시대의 가장 위대한 미국인"이라고 불렀던 전시의 유명한 참모총장에게 최고의 찬사를 보냈다. 직업장교가 국무장관에 임명된 적은 이제껏 한 번도 없었다. 그러나 마샬은 군인 이상의 존재였다. 그는 루스벨트가 참석한 모든 전시회담에 참여하였고 또한 트루먼과 같이 포츠담에도 참석하였다. 결코 정치에 관여하지 않았던 군인으로서 – 정말로 심지어는 투표도 하지 않았던 – 그는 외교정책에 있어서 초당적인 유례없는 상징적 존재로 역할을 다할 수 있었다. 상원외교관계위원회는 채 20분도 안걸려 비준을 추천하였다. 같은 날 상원은 세밀한 정사 없이 국무장관을 승인하는 마지막 순간까지 만장일치로 찬성하였다. 마샬의 현저한 명성에도 불구하고 트루먼은 외교문제의 수행에 있어서 민간인과 군인 간의 구별을 불명료하게 만들었다는 비판을 받았다.

트루먼처럼 마샬은 효율적인 정책결정의 기반으로 신중한 참모진의 예비조사를 바르게 평가하였다. 그는 지루하게 긴 필사물과 정책대안에 대한 격론에 대해서는 인내심이 없었으나 가장 중요한 결정과 관련된 요인에 관해서는 무엇이든지 철저하게 조사하고자 하였다. 마샬은 1947년 3월 모스크바 외상회의를 위한 준비에 전념하면서 그리스·터키 원조를 위한 트루먼 독트린의 세부사항을 마련하는 작업을 주로 국무차관인 애치슨에게 위임하였다. 국무장관이 국제적 협상에 관여하게 되는 필요조건과 워싱턴에서 외교정책과 국무부를 관리하는 필요조건의 긴장은 필연적이었으나 트루먼, 마샬 그리고 애치슨은 그 문제를 잘 다루었다. 외교정책에 대한 중앙집권적·장기적인 안목의 필요성을 예리하게 인식한 마샬은 국무부 내에 케난을 국장으로 하는 정책기획국을 신설하였다. 트루먼, 마샬, 애치슨, 케난 그리고 클레이튼(Clayton) 팀은 앞에서 지적했듯이, 미국의 나토(NATO) 참여와 (그들이 당시 그렇게 불렀듯이)[18] "저발전" 국가들에 대한 기술적 원조 구상 – 아마도 그 당시까지 어떠한 국가의 외교사에 있어서도 가장 창조적인 이니셔티브의 3박자 – 뿐만 아니라 마샬 플랜을 탄생시켰다.

마샬과 트루먼은 서로 깊게 존중했으나 때때로 미국의 팔레스타인 정책과 이스라엘의 독립국가문제에 대해서는 가장 심각하게 충돌하였다. 마샬은 국무부의 대표자로서 대통령의 백악관 고문들에 반하는 장기적인 미국의 국가이익을

18) 이것의 마지막 프로그램은 1949년 1월 트루먼의 취임사에서 그것의 위치 때문에 "4항(Point Four)"으로 알려졌다.

구체화시킬 것을 선언하였다. 대통령의 백악관 보좌관 중의 일부는 대학살의 생존자들 대신에 인도주의적 과정을 찬성하였다. 다른 사람들은 1948년 선거에서 유대에 대한 찬성투표를 생각하고 있었다. 다양한 전망으로 인해서 워싱턴과 유엔의 미국사절단 간의 의사소통은 놀랄 만한 손상을 입었다. 트루먼이 국무부를 제압했을 때 마샬은 그 자신이 충실한 군인임을 보여주었고 그에 복종하였다.

병 때문에 마샬이 사임한 후 애치슨은 연임된 트루먼 행정부의 초대 국무장관이 되었다. 이 당시까지 상원외교관계위원회는 소련에 대한 애치슨의 입장에 관한 문제들을 조사할 분위기였다. 도덕적 원칙들에 대한 경건한 호소보다는 세력균형을 통해서 국가안보를 추구하는 것을 신봉하였고 트루먼 독트린의 주요 입안자로서 나무랄 데 없는 신임을 받았던 반윌슨주의적인 애치슨은 상원의 비준을 얻는 데 별 어려움이 없었다. 그러나 그의 고통들은 그 다음의 4년간에 걸쳐서 늘어났다. 루스벨트가 얄타 회담에서 소련에게 "양보하였던" 것에 관한 전후의 논쟁은 행정부를 의심의 암운으로 뒤덮기 시작하였다. 그 암운은 미국의 중국정책에 대한 불안으로 어두워졌다. 공직생활 마지막 몇 달 동안 마샬 자신은 장개석의 국민당 정부를 지원하기 위한 목적으로 트루먼 독트린을 아시아까지 확대하는 것을 옹호하였던 (스틸웰의 후임자) 웨드메이어(Albert C. Wedemeyer) 장군의 보고서를 경시하였다는 이유로 양원의 비난을 받았다.

외교정책에 대한 초당적 지지를 유지하고자 한 노력 속에서 트루먼은 공화당원인 맥클로이(John T. McCloy), 호프만(Paul Hoffman), 그리고 로베트(Robert Lovett)에게 중요한 직책을 맡겼다. 국무장관이 워싱턴을 떠난 해외 회의에 많은 시간을 소모해서는 안 된다고 생각했던 애치슨은 공화당의 듀이파, 태프트파와 사이가 좋은 노련한 협상가인 덜레스(John Foster Dulles)에게 일본 강화조약의 초안 작업을 위임하도록 트루먼을 설득하였다. 그 때문에 트루먼의 소극적인 승인은 차기 공화당 정부의 국무장관이 되는 덜레스의 변화를 앞당겼다.

행정부 조직의 재편성

트루먼의 재임 기간에 외교·국방정책 수행을 위한 행정부 구조의 재편성에서 주요한 변화들이 일어났다. 먼저, 1945년 4월(당시까지) 단지 약 12명의 보좌관들과 참모 보좌관들로 구성된 행정부서(the executive office) 자체가 몇 개의 새로운 부서, 국가안보보장회의(NSC), 경제고문위원회(Council of Economic Advisers), 방위동원국(Office of Defence Mobilization), 그리고 다른 부서들을 포함하는 신속한 조직확대를 겪고 있었다. 더 오래된 많은 부와 기관들은 새로운 조정위원회를 필요로 하였고 또한 대외관계와 연관된 부수적 기능들을 떠맡았다. 유엔, 북대서양조약기구 그리고 1947년 리오 조약으로 수립된 미주기구(OAS: the Organization of American States)의 회원국이 됨으로써 미국의 행정부는 그 자체 내에 조직적 메커니즘을 필요로 하였다. 국무부는 1944년, 1945년 그리고 1949년에 재편성되었다. 재외공관근무(the Foreign Service)는 1946년에 근대화되었다. 복잡하게 얽힌 조직에서 일종의 참모장이 된 대통령은 1950년 국제적 책임감을 위해 이후의 행정부에서 상당히 강력하게 된 한 부서의 전문적 조언을 받았다.

1947년의 국가안보법안(The National Security Act)은 세 개의 군성 ― (이전의 전쟁성인) 육군성, 해군성, 그리고 [이전의 육군항공부대(the Army Air Corps)였던] 공군성의 업무를 통합하기 위해 국방부(Department of Defense) ― 을 새로이 창설하였다. 군의 세 부서는 단일군으로 통합되지 않고, 하위 수준에서 그들 나름의 신분을 보유하고 있었다. 1942년 이후로 존재해왔던 통합참모본부는 대통령과 행정부서들, 그리고 각 기관에 대한 중요한 군사조언의 출처로 기능하기 위해 1947년에 정식으로 조직화되었다.[19] 국가안보법안을 기반으로 해서 국가의 실제적·잠재적 군사력의 관점에서 미국 외교정책의 목표들과 공약, 그리고 위험성을 사정·평가하고 국가안보와 관련된 국내외 정책과 군사정책의 통합성에 대하여 대통령에게 조언하기 위해 국가안보보장회의(NSC)가 설립되었다. 마지막으로 1947년의 국가안보법안은 중앙정보부와 더불어 미국 정부의 공개·비밀적인 다양한 정보수집 능력을 야기시켰다.

국가안보보장회의의 회원은 정책결정의 필요성에 따라 시대와 더불어 자주 바뀌었다. 트루먼 행정부하에서 국가안보보장회의는 주로 국무·국방장관, 통

19) 1952년 의회는 미해병대에 영향을 미치는 문제에 관해 해병대 사령관에게도 3명의 다른 지휘관과 똑같은 지위를 부여하였다.

합참모본부, 중앙정보부장, 방위동원국장, 대외행정국장 그리고 3개 군성 장관들로 구성되었다. 그러나 1949년 조직개편으로 부통령이 추가되고 3개 군성 장관들이 빠졌다. 국가안보보장회의는 일상적으로 매주 한 번씩 열렸고 대통령이 의장을 맡았다. 이 회의는 대통령에게 조언을 하였다. 물론 그 견해의 수락 여부는 대통령의 자유였다. 국가안보보장회의는 직업참모(career staff), 기획국(planning board), 그리고 행정관(executive secretary)을 두고 있었다. 이러한 부서들은 국가안보보장회의가 고려하기 이전에 부서 간의 토론과 (혹은 협상을) 통해서 안건과 정책문서를 마련하였다. 국가안보보장회의는 베를린 봉쇄, 대서양동맹, 군사원조 프로그램, 그리고 한국전쟁과 관련된 정책을 포함하여 대부분의 외교정책결정에 공헌하였다. 그러나 국가안보보장회의의 역할은 다음의 몇 가지 요소로 인해서 제한되었다. ① 국가안보보장회의 임원들이 참모보(Staff Assistants)를 동반하였을 경우 회합의 어려움, ② 정책문서를 초안하는 데 있어 절차의 번거로움, 그리고 ③ 애치슨과 (1950년 마샬로 대체될 때까지의) 존슨(Louis Johnson) 간의 성격과 관할영역에 관한 충돌. 북한의 남침 이후 그날처럼 위기가 발생하고 신속히 주요 결정을 해야만 하는 경우에 트루먼은 국가안보보장회의 소집을 위해 시간 소모적인 공식성을 야기시키지 않고 대부분이 국가안보보장회의의 구성원이었던 주요 고문들을 소집하는 것을 선호하였다. 애치슨 역시 그와 같은 방법을 확실히 좋아하였다. 왜냐하면 그것은 그가 정책결정과정이 필요하다는 것을 확신한 융통성을 보전시켰기 때문이었다. 또한 그것은 대통령과 국무장관 사이에 관료적인 장애가 끼어드는 것을 방지하고 국무장관과 대통령 모두가 명료하게 설명하는 데 능숙한 비판적 도전에 대한 명쾌한 대응보다는 경쟁 부서들 간의 '소모에 의한 합의(agreement by exhaustion)'인 부드럽고 애매모호한 타협에 기반을 둔 추천의 가능성을 줄였기 때문이었다.

트루먼은 일차적으로 자신의 외교정책 결정 때문에 "대체로 위대한" 대통령으로 평가받아 왔다. 비록 그의 대중적 인기도는 전후 어떠한 대통령보다도 심지어는 워터게이트(Watergate) 사건 이후의 닉슨(Nixon)의 경우보다도 떨어졌지만 그의 명성은 올라갔다. 번스와 마샬을 선택함으로써 그는 양원과의 마찰을 최소화하였다. 그러나 시간이 지남에 따라, 트루먼은 중국의 '상실'과 미국민들이 익숙지 못한 유형의 전쟁인 한국전쟁에 대한 좌절적인 고통에 대한 비난을 책임져야만 하였다. 그는 국제법에 대한 호소가 아니라 오직 행정적 결정에 의해서만 해결될 수 있었던 괴로운 정치적 문제들에 관한 논쟁에서 시온주의자, 중국인 그리고 스페인이라는 3개의 로비단체들을 다루어야만 하였다. 그의 두 번째 임기에 걸쳐서 그와 애치슨은 서유럽과의 동맹을 구축하는 데 우선순위를 두기 위해 아시아에서의 전쟁을 제한전으로 유지해야만 한다는 것을 느꼈다. 세계의 맞은편 진영에 대한 봉쇄를 전 세계화하기 위한 노력은 균형을 유지해야만 하였다.[20] 그러한 문제들 중의 일부는 평가할 수 없고 불가피한 인간적 요인들에서 기인하였다. 예를 들면, 애치슨은 의심의 여지없이 자신의 복장에 대한 결벽증세, 자신의 귀족주의적 태도의 우월성, 조급성, 때때로 자신의 언동의 예리함 등으로 불쾌감을 일으켰다. '보통사람'에서 대통령이 된 트루먼은 애치슨과 함께 전후 세계를 형성하는 데 많은 일을 행한 한 쌍의 역설적인 정책결정자가 되었다.

---

20) 트루먼 독트린에 구체화되었듯이, 케난은 군사적 수단을 그렇게 많이 강조하지 않았다고 주장하면서 나중에 자신의 봉쇄이론을 재해석하였다. 베트남 전쟁 동안 그는 또한 봉쇄는 주로 유럽에 해당되는 것이며 1949년 중국이 공산화된 이후 아시아에서는 어떠한 사건에도 봉쇄가 무의미하게 되었다고 주장하였다. 그러나 1950년 한국전쟁이 발발했을 때 유엔을 통한 미국의 대응은 일반적으로 봉쇄이론의 적용으로 간주되었고 케난은 그 당시에 그러한 해석에 이의를 제기하지 않았다.

제4장

아이젠하워 행정부

외교정책에서의 새로운 전망

1952년 11월 공화당이 대통령 선거에서 승리한 지 20년이 흘렀다. 두 명의 민주당 대통령인 루스벨트와 트루먼은 대공황 때부터 제2차 세계대전의 승리로 미국이 초강대국으로 부상하게 된 전환기에 걸쳐서 미국을 이끌었다. 제2차 세계대전 후 등장한 트루먼 행정부의 성과는 현저하였다: 고립주의로의 복귀는 미국의 이익과 조화될 수 없다는 국민적 합의에 바탕을 둔 초당적 외교정책의 형성, 그리스와 터키를 지원하는 데 있어 트루먼 독트린의 창안, 피폐화된 서유럽의 경제부흥을 보장하기 위한 마샬 플랜의 발전, 서독에서의 민주주의의 파종과 독일연방공화국의 수립, 대서양동맹의 창설, 그리고 일본과의 강화조약체결과 대의제 정부하에서 일본 민족의 갱생. 그러나 이러한 것들은 한국전쟁으로 무색해졌다. 그것은 지도자들의 교체가 필요한 시기라는 대다수 미국민들이 갖고 있던 신념에 기여하였다.

1952년 민주당은 웅변적인 후보자로 스티벤슨(Adlai Stevenson)을 선출하였다. 그러나 정권을 잡은 지 20년이 지난 민주당은 자신의 시대가 지나간 정견과 프로그램을 가진 정당으로 인식되었다. 트루먼 행정부시 미국은 경제성장과 번영의 시대를 맞이하여 이후의 수십 년 동안 더 많은 미국인들이 유례없는 풍요로움을 향유했지만 1950년대 초반은 심각한 정치적 분열이 두드러졌다. 자신의 행정부가 역사의 뒤안길로 물러남에 따라, 트루먼이 이룩해왔던 진보는 대통령 자신의 임기 말의 당파투쟁의 혼란 속에서 쉽사리 예측될 수 없었다.

트루먼 행정부의 절정기에 많은 미국인들은 미국이 20세기 중반에 세계를 형성하고 있는 세력들을 지배할 수 없거나, 지배하지 않으려는 것처럼 생각하였다. 공산주의에 대한 봉쇄는 정적이고 반작용적인 외교정책 접근방법으로 인식되었다. 대신 트루먼 행정부의 반대자들은 미국은 단순히 공산주의자의 팽창을 저지하는 데 그치지 말고 그것의 타성을 반전시키고, 심지어는 소련의 지배하로 들어간 동유럽 민족들을 해방시키도록 계획된 보다 더 행동주의적인 정책을 추구해야만 한다고 주장하였다. 엄청난 권력을 갖고 있으나 국가안보에 대한 인지된 위협들을 선제하기 위해 그것을 창조적이고 효과적으로 사용할 수 없는 좌절감은 트루먼 행정부의 국민적 평판을 떨어뜨리는 데 기여했고, 1952년의 대통령 유세활동을 지배하였던 정책쟁점들을 형성하는 데 일조하였다.

한국전쟁의 종전

가장 중요한 쟁점은 한국전쟁이었다. 거의 한 세대 후에 일어난 베트남 전쟁과는 달리, 한국전쟁은 대중시위와 국내의 심각한 견해 차이를 노정시키지 않았다. 그러나 1952년까지, 자기 부과적이든 아니면 객관적 환경에 의해서 구속되었든지 간에, 한국전쟁은 미국 병력의 한계를 상징화하였다. 제2차 세계대전에서 미군사력이 거둔 결정적 승리와는 대조적으로 미국은 채 10년도 못 지나, 만약 그 전쟁이 지리적 영역과 군사공약의 차원으로 확장되지 않는다면 변경될 수 없는 군사적 진퇴양난에 빠진 자신의 모습을 발견하였다. 1952년 대통령 유세활동이 막바지에 접어들자 공화당 후보인 아이젠하워(Dwight D. Eisenhower)는 대통령에 당선된다면 전쟁의 명예로운 해결책을 모색하기 위해 한국을 방문할 것이라고 발표하였다.

트루먼 행정부가 한국에서의 진퇴양난으로 비난을 받았지만 1951년 7월부터 휴전협상은 진행 중에 있었다. 1952년 가을 그 협상은 전쟁포로들의 송환문제로 진척이 없었고, 유엔군의 통제하에 있던 많은 포로들은 북한이나 혹은 중국 공산주의 당국으로 송환되는 것을 원치 않았다. 트루먼이 지적했듯이, 송환된다면 그들은 "학살이나 노예의 처지"에 직면할 것이라는 점을 두려워하여 미국은 여하한 타협도 거절하였고, 대신 협상 테이블에서 해결을 모색하도록 적을 유인하는 수단으로써 군사작전들을 강화시켰다. 휴전의 전망을 보강하는 데 있어 아이젠하워의 "나는 한국을 방문할 것이다"라는 발표가 갖는 실질적인 의미가 무엇이든지 간에, 그 말의 즉각적인 효과는 의심의 여지없이 1952년 11월 4일 그의 압도적 승리에 기여하였다. 1952년 12월 아이젠하워가 대통령 당선자로서 한국을 방문했지만, 한국전쟁은 그가 대통령이 된 후 몇 달을 질질 끌다 1953년 7월 27일 판문점(Panmunjon)에서 휴전협정이 체결되어 종전되었다. 한국을 두 개로 분단하는 선은 1950년 6월 북한군이 남한을 침략할 때 넘은 38선과 실질적으로 다르지 않았다. 1953년 8월 미국은 — 아이젠하워 행정부시 다른 수많은 국가들과 체결하였듯이 — 대한민국과 안보조약을 체결하였다. 이러한 조약들은 미국의 방위공약을 유럽과 일본에 대한 트루먼 행정부의 강조에서 동북아시아에서 중동으로 확장된 안보주변으로 확대시켰다. 종전 때까지 한국전쟁은 32,629명의 미군의 생명을 앗아갔고, 103,284명 이상의 군인이 부상을 당했다.

그러는 동안 스탈린은 1953년 3월 4일 숨을 거두었다. 아이젠하워 행정부의 시각에서 스탈린의 죽음은 1950년대 중반 흐루시초프(Nikita Khrushchev)가 소련의 정치적 위계질서의 정점으로 부상할 때까지 소련 지도력의 변천기의 시작을 암시하였다. 스탈린의 사망 후 몇 주 내 중국은 입장을 바꿔 유엔군사령부가 주장한 전쟁포로들의 자기결정적(voluntary) 송환계획을 수락하였다. 그러나 1953년 5월 정전협상은 또다시 난관에 봉착했다. 아이젠하워 행정부는 국무장관 덜레스가 인도의 네루 수상과 중국 당국에게 발송한 한 메시지에서 그 전쟁이 다른 방법으로 수락 가능한 조건하에서 끝날 수 없다면, 미국은 원자폭탄을 사용하겠다는 점을 시사했다. 다른 조치들을 취할 것이라는 전망 — 중국기지에 대한 폭격과 중국해안선 봉쇄 — 과 결부되어 그러한 의도의 표시로서 오키나와(Okinawa)로의 핵탄두 이동은 정전협정에 대한 전망을 강화시켰을지도 모른다.

덜레스의 세 가지 테마: 봉쇄, 해방, 그리고 보복

만약 한국전쟁이 1950년대 초반의 미국 외교정책에 있어서 좌절감의 징후였다면, 그에 못지 않은 동요는 소련 영향력의 동유럽으로의 확장과 공산주의자 통치의 부과를 산출한 상황에 대한 문제였다. 1952년의 공화당 강령은 얄타 협정을 비난하였고 트루먼 행정부가 추구한 단순히 반작용적인 봉쇄정책처럼 보이는 것 이상의 해방개념에 입각한 동적인 미국의 전략을 촉구하였다. 포로가 된 동유럽 민족들에 대한 해방의 사상은 1952년의 대통령 유세활동에서 채택되어 왔고, 특히 인종단체들에게 호소되었다. 그러나 아이젠하워는 그 사상에 대한 지지를 평화적 수단으로 제한하였다. 그 때문에 아이젠하워는 아마도 자신의 행정부가 공약하려 했던 것보다 더 많은 자원들을 필요로 하였을지도 모르는 전략을 받아들이지 않고, 공화당 내의 그 사상의 옹호자들에게 능숙하게 호소하였다. 공화당 소속의 많은 비판자들에게 있어서, 얄타 협정은 폴란드를 공산주의자 지배하에 들어가게 했다고 비난함으로써 민주주의적 세력을 지지하는 데 실패하였을 뿐만 아니라 소련지배에 대한 미국의 무기력을 상징화하였다.

1952년 5월 국무장관이 되기 전에 덜레스는 보복과 해방이라는 두 가지 테마의 소논문을 준비하였다. 그는 미국은 일차적으로 미 공군력과 핵무기 우위에 바탕을 둔 군사적 전략을 채택해야 한다고 제안하였다. 공산주의자들의 침략은 미국과 미국의 동맹국에 대해 사용된 것들과 유사한 수단에 의해서가 아니라 적이 가장 취약한 지역에서 미국이 우위를 점하고 있는 그러한 군사적 능력에 의해서 직면하게 될 것이다. 따라서 재래식 병력에 있어서의 소련의 우위는 미국이 소유한 기술공학적 이점으로 상쇄될 것이다.

이것은 아이젠하워 행정부가 채택한 변화의 기반이 되었고 한국의 휴전협정이 체결된 이후 수년 동안 아이젠하워 행정부는 핵무기에 대한 의존도를 증가시켜 재래식 무기와 방위비 지출을 절감시켰다. 재래식 전쟁에 대한 아이젠하워 행정부의 평가절하는 한국전쟁의 막바지에 20개 사단이었던 육군의 규모를 1957년까지 14개 사단규모로 축소시키는 것을 가능케 하였다. 그러나 해군은 단지 약간의 축소만 있었다. 반면 공군의 규모는 115개에서 137개의 항공대대로 증가되었다. 동맹국의 지상군에 대한 의존이 더욱 현저해졌다. 미국의 동원 예비군의 발전과 더불어 미국의 해외 주둔군의 감축이 가능해졌다. "새로운 전망(New Look)"의 전략은 핵전략임이 분명하였다.

1953년 10월 아이젠하워 행정부는 유럽에서 핵무기 전장을 전개하기로 결정하였다. 1950년대 초반까지 미국은 북대서양조약기구(NATO)의 중부전선에서 핵무기에 의한 억지를 가능케 했던 저킬로톤 핵무기를 개발해왔다. 1954년 12월 나토 각료회의(NATO Ministerial Council)는 유럽의 전술핵무기배치에 관한 협정을 맺었다. 1954년과 1957년 사이에 대서양동맹은 서유럽에 대한 소련의 공격 시 그러한 무기의 사용을 위한 군사정책을 전개시켰다. 억지와 방어책으로서 핵무기에 대한 강조는 미국이 소련 — 소련이 1957년 가을 자국 최초의 스푸티니크(Sputnik)를 발사하여 미국 내의 목표물들에 대한 공격을 가능케 했던 가설적인 핵탄두 발사능력을 입증한 후 수년 동안 지속되었던 상태 — 으로부터의 보복 위험성이 거의 없었던 시기와 기묘하게 맞아 떨어졌다. 아이젠하워 행정부는 핵전략을 한국전에서 미국의 에너지를 소모시켰던 유형의 재래식 전쟁의 소모에 대한 대안으로 간주하였다. 그것은 미국은 오직 자국의 중대한 이해관계가 위협을 받는 경우에만 군사력을 사용할 준비를 해야 하고, 일단 그렇게 하기로 결정한 이상, 미국의 정책결정자들은 승리하기 위해서는 어떠한 수준까지라도 단계적으로 확대시킬 수 있어야만 한다고 생각했다. 그러한 것은 국가안보정책을 위한 개념적 토대였고, 그 정책의 핵심요소는 적의 입장에서 보았을 때 오판의 가능성을 최소화하기 위한 억지의 확실성이었다.

덜레스가 발전시켰듯이, 해방의 테마는 보복개념과 첨예하게 대립되었다. 보복개념은 미국은 군사적 공격에 대응하는 데 있어 미국의 중대한 이해관계를 방위하는 데 필요한 어떠한 무기도, 핵무기를 포함하여, 사용할 수 있다는 입장을 수용한 반면, 해방개념은 폭력사용을 제외한, 엄격히 다른 수단으로 소련에 대한 공세적 입장을 취하는 노력을 의미하였다. 아이젠하워와 덜레스는 심지어 선거 이전에 군사력에 기반을 둔 해방정책은 소련과의 전쟁의 가능성을 초래할 것이라는 점과 전쟁예방이 아이젠하워 행정부의 기본적인 목표라는 점을 인식하였다. 그러나 소련이 동유럽에서 가장 취약하다는 점 역시 마찬가지로 명백하였다. 그러한 사실은 먼저 1953년 6월 동독에서 발생한 폭동과 나중에 폴란드에서의 소요, 그리고 1956년 가을 헝가리에서 공산주의자 지배를 복구시키기 위해 소련군의 개입을 야기시킨 봉기에서 명백해졌다.

아이젠하워 행정부가 당면한 딜레마는 명백하였다. 미국은 소련지배에 반대하는 세력들을 복돋우기 위해 자유유럽라디오방송(Radio Free Europe)과 같은 수단들을 이용할 수는 있으나 그러한 요소들은 필연적으로 소련에 의해서 좌절될 것이다. 미국의 설득에 의한 평화로운 수단의 이용은 소련이 이해관계를 가진, 즉 압도적인 군사력 사용을 공언할 정도의 중요성을 갖고 있는 국가들에서는 성공할 수 없었다. 미국은 그러한 군사력을 상쇄시킬 수 있는 재래식 군사능력을 보유하지 못하였을 뿐만 아니라 보복개념에 내재해있는 확전의 위협도 이러한 상황에서는 적용될 수 없었을 것이다. 그러므로 회고컨대, 해방개념은 그 당시의 국내정치적 맥락에 대한 반응이자 엄격하게 방어적이고 반작용적인 정책에서 적의 취약성에 대한 능동적인 압력의 정책으로 전환할 인지된 필요성에 대한 표현으로 볼 수 있다.

인도차이나 전쟁과 동남아시아에서 프랑스 철수에 대한 미국의 반응

억지나 회피의 토대로서 신속한 군사적 확전의 전략과 적의 오판의 결과로서 갈등의 전략은 대서양동맹에 내포되어 있는 공약과 미국의 중대한 이해관계의 인지도가 가장 강한 곳인 서유럽에 가장 잘 적용될 수 있는 것 같았다. 그러나 아이젠하워 전략의 최초의 실험은 1954년 동남아시아에서 발생하였다. 호치민(Ho Chi Minh)이 이끄는 베트남 민주동맹(Viet Minh)은 북베트남의 디엔비엔푸(Dien Bien Phu)에서 프랑스 해외 식민지를 지키려는 세력에 대한 마지막 공격을 감행하였다. 제2차 세계대전 종전 이후 프랑스는 인도차이나와 동남아시아 대부분의 전시 일본군이 점령한 지역에 대한 자국의 지배를 완전히 재주장할 수 없었다. 동맹국의 이익과 인도차이나에서 프랑스의 이익을 동일시하였던 나토위원회가 1952년 12월에 채택한 한 결의안에 대한 반응으로 대통령 임기가 끝나기 바로 전에, 트루먼은 인도차이나에 대한 방위기금에서 3,050만 달러의 증액을 승인하였었다. 트루먼이 물러날 때까지, 미국은 인도차이나에서 프랑스 비용의 절반에 해당하는 액수를 책임지고 있었다. 프랑스가 마지막으로 패한 1954년까지 이러한 액수는 3/4까지 증가되었다. 한편으로 미국은 프랑스를 원조하면서 베트남, 라오스 그리고 캄보디아의 독립을 재촉구하였다. 따라서 트루먼에서 아이젠하워 행정부에 걸친 미국의 정책은 효과가 없는 것으로 밝혀졌지만, 독립을 제공하는 협상된 해결을 향하도록 프랑스에 압력을 넣으면서 계속적으로 프랑스 정책을 지원하였다. 한국전쟁의 종전으로 중국은 프랑스와 대항하고 있는 베트남 민주동맹군을 위한 자국의 지원을 증가시킬 수 있었다. 1954년 초반의 몇 달 동안 베트남 민주동맹체가 인도차이나의 프랑스 사령관 나바르(Henri Navarre) 장군이 방어하기로 선택한 중국과 라오스 국경선의 한 부분을 따라서 배치된 프랑스군에 대한 공격을 시작함에 따라, 프랑스의 전황은 붕괴될 정도로 약화되었다. 프랑스는 미국의 직접적인 군사개입에 호소하였다.

아이젠하워의 군사개입 반대

1954년 미국이 부담한 전쟁노력의 증가된 몫이라는 사실에 비추어본다면, 아이젠하워 행정부는 자신의 전임자보다도 인도차이나에 더 큰 의미를 부여하였다. 사실 아이젠하워와 덜레스는 인도차이나의 원료와 지리적 위치가 갖는 전략적 중요성을 공표하였었다. 인도차이나의 상실은 동남아시아에 위치한 공산주의자의 침략에 다른 국가들을 노출시킨다고 생각하였다.

그러나 아이젠하워는 만약 군사적 승리를 거둔다 할지라도 프랑스가 독립인정을 거절함으로써 인도차나이 사태를 평정할 수 없다고 믿었다. 따라서 아이젠하워는 공군이나 지상군의 형태로 미국의 직접적인 공약을 정당화시킬 만큼 성공의 가능성이 높지 않다고 결론지었다. 군사적 승리는 오직 인도차니아 주민의 지지와 다른 동맹국들이 기여한 군사력에 의해서만 얻어질 수 있었다.

따라서 미국은 가능성 있는 지엽적인 반대 때문만이 아니라 한국전쟁 때처럼 심리적으로 그러한 군사적 행동은 보다 폭넓은 국제적 연합의 일원으로 취해지는 것이 중요하다고 생각했기 때문에 군사개입을 준비하지 않았다. 개입할 수 있는 주요 유럽국가는 영국이었으나 처칠 정부는 그러한 행동에 대해 확고히 반대하였다. 또한 오스트레일리아, 뉴질랜드도 프랑스를 지원하기 위해서 인도차이나에 군대를 파견하는 것을 꺼려했다. 중요한 말이 하나 남았는데, 한국전쟁이 거의 끝남에 따라 아이젠하워 행정부는 희생이 따르는 또 다른 아시아 분쟁에 군사적 개입이라는 모험을 하기를 꺼려했다는 점이다. 아이젠하워는 군사적 행동을 위해 의회로부터 승인을 얻지 못해서 트루먼이 받았던 비난을 기억하였다. 아이젠하워가 회피하기로 결정한 공군과 지상군 형태의 미국의 군사개입은, 자신의 평가에서 보았을 때, 미 의회에 의한 전쟁선포를 얻었을지도 모른다. 그럼에도 불구하고 만약 중국이 인도차이나 전쟁에 개입한다면 미국은 직접적으로 개입할 것임을 맹세하였다. 미국의 개입을 위한 그러한 불확실한 계획에는 중국의 군사목표에 대한 원자무기의 사용도 포함되었다. 그러나 여기에서 다시 한 번 중국의 직접적인 개입 시에 인도차이나 전쟁에 군사력을 파견하는 미국의 어떠한 결정도 아마도 그러한 행동에 합류할 다른 동남아시아 국가들과 영국의 의지에 달려 있었을 것이다.

1954년의 제네바 회담

프랑스가 디엔비엔푸 전투에서 패한 후 1954년 6월 망데스 프랑(Pierre Mende's-France)이 수상이 되었다. 그는 6월 20일까지 평화로운 해결을 보장할 것을 맹세하였다. 디엔비엔푸 함락 2주 전도 채 못된 4월 말 미국이 마지못해 영국, 프랑스, 중국, 그리고 소련 등과 참여한 제네바에서 한 회담이 열렸다. 그 모임은 소련의 제안으로 이루어졌다. 프랑스는 그것을 자국의 불어나는 손실을 최소화할 수 있는 해결책을 위한 협상수단으로 파악하였다. 인도차이나 전쟁으로부터 조국을 구해내겠다는 망데스 프랑의 결정과 더불어, 봄과 여름 초 프랑스의 군사적 입장의 급속한 악화는 제네바 회담의 절박성을 한층 증대시켰다. 1954년 7월 21일 제네바에서 17도선에서 베트남을 분할하는 협정이 이루어졌다. 호지민의 군대는 그 선의 북쪽 영토를 점령하였다. 반면 미국의 후원으로 비공산주의 정부가 남베트남에 수립되었다. 미국은 제네바 협정에 서명을 하진 않았지만 제네바 협정들을 반대하지 않겠다고 약속하였다. 제네바에서의 분쟁 해결로 1956년까지 전국적인 선거가 치루어질 여건이 마련되었다. 미국은 남베트남 탄생을 북으로부터의 팽창에 대한 비공산주의 방책을 강화시킬 수 있는 기회로 파악하였다. 미국은 불신임 받은 바오 다이(Bao Dai) 황제의 후임자로 고딘디엠(Ngo Dinh Diem)을 지지하였다. 이전 시기에 프랑스는 베트남 민주동맹의 대안으로 바오 다이와 함께 일하고자 하였다. 아이젠하워 행정부는 북베트남을 상실하였지만 아시아 주변에 걸쳐서 미국이 설정한 안보지역에 남베트남을 추가하고자 하였다. 미국의 정책은 (프랑스가 현저히 실패한) 토착세력을 증강시키기 위한 군사원조에 주안점을 두었고, 경제적 원조를 확대하고 민주화를 증진시켜 자신의 지지 기반을 넓히도록 디엠 정권을 고무하였다.

인도차이나로부터 탄생된 라오스(Laos)와 캄보디아(Cambodia) 국가와 더불어 베트남은 제네바 협정에 의해서 군사동맹가입이 금지되었다. 이 때문에 미국이 그 지역에서 다른 국가들로 구성된 집단방위기구를 창설하지 못하는 것은 아니었다. 약소국의 방위를 책임지는 다른 국가들과 미국을 결합시키는 것에 대한 자신의 강조점을 유지하면서 1954년 아이젠하워 행정부는 미국 정책의 핵심적인 요소로서 회원국으로 미국과 합류한 영국, 프랑스, 태국, 필리핀, 오스트레일리아 그리고 뉴질랜드와 더불어 동남아시아조약기구(SEATO: Southeast Asia Treaty Organization)를 창설하였다.

대서양동맹과 동남아시아조약기구 간의 상이성은 확연하였다. 나토와는 달리, 새로운 기구는 그 지역의 가장 중요한 일부 국가들 – 인도네시아, 버마, 그리고 말레이시아 – 을 회원국으로 끌어들이지 못했다. 집단행동을 위한 시토(SEATO)의 규정들은 북대서양조약기구에 명시된 제반 규정의 힘과 자동적인 성격을 결하였다. 시토는 결코 정교하게 통합된 나토의 명령체계로 진전되지 못했다. 또한 그것은 회원국들의 동맹적 군사전략이나 혹은 장기적인 병력의 공약을 위한 기반을 제공하지도 않았다. 비록 베트남, 라오스, 그리고 캄보디아는 시토와 직접적으로 결합되지 않았지만 의정서는 그 조약안에 인도차이나를 포함하도록 시토의 보호를 확장시키는 것으로 명시되어 있었다. 시토의 제한적인 효용성은, 기껏해야 베트남 전쟁에서 주변적인 역할을 수행했지만, 남베트남의 패망 후 2

년이 지난 1977년 6월 30일에 공식적으로 해체되었다는 사실에서 엿볼 수 있다.

금문도-마조도 위기

제네바 협정이 조인된 후 불과 일주일 만에 다시 동아시아에서 긴장이 감돌았다. 중국의 본토정부는 (그 당시 포르모사라 불렸던) 대만에까지 자신의 통제권을 확대코자 하였다. 1954년 9월 3일 공산주의자 중국군은 본토와 근접해 있으나 당시에도 지금처럼 대만의 국민당 정부가 점령하고 있었던 금문도(Quemoy, 金門島)와 마조도(Matsu, 馬祖島)에 대한 국민군의 요새를 포격하기 시작하였다. 금문도와 소금문도는 아모이(Amoy) 항구와 정반대에 위치해 있었다. 마조도는 푸조우(Foochow)의 항구에 가로질러 위치해 있다. 국민당 정부는 공산주의 통제하에 있는 본토에 대한 특별공격대의 기지로서 그 섬들을 사용해왔었다. 본토와 불과 9마일 그리고 대만으로부터 포르모사 해협을 건너 100마일밖에 안 되는 위치 때문에 장개석에게는 중국 본토에서 자신의 위치를 복구시킬 어떠한 계획상의 잠재적인 교두보로서 그 섬들이 심리적으로 중요하였다. 똑같은 이유로 인해서 중화인민공화국은 그 섬에서의 국민군의 현존을 받아들일 수 없는 것으로 파악하였다. 대만 자체에 대한 어떠한 군사공격에 있어서도 연안도서들의 점령은 필수적인 예비조치가 되었다.

1954년 12월 미국은 연안도서들을 방위하겠다는 명백한 합의 없이 대만과 인근 페스카도레스(Pescadores) 섬의 방위를 책임지는 쌍무적 방위조약을 맺었다. 12월 초 덜레스와 국민당 정부의 주미대사 사이의 서신교환에서 아이젠하워 행정부는 가능한 공격으로부터 대만을 보호했으며, 동시에 본토에 대한 공세를 취하는 데 있어 미국의 동의 없이 연안도서들을 이용할 수 없다는 점을 장개석에게 확실히 하고자 하였다. 아이젠하워 행정부가 금문도와 마조도를 포기하지 않겠다는 결의를 확실히 하고, 동시에 공식적인 안보보장을 대만 자체에까지 확대시키는 한, 그들 대부분이 공화당원인 미국 내 장개석 지지자들을 만족시키고 동아시아에서 잠재적으로 위험스러운 상황으로 보이는 것을 약화시키는 것 모두가 가능하였다. 베트남에서 17도선 이북의 공산주의 지배의 확장에 직면해 있으면서도 미국은 대만의 국민당 정부의 패배를 결코 받아들이지 않았다.

1955년 1월 대만의 서북쪽 약 200마일에 위치한 태첸(Tachen) 도에 대한 본토로부터의 군사행동의 단계적 확대로 미해군은 국민군의 철수를 원조하였고, 한편으로는 동시에 금문도와 마조도에 있는 장개석 군대를 강화시켰다. 1955년 3월 아이젠하워 행정부는 연안도서에 대한 직접적인 중국의 군사공격 시에는 미국은 가능한 한 원자무기를 사용하여 중국 본토의 군사목표에 대한 대응을 할지도 모른다는 신호를 보냈다. 인과적 연계가 무엇이었든지 간에, 이러한 경고로 인하여 1955년 4월 인도네시아의 반둥(Bandung)에서 열린 제3세계 국가들과의 한 회합동안 주은래(Zhou Enlai) 중국 외상으로부터 유화적 성명이 나왔다. 교대로 이것은 미국과 중국의 외교관들 사이에 미국의 긍정적인 반응과 제네바에서 연안도서들의 문제에 관한 토론 개최를 야기시켰다.

그러한 회담은 제네바에서 시작되었고 1958년 바르샤바로 옮겨졌다. 본래 그러한 회담들은 연안도서들에 관한 분쟁에 식별 가능한 영향을 끼칠 수 없었으나 1970년대 초반 양국이 완전한 관계정상화를 이룰 때까지 미국과 중국은 이후의 10년에 걸쳐서 대사급 수준의 회담을 계속 가졌다. 1958년 8월 말 중국 공산주의는 다시 한 번 자신들은 대만을 해방시키고자 한다는 것을 공표하면서 금문도에 대한 폭격을 재개하였다. 이러한 행동 때문에 장개석 정부는 육군의 거의 전체의 1/3에 해당하는 10만의 병력을 연안도서에 배치시키는 군사 증강을 하였다. 금문도에 있는 이러한 병력들은 본토 목표에 대한 특별기습을 수행하였다. 아이젠하워 행정부는 대만의 병력과 그리고 추론에 의해서 중화인민공화국과 전쟁을 수행할 미국의 병력을 사용할 수 있는 행동의 자유권을 장개석에게 부여할 의도가 없었다. 그리고 또한 아이젠하워는 중국 본토가 대만의 국민당 정부군을 패배시키는 것을 허용하거나 혹은 연안도서들의 포기를 강요하는 것을 허용하지도 않았다. 또다시 아이젠하워는 다양한 형태의 단계적 확대의 가능성을 남겨 놓은 미국 의도의 애매모호한 성명에 호소하였다.

사실 미국의 군사행동은 중국 본토에서 불과 3마일 떨어진 영토적 한계점까지 금문도에 있는 장개석 군대에게 재공급을 수송하는 국민당 정부의 함선을 제7함대가 호위만 하는 것이었다. 1958년 10월에 중국 공산주의자는 단지 간헐적으로만 금문도를 폭격하겠다고 발표했다. 따라서 아이젠하워 행정부가 다시 한 번 연안도서들에 대한 공격을 막기 위해 효과적으로 행동함으로써 위기는 누그러졌다. 그 위기동안 본토 정부는 미국을 "종이 호랑이(paper tiger)"라고 언급하면서도 미국의 단계적 확전 위협에도 불구하고 금문도 점령을 가능케 할 정도의 지지수준을 밀접한 동맹관계였던 소련으로부터 받지 못했다. 1954년과 1958년의 양 경우에 있어, 구두상의 지원 이상의 것을 주고 싶지 않은 소련의 명백한 주저는 — 제7함대의 형태로 미국이 자국의 동맹국인 대만에까지 확대시킨 직접적인 군사원조와는 대조적으로 — 1950년대 후반에 소련에 대한 중화인민공화국의 점증적인 환멸에 일조하였음에 틀림없었다. 1958년의 금문도 위기의 해소와 더불어, 비록 1979년 완전한 관계정상화 때까지 금문도에 대한 간헐적인 폭격이 계속되었지만, 북경과 워싱턴 간의 긴장은 완화되었다. 대만에 관한 입장 차이는 1980년대에도 미해결로 남아 있었다.

소련과의 관계: "새로운 전망"

대소정책에 있어서 아이젠하워 행정부는 적에게 정확한 대응형태를 불확실하게 하면서 침략에는 단호하게 대처할 능력에 기반을 둔 정치-군사적 전략 발전을 모색하였다. 아이젠하워 행정부의 국가안보정책으로서 "새로운 전망"은 1950년대 미국이 누렸던 핵우위의 표현이었다. 국가이익에 주변적인 것으로 여겨지는 분쟁에 장기간에 걸친 개입을 회피하면서, 그리고 덜레스가 1954년 11월 대외관계위원회에서 행한 연설과 3개월 후 ≪포린 어페어(Foreign Affairs)≫에 실린 한 논문에서 표현되었듯이, 아이젠하워 행정부는 "대량적인 원자적 · 열핵 보복"을 위한 수단을 유지할 것이라는 점을 소련과 중국에 통지하였다.

미국의 정책은 자국의 안보가 위협을 받는 모든 경우에 그러한 단계적 확전에 몰두하는 암시적 위협에 기반을 두지 않았다. 대신에 덜레스는 "그것을 택할 때 선택적인 기반에 의하여 효과적으로 대응하는 수단"과 더불어 "다양한 대응을 가능케 하는 융통성과 편의시설"을 촉구하였다. 그러한 수단의 보유는 미국의 가시적인 안보공약의 표현이 소련과 중국의 침략행동을 억지할 수 있는 확대된 동맹체계와 결합되어야만 하였다. 이런 의미에서 아이젠하워 행정부는 자신의 전임자가 발전시킨 봉쇄의 사상을 지구적 규모로까지 확대시켰고, 적은 반드시 일련의 보복적 대응을 받을 것임을 미리 선언함으로써 봉쇄의 사상을 더욱 수정하였다. 아이젠하워는 미국의 전략과 그것을 지원하기 위한 능력은 미국이 결코 주요 전쟁을 먼저 시작하지 않을 것이라는 가정에 기초해야만 한다고 추론하였다. 그러나 자국이나 혹은 동맹국이 공격을 받은 후 미국의 적절한 대응들은 결코 그와 똑같은 종류나 수준의 힘으로 제한되지 말아야 한다.

1953년 3월 스탈린의 죽음으로 처칠 수상은 1953년 5월 11일에 그의 후임자와의 정상회담을 촉구하였다. 자신의 오랜 정치생애를 끝낼 무렵에 처칠은 확실히 그러한 회담을 하나의 적합한 관석(a fitting capstone)이자 아마도 소련의 정책을 시험하고 심지어는 영향력을 행사할 기회로 파악하였다. 그러나 아이젠하워는 제2차 세계대전의 마지막 몇 달 동안에 열렸던 1945년 2월의 얄타 회담과 1945년 7월의 포츠담 회담에 뒤이은 신랄함과 당파적인 반소에 비추어 이해하면서 그러한 회담에 대하여 보다 신중한 견해를 취했다. 그러한 회담을 위한 필수적인 조건으로서 아이젠하워 행정부는 건설적인 협상에 임할 소련의 준비자세에 대한 가시적인 증거를 요구하였다. 아이젠하워 행정부는 데탕트나 혹은 국제적 긴장 완화의 형태로 처음으로 몇 가지 시도를 단행하면서 소련의 팽창을 억제하기 위해 군사력의 위협과 외교의 이용을 통합하고자 하였다. 사실 안정된 미소 관계의 성취는 완화된 (상호 간의) 알력에 기반을 두었고 평화의 추구는 아이젠하워 행정부 정책의 핵심적인 요소가 되었다. 아이젠하워 행정부는 해외에서 미국의 군사적 관여를 제한시키는 데 있어서 이전의 트루먼 행정부나 이후의 케네디 행정부보다도 훨씬 클 정도로 성공적이었지만 아이젠하워의 연임은 자신이 추구한 관계양상의 성취 없이 끝났다.

대통령은 군축을 위한 작업을 건설적으로 행하기 위해 스탈린 이후의 소련 지도력에 도전해왔었다. 1953년 3월 말렌코프(Georgi Malenkov) 수상의 "평화공세(peace offensive)"에 대응하는 데 있어 아이젠하워는 1953년 4월 16일 미국신문편집인협회(American Society of Newspaper Editors)에서 연설을 했다. 그는 대량살상무기에 관한 제한, 자유선거에 기초한 독일 통일, 원자력의 국제적 통제, 오스트리아와 평화조약의 최종적 타결, 그리고 한국에서의 정전협정의 수립을 촉구하였다. 아이젠하워는 소련이 동유럽에서 자유선거에 동의하는지의 여부를 수사학적으로 물었다. 단순히 수사학적이 아닌 행동으로 기꺼이 그러한 문제에 관해서 합의를 이루고자 하는 소련의 정도가 미래의 미소 관계의 추이, 특히 모스크바와의 정상회담에 참여할 아이젠하워 행정부의 자발성을 결정하였다.

아이젠하워의 "평화를 위한 원자" 개념

이러한 테마들은 이후의 몇 달 동안에 걸쳐 반복되곤 하였다. 대통령은 수소폭탄의 파괴적인 잠재력에 심히 우려하였다. 거의 선거 전날인 1952년 11월 1일 미국은 자국 최초의 열핵장치를 실험하였고, 소련도 채 일 년이 못 되어 1953년 8월에 수소폭탄을 실험하였다. 아이젠하워 행정부가 선택한 핵군비통제의 접근방법은 1954년 12월 8일 유엔총회의 한 연설에서 아이젠하워가 제창한 "평화를 위한 원자(Atoms for peace)" 제안에서 구체화되었다. 미국원자력위원회(Atomic Energy Commission) 의장이자 핵문제에 관한 아이젠하워의 개인 보좌관인 스트라우스(Lewis Strauss)의 도움으로 발전되었고 국가안보담당 특별보좌관인 커틀러(Robert Cutler)와 대통령 연설문 작성자인 잭슨(C. D. Jackson) 등이 검토한 견해에서 나온 그 사상은 단순한 것이었다. 영국뿐 아니라 미국과 소련은 그들의 비축물에서 우라늄과 다른 핵분열성 물질들을 유엔의 후원하에 수립될 국제원자력기구(IAEA: International Atomic Energy Agency)에 기증하는 것이었다. 기증된 물질들은 세계의 에너지 부족지역에서 전력생산을 위해서뿐만 아니라 농업과 의학과 같은 분야에서 평화적으로 유용하게 이용될 수 있을 것이다.

아이젠하워는 평화를 위한 원자 사상을 소련과 더불어 핵군비를 축소하고 상호 이해관계가 있는 다른 분야에까지 협력을 확대하는 프로그램을 발전시키는 첫 조치로 간주하였다. 비록 공식관계상의 연습으로 간주되었지만, 그것은 미국 내외에서 광범위한 찬양을 불러일으켰다. 그러나 아이젠하워의 목적은 모스크바와 보다 높은 수준의 신뢰감을 발전시킬 필요성이라는 그의 인지의 폭넓은 맥락에서 고찰되어야 한다. 모스크바와의 그러한 신뢰감은 본질적으로 평화로운 세계를 위한 전망을 강화시킬 것이다. 그러한 견해는 소련과의 관계에서 미국의 모든 대통령이 직면하고 있는 복잡한 문제들을 단순화시키는 것을 보여주었다. 평화를 위한 원자사상은 군비통제의 어려운 문제들 중의 하나에 직면하였다: 비대칭적 능력과 국가들의 이익. 그 제안 당시에 미국은 소련이 보유했던 것보다도 국제적 권위를 위해 이용할 수 있는 더 많은 핵분열성 물질들을 비축하고 있었다. 이러한 이유로 인해서 모스크바는 평화를 위한 원자사상에서 아이젠하워 행정부가 기대했던 것과 같은 많은 이익을 기대할 수 없었을 것이다. 따라서 소련의 반응은 부정적이었다.

그럼에도 불구하고 미국의 관점에서 보았을 때, 그 제안은 1940년대 후반 바루치 플랜의 실패의 한 원인이었던 사찰문제를 다루지 않는 한도 내에서는 정교한 것이었다. 소련은 바루치 플랜하에서 승낙을 보장하는 데 필수적인 자국 영토에 대한 국제적 사찰을 받아들일 수 없었다. 평화를 위한 원자 제안이 미소관계에 별 도움이 되진 못했지만 그것은 평화로운 핵기술개발을 위한 프로그램과 더불어 1957년 유엔의 국제원자력기구(IAEA)의 창설을 야기시켰다.

1955년의 제네바 정상회담

전후 하나의 점령을 끝마치고 오스트리아 국가조약(Austrian State Treaty)에 서명하기로 한 소련의 결정으로 아이젠하워 행정부는 정상회담 개최에 동의하였다. 오스트리아 국가조약은 1955년 5월 14일 바르샤바 조약(Warsaw Pact)이 형성된 그 다음날인 1955년 5월 15일에 조인되었다. 같은 달 서방측은 서독의 재무장과 독일연방공화국(Federal Republic of Germany)의 나토 가입이라는 장기적인 문제들을 함께 해결하였다. 따라서 제2차 세계대전 종전 후 10년 만에 유럽은 공식적으로 두 안보블록으로 분할되었다.

1955년 7월 제네바에서 개최된 정상회담은 제2차 세계대전 이후 최초이자 (미국과 소련뿐만 아니라 영국과 프랑스를 포함한) 그러한 성격의 유일한 4자 회담이었다. 그것은 미국과 소련 정부 수뇌부 간의 일련의 회담들의 전조였다. 그러나 구체적인 결과의 측면에서 보았을 때 그것은 아이젠하워가 생각하였던 한층 강화된 신뢰감에서조차도 별 성과가 없었다. 소련의 불가닌(Nikolai Bulganin) 수상은 자신의 중요한 제안으로서 유럽집단안보체제를 제의하였다. 그것은 이후 연속적인 소련 지도자들에 의해서 반복되고 다양한 형태로 재포장되었다. 불가닌은 동맹체제 — 나토와 바르샤바조약기구 — 의 해체와 유럽에서 모든 "외국 병력의 철수를 촉구하였다. 이것은 결국 미국 능력의 제거를 의미하였다. 왜냐하면 캐나다를 제외하고는, 다른 모든 국가들은 소련을 포함하여 유럽국가들이었기 때문이었다. 그러한 상황하에서 소련은 서유럽에서 자국의 정치적 영향력을 행사하면서 지배적인 군사강국으로 등장할 수 있었다. 서방 동맹국들이 독일연방공화국의 재무장과 나토로의 통합을 계속 추진하는 한, 불가닌은 그 회담의 안건에 관한 또 다른 항목인 독일 통일의 전망은 없다고 파악하였다.

미국이 제기한 중요한 제안은 군사시설에 대한 항공사찰을 요구하는 것이었다. 소위 "개방된 하늘(open skies)" 개념은 군사시설의 위치에 관한 상세한 정보교환, (비행장과 군사적 파견과 같은) 시설물을 관측할 수 있는 협정, 그리고 그로 인해 각 국가에 대해서 항공정찰을 실시할 수 있는 비행패턴과 비행횟수에 관한 결정들을 수반하였다. 아이젠하워 행정부에게 있어 개방된 하늘 개념은 기습 공격의 가능성을 최소화하고자 하는 건설적인 노력뿐 아니라 모스크바를 방어적으로 묶어 두려는 워싱턴의 노력과 조화를 이루면서 심리전의 한 측면을 보여주었다. 역사적으로 러시아의 비밀적 성향과 밀폐된 사회를 유지하고자 하는 모스크바의 책무를 인식하였던 넬슨 록펠러(Nelson Rockefeller)가 의장인 '콴티코 벌너러빌러티스 패널(The Quantico Vulnerabilities Panel)' 회원들은 그러한 취약성을 이용하는 수단이자 소련의 갑작스런 핵무기 사용의 위험성을 줄이고 철의 장막으로 침투하고자 하는 진지한 시도로서 개방된 하늘 제안을 발전시켰다. 공산당 서기장이자 곧 확실한 소련 지도자로 나타난 흐루시초프(Nikita Khrushchev)가 취한 소련의 대응은 소련에 대한 스파이 행위로서 미국의 제안을 거절하는 것이었다.

그럼에도 불구하고 그 이후 수년에 걸쳐서 타국 영토에 대한 항공정찰을 위한 정교한 수단들이 발전되었다. 처음에는 1960년 소련에 추락한 U-2기와 같은 최초의 비행기 형태에서 그 다음에는 상세한 모습들을 찍어 전송할 수 있는 위성들의 형태로 발전되었다. 돌이켜보면, 개방된 하늘은 궁극적으로 양국의 일상적인 정보활동의 한 부분을 이루었고 1970년대의 전략무기제한협정의 필수적 구성요소가 되었던 항공정찰을 조약형태로 조직화 할 수도 있었다. 개방된 하늘 협정이 이루어졌다면 1960년의 U-2기 사건은 발생할 필요가 없었다.

제네바 정상회담으로부터 데탕트(de'tente)가 이루어질 것이라는 희망은 — 그것을 "제네바 정신(sprit of Geneva)"이라고 불렀다 — 1950년대 중반의 국제정치환경의 가혹한 현실 속에서 재빨리 사라졌다. 중동에서의 사건들은 미국과 소련과의 개선된 관계의 한계점들을 뚜렷하게 노출시켰다. 거기에서 표명된 모든 중요한 쟁점들을 해결하지 못한 제네바 회담의 몇 달 이내에 중동의 골치 아픈 문제들에 대하여 소련의 최초의 대규모적 참여는 소련과 서방 동맹국들 간의 관계에 더욱 심각한 긴장감을 불어넣었다.

수에즈 운하 위기와 미국의 중동 정책

초기에 미국이 다른 지역에서 직면한 문제들로 인해 주목을 받지 못했던 중동지역은 아이젠하워 행정부 시기에 점차적으로 미국 외교정책의 중요한 초점을 이루었다. 다른 제3세계들과 마찬가지로 중동은 1950년대 영국과 프랑스에 대한 많은 반식민주의의 요소들을 구체적으로 표명한, 고조되는 민족주의 세력들의 무대였다. 1953년과 1958년 사이에 미국은 중동에서 역사적인 이해관계를 갖고 있었던 영국과 프랑스 뒤에 멀리 떨어진 주변적 행위자의 입장에서 서방국가의 지도적인 역할을 담당하는 입장으로 변하였다. 이러한 변화는, 첫째 1956년 수에즈 운하 위기 시 (폭력사용에 대한 미국의 반대와 더불어) 군사력으로 이집트에 자국의 의지를 부과하려는 영국과 프랑스의 실패에 의해서, 그리고 둘째 1957년 아이젠하워 독트린의 선언과 이후 수십 년 동안 미국이 중요 행위자로 남아 있듯이, 이제는 미국이 주요 행위자로서 1958년의 레바논 위기에 의해서 상징화되었다. 아이젠하워 이후의 행정부들은 이스라엘과 그 이웃 국가들 간의 관계와 직접적으로 관련된 외관상 해결 어려운 문제들뿐만 아니라 그 지역의 다른 몇 개의 갈등에 직면하였다는 것을 인식하였다.

이란, 미국으로 기울다

1942년의 영국-소련-미국의 3자 간 협정에 의거 1946년 트루먼 대통령이 소련군의 철수를 요구함에 따라 이란(Iran)은 미국과 소련의 대결장이 되어 왔다. 이란의 전략적 중요성은 독일 히틀러(Hitler)에 대한 전쟁노력으로 소련에게 무기대여 품목을 옮겨 싣는 회랑지대라는 이란의 지정학적 위치에서 연유하였다. 그러나 1950년대 초반 석유수출로 부유해진 이란은 서방에게 아주 다른 종류의 문제를 부과하였다. 1951년 5월 2일 이란 정부는 영국-이란의 거대한 합작석유회사를 포함하여 영국 정부가 주요 주주인 석유산업을 국유화하였다. 그 보복으로 영국은 아바단(Abadan)에 있는 커다란 정제소를 파괴하였다. 이란의 석유수출은 2년 동안 중단되었다. 이란의 국가수입의 30% 상당과 이란의 외국환의 절반 이상을 차지하는 석유 수입원의 상실에도 불구하고, (공공연히 파자마를 입고 국사를 행했기 때문에 괴상하다고 여겨진) 모사덱(Mohammed Mossadeq) 수상은 영국과의 분쟁해결 협상을 거절하였다. 1953년 초 모사덱은 입헌군주인 팔레비 국왕(Mohammed Reza Shah Pahlavi)을 몰아부쳐 그가 퇴위할 것이라고 발표하게 만들었다. 그러나 샤(Shah)의 지지자들은 테헤란 거리와 그 밖의 다른 곳에서 그의 반대자들과 충돌하였다. 또한 그 나라를 휩쓸고 있는 폭동에서 이란의 공산당인 투드(Tudeh) 당이 현저한 역할을 담당하고 있는 것과 더불어 모사덱이 소련으로부터의 경제적 지원을 모색하고 있다는 불안한 소식들이 있었다.

이러한 상황에서 아이젠하워 행정부는 이란의 국왕을 지원하였다. 이란 군부는 모사덱과 관계를 끊었다. 따라서 그는 전복되었다. 이란 국왕이 안전하게 권력을 장악하자 아이젠하워 행정부는 1953년과 54년에 이란에 대한 경제원조를 거의 8,500만 달러로 확대하였다. 영국과 이란 간의 석유분쟁은 해결되었다. 이란 국왕의 권력이 다시 한 번 붕괴된 1970년대 후반까지, 산업화된 경제국가들 — 서유럽, 일본 그리고 미국 — 이 더 많은 양의 석유를 소비하고 있는 시기, 즉 1950년대 서유럽과 일본이 그리고 1970년대 이후 미국이 점증적으로 페르시아

만 지역의 석유수입에 의존하고 있는 때에 미국은 이란을 중요한 석유 수출국으로서뿐만 아니라 페르시아 만의 안정유지세력으로서 간주했다.

1956년의 수에즈 운하 위기

아이젠하워 행정부가 직면한 두 번째이자 훨씬 더 중요한 중동의 쟁점은 이집트 민족주의의 고양과 이 경우에 있어서 수에즈 운하에 초점을 둔 영국의 잔여적 안보이익 간의 충돌에서 비롯되었다. 주로 프랑스 자본으로 세워져 1869년에 개방된 수에즈 운하는 영국에게는 자국과 아시아·태평양에 있는 자국의 제국주의적 소유물을 연결시키는 전략적으로 중요한 항로, 즉 '제국의 생명선(lifeline of the Empire)'이었다. 1888년의 콘스탄티노플협정(Constantinople Convention)으로 상업용 선박과 군함에게 항상 개방되어 있는 수에즈 운하를 보호하기 위해 1882년 이후로 영국군이 이집트 영토에 주둔해왔었다.[1] 1936년의 영국-이집트 조약으로 영국은 운하의 제방을 따라서 거대한 군사기지와 8만 병력과 동수인 주택들을 건설하였다. 1952년 7월 나지브 장군(General Mohammed Naguib)의 권력장악은 이집트 영토에 대한 완전한 통제권 회복과 영국 군대의 주둔을 종결시키고자 하는 이집트 민족주의자의 열망을 강화시켰다. 그 밖에 다른 곳에서와 마찬가지로 영국은 이집트에서도 제3세계의 새로운 민족주의의 시대를 수용할 필요성을 인식하였다. 지역안정과 운하의 안전이 위협을 받을 경우 영국은 다시 복귀할 수 있다는 권한을 가진 채, 1954년 영국과 이집트는 1956년에 종결될 영국군의 단계적 철수에 관해 합의하였다.

수개월간 아이젠하워 행정부를 몰두케 하고 대서양동맹에 깊은 불화를 남겨준 1956년의 수에즈 운하 위기(The Suez Crisis)는 소련과 서방국가들의 정책전개라는 측면에서뿐만 아니라 그 당시의 중동정치라는 넓은 맥락에서 이해해야만 한다. 1972년의 모스크바 정상회담 때처럼 1955년의 제네바 회담이후 워싱톤의 관점에서 보았을 때, 미국의 이해관계에 대한 점증적 위협을 나타낸 소련

---

1) 콘스탄티노플 협정(the Constantinople Convention)에 서명한 국가들은 영국, 오스트리아-헝가리, 프랑스, 독일, 이탈리아, 네덜란드, 러시아, 스페인, 그리고 터키였다.

의 행동이 중동에서 나타났다. 1955년 가을까지 소련이 중동에서 이니셔티브에 착수하고 있다는 것이 명백해졌다. 10월 체코슬로바키아와 이집트는 무기를 위해 이집트산 면화와 무기와의 교환을 허용하는 군비협정을 맺었다. 이러한 거래는 체코슬로바키아를 통해서 그 지역으로의 소련의 개입을 의미할 뿐만 아니라 그것은 또한 이스라엘과 주변의 아랍국가들 — 영국, 프랑스와 더불어 미국이 책임지고 있는 균형 — 간의 군비균형을 유지하는 데 있어서 훨씬 더 복잡한 시대의 도래를 알렸다. 그 이후 수많은 상황이 진행됨에 따라 즉각적인 결과는 이스라엘이 미국에게 추가적인 무기원조를 요청하는 것이었다. 비록 1955~56년에 있어 이집트에 대한 무기수송 수준이 세력균형을 뒤엎을 정도로 위협적이었고 1956년 수에즈 전쟁 당시 이스라엘의 이집트 공격 결정 때 상당히 중요했지만, 처음 미국의 반작용은 이스라엘의 그러한 군사원조를 거부하는 것이었다. 1954년 나지브 이집트 수상을 계승한 낫세르(Gamal Abdel Nasser)가 1955년 2월 무기구입을 위해 미국에 접근했었다는 점을 지적해야만 한다. 국무부는 이집트가 필요한 외국환이 부족하다는 것을 알고 물물교환보다는 현금지불을 요구함으로써 낫세르를 낙담시키고자 하였다. 그러자 곧 낫세르는 공산주의 구입처에 접근하였다. 체코-이집트 간의 협정체결 후 소련은 이스라엘에 무기 제의를 하였다. 이스라엘은 즉시 그것을 거절하였다.

수에즈 운하지역으로부터의 철수 준비를 끝마침에 따라 영국은 터키, 파키스탄, 이란, 그리고 이라크와의 방위동맹을 체결할 조치들을 취하였다. 소련을 중동과 서남아시아의 다른 국가들과 분리시키는 지리적 장벽을 이루는 이러한 바그다드 조약(Baghdad Pact)은 미국의 전폭적인 지지를 받았다. 미국은 군사위원회에는 참석하지만 완전한 회원국이 아니었다. 중동의 다른 국가들, 특히 이집트는 바그다드 조약을 소련 침투를 저지하는 수단으로써가 아니라 그 지역에서 서방 국가들의 지위를 유지하는 장치로 파악하였다. 낫세르는 친서방측 아랍국가들, 특히 그 조약에 서명해왔던 이라크에 대한 비난선전을 전개하였다.

1950년대 후반에 접어들 당시 미국은 한편으로는 아주 중요한 지역으로의 소련의 침해를 저지시키는 자국의 이해관계와 또 다른 한편으로는 훨씬 더 즉각적이고 협소하게 정의된 안보인식과 상호 간의 갈등을 수반하는 긴박함을 내포하고 있는 중동과 같은 지역에 있는 소국가들과의 관계 발전을 조화시키는, 외관상 해결할 수 없는 딜레마에 빠졌다. 더군다나 1950년대 중반에 미국의 정책결정자들은 낫세르와 다른 반식민주의적 민족주의 지도자들이 서유럽동맹, 특히 영국과 아마도 조금 덜할 정도로 프랑스에 대하여 느꼈던 적대심에서 연유하는 문제들을 갖고 있었다. 어떠한 사건이 발생하였을 경우 전통적 이해관계를 떠맡을 경제적 혹은 군사적 수단들을 더 이상 갖고 있지 않은 영국을 대신해서 미국은 자신의 우월적 능력에 의해서 소련의 중동 침투를 저지하는 것을 도울 수 있다. 동시에 미국은 중동에서 제국주의적 유산을 갖고 있지 않았기 때문에 맹렬한 범아랍민족주의를 완화시킬 수 있었다. 따라서 미국은 자국의 중동정책과 영국의 중동정책 간에 어느 정도의 거리를 두었다. 이러한 차이는 바그다드 조약 형성, 이스라엘에 대한 미국의 무기선적, 그리고 심지어는 엄청날 정도로 수에즈 운하 위기 시에 영국-프랑스 정책과 아이젠하워 행정부 입장 간의 중요한 차별성에서 명백해졌다.

낫세르의 권력승계로 중동의 한 지도자가 미국과 소련을 서로 대결시켜 어부지리를 차지하기 위해 아이젠하워 행정부의 중동정책들을 더욱 복잡하게 만드는 상황을 결정하는 것 같았다. 소련이 자신의 대행자인 체코슬로바키아를 통해서 민감하고 위험한 중동상황에 참여하고자 하는 것을 목격한 미국은 1955년 후반에 소련의 개입 확대를 한정시키기 위한 또 다른 기반을 모색하였다. 낫세르의 주요 목표는 아스완 댐(Asuan High Dam)을 건설하는 것이었다. 그것은 급속히 늘어나는 자국의 인구를 위해 이집트의 농업생산성을 증대시키는 데 절대적으로 필요한 나일 강과 관개지를 이용하는 것이었다. 아스완 프로젝트는 또한 그 당시에 석유자원을 몰랐던 이집트에게 수력발전을 제공하도록 계획되었다. 아스완 댐 건설은 외국의 기술적·재정적 도움을 받아야만 가능하였다. 처음에 아이젠하워 행정부는 아스완 댐 건설을 그 지역에서의 단순히 군비균형의 유지를 넘어 확장된 계약을 위한 수단으로 파악하였다.

1955년 12월 후버(Herbert Hoover, Jr.) 국무차관은 영국과 세계은행의 대표자들과 더불어 그 프로젝트에 관해서 이집트와 토론을 시작하였다. 영국과 미국은 댐 건설에 소요되는 외국환 비용을 책임지겠다고 하였다. 낫세르는 그 제안을 수락하는 대신 댐 건설을 위한 소련의 원조 제의를 고려하고 있다고 발표하였다. 1956년 중반까지 명백히 미국으로부터 더 많은 양보를 받기 위해 소련을 그 계획에 참여시키려는 낫세르의 노력으로 아이젠하워 행정부는 미국이 참여하는 의미가 애매해졌고, 게다가 어떠한 경우에도 꼭 필요한 의회와 국민의 지지를 받을 수 없게 되었다고 결론지었다. 그러므로 1956년 7월 19일 덜레스는 이집트 대사에게 영국과 미국의 제의를 철회하고자 한다고 통보하였다.

낫세르는 오랫동안 미국을 공공연히 비난하였을 뿐만 아니라 아울러 7월 26일 수에즈 운하 회사를 국유화하였다. 그 회사의 수입원과 자산으로 이집트는 아스완 댐 건설에 드는 비용을 충당할 수 있었다. 낫세르가 점령한 재산에 대한 보상을 제의했지만, 영국과 프랑스는 이에 격노하였다. 영국은 지중해에 있는 자국 병력에 경계령을 내렸다. 이든(Anthony Eden) 정부와 몰레(Guy Mollet) 정부는 이집트에 대한 군사력 사용을 고려하고 있었다. 그러나 아이젠하워 행정부는 수에즈 운하는 국제적 선박 항로에 개방되어야 한다는 점에는 동의했지만 무력사용에는 반대하였다. 아이젠하워는 낫세르가 수에즈 운하를 폐쇄하지 않는 한, 이집트에 대하여 군사적 행동을 해서는 안 된다고 추론하였다. 아이젠하워 행정부의 목표, 즉 운하 개방을 유지하는 것은 무력호소로 실패될 수도 있었다. 그러나 영국과 프랑스의 정책은 미국의 정책목표를 뛰어 넘어 낫세르 정권의 전복을 포함하는 것으로까지 확대되었다. 그러나 그것은 오직 무력사용에 의해서만 가능하였다.

국유화 발표가 있은 후 몇 주 내에 일련의 조치가 취해졌다. 그러한 조치들은 석유의 공급중단으로 생길지도 모르는 우발적 상황에 대비하기 위해서 마련된 것으로 정부들과 석유회사의 대표자들로 구성된 중동긴급위원회(Middle East Emergency Committee) 구성도 포함되었다. 그리고 8월에 런던에서 24개국 회담이 열렸다. 거기에서 덜레스는 그 운하를 관리하기 위해 하나의 국제적 권위체를 제안하였다. 그러나 낫세르는 즉시 그 제안을 거부하였다. 협상에서 실패한 이러한 미국의 노력 후 덜레스가 제안한 '수에즈 운하 이용국 협회(Suez Canal Users Association)'라는 또 다른 제안이 나왔다. 그러나 그 제안 역시 카이로로부터 부정적인 답변을 받았다.

1956년 10월까지 영국과 프랑스는 미국의 지원의 한계를 실감했다. 따라서 양국은 이집트를 공격하기 위해 이스라엘과 비밀협정을 맺었다. 이스라엘에게 있어서 가자 지구(Gaza Strip)를 지나 시나이 반도(Sinai Peninsula)로 진격하는 군사적 공격은 이스라엘 국경선을 넘어 급습을 감행하였던 테러분자들을 제거하는 것이었다. 아카바 만(Gulf of Aqaba) 입구의 샴엘 시크(Sharmel-Sheikh)에 대한 군사작전으로 이스라엘은 인도양으로 나갈 수 있는 접근권을 얻었다. 이는 건국 이래로 이스라엘이 수에즈 운하 이용을 거부당해왔기 때문에 중요하였다. 수에즈 운하 회사가 이스라엘의 운하 이용에 대한 이집트의 금지령 시행을 도왔기 때문에 이스라엘은 이집트의 국유화 조치에 대하여 영국과 프랑스에게 별로 동정적이지 않았다. 그러나 이집트에 대한 이스라엘의 공격결정은 소련-이집트 군비증강에 대한 두려움의 결과이자 가자지구에서 이스라엘로의 테러분자들의 공격을 중단시킬 필요성과 관련되었다. 1956년 10월 29일 이스라엘은 이집트를 공격하였다. 다음날 영국과 프랑스는 12시간 이내로 이집트와 이스라엘이 수에즈 운하에서 10마일 떨어진 지점까지 철수할 것을 통보하였다. 이러한 최후통첩은 이집트에 대한 공격 바로 전에 영국과 프랑스가 이스라엘과 체결한 비밀협정에 따라서 영국-프랑스 점령을 위한 것이었다. 미국은 그 협정에 관해서 상담받지 않았었다. 사실 아이젠하워 행정부는 모든 유엔회원국들이 중동에서 무력 사용을 자제할 것을 요구하는 결의안을 유엔안전보장이사회에 상정시켰다. 그러나 영국과 프랑스는 이집트 영토에서 이스라엘의 철수를 요구하는 소련의 결의안과 더불어 그 결의안을 거부하였다. 이스라엘 병력이 시나이 반도를 지나 수에즈 운하쪽으로 진격하자 영국 공군은 카이로와 다른 이집트 목표물들에 대한 폭탄 공습을 감행하였다. 11월 4일까지 이스라엘은 시나이 반도를 점령하였다. 영국·프랑스 전투부대의 상륙과 군사행동은 미국에서 대통령 선거가 있은 다음날인 11월 7일까지 계속되었다. 영국과 프랑스는 정전 때까지 이집트에서 총 2만 2,000명의 병력을 전개하였다. 그럼에도 불구하고 수에즈 운하는 전쟁이 시작된 이후 이집트의 선박침몰로 봉쇄되어 왔다. 게다가 이라크로 뻗어 있는 석유수송선이 파괴당했다.

새로운 대통령 당선자로서 아이젠하워 행정부는 중동정책에 있어 주요 서유럽동맹국의 정책과 차별성 있는 자신의 기본적인 접근방법을 견지하면서 휴전을 이루었다. 또한 아이젠하워 행정부는 이집트에 대한 미소 공동개입을 제의한 소련의 제안을 반박하였다. 수에즈 운하에 걸친 지역을 점령했으나 운하를 개방시키지 못한 영국과 프랑스군은 1956년 12월 말 이전에 철수하였다. 아이젠하워 행정부는 영국과 프랑스에 석유를 공급할 계획을 시행했으나 그것은 오직 런던과 파리가 이집트에서의 무조건적 철수에 동의를 한 이후에만 가능하였다. 미국과 동맹국 정책 간의 차이는 나토를 상당히 긴장시켰다.

이스라엘은 시나이 반도에서 철수했지만 이스라엘 군대는 가자 지구를 점령한 채 남아 있었다. 그리고 이스라엘은 장래의 급습과 그 지역에서 발생하는 다른 공격에 대한 확고한 보장 없이는 가자 지구에서의 완전한 철수를 거부하였다. 게다가 이스라엘은 샴엘 시크로부터의 철군에 대한 대가로 아카바 만을 통하는 자유로운 통행을 모색하였다. 미국이 선호한 해결책은 비무장화된 가자 지구를 순찰하는 유엔군 혹은 유엔긴급군(UNEF: United Nations Emergency Force)의 구성과 이스라엘의 통행을 포함한 아카바 만을 통하는 국제적 접근을 미국이 보장하는 공약이었다. 아이젠하워 행정부는 곧 이스라엘과 외교적 마찰을 빚었다. 이스라엘은 처음에는 안보지역으로서 전투에서 얻은 영토를 모호한 국제적 보장대가와 교환하는 것을 거절하였다. 적대적인 이웃 국가들로 둘러싸인 작은 국가인 이스라엘의 관점에서는 영토획득이 안보를 위한 추가적인 지역을 제공하는 것이었다. 그러나 그것은 아이젠하워 행정부에게는 또 다른 미국의 이익, 즉 소련과의 제휴쪽으로 기우는 아랍국가들의 동향을 방지하는 것을 상쇄시키는 것처럼 보였다. 따라서 1957년 초 미국은 최근의 분쟁지역에 대한 유엔군의 주둔과 국제적 보장을 위한 미국의 제안을 수락하도록 이스라엘에 압력을 가했다. 낫세르는 그 운하에서 침몰당한 선박들을 끌어올리는 작업을 끝마치기 위한 전제조건으로 수에즈 전쟁에서 이스라엘이 점령한 영토에서 철수할 것을 요구하였다.

수에즈 운하 위기에서 영국과 프랑스의 실패는 그들의 군사적 쇠퇴와 중동에서 그들이 한때 누렸던 명령적 지위의 입장의 약화를 상징하였을 뿐만 아니라 또한 지구적 세력으로서 미국의 점증하는 지위를 예증하였다. 자신의 서유럽동맹국들과는 달리, 미국은 중동에서 역사적으로 중요한 이해관계가 없었다. 트루먼 행정부의 강력한 지원으로 1948년 5월 이스라엘 국가의 탄생은 미국에게 그 지역에서의 중요한 이해관계와 지속적인 정치적 공약을 부여하였다. 1955년 중동의 주요 행위자로서 소련의 참여는 미국에게 또 다른 일련의 이해관계와 문제들을 부여하였다. 이스라엘에 대한 지원은 보수적인 회교산유국가들에서부터 그 지역을 휩쓸고 있는 범아랍운동과 다른 민족주의 운동에까지 이르는 아랍파벌들과의 절박한 관계를 더욱 악화시켰다. 이러한 사정이 아이젠하워 독트린의 형성을 야기시킨 상황이었다. 아이젠하워 독트린은 1950년대 후반 중동에서 보다 안정된 상황을 만들기 위한 노력을 제시하였다.

아이젠하워 독트린

수에즈 운하 전쟁 당시 미국이 직면한 긴급한 문제는 소련이 그 지역에서 자국의 영향력을 강화하고자 그 분쟁을 이용하는 것을 저지하는 것이었다. 수에즈 운하 위기 때 미국은 영국-프랑스 정책에 반대하여 낫세르와 소련과의 연계를 완화시키고자 했었다. 수에즈 운하 위기 이후 몇 달 동안, 낫세르의 행태로 보아 그 시도가 성공했다는 어떠한 증거도 찾을 수 없었다. 낫세르는 소련으로부터 무기를 계속 공급받으면서 중동의 친서방 정부들을 전복코자 하였다. 그리고 이집트는 소련과의 밀접한 관계를 유지하였다. 아이젠하워 독트린(Eisenhower Doctrine)은 1957년 1월 5일 의회에 대한 두 가지 요청에 기반을 두고 있었다. 첫째, 아이젠하워 행정부는 그 지역국가들의 독립보전을 돕기 위해 군사원조와 2억 달러의 경제원조를 요구하였고, 둘째 소련이나 소련의 위성국가들이 중동의 어떠한 국가를 직접 침략할 위험이 노정될 경우 아이젠하워 행정부는 미국의 군사력 사용을 위한 수권을 요구하는 것이었다. 의회는 아이젠하워 독트린을 구체화시킨 공동 결의안을 통과시켰다.

아이젠하워 독트린의 중요성은 미국이 처음으로 중동을 자국의 국가안보에 중대한 지역으로 인식하였다는 사실에 있었다. 무장침략의 목표가 되거나 내부반란에 있는 국가들은 만약 그들이 요청만 한다면 미국의 원조를 받을 수 있었다. 아이젠하워 행정부는 중동에서 미국의 이익에 위험을 부과할 수 있는 나라는 낫세르가 아니라 소련이라고 추론하였다. 수에즈 운하 위기는 다음과 같은 다양한 이유에서 발생하였다. 소련으로부터 보다 많은 무기원조의 가능성을 고려하여 나타난 낫세르의 대담성의 증가, 아스완 댐 건설 시 모스크바의 도움, 그리고 미국뿐만 아니라 영국과 프랑스의 잔재적인 영향력에 반대하는 다른 아랍국가들과의 관계 강화 등이었다. 돌이켜 보면 낫세르의 목표는, 심지어 자신이 그 과정에서 소련의 도움에 호소해야만 한다 할지라도, 모든 외국의 영향력에 대한 이집트의 독립을 천명하는 것 같았다. 아이젠하워와 그 자신의 이름을 붙인 독트린은 그러한 상황에서 수에즈 운하 위기 이후 몇 년 동안 기능해야만 하였다.

아이젠하워 독트린의 최초의 시험무대는 요르단(Jordan)이었다. 1957년 봄 요르단의 후세인(Hussein) 왕은 자신의 통치에 대한 위협에 직면하였다. 낫세르는 친소, 친낫세르 수상의 해임이 포함된 후세인이 단행한 내각 개편에 반대하였다. 낫세르는 후세인에 대한 선전활동을 시작하였다. 후세인 축출의 서곡처럼 보이는 폭동을 동반한 총파업이 있었다. 그러한 국내 혼란에 직면하여 후세인은 계엄령을 선포하고 새로운 내각을 구성하였다. 요르단은 직접적인 보상금을 제공해주었던 영국과의 협정을 폐기하였다. 요르단은 하시미트(Hashemite) 군주의 몰락을 막기 위해 미국에게 도움을 요청하였다. 요르단 국왕은 중동에서 분쟁이 재현되어 주변 국가들이 자국 영토를 점령할까봐 두려워했다. 아이젠하워 행정부는 요르단에게 총 1,000만 달러에 해당하는 긴급보조금을 제공하고 요르단의 안정을 유지하고자 하는 미국의 공약을 입증하기 위해 제6함대를 동지중해로 이동시켰다. 1957년 4월 말까지 이 위기는 지나갔고 그와 더불어 아이젠하워 독트린은 요르단에서의 영국의 현존과 영향력의 급격한 쇠퇴에서 야기되는 권력의 공백상태를 막기 위해 미국이 취했던 그 독트린의 첫 번째 시험으로 간주되었던 것처럼 보였다.

낫세르의 야망은 요르단을 넘어 이웃 국가들에게까지 확장되었다. 1958년 2월 이집트는 시리아와 아랍연합공화국(United Arab Republic)으로 불린 연방을 구성하였다. 낫세르는 이집트에서 공산당을 불법화하였다. 따라서 그는 공산당을 포함하여 시리아 정당을 해체시켰다. 이집트는 시리아 정부의 각료 임명을 통제하였다. 그 밖의 다른 곳에서 이집트는 친서방측의 바그다드 정부를 전복시키고 1958년 7월 좌익 성향의 정권에 의해서 대체될 때까지 이라크 정부의 혼란을 조성하고자 하였다. 아랍연합공화국과 밀접한 관계를 형성하는 이슬람교도와 레바논의 독립 보존과 친서방측 정치정향을 지지하는 기독교도 간의 내부갈등 때문에 시리아의 이웃국가인 레바논이 낫세르에게 매혹적인 전망을 제공하는 것 같았다.

제2차 세계대전 종전 때 레바논은 프랑스로부터 독립을 인정받았다. 새로운 국가의 정치체계는 인구 면에서 거의 비슷한 두 집단, 즉 마로니트(Maronite) 기독교인들과 수니파(Sunni) 이슬람교도 사이에 권력을 양분하였다. 그러한 구조식에 입각하여 기독교인들이 대통령과 외무장관을 맡았다. 반면 이슬람교도들은 수상과 국회의장을 맡았다. 독립 이후 레바논 외교정책이 대부분 중립적이었지만, 레바논 대통령 차몽(Camille Chamoun)은 아이젠하워 독트린을 지지하였다. 1957년까지 레바논은 카이로 방송(Radio Cairo)의 선전공세의 목표가 되어 왔고 카이로 방송은 레바논의 이슬람인들에게 차몽을 전복하도록 촉구하였다. 한편, 시리아 국경선을 넘어 낫세르 지지자들에게 무기가 유입되었다. 낫세르의 목표는 차몽의 축출이자 레바논을 아랍연합공화국에 포함시키는 것이었다. 1958년 7월의 레바논 위기를 초래한 사건들과 아이젠하워 독트린의 두 번째 시험에 대한 직접적인 촉매제는 1958년 4월 대통령으로서 두 번째의 8년 임기와 (이에 필요한) 헌법개정을 요구하는 조치를 단행할 것이라는 차몽 대통령의 발표였다. 아이젠하워 행정부는 차몽의 결정을 정치적 실수로 판단하였다. 왜냐하면 그것은 경쟁적인 정치적 파벌 간의 폭력 발생을 야기시켰기 때문이었다. 미국은 레바논의 내전 확대가 낫세르와 소련에게 그들이 이용할 유용한 기반을 제공하는 것으로 보였다. 그러나 레바논 군대가 상황을 통제함에 따라 6월까지 내분이 진정되었다. 이집트와 시리아가 레바논으로 무기를 선적하고 있다는 레바논 정부의 안전보장이사회에 대한 불만에 대응하여 유엔은 군사조사팀을 레바논으로 파견하였다. 1958년 7월 초까지 차몽은 자신의 대통령 임기가 끝나는 시기에 관직을 떠날 것이라고 공언하였다.

레바논 위기는 1958년 7월 14일 군주제를 무너뜨린 이라크에서의 쿠데타와 파이잘(Faisal) 왕과 누리 알 사이드(Nuri al-Said) 수상을 포함한 이라크의 친서방

지도자들의 피살에 의해서 재점화되었다. 미국은 이라크를 북부 동맹층(northern-tier alliance)에서 핵심적인 지역으로 간주했기 때문에 미국에게 있어 이 사건의 의미는 중대하였다. 미국의 관료들이 요르단과 레바논의 정치적 불안정을 야기시키고자 하는 이집트 정부의 최근의 노력들을 새롭게 인식함에 따라 친서방 이라크 정부의 몰락은, 특히 요르단과 레바논에서 훨씬 더 격력한 폭력의 서곡인 것처럼 보였다. 요르단은 아랍연합공화국이 창설된 직후 1958년 2월에 소위 아랍연방(the Arab Union)에 이라크를 가입시켰다. 이라크 정부를 전복시켰던 세력들이 재빠르게 후세인 왕에게 적대행위를 하는 것 같았다. 차몽 대통령은 미국과 영국에게 48시간 이내로 레바논에 군사병력을 파견할 것을 요청하였다. 미국은 아이젠하워 독트린을 견지하면서 제6함대의 분견대를 동지중해 쪽으로 급파했다. 1958년 7월 15일 미국은 레바논의 해안에 상륙하였다. 뒤이어 후세인의 요청으로, 영군군이 미국이 제공한 비행기로 요르단에 도착하였다. 불과 1만 5,000명의 미군 병력이 레바논에서 활동하였다. 그들 모두는 1958년 10월 25일까지 철수하였다. 아이젠하워는 그 개입을 아랍 지도자들과 소련에게 결의를 증명하는 것으로, 특히 이라크 정부의 전복이 뒤따를 것 같았던 폭력 확대에 대한 억지로 간주하였다. 또한 그 개입은 아랍 국가들에게 소련의 영향력의 한계를 보여주었다. 왜냐하면 모스크바는 중동에 "지원군"을 보내겠다는 공허한 위협을 한 후 미국과 영국이 취한 행동에 대해 말뿐인 비난을 하였기 때문이었다.

낫세르는 국부적인 공산당이 자신의 통치에 위협을 부과하였기 때문에 이집트와 시리아 내에서 그들을 제거하였다. 하지만 그는 자신의 지위를 강화하기 위해 모스크바로부터의 지원 약속을 포함하여 소련을 이용하고자 하였다. 1956년 낫세르를 구했던 것은 소련이 아닌 미국이었다. 양 경우에 있어서 낫세르는 아마도 그 사실을 완전히 인식하지 못했지만 미국이 그 지역에서 사건의 과정을 형성하는 데 도움을 주었다. 1956년 아이젠하워 행정부의 정책은 낫세르로 상징되는 출현하는 아랍 민족주의와 협력하고 그래서 그것을 미국의 이익과 조화될 수 있는 방법으로 변화시킬 추정된 필요성에 기반을 두었다. 1956년의 이러한 정책을 지원하는 중요한 수단은 외교였다. 1958년 미국은 아랍 국가들을 반서방적인 열광의 분위기로 빠져들게 위협하는 맹렬한 민족주의처럼 보였던 것을 억제하기 위해 제한적이고 신중한 힘의 적용을 선택하였다. 1956년 영국과 프랑스는 이집트에서 낫세르에 대한 군사개입을 단행하였다. 그러나 그 과정에서 그들 스스로가 미국의 반대를 초래하였다. 미국은 자국의 서유럽동맹국들을 중동에 있어 안정의 주요 외부 보장국으로 대체시켰다. 그리고 미국은 낫세르의 이집트가 지원하고 복돋은 토착세력의 위협을 받은 국가의 요청시에는 보다 더 제한적인 군사력만을 사용하였다. 낫세르에 대한 아이젠하워 행정부의 견해가 미국이 지원한 집단에 대한 낫세르의 공격이 격화됨에 따라 변화되었지만, 1958년 무력사용을 감행하였던 상황은 아이젠하워 행정부가 1956년의 영국-프랑스의 수에즈 운하 개입을 저지하는 데 도움이 되었던 상황과는 근본적으로 달랐다.

헝가리 위기

해방에 대한 미국개념의 근본적인 한계는 1956년 헝가리 위기(Hungarian crisis)가 전개됨에 따라 명확해졌다. 영국-프랑스-이스라엘의 이집트 침공이 고조되자 소련은 제2차 세계대전이 종전될 즈음에 중유럽을 가로지른 적군(赤軍)의 진격으로 탄생된 헝가리 공산정권의 지속성에 대한 위협에 직면하였다. 헝가리에서는 스탈린 사후 몇 년 동안 소련지배에 반대하는 징후들이 점증하였다. 1953년 6월 소련은 도심지에서의 탱크전개를 포함하여 군사력을 사용하여 신속하게 저항을 탄압하고 동독에서 자국의 지배에 반대하는 시위를 진압하였다. 폴란드에서는 공산정권의 구성에 관해 모스크바와 논쟁이 일어났다. 제2차 세계대전 후 공산지배의 첫 해 동안 폴란드 공산당 서기장은 고물카(Wladyslaw Gomulka)였다. 그는 또한 폴란드 정부의 부수상직도 맡고 있었다. 1949년 고물카는 친티토파라는 이유로 관직에서 축출·수감되었다. 그러나 스탈린 사후 고물카는 "복권"되어 폴란드 공산당의 지지 기반을 넓히기 위한 노력으로 1956년 4월 다시 정부로 복귀되었다. 고물카는 1949년 이래로 폴란드 국방장관을 맡았던 러시아의 로코소브스키(Marshal Konstantin Rokossovsky) 원수의 사임을 요구하였다. 게다가 고물카는 당비서직을 요구하였다. 1956년 10월의 마지막 2주 동안 폴란드와 소련 간에 최종담판이 있었다. 다른 소련 관료들을 대동한 흐루시초프는 바르샤바를 불시에 방문하였다. 그는 로코소브스키가 국방장관을 보유하도록 폴란드 공산당에 압력을 행사하였다. 흐루시초프의 이러한 노력은 실패하였다. 반소련 데모가 폴란드 도시에 확산되었다. 데모자들은 소련 병력의 철수와 종속이 아닌 폴란드와 소련 간의 동등한 관계를 요구하였다. 고물카는 최초로 당정치국 서기를 맡아 1970년까지 유지하였다. 로코소브스키는 제거되었다.

헝가리 위기를 폴란드의 이러한 사건들과 구별짓는 것은 공산당 지배의 토대나 혹은 정통성에 대한 위협이었다. 폴란드에서 직접적인 쟁점은 정부 구성에 있었고 로코소브스키의 경우에는 모스크바가 직접적이고 공개적일 정도로까지 통제력을 행사하였다. 소련과의 관계를 변경시키는 데 있어 폴란드의 뚜렷한 성공은 1956년 10월 말 헝가리에서 발생한 데모를 고무시켰다. 헝가리의 학생, 노동자 그리고 지식인들은 소련 병력의 철수와 두 명의 스탈린주의자들, 즉 라코시(Matyas Rakosi)와 게로(Erno Gero)에 의해서 대체될 때까지인 1953년에서 1955년까지 스탈린 이후의 첫 해 동안 수상을 역임하였던 나지(Imre Nagy)의 권력 복귀를 요구하였다. 10월 24일 소련 군대는 "반혁명"세력을 분쇄하기 위해 탱크와 장갑차량을 앞세워 부다페스트(Budapest)로 들어왔다. 소련군인들이 시위자들에게 발포하였다. 그 결과 긴장과 시위가 극에 달했으며 헝가리 군대도 소련군에 저항하였다.

헝가리의 대부분 지역이 반소련군의 통제하에 들어가자 나지는 수상이 되었다. 그는 공산당이 폴란드에서 권력을 강화하기 이전인 제2차 세계대전 후 바로 권력을 잡았던 비공산지도자들을 자신의 정부에 포함시키는 조치를 단행하였다. 그 후 나지는 이러한 새로운 지위를 지지할 것을 유엔에 호소하면서 헝가리는 중립적 외교정책을 선호하여 바르샤바 조약기구를 비난하고 있다고 공표하였다. 소련은 자국의 병력을 철수할 것이라는 점을 헝가리 정부에게 처음으로 약속을 한 후 나지 정부를 전복시키기 위해 20만 명의 병력을 부다페스트로 보냈다. 소련군은 헝가리를 신속히 재점령하였고 나지는 수감되어 비밀재판을 받고 곧바로 처형되었다. 수천 명의 헝가리인들이 사살되었다고 보도되었으나 유엔조사단의 입국이 거부되었다.

1956년 11월 4일에 시작된 소련의 공격은 수에즈 군사작전과 동시에 일어났다. 아이젠하워 행정부가 동시에 직면한 이 두 위기의 결과는 첨예하게 대조적이었다. 소련은 헝가리의 바르샤바 조약기구로부터의 탈퇴를 성공적으로 저지시켰다. 또한 모스크바는 헝가리에서 공산당의 지위를 유일한 주요 정치세력으로 복구시키기 위해 단호하게 행동하였다. 1956년 권좌에 있던 카다르(Janos Kadar)는 1980년대에도 헝가리의 수상으로 남아 있었다. 헝가리 위기 동안 미국은 소련의 헝가리 지배에 반대하는 자들에게 결의안 채택과 인도주의적 원조 이상의 그 어떠한 조치도 취하지 않았다. 그것은 미국의 외교정책에 있어서 해방 개념의 한계점을 아주 극명하게 보여주는 것이었다.

서유럽과의 관계: 나토와 유럽통합

1950년대 미국은 지구적 세력으로서 유례없는 이익들과 공약들을 발전시켰다. 수에즈 운하 위기 동안 ― 심지어 미국의 가장 가까운 동맹국인 영국과 가장 오랜 우방인 프랑스와의 관계 이상으로 ― 미국이 중동에 부여한 우선순위는 미국 외교정책에 있어 북대서양 외의 다른 지역들에 대한 점증하는 중요성을 설명하였다. 비록 아이젠하워 행정부가 미국의 동맹공약을 다른 국가들과 지역으로까지 확대시켰지만 서유럽에 대한 그의 정책은 자신의 전임자가 수립한 것을 기반으로 구성되었다. 그렇지 않았더라면 아이젠하워는 1945년에서 1948년 기간에 미육군의 참모총장으로서, 그리고 1950년에서 1952년에는 유럽연합군 최고사령관(Supreme Allied Commander in Europe)으로서 1950년대 초반의 유럽-미국 관계에 기초한 정책들의 시행에, 정책형성에 대한 참여는 아닐지라도 참여하지 못했을 것이다. 아이젠하워 행정부가 출범하였을 때 독일연방공화국이 창설된 지 3년 이상이 지났다. 제기된 유럽방위공동체에서 서독의 재무장과 한국전쟁 발발 이후 나토의 재래식 군사능력의 강화, 그리고 전후 경제부흥을 위한 마샬 플랜에 뒤이어 유럽통합을 모색하기 위한 결정들은 아이젠하워 행정부가 출범하기 이전에 모두 이루어졌다.

유럽방위공동체

1953년까지 대서양동맹은 아이젠하워가 초대 연합군 최고사령관을 역임하였던 통합지휘체계를 형성함으로써 강화되었다. 1950년대에 형성된 최초의 유럽공동체인 유럽석탄철강공동체(ECSC: European Coal Steel Community)가 1952년에 설립되었다. 유럽방위공동체(EDC: European Defense Community) 창설을 위한 계획들이 이루어져 왔다. 유럽석탄철강공동체처럼 유럽방위공동체는 독일의 자원을 이용하고 최근에야 비로소 서유럽이 부흥하는 상황을 가져왔던 파괴적 민족주의의 부활을 방지하기 위한 수단으로 구상되었다. 1952년 5월 26일 — 아이젠하워 행정부가 출범하기 채 1년도 안 된 — 미국, 영국, 프랑스, 그리고 독일연방공화국은 독일의 주권을 회복시키는 본 협정(Bonn Convention)을 체결하였다. 본 협정은 모든 서명국가들이 파리 조약을 비준함으로써 발효되었다. 유럽방위공동체를 창설한 파리 조약은 본 협정 다음날 서명되었다. 대통령 입후보자가 되기 위해 자신의 지위를 사임하고 미국으로 돌아간 때가 바로 이 시점이었다. 따라서 아이젠하워 행정부는 방위와 봉쇄를 위한 대서양동맹정책의 중요한 요소들을 완전히 수용한 후 출범하였다.

아이젠하워 행정부가 직면하고 궁극적으로 유럽방위공동체의 실패를 야기한 직접적인 문제는 독일의 재무장을 수락하는 문제에 대한 프랑스의 부정적 입장이었다. 프랑스는 생명, 재산, 그리고 국가적 자존심에 있어서 엄청난 희생을 치룬 3번의 독일 침공(1870년, 1914년, 1940년)을 생생하게 기억하고 있었다. 유럽방위공동체에 대한 프랑스의 반대는 스탈린의 죽음과 더불어 독일의 재무장을 추진하기 전에 소련과의 긴장완화의 전망을 조사해 보아야만 한다는 견해로 강화되었다. 취임 후 아이젠하워는 곧바로 유럽방위공동체, 유럽 통일, 그리고 서독의 재무장에 관한 논의를 위해 덜레스와 스타센(Harold Stassen)을 유럽으로 보냈다. 때때로 아이젠하워는 미국이 유럽방위공동체의 성공에 강한 집착을 보이고 있다는 것을 알고 있는 프랑스가 인도차이나 전쟁에서 미국의 지원을 얻기 위해 유럽방위공동체를 이용하고자 한다고 의심하였다. 디엔비엔푸의 몰락과 1954년 7월 20일까지 잔존 프랑스 병력의 즉각적인 철수를 모색하기로 한 망데스 프랑(Mende's-France) 정부의 결정으로 두 쟁점 간의 연계를 위해 프랑스가 가졌을지도 모르는 모든 희망도 사라졌다.

프랑스만이 유일하게 유럽방위공동체를 반대한 것은 아니었다. 처칠 자신이 1949년에 통합(대륙)유럽군을 제기하였지만 영국 역시 유럽방위공동체 가입을 원치 않았다. 만약 영국이 정회원으로 가입하는 데 동의했더라면, 프랑스가 반대하기란 보다 더 어려웠을 것이다. 프랑스는 영국을 배제하고 자국의 병력과 재무장된 독일의 병력을 통합시킬 것을 주장하였다. 다시 한 번 프랑스는 자국이 두 주요 서유럽 대륙국가 중 약소국임을 알았다. 영국은 프랑스의 예민함을 완화시키려는 노력으로 영구적 기지하에 유럽대륙에 병력을 주둔시킬 것을 맹세하면서 1954년 4월 13일 유럽방위공동체 회원국과의 연합협정에 서명하였다. 미국은 유럽방위공동체조약이 비준된다면 유럽, 특히 서독의 나토 중부전선(NATO Central Frant)에 지상군을 주둔시킨다는 점에 동의하였다. 6월 17일 망데스-프랑은 수상으로서의 자신의 첫 연설에서 비준에 동의하기 앞서 그 조약의 수정을 모색할 것이라고 발표하였다.

더군다나 1954년 여름 소련은 유럽방위공동체조약 비준을 막기 위한 선전활동을 시작하였다. 8월 4일 소련은 유럽안보문제에 관한 논의를 위해 영국, 프랑스, 그리고 미국의 외무장관들과의 회합을 촉구하였다. 며칠 후 소련 정부는 아마도 유럽방위공동체와 독일의 재무장을 저지하기 위해 오스트리아 평화조약에 관한 회담에 참여하겠다고 발표하였다.

그러나 1954년 8월 30일 유럽방위공동체의 전망이 프랑스 의회에서 치명적인 좌절을 겪었을 때 유럽방위공동체는 오스트리아 평화조약과의 관련성이 없었다. 이러한 거부로 유럽방위공동체를 위한 플레벤 플랜(Pleven Plan)을 창안하였던 프랑스는 석탄철강공동체에서 수립된 통합적 자극을 방위영역으로 확장시킬 수 있다는 어떠한 실제적인 가능성도 제거해버렸다. 방위를 위한 초국가적 권위체의 탄생은 차례로 외교정책과 같은 방위문제에 직접적으로 관련 있는 부분들을 통합시킬 필요성을 창조하였을 것이다. 정확히 방위통합이 갖고 있는 함축성은 민족국가의 주권개념에 핵심적인 쟁점들을 다루었기 때문에 심지어 1950년대 통합에 대한 지지도가 매우 높은 시기에 있어서도, 유럽방위공동체는 서유럽이 이를 위해서 준비를 하지 못한 하나의 착상에 불과했다. 대신

초국가적 제도의 발전은 경제부문으로 제한될 운명이었다. 이제부터는 서유럽 국가들 간에 이룩될 그 어떠한 정치적 단일체와 방위협력도 민족국가를 그것의 중요한 단위로 간주하는 경향이 있었다.

서유럽연합

아직도 서독의 재무장과 나토 회원국 자격을 위한 적절한 틀을 모색하면서 아이젠하워 행정부는 영국의 이든(Anthony Eden) 외상이 주도한 이니셔티브를 수락하였다. 이것은 서독에게 브뤼셀 조약기구(Brussels Treaty Organization)로의 가입을 제공하였다. 브뤼셀 조약기구는 1949년 나토 창설로 소멸해버린 1948년의 서유럽방위동맹으로 창설되었다. 그러나 영국은 브뤼셀 조약기구를 미국을 포함하는 대서양동맹의 전조로 간주하였다. 영국의 이니셔티브로 명명되었듯이, 서유럽연합(WEU: Western European Union)은 또 다른 역할을 부여받았다. 이탈리아와 더불어 서독은 나토에 대한 유럽대륙국가의 공헌수준을 수립한 브뤼셀 조약기구에 가입하고자 하였다. 독일연방공화국은 원자, 생물학적, 혹은 화학무기를 제조하는 것이 금지되었다. 서독은 나토에 가입하여 중부전선에 12개 사단을 지원하고자 하였다. 국제협정에 의해서 서독은 독립적인 군사능력이 없었다. 이러한 공식은 서독의 재무장과 독일연방공화국이 대서양동맹에 가입할 수 있는 토대를 제공하였다. 나토는 유럽에서 "전진방어(forward defense)" 개념에 필수적인 영토와 병력 모두를 얻었다. 독일연방공화국은 아데나워(Konrad Adenauer) 수상의 기본적인 목표가 되어왔던 것, 즉 히틀러의 제3제국(Third Reich)의 패배 후 10년에 걸친 공식적인 점령기간의 종식을 통해 주권을 회복하고 민주주의 국가로서 독일연방공화국의 서유럽 공동체국가와 나토로의 통합을 성취하였다. 1945년의 패망과 폐허라는 입장에서 바라본다면, 이것은 정말로 아데나워와 대서양동맹 내의 서독의 동맹국들 모두에게 놀랄 만한 업적이었다.

유럽경제공동체 창설

유럽방위공동체의 실패는 서방의 집단안보에 대한 서독의 기여를 위한 기반으로서 브뤼셀 조약기구의 일신뿐 아니라 그 전망이 방위영역보다 더 전도양양한 경제부문에서 서유럽을 통합하려는 결정을 야기하였다. 유럽방위공동체조약이 좌절된 지 채 1년도 안지나 똑같은 유럽의 6개 대륙국가들은 1955년 5월 시실리의 메시나(Messina)에서 회합하였다. 거기에서 그들은 관세동맹 창설을 위한 조약을 초안하는 데 동의하였다. 이 회담으로부터 1957년 3월 25일에 조인된 로마 조약(Rome Treaty)이 탄생하였다. 그 조약에서 벨기에, 독일연방공화국, 프랑스, 이탈리아, 룩셈부르그, 그리고 네덜란드는 12년에서 15년에 걸쳐 서로 간에 역내 무역장벽을 없애고 회원국가들의 상이한 국가적 관세 대신에 유럽경제공동체(European Economic Community) 전체에 걸친 공동 역외관세를 수립하는 데 동의하였다. 유럽경제공동체의 설립자들은 노동운동, 이자율과 과세를 포함하여, 공동통화와 궁극적으로 재정정책의 채택, 그리고 심지어는 공동 화폐 채택에 관한 공동정책의 발전을 예견하였다. “공동시장(Common Market)” 내의 자유로운 무역의 흐름은 산업제품과 서비스뿐 아니라 농산물도 포함하였다. 프랑스는 유럽경제공동체의 주도적인 농업생산국으로서 이전에 다른 회원국가들이 국가적으로 보호해왔던 농업부문에 접근할 수 있게 되었다. 그 대가로 공동체 최대의 산업국가인 독일연방공화국은 사실상 유럽공동체 전체로까지 확대된 ‘국내’ 시장을 얻게 되었다. 유럽경제공동체는 회원국 사이의 차별적인 보조금과 가격지원을 제거하여 농업무역을 증대시키는 한편, 역외국가들의 경쟁적인 농산품 수입에 대한 장벽, 즉 서유럽에 있어서 미국의 대규모 농업수출시장 때문에 훗날 미국과의 마찰을 야기시킨 정책을 수립하였다.

서유럽의 개별 국가들이 그들 각자의 힘으로는, 심지어 그들의 견해가 옳건 그르건 간에, 국가에게 절대적으로 중요하다고 여겨진 쟁점들에 있어서도 미국으로부터 독립적으로 행동할 수 없다는 명확한 함축성을 가지고 로마 조약의 초안 작성을 결정하고 서명한 그 기간 사이에 수에즈 운하 위기가 발생하였다. 이로부터 이끌어낼 수 있는 추론은 먼저 이제부터는 서유럽 군사능력은 거의 배타적으로 유럽에서의 이익 보호를 위해 계획되고, 그리고 상황이 허용되거나 필요하다면 보다 관계가 먼 지역들에 대한 공약들은 축소 또는 포기된다는 것이었다. 현존하는 민족국가보다 더 커다란 경제적 통일체만이 자국의 재화와 서비스를 위한 거대한 국내시장의 이점을 누리는 미국과 성공적으로 경쟁할 수 있다는 견해가 점차적으로 서유럽에 널리 퍼졌다. 확실히 이러한 관점은 유럽공동체의 창설국가들인 대륙의 6개 국가들과 마찬가지로 1950년대에는 영국에서도 광범위하게 공유되지 않았다. 그러나 심지어 수에즈에서의 실패에도 불구하고 강대국 지위의 사상에 집착하는 영국에서조차도 서유럽 대륙국가들의 동적인 경제와 점증하는 연계가 이루어져야 한다는 견해가 나타났다. 따라서 1958년 1월 1일에 탄생한 유럽경제공동체 형성은 장기간에 걸친 경제성장과 전후 부흥의 완성과 더불어 1950년대 초반에 시작된 서유럽이 경험한 번영의 확대와 일치하였다. 미국에게 있어 유럽공동체 형성은 적어도 부분적으로는 과거의 갈등을 산출했던 상황들을 초월하기 위해 서유럽이 통합되어야만 한다는, 자국이 오랫동안 표현한 믿음의 성취처럼 보였다. 그러므로 미국은 유럽경제공동체(EEC)의 창설로 대표되는 통일체를 향한 진보를 환영하였다. 게다가 유럽경제공동체는 독일연방공화국을 서쪽에 위치한 유럽의 이웃국가들과 가능한 한 완전하게 연계시키는 또 다른 틀을 제공하였다.

대서양동맹에 대한 프랑스의 영향력

유럽공동체는 서독의 아데나워 수상이 오랫동안 주장한 비전(vision)의 성취를 상징할 뿐만 아니라 통일된 서유럽 민족국가들의 블록권 — 드골(Charles de Gaulle)의 대계획의 핵심요소였던 국가연합으로서의 유럽(Europe despatries: Europe of Nations) — 의 사상과도 일치하였다. 유럽경제공동체의 착상 후 불과 6개월이 지난 후에 드골은 새롭게 구성된 프랑스 제5공화국의 지도자로서 권력에 복귀하였다. 그는 군 장교들의 봉기와 알제리(Algeria)에서 프랑스 통치의 보존을 지지하는 다른 주창자들에 의해서 관직에 복귀하였다. 알제리는 1830년 이후로 프랑스의 식민지였고 1871년 이후로는 법적으로 프랑스의 한 행정구역(departement)이었다. 인구 면에서는 압도적으로 이슬람교도들이 많았고 이들의 민족해방전선이 궁극적으로 프랑스로부터의 독립을 쟁취하였다. 알제리 분쟁 이후 드골은 먼저 그리고 최우선적으로 국내의 정치적 결집력과 민족의 긍지를 회복하기 위해 프랑스의 독립적 지위를 재천명하였다. 제4공화국의 연약한 의원내각제는 드골 자신이 맡은 강력한 대통령직에 기반을 둔 정부로 대체되었다.

드골의 우선순위는 제2차 세계대전 이후 이미 상당한 발전을 이룩해왔던 프랑스 경제의 강화와 국가의 핵무기 구축에 대한 중대한 강조에 따른 프랑스 군사능력의 근대화였다. 드골이 그것을 인식했듯이, 프랑스 핵 억지력의 정치적 근거는 프랑스가 대서양동맹(Atlantic Alliance)에서 영국과 동등한 지위를 성취할 필요성에 있었다. 나치가 조국을 점령한 이후, 런던에 자신의 사령부를 두고 자유 프랑스(Free France)의 지도자로서 제2차 세계대전을 치룬 자신의 경험에서 드골은 약화된 프랑스 국가가 영-미 관계(처칠과 루스벨트 간의 전시의 밀접한 연계)에 종속된 상태에서 생기는 치욕감을 느꼈다. 1958년까지 프랑스는 전쟁의 참화로부터 경제적으로 회복되었을 뿐만 아니라 자국의 경제상황은 유례없는 산업화와 기술공학적 첨단수준으로 발전하였다. 프랑스는 열핵무기들의 개발과 그것들을 발사시킬 수 있는 항공기와 잠수함들을 궁극적으로 유지할 수 있는 하부구조를 발전시키고 있었다. 드골은 프랑스의 장래는 과거의 쇠약해지고 불화적인 식민정책의 영속화에 있는 것이 아니라 알제리와 같은 변방의 식민지로부터 프랑스를 이탈시키는 데 있다고 추론하였다. 처음에는 대서양동맹 내에서 프랑스 지위의 수정을 위해 압력을 행사하고 이후에는, 즉 1960년대에는 통합명령체계로부터 프랑스가 탈퇴하겠다고 압력을 행사하면서 그가 착수한 이러한 작업은 1950~1951년의 한국전쟁에 대한 서방의 대응으로 형성되었다. 드골은 대서양동맹의 초기기간 동안 통합명령체계의 창설을 강요하였던 소련 지상군의 대대적인 군사공격의 위협이 1950년대 후반에는 약화되었다고 생각했다. 1950년대 서방의 이익에 대한 중요한 위협들은 유럽의 외부지역에서 발생하였다. 그러므로 드골은 1958년 아이젠하워에게 보낸 편지에서 프랑스, 영국 그리고 미국은 대서양동맹 내에 전 세계에 걸쳐서 우리의 정책들을 조정할 이사회(directorate)를 구성할 것을 제의하였다. 드골의 이러한 생각은 1959년 아이젠하워의 프랑스 방문 시에 다시 나타났다. 수에즈 위기가 임박한 시기 동안 아이젠하워는 초기의 영국과의 외교협상에서 보여주었던 것처럼 반응하였다. 아이젠하워는 그러한 3자 협정은 미국이 영향력을 행사하고자 하는 제3세계 국가들의 원망을 야기시키고 심지어는 다른 회원국들이 제외됨으로써 대서양동맹에 불화적인 영향을 미칠 것이라고 믿었다. 아이젠하워의 반대는 그

이사회 구성을 매장시켰다.

그 이후의 시기에 있어서 다른 중요한 쟁점들에 관한 프랑스와 미국의 정책들은 매우 상이하였다. 드골의 제안 후 한 세대가 지나 서방의 정책조정문제가 다시 제기되었을 때에는 아이젠하워가 지지한 프랑스의 입장이 울려퍼졌을 것이다. 프랑스는 미국의 정책, 즉 아이젠하워 행정부가 중동과 같은 지역에서 제3세계에 대한 그의 행정부와 서유럽동맹, 특히 영국의 정책들 간에 둘 때 취했던 것과 유사한 입장을 추구하였다.

1960년대 대서양동맹의 정치를 지배하였던 프랑스와 미국 — 사실은 프랑스와 나토 — 간의 상이성은 드골이 권좌에 복귀한 직후인 아이젠하워 행정부의 마지막 기간 동안에 나타나기 시작하였다. 드골은 민족의 독립에 관한 자신의 견해를 강력히 견지하면서 대서양동맹 내의 모든 국가는 자국의 국방에 대하여 가능한 한 전적으로 책임을 져야만 한다고 주장하였다. 그러한 필요성은 특히 핵무기시대에 강요되고 있었다. 1958년까지 지구적 전략환경은 미국에 있는 목표물들을 강타할 수 있는 소련의 새로운 능력으로 인해 변화되어 왔다. 미국의 도시들이 소련의 핵공격에 취약해지자 드골은 미국의 어떠한 대통령도 서유럽에 대한 모스크바의 공격에 대한 대응으로 소련에 대해 핵무기를 사용하겠다는 신뢰할 만한 위협을 호소하는 것이 더욱 어렵게 되었고, 심지어는 아마도 불가능할 것이라고 추론하였다. 미국이 유일한 핵보유국인 한, 미국은 대가 없이 안전하게 소련의 침략에 대한 보복을 위협할 수 있었다. 그러나 1950년대 후반의 변화된 환경 속에서 파리의 방위를 위해서 미국이 과연 뉴욕의 파괴를 무릅쓸 용의가 있을까? 민족국가가 외부의 공격으로부터 자국 시민의 보호에 책임이 있는 유일한 실체인 한, 당연한 논리적 귀결은 민족국가는 자국의 방위를 위한 적절한 수단을 보유해야만 한다는 것이었다. 프랑스에게 있어서 이것은 핵무기 획득을 의미하였다. 프랑스의 독자적인 핵능력 — 사회주의자 몰레(Guy Mollet) 수상하의 제4공화국에서 시작된 — 에 대한 국민적 합의가 광범위하게 형성되었으므로 그것은 드골과 그의 직접적인 후계자들을 살렸을 뿐만 아니라 또한 1980년대의 미테랑(Mitterrand) 사회주의자 대통령에까지 확장되었다.

국가방위를 다자적 기구에 위임하는 것 — 프랑스 국민들에게 자국보다는 나토가 프랑스의 방위에 책임이 있다고 알리는 것 — 은 국가의 사기와 효과적인 방위에 대한 의지를 고갈시키는 것이었다. 이러한 견해에 대한 자신의 공약을 가시화시키기 위해 1959년 드골은 전쟁발발 시 프랑스 함대는 프랑스의 국가적 명령하에서 나토와 협력할 것을 선언하였다. 하지만 드골은 전시에 유럽연합군 최고사령관(SACEUR)의 권한에서 프랑스 함대를 배제하도록 하였다. 또한 그는 만약 프랑스가 핵무기의 사용에 대한 거부권을 갖지 못한다면 동맹국의 핵무기를 프랑스 영토에 배치시킬 수 없다고 하였다. 명확히 드골은 핵무기를 장래 프랑스 군부에 있어 핵심적 요소를 이루는 것으로 파악하였으나 다국적 기구나 또는 미국과 같은 다른 강대국에 의해서보다는 프랑스가 그러한 무기들을 소유·명령·통제할 경우에만 그러하였다. 실제적으로 아이젠하워 역시 자신의 새로운 전망(New Look)이라는 전략에서 핵무기의 중요성을 인정하였다. 사실상 드골은 그를 모방하면서 그에게 찬사를 보내고 있었다. 알제리 분쟁이 끝나자 드골은 인적 자원을 화력으로 보강하기 위해 프랑스의 재래식 병력의 규모를 완화시켰다. 핵무기에 입각한 보다 더 정교한 군사편제가 과거의 재래식 무기를 대신함에 따라 GNP의 백분율에 있어서 프랑스 방위지출은 감소할 수 있었다. 수에즈 위기 이후 유사한 변화들이 영국의 방위능력구조에서도 이루어져 왔다. 영국은 재래식 병력을 해체하고 징병을 폐지하고 국가의 핵능력에 증가된 비중을 두었다. 그러나 이 경우에 영국은 부분적으로 미국으로부터 획득한 기술을 가지고 이를 구축해야만 했으며 미국전략공군사령부(ASAC: American Strategic Air Command)와 합동으로 목표를 정해야만 하였다.

촉매제로서 나토 회원국의 성장하는 산업화(labor-short) 경제뿐 아니라 방위정책에서 아이젠하워 행정부의 새로운 전망과 더불어 대서양동맹은 안보환경에서의 인지된 변화들을 고려하여 1950년대 중반에 대서양동맹의 병력들을 조정시켰다. 만약 지상군에 의한 소련의 대규모 침략위협이 이제 더 이상 명확한 위험성을 보이지 않는다면 소련이 서유럽에 대하여 그리고 그 당시 훨씬 작은 양으로 미국 자체에 대하여 발사할 수 있는 원자무기를 획득하고 있다는 사실이 남아 있었다. 나토는 1950년대 유럽에서 재래식 병력을 구축하였다. 이는 독일연방공화국의 나토 가입과 대서양동맹에 할당된 50만에 해당하는 공인된 병력수준으로의 서독의 재무장에 의해서 증가되었다. 그럼에도 불구하고 나토의 중부전선에 배치된 재래식 병력수준은 아직도 서유럽 모든 국가가 그리고 최초로 연방공화국이 전복·점령되기 이전에 일시적으로 침략군을 저지하기 위해 고안된 "덫의 철사(trip wire)"로 간주되었다. 침략에 대한 중요한 억지는 미국의 핵능력이었다. 소련-바르샤바 조약기구의 공격은 만약 나토의 중부전선에 배치되어 있는 병력이 이를 즉각적으로 저지하지 못한다면 미국의 핵보복에 직면할 것이다.

소련 핵능력의 발전에 대한 불어나는 다른 증거와 더불어 1957년 10월 소련의 스푸트니크(Sputnik)의 지구궤도위성발사에 대한 서방의 대응은 유럽에 핵탄두양을 비축하고 1957년 12월 나토 최초의 정상회담에서 해상발사중거리탄도 미사일(sea-based intermediate-range ballistic missiles)을 유럽연합군 최고사령관(SACEUR)에게 제공하기로 한 것이었다. 또한 나토 지도자들은 외무장관들이 군축 논의를 위해 소련 대표들을 만나는 데 동의하였다. 1950년대 후반 나토는 서유럽에서 핵무기의 배치를 억지력을 강화시키는 수단으로 파악하였다. 잠재적 전장과 가까운 장소에 핵무기를 배치하는 것은 1개국 이상의 나토 회원국에 대한 소련의 공격에 대한 미국의 핵대응의 위협보다는 훨씬 더 큰 억지효과가 있었다. 따라서 아이젠하워 행정부 때 대서양동맹의 핵억지 수단들은 전장능력에서 미국의 전략공군사령부로까지 확장되었다.

흐루시초프의 베를린 최후통첩

소련이 로켓공학, 우주위성, 그리고 핵무기분야에서 이룩한 진보에도 불구하고 1950년대 미국은 자국의 방대한 군사력과 기술공학적 노하우에서 우위를 점하였다. 공동시장으로 통합됨에 따라 서유럽의 활기찬 경제는 동구의 침체적인 경제체제와 첨예한 대조양상을 보였다. 소련이 헝가리의 봉기를 진압하고 있을 동시기에 공동시장의 형성을 위한 로마 조약이 계획되고 있었다. 공동시장은 정치적으로 통일된 서유럽의 잠재적 전조를 나타낼 정도로 소련 팽창에 대한 가공할 만한 장애물을 형성할 뿐만 아니라 심지어는 공산주의 지배하에 있는 동유럽 국민들에게 매력적인 호소를 갖고 있었다. 이미 모스크바는 동독의 생활에 불만을 느끼고 정치적 자유와 경제적 기회를 찾아 서방으로 떠나는 수많은 사람들의 분노에 직면하였다. 서베를린을 경유하여 동독에서 서독으로의 이동은 비교적 손쉬웠다. 동베를린과 대조적인 서베를린 지역의 번영은 서베를린에 있는 강력한 송신기를 통해 동구로 라디오 프로그램을 무선방송하는 것과 더불어 소련지배하의 불만에 찬 국민들이 표출시키는, 이미 모스크바가 안고 있는 가공할 만한 문제들을 가중시켰다. 흐루시초프는 베를린을 "목의 가시(bone in his throat)"라고 기술하였다.

1948~1949년의 베를린 위기가 끝난 후 거의 10년 동안 이전의 독일 수도는 동-서 관계의 배경에 좌우되었다. 그럼에도 불구하고 서방 국가들에게 있어서 베를린은 본질적으로 군사적으로는 방어할 수 없는 독일민주공화국(GDR: German Democratic Republic)의 서부전선에서 110마일 떨어져 있고 소련의 일방적인 행동에 취약한 전초지점이었다. 1958년 11월 10일 흐루시초프는 베를린에서 연합국의 권리를 종결시키는 효과를 갖는 동독과의 "평화조약" 서명을 선언함으로써 그러한 과감한 조치를 취하였다. 이 시기에 베를린을 점령한 서방의 어느 국가도 독일민주공화국을 외교적으로 승인하지 않았다. 만약 흐루시초프가 자신의 위협을 행동에 옮긴다면 그때에는 미국, 영국 그리고 프랑스는 베를린에 대한 계속적인 접근을 보장받기 위해 동독과의 협상에 매달려야만 하였다. 그것은 외교적 승인과 동등한 것이었다. 만약 서방 국가들이 동독 정권과 직접적으로 협상하는 것을 거부하고 따라서 베를린에 대한 접근이 거절된다면, 그들은 동독에 대해 무력을 사용해야만 하였다. 이 경우에 소련은 독일민주공화국에 직접적인 원조를 제공할 것이라고 선언하였다. 서방 연합국들은 궁극적인 독일의 통일에 몰두하고 동독 정권을 단순히 소련의 괴뢰정부로 여겼기 때문에 평화조약에 서명하기로 한 흐루시초프의 결정을 독일민주공화국의 국제적 승인을 얻기 위한 베일에 가려진 형식적인 수단으로 인식하였다. 흐루시초프는 전후 베를린 점령은 시대에 뒤처진 것이며 동베를린은 독일민주공화국의 수도이므로 서방 국가들은 연합국 주둔군의 완전한 철수를 위해 동독과 협상을 시작해야만 한다고 선언하였다. 흐루시초프는 서베를린은 연합국 군대가 철수한 후 유엔의 보호하에 "자유도시"가 되어야 한다고 제안하였다. 만약 서방이 6

개월 이내에 그러한 조건에 동의하지 않는다면 소련은 동독과의 평화조약을 위한 계획을 진행시키겠다고 말했다.

소련은 두 국가의 연합에 근거한 독일 통일을 위한 초기의 제안을 반복하였다. 실제적인 측면에서 그러한 제안은 실현성이 없었다. 동독의 국가소유경제와 서독의 사부문경제는 어느 한쪽의 근본적인 변화 없이는 통합될 수 없었다. 소련의 통일제안은 연방공화국을 동독과의 회담에 끌어들이기 위한 계략이었다. 따라서 그것은 평화조약 제안과 조화를 이루면서 독일민주공화국의 승인을 얻기 위한 수단이었다. 요컨대 소련은 서방과의 타협기반을 제공한다는 측면에서는 독일 통일을 선호하지 않았다.

아이젠하워 행정부는 소련의 발표를 베를린에서의 서방지위에 대한 도전일 뿐만 아니라 미국과 유럽의 자국 동맹국들의 광범위한 이익에 대한 도전으로 해석하였다. 비록 연합국들이 베를린에 배치한 소수 병력만으로 소련-동독의 침공 시 그 도시를 방어할 수 없었지만, 그러한 병력마저 철수한다면 그 도시는 정치적·군사적 그리고 심지어는 심리적 압력에 취약하게 될 것이다. 심지어 소규모 수비대의 주둔일지라도 그것은 소련이 베를린으로의 이동 시에 그 밖의 다른 곳에 집중시킬 수 있었던 서방의 훨씬 더 많은 능력과 가시적으로 연계시킬 수 있었다. 흐루시초프의 압력에 굴복한다면 미국의 나토에 대한 보다 더 광범위한 공약은 의심을 받을 것이다. 만약 흐루시초프가 서방을 우유부단하게 만들 수 있다면 그는 동유럽에서의 불안정의 근원이 될 수 있는 베를린 문제를 명백한 이점으로 변화시키고, 동시에 그는 독일민주공화국의 외교적 승인과 따라서 소련이 부과한 정치체제의 정통성을 얻을 수 있을 뿐 아니라 중유럽에서 전후 영토적 현상유지를 공식화할 수 있었다.

그러므로 아이젠하워 행정부가 직면한 쟁점들은 10년 전 베를린 위기에서 발생했던 문제들보다 더욱 복잡하였다. 그 당시 핵독점을 누렸던 미국은 대대적인 공중보급으로 서베를린에 물자를 공급하여 스탈린의 예상을 뒤엎을 수 있었다. 소련이 폐쇄시켰던 육로를 통한 서방의 방식을 밀고나가는 것을 자제한 이러한 대응방안을 선택하는 데 있어서 서방측은 스탈린에게 그 위기를 실제적인 무력사용 단계에까지 이르게 하는 책임을 지웠다. 소련이 합법적으로 계획된 베를린에서 베를린으로의 공중회랑 내에서 비행하는 연합국 비행기를 격추하지 않는 한, 공중보급은 진행될 수 있었다. 만약 소련이 어떠한 무기를 사용한다면 전략적 우위를 누렸던 미국은 그로 인해 보다 더 심화된 단계적 확전을 수행했을 것이다.

1958년까지 이러한 상황은 소련이 자국의 전략 핵능력을 발전시킴에 따라 바뀌고 있었다. 여하튼 흐루시초프의 동독평화조약 발표 이후 간헐적인 간섭이 있었지만 아이젠하워 행정부가 직면한 상황은 소련이 일상적인 접근로를 봉쇄하지 않았다는 점에서는 달랐다. 심지어 무력사용도 없이, 그럼에도 불구하고 그것이 흐루시초프의 최후통첩을 지지하는 최종적인 제재로 남아 있는 상황에서 서방측은, 특히 아데나워 정부와 그 정부의 서방으로의 확고한 가담을 위해서는 굴욕적인 후퇴를 할 수밖에 없었다. 연방공화국은 베를린으로부터 서방 주둔군의 철수의 직접적인 결과에 직면할 것이다. 아데나워의 정책은 조국의 이익의 필수적인 보호자이자 서방과 연방공화국에게 만족스러운 측면에서 힘을 통한 궁극적인 독일 통일에 대한 최고의 희망으로서의 대서양동맹의 다자적 틀 내에서 본과 워싱턴 간의 안보관계에 입각한 것이었다.

궁극적으로 흐루시초프의 도전에 대한 아이젠하워 행정부의 대응은 전후 베를린의 지위를 지배하는 4대 강국 협정이 오직 상호 동의에 의해서만 변경될 수 있으므로 소련이 베를린과 그 주변에서 자국의 의무를 이행하는 데 책임이 있다는 미국측의 생각을 소련에 통지하는 것이었다. 환언하면, 미국은 소련 자신이 책임이 있는, 특히 베를린에서 베를린으로의 서방국가들의 이동을 감시하는 의무를 수행하는 동독관료와는 절대로 상대하지 않겠다는 것이다. 만약 동독이 지상회랑을 통한 교통왕래를 방해한다면, 물론 동독이 먼저 호위부대에 발포하지 않는 한 무력을 사용하지 않겠지만, 미국은 검문소를 통해서 무장된 호위부대를 보낼 것이다. 아이젠하워 행정부는 베를린이 봉쇄될 경우 유엔에서의 협상노력을 포함한 외교적 노력에 중요한 강조점을 두었지만 무력사용의 점진적인 확전을 위한 불확정 계획(contingency plans)을 마련하였다.

1959년 5월 27일 흐루시초프의 최후통첩이 만료되기 몇 주 전인 4월 중순경 미국은 그 위기를 해소하기 위한 노력의 일환으로 4대 강국 외상회의의 개최를 촉구하였다. 수에즈 위기 이후 1957년 1월 이든이 사임하였을 때 그를 계승한 맥밀란(Harold Macmillan) 영국 수상은 1959년 2월 모스크바를 방문하여 흐루시초프와 격렬한 회담을 가졌다. 흐루시초프는 5월 27일이 최후통첩의 만료일이 아님을 맥밀란에게 통보하기 전에 다양한 위협을 반복하였다. 그 회담 이후 얼마 안 있어 흐루시초프는 소련 역시 4대 강국 외상회의에 참석할 것이고 그것이 독일의 평화조약과 베를린의 지위에 관한 토론으로 제한된다면, 정상회담을 제안하는 서한을 서방국가에 전달할 것이라고 하였다.

그러나 아이젠하워 행정부는 외상회의의 목적을 단지 베를린 쟁점만이 아닌 통일을 포함한 독일과 관련된 다른 쟁점들에 관한 토론이라고 생각하였다. 아이젠하워 행정부는 베를린의 장래는 오직 독일 통일의 맥락에서만 결정될 수 있고 서방측에 그리고 특히 아데나워 수상에게 유리한 조건으로 — 모든 독일의 자유로운 선거를 포함해서 — 맺어질 그러한 협정을 위해서 베를린에 대한 서방연합국의 제반 권리가 축소되어져서는 안 된다고 믿었다. 1955년 제네바 정상회담의 덧없는 결과를 목격하였기 때문에 아이젠하워는 만약 뚜렷한 성공의 가능성이 없다면 소련 지도자와의 또 다른 회담에 참가하고 싶지 않았다. 아이젠하워에게 있어 소련이 충족시켜야 하는 중요한 조건은 베를린에서 서방측의 권리가 제한되지 않고 어떠한 최후통첩도 서방국가들의 수뇌들에게 무거운 짐이 되어서는 안 된다는 것을 보장하는 것이었다. 미국은 또한 외상회담 시 문화교류와 1957년 1월 런던에서 유엔군축분과위원회의 한 회합에서 처음으로 소련과 논의되어 왔던 핵실험금지를 향한 초기단계에서 진보를 모색하였다. 1959년 3월 미국은 4대 강대국 정상회담(Four Power Summit)의 조기 개최를 지지하는 맥밀란 수상의 압력에 굴복하여 영국과 프랑스를 포함하는 외무장관 수준의 회담에서 소련과 협상할 것에 동의하였다. 모스크바를 방문한 후 맥밀란은 흐루시초프가 5월 27일이 최후통첩 만기일이 아니라고 암시하였던 점을 아이젠하워에게 보고하였다. 1959년 5월 11일 제네바에서 외무장관회담이 시작되자 흐루시초프의 5월 27일 최종시일은 모든 중요성을 상실하였다. 왜냐하면 그 외상회담은 8월까지 질질 끌었고 소련은 또 다른 4대 강대국 정상회담을 정당화할 수 있는 그 어떠한 것도 양보하지 않았으며, 흐루시초프가 동독과의 평화조약에 서명하겠다는 위협을 지지하기 위한 어떠한 행동도 취하지 않았기 때문이었다.

1959년 5월 말 덜레스가 죽기 몇 주 전에 국무장관에 임명된 허터(Christian A. Herter)가 미국을 대표하였다.

소련과의 외교에 대한 아이젠하워의 접근방법은 한편으로는 정상회담에 뒤이은 현실의 벽에 부딪힐지도 모르는 행복한 기대감을 피하기로 한 결정과 또 다른 한편으로 평화를 추구하는 데 있어 소련 지도자의 진심을 간파하기 위한 모든 매력과 설득을 자유로이 사용하겠다는 신념을 내포하였다. 아이젠하워는 평화로운 세계를 위한 자신의 진심어린 공약을 스탈린의 후계자들에게 직접적으로 통보할 수 있다는 믿음 때문에, 마치 스탈린 사후 즉시 모스크바와 새로운 접촉이 최고위급 수준에서 열려야만 한다는 희망을 그에게 주었던 것처럼, 1955년의 제네바 정상회담에 참여했었다.

이러한 맥락에서 아이젠하워는 흐루시초프에게 1959년 9월 미국을 방문하여 자신을 만날 것을 정중히 요청하였다. 아이젠하워는 제네바 외상회의에서 흐루시초프가 미국을 방문할 수 있는 환경이 조성되기를 원했다. 그러나 그 규정은 소련 지도자에게 보내는 초청장에서 실수로 누락되었다. 10일간의 미국 방문 후 흐루시초프는 캠프 데이비드(Camp David)에서 아아젠하워와 토론하였다. 그 토론의 중요한 결과는 소련 지도자가 베를린과 관련된 쟁점에 대한 마감기일의 제시를 공식적으로 철회하여 정상회담에 대한 미국의 합의를 촉진시켰다는 점이다. 흐루시초프의 "양보"는 베를린에서 점령국가의 자격으로 서방측이 누리고 있던 권리에 대한 그 자신의 위협을 철회하는 것이었다. 그럼에도 불구하고 이것은 단순히 외교적 장황함을 뛰어넘어 단계적으로 확대될 수 있었던 계획된 위기였다. 그것이 그렇게 되지 않았던 것은 아이젠하워 행정부 정책에 대한 일종의 찬사일지도 모른다. 그러나 흐루시초프에 의해서 아이젠하워는 미국이 정상회담의 조건으로 내세웠던 실질적인 쟁점들의 해결을 향한 앞서의 가시적인 진전도 없이 정상회담에 동의하는 입장에 처해버렸다.

1950년대 후반 미국과 군비통제

아이젠하워 행정부는 오직 하나의 군축조약 ― 1960년의 남극조약(Antarctica

Treaty), 탐험에 참여한 국가들 간의 조사와 남극대륙에서 무기배치의 금지를 규정 — 을 이루었지만 소련과의 관계에서 무기통제가 중요한 요인이라고 생각하였다. 아이젠하워는 자신의 첫 취임사와 대통령으로서 행한 다른 수많은 연설에서 군비분야에서 상호 간의 감축을 촉구하였다. 아이젠하워 행정부는 국제원자력기구(IAEA)의 창설을 야기한 평화를 위한 원자 제안 이외에 1955년 제네바 정상회담에서 "개방된 하늘(open skies)" 제안을 내놓았다. 그러나 소련은 이를 거부했다. 1954년 아이젠하워는 미네소타 주지사였던 스타센(Harold E. Stassen)을 자신의 군축문제담당 특별보좌관으로 임명하였다. 스타센은 미정부 내의 군비제한에 관한 각 부처 간 입장에 대한 평가를 포함하는 업무와 유엔군축위원회(United Nations Disarmament Commission) 내의 집단작업으로서 1954년에 구성된 5개국 군축소위원회의 미국 대표자를 맡았다.

사찰에 대한 불일치

1950년대 군비제한협정에 대한 주요 장애는 사찰문제였다. 높은 치사율을 보유한 무기와 그러한 무기들을 발사할 수 있는 속도가 신속해지자 아이젠하워 행정부는 기습공격의 가능성을 최소화할 필요성을 느꼈다. 따라서 군비통제사전에서 나오는 "신뢰구축조치(confidence-building measures)"라는 용어가 생겼다. 그들의 힘을 동원하는 데 필요한 시간뿐만 아니라 그 당시에 이용 가능하거나 혹은 가까운 시일 내에 도입될 선진기술의 결과로 양국가의 능력차가 줄어들 것이라는 점이 명백하였다. 이러한 인식은 개방된 하늘 제안에 도움이 되었다. 왜냐하면 그로 인하여 양쪽의 어느 국가도 항공사진에서 관측된 실체 없이 공격을 감행하는 데 필요한 조치들을 취하는 것이 불가능하였기 때문이었다. 개방된 하늘 사찰이라는 안전조치의 본질은 다른 진영이 군비통제협정에 따라 행동하고 기습공격을 시도하지 않는다는 "신뢰구축"이었다.

1955년 소련은 미국의 제안을 거부하면서 관찰구역을 통신과 운송 중심지에 위치시키는 계획 — 소련이 아직도 자국의 병력들을 은밀하게 동원하기 때문에 미국의 정책결정자들이 불만스럽게 여긴 제안 — 을 제의하였다. 그러한 접근방법은 상호협정에 의한 항공감시에 내포되어 있는, 보다 더 확대된 사찰에 대한 보충물은 될 수 있어도 그것의 대체물은 될 수 없었다. 미국이 또한 부적절하다고 생각한 또 다른 소련의 접근방법은 우호조약의 체결, 불가침협정, 그리고 재래식 무기의 감축과 심지어는 "일반적이고 완전한 군축"에 도달할 수 있는 것이었다. 그러한 협정들은 승낙을 입증할 상호사찰을 제공하지 못하였으므로 미국에는 아무 의미가 없는 것처럼 보였다.

따라서 사찰문제가 미해결인 한, 미국의 국가안보이익과 필요성을 고려한 군비제한협정을 체결하는 것은 불가능하였다. 미국은 군사프로그램, 무기체계, 그리고 방위예산에 관한 자국의 광범위한 논쟁과 더불어 자국의 군비에 관한 상세한 정보를 통용시키기 때문에 역사적으로 비밀선호 경향을 갖고 있는 소련보다도 군비제한협정에 대한 어떠한 위반사항을 숨기는 것이 훨씬 더 어려웠을 것이다. 그러한 이유로 인하여 미국은 이후의 수십 년 동안에도 그러했듯이, 군비통제의 사찰문제에 관해 소련보다도 훨씬 더 큰 관심을 보였다.

1960년대와 1970년대의 군비통제협정에 적용될 수 있었던 사찰문제에 대한 하나의 해결책은 미국이 이용할 수 있는 여러 가지 수단에 의해서 독자적으로 수행된 검증절차였다. 그러한 수단들은 소련 영토에 위치하지 않은 감시소와 항공사진에 대한 신뢰성의 증가, 그리고 먼저 소련의 미사일 기지와 다른 군비를 관측할 특별한 목적으로 1956년 소련에 대한 정찰비행을 시작한 U-2기와 같은 유인항공기와 나중에는 1960년 이후 미국과 소련 양국이 빈도수를 높여 발사한 인공위성이 제공한 기술적 능력 등을 포함하였다.

핵실험금지조약을 향하여

1950년대 중반 중유럽을 위한 일련의 군비통제제안들이 제기되었다. 이러한 제안들에는 폴란드 외무장관 라패키(Adam Rapacki)가 제안한 동서독의 군사력 감축을 위한 계획이 포함되었다. 그것은 라패키 플랜(Rapacki Plan)으로 알려졌다. 비록 그 사상은 영국의 지지를 받았지만 프랑스와 독일연방공화국의 반대에 직면하였다. 동독에서 철수한 소련의 군사력이 자국에서 불과 몇 백마일밖에 떨어져 있지 않은 곳으로 재배치될 수 있는 반면, 나토의 중부전선을 떠난 미국 병력은 거의 4,000마일 밖에서 다시 이동해야만 하였다. 유럽에서 소련의 재래식 병력의 우세가 증가되어온 반면에 유럽동맹국들에게는 미국이 나토의 중부전선에 배치된 자국의 군사력에 구체화된 전진방어와 억지에 대한 공약을 감소시키고 있는 것처럼 보였다. 그러므로 아이젠하워 행정부는 유럽국가로서 유럽의 분쟁 가능지역에 아주 가까이 위치해 있는 소련과 대서양국가로서 서유럽의 자유보전을 공약한 미국과의 지리적 대칭성 때문에 중유럽에서의 철수를 위해 1950년대 중반에 제기된 다른 제안들뿐만 아니라 라패키 플랜도 실현 가능성이 없는 것으로 파악하였다. 마지막으로 중요한 점은 어떠한 철수 제안에 의해서도 가장 직접적으로 영향을 받은 두 서유럽동맹국 — 독일연방공화국과 프랑스 — 의 반대는 실제적으로 그러한 제안의 운명을 결정하였다. 왜냐하면 미국은 어떠한 경우에도 애매모호한 군비제한개념을 추구함으로 해서 대서양동맹의 응집력이 약화되는 것을 원치 않았다.

대신 자신의 두 번째 임기에 있어서 아이젠하워 행정부의 군비통제의 초점은 1956년의 대통령선거 유세 시에 스티븐슨이 제기한 문제, 즉 핵실험의 금지였다. 그 당시에 아이젠하워는 스티븐슨의 제안을 거절하였고 대통령 선거활동은 그렇게 민감하고 기술적으로 복잡한 쟁점을 다루기 위한 적절한 토론장이 아니라고 주장했었다. 비록 과학계 내에서 실제로 대기상의 실험이 심각한 건강상의 위험을 야기시키는지에 관한 토론이 있었지만, 핵실험금지쟁점은 방사성 낙진의 잠재적으로 유해한 영향에 관한 점증하는 여론의 관심으로 자극되었고 아이젠하워 그 자신도 이에 공감하였다. 자신의 첫 번째 임기 동안 아이젠하워는 그러한 실험들은 최소한도로 이루어져야 한다는 명령을 내렸다.

1957년 1월 미국은 모든 핵실험을 제한하고 궁극적으로는 전면 중단할 수 있는 방안을 기꺼이 토의하고자 한다고 발표하였다. 게다가 아이젠하워 행정부는 지구궤도위성, 대륙간탄도탄, 그리고 우주정거장을 포함하는 군비통제협정을 촉구하였다. 이들 모두는 미래의 무기들을 대표하였다. 뒤이어 1957년 8월 21일 아이젠하워 행정부가 제창한 2년 동안의 핵실험중지제안이 나왔다. 동시에 미국의 접근방법은 사찰절차에 대한 계획 작성과 더불어 핵분열성 물질등급의 무기생산의 중단을 촉구하였다. 소련은 미국의 이러한 두 가지 제안 모두를 거부하였다.

1958년 4월 소련은 지진파, 무선신호, 그리고 방사성 잔해의 수집과 같은 수단으로 다양한 조건하에서 핵폭발을 검사하는 문제들을 연구할 기술적 전문가들의 국제적 모임을 위한 미국의 제안을 수락하였다. 이러한 집단의 보고서를 토대로 1958년 8월 아이젠하워 행정부는 만약 국제적 사찰에 대한 미국의 평가기준을 충족시키는 양국적 합의를 향한 충분한 진전의 기미가 있다면, 매년마다 갱신할 수 있는 일 년간의 핵실험의 일시적 중지를 제안하였다. 본질적으로 소련의 유사한 행동에 달려 있는 그러한 핵실험금지는 모스크바의 승낙을 검증할 수 있는 미국의 능력에 부담을 주었다. 그리고 소련이 행한 모든 핵실험을 검사할 기술적 수단들이 그 당시에도, 그리고 그 이후에도 존재하지 않았다.

미국의 제안에 대한 소련의 수락과 실제적으로 핵실험의 일시적 중지에 따라서 1958년 10월 31일 핵실험금지조약(Nuclear Test-ban Treaty)을 위한 협상이 시작되었다. 다시 한 번 조약의 주된 장애는 승낙의 검증문제였다. 소련은 그 조약에 따라 승낙을 감시하는, 특히 지하핵폭발과 지진을 구별하고 조약의 위반사항을 구성하는 사건들을 조사할 수 있는 통제부서(control posts)의 수립에 반대하였다. 비록 아이젠하워 행정부가 핵실험금지조약을 체결시키진 못했지만 1963년 자신의 후임자가 서명한 조약의 토대를 마련하였다.

1959년과 1960년에 미국은 자국의 기술적 수단으로 감시할 수 있는 환경하에서 — 즉 대기, 대양, 그리고 우주에서 — 의 실험을 허락하는 제한적 금지를 제의하였다. 지하환경은 가장 복잡한 문제들을 제시하였다. 이는 감지되지 않는 특정 유형의 저생산량(low-yield)의 핵실험을 행하는 것이 가능하기 때문이었다. 아이젠하워 행정부는 미국이 확실하게 검증할 수 없는 그러한 지하핵실험의 카테고리는 배제되어야만 한다고 주장하였다. 미국의 핵실험 일시중지는 아이젠하워 행정부가 끝날 때까지 유효했다. 그러나 지하핵폭발을 감시하는 데 있어 불확실한 지대를 식별하고 좁히기 위해서는 지진연구 프로그램의 착수가 필요하였다.

따라서 아이젠하워 행정부가 끝날 때까지 필연적으로 국가적 기술수단들에 의한 군비통제협정에 따른 승낙의 검증문제는 국제적 권위에 의한 사찰의 개념으로 대체되어 왔다. 해결되어야 할 주된 문제는 이러한 목적을 위해서 필요한 기술적 수단들을 발전시키는 것이었다. 검증에 대한 이러한 국가적 접근방법에서 추론할 수 있는 것은 승락을 보장하기 위한 적절한 국가적 수단들을 고안하는 것이 가능하도록 군비통제협정의 규정들을 엄격하게 제한시켜야 한다는 것이었다.

파리 정상회담의 실패

아이젠하워 행정부의 마지막 임기가 시작됨에 따라 핵실험금지조약은 체결되지 않았고 베를린 쟁점은 단지 부분적으로만 해소되었다. 동-서 관계의 맥락 속에서 베를린 쟁점이 갖고 있는 바로 그 본질은 미국과 서방동맹국들에게 타협을 위한 행동범위를 별로 제한하지 않았지만 1960년대 초반에 접어들어 소련에게 있어서는 베를린이 늘어나는 불만에 찬 수많은 동독인들의 탈출구로서 계속적으로 예민한 정치적 당혹감과 공산체제의 결함에 대한 증거의 원천이 되었다는 점이다. 흐루시초프의 베를린 최후통첩의 철회에 대한 상당물의 일부분으로 이루어진 정상회담 소집에 대한 합의의 결과, 1960년 5월 파리에서 개최될 4대 강대국 회담을 위한 준비가 진행되었다. 흐루시초프는 1960년 봄에 동독과 평화조약을 체결하겠다는 자신의 위협을 반복하였다. 하지만 그는 또 다른 마감기일을 포함시키지는 않았다.

두 번째 정상회담에 대해서 자신의 행정부가 취한 조심스런 접근방법에도 불구하고 아이젠하워는 그 회담을 동-서 관계에 있어 어떠한 형태의 업적물을 이루어낼 수 있는 대통령으로서의 자신의 마지막 기회로 기대하였다. 이러한 목표를 고려하여 아이젠하워 행정부는 소련의 군사능력에 관한 정보를 수집할 필요성을 중시하였다. 1960년 4월 초 U-2기의 소련 상공 비행 시에 소련 최초의 대륙간탄도미사일(ICBMs) 시설이 감지되어 왔다. 아이젠하워는 정상회담 이전에 더 많은 정보량을 수집하기 위한 마지막 비행을 승인하였다. 비록 U-2기들이 고도 6만 피트 — 소련 항공기나 혹은 지상방위의 범위를 넘어서는 — 로 비행했지만 소련은 레이다로 그것들을 추적할 수 있었다. 어떤 이유에서건 소련 당국은 자국의 영토상공을 비행한 U-2기에 관한 정보를 외부세계에 밝히지 않았다.

파리에서 정상회담이 열리기 바로 며칠 전인 5월 6일에 흐루시초프는 아마도 U-2기의 산소체계의 기능장애로 U-2기 한 대가 불시착했고, 갖고 있던 많은 정보장비들과 함께 조종사 파워즈(Francis Gary Powers)가 소련군에게 체포되었다고 발표하였다. 이후 소련의 무기배치 상황을 감시하고 서방에 대한 기습공격을 예방하기 위해 U-2기 비행을 승인했다는 아이젠하워의 인정과 더불어 흐루시초프로부터 일련의 호전적인 성명이 나왔다.

비록 각국의 수뇌들이 파리에 모였지만 정상회담은 결코 열리지 않았다. 흐루시초프는 아이젠하워에게 소련 영공의 비행에 대한 사과를 요구하였다. 아이젠하워는 미국에서 자유롭게 활동하는 소련 스파이들의 정보활동과 균형을 맞추기 위한 미국의 정찰의 필요성이라는 관점에서 이를 거부하였다. 흐루시초프는 그 회담에서 뛰쳐나왔다. 따라서 파리 정상회담 그 자체에 대한 어떠한 전망도 끝났을 뿐만 아니라 새로운 행정부가 들어설 때까지 미소 관계에서의 이후의 조치들이 연기되었다.

서반구 정책들과 도전들

비록 서반구에서 다른 국가들과의 관계가 자신의 외교정책에 있어 핵심적인 위치를 차지하지는 못했지만, 그럼에도 불구하고, 아이젠하워 행정부는 자신의 후임자들을 지속적으로 좌절시킨 문제들에 직면하였다. 제1장에서 살펴보았듯이, 서반구에는 대부분 카리브 해와 중미에 위치한 영국, 프랑스, 그리고 네덜란드의 종속의 잔재가 남아 있었다. 그러나 사실상 외부 강대국들의 침입으로부터는 자유로웠다.

서반구에서의 새로운 불안정

미국의 기준으로 보았을 때 라틴 아메리카 제국의 정치체계들은 불안정하였다. 경쟁적 정당들에 의해 치루어진 평화적인 선거에 의해서보다는 쿠데타의 결과로 정부의 변동이 일어나고 편협한 과두제 통치에 기반을 둔 강조가 라틴 아메리카에 대한 미국의 이미지를 형성하였다. 그러한 정치체계들은 인디언들이 많고, 부자와 빈자, 개화된 근대적 엘리트와 아직도 전통사회에 살고 있는 사람들 간의 편차가 광범위하게 남아 있는 사회에서 출현하였다. 비록 대서양을 넘어서 이식된 포르투갈과 스페인의 정치적 전통으로 해서 19세기에 나타난 탈식민지적 국가들은 그들의 정치적 실행과 사회적·경제적 구조에 있어 미국과 캐나다와 근본적으로 상이하다고 확신할 수 있다. 하지만 수많은 인디언 태생의 사람들과, 특히 카리브 해 연안에서 살고 있는, 그들의 조상이 아프리카인 수많은 사람들 때문에 서반구의 남쪽지역을 "라틴" 아메리카로 지칭하는 것은 부적절하다. 높은 문맹률, 부의 편중화 현상, 근대화의 기본적인 프로그램을 위한 투자자본의 부족, 극심한 가난, 단일 곡물이나 천연자원의 수출에 대한 과도한 의존 등이 중앙 아메리카와 남아메리카 국가들을 특징지었다. 산업국가들이 필요로 하는 천연자원과 설탕, 커피, 그리고 과일과 같은 농산품의 생산국으로서 이들 국가들은 미국으로부터 막대한 투자의 대상이 되었다.

이러한 모든 요인들이 남쪽에 위치한 이웃 국가들과의 관계에서 20세기에 미국이 직면한 많은 문제들을 위한 기반을 형성하였다. 루스벨트 대통령의 선린정책(Good Neighbor Policy)의 시작과 더불어 각 행정부는 이러한 문제들의 해결책을 모색하였다. 1950년대에 제3세계를 휩쓸은 "기대상승의 혁명(revolution of rising expections)"으로 알려진 현상에 직면한 것은 바로 아이젠하워 행정부의 운명이었다. 동시에 소련이 중미와 남미의 국가들을 — 그들의 정치적·사회적·경제적 분열과 미국의 지배적 역할에 대한 그들의 잠재적인 그리고 때때로 공개적인 원망이 분출함에 따라 — 이용하기에 좋은 지역으로 간주하기 시작함에 따라 금세기 최초로 서반구는 적대적인 외부국가의 침입에 취약하게 되었다.

유럽, 중동, 그리고 아시아에서의 제반문제와 위기에 선취해 있음에도 불구하고 아이젠하워 행정부는 라틴 아메리카에 대해 트루먼 행정부 때보다도 더 큰 주의를 기울일 필요를 느꼈다. 아이젠하워는 자신의 형제이자 존스 홉킨스 대학교 총장인 밀톤 아이젠하워(Milton S. Eisenhower) 박사를 대사급 지위에 해당하는 자신의 개인적 대행자로 임명해서 라틴 아메리카와 직접 관련된 쟁점들을 연구하고 자신에게 보고하도록 하였다.

소련의 과테말라 개입을 저지하기

아이젠하워 행정부의 주의를 재빠르게 끈 것은 바로 과테말라(Guatemala)였다. 권위주의적 통치자인 우비코(Jorge Ubico) 장군을 전복시킨 1944년의 과테말라 혁명 이후 수년 동안 노조에 대한 침투를 포함하여 공산주의자 활동이 기승을 부려왔다. 그러한 활동은 군 장교인 구스만(Jacobo Arbenz Guzman)이 권력을 잡은 1950년 이후로 증가하는 것 같았다. 1953년 아르벤스(Arbenz)는 미국 청과회사(United Fruit Company) 소유의 비이용토지의 많은 지역을 국유화하고 이러한 징발량에 해당하는 보상을 제의하였다. 아르벤스 정부와 소련 간의 접촉이 증대하면서 과테말라 관료들의 모스크바 방문뿐 아니라 미국이 한국전에서 세균무기를 사용했다는 소련의 주장에 대한 지지도 나타났다. 아이젠하워 행정부는 이를 부인하였다. 그리고 그것은 결코 실체화될 수 없었다.

1954년 3월 베네수엘라의 카라카스(Caracas)에서 개최된 제10차 미주기구 서반구 회의(the Tenth Inter-American Conference of the OAS)에서 미국은 아르벤스 정권을 비난하였다. 이러한 비난의 근거는 외부의 한 강대국의 개입으로 해서 이 지역 독립국가들에게 부과된, 특히 소련의 직접적인 지원을 받은 공산주의자의 전복에 의해서 부과된 위협이었다.

동유럽으로부터 과테말라로 무기들이 선적되고 있다는 것을 알았을 때, 아이젠하워 행정부는 즉각적인 행동이 필요하다고 결론지었다. 영국의 한 회사가 전세낸, 체코슬로바키아로부터 스코다 무기(Skoda arms)를 적재한 "다카르(Dakar) 행"인 스웨덴 선박 한 척이 폴란드의 스테틴(Stettin)에서 짐을 싣고 있었다. 이러한 모든 대리세력 배후에는 직접적으로 보이진 않았지만 소련의 손길이 있었다. 폴란드와 체코슬로바키아에 대한 모스크바의 통제가 너무나 엄격하여 소련의 직접적인 공모 없이는 어떠한 업무처리도 불가능하였을 것이다.

미국은 그러한 무기들은 아르벤스 정권이 필요로 하는 안보욕구를 초과하는 것이라고 결론짓고 공해상에서 무기선적을 차단하는 것을 고려하였다. 궁극적으로 아이젠하워 행정부는 이러한 생각을 포기하고, 대신 추방된 과테말라의 아르마스(Carlos Castillo Armas) 대령을 군사적으로 지원하였다. 그는 소규모 지지자들을 이끌고 자신의 조국을 침략하였다. 과테말라 군대의 아르벤스로부터의 이반과 두 대의 P-51 전폭기를 포함한 미국의 군사지원에 힘입어 아르마스는 1954년 4월 말에 아르벤스를 무너뜨리고 반공산주의자 정부를 수립하였다. 아이젠하워 행정부는 아르벤스에 반대하는 지역세력들과 협력하는 한편, 소련권(Soviet-bloc) 무기의 중미로의 유입을 차단할 군사능력을 보유하면서 서반구에 대한 한 외부 강대국의 개입을 저지할 수 있었다.

라틴 아메리카에 대한 기술적·경제적 원조의 증대

아이젠하워 행정부의 라틴 아메리카 정책들은 기술적 원조의 증대와 새로운 대여제도의 수립을 위한 지원 모두를 포함하였다. 후자는 개인회사들에게 대부하기 위해 1956년에 설립된 국제재정협회(International Finance Corporation)와 태환성 외환부족 때문에 지역적 통화로 갚을 수 있는 대부를 위해 1959년에 창설된 국제개발연맹(International Development Association)을 포함하였다. 양기관은 세계은행(World Bank)의 틀 내에서 형성되었다. 1959년 미국이 거의 절반 정도에 해당하는 처음의 10억 달러의 자본금을 제공함으로써 미주개발은행(Inter-American Development Bank)이 수립되었다. 미국에서 라틴 아메리카로의 정부적·사적 자본의 유입은 1953년 2억 3,200만 달러에서 1957년 최고 16억 달러로 증가하였다. 1952년 총 70억 달러에 이르는 라틴 아메리카에서의 미국의 자산과 투자는 1960년까지 거의 두 배로 늘어났다. 1950년대 미국에서 라틴 아메리카로의 자본유입에 있어서 가장 커다란 성장은 사적 부문에서 이루어졌다. 아이젠하워 행정부는 단일 곡물생산국에 있어서 종종 폭등과 폭락주기를 야기시켰던 일차생산물 가격의 격심한 변동을 완화시킬 목적의 상품-가격 안정화에 관한 협약과 더불어 무역을 증진시키기 위한 공동시장의 형성과 다른 지역적 경제연합을 지원하였다.

카스트로의 쿠바 혁명

비록 이러한 프로그램들이 유용했지만 1950년대 후반 이후로 미국이 라틴 아메리카에서 직면한 점증하는 적대심을 약화시키기에는 충분치 못하였다. 1958년 5월 라틴 아메리카 공식방문 동안 베네수엘라 카라카스의 성난 폭도들은 여행 중이던 닉슨 부통령이 탑승한 차를 둘러쌌다. 아이젠하워 행정부는 반미감정이 너무 격렬해져 닉슨과 그의 일행들을 베네수엘라에서 다른 곳으로 옮겨야 하는 만일의 경우에 대비하여 푸에르토 리코(Puerto Rico)와 쿠바의 관타나모(Guantanamo) 만으로 군대를 보냈다. 이러한 시위는 세계의 다른 지역에서의 반미폭동과 동시에 발생하였다.

심지어 아이젠하워 행정부를 더 곤혹스럽게 만든 것은 바티스타(Fulgen- cio Batista)를 수장으로 한 과두제에서 카스트로(Fidel Castro)하의 공산정권으로 이행된 쿠바 혁명이었다. 미국의 관심의 초점이 다른 지역에 있는 동안 1958년 라틴 아메리카에서 카스트로는 공격적인 게릴라 활동을 고조시켰다. 카스트로 세력이 사용한 전술은 과테말라의 아르벤스와 연합을 했었던 아르헨티나의 내과의사인 게바라[Ernesto ("Che") Guevara]에 의해서 기술적으로 지역적 상황에 적응되었다. 카스트로는 자신과 소규모의 추종자들이 쿠바의 산티아고에 있는 몬카도 병영(Moncado Barracks)을 탈취하려 한 자신들의 시도가 실패했던 1953년의 그날을 기념하기 위해서 자신의 투쟁을 7월 26일 운동(the July 26th Move-ment)이라고 불렀다. 멕시코로 망명했던 카스트로는 쿠바로 되돌아와 시에라마에스트라(Sierra Maestra)의 외곽지역에 활동기반을 구축했다. 거기서부터 자신의 세력들이 힘과 지지를 모으자, 그는 점점 더 강도높은 게릴라 활동을 전개하였다. 게릴라 전쟁의 전술에 따라서 카스트로는 자신의 통제력을 지방으로까지 확장시켰고 또한 1958년까지 도심지의 통제력을 확보하기 위해 바티스타에 도전하고 그를 패배시킬 수 있었다. 바티스타의 일부 세력들은 그를 이반하여 쿠바 국민들 사이에서 그리고 또한 미국에서도 점증하는 지지를 받았던 카스트로에게 합류하였다. 일례로, 뉴욕 타임스의 매트휴스(Herbert Matthews) 특파원은 카스트로와 인터뷰를 끝낸 후 카스트로를 후진적 조국을 위해 사회적·정치적 그리고 경제적 개혁을 약속하는 인물로 환영하였다.

아이젠하워 행정부는 아르벤스 정권을 전복시키기 위해서 취했던 조치들과는 아주 대조적으로 가능한 한 어느 곳에서든지 카스트로로 향하는 무기수출을 압류하였다. 아이젠하워 행정부는 1958년 3월 바티스타에 대한 미국의 무기선적을 중단하였다. 1958년 12월부터 아이젠하워 행정부는 카스트로가 단순히 농업개혁가 이상의 다른 존재일지도 모른다는 두려움을 갖기 시작하였다.

1959년 1월 1일 카스트로의 승리적인 하바나(Havana) 입성과 더불어 그의 추종세력들은 신속하게 쿠바의 모든 지역에 대한 통제력을 공고히 하고자 하였다. 이로부터 곧 카스트로의 정적에 대한 사형이나 감금, 그리고 쿠바인들의 모든 생활부문으로 신속히 침투한 공산당의 합법화 조치가 뒤따랐다. 카스트로가 미국신문편집인협회의(the American Society of Newspaper Editors) 초청으로 1959년 4월 미국에서 연설을 하고 미국 관료들을 만났을 때 그는 쿠바가 공산진영으로 기울고 있다는 의구심을 해명하려고 하지 않았다. 카스트로는 미국이 50년 동안 쿠바에 개입해왔다고 비난했다. 그는 사기업 부문을 국유화하고, 미국의 투자를 몰수하고, 그리고 자신의 외교정책을 소련의 그것과 일치시켰다.

임기 마지막 해에 아이젠하워 행정부는 쿠바의 격리에서부터 쿠바 내의 저항세력들을 강화시키고, 가능한 침공을 위해 카스트로의 적들을 무장시키고 그리고 설탕수입의 삭감에 이르기까지 카스트로에 대한 일련의 조치들을 숙고하였다. 그러나 아이젠하워 행정부가 인식했듯이, 카스트로에 대한 일방적 행동은 서반구의 다른 지역 — 그가 모스크바와 협력한 증거에도 불구하고 여전히 카스트로를 민중의 영웅, 특권계급에 대한 반대자, 그리고 가난하고 정치적으로 힘없는 대중의 투사로 간주하는 지역 — 에서 저항을 불러일으켰다. 1960년 여름 흐루시초프는 아이젠하워 행정부가 쿠바의 대미 설탕수출 할당량을 삭감할 경우에는 미국의 공격으로부터 쿠바를 보호하겠다고 위협하였다. 이후 수십 년간 미국에게 심각한 안보문제를 부과하였던 쿠바로의 무기 유입을 시작으로 해서 소련의 위협이 증강되었다.

재임기간의 마지막 몇 달 동안 아이젠하워 행정부는 라틴 아메리카에 대한 미국의 경제원조를 훨씬 더 증대시켰다. 또한 아이젠하워 행정부는 그 지역의 정부들을 격려하여 민주적 정치제도들, 즉 1960년 9월 미주기구가 채택한 보고타 협정(the Act of Bogota)에 구체화된 개념을 창조 혹은 강화시키는 측면에서 사회적·경제적 개혁을 촉진하도록 하였다. 개혁을 향한 이러한 모든 노력들은 케네디 행정부의 진보를 위한 동맹(Alliance for Progress)과 서반구 관계, 특히 쿠바와의 관계에서 1960년대 미국의 외교정책에 부과한 다른 도전들을 위한 무대를 형성하는 데 도움이 되었다.

다른 제3세계 쟁점들

1950년대 말까지 제3세계에서는 유럽의 식민지에서 새로운 국가로의 이행 — 1947년 인도, 파키스탄 그리고 실론(오늘날의 스리랑카)에 대한 영국의 승인으로 시작했던 과정 — 이 절정을 이루고 있었다. 영국의 지배하에 있던 아프리카의 가나(Ghana)가 흑인국가로는 최초로 1957년에 독립을 성취한 이후 유럽의 지배를 받고 있던 사하라 남부의 모든 국가들도 이와 유사한 지위를 얻었다. 1957년 이전까지는 리베리아(Liberia), 에티오피아(Ethiopia), 그리고 남아프리카(South Africa)를 제외한 사하라 이남의 모든 아프리카 국가들이 벨기에, 영국, 프랑스, 혹은 포르투갈의 통치를 받았다. 이후 10년 이내에 포르투갈의 종속국을 제외한 아프리카에 있는 유럽의 모든 종속국가들은 독립국가가 되었다. 그들의 독립운동은 그들 사회의 지배적 특징이었던 부족주의, 전통적 가치체계, 그리고 농업경제를 포함하는 사회에서 살고 있는 서구의 교육을 받은 엘리트들을 중심으로 전개되었다. 독립운동 지도자들에게 주입된 민족주의는 무엇보다도 먼저 조국에서 서구의 지배를 제거하고자 하는 바람에 토대를 두었다. 민족 개념이 대다수 사람들의 의식 속에 깊이 자리 잡지 못했다. 그리고 그들 중 대다수는 종종 부족장들에게 일차적인 충성을 보내면서 화폐경제의 외부에서 살았다. 주요한 유럽지배자들의 언어인 영어와 불어를 제외하고는 지역적 혹은 토착적 아프리카인의 공통어(lingua franca)가 없었다. 언어의 상이함으로 말미암아 신생국들이 기반을 두어야만 하는 정치적 실체 내에서조차도 대화가 어려웠다.

서반구나 아시아에 있는 유럽의 식민지 국가들과 비교해 보았을 때 아프리카에 수립된 그것들은 식민지 역사가 짧았다. 그들은 1890년과 제1차 세계대전이 발발한 1914년 사이에 발생한 서유럽의 제국주의적 팽창의 세 번째이자 마지막인 거대한 물결 속에서 탄생되어 왔다. 아프리카 국가들의 국경선은 그 대륙의 언어-부족 간의 분할이라기보다는 유럽에서 인지된 세력균형의 필요성에 따라서 아프리카에 식민국가들을 건설한 유럽 국가들의 요구조건들을 반영하였다. 비록 많은 경우에 있어서 그들은 경제성장을 위한 기반으로 항구와 통신체계의 하부구조, 공공서비스와 교육체계를 구축했지만 국민들이 독립을 준비하는 과정은 결코 철저하지 못했다. 그리고 특정부문과 영토에 있어서는 그 과정이 심히 부적절하였다. 독립을 획득한 결과, 제국주의 국가들이 이식해 놓은 유럽의 정치제도를 물려받은 대다수의 국가들은 권위주의적이고 때로는 군사정권으로 이행되었다.

미국은 라틴 아메리카와는 달리 아프리카에서는 전통적으로 중대한 이해관계를 갖고 있지 않았다. 따라서 비록 미국과, 특히 흑인 아프리카에 그들의 기원을 두고 있는 미국인들에 의해서 독립과정이 강력히 지지되었지만 그러한 독립과정은 거의 배타적으로 서유럽국가들에 의해서 관리되었다. 비록 1960년에 큰 반향 없이 총 17개국의 아프리카 국가들이 독립을 획득하였지만 벨기에 지배하에 있던 콩고의 즉각적인 독립은 부족 간의 전쟁, 폭동, 약탈 그리고 자원이 풍부한 카탕가 지역(Katanga Province)의 분리를 촉발시켰다. 그 지역은 벨기에 투자의 태반을 차지하였다. 1960년 7월 1일 콩고(후에 자이레)가 독립하였을 때 혼란이 잇따랐다. 아프리카인 민병대(African Force Publiqve)가 그 민병대의 벨기인 장교들에 대한 봉기를 일으킨 후 벨기에 정부는 콩고 공화국에 군대를 투입하였다. 콩고의 새로운 수상 루뭄바(Patrice Lumumba)는 이러한 행동을 비난하였다. 아이젠하워 행정부는 유엔안전보장이사회의 결의를 지지하여 콩고 정부가 이러한 목적을 위해 자국의 병력을 훈련시킬 수 있을 때까지 질서회복을 돕기 위해 파견된 모로코와 튜니지 병력으로 구성된 국제평화유지군에게 공수보급물자들을 제공하였다. 이 시점에서 소련은 아이젠하워 행정부의 행동을 비난하고 다른 상황이 진행됨에 따라 콩고에 자국의 병력을 보내겠다고 위협하였다. 이러한 경고 후 1960년 9월 소련은 루뭄바 정부를 지원하기 위해 자국의 기술자들과 군장비를 파견하였다. 그러나 카사부부(Joseph Kasavubu) 대통령은 수상직에서 루뭄바를 해고하고 그의 후임자로 모부투(Joseph Mobutu)를 임명하였다. 이로 인하여 소련 대사관은 폐쇄되었고 루뭄바의 짧은 재임기간 동안 모스크바가 발전시켰던 영향력도 현저하게 줄어들었다. 이후 몇 년 동안 콩고를 통일된 모습으로 복구시키는 임무를 띤 다수의 유엔군의 개입과 더불어 중앙정부와 트숌브(Moise Tshombe)가 이끄는 분리주의자 카탕가 지역 간의 내전이 더욱 격렬해지자 콩고의 위기는 확대될 운명이었다.

아이젠하워 행정부가 끝날 때까지 제3세계는 한층 강화된 갈등의 장이었으며 중요성에 있어서도 전통적으로 다른 지역에 관심을 가져왔던 미국에게 전례없는 문제들을 야기시켰다. 유럽 제국주의의 여파로 신생국들은 전통적인 사회적·정치적 구조들과 산업적·정치적으로 진보된 서구 사회와의 접촉에 의해서 부과된 필요물들을 조화시켜야 하는 문제들에 직면하였다. 급속한 인구증가, 불충분한 농업생산물, 단일 혹은 몇 개의 수출품목에 대한 과도한 의존, 급속한 도시화로부터 야기되는 사회적·경제적 압력들, 식민국가가 물려준 다원주의적 정치체계를 일당지배로 대체시키는 경향 — 이러한 모든 것들은 신생국 자체와 서방과의 관계 모두에게 여러 가지 문제들을 노정시켰다.

그러한 상황들로 인하여 서유럽과 일본에 대한 전후 미국의 대단히 성공적인 원조 프로그램의 논리적 확장으로써 1950년대 미국은 1949년 1월 자신의 취임사의 "4항(point four)"에서 트루먼 대통령이 처음으로 옹호했던 경제적 원조 프로그램에 의지하였다. 만약 제3세계에서 그러한 노력의 결과들이 복구되고, 튼튼하며, 산업적인 서유럽과 일본의 경제와 비교하여 뒤떨어진다면 제3세계 국가들이 직면하고 있는 문제들은 훨씬 더 복잡하게 될 것이다. 서유럽 식민국가들의 세력이 쇠퇴함에 따라 제3세계에서 미국이 주요 행위자로 출현할 정도로 아이젠하워 행정부가 직면하고 있는 외교정책문제들은 아마도 전시를 제외하고는 이전의 어떠한 미국 정부가 직면했던 것보다도 훨씬 더 많고 다면적이었다. 아이젠하워 행정부는 공산주의 세력의 확장과 지구적 봉쇄의 형태를 제공하는 장벽을 형성하는 일련의 동맹체계를 구축하고자 하는 노력으로 그 임기를 시작했었다. 50년대 말까지 소련은 다양한 방법으로 반식민지적·반서방적, 그리고 라틴 아메리카의 경우에는 반미감정을 이용하여 봉쇄장벽을 뛰어 넘었다. 1950년대 네루 수상의 영도력하에 인도에 의해서 집약된 일련의 비동맹국가들이 나타나 미국이나 혹은 소련의 직접적인 세력범위를 넘어서는 영향력을 행사하고자 하였다. 아이젠하워 행정부는 — 사실상 아시아 주변지역을 따라서 동맹체제의 발전에 몰두한 — 그 당시에 비동맹의 개념에 대한 자신의 단정적 둔감성 때문에 비판을 받았다. 그러나 아이젠하워는 수에즈 위기 시처럼 미국의 정책을 이전의 서유럽 식민주의 국가들의 정책과 차별성을 두고자 했다는 사실이 남아 있다. 이러한 측면에서 아이젠하워 행정부는 전적으로 성공적이지는 않았다. 그 당시에 지금과 마찬가지로 미국의 이해관계는 한편으로는 온건하고 근대적인 세력들의 출현을 고무시키고, 다른 한편으로는 처음에는 쿠바에서 그리고 이후에는 북베트남에서 미국이 직면했던 것처럼 소련과 협력하는 혁명적 정권의 탄생을 저지하도록 의도된 정책을 만들어냈다.

1950년대 후반 아이젠하워 방위정책에 대한 비판

아이젠하워 행정부가 도입한 방위전략과 핵력(forces)에 있어서의 새로운 전망으로 인하여 미국은 한국전쟁이 절정에 달했던 1952년에 150만이었던 육군의 규모를 아이젠하워 행정부 말에는 87만 명으로 축소할 수 있었다. 아이젠하워 행정부가 출범한 1953년 재정년도의 미국의 방위지출액은 총 466억 달러에 이르렀다. 8년 후 방위예산은 아이젠하워가 자신의 재임 마지막 연도에 요청했던 것보다 의회가 50억 달러를 더 추가함으로써 412억 달러로 축소되었다. 절감의 주요인은 육군의 재래식 능력에서의 엄청난 삭감과 재래식 무기와 인력보다는 핵무기에 대한 아이젠하워 행정부의 강조에서 기인하였다.

재임 마지막 연도에 그리고 특히 1957년 9월 소련 최초의 인공위성발사 이후 아이젠하워 행정부는 이러한 핵무기 강조에 대한 빈번한 논쟁에 부딪혔다. 일부 사람들에게 있어서 그 비판들은 아이젠하워가 1959년 흐루시초프에 의해서 촉진된 베를린 위기를 다루는 방법에 의해서 강화된 것 같았다. 비판자들은 핵무기는 가장 중대한 국가이익이 위협받는 상황을 제외하곤 그럴듯한 전쟁억지 수단이 아니라고 주장하였다. 이러한 상황은, 특히 소련이 미국을 핵무기로 위협할 수 있는 핵무기 수단을 외관상 놀랄 만한 비율로 획득하고 있었던 1950년대 후반의 변화하는 전략적 환경 속에서 인정되었다. 만약 양진영이 원자 능력을 보유했다면, 어느 한쪽이 다른 쪽의 핵무기 이외의 모든 것을 억지할 수 있는가라고 비판자들은 물었다. 1948~1949년의 최초의 베를린 위기 시처럼 미국이 유일한 핵보유국인 한, 미국은 아마도 아무 보복 없이 소련에게 통용되는 수준 이상으로 전쟁을 확대시킬 것이라고 위협할 수 있었다. 그러나 양진영이 핵무기로 상대방을 파괴시킬 수 있다면 재래식 능력이 더 뛰어난 쪽에 고유한 이점이 생기지 않겠는가? 1959년 흐루시초프가 부과한 위협이 신뢰성을 가진 것은 바로 베를린 주변의 재래식 병력의 지역적 우위성 때문이었다.

더군다나 그 당시의 "소규모적 잦은 전쟁(brushfire wars)" — 흐루시초프가 "민족해방전쟁(wars of national liberation)이라고 칭한 것" — 에서 결정적인 군사능력은 핵무기가 아니라, 그 대신 카스트로가 성공적으로 활용하였던 것과 같은 재래식 무기와 게릴라 전술을 이용하는 전투능력이라고 주장되었다. 이러한 상황으로 말미암아 유럽에서 비핵적 우발사건과 세계의 보다 더 먼 지역에서의 반게릴라 활동작전을 위해서는 보다 더 균형잡힌 미국의 군사능력의 구축, 즉 핵병력이 근대화되고 재래식 병력이 강화되어야 한다고 주장되었다.

1960년의 선거가 임박해지자 아이젠하워 행정부는 두 가지 측면에서 동시에 비난을 받고 있었다: 재래식 방위능력을 소홀히 했고 핵의 "미사일 갭(missile gap)"이 소련에게 유리하게 전개되도록 허용했다는 것이었다. 한국전쟁의 종전 후 수년 동안 적절한 재래식 병력처럼 보였던 것이 8년 후 변화된 안보환경의 관점에서는 명백한 결함을 나타내었다. 차기 행정부가 재래식 병력을 증강시키는 조치들을 취했지만 핵능력과 전략-무기공학의 연구에 대한 아이젠하워의 강조로 인해서 미국은 대소탄도탄을 발사할 수 있는 폴라리스급(the Polaris class)의 핵보유 잠수함의 제1호를 배치할 수 있었다. 동시에 미국은 1960년대에 미국의 전략적 억지에 있어서 핵심적인 요소가 되었던 미뉴트맨(Minuteman) 지상발사미사일에 관한 연구·개발을 거의 완료하였다. 사실상 미국은 자국에 유리한 상황에서 상당한 미사일 갭을 보이며 1960년대를 시작했지만 소련이 이전에 배제시켰던 지역들, 즉 카리브 해-중미 그리고 중동지역에서, 특히 무기선적의 형태로 개입을 위한 소련의 능력과 성향이 극적으로 성장하였다.

방위전략과 핵력 수준에서의 자신의 새로운 전망 이상으로 아이젠하워 행정부는 3군 간의 경쟁을 완화하고 민간인 통제, 그리고 구체적으로 군사기획과 작전에 관한 대통령과 국방장관의 통제력을 강화시키기 위한 법안을 마련하였다. 이외에 1958년의 국방재편성법(Defense Reorganization Act)은 군사명령체계를 통합하여 단순화시키는 것을 목적으로 삼았다. 그 법안은 어느 군별(service)이 전투 중이냐에 상관없이 종합적인 작전현장의 사령관이 모든 군병력을 지휘하도록 규정하였다. 이러한 사령관은 이번에는 군통수권자로서의 대통령과 국방장관으로 구성되는 "국가적 명령권한(national command authority)"에 직접적인 책임을 지웠다. 새로운 명령체계의 작동에 있어서 국방장관을 보좌하는 통합참모장들(the Joint Chiefs)의 능력을 보강시키기 위해 통합참모(the Joint Staff)가 확장되었다. 마지막으로 국방연구와 엔지니어링의 책임자의 지위가 육·해·공군성의 장관과 똑같은 수준에서 첨단방위공학의 발전의 초점을 강화시키기 위해 만들어졌다.

미국이 우주시대를 향해 나아감에 따라 1958년 아이젠하워 행정부는 두 개의 유사한 구조, 즉 군사프로젝트를 위한 첨단연구프로젝트국(ARPA: Advanced Research Projects Agency)과 우주기술의 평화적 적용을 위한 미 항공우주국(NASA: the National Aeronautics and Space Agency)을 설립하였다. 따라서 10년 후 한 미국인 우주비행사가 달에 착륙할 프로그램을 위한 조직적 기반이 마련되었다.

아이젠하워하의 외교정책 조직구조

트루먼이 1947년의 국가안보법에 서명했지만 아이젠하워 행정부는 외교정책 형성을 위해 백악관 내의 부처 간 조정장치로서 국가안보보장회의를 폭넓게 사용할 수 있었다. 정책결정과정에 대한 아이젠하워의 접근방법은 자신의 공화당 전임자들의 그것과 또한 케네디와 존슨 행정부의 그것과도 상당히 달랐다. 트루먼이 자신의 각료를 전체적으로 이따금씩 만났던 반면, 아이젠하워는 각료회의를 정책결정을 의논하고 대통령의 결정을 위한 대안들을 발전시키기 위한 핵심적으로 중요한 토론장으로 여겼다. 이러한 전망과 일치하여 아이젠하워는 국가안보보장회의를 국가안보정책결정에 직접적인 관심을 갖고 있는 임명직 최고관료들로 구성되는 일종의 소내각(mini-cabinet)으로 생각하였다. 1952년 대통령 유세활동에서 아이젠하워는 "냉전을 위한 국가전략"의 공식화는 "광범위한 국가목적들의 선택과 중요한 대상들의 목적들 내에서의 명시"를 필요로 한다고 선언하였다. 아이젠하워는 이러한 목표를 달성하기 위해서 자신의 행정부는 "수십 개의 기관들과 국들(bureaus)이 종합적인 전략계획하에서 합의된 행동을 이끌어낼 수 있는" 조치들을 취할 것이라고 말하였다. 아이젠하워 행정부 기간 동안 내각과 마찬가지로 국가안보보장회의는 정기적으로 소집되었다. 대통령, 부통령, 국무장관, 국방장관, 민방위동원국장, 통합참모본부장, 그리고 원자력위원회의장 이외에 중앙정보부장과 (1953년에 설립된) 미국정보국(United States Information Agency)의 국장이 참석하였다. 아이젠하워는 응집력 있고 통합된 전략수립을 발전시키기 위해서는 가능한 한 충분히 경제적 요인들을 숙고해야 한다는 자신의 믿음에 따라서 재무장관과 예산국장을 국가안보보장회의에 참석시켰다.

국가안보보장회의에 주어진 업무들 중에는 아이젠하워 행정부 바로 그 기간 동안에 일어난 다른 정책쟁점들의 숙고뿐만 아니라 아이젠하워 행정부의 전임자가 물려준 국방과 대외정책에 관한 개괄적 검토도 있었다. 아이젠하워 행정부의 대부분 기간 동안 국가안보보장회의 내에서 있었던 토론들은 커틀러(Robert Cutler)가 이끄는 참모진이 마련한 정책문서에 기반을 두었다. 커틀러는 국가안보업무를 담당하는 최초의 특별보좌관이었고 그러한 자격으로 국가안보보장회의의 자격이 주어졌다. 더군다나 아이젠하워 행정부의 대부분 기간 동안 국가안보보장회의 과정에 있어서 핵심적인 인물은 구드패스터(Andrew Good-paster) 장군이었다. 그는 거의 매일 일어나는 사건에 입각하여 아이젠하워에게 현재의 상황전개들을 브리핑하였을 뿐만 아니라 다양한 부서와 기관들 사이의 정보흐름을 조직화하였다. 사실 국가안보보좌관의 지위는 이후의 행정부에서도 계속 지속되었듯이, 한 지위에서 커틀러와 구드패스터 각자가 개별적으로 수행한 임무들을 포괄하였다. 토론문서들은 커틀러의 지휘하에 국가안보보장회의 기획국에서 준비하였다. 그 곳은 실제적으로 트루먼 행정부 때의 "고위 참모(senior staff)" 개념이었다.

국가안보보장회의 정책기획국(The NSC Planning Board)은 국가안보보장회의의 바로 아래 차원이며 각 부서의 관료들은 외교정책에 직접적인 관심을 갖고 있는 차관 혹은 차관보의 고위관료들로 구성되었다. 정책기획국은 국가안보보장회의가 논의할 추천내용을 담고 있는 정책문서들을 발전시키는 책임을 맡았다. 쟁점들에 관한 만장일치적 입장을 발전시키기 위한 노력이 행해졌다. 그러나 국가안보보장회의 정책기획국은 단순히 차이점들을 숨기는 타협안을 제출하지는 않았다. 정책기획국의 업무는 아이젠하워가 의장을 맡은 국가안보보장회의의 회담에서 토론을 위한 수많은 정책적 분열들을 노정시켰다. 국가안보보장회의의 일원으로 참석한 각 부서와 각 기관들 출신의 정책기획국 멤버들은 어느 정도 제도적·관료적 편견들이 반영되기를 기대하였다. 그러나 그들은 자신들의 사고에서 보다 넓은 관점을 수용할 대통령의 구체적인 지시사항을 갖고 있었다. 게다가, 국가안보보장회의정책기획국의 업무는 국가안보업무를 담당하는 대통령 특별보좌관과 그의 참모진에 의해서 형성되었다. 정책선택들을 조심스럽게 정의된 절차에 따라서 행해진 포괄적인 참모작업에 기반을 두려는 노력의 일환으로써 커틀러와 직접 같이 일하는 소수의 전문 참모진은 본질적으로 아이젠하워 행정부의 하나의 혁신을 상징하였다. 정책기획국이 합의를 보지 못하는 경우 국가안보를 담당하는 특별보좌관이 논쟁과 토론을 위해 국가안보보장회의에 그러한 상이점들을 제시할 책임을 맡았다. 국가안전보장회의의 합의는 아이젠하워 자신이 필요한 수정을 한 후 공식적인 정책기반이 되었다. 이밖에, 아이젠하워는 중요한 국가안보 쟁점들을 숙고하기 위해 때때로 공식적인 국가안보보장회의 회합 후 소규모의 보좌관 그룹들과 자주 접촉하였다. "특별한 국가안보보장회의의 모임"으로 불려진 그 집단들은 케네디 행정부 때의 소위 "엑스콤(Ex Comm)"의 전조를 보였다. 따라서 아이젠하워가 이용한 정책결정과정은 공식적 구조에 암시되어 있는 것보다 훨씬 더 융통성이 있었다. 그리고 아이젠하워의 목적은 외교정책 공식화라는 복잡한 작업에 더 커다란 질서와 통합을 부여하는 것이었다.

만약 정책기획국이 국가안보 정책결정의 선택-공식화 부분이었다면, 그 과정의 다른 측면은 선택된 정책들을 조사하는 것이었다. 이러한 목적을 위해서 아이젠하워 행정부의 국가안보보장회의체계는 소위 기능조정국(the Operations Coordination Board)를 갖고 있었다. 정책기획국처럼 그러나 그것의 기능으로서 공식화보다는 정책시행을 가진 기능조정국은 결정들을 국가안보에 책임을 지고 있는 다양한 부서들과 기관들이 실행에 옮기는 구체적인 정책으로 전환시키는 것이었다. 기능조정국은 각료수준에서 국가안보보장회의의 일원으로 참여하는 각 부처와 기관들 출신의 대표자를 갖고 있는 정책기획국처럼 행정부 내에서 아이젠하워 행정부의 국가안보정책들의 실행을 감시하는 책임을 맡고 있었다.

비록 국가안보정책을 위한 아이젠하워 행정부의 정책결정구조가 전임자들의 비공식성과는 뚜렷이 달라서 정교하고 포괄적이었지만 아이젠하워는 덜레스에 상당히 의존하였다. 덜레스의 권력은 자신이 국무장관이라는 사실에서보다는 대통령과 그의 밀접한 실무관계에서 더 연유하였다. 사실, 아이젠하워 행정부는 국무부가 영향력의 쇠퇴를 경험하고 국가안보정책결정과정에서 수많은 다른 행위자들의 점증하는 중요성에 직면한 시기를 상징하였다. 때때로 아이젠하워는 대외경제정책, 군비통제, 그리고 심리전과 같은 분야에서 특별보좌관들을 거느리고 백악관의 국가안보구조를 증대시켰으나 이러한 피임명자들 중 어느 누구도 덜레스를 능가하지는 못하였다. 관직에 있는 한, 덜레스는 확실히 외교정책에 관한 제일의 보좌관이자 대통령의 대변인으로 남아 있었다.

아이젠하워는 국무장관이 옹호한 정책들을 종종 수정하거나 혹은 심지어 급격하게 변경시킬 수 있는 최종적인 대통령의 통제력을 보유하였다. 그러나 덜레스는 외교정책의 공식화와 외교수행 모두에 있어 광범위한 활동범위를 누렸다. 공식적인 국가안보구조의 안팎에서 아이젠하워는 다른 어떠한 각료들보다도 덜레스와의 상의에 더 많은 시간을 보냈다. 닉슨 행정부와는 아주 대조적으로 국가안보업무를 담당하는 특별보좌관은 개념화 작업자(conceptualizer)로서보다는 정책선택들의 조정자이자 정책결정들의 촉진자로서 보다 많이 기능하였다. 이러한 후자적 역할은 대체로 덜레스에게 맡겨졌다. 대외업무에 있어서의 오랜 경험 — 1907년의 헤이그 평화회담, 1919년의 베르사이유 평화회담, 1945년 샌프란시스코 회담에서의 유엔 창설, 그리고 1951년 일본과의 강화조약협상 — 으로 그는 아이젠하워의 평가에서 유일하게 경험과 지식을 갖춘 인물로 자리를 잡았다.

따라서 아이젠하워 행정부의 정책결정과정에 대한 분석에서 나오는 것은 대통령이 더 낮은 수준에서 해결될 수 있는 관료적 논쟁에 말려드는 것을 방지하고, 그러므로 오직 대통령 자신에 의해서만 해결될 수 있는 보다 더 많은 쟁점들을 위해 자신의 정열과 시간을 보존하도록 계획된 공식적 구조의 모습이었다. 아이젠하워는 정책결정 각료들이 몰두하는 복잡한 쟁점들의 모든 측면들에 대한 충분한 고려를 위한 전망을 보강하는 구조를 국내정책과 대외업무 모두에 배치하였다. 군경력, 즉 역사상 최대규모의 수륙양면 군사작전 — 1944년 6월 노르망디 상륙개시일 — 의 조직화를 포함했던 그의 연구과제에 있어서 공식적인 절차들에 익숙한 아이젠하워는 대통령 직책에 공식적인 조직화와 명확하게 정의된 정책기획을 위한 절차들에 대한 선호경향을 불어넣었다. 동시에 아이젠하워는 보다 커다란 국가안보보장회의로부터의 선택적 집단들과 특별한 만남을 갖는 것과 즉각적 혹은 장기적 문제들에 대처하는 것을 돕기 위해 장·단기간 행정부에 참여했던 다양한 특별보좌관들과 다른 전문가들의 활용을 선호하였다. 마지막으로 아이젠하워와 덜레스 간의 관계는 키신저(Henry Kissinger) 국무장관이 제2차 닉슨 행정부에서 그러한 역할을 맡기 전까지는 또다시 근접될 수 없었던, 아이젠하워 행정부에서 외교정책결정을 산출하기 위해 결합된 공식적 구조와 비공식적 실행이라는 독특한 결합을 생생하게 보여주었다.

결론

회고컨대, 아이젠하워 이전과 이후의 10년을 비교해보면 아이젠하워 시대는 미국 외교정책과 국내정세 모두에 있어 조용한 시기로 상징될 수 있는 것 같다. 아이젠하워 행정부는 미국의 이해관계와 공약들이 전 세계로 확장되는 10년의 대부분을 보냈다. 비록 미국의 군사력이 양적인 측면에서 축소되었지만 미국은 세계국가로서 자국의 지위를 유지하는 데 보탬이 되는 질적 우위를 보유하였다. 1950년대에는, 특히 미국과 미국의 동맹국들인 서유럽과 일본의 경제에서 엄청난 지구적 경제성장을 목격하였다. 1953년 한국에서의 정전 이후로 미국 병력이 무장전투에 참가하지 않았음에도 불구하고 아이젠하워 행정부는 동남아시아, 중동, 그리고 유럽에서 연속적인 위기들을 극복하였다. 50년대 말까지 서반구와 아프리카에서는 위협들이 고조되었다. 아이젠하워 행정부는 전임자로부터 일련의 어려운 쟁점들을 물려받아 그러한 것들의 대부분을 해결했으나 그들 중 가장 중요한 것 – 소련과의 긴장 – 은 다루기 어려운 상태로 남겨 놓았다. 아이젠하워 행정부가 복잡한 안건을 자신의 후임자에게 물려준 결과, 그것은(소련과의 긴장)은 1960년대의 세계에서 변화하는 안보환경으로 말미암아 훨씬 더 도전적이 되었다.

제5장

케네디의 외교정책

이상주의 시대

이른바 소련에 유리하게 전개된 '미사일 갭(missile gap),' 쿠바에 대한 소극적 정책, 우주탐험에 대한 기술공학적 경쟁에서의 주도권 상실, 달러화에 대한 국제적 신뢰성 약화, 그리고 냉전, 동맹국과 저개발국가들과의 관계에서 중요한 문제들을 다루는 데 있어서 순수하게 반작용적인 정책결정유형을 벗어나지 못했다는 이유로 다이나믹한 지도력을 결핍했다고 집권 아이젠하워 행정부가 비판받은 1960년 선거에서 케네디(John F. Kennedy)가 대통령에 당선되었다. 선거기간 내내 새로 들어서는 모든 대통령팀에게 있어 모든 것을 새롭게 하고 바로 잡아야 한다는 것이 필수적인 과제로 대두되는 경향이 존재하고 있었다. 그러한 사실을 증명하듯이, 케네디의 슬로건 중의 하나가 "미국이 다시 움직일 때가 되었다"는 것이었다.

제퍼슨(Jefferson)과 아담스(Adams)는 그렇다 치고, 우리는 보통 대통령의 지위를 심오한 지식인들과 연관시키지는 않는다. 그러나 지칠줄 모르는 독서가인 케네디는, 다방면의 주제에 대해 잘 알기 위해 스스로에게 엄청난 요구를 했던 정력적인 루스벨트(Theodore Roosevelt)와 다소 유사한 점이 있었다. 지적 민첩성을 지닌 케네디는 (자신이 직접 임명한 사람들을 넘어서는) 권력구조상의 사람들의 (때때로 외교와 국방정책에 대해 자신이 의지해야만 하는) 충고에 대해 참을성이 없었다. 그런 그는 극적인 패러독스와 대위법적 문장구조를 즐겼던 인물로 당시까지의 전후 어떠한 대통령보다도 가장 치욕적인 좌절을 겪고 가장 우아한 승리를 만끽하는 것이 바로 그의 운명이었다. 이러한 두 가지 사건 모두는 쿠바를 중심으로 일어났다.

그의 취임 수주일 전에 쿠바 문제는 대외 경제정책이나 라오스, 베를린에 대한 위협처럼 긴급해 보이지는 않았다. 선거 후 취임 때까지 케네디에게는 주요 각료들을 임명하여 대외 업무들을 수행할 정부를 구성할 때까지는 40일에서 72일 정도의 기간이 있었다. 그럼에도 불구하고 국무장관을 임명하기 전에 벌써 5주가 지나갔다. 미국의 대외 군사공약과 유럽경제공동체와의 치열해지는 무역경쟁의 결과, 악화되는 국제수지와 그에 따른 금 유출현상에 대한 압력으로 케네디는 재무장관, 경제자문위원회위원(members of the Council of Economic Advisers), 그리고 예산국장을 최우선적으로 임명해야만 하였다. 대통령 당선자는 달러화의 국제적 안정화에 대한 신뢰성을 회복시키고자 재계에서 외교적 경험이 있는 인물을 물색하였다. 케네디는 자신이 근소한 표차로 승리했다는 점과 지구적 체계 내에서 미국이 당면한 그 당시 출현하는 새로운 많은 도전들을 고려하여 초당적 합의를 모색하였다. 그는 월가(Wall Street)에 훌륭한 친척을 갖고 있는 자유주의적 공화당원인 딜론(Douglas Dillon)을 재무부 장관으로 임명하였다. 딜론은 아이젠하워 행정부하에서 국무차관을 역임한 바 있다. 케네디는 내각에서 최고의 3개 부서인 국무부, 재무부 그리고 국방부 중의 어느 한 자리에 로베트(Robert A. Lovett)를 임명하고자 하였다. 그는 루스벨트 행정부하에서 전쟁성 차관보, 트루먼 행정부에서는 국무차관과 국방장관을 역임했었다. 그러나 로베트는 건강상의 이유로 이를 거절하였다. 로베트는 (포드 자동차 회장으로 막 선출된) 맥나마라(Robert McNamara)를 국방장관에, 그리고 러스크(Dean Rusk)를 국무장관으로 추천하였다.

당시 많은 관측자들은 국내 문제보다는 대외 문제에 더 관심이 많았던 케네디 그 자신이 국무장관직도 맡길 희망했을 것이라고 추측하였다. 물론 그것은 불가능하였다. 아무리 명석하고 근면하다 할지라도 미국의 어떠한 대통령도 100여 개국이 넘는 국가들1)과의 대외 관계를 관리할 수 없으며, 하물며 국무부의 기능들을 감독하는 데 있어서는 말할 필요도 없었다. 그는 유능한 행정가가 국무부를 운영하고 방대한 양의 일상적인 외교적 문제, 예산업무 그리고 세세한 입법업무들을 수행하기를 원했다. 반면 자신은 1937년 이후 루스벨트(FDR)가 했던 것처럼 좀 더 중요한 쟁점들에 대한 창조적인 판단과 이니셔티브를 위해서 자신이 통제할 수 있는 선택권을 갖고자 하였다. 러스크를 국무장관으로 선택하는 데 있어서 케네디는 좀 더 확실한 다른 지명대상자들 — 국제적으로 가장 저명한 민주당원이자 부분적으로는 바로 그러한 이유로 우유부단하다고 평판되는 스티벤슨(Adlai Stevenson), 자유주의자 보울즈(Chester Bowles) 그리고 한때 케네디의 호감을 샀으나 흑인차별에 대한 알칸사스 주의 선거기록 때문에 식민통치로부터 새롭게 독립한 아프리카 흑인 국가들의 의심을 받을 만하다고 상기되었던 인물인 상원의원 풀브라이트(J. William Fulbright) — 를 간과하였다. 1960년 12월 12일 로즈 장학생(Rhodes Scholar) 출신이자 2차대전 중 아시아에서 정보장교를 역임하였고, 애치슨 국무장관 시절 부차관과 극동문제차관보를 거쳐 후에 록펠러 재단(Rockefeller Foundation)의 회장이 된 러스크가 국무장관에 임명되었다. 보울즈는 국무차관이 되었으며 능변가인 스티벤슨은 유엔 대사가 되었다. 케네디는 스팀슨(Henry L. Stimson)의 사위이자 하버드 학장 출신의 공화당원인 번디(McGeorge Bundy)를 국가안보보장회의의 특별보좌관으로, MIT 경제학 교수인 로스토우(Walt. W. Rostow)를 당분간 그의 부관으로 함께 임명하였다.

노련한 외교관이자 봉쇄정책의 열렬한 신봉자인 러스크는 침착성, 부드러운 어투, 외교지식, 폭넓은 상식, 그리고 재치가 있기로 널리 알려져 있었다. 하지만 그는 자기 주장적이지는 않았다. 대외 문제의 가장 중요한 쟁점들 대부분에 있어서, 그는 대통령의 측근인 세 명의 두드러진 인물 — 법무장관 로버트 케네디(Robert Kennedy), 국방장관 맥나마라, 그리고 국가안보보장회의 보좌관인 번디 — 의 의견을 반영하는 경향이 있었다. 러스크는 행정부 내에서 자신의 역할을 능숙하고 원할하게 수행했으나 번스, 마샬, 애치슨 또는 덜레스의 지도적 자질은 갖

1) 1961년 유엔 회원국은 104개국이었다. 미국은 쿠바를 제외한 모든 국가들과 그리고 유엔 비회원국인 4개국 — 독일연방공화국, 스위스, 대한민국, 그리고 남베트남 — 과 관련을 맺고 있었다.

추지 못하였다. 케네디는 러스크가 무엇을 생각하고 있는지 알 수 없다고 때때로 불만을 나타내었다. 조지아 주 출신인 러스크는 보스톤 출신의 대통령과 그의 하버드, MIT 출신의 "찰즈 강 패거리들(Charles River Gang)," 그리고 "아일랜드계 마피아(Irish Mafia)"에 비유되는 집단을 무척 조심스럽게 대했다. 러스크는 오히려 후일 자신을 좋아하고 신임하며 의지한 존슨(Lyndon B. Johnson) 대통령 때에 좀 더 두드러진 인물로 부상하였다.

뉴 프런티어를 향한 첫걸음

케네디는 1960년 선거에서 근소한 차로 패배한 닉슨(Richard M. Nixon)부통령보다 국제 문제에 경험이 없었다. 공산주의와 냉전에 대한 그의 기본적 태도는 공화당 경쟁자인 닉슨과 별 차이가 없었다. 그러나 아일랜드계 하버드 출신인 케네디는 훨씬 더 자유롭고, 경쾌하고, 재미있고, 때로는 유머스럽고 혹은 변덕스럽게 공상적인 수사학적인 모습을 보여 그의 대통령 집권방향에 대한 성격을 드러내었다(케네디 취임사 참조). 그는 반식민지주의자였고 제3세계에서의 "상승하는 기대혁명"(로스토우의 표현)에 대해 동정적이었으며, 국가의 전쟁억지력과 국방력을 향상시키겠다고 결심했음에도 불구하고 평화와 군비축소에 강한 집착을 보였다. 자신의 대통령 임기의 역사적 출발을 알리기 위해 그는 새 행정부의 슬로건으로 '뉴 프런티어(New Frontier)'를 내걸었다.

일반적으로 말해서 케네디는 전국 방방곡곡과 전 세계 각지의 젊은이들에게 흡인력을 발산시켰다. 기자생활을 한 경력 때문에 그는 많은 신문사와 저널리스트들을 알았고, 가장 호감이 가는 매스컴 인상을 창조할 줄 알았다. 닉슨과의 TV 토론이 그의 선거운동에서 중요한 역할을 한 것을 알고 그는 TV를 효율적으로 이용하는 법을 배웠다. 그는 자신, 아내 그리고 가족이 사진을 잘 받고 매력적이며 국내외 방송매체로부터 대단한 홍미를 끈다는 것을 알았다. 따라서 그는 이러한 특징으로부터 최대한의 정치적 유리함을 이끌어냈는데, 이것은 후에 유명한 '케네디 카리스마(Kennedy charisma)'가 되었다. 정계에서 얻은 반공산주의 이론가의 명성을 기반으로 대통령이 되었음에도 불구하고 케네디는 외국의 학생,

지식인, 그리고 노동단체들을 설득하여 그들의 반미적인 어조를 가라앉혔다. 유엔의 10년간의 발전 노력 속에 (결국 좋은 성과는 거두지 못했지만) 깔린 열망을 지원함으로써 그는 부분적으로는 스티벤슨의 확실한 공헌 덕분이지만 유엔 내에서 미국의 이미지를 개선시켰다. 국가정책의 긴급한 우선순위 중 10년 내 미국의 달 착륙을 천명하여 소련에 대한 미국의 기술공학적 우위를 재주장한 케네디는 참으로 미래에 대한 명확한 비전을 갖고 있는 것처럼 보였다.

〈케네디 취임사 발췌〉

이 시간, 이 장소에서 친구와 적을 막론하고 모두에게 그 횃불이 새로운 세대의 미국인들에게 넘어갔다는 소식을 알립시다. 그리고 새로운 세대의 미국인들은 금세기에 태어나 전쟁으로 단련되고 고되고 쓰라린 평화에 의해 훈련되고 고래의 유산을 자랑스러워 하며 이 나라가 언제나 전념해왔고 …… 인권이 서서히 파멸되어 가는 것을 지켜 보거나 방치하지 않을 사람들이란 것을 알립시다…….

우리가 자유의 생존과 성공을 보장하기 위해 어떤 대가도 치르고 어떤 짐도 감내하고 어떤 고난에도 맞서며 친구라면 누구든지 지지하고 적이라면 누구든지 반대할 것이란 점을 우리에게 호의적이든 적대적이든 간에 모든 국가에 알립시다…….

신생국가들 — 우리는 이들이 자유 국가의 대열에 합류하게 된 것을 환영해 마지않습니다 — 에게 우리는 한 가지 형태의 식민통치가 사라지고 그 자리에 단지 훨씬 가혹한 독재가 들어서도록 해서는 안 된다는 것을 맹세합니다…….

우리는 우리의 적수가 되고자 하는 국가들에게 다음과 같이 서약이 아닌 요청을 전합니다. 즉 과학이 풀어놓은 음험한 파괴력이 온 인류를 계획된 또는 우발적인 자멸 속으로 몰아넣기 전에 양측 모두가 평화의 추구를 새로이 하자는 것입니다…….

그러니 양측 모두가 공손함이 나약함의 표시가 아니며 진정을 증명하려면 증거를 보여야 한다는 것을 기억하고서 새로이 시작하도록 합시다. 결코 두려워서 협상하지는 맙시다. 그렇지만 결코 협상하는 것을 두려워하지도 맙시다…….

양측 모두가 과학의 가공할 힘 대신에 경이로운 성과에 호소하도록 노력합시다. 함께 별을 탐구하고 사막을 정복하고 질병을 퇴치하고 심해를 개발하며 예술과 교역을 장려합시다…….

그리고 만약 협력의 발판이 의심의 정글을 밀어 낼 수 있다면 양측 모두가 힘을 합쳐 새로운 노력 — 새로운 힘의 균형이 아니라 강자는 정의롭고 약자는 안전하며 평화가 보존되는 새로운 법률의 세계 — 을 창출합시다…….

이제 다시 그 트럼펫 소리가 우리를 부릅니다. 비록 우리에게 무기가 필요하긴 하지만 그 소리는 무장하라는 명령이 아닙니다. 비록 우리가 전투 태세는 갖추고 있지만 그것은 전투 명령이 아닙니다. 그것은 "희망을 갖고 고난을 견디어내는" 기나긴 황혼의 투쟁 — 독재, 빈곤, 질병 및 전쟁 그 자체와 같은 인류공통의 적들에 맞선 투쟁 — 의 짐을 연년세세 짊어지라는 명령입니다…….

케네디는 국내에서의 가난, 실업, 영양실조와 건강과 교육 프로그램의 부적절함을 척결하는 데 주력했다. 그러나 그는 단지 국내 문제에만 초점을 두려고 하지 않았다. 케네디는 제3세계의 더 가난한 지역이 사회의 조직화를 위한 두 개의 주요 철학적 기반 간의 정치적·경제적 각축장이 되어 가고 있으므로 미국 생활의 질을 개선하는 것만으로는 충분치 않다고 생각하였다. 그의 관점에서는 '후진국(backward),' '저개발국(underdeveloped),' '미발전국(less developed)' 그리고 심지어는 (비록 선진산업 국가들도 상당히 빠른 속도로 발전 중이었음에도 불구하고) '개발도상국(developing)'으로 불렸던 불행한 국가들에게 경제원조의 유입을 증가시켜야 한다고 생각하였다.

국제개발처의 쇄신과 '평화를 위한 식량' 프로그램들

케네디 행정부는 데이비드 벨(David Bell)이 이끄는 새로운 국제개발처(AID: Agency for International Develpoment)의 후원하에 현재 진행 중인 다양한 해외 원조활동을 재정비하여 국민과 의회로부터 점차적으로 줄어드는 대외 원조충당금을 역전시키려 하였다. 미국 농민들의 잉여농산물 해외 수출을 돕기 위해 농무성과 국무부가 계획한 구 프로그램들은 예산상 더욱 더 높은 비중을 차지하였다[미네소타 주 험프리(Hubert Humphrey) 상원의원이 오랫동안 주장한] 공공법 480(Public Law 480)에 "평화를 위한 식량(Food for Peace)" 선적물을 제정하는 새로운 이름이 부여되었다. 맥가번(George McGovern)은 1962년 상원선거 이전에 평화를 위한 식량선적물을 관리하였다. 케네디의 재임기간 동안 그러한 명목의 선적물은 해마다 거의 15억 달러에 육박했었다. 이는 미국 농부들에게 이득이 되었고, 그 당시 자국민들을 충분히 양육시킬 수 없었던 인도, 이집트 및 다른 국가들에 만연한 기근을 방지할 수 있었다.

평화봉사단

케네디가 가장 마음에 품었던 프로젝트들 중의 하나는 자신의 뉴 프런티어의 주요 상징인 평화봉사단(The Peace Corps)이었다. 이는 또한 애타주의자 험프리에 의해 주창되어 왔었다. 1910년 초 철학자 제임스(William James)는 그의 유명한 소론 「전쟁의 도덕적 등가물(The Moral Equivalent of War)」에서 가난, 질병, 무지, 패기만만한 이상주의, 열정, 정력 그리고 헌신 등의 전쟁력들을 평화롭고, 건설적이며 인도주의적인 방향으로 전환할 국가적 노력과 모든 시대와 문화에 있어서 가장 고귀한 전사와 최고의 병사들을 길러낸 자기 희생정신에 대한 충동을 촉구하였다. 프랭클린 루스벨트는 이러한 힘들을 개발하고 동시에 대공황 동안 민간식림치수단(CCC: Civilian Conservation Corps)을 만들어 미취업 젊은이들의 좌절감을 완화시키고자 하였다. 대통령의 처남인 시리버(Sargent Shriver)가 지도하는 평화자원봉사자들은 단과대와 종합대학을 막 졸업한 고상한 마음의 소유자이며 인간 대 인간을 근간으로 하는 무보수로 봉사하는 발전의 원천(conduits)이었다. 그들의 기능은 기술의 전파를 용이하게 하는 것이었다. 즉 그들은 교육, 위생, 기초약품, 보육, 농업, 목공 그리고 근대적 시설을 결여한 지역들의 지방적인 문제들을 해결하는 데 있어 협동의 효용 등에 관한 지식의 수행자들이었다.

평화봉사단은 국내외 비판을 불러일으켰다. 아이젠하워는 그것을 '미성숙한 실험(juvenile experiment)'이라고 칭하였다. 닉슨은 그로 인해 징병기피자들이 몰릴 것을 우려하였다. 소련측에서는 그것을 자본주의적 착취와 첩보의 도구라고 비난하였다. 외국정부들은 이미 미국의 자원봉사자들이 환영받지 못할 것임을 명백히 하였다. 이에 대해 미국은 초청에 의해서만 타국에 들어갈 것임을 똑같이 주장하였다. 탕가니카(Tanganyika)에서 30명의 자원봉사자들로 시작한 첫 프로젝트에서 평화봉사단은 1963년까지 40여 개국 이상에서 봉사하는 9,000여 명의 자원봉사자들로 확대되었다. 일부 자원봉사자들은 그들의 파견국에서 그들이 일궈낸 일련의 가시적인 진전이 나타나지 않았을 때 심한 문화적 충격으로 의기소침 하였다. 그러나 전반적으로 그들은 외교관들이 침투할 수 없는 서민 대중층에서 미국식 선의의 대사들이었다. 아마도 해외에서 그들의 경험은 그들이 파견국에 끼친 영향보다 평화봉사단의 자원봉사자들에게 더 많은 영향을 끼쳤을 것이다.

라틴 아메리카에 대한 케네디의 강조

워싱턴이 관심을 가졌던 핵심 지역 중 하나가 라틴 아메리카였다. 케네디의 선거운동 내내 자주 들먹여졌던 주제는 그 지역의 가난을 경감시키고 미국의 중남미정책에서 오랫동안 무시되어 왔다고 케네디가 여겨왔던 것을 반전시킬 절박한 필요성이 존재해왔다는 것이었다. 유럽과 아시아에서 소련과 중국의 도전에 여념이 없었던 트루먼과 아이젠하워 행정부는 라틴 아메리카에 커다란 관심과 자원을 갖지 못했었다. 미국이 실질적인 경제원조를 제공하지 못했다는 불만과 루스벨트(FDR)의 선린정책(Good Neighbor Policy) 당시부터 미주기구(OAS: Organization of American States)가 지역 내의 정치적 갈등, 특히 카리브 해 연안국가들 사이의 조절자로서 과테말라의 친소 아르벤스(Arbenz) 정권을 전복시키려는 덜레스와 중앙정보부(CIA)의 노력이 그들에게 고압적인 접근방법으로 비쳤음에도 불구하고, 서반구 협력이 기능할 수 있는 충분한 정신이 남아 있었다. 라틴 아메리카에서는 사회적 · 경제적 개혁을 위한 민족주의자의 활동과 염원에 미국이 무관심하다는 비난이 점차 드세어졌다. 카스트로 이전에 서반구(아르헨티나에서의 페론주의의 주목할 만한 예외와 더불어)에서의 '혁명'은 전형적으로 기득층 세력의 지지를 쉽게 확보하고 미국의 투자, 안보 그리고 정치적 가치를 직접적으로 위협하지 않는 군사 쿠데타였다. 미국의 자유주의자들은 미국 정부가 필요한 발전을 일으키기 위해 사적 투자에 과도하게 의지하며 진보적인 민주주의를 활동적으로 지원하는 대신에 기업에 유리한 환경을 조성하는 우익 군사정권을 용인해왔다고 비난해왔다. 1958년과 1960년 사이에 미국과 남쪽의 이웃 국가들은 라틴 아메리카를 위한 유엔경제위원회와 더불어 케네디가 자신의 임기 초부터 강조하기를 바랐던 협력적 노력을 위한 토대를 구축하기 위해서 공동으로 일해왔다.

선거유세 기간 동안 케네디는 루스벨트(FDR)의 선린정책과 유사한 구상을 원하면서도 과거의 그것보다는 더 좋은 일련의 경제적 관계양상을 상징화하고자 하였다. 그의 보좌관들은 진보를 위한 동맹(the Alliance for Progress)을 들고 나왔다. 케네디의 취임연설은 다음과 같은 내용을 포함하고 있었다:

> 우리 국경 남쪽의 자매 공화국들에게 …… 우리는 특별한 서약을 합니다. 우리는 진보를 위한 새로운 동맹에서 우리의 훌륭한 언사를 훌륭한 행동으로 옮기고 자유인들과 자유 정부들이 빈곤의 사슬을 떨쳐 버리는 것을 돕겠습니다. 그러나 이 평화로운 희망의 혁명이 적대적 강대국들의 먹이가 될 수는 없습니다. 우리가 남북 아메리카 어느 곳에서든지 그들과 힘을 합쳐 침략이나 전복에 맞설 것이란 점을 우리의 모든 이웃 국가들에게 알립시다. 그리고 이 반구는 변함없이 자기 집의 주인 노릇을 할 작정임을 다른 모든 강대국들에게 알립시다.

취임한 지 2개월이 채 안 된 1961년 3월 13일 케네디는 라틴 아메리카 외교사절단에 대한 연설에서 "주택, 직장과 토지, 보건, 학교에 대한 미주 국민들의 기본적 필요물들을 충족시키기 위한 위대한 목적과 규모에 있어 전대미문의 협동적 노력"을 필요로 하는 미주 대륙(the Americas)을 위한 10개년 계획을 촉구하였다. 새로운 진보를 위한 동맹의 세 가지 목표는 다음과 같았다: 경제성장률의 가속화, 경제와 사회제도의 변화를 고무시키는 것(특히 과세제도와 토지소유제의 유형) 그리고 좌익이나 우익의 독재정치에 대해 미국이 압력을 가함으로써 정치적 민주주의를 옹호하는 것이었다. 그러나 진보를 위한 동맹이 진척되기 전에 많은 미주국가들과 다른 국가들에게 미국 외교정책의 진정한 방향에 관해서 혼란을 일으키게 하는 사건이 발생하였다.

피그 만 사건

미국 역사의 새로운 이상주의 시대에 있어 케네디의 꿈은 취임 3개월 내에 거의 산산이 무너졌다. 외교정책상의 대실패이자 한 인간의 비극인 최초의 쿠바 위기는 미국 민주주의 체제에서 외교정책의 수립과 실행의 연속성을 유지하는 데 있어서의 문제와 워싱턴의 새로운 지도력이 상궤를 벗어난 정책수행의 취약성이라는 문제 모두를 보여주었다. 선거유세 기간 동안 케네디는 카스트로 정권을 인정하여 출발부터 공산주의자로 취급해야 하는 명제와 아이젠하워가 자신의 임기 동안 바티스타 독재정권을 지원하였고 카스트로의 독재에 반대하는 비바티스타 쿠바인들을 도와주지 못했다고 비난받았던 견해 사이를 오락가락하였다. 그러나 케네디는 미국 정부가 민주주의의 복원을 추구하는 자들에게 군사적 지원이 아닌 오직 도덕적이자 심리적인 지원을 확대해야만 한다고 주장하였다.

선거 후 곧바로 대통령 당선자는 중앙정보부의 알렌 덜레스(Allen Dulles)와 비셀(Richard Bissel)의 브리핑에서 아이젠하워 대통령이 초기에 중앙정보부로 하여금 미국의 군사력이 직접 개입을 하지 않은 상태에서 광범위한 반 카스트로 연합을 조직하여 카스트로에 대항할 수 있는 쿠바의 망명자들을 훈련·무장시키도록 결정하였다는 사실을 알았다. 11월까지 중앙정보부(CIA)는 주로 플로리다 주에서 모집된 1,200명의 불만에 찬 쿠바 망명인들을 과테말라 서쪽에 위치한 시에라 마드레(Sierra Madre)에서 훈련시키고 있었다. 이들 대부분은 1959년 초 바티스타 독재정권의 전복과 피델 카스트로 세력의 아바나(Havana) 입성을 환영했었다. 이들 대부분은 자신들을 혁명의 적이라기보다는 희생자들이라고 여겼으며, 보다 정확하게는 혁명의 산물이라고 주장하였다. 그들 눈에 비친 카스트로의 모습은 그들의 자유 민주주의적 혁명을 공산주의자들에게 인계하여 자신들을 배반한 권력추구의 기회주의자라기보다는 오히려 불확실한 마르크시스트로 보였다.

아바나 입성 1년 안에 카스트로는 자신을 양키 제국주의를 비난하는 마르크스-레닌주의자라고 선언하고 플로리다로 탈출하지 못한 바티스트주의자들을 신속하고 무자비한 즉결재판을 통해 처형하였다. 이것은 라틴 아메리카혁명사에서 그 유례를 찾아볼 수 없는 유혈극이었다. 동시에 카스트로는 소련제 무기로 무장한 25만 명의 군대를 양성하기 시작하였다. 이에 아이젠하워 행정부가 경제적 원조 대신에 쿠바산 설탕에 대한 불매운동을 전개하여 카스트로 정권이 소련측에 가담하게 되었다는 문제에 관한 논쟁이 일어났다. 역사적 증거에 의하면, 이러한 가설은 맞지 않는다. 미국은 1958년 3월 바티스타 정권에 무기선적을 중단하였고 1959년 봄 카스트로 정부를 즉각 승인하였다.

비록 국무부가 경제원조 문제를 논의할 의향을 비추었으나, 카스트로는 어떠한 관심도 표명하지 않았다. 카스트로는 소련과 오랫동안 밀접한 관계를 유지했던 자신의 혁명동지인 라울(Raul)과 체 게바라(Che Guevara)의 영향을 받아 초기부터 미국의 보호하에 서반구의 안보를 지키는 전통적인 유형에서 탈피하고자 하였고 미국의 자본주의 원조를 반박하고 자신의 혁명에 소련의 원조를 이용하고자 하였다. 원래 반 바티스타 봉기는 필연적으로 자유주의적 부르주아지 운동이었다. 그러나 그것은 쿠바의 사회구조에서 실질적인 변혁을 이루기를 갈망하는 사회-민주주의 좌익세력의 많은 사람들을 포함시켰다. 좌익지도자들 중의 한 사람은 아바나에서 지하혁명 레지스탕을 조직한 마뉴엘 라이(Manuel Ray)였다. 카스트로식의 방법에서 소외감을 느낀 라이는 1959년 11월 그의 정부에서 물러났다. 베네수엘라의 베탕코우르트(Romulo Betancourt), 페루의 아프리스타 당 총재인 아야 데 라 토레(Haya de la Torre), 콜롬비아의 알베르토 예라스 카마르고(Alberto Lleras Camargo), 코스타리카의 호세 피게레스(Jose Figueres) 등을 포함한 라틴 아메리카의 민주적 좌익세력의 일부 저명한 대변인들은 미국의 중도주의자와 자유주의자들보다 수개월 앞서서 카스트로의 행위에 등을 돌렸다.

이제는 관성이 붙은 이니셔티브를 이전의 행정부로부터 물려받은 케네디는 심각한 딜레마에 직면하였다. 만약 그가 자신의 임기 초반부터 망명 쿠바인 훈련 프로젝트를 계속 진행시킨다면, 양키 제국주의자의 개입주의의 재발에 대항하는 라틴 아메리카의 원성을 자아내는 위험에 빠져 진보를 위한 동맹의 성공을 위태롭게 하는 결과를 초래하게 될 것이다. 만약 그가 그 계획을 취소하고 1,200명이나 혹은 그 이상의 반 카스트로 쿠바인들을 해산시킨다면, 그들 대부분은 극단적인 좌절감에 빠져 용기를 잃을 뿐만 아니라 그 지역 전체에 걸쳐 카스트로주의자들에게 안도감을 주고 또한 서반구에서 적극적으로 공산주의를 증진시켰다는 비난을 받을 것이다. 대통령은 고식적인 수단을 썼다. 케네디는 그 계획을 강행 혹은 중단할지의 여부를 기일 전 24시간의 여유를 갖고 최종결정을 할 수 있도록 만든 후 중앙정보부가 그 훈련 프로그램을 계속 추진하도록 그 계획을 임시적으로 승인하였다. 그는 또한 합동참모본부뿐만 아니라 국무부와 국방부에게 그 프로젝트의 정치적·군사적 실행 가능성을 면밀히 조사하도록 지시하였다. 케네디는 공공연한 미국의 군사적 역할에 반대하는 아이젠하워의 행동원칙을 반복적으로 강하게 말하였다. 그는 중앙정보부로 하여금 그 섬에 상륙하여 교두보를 확보하고 임시정부를 수립한 후 에스캠브레이(Escambray) 산맥에서 이미 활동 중인 반군들과 연대하여 카스트로의 억압정부에 대항하는 민중봉기를 유발하도록 하는 모든 쿠바 상륙군을 훈련·무장시키도록 승인하였다.

그러나 그 계획의 최종수행은 원래의 개념과는 많은 차이를 보였다. 케네디는 그 망명자 조직이 자유주의적이고 가능한 한 확실히 혁명적이거나 혹은 최소한 그렇게 보이기를 원했다. 그러나 중앙정보부는 그 계획의 보수적 양상을 바꾸려고 하지도 않았고 그럴 수도 없었다. 과테말라에서 훈련받은 그룹의 몇몇 지도자들은 마뉴엘 라이의 철학과 그의 추종자들을 피델 없는 피델주의(Fidelismo sans Fidel)로 여겼다. 더군다나 중앙정보부는 기존 구성원들을 잘 알고 있었고, 아마도 만약 동적인 새로운 요소들이 도입된다면 작전에 대한 통제력을 상실할지도 모른다고 우려하였다.

케네디의 미숙한 보좌관들은 그 프로젝트를 다소 회의적으로 바라 보았으나 그것을 성취하는 데 기득권을 가지고 있었던 자들은 그 계획이 성공할 수 있는 기회를 누적적으로 침해시키는 관료적 수정에 계속 묵종하였다. 계획된 상륙지점은 카스트로의 점증하는 군대와 멀리 떨어지고, 에스캠브레이 산맥에 쉽게 접근할 수 있는 트리니다드(Trinidad)에서 카스트로의 군사본부에 100마일 더 가깝고 에스캠브레이 산맥으로 향할 때 공격받기 더 쉬운 코치노스(Cochinos: 피그 만)로 변경되었다. 합동참모장들은 트리니다드를 선호했으나 그 프로젝트를 군사적이 아닌 중앙정보부(CIA)의 은밀한 정치공작으로 여겼기 때문에 장소 변경에 반대하지 않았다. 작전의 성공 여부는 아마도 자발적인 대규모의 민중저항에 근거를 두고 있었을 것이다. 그러나 그것은 결코 그 계획의 필수적인 부분이 아니었다. 그러나 그러한 봉기의 전망에 대한 판단은 케네디의 계획에 있어 어떠한 조정작업도 없이 점진적으로 희미해져 갔다. 백악관으로부터 미 군사력의 직접적인 행동은 없을 것이라는 전갈을 자주 받았음에도 불구하고 쿠바측은 나중에 군사적 행동이 있을 것이라는 확신을 받았다고 주장하였다: 일단 미국 정부가 침공을 하기로 결정했다면 실패는 결코 용인될 수 없었다. 미국의 많은 고위 정책결정자들도 똑같은 가정을 개진하였다. 의심을 가졌던 개개인들은 그러한 사실들을 표명하거나 혹은 확신감을 가지고 책임을 맡고 있는 전문가에게 도전하기를 주저하였다. 전반적으로 근거 있는 정책결정의 내용보다도 희망이 더 높았다.

시초부터 대통령은 그 작전에 열의를 보이지 않았고 자주 불안감을 나타내었다. 그러나 그는 돌이킬 수 없는 비극으로 향하는 흐름을 반전시키고자 하는 결정적인 지도력을 어느 때도 행사하지 않았다. 자신의 정치생활 동안 그는 평화로운 삶을 누렸고 그의 백악관 동료들에게는 중요한 실수를 할 수 없는 인물로 보였다. 심지어는 그의 정치적 본능이 다가오는 위험으로부터 물러서라고 자신에게 경고를 하였을지라도, 그에게 다시 한 번 운이 따르리라는 막연한 기대감이 존재하였을지도 모른다. 그 계획은 광범위한 민중봉기나 혹은 미 군사력의 직접적인 지원을 동반하여 성공할 수도 있었다. 전자는 더 이상 기대하기 어려웠다. 후자는 결코 승인될 수 없었다.

1961년 4월 중순 위기의 순간에 케네디의 전략은 피해를 최소화하는 것이었다. 잘못될 가능성이 있는 거의 모든 것이 잘못되었다. 정보부의 판단은 심히 부적절한 것으로 판명되었다. 모터보트로 야간상륙을 감행하는 데 익숙지 못한 쿠바인 침공대는 예상했던 것보다 훨씬 더 강하고, 잘 무장되고, 준비가 잘된 카스트로군에게 쉽게 진압당했다. 대통령은 쿠바인들과 그들의 미국인 지도자들이 의지했던 제2차 공중폭격을 사전에 취소하였다. 쿠바에서는 자발적인 민중봉기가 일어나지 않았다. 미 해군과 공군에 주어진 유일한 임무는 가능한 한 용감한 쿠바인들을 많이 구출하는 것이었다. 그러나 구출된 인원은 많지 않았다. 최종적으로 1,400명에 이르는 침공대의 80% 이상이 카스트로군에게 잡혔다. 다행히도 사상자는 예상했던 것보다 적은 수 백명에 그쳤다.

피그 만 사건(The Bay of Pigs Fiasco)은 확실히 미국의 외교정책사에 있어 가장 불명예스러운 에피소드 중의 하나였다. 비록 대통령은 그 사건이 순전히 쿠바 내의 문제로 보이기를 원했고 중요한 시점에서 미국의 군사지원을 반대했지만 미국은 많은 자본주의 국가들로부터, 특히 유엔에서 외교적인 비판을 받았다. 유엔에서 부주의하고 회의적인 스티벤슨은 첫 번째 공습에 관해 속임수가 다분한 특집기사에서 미국의 입장을 대변하였다. 첫 번째 공습에서 미국은 임박한 침공에 카스트로가 대비하도록 하는 것 외에는 아무 성과도 거두지 못했다. 미국은 또한 약소국의 국내 문제에 대한 "무자비한 미 제국주의자의 개입"이라는 이러한 가장 최근의 예로, 케네디 그 자신 이상의 중상모략을 당했다. 개인적으로는 이러한 곤란한 사태를 중앙정보부와 합동참모장들의 무능력에 그 책임을 돌리면서 케네디는 외교정책 위기를 다루는 데 있어 자신의 행정부의 순진함과 경험부족을 솔직하게 시인함으로써 씁쓸하고 큰 대가를 치렀던 교훈으로부터 이득을 얻고자 하였다. 3일간의 희비극이 막을 내린 1961년 4월 19일 케네디는 놀랍게도 그 비난을 자신이 부담함으로써 국민의 동정을 살 수가 있었다. 그는 기자회견에서 다음과 같이 논평하였다. "옛말에 승리는 수백 명의 아버지가 있고 패배는 고아 취급을 받는다고 했습니다. …… 나는 이 정부의 책임자입니다……." 그것은 정치적으로 약삭빠르게 말해야 할 것일 뿐만 아니라 용기 있고 적절하며 현명하게 해야 할 일이었다. 왜냐하면 그것은 중상과 자기비난의 무기력한 시기로부터 그 나라를 보존했기 때문이었다.

진보를 위한 동맹

피그 만 사건 이후 케네디는 카스트로를 고립시키고 라틴 아메리카의 나머지 지역에 혁명을 수출하고자 하는 그의 능력을 제지하는 작업에서 미주기구에 도움을 요청하였다. 그러나 이를 위해서 그는 진보를 위한 동맹(The Alliance for Progress)하에 서반구 발전을 위한 실질적인 미국의 자금제공에 대한 그의 초기의 약속을 실행해야만 하였다. 케네디는 이러한 계획을 신속하게 진행시켜 놀랄 만한 탄력으로 음침했던 쿠바 모험의 역경으로부터 다시 튀어오를 수 있었다. 그는 서반구 관계에 있어 진정한 새날이 밝았음을 라틴 아메리카인들에게 설득시키기 위하여 믿을 만한 확실한 몇 명의 대표자들 — 아돌프 벌리(Adolf Berle), 슐레진저(Arthur Schlesinger), 구드윈(Jr., Richard Goodwin), 스티벤슨(Adlai Stevenson), 그리고 다른 사람들 — 을 파견하여 자신의 노련함을 보여주었다. 더군다나 자신의 국내 입법기록이 결코 좋지 않았지만 케네디는 자신의 동맹목표를 위한 재정에 있어서 양원의 지지를 받을 수 있었다. 케네디 행정부는 정열적이고 이상주의적인 평화봉사단의 젊은 단원들을 라틴 아메리카에 파견하였고, 공공법 480 (P. L. 480)에 의거하여 평화를 위한 식량선적을 증가시켰고, 푸에르토리코의 지도자 모스코소(Teodoro Moscoso)를 국제개발처 내 '진보를 위한 동맹'의 조정자로 선출하였고, 상류층의 2% 인구가 부의 절반 이상을 차지하고 있는 지역에서 가난에 굶주린 자들의 기대에 부흥하는 다른 프로그램들을 착수하였다.

1961년 8월 우루과이의 푼타 델 에스테(Punta del Este)에서 열린 미주경제·사회위원회(Inter-American Economic and Social Council) 회담에서 민주주의 지도자들은 민주적 제도의 강화, 사회적·경제적 발전 촉진, 모든 국민에게 일정 수준의 주택제공, 토지개혁의 장려, 정당한 임금과 만족할 만한 작업환경 보장, 문맹해소, 건강과 위생증진, 세법개혁, 그리고 불공정한 사회구조의 변화를 위한 다른 조치들을 취하고, 빈곤한 대다수의 사람들에게 혜택이 돌아가도록 국가수입의 재분배 등을 약속하였다. 그 대가로 미국은 "라틴 아메리카가 그 자체의 노력을 보충하기 위해 모든 외부자원으로부터 이후의 10년에 걸쳐 요구할 수 있는, 원칙적으로 공공자금에서, 최소한 200억 달러의 상당 부분을" 제공하기로 약속하였다.

비록 동맹이 우익과 좌익의 독재에 대한 민주주의 세력의 궁극적 승리를 확신하는 의도에서 계획되었지만, 그 계획의 혜택들은 파라과이의 알프레도 스트로에스너(Alfredo Stroessner) 장군과 아이티의 두발리에르(Francois Duvalier: "Papa Doc")의 독재정권에까지 확대되었다. 케네디 행정부는 우익체제를 강압성으로부터 떼어놓고, 설사 진정한 민주주의로 향하지 않는다 할지라도 다소 온화한 자세로 향하게 하는 것이 가능하다고 생각하였다. 왜냐하면 카스트로의 쿠바와는 달리, 그들은 점증적으로 소련지향적인 공산주의자들의 공고한 통제하에 있지 않았기 때문이었다. 민족의 독립을 보전키로 한 결의가 미국의 원조를 받을 자격이 있는 중요한 판단기준이었다. 한때 케네디는 그들이(유고슬라비아처럼) 진정으로 그들 국가의 독립을 지키고 그들의 정치적 유산의 일부분이었던 의회제도를 고수한다면 영령 기아나(British Guiana)의 체디 하간(Cheddi Jagan) 박사와 같은 사회주의자 친 마르크시스트 정권에게도 원조할 의향을 비추었다.

30년 이상의 전제지배 이후 도미니카 공화국의 트루히요(Rafael Trujillo)가

1961년 5월에 암살당했을 때 서반구는 민주주의가 태동할 것인지 아니면 군부를 통제한 그의 아들 람피스(Ramfis)가 문벌독재(the family tyranny)를 영속화하는지의 여부를 지켜 보았다. 만약 람피스 트루히요가 그 나라를 떠난다면 민주주의 세력은 (트루히요하에서 꼭두각시 대통령이었던) 온건파 벨라게르(Joaquin Belaguer)를 지지한다고 선언하였다. 1961년 11월 람피스 트루히요가 독재정치를 고수하려는 움직임을 보이자, 케네디는 민주주의 세력들을 지원하는 방편으로 산토 도밍고의 근해에 8척의 군함과 1,800명의 해병대를 파견하였다. 이는 궁극적으로 젊은 트루히요의 이국행을 초래하였다. 민족주의자들과 민주주의자들의 열망을 대신한 이러한 특이한 '함포외교(gunboat diplomacy)'의 전개는 아바나를 제외한 모든 라틴 아메리카 국가로부터 환영을 받았다. 한 달 후 케네디와 재클린(Jacqueline) 여사는 환호하는 라틴 아메리카 군중들에게 자신들의 매력을 발산할 3년마다의 대여행을 시작하여 라틴 아메리카인들로부터 환영을 받았다. 케네디가 그 지역에서 과거 미국의 실수를 인정하면서 라틴 아메리카의 토지소유자들, 기업자들, 그리고 지배계층들에게 그들 자신들의 잘못을 인정하라고 촉구하였을 때 가장 열렬한 박수갈채를 받았다.

1962년 12월 도미니카 공화국 국민들은 첫 민주적 선거에서 정부의 수반으로 유명한 문학자인 후안 보시(Juan Bosch)를 선택하였다. 보시가 직면한 문제들은 서반구 남쪽지역에 걸쳐서 온건민주적 좌익지도자들이 직면한 문제들의 전형이 되었다. 도미니카 공화국은 마르크스-레닌이즘의 위협과 투쟁하는 가장 최고의 방법이 가난에 찌들은 대중들의 곤경을 완화시키는 것이라고 확신하였기 때문에 공산주의자들과 반동주의자들로부터 국내적 공격을 받고 있었다. 이러한 양극화되는 상황 속에서 지각 있는 중도노선을 추구하기란 항상 가장 힘든 길이었다. 불행히도 민주적 좌익지도자들은 하층계급의 믿음과 충성심을 얻는 것보다는 상층계급의 경계심과 소외감을 더 많이 얻었을 뿐이었다.

'진보를 위한 동맹'이 일부 성공을 거두었다는 점은 논쟁의 여지가 없었다. 이러한 성공들은 공공주택의 저가 대여, 학생들을 위한 급식 및 교과서 지급 프로그램, 장기적 안목하의 계획수립구조의 창조, 토지사용과 분배, 세법상의 점진적 개선과 공공행정의 효율성 증대 등이다. 이 동맹에 참여한 미주기구 소속의 19개 국가 중 대략 절반 정도가 동맹이 설정한 GNP성장목표를 초과하였다. 그러나 대체로 케네디 행정부와 미주기구 모두는 중요한 사회적·경제적 발전은 오직 지지부진한 속도로만 발생할 수 있는 심오한 문화적 변화를 필요로 하기 때문에 동맹이 기대했던 수사학적 바탕논리보다 훨씬 더 어려웠다. 토지개혁이나 혹은 세제구조상의 개혁이 실질적으로 이루어지지 않았다. 미국이 더 빠른 진보를 위해 압력을 행사할 때마다 보수주의적 기득세력들은 미국 정부가 국내 문제에 개입한다고 비난함으로써 민족주의자들의 원성을 자아내고자 하였다. 동맹에 가담한 대부분의 국가들은 세계시장에서 그들의 생산물가격 하락의 역효과를 느꼈고, 국제수지적자로 인하여 그들은 발전에 필요한 많은 자본재를 수입할 수 없었다. 다른 장애물들로는 다음과 같은 것이 있었다; 산업을 국유화한 정부들에게 행정부의 보조금정책에 반대하는 미국의 사적 투자자들, 1인당 GNP 성장률을 낮추는 인구증가, 관료주의적 타성, 비효율성, 수입원조금을 그것을 가장 필요로 하는 사람들에게 원조할 수 없게 만든 타락성 그리고 불안정한 정치적 지도력 등이다.

동남아시아에서의 공산주의자 폭동

진정 반식민주의자인 케네디는 세계도처에서 활동적인 민족주의라는 새로운 세력에 대하여 동정적이었다. 1951년 인도차이나(Indochina) 여행을 끝낸 후 그는 그 지역 국가들이 프랑스로부터 독립하는 것을 옹호하게 되었다. 1954년 디엔비엔푸(Dien Bien Phu)에 포위된 프랑스를 대신하여 덜레스와 닉슨이 미국의 개입에 호감을 가졌을 때, 젊은 상원의원으로서 케네디는 그러한 생각을 반대하였다. 1957년 그는 상원에서 알제리인의 폭동에 대한 프랑스의 정책을 강하게 비판하는 주요 연설로 상당한 주목을 받았다(그의 목표선택으로 반식민주의적 감정이 단지 프랑스에 대해서만 적대적인 것으로 비춰졌다). 그러나 케네디는 신생독립국가들이나 혹은 오랜 국가의 민주적 정부들이 외국 공산주의 본거지 — 모스크바, 북경, 혹은 아바나 — 의 지배하로 들어가는 것을 막기 위한 자신의 결심에서는 또한 반공산주의자였다.

라오스에서 라오스 좌익세력과의 거래

취임 하루 전날 케네디는 아이젠하워를 만나 그로부터 물려받은 문제들 중에서 라오스에 가장 큰 관심을 보였다. 아이젠하워는 케네디에게 공산주의자가 전략적으로 핵심적인 메콩 강 유역(Mekong Valley)을 차지한다면, 이는 캄보디아, 태국, 그리고 남베트남에 대해 "믿을 수 없는 압력"을 행사하게 될 것이라고 경고하였다. 케네디는 분명히 일국의 공산주의로의 몰락은 필연적으로 연약한 이웃 국가의 몰락을 초래하게 된다는 '도미노 이론(domino theory)'을 굳게 믿고 있었다. 아이젠하워는 동남아시아조약기구(SEATO)가 취한 행동은 적절하나, 캄보디아로 도망친 소바나 포우마(Souvanna Phouma)하의 중립주의자의 해결책을 선호한 영국과 프랑스의 군사개입을 반대한다고 말했다. 아이젠하워와 덜레스는 그를 친소 성향의 중도주의자로 여겼기 때문에 항상 소바나 포우마에 반대하였다. 아이젠하워는 케네디에게 라오스 좌익세력(the Pathet Lao)이 연합에 가입하지 않도록 주의를 주었다: 그는 제안된 해결책이 마샬의 중국임무를 실패로 이끌었다고 통보하였다. 케네디는 "누가 라오스를 상실하였는가?"에 관한 논쟁을 하고 싶지 않았다.

케네디는 나머지 동남아시아 국가들에 대한 미국의 공약에 미치는 그러한 결과의 함축성 때문에 공산주의자 라오스 좌익세력의 반란자들의 승리를 수수방관할 수 없다는 것을 알았다. 그러나 그는 라오스 왕군(Royal Laotian Army)을 지원하기 위해 미국의 원정군을 파견하는 무용한 노력을 하지 않기로 결정하였다. 대부분의 라오스 왕군의 병사들은 세계의 주요한 두 공산국가들에 대항하는 자유의 요새로서 불교도의 평화주의자들이었다. 이들 공산주의 국가들은 적어도 서방에 대한 그들의 반대에 있어서는 아직까지도 폭넓게 동맹국가로 여겨졌다(1961년 4월 맥아더 장군은 케네디에게 아시아 본토에 미국의 지상군을 투입하지 말 것을 충고하였다). 따라서 대통령은 아이젠하워 행정부가 거절하였던 협상을 통해서 일종의 라오스의 중립안을 모색하였다.

국가안보보장회의가 라오스 좌익세력에 대한 억지력이자 협상을 위한 교섭 당사자로서 메콩 강 유역으로 소규모의 미국 병력파견에 관해 토의를 하였을 때, 합동참모장들은 전면적인 노력을 취하든가 아니면 아무것도 하지 말 것을 촉구하면서 이것을 어중간한 조치라고 반대하였다. 쿠바, 베를린, 콩고, 그리고 베트남에서 여러 문제에 직면한 케네디는 주요 분쟁이 일어날 것 같지 않은 나라로 군대를 보내는 것을 꺼려하였다. 그러나 그는 정전과 중립화라는 자신의 목표를 이루기 위해서는 "거칠게 보여야"만 한다고 느꼈다. 남지나해, 오키나와, 그리고 태국에 있는 미군은 3월 후반기 동안 경계태세에 들어가 강화·보강되었고, 라오스에 더 가까이 재배치되었다. 케네디의 요청에 대한 답변에서 인도의 네루 수상은 정전안(the idea of cease-fire)을 지지하였다. 영국의 맥밀란(Macmillan) 수상은 만약 피할 수 없다면 미국의 군사개입을 지지했으나 프랑스는 이를 반대하였다. 케네디는 만약 외교협상으로 그것을 산출한다면 라오스의 중립안을 수락하는 입장을 표명하면서도, 필요하다면 군사적 개입을 단행할 준비를 하였다.

그 나라 전반에 걸쳐 라오스 좌익세력이 퍼지고 있을 때 해리만(Averell Harriman)은 케네디에게 라오스의 수상 소바나 포우마 왕자의 중립주의적 해결책을 지지하도록 재촉하였다. 바로 그 시점에서 대통령은 관심을 피그 만으로 돌릴 수밖에 없었다. 피그 만 대실패 이전에, 합동참모장들은 라오스에 6만 병력을 파견하고자 한다고 말했다. 나중에 그들은 전술 핵무기를 갖춘 14만 병력이 필요하다고 말했다. 그날까지 라오스 개입을 위한 상세한 임시계획이 마련되어 있지 않은 것이 더욱 분명해졌고, 여론, 의회지도자들, 군 관료들은 아시아에 미국의 지상군 투입을 원치 않았다.

케네디는 계속해서 군사시위행동을 명령하였다. 극적인 기자회견에서 그는 공식적으로 의지의 실험 — 중립화나 혹은 실질적인 개입의 결과에 자신의 명예를 걸었다 — 을 발표하였다. 명백히 그는 난관에도 불구하고 흐루시초프에게 미국은 진정이라고 설득시킬 수 있었다. 사실 미국은 그럴 생각이 없었다. 아마도 흐루시초프는 케네디가 피그 만 사건 일주일 후 동남아시아에서 또 다른 심각한 좌절을 단순히 받아들이지 않을 것이라고 생각했다. 그는 소련 군대를 라오스로 보내어 미군과 직접적인 분쟁에 휘말리고 싶지 않았다. 그는 또한 자신이 예견했듯이, 라오스는 결국 "잘 익은 사과처럼 우리의 무릎으로 떨어질 것"을 확신하였다. 공산주의자 라오스 좌익세력이 '중립적' 라오스에서 지배적인 요소가 되는 것은 이미 확실하였다. 그 어떠한 것도 그 사실을 변경시킬 수는 없었다. 5월 1일 정전이 협상되었다. 3주 후 중립화 협정을 완수하기 위해 인도, 캐나다, 그리고 폴란드 대표들로 구성된 국제통제위원회가 도착하였다. 케네디와 흐루시초프는 6월 비엔나에서 정상회담의 하나의 실제적 결과인 공식적 축복을 덧붙였다.

모든 동남아시아 국가들은 1950년대 미국의 전략가들이 소위 '소규모 전쟁(brushfire wars),' 1961년 1월 6일 흐루시초프가 '민족해방전쟁(wars of national liberation)'이라고 칭한 것을 위한 유효한 지역은 아니었다. 대통령은 게릴라 폭동은 재래식 군사침략보다 훨씬 더 복잡한 위협을 자유 세계에 제시하고 정부나 군도 이에 대처할 준비를 하지 못한다는 것을 오래전부터 확신해왔다. 대 게릴라 활동작전은 협의의 군사적 측면에서 고안되는 것이 아니라, 바다에서 자유롭게 수영하는 공산주의자 게릴라 모택동(Mao Zedong)처럼, 국민의 지지를 받게끔 계획된 정치적, 사회적, 경제적, 그리고 심리적 프로그램의 미묘한 결합을 필요로 한다. 케네디는 미국의 반 게릴라 활동능력을 개선시키기 위해 광범위한 전선에 걸친 노력을 즉시 착수하라고 명령하였다. 그러나 전통적인 제도들은 방향전환의 준비가 되어 있지 않았다. 정치는 정치지도자들과 외교관들이 맡아야 한다는 오랜 전통에 따라서 미 육군은 게릴라 혁명에 대한 전투를 수행하면서 민주적 국가건설과 사회적 · 경제적 발전에 몰두해야 한다는 사상을 좋게 생각하지 않았다.

베트남에서 베트콩의 세력 결집

이제 케네디 행정부는 훨씬 더 위태롭고 대규모적 갈등상태의 남베트남으로 관심을 돌려야만 하였다. 베트남의 상황은 라오스의 상황보다는 다소 덜 위험스럽게 악화되고 있었다. 16개월이 채 안 되어 베트콩(VC: Viet Cong) 게릴라의 숫자는 4,400명에서 1만 2,000명으로 늘어났다.[2] 적어도 남베트남 영토의 절반은 특히 야간에는 공산주의자의 통제하에 있었다. 베트콩은 1년 이상 동안 침투, 전복, 사보타지, 잔인한 테러, 그리고 암살을 벌여 1960년 하루 동안 평균

---

2) 베트콩 게릴라들은 주로 두 개의 원천으로부터 충원되었다. 한때는 남쪽에 살았으나 1954년 베트남이 분단된 후 북쪽으로 이동해 온 북베트남인 그리고 호치민(Ho Chi Minh)의 서방 제국주의에 대한 투쟁에 찬성하는 남베트남의 좌익계열과 민족주의자들. 베트콩의 무기는 공산주의자 진원지와 디엠(Diem)의 무장세력으로부터 생겼다.

6명의 지방 지도자들을 죽이고, 따라서 비공산주의 엘리트를 참수시켜 왔다. 좋은 목표대상들은 선생님들과 학교, 병원, 말라리아 통제 센터, 그리고 건장한 노동자들, 농업 대리점과 연구 센터, 지방 경찰, 성직자들, 그리고 마을 연장자들이었다. 케네디는 남베트남의 고딘디엠(Ngo Dinh Diem)과 태국의 사리트(Thanarat Sarit)에게 모든 동남아시아 국가들이 수포로 돌아가는 것을 막아야 함을 재보증해야만 하였다. 동남아시아 정부지도자들이 그것을 믿고 그들이 라오스 상황의 진전에 크게 동요되는 한, 도미노 이론은 효과가 있었다.

케네디는 1961년 5월 존슨 부통령을 대만의 장개석, 사이공의 디엠, 그리고 방콕의 사리트에게 보내 재보증을 약속함으로써 미국의 공약을 재차 단언하기로 결심하였다. 여행을 끝낸 후 케네디와 존슨은 동남아시아를 필연적으로 상실할 필요가 없고, 군사적, 경제적 그리고 정치적 정책들을 잘 혼용하여 공산주의자 전체주의로부터 구해낼 수 있다는 데 동의하였다. 존슨은 상당한 정치적·경제적 개혁으로 지원된 훈련임무 이상의 군사개입을 원치 않았다.

불행히도 원래 아이젠하워와 덜레스가 만든 남베트남에 대한 미국의 공약은 베트남 국민들의 충성심이 이반되어 왔던 한 인간의 정권에 대한 공약이 되어 버렸다. 디엠은 엄격한 성격의 전통적 애국자로서 그리고 자신의 국민들의 도덕적, 사회적·경제적 규범을 고양시키고자 하는 봉건적 권위주의자로서 권력을 잡았다. 디엠의 견해로는 국민들은 자기에게 존경, 충성 그리고 복종의 의무가 있으나 자신은 이들에게 어떤 민주주의적 의미에서도 책임이 없다고 보았다. 1960년이 지나면서 디엠은 더욱 더 억압적이고 과대망상적이 되었으며, 지식인, 정치인, 그리고 군부 엘리트들 사이에서 점증적으로 원망의 초점이 되었다. 미국의 강력한 권고하에 그는 개혁들을 약속하였다. 그러나 그는 그 약속을 지키지 않았다. 미국 저널리스트들의 부화뇌동(swelling chorus)식의 비판으로 인해 미국과 자국 모두에서 그의 입장은 상당히 손상당했다. 이는 결국 그를 절대주의에 더 가깝게 몰아부쳤다.

맥스웰 테일러(Maxwell Taylor) 장군과 (그 당시 정책기획국장으로 국무부로 옮긴) 로스토우는 베트남을 방문한 후 북베트남으로부터의 대대적인 군사원조 유입을 중단시켜야만 한다고 보고하였다. 그들은 그 전쟁은 미국의 도움을 받아

베트남인 스스로에 의해서만 이길 수 있다는 것을 깨달았다. 그러나 남베트남인들은 디엠에 의해서 고무되지 않았다. 프랑스에서 교육받은 상류계급의 가톨릭으로부터 차별대우를 받는다고 느낀 불교 신자들은 반정부 시위를 벌여 정부군으로부터 비난을 초래하였다. 그 후 일련의 불교 승려들은 자기희생(self-immolation)적 행동으로 자신들의 입장을 극적으로 나타내기 시작하였다. 세계 언론에 놀라운 모습을 제공한 이러한 승려들(격렬한 자살자들)은 반 디엠정서의 강력한 자극요인이 되었다. 미국의 목적은 성장은커녕 싹조차 트일 수 없는 풍토에서 자유주의적 의회민주주의의 씨앗을 파종하는 것이 아니라 남베트남인들의 선택의 자유를 보존시키는 데 필요한 상황을 지원하는 것이었다. 수많은 저널리스트들은 디엠의 강압적인 방법이 베트콩의 목적을 정당화시킨다고 추측하는 것 같았다. 북베트남에서 자신의 억압에 대한 어떠한 비판도 용납하지 않는 호치민은 종종 베트남의 조지 워싱턴(George Washington)으로 묘사되었다. 반면 남베트남인들이 확실하게 누렸던 자유의 정도는 점차적으로 일방적이 되어버린 보도과정에서 일반적으로 무시되었다.

이러한 긴장된 상황에 대한 케네디의 반응은 100명의 군사고문단과 그린 베렛(Green Berets)으로 알려진 400명의 대게릴라 특수부대(Special Forces troops)를 파견하는 것이었다. 1961년 말까지 베트남에 있는 미국의 군사인원은 2,000명에 달하였다. 1년 정도 지나서는 1만 1,000명에 달하였다. 1962년 한 해 동안 군사원조고문단(MAAG: Military Assistance Advisory Group)의 강화, 헬리콥터의 유입, 그리고 (말레이의 '비상사태'에서 영국의 경험을 모방하여 마을을 요새화함으로써 베트콩으로부터 민간인을 보호하려는 의도에서 계획된) 상당한 정보를 제공하는 '전략적 마을(strategic hamlet)' 프로그램의 확대 등으로 형세가 일변되는 것 같았다. 심지어 공산주의자들도 그해는 디엠의 해라고까지 인정하였다. 워싱턴에서는 러스크, 맥나마라, 테일러, 존슨(U. Alexis Johnson)으로부터 낙관적인 성명들이 나왔고, 그리고 케네디 자신은 1963년 1월 대통령 연두교서에서부터 발표하기 시작하였다.

그러나 1963년 5월이 지나면서 케네디 행정부의 일부 주요 인물들은 투쟁에서 진보의 결여를 디엠과 심지어는 그의 형 누(Nhu)와 형수인 마다메 누(Madame Nhu)에게 책임을 돌리기 시작했다. 누는 타락으로 막다른 길에 이르렀고, 베트콩 테러분자들로부터 격리시키려 하였던 농민 마을사람들의 반대에 부딪힌 전략적 마을 프로그램의 제1차적 실패자로 여겨졌다. 그는 또한 제복을 입은 청년단과 공산주의자들과 디엠의 다른 적들을 체포하는 비밀조직을 이끌었다. 사이공 정권의 요부 마다메 누는 불교 신자들을 경멸하는 왕의 배후에서 권력을 행사하는 섭정권자라고 점증적으로 비난을 받았고, 서방세계 전체에 걸쳐서 그러한 불리한 반작용을 자극시키는 박해를 촉구하였다. 초연하고 국민들의 생활 스타일로부터 고립된 디엠은 베트남의 최고의 이익들을 그들 가족의 개인적 목표들과 동일시하는 가족들의 조종을 받았다.

1961년 3월부터 1963년 8월까지 공산주의와의 투쟁에서 디엠 정부를 지원하기 위해 케네디가 사이공에 파견했던 남베트남의 미국 대사는 프레드릭 놀팅(Frederick, 'Fritz' Nolting)였다. 1963년 여름 동안 저명한 해리만(Averell Harriman)과 힐즈먼(Roger Hilsman)을 포함한 일부 케네디의 정책보좌관들은 만약 공산주의자들에 대한 전쟁에서 승리하려면 미국은 고딘 디엠 가문에 대한 지원을 철회해야만 한다고 확신하게 되었다. 전국무성 정보·연구책임자이자 최근에 극동문제담당 차관보가 된 힐즈먼은 남베트남 군 장교들은 대부분이 가톨릭 신자인 반면에 하사관들(NCOs: Non Commissioned Officers)과 보병들은 불교 신자들이기 때문에 가톨릭 지배 엘리트의 불교 신자들에 대한 공격은 엄청난 실수라고 주장하였다.

놀팅이 갑작스럽게 디엠을 적대시하거나 혹은 만약 디엠이 누의 가족(즉 그의 형과 형수)을 해고하지 않으면 심각한 문제에 빠질 것이라는 경고를 할 수 없었으므로 놀팅을 그 지위에서 해임시켜야만 한다고 결정되었다. 대통령은 그의 후임자로 1952년 매사추세츠 상원 입후보에서 케네디에 패배하고 1960년 부통령 입후보에서 케네디-존슨 공천후보자에게 패배한 로지(Henry Cabot Lodge)를 선택하였다. 베트남의 임박한 재난에 한 저명한 공화당원이 관여하게 된 것은 명백히 바람직스러운 일이었다.

불교 신도들과 화해를 모색하기로 한 약속을 무지막지하게 깨뜨린 디엠이 비밀경찰로 하여금 그들의 사찰을 공격하고 수백 명의 승려들을 체포하고 그들 중 많은 사람들을 죽이도록 허락한 이후 얼마 지나지 않아, 로지가 자신의 근무처에 도착하였다. 워싱턴으로 돌아왔을 때 힐즈먼의 이니셔티브를 근간으로 8월 24일 토요일 미국은 누의 가족을 포함한 정부를 더 이상 지원할 수 없다는 내용을 로지에게 전달한 논쟁적인 해외전보가 작성되었다. 힐즈먼, 볼(Ball), 번디 참모진의 포레스트(Michael Forrest)가 초안한 그 메시지는 승인을 위해 러스크, 맥나마라, 맥콘(McCone), 그리고 테일러가 배부하기로 되어 있었다. 비록 국방부 차관인 길패트릭(Rose Gilpatric), 중앙정보부장 헬름즈(Richard Helms)는 전화로 연락되었지만 마지막 세 명은 주말에 도착할 수 없었다.

나중에 케네디는 그것이 발송된 이후 자신의 주요 보좌관들의 일부, 특히 맥나마라, 맥콘, 그리고 테일러가 그 해외 전보에 관해서 유보조항을 두었다는 것을 알고 격노하였다. 모든 사람들은 그 일을 사이공의 정부교체는 필수적이라는 명제에 관해 합의가 이루어졌다는 가정 아래 진행시켰다. 그러나 그러한 가정은 존재하지 않았다. 다음번에 모든 주요 인물들이 함께 모였을 때, 대통령은 각자를 차갑게 노려보고, 그 해외 전보를 바꿔야 하는지의 여부를 물어 보았다. 모든 사람들은 그 해외 전보는 케네디의 사고를 반영했음에 틀림없다고 결론을 맺었다. 어느 누구도 변경을 추천하지 않았다. 대통령이 잘못된 방향으로 나갈지도 모른다는 것을 제시하는 것은 대단한 정보와 용기가 필요한 것이다.

반 디엠 쿠데타의 옹호자들은 명백히 디엠과 그의 가족을 나라 밖으로 안전하게 피신시킬 수 있는 무혈 쿠데타를 숙고했었다. 1963년 11월 1일 교회에서 나오는 디엠과 누의 암살을 어느 누구도 용서하지 않았다. 쿠데타를 계획한 베트남 장교들의 노력을 우호적으로 바라보고 쿠데타 성공 후 기꺼이 그들을 지지할 미국의 사전승인 없이 행동하는 것에 두려움을 가졌을 것이라는 것은 확실하다. 쿠데타의 옹호자가 된 로지는 미국의 원조를 연기하는 것만으로도 디엠과 그의 무리들을 전복하기에는 충분하다고 통보하였다. 케네디는 원조를 중단하고 그로 인해 미국의 베트남 정책방향을 전환할 수 있는 권한을 로지에게 부여했었다. 쿠데타가 일어나기 마지막 수주 동안 케네디 행정부는 결정된 확실한 사실과 괴로운 제2의 사고 사이의 혼동에 동요하였다. 때때로 거기서 발생할 사건의 책임을 실제로 누가 – 로지, 하킨즈(Harkins), 혹은 중앙정보부 – 지느냐와 누가 그 쿠데타의 성공을 장담할 수 있느냐는 확실치 않았다. 만약 쿠데타가 발생했다면 차기 정권은 디엠 정권보다 더 좋을 것인가 아니면 더 나쁠 것인가? 후에 존슨은 모르는 악마보다는 알고 있는 악마를 다루는 것이 더 낫다는 견해를 밝혔다. 쿠데타 발생 4일 후 로지는 쿠데타는 "우리의 준비 없이 일어났음으로, 발생하지 말았어야 했다"고 말하였다.[3)]

흐루시초프와의 비엔나 회담

케네디와 그의 외교정책 보좌관팀은 세 회의(제네바, 유엔 그리고 캠프 데이비드에서) 때문에 아이젠하워를 만났던 흐루시초프(Nikita Khrushchev)가 자신들의 열의를 시험, 의도를 조사하고자 한다는 확신을 갖고 워싱턴으로 돌아왔다. 그들의 생각은 옳았다. 1961년 2월 소련지도자는 모스크바의 톰프슨(Llewellyn Thompson) 대사를 통해서 회담을 제안하였다. 케네디와 러스크는 외교수행을 위한 범위로 정상회담에 대해서는 일반적으로 반대하였다. 그럼에도 불구하고 이 경우에 있어, 케네디는 양국의 지도자들이 상대방을 개인적·비공식적으로 판단할 기회를 갖고 각자가 상대방의 성명, 정책, 행동 그리고 의도에 대해 더 나은 판단을 하도록 6월 비엔나에서 흐루시초프를 만나고자 하였다. 케네디는 양국 간의 관계에 영향을 끼치는 광범위한 정치적·이데올로기적 문제들뿐만 아니라 라오스, 핵실험금지 제안, 그리고 베를린 위기 등에 관한 의견교환을 원하였다.

케네디는 흐루시초프처럼 강인하게 보이기로 결심하였다. 그러나 실제로 그는 이데올로기적 변증법에 더욱 능숙하고 천박한 언어사용에 더욱 화려한 흐루시초프보다 말이 없었고, 덜 공격적이었으며, 보다 더 정중하였다. 몇 가지 점에서 대통령은 상호 이해와 자제, 그리고 양 지도자들은 일방이 타방의 중요한 이해관계에 도전하여 직접적인 대결을 일으키는 상황을 피해야 한다는 무거운

---

3) 그러나 수개월 후인 1964년 6월 로지는 디엠 정권의 전복은 순전히 베트남인들의 문제라는 입장을 취했다.

책임감의 필요성을 강조하고자 하였다. 그가 한 번 이상 말한 커다란 위험은 타방의 근본적인 이해관계와 가능성 있는 대응에 대한 일방의 오판, 그리하여 전쟁이 발발하기 전에는 어느 측도 철회할 수 없는 위험이었다. 흐루시초프는 케네디의 '오판'이라는 용어사용을 싫어하였다. 왜냐하면 그에게 있어, 그것은 케네디의 입장에서는 공산주의자 사상의 선전화는 러시아 내에 국한되어야 한다는 신념을 의미하였기 때문이었다. 그는 공산주의자의 혁명적 과정은 세계역사 발전의 정상적 과정이라는 것을 케네디가 이해하지 못한다고 말했다.

비엔나에서 토의된 실질적인 세 가지 쟁점 중에서 오직 한 가지 쟁점에서만 제한적인 진보가 이루어졌다. 어느 진영이 부당하게 라오스에 개입하고 있느냐에 관한 신랄한 논쟁 후, 두 지도자들은 조금한 동남아시아 국가에서 전쟁을 계속할 가치가 없다는 데 동의하여 정전합의 도출을 약속하였다. 핵실험금지와 지하실험 조사 문제, 그리고 그것을 지진과 구별하는 문제에 관해서 흐루시초프는 매년 세 곳의 현장검증을 용인했다. 그러나 그는 더 많은 수 — 미국이 20곳을 요구했다가 나중에 12곳으로 줄인 — 는 간첩활동과 같은 것으로 생각하였다. 케네디는 핵무기보유 국가들의 확산을 금지하는 수단으로써 핵실험 금지조약의 잠재성을 강조한 반면, 흐루시초프는 그것을 군축과정을 시작하는 가장 좋은 방법으로 생각하지 않고, 다만 소련이 먼저 핵실험을 다시 재개하지 않겠다는 약속을 하였다. 그 약속은 채 3개월도 경과되지 못해 철회되었다.

1961년의 베를린 위기

베를린(Berlin)은 비엔나 회담에서 논쟁의 초점이었다. 수개월 이전인 1월 6일 흐루시초프는 베를린에서의 서방측 입장의 취약성을 예리하게 간파하여 자신의 요구사항들이 충족되지 않는다면 일방적인 행동을 취할 것이라고 말했다. 비엔나 정상회담 얼마 전에 그는 자신의 위신이 위태롭고 자신은 원래의 1958년 11월의 6개월 최후통첩 이후 2년 반 동안 묵묵히 기다려 왔기 때문에 U-2기 사건 이후 말이 없던 베를린 문제를 재쟁점화하고자 함을 톰프슨 대사에게 암시하였다. 서베를린의 번영과 이전의 독일 수도였던 생기 없는 동베를린 간의 대조적 양상은 공산주의자들에게 점증하는 당혹감을 부과했다. 1949년과 1961년 사이에 200만의 동독인들이 서베를린으로 탈출해 나갔다. 거의 모든 동독인들이 베를린의 지하도를 통해서 탈출을 시도하였다. 비엔나에서 흐루시초프는 그러한 상황을 더 이상 묵과할 수 없다고 불평하였다. 만약 독일을 위한 일반적인 평화정착이 이루어질 수 없다면, 그 자신은 동독과의 개별적인 평화조약을 체결하여 전쟁상태를 종결시키는 데 필요한 조치를 취할 입장이었다. 그렇게 된다면, '자유도시'로 선언된 서베를린의 운명은 주권을 가진 독일민주공화국에게 넘어갈 운명이었다. 그리고 독일민주공화국은 3개국 서방동맹국들과 함께 점령과 통행권을 재협상할 수 있었다. 케네디는 베를린에서 점령군을 유지할 수 있는 미국, 영국 그리고 프랑스의 합법적 권리는 소련의 그것처럼 정복에 기반을 두고 있으므로 일국에 의해서 파기될 수 없다는 점을 명백히 하였다. 케네디는 법률적인 미묘한 점을 떠나서 베를린은 서방안보에 절대적이라고 말했다. 만약 미국이 그 곳에서 자국의 지위가 침식당하는 것을 묵묵히 받아들인다면, 서유럽 전체에 대한 자국의 공약의 신뢰성은 손상당할 것이다. 그러므로 미국은 베를린에 대한 최후통첩을 받아들일 수 없었다. 케네디는 위협적인 분위기 속에서는 협상을 할 수 없다는 견해를 여러 번 피력하였다. 떠나기 앞서 흐루시초프는 동독 내에서 모든 서방국의 점령권을 종결하는 4대 강대국 평화조약이나 혹은 독자적인 소련-동독 조약의 마감일을 12월 31일로 설정하였다. 케네디는 소련의 지도자가 자신의 용기와 동맹군의 통일성을 시험하기 위해 베를린 쟁점을 이용하고 있다는 것을 알고 있었다.

케네디는 애치슨에게 나토(NATO)와 독일문제연구를 지휘하도록 하였다. 강경파인 애치슨은 베를린 위기가 닥쳤을 때, 필요하다면 동맹국은 무력으로 베를린에서 자신들의 지위를 지키기 위한 결의를 표해야만 한다고 권했다. 그는 또한 서방측의 권리를 재천명하기 위해 독일의 아우토반(au-tobahn) 고속도로에 미국의 장갑사단을 포진시키는, 절정에 달하는 일련의 군사적 대응책을 추천하였다. 영국의 외상 더글라스 홈(Lord Alec Douglas-Home) 경과 번디, 슐레진저, 키신저, 톰프슨, 그리고 해리만을 포함한 케네디의 일부 보좌관들은 애치슨이 너무 일찍 그리고 너무 배타적으로 최후의 군사적 대응에만 관심을 둔 반면에 위기를 피할 수 있는 임시적인 정치적·외교적 이니셔티브의 가능성을 간과하고 있다고 생각하였다. 그러나 애치슨은 단순히 소련의 지도력보다 핵전쟁의 전망에 대하여 더 두려워하는 것처럼 보이는 이유만으로는 서방이 자신의 권리를 양보하지 않을 것이라는 의지를 흐루시초프에게 보여주기 이전에 협상을 하는 것은 무용하다는 것을 확신하였다. 게다가 그는 양측이 받아들일 수 있는 조건하의 독일 통일은 전혀 불가능하기 때문에 협상할 것이 별로 없고, 이제는 장기적인 협정을 철회하는 소련에게 뇌물을 주면서까지 베를린에 대한 새로운 보장을 구하는 것은 치사한 일이라고 생각하였다.

비엔나 회담 이후의 2개월은 미국에게 있어서는 긴장되고 우울한 기간이었다. 대대적인 군사증강, 국가의 비상사태선포, 향토 예비군의 전시편성(혹은 적어도 경계), 방위비 지출을 위한 높은 세금, 그리고 임금과 가격통제의 설정 등을 요구하는 목소리가 높았다. 아이젠하워 행정부로부터 물려받은 대량보복전략이 케네디의 대응선택권을 제한하는 것처럼 보였기 때문에 여름 동안 아우토반에 파견될 장갑사단이 오직 재래식 무기만 갖추어야 하는지 아니면 또한 핵무기를 사용할 수 있는지에 관한 많은 숙고, 논쟁, 그리고 워 게임 시뮬레이션 등이 이루어졌다. 케네디와 백악관 보좌관들은 흐루시초프를 오직 한 수 위의 위험한 술책(dangerous one-upmanship)에 의해서만 탈출할 수 있는, 궁지로 몰아넣는 경솔하고 극단적인 조치를 피하고자 하였다. 그들은 미국의 군사능력을 개선시키기 위한 조치들을 취하면서 모스크바의 공격적인 선전을 무력화시킬 수 있는 새롭고 참신한 외교적 이니셔티브를 계속 요구하였다. 그러나 이러한 것들은 쉽게 산출되지 않았다.

1961년 8월 13일 자정이 조금지나 동독 군부대와 경찰병력은 그 도시의 나머지로부터 동베를린을 격리시키기 시작하였다. 그들은 며칠 이내에 베를린 장벽(Berlin Wall)으로 알려진 엉성한 구조물을 세웠다. 베를린 장벽은 곧바로 서방 민주주의와 공산주의 전체주의 사이에 콘크리트와 가시철망을 치고 그리고 유리조각을 박은 분할선의 상징이 되었다. 그 장벽은 두려움과 분노를 자아냈으나 공공연한 대결을 초래하지는 않았다. 흐루시초프는 자신의 딜레마인 서베를린에 있는 서방의 권리를 직접적으로 침해하지 않고 동독으로부터의 생혈의 흐름을 중단시킬 지혈대에 대한 세심하게 계산된 해결책을 고안했었다. 서방의 책임 있는 정치가 어느 누구도, 심지어는 많은 엘리트와 여론이 인간의 자유에 대한 이러한 모욕을 불도저로 제거하기를 바랐지만, 베를린 장벽의 구축에 대해 대결, 아마도 전쟁의 위험을 무릅쓰려고 하지 않았다. 케네디 대통령과 아데나워(Konrad Adenauer) 수상은 기꺼이 자제하고자 하였다. 케네디는 서베를린 주민들의 불안감을 해소시키기 위해 존슨 부통령을 파견하여 그들에게 미국의 공약은 확고하다고 재확신시켰다. 그는 또한 서베를린에 있는 미국의 분견대를 보강하기 위해 서독에 제8보병대 소속의 1,500명의 최정예부대(First Battle Group)를 주문하였고, 1947~1948년의 베를린 봉쇄 기간 동안 크게 의지가 됐던 클레이(Lucius Clay) 장군을 그 지역 자신의 개인적 대표자로 임명하였다. 점차적으로 위기는 수그러들었다. 10월 중순 흐루시초프는 평화조약을 위한 자신의 12월 31일 마감일을 철회하였다.

미사일 갭과 미국의 방위정책

1950년대 후반 미국의 전략분석가들은 아마도 1960년대에 직면할 안보위협의 본질을 충족시키기 위한 핵억지력과 미국의 전반적인 준비성에 대한 계속적인 유효성에 관해 우려를 표명하기 시작하였다. 랜드 연구소(LAND Corporation)의 알버트 훨스테터(Albert Wohlstetter)는 일단 핵억지는 모든 기간에 성취될 수 있는 조건이 아니라고 지적하고 있었다. 두 주요 강대국이 비축하고 있는 핵무기양 때문에 전쟁발발이 거의 불가능하다는 것은 사실이지만, 그럼에도 불구하고 군사적 기술공학의 부단한 동적인 변화의 시대에 있어서, 미국은 소련지도자들이 기습적인 전략핵무기의 일차공격을 감행하여 미국의 보복공격을 격감시킬 수 있다는 생각을 하지 못하게 하는 불사신의 제2차 공격능력을 항상 보유하고 있다는 것을 확신해야만 하였다.

수년 동안 그 문제는 모든 수준에서 전쟁 규모의 확전 과정을 통제할 수 있는 능력을 보유하여 전쟁에 제한을 가하는 것으로 인식되어 왔다. 그것은 사실상 전략적 핵 우위, 즉 원자력 시대의 개막 이래 미국이 확실하게 누렸던 이점을 의미하였다. 핵 우위 그 자체만으로는 충분치 않았다. 제한전 수행을 위한 총체적 범위에 걸친 능력, 재래식 무기와 마지막 호소수단으로서 핵무기 모두를 개발시켜야만 하였다. 문제는 소련이 부과한 이중적 위협 — 로켓 공학의 발전과 선전, 정치적 공갈 목적을 위한 미사일 사용을 예비해 둔 정책의 선호와 동시에 아시아, 아프리카 그리고 라틴 아메리카에서 반서방 게릴라 폭동을 지원하는 정책 — 의 출현 때문에 심각하고 복잡하게 되었다.

1960년의 선거활동은 닉슨과의 경쟁에서 케네디 진영이 그것을 유리하게 이용하고자 하였던 소위 미사일 갭에 관한 생생한 논쟁을 두드러지게 하였다. 케네디와 민주당원들은 미사일 갭을 고안하지 못했다. 1957년 10월 소련이 최초의 스푸트니크(Sputnik)를 발사한 후 2년 이상이 지나서 흐루시초프는 소련의 장거리 미사일 능력을 지나치게 과장하였다. 미국이 아직도 대륙 간 미사일 전개의 계획단계에 있었을 때, 미국의 많은 군 장교와 민방위 대책관리들은 미국의 전략폭격기의 취약성을 우려하였다. 오직 소수의 미국전략공군사령부(SAC: Strategic Air Command)의 폭격기지만이 '공고'하였고, 대부분의 기지들은 미사일 기습공격에 취약하였다. 미국은 터키와 이탈리아에 중거리 탄도탄 주피터(Jupiter)와 지대지 중거리 탄도 미사일 터(Thur)를 배치하였다. 그러나 이러한 액체연료의 '사일로 내에서 로켓모터에 점화하여 발사하는 방식(hot launch)' 미사일은 지상에 배치되어야만 한다. 그러므로 그러한 미사일 또한 유사하게 취약하였다. 더군다나, 제1차 공격에서 살아남지 못함으로 미사일들은 그 자체가 제1차 공격무기가 되는 도발적인 형태를 띠었다.

1957년 게이더 위원회(Gaither Committee)가 작성한 비밀보고서에는 앞으로 닥칠 미사일 갭이 가정되었다. 아이젠하워의 맥엘로이(Neil McElroy) 국방장관은 1962년까지 아마도 소련은 대륙간탄도미사일(ICBMs)의 로켓 투사 중량 탄알(rocket throw weight lead)을 3 대 1의 차로 전환시킬 수 있을 것이라고 1959년 의회의 세출위원회(House Appropriations Committee)에 보고하였다. 절박한 갭의 가설이 많은 민주·공화당 의원들, 국방과 다른 관리들, 과학자들 그리고 당파심이 없는 저널리스트들에게는 당연한 것으로 여겨지게 되었다. 그 논쟁은 그 차이가 현재냐 혹은 미래냐, 단지 로켓 추력만을 언급하느냐 아니면 양과 질의 전체적인 우위성을 언급하느냐, 그리고 다만 대륙간탄도미사일에 국한된 것이냐 아니면 해상발사미사일을 포함한 도저히 믿을 수 없는 모든 핵미사일에 관련된 것이냐에 관한 상당히 모호하고 혼란스러운 것이었다.

그 당시의 지배적인 우려감은 놀라운 일이 아니었다. 많은 관찰자들에게는 소련이 몇몇 핵심적인 기술공학적 분야에서 앞서가는 것처럼 보였다. 흐루시초프는 소련의 군수공장이 '소세지처럼' 대륙간탄도미사일을 대량생산하고 있다고 자랑하고 있었다. 그러나 미국은 1960년 U-2기 비행으로 흐루시초프가 허세를 부려왔다는 사진 증거를 입수하였다. 소련의 계획자들은 자국 최초의 대륙간탄도미사일이 너무 조잡하고 취약하다는 것을 알고 더 좋은 대륙간탄도미사일의 개발에 우선순위를 두었다. 그 사이에 미국과 서유럽 간의 밀접한 정치적·경제적·문화적 관계를 인식하여, 그들은 후자(서유럽)를 무장감시하에 둠으로써 전자(미국)에 대한 실질적인 억지력을 얻을 수 있다고 생각하였다. 그들은 서유럽을 목표로한 600킬로미터 이상의 중거리 탄도미사일(IRBMs-SS-4s와 SS-5s)을 전개하여 그 일을 할 수 있었다. 아이젠하워 행정부는 가장 최근의 정보보고서에 비추어 소련의 대륙간탄도미사일 위협에 대한 평가를 낮추었다. 일부 민주당원들은 선거유세 동안 공화당원들이 국가안보에 해로운 예산적, 정치적 이미지를 고려하여 행동하고 있다는 점을 은연중에 내비추었다. 케네디 자신은 이렇게까지는 하지 않았으나, "만약 우리가 불확실성의 시대에 실수를 하더라도 저는 우리들이 안보에 치우치기를 원합니다"라고 말했다.

몇 개월 내에 케네디와 맥나마라는 실제적으로 미사일 갭은 존재하지 않고 새로운 계획이 시행된다면 어느 것도 노출시킬 필요가 없다고 확신하였다. 새로운 행정부는 재빨리 일종의 다른 차이 — 대량보복의 전략적 독트린과 소련과 동맹 공산주의 세력이 서방측에 부과할 것 같은, 핵전쟁이 결여된 실제적인 도전에 대처할 군작전 능력을 위한 긴급한 필요성 — 을 알게 되었다. 케네디는 대학살과 굴욕, 대재해와 항복 간의 양자택일을 원했다. 요컨대 그는 미국의 안보에 직접적으로 (핵무기로 억지될 수 있는) 위협을 가하기보다는 미국의 유럽동맹국의 안보와 미국의 안보에 직접적이지는 않으나, 그럼에도 불구하고 중요하며 그리고 세계의 다른 지역에서 동맹국의 중요한 이해관계의 위협에 대한 통제되고 융통성 있는 대응을 할 수 있는 수단을 추구하였다.

국방장관 맥나마라는 자신이 결코 전면전이 아닌 전쟁에 대한 미군사력의 준비부족이라고 여겼던 것에 찔끔하였다. 그의 '젊은 인재들(Whiz Kids)' 팀, 즉 시스템 조작분석가, 워 게임 이론가들, 선형 계획과 다이내믹 프로그래밍(linear and dynamic programming)의 옹호자들, 비용-효과 경제학자들, 그리고 컴퓨터 전문가들은 통계적 연구를 행하고 다양한 군사적 우발사건을 충족시킬 수 있는 국가능력에 대한 추상적 모델을 구축해 본 결과 미국이 불충분하다는 것을 알았다. 이용 가능한 무기 비축량과 대외 원조를 위한 공수능력뿐만 아니라 전투 사단의 숫자, 기갑차량, 전폭기, 자주포 그리고 전술 미사일 등 모든 것이 비참할 정도로 낮았고, 많은 경우에 있어서 전쟁수행에 필요한 수준의 1/2, 2/3, 혹은 3/4 수준 이하였다.

장군 출신의 대통령인 아이젠하워는 걱정하지 않았다. 그러나 하버드·M.I.T. 과학자들, 그리고 아이젠하워·덜레스의 전략을 반대한 포드 자동차 회사의 경영자 타입의 사람들은 걱정하였다. 그들은 특히 1961년 1월 6일이 케네디 대통령 취임식 2주 전이라는 사실에 비추어 게릴라 폭동의 공산주의자 위협을 피할 수 있는 국가의 능력을 확장·개선하기로 결심하였다. 똑같은 연설에서 흐루시초프는 핵전쟁의 가능성을 배제했으나 '정당한 민족해방전쟁,' 사실상 반서방 친 마르크시스트 혹은 어떤 형태로든 공산주의자 영향을 받은 모든 전쟁에 대한 소련의 전면적인 지원을 약속하였다.

미국의 아프리카 정책과 콩고 위기

비록 미국이 오랫동안 북아프리카에 이해관계를 갖고 있었지만[4] 1950년대 말까지 흑인 아프리카에 대한 미국의 관심은 극미하였다. 아프리카는 오랜 기간 동안 유럽의 식민지 지배를 받았기 때문에 미국의 기업은 그 대륙에 거의 투

---

4) 모로코(Morocco)는 미국의 독립을 승인한 최초의 국가들 중의 일국이었다. 1787년 양국은 평화, 우정 그리고 상업적 관계에 있어 미국 역사상 가장 오랫동안 지속된 협정을 제도화한 매러케쉬 조약(The Treaty of Marrakech)에 서명하였다.

자하지 않았다. 국무부 내에 아프리카 담당부서가 생겨난 것도 바로 1957년이었다. 그해에 아프리카의 모든 지역에 주둔해 있는 해외 근무 장교들이 독일연방공화국에만 주둔해 있던 장교들보다도 더 적었다. 식민지 지배를 받았던 16개국이 1960년 후반기에 명목상 독립하여 주권국가와 유엔의 회원국이 되었을 때 미국은 그 지역에 대한 관심을 증대시켜야만 하였다. 케네디가 상원 외교관계위원회의 아프리카 분과위원장이었을 때, 그는 아프리카 민족주의자와 반식민지운동의 지지자로서 명성을 얻어 나갔다. 1960년 대통령 선거유세 기간 동안 그는 아이젠하워-닉슨 행정부가 아프리카 국민들의 곤경과 열망을 무시해왔다고 비난하였다. 대통령으로서 그의 첫 국무부 내의 임명은 아프리카 문제 담당 차관보로 민권의 열렬한 옹호자인 전 미시간 주지사 윌리암스(G. Mennen Williams)의 임명이었다. 케네디 그 자신은 친구와 옹호자로서 아프리카 모든 국가의 환영을 받았다.

케네디는 상대적으로 젊고 활기찬 인물들을 신생국의 대사로 파견하였다. 그러나 그들은 어떤 면에서는 케네디보다도 더 진보적이었다. 심지어 자신들의 경제 자원을 위해 아프리카를 착취하였다 할지라도 유럽인들은 또한 정치적, 법적, 행정적, 경제적, 기술적, 그리고 사회문화적 발전에 있어서 아프리카인들에게 많은 것을 주었다고 생각하는 보수주의자들과 더불어, 아프리카는 아프리카인들을 위해 존재한다는 윌리암스의 주장은 동맹국들에서는 큰 호응을 받지 못하였다. 런던, 파리, 그리고 브뤼셀에서 유럽의 제국주의자를 옹호하는 자들은 종종 사하라 사막 이하의 아프리카에서 유럽의 식민주의를 경험하지 않은 유일한 두 나라는 가장 후진국인 리베리아(Liberia)와 에티오피아(Ethiopia)라는 사실에 주목한다. 케네디는 25개국 이상의 아프리카 국가수뇌들에게 자신은 유럽 국가들의 입장보다 여러분들의 입장에 더 가깝게 있다는 것을 확신시키기 위해 취임 3년 동안 각별한 노력을 기울였다. 그러한 케네디의 노력은 결과적으로 아프리카인들을 기쁘게 했으나 국무부 내의 친 나토 인사들의 기력을 잃게 하였다. 1961년 3월 미국은 앙골라에 대한 포르투갈의 식민지배의 종결을 촉구하는 유엔결의안을 지지하였다. 그래서 리스본에서는 반미 감정의 격발이 점화되었고 미 국방부에서는 아조레스 제도(the Azores)의 공군기지를 상실할지도 모른다는 우려감이 고조되었다. 몇 개월 후 튜니지아가 비제트(Bizerte)에 있는 프랑스군을 쫓아내고자 하였을 때, 프랑스는 압도적인 군사력으로 대응하였다. 그 결과 문제는 유엔 총회로 넘어갔다. 이번에는 드골이 알제리의 유혈분쟁의 해결책을 찾는 데 직면한 어려움을 알고, 케네디는 미국의 기권을 명령하였다. 1962년 알제리가 독립하게 되었을 때, 급진 민족주의자이자 사회주의자인 벤벨라(Mohammed Ben Bella)의 첫 주요 외국 여행은 아바나로 가서 카스트로와 합류하여 관타나모(Guanta'namo)의 미 해군기지의 철수를 요구하는 공식 발표에 앞서 케네디를 우호적으로 방문하는 것이었다!

기니와 가나에 대한 접근방법

아프리카에 영향력을 행사하려는 미소 간의 경쟁이 점증하는 시기에 케네디는 두 명의 저명한 서아프리카 지도자인 기니(Guinea)의 토우레(Sekou Toure)와 가나(Ghana)의 엔크루마(Kwame Nkrumah)를 친서방 입장이 아니더라도 친소 마르크시즘에서 벗어난 비동맹노선을 걷도록 하기 위해 자신의 개인적 매력과 미국의 대외 원조를 이용하고자 하였다. 그는 토우레와는 원만한 관계를 유지했으나 엔크루마와는 그러지 못하였다.

기니는 이전의 식민지 영토 중에서 1958년 프랑스 공동체(French Community)의 회원자격을 포기한 최초의 국가였으며, 모든 관계를 즉시 끊도록 드골을 자극시켰다. 그 결과 토우레는 아이젠하워 행정부로부터 냉대를 받았다. 그러나 모스크바로부터는 열렬한 환영을 받았다. 또한 새로운 행정부에서는 특히 그가 루뭄바(Patrice Lumumba)의 죽음 때문에 케네디를 비난하고 레닌 평화상(Lenin Peace Prize)을 수상한 이후 그를 공산주의자로 간주하는 경향이 있었다. 그러나 기니에 대한 소련의 경제원조 프로그램이 별 효과가 없자 케네디는 미국의 원조제의로 모스크바와의 밀접한 관계에서 벗어나도록 토우레를 유혹할 수 있는 기회를 잡았다. 토우레는 처음에는 평화봉사단을 신랄하게 공격했으나 이제는 자국으로 초대하는 입장이었다. 기니의 국내 정치에 간섭하려는 소련의 조잡한 노력이 뒤따랐던 1961년이 저물기 전에 토우레는 소련 대사를 추방하였다.

미국이 기꺼이 아프리카 원조금액의 상당 부분을 볼타 댐(Volta Dam) 프로젝트에 할당하고자 했음에도 불구하고, 가나의 엔크루마를 소련으로부터 벗어나게 하려는 케네디의 노력은 비참하게 실패하였다. 케네디는 양원의 거센 비판에 직면했어도 어쨌든 할당금을 승인하였다. 그 후 케네디는 아조레스 제도의 공군기지를 상실할 위험을 무릅쓰기보다는 오히려 나토의 필요성을 앙골라 독립의 대의명분보다 우선시했으며, 유엔에서 포르투갈을 더욱 지지하였다. 아이보리 코스트의 호우포우네트-보그니(Felix Hou-phouet-Boigny), 지금의 탄자니아인 탕가니카의 엔이에레르(Julius Nyerere)와 같은 아프리카 지도자들의 분노를 가라앉히기 위해서 자신의 딜레마를 설명하고자 하는 케네디의 의지는 일부 성공을 거두었다. 특히 1962년 8월 미국은 남아프리카가 인종차별정책을 계속하는 한 남아프리카에 무기를 판매하지 않겠다고 발표했기 때문에 그들은 케네디의 아프리카 정책의 근본적인 진의를 인정하였다.

콩고의 내전 위협

아프리카에서 케네디가 직면한 모든 정책 문제들 중에서 가장 어려운 점이 지금의 자이레(Zaire)인 콩고(Congo)에서 발생하였다. 콩고는 1960년 6월 벨기에가 갑작스럽게 추진한 독립을 제대로 준비하지 못했다. 광물이 풍부한 카탕가(Katanga) 지역의 분리는 전국적으로 정치적·경제적 혼란을 야기시켰다. 콩고 공화국의 젊은 좌익주의자인 루뭄바 수상은 민족적 분열을 막기 위해 유엔에 원조를 청하였다. 안전보장이사회는 유엔이 콩고로 유입되는 군사력과 군장비의 독점적인 경로임을 선언하는 결의안을 채택했으나 소련은 이를 반대했다. 소련은 더 악화되는 분쟁에 자국의 영향력을 행사하여 아프리카의 중심부에 발판을 마련하고자 하였다. 그러나 총회에서 중립국들은 거의 모든 서방국들과 더불어 그러한 선언을 압도적으로 찬성하였고 오직 프랑스, 남아프리카 그리고 공산주의 블럭권만이 기권하였다. 중립국가들은 냉전의 적대자들 중 어느 쪽의 무장 개입도 원치 않았다. 다만 유혈 내전을 막고자 하였다. 결과적으로 그들 국가들은 미국의 비행기로 공수된 유엔 콩고군(ONUC)의 2만 병력의 대부분을 제공하였다.

소련은 유엔 사무총장 함마슐드(Dag Hammarskjold)에게 유엔의 새로운 활동적인 간섭주의자적 입장의 책임을 물었다. 함마숄드는 '예방 외교(preventive diplomacy)'를 펼치고, 내전을 피하기 위해 필요하다면 무력사용도 결심하였다. 콩고 대통령 카사부부(Joseph Kasavubu)는 유엔군의 역할, 카탕가 지역 분리의 처리 문제 그리고 루뭄바가 소련의 군사원조를 받을 가능성에 관해서 루뭄바 수상과 의견을 달리하자, 1960년 9월 그를 사임시켰다. 케네디가 취임한 지 불과 2주 후 카탕가에 수용되어 있던 루뭄바가 살해당했다. 일부 국가들은 유엔군 소속의 자국 부대에 철수명령을 내렸으나 소련이 유엔군의 완전한 철수를 요구하였을 때에는 이를 반대하였다. 합의 결의안은 내전을 피하기 위해 유엔 병력의 무력사용을 승인하였고 그들의 모든 군사 요원을 철수하도록 벨기에에 촉구하였다. 소련은 함마숄드에 대한 공격을 증가시켰고 유엔 사무총장을 3명(한 명은 서방, 한 명은 공산진영, 그리고 한 명은 중립국으로 하고, 각자는 유엔의 작전 기능에 대해 거부권을 행사)으로 하는 3두 체제로 대체할 것을 요구하였다. 이러한 체제는 모스크바가 평화유지 기능을 수행할 유엔의 능력에 반대하는 한 유엔을 마비시켰을 것이다. 소련과 프랑스는 유엔 콩고군(ONUC)의 작전비용 중 자국의 비용지불을 납부하지 않았다. 이것은 실질적인 재정 부족뿐 아니라 국제기구 역사에 있어서 가장 심각한 헌정 위기를 촉진시켰다.

모든 사람들은 카탕가 지역의 분리가 위기의 중요한 원인이고 중앙정부의 통제하에 전국이 통합될 때까지는 내전의 위험이 해소될 수 없다는 점을 인식하였다. 그 점은 케네디 대통령과 케네디가 그의 판단을 존중하게 되었던 전문적인 해외파견 근무장교인 굴리온(Edmund Gullion) 주 콩고 대사에게는 너무나 명백하였다. 국무차관 볼(George Ball)도 그들과 같은 입장이었다. 그는 분리주의자 지역을 백인의 광산회사 '유니온 미니에르(Union Miniere)'의 재정지원을 받는 식민주의로 둘러싸인 지역으로 파악하였다. 이들 세 사람 모두는 카탕가의 지도자 트숌브(Moise Tshombe)가 새로운 아프리카 엘리트들로부터 신식민주의 대행자로 간주되고 나라를 통합하려는 레오폴드빌(Leopoldville) 중앙정부의 노력을 지원하여 아프리카 민족주의 감정에 호소하고자 한다는 것을 깨달았다. 루뭄바의 살해에 대한 강한 반작용은 그의 추종자들과 카사부부 간의 협상을 야기시켜 1961년 8월 중앙정보부의 지원을 받았던 아도울라(Cyrille Adoula)

하의 온건 정부를 탄생시켰다.

케네디 행정부는 아도울라 배후에서 영향력을 행사했고 트숌브와 그의 카탕가 군대에 대해서는 반대하였다. 이러한 정책을 추구한다는 이유로 케네디는 프랑스, 벨기에 그리고 심지어는 영국으로부터 비난을 받았고 친카탕가 로비로 인해 외국의 재정지원을 받는 용병(foreign-financed mercenaries)의 투쟁을 5년 전 헝가리의 자유 투사들의 그것과 동일시하려는 미국내의 보수주의자와 우익 인사들의 공공연한 웃음거리가 되었다.

위기가 최고조에 이르렀을 때 함마슐드는 콩고로 가는 도중에 로데지아(Rhodesia)에서 비행기 충돌사고로 죽었다. 케네디는 계속해서 유엔의 병력을 사용하여 콩고의 통일을 이루도록 그의 후임자인 버마의 우 탄트(U Thant) 사무총장을 격려하였다. 그 목표는 완전히 성공하기 어려웠다. 트숌브는 우 탄트, 국무부의 맥기(George McGhee), 그리고 유럽동맹국의 대표자들이 화해의 계획을 만들기 위한 노력들을 계속 방해하였다. 그러나 미국이 이미 유엔의 평화유지 작전에 너무 많은 투자를 하였기 때문에 케네디는 고조되는 국제적 비난과 반대 — 그것의 대부분은 소련의 선동과 선전의 결과 — 의 중압감을 무릅쓰고라도 그것의 실패를 용인할 수가 없었다. 케네디가 분쟁을 종결시키기 위해 큰 위험을 감수할 용의가 있다는 사실로 인해서 강화된 미군이 포함된 유엔군은 인도인의 지휘하에 콜웨찌(Kol-wezi)를 생포하고 1963년 1월 카탕가의 저항을 분쇄할 수 있었다.

대부분의 아프리카인들에게 케네디의 정책은 미국인의 대다수가 유엔과 세계의 개발도상지역 내에서 교제하기를 선호하는 타당한 가치를 반영하는 것처럼 보였다. 그러나 그것은 주요 국가들의 정부가 유엔의 평화유지 임무를 어느 정도까지 확대시키기를 원하는지에 관해서는 심각한 문제를 야기시켰다. 어느 국가도 더 이상의 확대를 원하지 않았다. 대다수 국가들은 유엔의 평화유지 임무가 이미 너무 많이 확장되었다고 생각해왔었다. 여하튼 간에 1963년이 진행되면서 유엔은 그러한 활동적인 예방외교로부터 상당히 후퇴하게 되었다.

♠

억지력과 방위를 위한 케네디의 전략

우리가 살펴보았듯이, 공산주의 국가들의 점증하는 능력으로 미국과 나토 동맹국들에게 부과되는 전범위에 걸친 위험에 대응하기에는 부적절한 군사력을 물려받았다는 이유로 케네디는 아이젠하워 행정부를 비난했다. 새로운 행정부는 반서방 혁명폭동의 위험에 대처할 두 갈래의 전략을 채택하였다. 케네디 행정부는 출현하는 제3세계 민족주의의 세력을 평화로운 민주적 혁명에 이용하기 위해 평화봉사단, 진보를 위한 동맹, 그리고 홍수 조절, 관개, 농업원조, 위생, 운송체계, 통신체계 등을 포함한 근대화와 국가 건설을 위한 다른 원조 프로그램을 발전시켰다. 군사적 측면에서는 대 게릴라 작전을 위해 위협받고 있는 국가의 토착경찰과 지방 의용대와 더불어 대 게릴라 특수부대인 그린베레이 조직, 훈련되었다. 이러한 발전들은 1960년대 중반 베트남에 대한 대규모의 미 군사개입의 필요조건을 제공하였기 때문에 중요한 것으로 입증되었다.

방위력 증강

미사일 갭에 대한 의문의 여지를 없애고 핵억지력을 확실히 하기 위해서 대통령은 그의 전임자에 의해서 착수된 3단계 대륙간탄도탄미사일인 미뉴트맨(Minuteman)과 잠수함에서 발사하는 중거리탄도탄 폴라리스(Polaris) 미사일 프로그램에 박차를 가했다. 그는 방위비로 30억 달러의 추가 지출금을 즉시 요구하였고 국가의 임의적인 예산한도가 무기 이용도를 좌지할 수 없으며, 대신 방위 수준은 실제적으로 전략적인 필요에 의해서 결정되어야 한다고 말했다. 그는 해외에서 제한전을 수행할 개량된 즉응력을 위해 수송능력의 증대를 명령하였다. 맥나마라는 해군과 공군을 위해 새로운 TFX 항공기를 주문하여 중복성을 완화하고자 하였다. 대통령과 국방장관은 모든 수준에서 돌발 사고의 위험, 우발 전쟁, 그리고 무제한적 확전을 최소화하고, 또한 어떠한 상황에서도 적합한 다양한 대응들로부터 선택능력을 보전할 수 있는 공고한 명령, 통제, 그리고 통신('C3') 절차의 중요성뿐만 아니라 민간인 통제의 원칙을 강조하였다.

케네디 행정부는 대통령의 명백한 수권 없이는 야전군 지휘자에 의한 어떠한 전술 핵무기의 사용도 금지하기로 결정하였다. 이러한 목적을 위해서 핵무기와 재래식무기 사이의 '억제선(firebreak)'을 유럽에 적용하였다: 두 범주는 지리와 명령에 의해서 구분되고 핵무기는 '(대통령) 허가제 핵탄두 안전장치 해제기구(permissive action links)'의 특별한 기술적 체계에 잠겨 있게 되었다. 피그만 대실패 후 책임소재의 규명이 상당히 어려울 경우, 케네디는 자신의 직접 감독하에 군사작전을 전개하고자 하였다. 일부 군 장교들은 규칙적인 명령체계를 무시하고 군부에 위임된 더 좋은 상세한 결정에 간섭한다고 그를 비난하였다. 이 점에 있어서 케네디가 전문적인 군사 문제에 관한 자신의 개인 보좌관으로 맥스웰 테일러 장군을 백악관으로 불러들여 그에게 자신과 합동참모본부 간의 일종의 완충역을 맡겼다는 사실에 의해서 케네디의 명성은 고양되지 않았다.

민방위 대책의 증진

케네디는 핵시대의 다른 어떤 대통령보다도 민방위(Civil Defense)의 강력한 옹호자였다. 미국인의 생명에 책임을 느끼고 생각건대 핵억지는 언젠가는 붕괴될 것임을 인식하고, 사전의 준비로 핵전쟁에서 수백만의 생명을 잃는다 할지라도 수백만의 목숨을 구할 수 있다고 생각한 케네디는 민방위 방사선 낙진 지하 대피소의 형태로 '생존 보험' 프로그램의 채택을 촉구하였다. 국민들이 핵전쟁의 결과를 현실적으로 받아들이게 만드는 그의 권고는 비엔나 정상회담과 예기된 베를린 위기가 비등하기 바로 전인 1961년 5월 말에 이루어졌다. 그 주제에 관한 케네디의 연설은 두려움과 상당한 히스테리를 자극하였고, 뒤뜰의 대피소를 계획, 파고, 짓고 그리고 저장물을 비축하는 등의 공포감을 고조시켰다. 도덕가들은 당시의 가장 중요한 도덕적 쟁점을 토론하였다: 생각할 수 없는 일이 발생하였을 때, 신중하게 대피소를 마련했던 지각 있는 가족의 책임자는 어떠한 준비도 하지 않았던 무책임한 이웃사람들을 막기 위해 총을 사용하는 것이 도덕적으로 정당화될 수 있을까?

정부 내에서도 민방위 프로그램에 대해서 많은 이견과 혼란이 존재하였다. 그러한 프로그램을 시작하는 데 누가 최종적인 책임을 질 것인가?(그것은 최종적으로 국방장관에게 부여되었다) 수동적 방위(대피소)는 적극적 방위(미사일 요격미사일)와 연계되었는가? 국가는 대피소를 짓는 개인들에게 의존해야 하는가 혹은 정부는 공공 대피소를 제공해야만 하는가? 그 프로그램의 목적은 억지력을 강화시키고 (상당한 민방위 체계를 갖춘) 러시아인들처럼 그렇게 미국인들도 강인하게 보이기 위해서 실제적인 핵전쟁시 생명을 구하기 위해 아니면 그 밖에 무언가? 대피소는 방사성 낙진뿐만 아니라 폭발에도 견딜 수 있도록 건설되야만 하는가? 위기 시에 도시 주민들을 시골로 피난시키는 계획을 세워야만 하는가?

결국 민방위 프로그램을 일관성 있게 국가 전체의 전략으로 통합시키기 위한 어떠한 정책도 발전 혹은 시행되지 못했다. 케네디는 민방위 프로그램이 필요하다고 계속 생각했으나 행정부가 무엇을 해야만 한다는 것을 알기 전에 전국전인 논쟁을 야기시킨 자신의 행동을 후회하였다. 민방위 대책은 점차적으로 우선권이 상실되었다. 그리고 양원은 최종적으로 학교, 병원 그리고 도서관 시설의 대피소를 짓는 데 연방정부 차원의 보상을 제공하는 온당한 프로그램에 대해서만 자금을 승인해 줄 것을 요구받았다. 돌관 공사 프로그램(the crash program)은 포기되었다.

전략적 유연성

아이젠하워 행정부에 의해서 시작된 방위계획에 따르면 미국은 1960년대 초반에 충분한 대륙간탄도미사일, 핵 잠수함, 그리고 전략 폭격기를 보유하여 안심할 수 있을 정도의 전략적 우위성을 계속 누리는 것이 보증되었다. 그러나 소련의 핵능력의 성장으로 ― 왜냐하면 믿을 수 있게 하기 위해서는 억지력이 작동해야만 하기 때문에 ― 맥나마라팀은 미국의 전략적 독트린에 대한 어려운 질문을 해야만 하였다. 그러나 많은 분석가들에게는 핵전쟁은 상상할 수 없는 것처럼 보였다. 케네디는 굴욕과 전면전 간의 선택 범위를 모색하면서 대량보복보다는 '통제된' 혹은 '유연한' 반응의 필요성을 강조하였다. 미소 양국이 비축하고 있는 모든 것을 상호 간의 도시 주민에게 발사하여 핵전쟁은 오직 대변동만이 될 수 있다는 가정에서 벗어나고자 하는 욕망이 존재하였다. 그 가정은 아마도 도시를 폭격하는 말살이 그렇게 현저한 역할(결정적이든 아니든 간에)을 하였던 2차

대전의 당연한 결과였다. 1962년 6월 미시간의 앤 아버(Ann Arbor) 연설에서 맥나마라는 '노-시티즈(no-cities)' 독트린을 발표하였다:

> 미국은 다음과 같은 결론을 내렸다. 즉 실행 가능할 정도로 가능한 전면적인 핵전쟁에서 기본적인 군사전략은 과거에 더 많은 재래식 군사작전이 중시하였던 것과 똑같은 방식으로 접근되야만 한다. 즉 중요한 군사목표들은 …… 적국의 민간인이 아닌 적국의 군사력의 파괴여야 한다.

그렇다 해도 어느 누구도 핵전쟁은 제한될 수 있고 통제될 수 있다고 믿지 않았다. 현재의 무기와 운반수단은 미래의 것보다 조잡하고 정확성이 떨어지며 그리고 '판별력'이 떨어졌다. 맥나마라는 만약 재래식 전쟁에서 억지를 생각할 수 있다면, 때때로 역사에서 증명되었듯이, 분쟁을 제한하고자 하는 동기가 훨씬 강할 때에는 핵전쟁에서도 또한 억지가 가능하다는 견해를 설명하고 있었다. 그는 근본적으로 미국의 방어적 풍조와 '2차 공격' 전략은 전쟁이 일어났을 경우 미국이 재공격하기 전에 적의 전면적인 파괴 공격능력으로 미국이 궤멸될 것이라는 견해를 일소하고 싶었다. 그는 미국이 궤멸되지 않는다면 미 국민의 피해를 최소화하기 위해 적의 군사시설에 대하여 신속하게 행동하기를 원했다. 그것은 민방위에 대한 관심이 최고조에 달했다는 맥락에서였다.

전략적 독트린의 공표에서 강조점의 변동에 상관없이 미국은 항상 '대항도시공격(countercity)'능력뿐만 아니라 '대항전력공격(counterforce)'능력을 보유해왔다는 데에는 별 의심이 가지 않는다. 그러나 앤 아버 연설이 있은 지 1년 이내에 미소 양국의 한 차원 높은 수준의 핵병기 때문에 미국이 핵 교환에 제한을 가하고 그것들을 고정시킴으로써 미국의 우위성을 이용하는 것이 더 어려운 상황으로 바뀜에 따라 맥나마라는 피해를 제한한다는 것이 점증적으로 공상적이 될 것이라는 쪽으로 생각하기 시작했다. 제한적인 무력봉쇄 공격전 독트린과 필수적으로 제2차 공격전략을 조화시키는 문제는 극복할 수 없는 것으로 증명되었다. 1963년까지 맥나마라는 점차적으로 피해-제한 목표를 '확증파괴(assured destruction)' 독트린보다 중요성이 더 낮은 사항으로 분류하였다. 이것은(소련이 선제공격에서 어떠한 공격을 하든 상관없이) 보복으로 소련에게 '받아들이기 어려운 수준의 피해를 입힐' 미국의 불사신적 전략능력을 수반하였다. 이러한 수준은 주민의 1/4이나 1/3의 몰살과 소련의 경제·산업 기반의 1/2이나 2/3의 파괴처럼 다양하게 서술되었다. 맥나마라는 그로 인해 모스크바가 선제공격에 대한 단념을 신중하게 고려하게 되었다고 생각하였다. 소련의 핵병기가 확대됨에 따라 후에 '상호확증파괴(MAD: mutual assured destruction)'로 알려진 그 독트린은 높은 비용과 신뢰할 수 있는 대항전력공격능력을 구축하고자 하는 노력의 결과들을 동요시키는 것 모두를 제거하고자 의도되었다. 뒤이어 정치적으로 비이성적이고 군사적으로 터무니 없으며 그리고 도덕적으로는 소름끼친다는 비난에도 불구하고, 상호확증파괴 독트린은 그 당시 우세한 기술공학적, 정치적 그리고 전략적 환경하에서 억지의 기반으로서 논리적이고 효과적인 것처럼 보였다.

쿠바 미사일 위기

맥밀란(Harold Macmillan)은 쿠바 미사일 위기(The Cuban Missile Crisis)를 "역사의 커다란 전환점의 하나"로, 로스토우는 "냉전의 게츠버그(the Gettysbutg of the cold war)"로 묘사해왔다. 나중에 쿠바에 소련의 탄도미사일을 설치하려는 시도가 쿠바, 소련 혹은 양국 공동의 시도였는지에 관해서 아바나와 모스크바로부터 모순적인 성명이 나왔다. 가장 논리적인 설명은 피그 만 사건보다도 더 효과적인 미국의 행동의 가능성에 대해 카스트로가 소련의 보호를 원했다는 것이다. 그러한 목적은 핵미사일 설치를 필요로 하지 않았으므로 필시 쿠바의 방위 필요성보다는 소련의 전략적 목표에 도움이 되도록 계획된 소련의 생각이었을 것이다.

왜 미사일을 설치하였는가?

아마도 흐루시초프의 동기에 대한 명확한 상황은 결코 파악할 수 없을 것이다. 의심의 여지없이 그는 제국주의 본거지로부터의 추정상의 공격에 대해 마르크스-레닌이즘을 신봉하는 세계의 신생국들을 보호할 수 있는 소련의 능력을 보여주고자 하였다. 케이프하트(Homer Capehart), 키팅(Kenneth Keating), 덕센

(Everett Dirksen), 골드워터(Barry Goldwater) 등의 공화당 상원의원들이 다가오는 양원선거에서 쿠바 위협을 중요하게 선거쟁점화하려는 준비를 하고 있었다는 조짐이 있었다. 그러나 재래식 무기로도 쿠바를 보호하는 데 충분하였고 소련은 자국의 엄청난 무기 비축량 — 1961년 4월의 경우보다 미국의 침공 비용이 훨씬 더 클 정도로 — 으로 쿠바에게 충분한 양을 공급할 수 있는 입장이라는 점을 강조해야만 한다. 미국은 핵억지의 필요성이 없었기 때문에 쿠바에 핵무기를 사용하는 것은 생각할 수도 없었다. 그러면 왜 소련은 그렇게 극적으로 "위험 부담을 높였는가?" 몇 가지 이론들이 제시되었다:

1. 전략적 '미봉책(quick fix)'

케네디 행정부는 1961년 초 미사일 갭이 존재하지 않는다고 결론지었다. 더군다나 미국은 작전상 대륙간탄도미사일과 잠수함발사탄도미사일(SLBMs)을 소련쪽을 향해 배치하고 있었다. 이 이론에 의하면 미사일 기지로서 쿠바의 유효성은 소련이 미국에 대한 공격목표의 능력을 단시간 내에 배가시킬 수 있는 절호의 기회를 제공한다는 점이다.

2. 과감한 혁명적 이미지

중국은 소련이 세계혁명 지원에 대한 공약을 비겁하게 포기하고 핵무기의 두려움 때문에 부르주아 국가들과 조화를 추구한다고 종종 모스크바를 비난하였다. 이러한 설명을 옹호하는 자들은 흐루시초프는 지구적 혁명의 속도를 가속화하기 위해 보다 더 과감한 행동을 하도록 압력받고 있었다고 주장한다(아이러니하게도 위기가 끝난 후 베이징은 무모한 모험에 몰두했다고 흐루시초프를 비난하였다!).

3. 주피터 흥정

아이젠하워 행정부 기간 동안, 미국은 터키와 이탈리아에 "윤곽이 뚜렷하지 않은(soft)" 지상발사 주피터(Jupiter) 미사일을 배치해왔었다. 국방장관과 원자력공동위원회(the Joint Committee on Atomic Energy)는 오래 전부터 그 미사일들의 철수를 요구해왔다. 그러한 무기는 불사신적 제2차 공격능력을 필요로 하는 확증파괴 전략에 맞지 않는다는 것이다. 만약 소련의 계획자들이 미국의 상대자들이 주피터를 낡은 것으로 여겨 1~2년 안에 철수시킬 것을 알고 있었다면, 그들은 아마도 협상에서 단순히 그 미사일들을 더 일찍 철수시키기 위해 미국과의 위험한 대결을 하지 않았을 것이다. 흐루시초프와 그의 보좌관들은 아마도 미국의 정치체계가 양원선거 전날에 반응하기 전에 성공적으로 자신들의 기습을 감행하기를 원했을 것이다.

여하튼 간에, 비록 맥나마라가 명백히 그것을 고려했지만, 미사일 협상은 주도적인 동기가 되지 못하는 것 같다.

4. 베를린 문제 재현

모스크바는 베를린에 대한 최후통첩을 통고하여 수차에 걸쳐서 복수를 하고자 했으나, 서방의 일치된 결의에 직면하여 굴욕적으로 대결을 연기할 수밖에 없었다. 미사일 위기가 전개되면서 소련이 미국으로 정치적·전략적 형세를 돌린 후 워싱턴의 많은 사람들은 그것을 베를린 위기와 관련이 있는 또 다른 의지의 시험으로 보았다.

하나의 설명을 선택할 필요는 없다. 아마도 흐루시초프는 중국의 비난과 자신의 군지휘관들을 무마시키고, 소련의 전략적 지위를 개선하고, 자국의 혁명적 이미지를 밝게 하고, 베를린과 그 밖의 곳에서 미국을 정치적 수세로 몰아넣고, 미국인들이 "무장 감시하에 있으면" 기분이 어떤가를 느끼게 (구체적으로, 자신도 터키에 있는 미사일을 마주보고 있었듯이) 하는 등 — 약하고 가난한 사회주의 동맹국을 보호한다는 구실로 — 모든 것을 할 수 있는 기회를 포착하고자 했을 것이다. 일단 전략적 결정이 이루어졌다면, 모스크바의 중요한 문제는 전술적인 것이었다: 비록 그것의 근본적인 목적이 미국의 목표물들을 강타할 수 있는 공격무기의 후속적 도착을 위한 보호물을 제공하는 것이었지만 문제는 그 기동작전을 어떻게 쿠바의 방위를 위해서만 계획된 것처럼 보이게 하느냐 였다. 이것은 처음에는 순전히 방어적인 지대공미사일과 해안방위미사일을 보낸, 주의 깊은 계획과 준비로 이루어졌다.

미국의 대응에 관한 토론

사진판독을 통해 산 크리스토발(San Cristobal)에 위치한 미사일 기지 건설을 탐지할 수 있었던 10월 14일 이전의 5주 동안 미국은 쿠바의 서쪽에 대한 항공

정찰을 연기하였다.[5] 일단 미사일이 사진에서 판독되자 케네디는 감독을 강화하고 가장 엄격한 비밀유지를 요구하였다. 공공연히 모든 것이 정상적으로 진행되어 언론의 의심은 일어나지 않았다. 그 위협을 평가하고 예비적 대응의 스펙트럼의 윤곽을 잡기 위해서 국가안보보장회의의 엑스콤(ExComm: Executive Committee)[6]으로 알려진, 대략 15명 정도로 구성된 특별위원회는 13일 동안 계속된 연이은 회의를 가졌다. 중요 문제는 미사일이 완전히 가동되기 전에 어떻게 그 위험으로부터 가장 효율적이고 안전하게 대처하느냐 였다. 공습, 카스트로에의 직접적인 접근방법, 혹은 흐루시초프와의 정상회담, 미주기구의 사찰, 전격적인 군사적 침투, 혹은 그 밖의 다른 방법이 있을까? 유엔에서 이 문제를 다루는 것은 안전보장이사회에서 소련의 거부권 때문에 즉시 배제되었다.

비밀을 유지하기 위한 절박한 필요성 — 미 국민들을 당황케 하고, 심지어 미국이 무엇을 하기로 결정도 하기 전에 소련의 반작용을 촉진시키는 것을 회피하기 위해서 — 동맹국에게 자문을 구하고, 예비군을 소집하고 그리고 비상 분위기하에서 고위관료들의 눈에 띄는 모임의 소집을 배제하였다. 그러나 미 국방부는 어떠한 우발적인 사건에 대비할 미군 병력의 경계를 지시받았다.

법무장관 로버트케네디와 국방장관 맥나마라가 최종결정을 형성하는 데 주요 역할을 담당하였다. 합동참모본부장들과 애치슨을 포함한 일부 민간인 보좌관들은 미사일 장소와 전투폭격기를 격납하는 비행장에 대한 '수술적(surgical)' 공습을 제안하였다. 로버트 케네디와 몇 명의 국무 · 국방관료들은 그러한 공습에 반대하는 일련의 논의들을 열거하였다; 많은 소련인들을 죽이는 것은 전쟁을 도발시킬 수도 있다; 많은 쿠바인들을 죽이는 것은 라틴 아메리카인들을 소외시킬 것이다; 그것은 유럽인들에게는 지나치게 보이고 동맹의 책임 있는 지도국으로서

---

5) 그날 이전에 플로리다의 쿠바 피난민들로부터 소련이 쿠바로 거대한 미사일을 들여오고 있다는 수많은 보고들을 받았다. 정부 관료들은 그러한 보고들을 엉뚱하고 부정확한 소문으로 간단히 처리하였다. 사실 그러한 소문들을 입증할 믿을 만한 증거도 없었다.

6) 항상 똑같은 인물들이 엑스콤 회의에 참석한 것만은 아니였다. 주요 인물들은 로버트 케네디, 맥나마라, 러스크, 국무차관 볼, 부차관 존슨, 톰프슨, 국방부부차관보(Deputy and Assistant Secretaries of Defense) 길패트릭과 니체(Paul Nitze), 중앙정보부장 맥콘, 번디, 애치슨, 로베트 그리고 스티벤슨 등이었다.

미국에 대한 그들의 신뢰를 약화시킬 것이다. 정말로 그것은 그들 중의 일부를 을러서 "탈퇴하고 싶게끔" 할 것이다. 쿠바에 대한 군사행동은 소련이 미국이 카리브 해 지역에서 누리는 것처럼 똑같이 광범한 차이의 재래식 무기의 우위성을 누리는 베를린에 대한 보복적인 소련의 행동을 초래할 것이다; 무엇보다도 가장 나쁜 것은 모든 사람이 피하고 싶어하는 핵전쟁을 일으킬 가능성이었다. 심지어 흐루시초프가 쿠바에서의 가장 중요한 위험에 결코 소련 모국을 맡기지 않을 것이라고 확신하는 사람들조차도, 모든 전쟁의 암운을 덮어씌우는 혼란의 안개 속에서 "수술적" 공습은 그것이 얼마나 효율적으로 실행되느냐에 상관없이 일부가 미국의 목표물을 향해 발사되기 전에 모든 미사일과 전략 폭격기를 파괴하지는 못할 것이라고 우려하였다. 공군은 100%의 보장이 불가능하다는 것을 인정하였다.

맥나마라는 더 이상의 소련 미사일이 쿠바로 유입되는 것을 중단시키는 해안봉쇄를 제시하였다. 공습을 지지하는 사람들은 해안봉쇄는 이미 쿠바에 있는 미사일의 위협을 전할 수 없으며, 서베를린에 대한 소련의 새로워진 봉쇄를 초래하고, 카스트로를 단호히 제거할 기회를 상실할 것이라고 주장하였다. 국무부의 변호사들은 전통적인 국제법의 원칙들, 유엔 헌장, 리오 조약 등을 주시하면서 정치적 그리고 인도주의적 입장에서 자제를 건의하는 사람들의 목소리에 법률적 상황설명을 덧붙였다. 국무부의 변호사들은 거의 모든 미주기구 회원국들의 동의를 기꺼이 얻어내고, 그래서 미국의 일방주의적 행동 대신에 집단안보방위의 성격을 부여하는 조치뿐만 아니라 침공보다는 전쟁에 대한 자위적 조치들을 대단히 선호하였다. 애치슨은 일방적인 자위에 대한 고려를 상당히 충분한 것으로 생각하였고, 미주기구의 제안은 불필요하게 복잡하고, 지연요인이라고 반대하였다. 대통령 자신은 해안봉쇄의 생각을 선호하였다. 그것은 무대응과 전쟁 간의 중간적 조치였고, 흐루시초프에게 생각하고 너무 늦기 전에 철회할 시간을 준 것이었다.

해안봉쇄는 만약 나중에 필요하다면 군사행동도 할 수 있는 선택의 여지를 남겨 놓고 있다고 생각되었다. 그러나 공습의 옹호자들은 그것은 적을 경계시키고 시간을 낭비하는 것이며, 매일 매일 국가안보의 위험을 증대시키는 것이라고 주장하면서 이를 반대하였다. 로버트 케네디는 공습이나 침공에 반대하면서 자신은 자신의 형이 역사책에 진주만 식의 공격을 계획한 '카리브 해의 토조(Tojo of the Caribbean)'로 기록되는 것을 원치 않는다고 말했다.

최종적으로 엑스콤은 법률적 이유로 지금은 해안 '격리(quarantine)'로 다시 이름을 붙인 해안봉쇄를 11 대 6으로 찬성하였다. 비록 법률적 도큐멘테이션(legal documentation)상으로는 먼로 독트린에 대한 어떠한 언급도 원하지 않는다는 것을 명백히 하였지만, 미주기구의 지지를 받고자 하였던 케네디는 국무차관보 마틴(Edward Martin)에게 서반구의 자위 행위로서 미국의 대응을 승인한다는 결의안에 대한 라틴 아메리카 국가들의 찬성을 얻으라고 지시하였다. 대통령은 서유럽 주요 동맹국들에게 1949년 조약에서 보호지역으로 정의되었던 북대서양 수로에서의 동·서 대결에 관한 사실을 드골, 맥밀란, 그리고 아데나워에게 (상담보다는) 통고하는 특별히 신중을 요하는 임무를 애치슨에게 위임하였다. 모두가 적극적으로 지지하였다. 그러나 영국 언론은 케네디 행정부의 대응이 정말로 필요한지에 대해 상당한 회의감을 표했다. 유엔에 미국의 입장을 전달하기 위해서 스티븐슨을 보냈다. 그는 아주 훌륭한 설득력으로 소련의 미사일이 순전히 방어적이라는 모스크바의 선전가들의 외침을 분쇄하였다.

그 밖의 다른 어떤 것보다도, 심지어는 공격용 미사일을 설치하려는 흐루시초프의 예기치 않은 노력보다도, 케네디를 자극시킨 것은 아마도 소련의 속임수였다. 후에 많은 사람들은 터기에 배치된 미국의 미사일과 쿠바에 있는 소련의 미사일 간의 전략적 대칭에 관해서 말하였다. 그러나 정치적으로 두 미사일의 배치는 상당히 달랐다. 미국은 나토 내에서 자유롭게 행해지고 공개적인 토론의 결과로 그리고(그 당시 터키가 확실하게 누렸던) 자유롭게 선출된 행정부와 의회의 승인을 받고 터키에 미사일을 배치하였다. 대조적으로 소련은 갑작스럽게 그리고 비밀리에 쿠바에 미사일을 배치하고자 하였다. 10월 18일 소련 외상 그로미코(Andrei Gromyko)가 백악관에서 케네디를 만났을 때, 그는 쿠바의 공격무기에 관해서는 언급하지 않고 미사일 증강은 새롭고 보다 더 심각한 베를린 위기의 서곡이라는 케네디의 예상을 뒷받침해 주면서 베를린에 초점을 맞추었다. 케네디가 어느 정도 알고 있는지를 모르는 그로미코는 자국 정부의 의도는 오직 미국의 침공위협에 대한 쿠바의 방위에 기여하는 것임을 반복하였다.

연대기: 쿠바 미사일 위기

• 1962년 7월

쿠바 군장관 모스크바 방문. 지대공, 해안방위미사일의 형태로 소련 군장비가 아바나에 도착하기 시작. 처음에 하역은 야간에 비밀리에 이루어졌으나 시간이 지남에 따라 그 작전은 보다 더 눈에 띄게 됨.

• 1962년 9월 4일

케네디 대통령은 미 국민들에게 소련으로부터 쿠바에 전달되고 있는 장비는 순전히 방어용이고, 미국의 안보에 전혀 위험이 없음을 확신시킴.

• 1962년 9월 9~10일

대만의 국민당의 U-2기가 중국 본토 상공에서 추락. 1960년 5월의 U-2기 사건 이후로 U-2기 비행은 대통령의 수권을 필요로 함. 번디를 의장으로 하고 국무장관 러스크가 참여하는 항공정찰위원회(The Committee on Overhead Reconnaissance)는 쿠바에 있는 소련의 지대공미사일이 이미 혹은 곧 가동될 것이라는 데 주목. 만약 또 다른 U-2기가 격추될 경우, 국민들의 강력한 항의를 두려워하여 그 위원회는 쿠바의 그 지역에 대한 사진촬영 비행을 피하라고 지시함.

• 1962년 9월 13일

케네디는 자신의 확신을 반복하고 공격능력을 증강시키려는 소련의 어떠한 노력도 미국에 대한 중대한 도전을 야기시킨다고 부언. 그 다음 며칠 동안 소련 관료들은 미국에 대한 위협으로 쿠바에 공격용 지대공미사일을 설치하려는 어떠한 의도도 부인.

• 1962년 9월 19일

미 정보국은 모스크바의 계획은 발견될 가능성과 반작용이 높고 그러한 행동은 항상 핵 문제를 다루는 데 있어 소련의 신중함과 일치하지 않으며(소련은 자국외부에 핵무기를 배치한 적이 없으며, 심지어는 근접하고 쉽게 통제할 수 있는 동유럽에도 배치하지 않았기 때문) 그리고 쿠바와 소련 간의 통신은 거리가 멀고 위험하며 미국의 제지에 취약하기 때문에 쿠바로 핵미사일을 도입하지 않을 것이라는 정보분석을 만장일치로 승인.

• 1962년 10월 초

7월 이후로 100척 이상의 무기 적하량이 소련에서 쿠바로 운송됨. 적하물들은 크루즈미사일을 운반할 수 있는 순찰 보트들뿐만 아니라 발사대 1대당 4개의 미사일을 갖춘 144개의 지대공미사일 발사대와 42대의 미그(MiG-21) 전투기가 포함됨. 이러한 모든 것은 방어용 목적을 위한 것으로 여겨질 수 있음. 게다가 소련은 총 42개의 중범위탄도탄미사일(MRBMs: Medium-Range Ballistic Missiles, 1,100마일 범위), 중거리탄도탄미사일(IRBMs: Intermediate-Range Ballistic Missiles, 2,200마일 범위) 그리고 그 무기들을 조립, 가동, 방어를 위한 2만 2,000명의 소련군을 해안가에 배치. 공식적인 미국의 소식통들은 핵탄두가 실제로 전달 혹은 설치되었는지를 단언하지 않았으나 지금이나 혹은 조만간에 미사일 기지에 가깝게 이용될 수 있을 것이라는 점을 의심치 않음.

• 1962년 10월 15일

U-2기의 사진촬영은 2주 내에 소련은 아마도 댈러스(Dallas), 세인트 루이스(St. Louis), 그리고 워싱턴에 도달할 수 있는 16에서 24기의 중거리탄도미사일을 준비하고 있다는 것을 밝힘. 케네디는 정찰강화를 명령.

• 1962년 10월 16일

국가안보보장회의의 엑스콤은 일련의 특별회의를 개최하기 시작.

• 1962년 10월 17~21일

U-2기의 새로운 사진촬영을 통해 중거리탄도탄미사일의 배치준비가 드러남. 12월에 완성될 경우, 극서부지방과 북서부지방을 제외한 미 대륙의 거의 모든 지역이 사

정권 내로 들어갈 수 있음. 소련 외상 그로미코는 백악관에서 케네디 대통령을 만남.

- 1962년 10월 22일

케네디는 텔레비전과 라디오 방송을 통해 국민에게 자신의 입장을 계속 밝힘.

- 1962년 10월 24일

쿠바를 향하는 소련 배들이 지시선 밖에서 기다리면서 속도를 늦춤.

- 1962년 10월 26~27일

백악관은 소련의 통신과 의도에 대하여 혼란을 일으킴.

- 1962년 10월 28일

모스크바 라디오는 흐루시초프 서기장이 케네디 대통령의 조건을 수락한다고 발표.

미국의 대응: 즉응력과 격리

그러는 동안 미국은 플로리다와 다른 동남쪽 주에서 제2차 세계대전 이후로 가장 가공할 만한 침공군을 증강시키고 있었다. 플로리다에만 십만 명 이상의 병력이 있었다. 2개의 공수사단이 경계상태에 들어갔고, 전국의 전투기가 플로리다의 공군기지로 재배치되었으며, 1만 4,000명의 예비 조종사들이 비행과 병력수송을 돕기 위해 소집되었다. 백악관은 숨겼던 사실을 밝히려고 애쓰는 기자단이 곧 비밀의 장막을 간파할 것이라는 것을 알았다.

10월 22일 월요일 국민들에게 자신의 입장을 밝히기 전에 대통령은 포함시켜야 할 몇 가지 근거들을 갖고 있었다. 케네디는 법률적, 정치적 그리고 전략적 효과를 극대화하기 위해 대국민연설 초안을 수정하는 동시에 미주기구, 유엔, 나토 동맹국 그리고 세계의 다른 지역의 정부들과 비교하여 정책을 조화시키고 있었다. (선거유세 여행에서 급히 워싱턴으로 되돌아와야만 했던) 의회지도자들에게 상황설명을 할 준비를 하고 모든 대사들에게 부서로 복귀할 것을 명령하고 그리고 국무부와 국방부가 베를린, 관타나모 그리고 그 밖의 다른 지역에서 최악의 시나리오 상의 우발적 사건에 대처할 준비를 하였다는 것을 확신하였다. 케네디는 핵시대에서 미국의 군사력이 이제까지 맡아 왔었던 억지에 대한 가장 큰 시험기에 그들이 지시받은 것 무엇이든지 할 수 있는 적절하고 통제된 태세를 갖추었다는 것을 확신하기 위해서 그것을 확인하고 다시 한 번 확인하였다. 그날 월요일 저녁 케네디는 하늘을 쳐다보면서 조용히 그러나 확고하게 다음과 같이 말했다:

> 이러한 근거들의 목적은 다름아닌 바로 서반구에 대한 핵공격능력을 제공하는 것이 될 수 있다.
>
> 이러한 행동은 …… 공적으로나 사적으로 전달된 소련 대변인의 반복된 보장, 즉 쿠바에서의 무기증강은 애초부터 방어적 성격을 띠며, 소련이 다른 어떠한 나라의 영토에도 자국의 전략미사일을 배치할 필요나 바람도 없다는 설명과 모순된다…….

> 미국과 세계의 민족공동체는 기묘한 사기와 크거나 작은 어떠한 민족에 대한 공격적 위협도 용인할 수 없다. 우리는 더 이상 최대한의 위험을 구성하는 국가의 안보에 충분한 위협이 되는 오직 실제적인 무기발포만이 존재하는 세계에서 살지 않는다. 핵무기는 너무나 파괴적이고 탄도탄미사일은 너무나 빨라 실제적으로 이러한 것들이 사용될 가능성의 증대나 배치에 있어서의 갑작스러운 변화는 당연히 평화에 대한 명백한 위협으로 간주되어야 한다.

> 수년 동안 소련과 미국은 …… 커다란 근심을 가지고 전략핵무기들을 배치했고, 결코 불안정한 현상유지를 전복시키진 않았다. …… 우리 자신의 전략미사일은 비밀과 기만의 망토하에서 다른 어떠한 국가의 영토로 옮겨진 적이 결코 없었다…….

> 그러나 이러한 비밀스럽고 신속하며 특별한 공산주의자의 미사일 증강 — 소련이 보장을 위반하고 미국과 서반구 정책에 개의치않고 미국과 서반구 국가들과의 특별하고 역사적인 관계가 있는, 잘 알려진 지역에 — 처음으로 소련 영토 밖으로 전략핵무기를 설치하려는 이러한 갑작스럽고 은밀한 결정은 만약 우리의 공약이 우방이나 적국으로부터 재신임을 받는다면 우리가 받아들일 수 없는 현상유지에 대한 고의적

으로 도발적이고 부당한 변화이다.

대통령은 그 당시 진행되고 있거나 혹은 취해진 조치를 발표하였다.

1. 쿠바로 적하되고 있었던 모든 공격용 군사장비에 대한 엄격한 격리가 이루어지고 있었다. 식량과 다른 필수품만을 적재한 배들을 제외한, 그러한 군장비를 실은 배들은 되돌아가야만 할 것이다.

2. 쿠바에 대한 세밀한 감시와 군사적 강화가 증대되었다. 만약 군사적 강화가 계속된다면, 그 이상의 행동도 정당화될 것이다. 어떠한 우발사건에도 만전의 준비를 하라는 지시가 군 병력에 떨어졌다.

3. "서반구의 어떤 국가에 대한 쿠바의 어떠한 핵무기의 발사도 미국에 대한 소련의 공격으로 간주되고 소련에 대한 전면적인 보복대응이 뒤따르는 것이 이 나라의 정책이 될 것이다."

4. 관타나모의 해군기지는 보강되고, 거기에 있는 미국의 부양가족들은 철수하였다.

5. 그 위협을 고려하기 위해서 미주기구가 소집되었고, 전 세계의 동맹국들이 경계상태에 들어갔다.

6. 미국은 격리를 강화하기 전에 유엔의 감독하에 모든 공격용 미사일의 철거와 철수를 목표로 한 유엔 안전보장이사회의 긴급회의를 요구하고 있었다.

7. 흐루시초프는 세계평화에 대한 무모하고 도발적인 위협을 포기하고 위험스러운 군비경쟁을 종식시키기 위한 역사적 노력에 합류할 것을 촉구받았다.

그 연설에 대한 반응은 미국 전체에 걸쳐서 대단히 좋았다. 그러나 위기는 끝날 줄 몰랐고 더욱 악화되었다. 그 연설 후 이틀째에 일부 24척의 소련 혹은 소련에서 임대한 상선이 쿠바로 항해하였고 수많은 미국의 순양함과 구축함, 대잠항공모함, 그리고 다른 배들이 격리를 강화하기 위해 전개되고 있었다. 식량, 의료 그리고 다른 비군사적 화물을 선적한 배들은 아직도 격리에서 제외되었다. 심지어 석유, 기름 그리고 윤활유의 잠재적인 군사적 효용성에도 불구하고, 그러한 것들을 선적한 배들도 통과가 허용되었다. 해군의 지시 사항은 먼저 기수에 경고탄을 쏘고, 그 다음에 배를 침몰시키지는 않고 다만 방향타를 못 쓰게 만들어 오직 공격용 무기들을 적재한 배들을 되돌려 보내라는 것이었다. 해리만은 대통령에게 흐루시초프는 전쟁을 원치 않고 체면이 상하지 않는 방법을 찾고 있다고 조언하였다. 이러한 판단은 후에 옳은 것으로 입증되었으나 미사일 장소에 대한 작업이 촉진되는 것처럼 여겨졌을 때인 그 연설 후 일주일 내내 그것을 믿기는 어려웠다. 다시 미사일이 작전상에 있게 된다면, 흐루시초프는 훨씬 더 거친 협상자가 될 수도 있었다. 케네디의 절친한 친구이자 워싱턴의 주영 대사인 옴즈비-고(David Ormsby-Gore)는 케네디의 뜻밖의 대응으로 확실히 당황하고 있을 크레믈린의 흐루시초프에게 더 많은 시간을 주기 위해 격리선을 쿠바에서 더 멀리 후퇴시킬 것을 제안하였다. 공습과 침공을 옹호한 사람들은 시간이 다 지나가고 있다고 주장하였다.

위기의 해결

10월 26일 금요일까지 유엔에 있는 조린(Valerian Zorin)과 ABC 방송국의 국무부 출입기자인 스칼리(John Scali)를 통해 모스크바는 거래 – 미사일을 철수하는 대신 쿠바를 침공하지 않겠다는 미국의 공식적인 약속 – 를 고려하고 있다는 전갈이 전해지고 있었다. 명백히 이후의 지시사항을 기다리기 위해 미사일 수송선이 정지했다는 사실과 결부된 이러한 소식으로 금요일 저녁, 특히 케네디가 비엔나 정상회담 이후 개설된 개인 통신채널을 통해서 흐루시초프로부터 두서 없고 모순적이나 대체적으로 필사적으로 타협적인 편지를 받은 이후로 엑스콤은 한숨을 놓게 되었다. 모든 사람들은 완전히 지쳐버렸다. 러스크는 육체적 그리고 정신적으로 쇠약해진 상태였다.

토요일 아침 쿠바의 소련 미사일을 터키에 배치된 미국의 주피터 미사일과 교환할 것을 제안하는 더욱 강경한 어조의 흐루시초프로부터의 또 다른 메시지를 받았을 때, 새로운 낙관주의는 깨어졌다. 엑스콤은 두 개의 메시지로 혼란되었고 흐루시초프와 크레물린의 강경파 간의 분열의 가능성뿐만 아니라 그러한 메시지의 구성과 전달의 전후 상황에 대해 토의했으며 만약 그 난국을 헤쳐나갈 수 없다면 일요일 아침 일찍 지대공미사일 장소를 공격해야 한다는 신념을 더욱 굳혔다. 로버트 케네디는 보다 강경한 나중의 편지는 무시하고 처음의 편지에 초점을 맞출 것을 엑스콤에 제안하였다. 대통령은 흐루시초프에게 유엔의 적절한 관찰과 감시하에 쿠바에서의 공격용 미사일 기지의 건설 중단, 쿠바의 모든 공격용 무기의 사용 불가능한 상태로의 환원이 이루어져야만 한다고 응답하고 로버트 케네디의 조언에 따라 행동하였다. 소련은 또한 더 이상의 그러한 무기의 도입을 중단해야만 한다. 그 보답으로 미국은 격리를 끝내고 쿠바를 침공하지 않겠다는 확신을 주었다. 일요일 아침 모스크바 라디오 방송을 통해 흐루시초프가 케네디의 조건을 수락한다는 성명이 나왔다. 케네디는 흐루시초프의 정치가다운 결정을 평화에 대한 건설적 공헌으로 환영하였다. 케네디는 흐루시초프의 굴욕을 가중시키는 것은 반생산적이라는 점을 깨닫고 자신의 보좌관들에게 공개적으로 만족함을 드러내지 말라고 지시하였다.

쿠바에서 소련 미사일에 따른 미소 간의 대결은 신속하게 재현되는 지구적 정치(global politics)의 성격을 갖는 국제적 위기 — 외교적 힘의 위협이 실제적인 힘의 사용으로 전환되기 전에 원근법적 결정으로 운을 하늘에 맡긴 의지의 시험을 포함한 경쟁국 간의 갑작스럽고 예기치 못한 충돌 — 의 고전적 모델이 되었다. 양 진영의 지도자들과 관료정치의 동기, 행동 그리고 정책결정 방법들이 철저하게 분석되었다. 2차대전 이후 다른 어떤 에피소드보다도 13일 동안의 초강대국들의 행태를 통해서 대부분의 관찰자들은 워싱턴과 모스크바는 핵시대에 있어 국제적 위기를 통제할 수 있고 심지어 충돌과정이 계속 진행될 때에도 양 진영은 핵 수준으로 확대되는 어떠한 직접적인 군사개입으로 인한, 잠재적으로 파국적인 대가를 알고 있기 때문에 그들은 조용하고 합리적인 선택을 할 수 있다는 것을 확신하였다. 1962년부터 '위기관리(crisis management)'는 국제적 전략용어에서 일반적인 어휘가 되었다. 아마도 미국인들은 적어도 그들이 의심의 여지없이 전략적 우위를 누렸던 시기 동안은 소련과의 관계에서 국가의 지배능력에 관해서 지나치게 낙관적이었을 것이다. 문제가 연속적으로 제기되었는데, 특히 보수주의자들은 정말로 어떻게 그 위기를 세련되게 다루어 왔고 미국의 수확이 소련의 그것보다 더 지속적이었는지 혹은 더 단명했는지에 관한 문제들을 제기하였다. 후자는 카리브 해 연안에서 확실한 종속국가를 얻었을 뿐만 아니라 위기 시에 전략적 핵무기와 국부적인 재래식 무기 두 가지 모두의 우위성을 보유하는 이점을 더욱 더 평가받게 되었다. 케네디 그 자신은 미국의 뒷마당에서도 소련의 국가안보가 위태롭지 않다는 사실뿐 아니라 이러한 점도 깨달았다. 미국과 라틴 아메리카에서 무력한 경우를 경험한 모스크바는 장래의 모든 중요한 대결을 위한 행태유형(behavioral pattern)을 설정하지 않고 철수할 수 있었다.

군비통제 협상

2차대전 이후 핵무기나 재래식 무기에 관한 군축이나 군비제한의 측면에 있어서는 실질적인 진보가 이루어지지 않았다. 그러나 아이젠하워 행정부 동안, 핵실험금지의 가능성에 대해서 집약적인 국제적 토론이 시작되었다. 몇 년 동안 인도, 일본, 그리고 다른 국가들은 태평양 상공의 대기에서 미국의 핵실험을 강력히 비난하였으나 자국의 광활한 영토에서 핵실험을 행한 소련에 대해서는 거의 비난하지 않았다. 서방 국가들은 방사능 낙진의 원인과 군비경쟁의 유인인 핵실험금지를 유엔에 더욱 더 촉구하였다.

1958년 여름 제네바에서 열린 검증과 통제 문제에 관한 국제전문가회의에서 핵실험금지를 단속하는 기술적 요건에 관해서 동구권 대표들과 토론을 벌였다. 가장 어려운 문제는 지하 핵실험을 감시하고 그것을 지진과 구별하는 방법과 관계되었다. 기술적 전문가들은 대략 180개의 지구적 연결망의 감시장소에 관해 잠정적 협정을 이루었다. 그러나 모스크바와 워싱턴은 '의심스러운 사건'을 검사할 필요가 있는 현장 검사의 수에 관해서는 타협을 이룰 수 없었다. 1958년 동안 처음에는 소련이 나중에는 미국과 영국 양국이(아직까지도 자국의 최초 핵실험을 준비하고 있는) 프랑스의 협력 없이 작업 가능한 검증체계의 수립을 향한 진보를 이룰 때까지 자발적으로 실험을 중지한다고 발표하였다. 1961년 6월 비엔나에서 케네디와 흐루시초프가 만나 흐루시초프가 소련이 먼저 핵실험을 재개하지 않을 것이라고 말했을 당시만 해도 '3대 강대국'의 핵실험일시정지는 유효하였다.

1961년 여름 핵실험금지에 관한 토론이 격렬해졌다. 스트론튬의 인공 방사성 동위원소의 하나인 스트론튬-90(strontium-90)의 형태로 방사성 낙진에 대한 두려움이 일어났다. 대통령은 새로운 실험금지조약의 초안을 동봉하여 딘(Arthur Dean)을 제네바로 보냈으나 콩고에 대한 유엔 개입으로 화가난 흐루시초프는 소련은 통제위원회의 '중립성'을 신뢰할 수 없으며 모든 형태의 국제협력을 위한 3두 체제나 혹은 3종의 거부권체제를 요구하였다. 그러는 동안 의회, 국방부 그리고 국민들은 만약 미국이 대규모의 핵무기의 기술공학과 군사 상황 그리고 특히 전자통신의 조작상의 유효성과 핵공격에 있어 전기 성분을 갖춘 모든 군사장비의 작동 가능성에 대한 그들의 전자펄스(EMP: electromagnetic pulse) 효과에 관한 지식에서 소련에게 뒤떨어지지 않으려면 핵실험을 재개해야 한다고 케네디에게 압력을 넣고 있었다. 케네디는 소련이 미국을 유인하여 (양쪽 어느 국가도 법률적으로 자유로운) 자발적으로 취한 일시적 핵실험금지를 깨도록 하고자 한다고 의심하였다. 8월 30일 소련은 최소한 50메가톤 상당의 무기를 포함하여 두 달에 걸친 대기상의 핵실험을 시작하였다(흐루시초프 그 자신은 미국 최대의 수소폭탄 폭발 규모의 5배인 100메가톤 무기를 자랑하였다). 백악관은 세계의 건강과 평화에 위험을 부과하는 이러한 '원자적 공갈' 형태를 즉각 부인하였다. 일주일 후인 9월 5일 대통령은 지하 핵실험의 재개를 명령하였다. 케네디는 지하 폭발로부터 충분히 배울 수 있기를 희망하면서 대기상의 실험에 관한 결정을 연기했으나 그 실험이 절대적으로 필요할 경우에 대비하여 조심스럽게 통제된 상황하에서 그 실험을 준비하라고 원자력위원회에 지시하였다. 그는 일부 사람들로부터는 반작용의 의도로 너무 급히 너무 많은 것을 한다고, 다른 사람들로부터는 너무 늦게 너무 적은 일을 한다고 비난받았다. 마지못해 그는 1962년 4월 대기상의 핵실험을 승인하였다.

베를린 문제, 소련의 핵실험, 유엔의 콩고 개입, 그리고 소련의 유엔 사무총장의 3두 체제의 요구에 대한 위기가 절정에 이르렀을 시점에 케네디는 유엔 총회에서 연설하였다. 세계 여론에 영향력을 행사하고 군축 쟁점과 관련하여 미국을 수세에 몰아넣기 위해 소련이 그 투쟁에서 주도권을 잡는 것을 두려워한 스티벤슨의 자극으로 1961년 9월 25일 대통령은 "세계평화에서 총체적이고 완전한 군축"을 위한 미국의 새로운 제안을 밝혔다. 그 계획은 2년 전 흐루시초프가 유엔에 제시했던 것보다 더 현실적이었을 뿐이었다. 소련과 미국 양쪽의 청사진의 이상주의적 성격은 모든 민족국가와 국제체계 그 자체를 급격하게 변형시키는 포괄적인 군축목표에 있었다. 보다 더 오래되고 보다 더 강력한 어떠한 국가도 예나 지금이나 익숙한 세계의 위험과 낯익은 세계의 위험을 교환할 준비가 되어 있지 않았다.

서방의 전략분석가들은 현존의 상황에서 총체적이고 완전한 군축개념의 비현실성을 증명하는 데 별 문제가 없었다. 일련의 연구에 의하면 사실상으로는 기술적, 전략적 그리고 정치적 장애물들을 극복할 수 없는 것으로 나타났다. 그 당시 소련은 유엔 콩고군에 관해서 유엔 내에서 헌정적, 재정적 위기를 재촉하고 있었다. 핵보유국가인 중국과 프랑스는 군비협상 참여에 반대하였다. 일부 주요 국가들은 전략적 핵전쟁뿐만 아니라 핵전쟁으로 확대되는 (특히 유럽에서) 어떠한 재래식 전쟁을 예방하는 데 있어서 핵억지의 효율성을 점차적으로 확신하게 되었다. 따라서 그들은 그러한 구조를 해체시키는 데 열정적이지 않았다.

4년 이상 동안 강대국 3국은 제네바에서 모든 핵실험의 중단에 관한 만족스러운 조약을 초안하고자 하였으나 모두 허사였다. 그들의 노력은 항상 지하 핵실험금지를 위한 현장검사라는 쟁점으로 수포로 돌아갔다. 그러나 양 진영이 쿠바 미사일 위기나 혹은 있을지도 모를 위기에서 그들의 대결이 얼마나 위험한가를 알고 난 후 소련은 더 실제적으로 되었고, 이전에 공산주의 대변인들이 '월가의 기만(Wall Street deception)'으로 비난하였던 개념인 '군비통제'의 제한적 조치에 관심을 보였다. 1962년 12월 두 경쟁국은 쿠바 위기 동안 통신의 어려움을 상기하면서 양국 간의 직접적인 통신연계를 구축할 가능성을 조사하기 시작하였다. (이 중 전신선과 무선 전신 회로망으로 구성된) '핫 라인(the hot line)' 설치를 위한 협약이 1963년 6월 20일 제네바에서 조인되었다.

몇 주 후 강대국 3국은 현존 감시체계로 쉽게 감시할 수 있는 세 가지의 환경 — 대기, 우주 공간 그리고 수중 — 에서의 핵실험을 불법으로 간주하는 협상을 벌였다. 초안을 작성하고 1963년 6월 25일에 효력을 발생하는 조약에 서명하는 데 불과 10일밖에 걸리지 않았다. 그럴듯하게 보였던 그 조약은 핵무기를 보유하지 못한 국가들에게 핵무기 확산과정을 늦추는 효과를 갖을 수 있었다. 제한적 핵실험금지 조약은 의심의 여지없이 그 당시까지 미국과 소련이 체결한 가장 중요한 군비협정이었다. 보기에 따라서는 그것은 또한 인간의 기술공학적 활동이 인간의 환경에 미치는 충격에 관한 진정한 우려감에서 작성된 최초의 국제조약이라고 할 수 있다. 그 조약으로 미국은 더 커다란 대기상의 핵실험으로부터 소련이 이미 전자 펄스(EMP)의 효과에 대해서 배웠던 것을 배우지 못할 것이라는 일부 미국 군사 지도자들의 오해에도 불구하고 1963년 9월 24일 상원은 80 대 19로 그것을 비준하였다.

케네디, 유럽 그리고 서방동맹

케네디는 대서양동맹에 상당한 중요성을 두었다. 특히 그는 맥밀란과 옴즈비-고와의 교육과 우정 때문에 영국과 가장 친밀함을 느꼈다. 영어 사용국인 두 동맹국은 공산주의자 중국의 승인, 나토의 전략, 핵실험, 흐루시초프와의 추가적인 정상회담의 바람과 스카이볼트(Skybolt) 미사일 프로그램의 취소화에 대해서 의견을 달리했음에도 불구하고 대통령은 일단 유사 시에 영국의 협력을 기대할 수 있다고 가정하였다. 그는 프랑스와 서독의 지도자들과 외교관들을 상대하는 데 어려움을 느꼈다.

케네디와 드골

케네디는 맥밀란을 총 7번 만난 반면에 드골(de Gaulle)과는 흐루시초프와의 정상회담을 위해 비엔나로 가는 도중에 딱 한 번 만났을 뿐이다. 젊은 대통령은 그 늙은이를 전시 3대 강국의 지도자들을 다루었던 역사적 인물로 인식하였다. 그리고 그는 프랑스의 국가적 위엄과 자존심을 회복하기로 한 드골의 결심을 찬양했으나 드골이 자극적이고 자만심이 강한, 완고한 인물이라는 것을 알았다. 드골은 독일연방공화국을 방위하려는 미국의 공약이 자신에게 군사적 방패물과 자신이 상당히 노련하게 이용했던 정치적 융통성을 부여한다는 점을 잘 알고 있었다.

프랑스와 미국의 정책은 여러 면에서 상이했다. 파리와 워싱턴은 유럽통합에 반대하는 접근방법을 추구하였다. 전자는 브뤼셀에 본부를 둔 경제공동체의 입안자들이 찬성하고 미국이 강력하게 지지한 기능적으로 통합된 유럽(비록 그것이 미국의 사업에 경쟁의 문제들을 증대시키는 원인이지만)보다는 프랑스의 영도력하에서 전통적인 민족국가로서의 통일된 유럽을 선호하였다. 드골은 유럽 문제에 대한 미국의 정치적·군사적 지배, 미국의 대기업에 의한 유럽 경제로의 '침투,' 영국과 미국 간의 특별한 관계 그리고 영국의 공동시장(Common Market)의 가입에 대한 미국의 격려 등에 관한 자신의 분개를 표출하였다. 드골은 베를린에 대한 케네디의 확고한 입장을 지지하고 흐루시초프는 전쟁을 원치 않는다는 점을 확신시켰다. 그러나 동남아시아에 대해서는 마치 경험이 더 풍부한 프랑스가 통제할 수 없었던 지역적 상황에 관련되는 것은 미국의 경험부족을 나타내는 것처럼, 드골은 "끝없는 정치적 그리고 군사적 곤경"이라는 점에서 미국의 "종결 없는 연루"에 대해서 경고하였다. 그는 또한 콩고에 대한 유엔의 평화유지 활동을 반대하였다.

나토와 핵 협력

서방동맹의 내부 역사를 특징지었던 긴장이 반복되는 시기 중에서 가장 심각한 시기 중의 하나는 1962년 후반과 1963년 초였다. 왜냐하면 이는 대서양동맹, 즉 경제적 영역에서 미국과 유럽과의 동등한 동반자 관계의 추구와 미국의 핵억지 지배를 위한 전략적 필요조건에 전적으로 양립하는 접근방법을 반영하지 않았던 정치적, 경제적 수렴성과 군사적 불일치를 야기시켰기 때문이었다. 1950년대 초반부터 석탄철강공동체와 공동시장을 통한 통합을 실천하여 세계경제에서 유럽의 경쟁적 지위를 강화하려는 모네(Jean Monnet), 슈만 그리고 아데나워가 주도한 성공적인 노력이 진행되어 왔었다. 방위부문에서 유럽의 종속적 지위를 바꾸는 것이 훨씬 더 어려운 문제였다. 사실 독일연방공화국, 이탈리아 그리고 베네룩스 국가들의 유럽공동체 국가들은 자존심 있는 민족국가는 결코 자국의 궁극적인 군사적 안보를 일련의 다른 국가 이익을 가진 외국에게 위탁할 수 없다는 드골의 명제를 받아들이지 않았다. 심지어 프랑스 대통령이 옳다고 여겨졌고 소련의 미사일 성장이 앞서던 시기에 미국의 핵 보장에 대한 신뢰성에 의심이 생겼을 경우에도, 대부분의 서유럽 정부 엘리트들은 서유럽은 기술적인 것보다는 정치적인 여러 가지 이유 때문에 그 자신의 효과적인 억지를 창조할 수 없었으므로 동맹국들은 자신들의 신념을 미국의 공약에 의지할 수밖에 없다는 점을 깨달았다. 드골 그 자신도 유럽의 억지와 방위를 미국의 군사능력으로부터 완전히 분리시킬 수 없다고 믿었다. 아마도 드골은 케네디가

1962년 7월 4일 필라델피아의 독립기념관에서 행한 연설에서 미국과 유럽 간의 경제적 동반자뿐만 아니라 군사적 동반자 관계의 가능성을 제시한 다소 애매한 '상호의존의 선언'을 서방지도자들 그 누구보다도 더 잘 인지하였을 것이다. 대부분의 유럽인들은 그 제안을 고무적이지만 비현실적인 것으로 파악하였다. 그들은 맥나마라 국방장관이 국가적 핵억지력에 대한 자신의 변명을 발표했던 1962년 6월의 앤 아버 연설에 더 주의를 기울였다:

> 핵전쟁의 우발성에 대처하기 위해서는 경쟁적이고 갈등적인 전략이 되어서는 안 된다. 우리는 전면적인 핵전쟁 목표체계를 분할할 수 없고 그리고 만약 우리의 모든 노력에도 불구하고 핵전쟁이 일어난다면, 우리의 최상의 희망은 적의 지극히 중요한 모든 핵능력에 대항해서 중앙집권적으로 통제된 군사행동을 행하는 데 있다……. 독자적으로 작전을 수행하는 제한적 핵능력은 위험스럽고, 값비싸며, 노화되기 쉬우며, 억지력으로서의 신뢰성이 부족하다.

케네디 시대 동안 미국의 전략적 사고의 전환으로 유럽인들은 당황하였다. 비록 그들이 아이젠하워-덜레스의 '대량보복' 독트린을 오해했었지만, 그럼에도 불구하고 그들은 최초의 나토 사령관이었던 한 대통령의 군사적 판단을 근본적으로 신뢰하였다. 아이젠하워가 자신의 전략은 유럽을 보호하는 것이라고 생각하는 한, 그것은 대부분의 유럽인들에게, 특히 어느 누구도 미국의 핵우월성이라는 사실에 의심을 갖지 않았을 때 충분하였다. 그러나 케네디는 소련의 핵 미사일 능력이 성장함에 따라 어떻게 장기적인 대량보복이 나토에게 신뢰할 만한 전략으로 남아 있을까 하는 우려를 나타내는 학문적, 군사적 그리고 다른 전략 이론가들 — 카우프만(William Kaufmann), 키신저(Henry Kissinger), 개빈(James Gavin), 테일러, 칸(Herman Kahn), 니체(Paul Nitze) — 의 주장을 주목하였다. 반복적인 베를린 위기는 그 문제를 첨예하게 만들었다. 케네디는 대량보복 전략이 유럽에서 소련의 재래식 침공에 대한 매우 부적절한 반응이라고 생각하여 '대재해와 항복 간의' 군사적 선택범위를 요구하였다. 미국의 관료들은 특히, 독점적으로 (1961년 9월에 생겨난) 군비통제군축국(Arms Control and Disarmament Agency)

에서 유럽동맹국들의 재래식 병력 증강에 맞추어 나토의 핵전략에 대한 의존도를 낮추고 유럽에서의 핵무기에 대한 제한 — 지리와 명령에 의한 구별, '이원(two-key)'체제, 전자방출 통제 등등 — 을 강화시킬 것을 촉구하였다.

알려진 것처럼, '유연반응'전략에 대한 케네디의 강조는 서유럽, 특히 독일연방공화국에서 오해를 불러일으켰다. 서유럽과 미국의 나토 전략가들은 작전상의 재래식 방위보다는, 그것의 모든 이론적 어려움과 더불어 핵억지에 더 관심이 많았다. 우선 한 예를 든다면, 바르샤바 조약기구의 재래식 병력과 필적하려고 하는 것보다는 핵무기로 전쟁을 억지하는 것이 훨씬 더 비용이 싸다는 것이었다. 만약 핵 비축량의 점차적 축적으로 전쟁을 "생각할 수 없는 것"으로 만든다면 왜 자원을 대규모 지상군에 낭비하고, 왜 실제로 전쟁 수행을 위한 전략을 발전시키는가? 아데나워와 그의 보좌관들은 핵 대응전략에 과도하게 의존하고 있는 서방이 소련보다 핵무기에 더 놀란 모습으로 비춰지는 것은 현명치 않다고 생각하였다. 그들은 서방이 핵억지에서 재래식 방위로 강조점을 전환하는 것은 미래의 위기 시에 제한적인 재래식 군사 탐사로 나토 동맹국의 의지를 실험하게끔 소련 계획자들을 부추길지도 모른다고 생각하였다. 무엇보다도 나쁜 것은 그들은 유럽에서의 어떠한 군사적 갈등도 조만간 핵전쟁으로 변할 강력한 뿌리 깊은 압력을 내포하고 있다고 우려하였다. 그들은 다른 사람들처럼 핵전쟁을 두려워했으나 중유럽에 한정될 전쟁을 원치 않았다. 그리고 그들은 재래식 병력을 증강하여 그 두려움에 대응한다면, 억지력을 약화시키고 무서운 핵전쟁의 가망성을 증대시킬 것이라는 비극적인 아이러니를 감지하였다. 그러므로 그들은 차관 조오지 볼의 증가된 방위능력과 광범위한 비핵능력의 촉구를 전혀 이해하지 못했다. 동맹국들은 단지 워싱턴의 간곡한 권유를 따르는 데 필요한 비할 바 없는 최소 한도만을 하였다. 드골은 공식적인 나토의 전략 독트린을 대량보복에서 유연반응으로 바꾸려는 모든 노력을 반대하였다. 결국 케네디 행정부는 유럽에서 핵전략에 대한 의존도를 낮출 수 있는 자신의 능력이 매우 제한적이라는 것을 알았다.

나토 내에서 논의된 핵협력과 분담의 쟁점은 1960년대 초반에 민감하게 되었다. 1958년 원자력법안의 수정으로 미국의 과학자들이 주로 영국의 과학자들과 함께 전시의 맨해튼 프로젝트에 참여하였기 때문에 미국은 영국의 핵무기

프로그램을 원조하였다. 어떠한 단서도 달지 않았더라면 드골 역시 그와 유사한 원조를 환영하였을 것이다. 동시에 그는 아마도 해외로부터의 기술적 원조는 해외 공급자에 대한 정치적 종속을 의미하므로 프랑스는 오로지 자국 단독으로 핵무기를 획득하여 독립적인 국가의 핵억지를 확보할 수 있다고 결론지었을 것이다. 그럼에도 불구하고 그는 영국에 수여된 특혜적 대우로 짜증났고 영국의 억지력의 '독립'에 대한 자신의 경멸을 거의 감출 수가 없었다. 그는 초보적인 프랑스의 핵전력에 대한 맥나마라의 공공연한 멸시로 더욱 원통해했다.[7) 케네디 대통령 재임 기간 동안 나토에 대한 드골의 정열은 점점 더 식어갔다. 그는 아직도 자신이 공식적으로 1958년에 제기하고 아이젠하워가 답변조차 하지 않고 포기했던 나토의 3개국(미국·영국·프랑스) 이사회를 원했다. 적어도 케네디는 형식적으로는 나토를 재조직할 필요성에 대해 그와 의견을 같이 했으나 드골에게 제안을 요청하였을 때 대답은 모호하였다. 의심의 여지없이 드골은 미국의 지구적 전략형성에 대한 발언권을 갖고 싶었다. 하지만 그가 정말로 동맹의 군사 조직화 — 사실 그와는 반대로 나중에 발전이 나타남에 따라 — 를 강화시키기를 원했는지는 분명치 않다.

영국의 공동시장 회원자격 신청

1961년 여름 맥밀란 정부가 유럽경제공동체(EEC)에 가입하고자 했을 때 그것은 외교적 혁명을 이룬 것이었다. 10년 동안 영국은 영연방국가들과의 전통적인 정치적·경제적 유대 때문에 유럽통합운동에서 소극적이었다. 최근 몇 년 동안, 전체적으로 영연방국가들과의 영국의 특혜적 무역이 감소한 반면, 구매자로서 그리고 국제적 경쟁자로서의 공동시장은 영국 산업에 있어서 그 중요성이 증대하였다. 유럽자유무역연합(EFTA: European Free Trade Association)을 주도적으로 조직하여 동적인 유럽경제공동체의 충격을 완화하고자 하는 영국의

7) 보수주의자들의 억지정책에 의심을 품은 많은 영국의 노동당원들은 맥나마라의 앤아버 연설은 영국의 억지력을 없애기 위해 미국의 입장을 강화시키는 것이라고 주장했다. 그러나 며칠 후 맥나마라는 영국의 억지력은 나토에서 미국의 억지력과 통합되기 때문에 자신은 영국의 억지에 대해서 언급한 적이 없다고 명확하게 진술하였다.

노력은 필연적인 역사적 변화의 논리와 맞지 않았다. 런던은 조정이 어렵다는 것을 알았으나 영국 시장에 의존하고 있는 영연방국가들의 전이 문제들을 완화시키기 위해서 가능한 한 최고의 타협 — 특별한 의정서, 면제 조항, 그리고 신사적 협정 — 을 얻기로 결정하였다. 갈브레이스(John Kenneth Galbraith) 하버드 경제학 교수는 확장된 유럽공동체에 대한 미국의 지원은 비회원국가들에 대한 높아지는 관세 장벽과 더불어 궁극적으로는 미국의 무역을 해치고(유럽과 다른 시장 모두에서) 이미 심각해진 국제수지 문제를 더욱 악화시킬 것이라고 케네디에게 경고하였다. 그러나 케네디는 영국 가입의 정치적 혜택은 미국인에 대한 그것의 경제적 비용을 메운다고 생각하였다: 영국의 확고한 외교적 능력은 통합을 향한 대륙의 조치에 도움이 될 것이다. 영국의 많은 사람들은 유럽의 경쟁에 대한 자신들의 경쟁력을 유지하거나 혹은 중도적인 정치적 영향력을 행사할 수 있을지 의심하였다. 유럽경제공동체의 대부분에 퍼진 자유시장 철학을 의심한 영국의 노동당은 힘들게 이룩한 사회복지 프로그램의 희석화를 두려워하였고, 연방 성문헌법을 의심하는 보수주의자들은 주권적, 독립적 민족으로서의 영국의 역사적 특권에 대한 침식을 두려워하였다.

유럽연방주의자들은 처음에 맥밀란 정부의 교섭제의를 환영해야 할지 혹은 두려워해야 할지 그들의 생각을 정리할 수 없었다. 일부는 영국의 민족주의는 드골주의의 반연방주의적 경향을 지탱한다고 생각하였다. 그러나 런던의 참가 신청이 케네디의 전폭적인 지원을 받은 이후로 '유럽주의자들(Europeanists)'은 모든 것을 고려해 볼 때 영국의 가입이 득이 될 것이라고 결론지었다. 앵글로·아메리카 측은 자신의 비전에 대해서 결코 동정적이지 않으며 영국의 가입을 원하는 연방주의자들은 '유럽의 사상(European idea)'을 대서양주의(Atlanticism)에 종속시키기로 결정했다는 것을 알고 있는 드골은 영국은 아직까지도 정말로 유럽에 가입할 준비가 되어 있지 않다고 제안하였다. 예를 들면 유럽공동시장에 가입할 때 영국은 핵무기를 같이 가져올 것인가? 1962년 봄 내내, 준정부 주간지인 ≪이코노미스트(The Economist)≫는 영국 정부는 '일종의 핵협상,' 즉 양국가는 일반적으로 자신들의 독자적이고 민족적인 원자력을 배치시키고 있는 나쁜 예를 대신할 앵글로·프랑스 간의 쌍무적인 협정을 고려해야만 한다는 것을 노골적으로 암시하였다.

스카이볼트 미사일 프로그램의 취소

대서양동맹을 위한 케네디의 '대계획(grand design)'은 그 실행의 결과를 예견하지 못한, 한 행정관에 의해서 스카이볼트(skybolt) 프로그램이 취소되었을 때인 쿠바 미사일 위기의 결과로 일시적으로 동요되었다. 1960년 캠프 데이비드(Camp David) 회담에서 아이젠하워와 맥밀란은 개발되었을 때 미국은 영국의 브이 폭격기(V-bombers)에 2단계 스카이볼트 미사일을 제공한다는 데 동의하였다. 그 당시 런던은 전략적 억지의 목적을 위해 폴라리스보다 스카이볼트를 선호하였다. 이는 미국이 나토의 명령하에 영국의 잠수함에 배치한 폴라리스 미사일보다는 독립적인 억지력에 기여하는 스카이볼트를 위한 연구·개발 비용을 지불하기로 약속하였기 때문이었다. 그 대가로 영국은 홀리 로크(Holy Loch)에 미국의 폴라리스 잠수함이 이용할 수 있는 해군기지를 만들기 시작하였다.

1962년 11월 맥나마라는 기술적 어려움과 비용·무효과의 이유 등으로 스카이볼트 프로그램의 취소를 권고하였다. 그 프로그램이 잘 진척되지 않는다는 경고가 있었지만, 영국은 그 소식을 듣고 충격을 받았다. 맥밀란 정부는 장래의 억지력을 위해 스카이볼트에 대한 약속에 지나치게 의존했었고, 그 결과 국민들의 격분은 보수당원들을 패배시키고 영·미 관계에 있어 심각한 불화를 조성할 정도로 위협적이었다. 영국의 언론은 동맹국을 무감각적이고 가혹한 방법으로 그리고 요령 없게 대했다고 미국을 비난하였다. 분노가 폭발하기 직전까지 워싱턴이나 런던 어느 쪽도 납득할 수 있는 대안을 제시하여 현명하게 그 문제를 처리할 준비가 되어 있지 않았다. 그러나 워싱턴에 더 큰 잘못이 있었다.

나토의 다국적군

1962년 12월 케네디와 맥밀란이 나사우(Nassau)에서 만났을 때 케네디는 맥밀란을 만족시키지 못한 몇 가지 대안들을 제의하였다. 만약 스카이볼트 프로그램이 취소된다면 — 그렇게 보였던, 특히 케네디가 텔레비전에서 그것은 실패라고 발표했을 때 — 맥밀란은 폴라리스를 원했다. 케네디 행정부는 1959년까지 논의 중에 있었던 나토 다국적군(MLF: NATO Multilateral Force)의 틀 내에서는 예외로 하고 잠수함발사 미사일에 관해 거래하기를 꺼려했다. 핵분담 문제를 해결하기 위해 계획된, 국제적으로 구성된 함대인 나토의 다국적군은 1960년대 초반 동안 몇 가지 계획 모델 — 처음에는 잠수함, 나중에는 수상선(surface ships) — 을 실험했으나 적극적인 반대에 부딪치거나 혹은 유럽과 미 의회 그리고 국방부의 마지못한 승인만을 얻었다. 그것은 나토의 핵전략의 일정 몫을 서독에게 주기로 예정되었다. 관찰자들은 그것이 동등성에 대한 서독의 바람을 만족시킬지 아니면 독자적인 핵무기에 대한 그들의 욕구를 자극할지 궁금해 하였다. 케네디 행정부 내의 일부 사람들은 영국에게 폴라리스를 제공하는 것은 프랑스의 기분을 상하게 하고 소련을 자극할 것이며, 비확산에 대한 미국의 이익과도 모순되고, 핵군축 문제를 복잡하게 만들 것이라고 주장하였다.

나중에 케네디는 어떻게 영국에서 정치적으로 격정적인 스카이볼트 프로그램의 포기가 일어났는지에 관해 어느 누구도 자신에게 주의를 주지 않았다고 불평하였다. 케네디는 영국에서 반미 내각이 들어서지 않도록 위태위태한 국내 상황에 처한 맥밀란을 도와주고 싶었다. 더군다나 그는 위태로와진 홀리 로크 기지(the Holy Lock base) 사용에 관한 협정을 보고 싶지 않았다. 그러나 국무부와 국방부는 세밀한 폴라리스 이전계획을 준비하지 않았다. 그 결과는 조급하게 꾸며지고 모호하게 쓰여진, 표면상으로는 국가적 억지력을 중앙집권적 나토의 명령체계와 서방의 핵방위의 '불가분성'과 조화시키기 위해 산출된 협정이었다. 미국은 영국에 유효한 (탄두 없이) 폴라리스 미사일을 만드는 데 동의하였고 영국은 그것을 나토에 배정하는 데 동의하였다.[8] 그리고 영국은 '최상의 국가이익이 위험한 상태에 있을' 때에만 그것을 철수시킬 권리를 보유하였다.

드골에게도 유사한 제의가 있어야 하고 이것은 조용하게 이루어져야 한다고 결정되었다. 프랑스 대통령은 처음부터 더 많은 관련정보를 얻는 데 관심이 있는 것처럼 보였다. 그러나 드골은 그 제안을 수락함으로 해서 프랑스와 나토의 통합된 군사적 명령 간에 점차적으로 거리를 두는 자신의 정책을 수정해야 함을 알았다. 따라서 그는 그 제안을 거절하였다. 나토의 다국적군을 '군사적 러

8) 영국은 나사우 성명(Nassau Communique)에서 국가적으로 구성되어 나토에 파견된 다국적군(나토로부터의 철수가 가능)이나 혹은 혼합적으로 구성된 다국적군(나토로부터의 철수가 불가능)에서 미사일을 사용할 수 있다는 것을 제공하였다.

브 골드버그 책략(military Rube Goldberg scheme)'이자 정치적 제스처라고 여기는 워싱턴의 정책결정자들은 드골이 수락할 것이라는 희망을 품어 왔었다. 영국과 프랑스 양국은 보다 더 현실적인 나토의 다국적군을 약속하였고 다국적군의 사상 – '미치광이'라 불리는 런던의 해군성(the Admiralty Office) – 은 붕괴될 것이라고 생각하였다. 그럼에도 불구하고 독일연방공화국이 나토의 핵전략계획에 참여하는 데 따르는 문제가 남아 있었다. 그리고 미국의 다국적군 창안자들은 애초부터 회의적였던 아데나워 정부 내의 관료 집단들에게 이러한 해결책을 납득시켰다. 결과적으로 미국 정부와 나토 내에서 다국적군에 대한 의견의 불일치로 또 다른 3년을 필요로 하였다.

그러는 동안 나사우에서 만난 지 몇 주가 지난 1963년 1월 14일 드골은 연두기자회견 형식의 한 연설에서 가장 유명한 대목을 주장하였다. 그 회견에서 그는 서방에서 핵무기 통제에 대한 사실상의 독점을 유지하고자 하는 미국의 노력들을 예리하게 비판, 군사적 통합에 반대하고, 국가의 방위능력을 성취하려는 자신의 의도를 재천명하였으며, 공동시장 가입을 위한 영국의 신청을 거부하였다. 그는 영국의 가입으로 "최종적으로 그것이 미국의 지배와 지시하에 거대한 대서양 공동체로 나타날 때까지" 유럽경제공동체의 성격이 변화될 것이라고 선언하였다.

케네디는 방위 연합에 있어 민주주의적 정부들 간의 불일치는 필연적이라고 인식하였다. 각국은 자국 고유의 국가적 시각으로부터, 그러나 모두에게 공동적인 자국의 안보 문제를 조망해야만 한다. 각국은 자국의 자존심을 보존하려고 노력한다. 그 동맹 지도자의 임무는 종종 가장 미묘하였다. 왜냐하면 그 작업의 엄청난 힘은 그 임무가 일방적으로 무엇을 결정하든지 간에 그 임무를 오만한 것처럼 만들기 때문이었다. 그러므로 그는 미국이 다른 동맹국들처럼, 그러나 지도자로서 모두의 안보 이익으로 인식된 것을 증진시키는 방법으로 자국의 국가 이익을 추구하는 것이 타당하다고 결론지었다. 그는 나토가 중부 아프리카, 중동, 동남아시아 혹은 중화인민공화국을 상대해서 항상 통일전선을 유지할 수 없다는 것을 깨닫고 베를린이나 혹은 유럽에서 소련으로부터의 다른 직접적인 도전에 대해서는 통일전선이 확고한 것을 보고 만족하였다.

케네디 개인적으로 가장 영광스러운 순간은 1963년 초여름 자신의 영광적인 유럽방문 동안에 이루어졌다. 아직도 쿠바 미사일 위기의 승리감과 자신이 소련에 올리브 가지(olive)를 선사한 군비통제에 관한 미국의 한 대학 연설의 신선감에 빠져 있는 케네디는 자신의 취임식에서 횃불이 새로운 세대로 전해져 왔다고 말했을 때의 그 의미를 유럽의 젊은이들에게 설명해주고 싶었다. 그는 이미 유럽의 민주주의적 좌파와 드골주의적 틀보다는 대서양주의적 틀 내에서의 통합유럽의 옹호자들의 영웅이었다. 케네디는 궁극적으로는 자신이 그의 지도력의 신비함을 칭찬하였던 드골과도 협정을 이룰 수 있다고 확신하였다. 그러나 무엇보다도 그는 유럽의 젊은이들에게 생동적이고 진보적인 미국의 이미지를 투영시키기 위해 서유럽의 늙은 보수적인 지도력과 비교하여 자신의 생명력과 쉽게 영향을 미칠 수 있는 낙관적인 전망을 이용하고자 하였다. 그는 또한 의심많고 신경질적이며 불안한 사람들을 안심시키고자 하였다. 본(Bonn) 공항에서 그는 다음과 같이 말했다: “여러분의 자유는 우리의 자유이다. 여러분의 국토에 대한 어떠한 공격도 우리 자신에 대한 공격이다. 감정뿐만 아니라 필요상 …… 우리의 운명은 하나이다.” 다음의 공약은 이틀 후 프랑크프르트(Frankfurt)에서 나왔다: “우리는 우리의 자유를 보호하기 위해, 여러분들의 자유를 필요로하기 때문에 미국은 여러분들을 보호하기 위해, 우리의 도시들의 위험을 각오할 것이다.” 그 다음 베를린을 방문하였을 때 그는 자신의 웅변과 50만 독일인의 감정의 연소적인 상호작용에 놀랐다:

> 세상에는 자유 세계와 공산주의 세계 간의 중대한 쟁점이 무엇인지를 정말로 이해하지 못하거나 말을 하지 못하는 사람들이 많이 존재합니다. 이들을 베를린으로 오게 합시다!
>
> 공산주의가 미래의 물결이라고 말하는 사람들이 일부 있습니다. 이들을 베를린으로 오게 합시다!
>
> 그리고 유럽과 그 밖의 다른 곳에서 우리는 공산주의자들과 함께 일을 할 수 있다고 말하는 사람들이 일부 있습니다. …… 이들을 베를린으로 오게 합시다!
>
> 그들이 어디에 살건 모든 자유인들은 베를린의 시민들이고 따라서 자유인의 한 사람으로 “나는 베를린 사람이다(Ich bin ein Berliner)!”라는 말에 저는 자부심을 느낍니다.

나중에 그는 만약 자신이 청취자들에게 베를린 장벽으로 행진하여 그것을 무너뜨리자고 주장했더라면 아마도 그들은 그렇게 했을 것이라고 상기하였다. 그 연설은 서방의 마지막 클라리온(clarion) 소리이자 두 핵강대국의 세계에서 안전하게 이루어질 수 있는 이데올로기적 혁신에 대한 마지막 호소였을지도 모른다. 아마도 그 자신은 그것이 주목받기를 기대하거나 원하지도 않았을 것이다.

동아시아와 중동

어떠한 대통령도 세계의 모든 지역에 끊임없이 참여할 수는 없다. 운좋게도 국제관계에서는 어느 특정하게 느리게 진동하는 주기운동이 존재한다. 지구의 모든 부분이 외교정책을 담당하는 사람들의 문제해결 능력을 촉박하게 요구하는 소란이나 운동에 처해 있는 것은 아니다. 3년간의 재임 기간 동안 케네디는 계속되는 페이지에서 나타나듯이 자신의 정열을 소련, 라틴 아메리카, 서유럽, 아프리카 그리고 동남아시아에 받칠 수밖에 없었다. 이러한 지역들은 중대한 발전이 일어난 지역들이었다.

이 기간 동안 다른 두 중요한 지역 — 동아시아와 중동 — 에서는 격렬한 위기가 없었다. 케네디는 일본과의 관계에는 전혀 몰두하지 않았다. 중국의 경우 그는 아이젠하워·덜레스의 북경 정부의 불승인정책을 다소 비이성적인 것으로 여겼지만 미국의 정책전환이 야기시킬 국내적 격정을 두려워했다. 그 밖에 비록 흐루시초프가 중화인민공화국의 유엔가입을 촉구하는 연례적 의식을 수행했지만, 천천히 벌어지는 중소 간의 불화와 새롭게 생기는 미소 데탕트(de'tente)는 그 쟁점을 미소 관계에 있어 덜 자극적으로 만들었다. 반면에 1962년 인도의 북쪽 국경선에 대한 중국의 공격적인 행태로 인해 중립국가들은 유엔 총회에서 미국의 입장을 덜 비합리적인 것으로 여겼다.

수카르노의 인도네시아

동아시아와 중동 사이에 위치한 인도네시아(Indonesia)는 관심의 대상이 되었다. 1950년대 초반 네덜란드로부터 독립을 획득한, 1억 이상의 인구를 가진 인도네시아는 극도로 자기 중심적인 수카르노(Achmed Sukarno)에 의해 지배되었다. 마르크시스트적, 서방 생득론자적인 종합적인 이데올로기에 바탕을 둔 그의 '교도 민주주의(guided democracy)'는 그 나라의 풍부한 천연자원을 경제적으로 이용하지 못한 독재정권을 위한 완곡한 표현이었다. 수카르노는 근대화 발전 프로그램에 집중하는 것보다는 웨스트 이리안(서 뉴기니: West New Guinea)을 네덜란드 지배로부터 '해방'시켜 국민들을 통합시키는 데 관심이 더 많았다. 동남아시아 전쟁에 대한 미국의 추가적 개입의 필요성을 막기로 결정한 케네디는 이전 문제를 협상하여 인도네시아가 미국의 석유회사와의 자국의 경제적 유대관계를 맺고 네덜란드와 다른 국가들과의 사업적 이해관계를 증진시킬 수 있도록 네덜란드에 강한 압력을 행사하였다. 그러나 미국의 지원으로 웨스트 이리안을 획득한 후 수카르노는 말라야, 사라와크의 영국 직할 식민지(Crown Colonies of Sarawak), 브루네이, 보르네오 북쪽 지역이 새로운 말레이시아 연방으로 편입되는 것을 막기 위해 새로운 '대결'을 벌였다. 국내 경제발전의 작업을 위해 수카르노의 국외 강경 외교론적 모험을 전환시키기 위한 케네디의 노력은 실패하였다.

낫세르의 이집트

이집트 낫세르(Gamal Abdel Nasser)의 비교할 수 있는 교섭 제의는 당분간 다소 더 전도양양한 것처럼 보였다. 아스완 댐 건설 때 소련의 원조가 있었지만 모스크바와 카이로 간의 관계는 차가운 상태였다. 아랍연합공화국(이집트의 시리아와의 통합)의 분열로 이집트는 다소 고립되었고, 낫세르의 아랍 민족주의의 브랜드(brand)는 좌절을 겪었다. 이집트·이스라엘 간의 긴장이 위기 국면이 아니었기 때문에 상황은 미-이집트 관계의 원만한 추세에 길조처럼 보였다.

외국 지도자들과의 일대일 만남을 좋아하는 경향에도 불구하고 케네디는 결코 낫세르를 만나지 않았다. 그러나 두 사람은 상대적으로 우정어린 연락을 취하였다. 케네디는 아랍세계에서 미국의 이익(즉 석유)과 (민족적인 도덕적·정치적 책임감과 국내 정치의 문제였던) 이스라엘 민주주의를 위한 지속적인 미국의 지원 간의 공명정대한 중동정책을 추구하고자 하는 바람을 암시하였다. 케네디 행정부는 이집트는 인도네시아보다 더 유능한 엘리트가 많이 있으므로 수카르노의 경우처럼 국내 경제발전을 위해 지역적 제국주의를 강조하지 말아야 한다고 낫세르를 설득하고자 하였다. 미국은 공공법 480(P. L. 480)에 의거하여 이집트에 대한 식량 원조의 유입을 증가시켰다.

또한 120만 팔레스타인 피난민 문제에 대한 인도주의적 해결을 모색하고자 하는 노력이 송환과 재산보상을 기반으로 유엔 팔레스타인 조정위원회(UN Palestine Conciliation Commission)를 통해서 이루어졌다. 한 계획에 따르면, 이스라엘에게는 20만 명까지 재허가하는 것이었고 그 나머지는 아랍국가들에게 영구히 재배치하는 것이었다. 양 진영 간에 불신이 커졌고 필연적인 양보를 할까봐 두려워하였다. 18개월 후 협상이 결렬되었다. 그러는 동안 케네디 행정부는 몇 기의 호크(Hawk) 대공미사일을 판매하여 이스라엘의 오해를 가라앉히기로 결정하였다. 낫세르는 계획된 판매에 관한 정보와 설명을 자신에게 개인적으로 편지를 해준 케네디의 외교적인 호의에 감사하였다. 1962년 12월 후반 케네디는 이스라엘 수상 메이어(Golda Meir)에게 침공당할 경우 이스라엘에 대한 이전의 미국의 공약보다도 훨씬 큰 확실한 원조를 약속하였다. 그리고 미국은 이스라엘에게 "광범위한 국제 문제에 있어서, 정말로 오직 영국과 가졌던 관계에만 비교될 수 있는 중동에서의 이스라엘과 특별한 관계를 가진다"고 말했다.

미국·이집트 관계는 낫세르가 급진적 아랍 민족주의 운동의 지도력 다툼을 위해 시리아와 경쟁하면서 사우디 지원을 받는 왕정 정부에 대항하는 혁명적 공화국 세력을 지원하기 위해 이집트 군대를 예멘(Yemen)으로 보내기 시작했던 1962년에 악화된 방향으로 돌아섰다. 5년 후 그 개입이 끝나기 전에 예멘에 있는 이집트 군대의 숫자는 7만에서 8만명 정도로 추정되는 병력으로 증가되었다. 1963년 케네디 그 자신은 사우디아라비아와 그 곳의 석유에 대한 안전에 약간의 우려감을 나타내기 시작하였다. 그 지역 내의 긴장이 고조되었으나 1967년 6월까지는 위기 국면에 이르지 못하였다.

정책 결정자로서의 케네디

비록 많은 관찰자들이 케네디 자신이 국무장관이 되기를 원했고 그러한 이유로 자신을 위태롭게 할지도 모르는 강력한 정치적 기반과 대중적 성격을 가진 인물을 그 자리에 임명하는 것을 회피하였던 것은 당연한 것으로 여길지 모르지만, 그것은 전적으로 그 상황에 대한 정확한 평가가 아닐 뿐 아니라 실현 가능한 대안도 아니었다. 그가 스티븐슨과 보울즈 – 전 코네티컷 주지사이자 인도 대사 – 와 같은 저명한 후보자들을 간과한 것은 사실이지만 아마도 그것은 그들의 독자적 성격 때문이 아니라 그들 중 어느 누구도 민주당 전당대회 이전에 케네디를 지지하지 않았고 케네디와 그의 측근들에게는 그들이 너무 예언적인 자유적이고 이상주이적(예를 들면 유엔과 전반적인 군축에 관해서)으로 보였기 때문이었다. 케네디는 강경한 애치슨의 현실주의에 매력을 느끼지 않았으나 불과 11만 9,000표 차(그리고 10개 주에서 1만 표차 이하로)로 닉슨을 물리쳤기 때문에 냉전의 절정기에 이상주의적 자유주의자를 국무장관에 임명하여 중도주의적 외교정책에서 일탈하는 것은 현명치 않다고 생각하였다.

대통령은 외교정책의 궁극적인 통제자가 되고자 하였다. 1960년대 초 국제체계는 수많은 발전을 하였고 탈식민지화와 1940년대 후반 이래로 독립국가들의 수가 2배로 증가했으며 세계의 저개발지역 사이에서 민족주의적이고 혁명적 운동의 출현이 이루어졌다. 두 주요 핵강대국들에 의한 미사일 기술의 획득 그리고 이전에 단일적인 것으로 여겨졌던 공산주의권에서의 균열조짐이 나타남 등의 결과로 세계는 보다 더 빠르고 복잡해지고 있었다. 미국은 중동과 혹은 격심한 위기 동안에만 동남아시아에 때때로 관여하고 유럽과 동아시아에만 전적으로 외교정책을 기울이는 노력을 더 이상 전개할 수 없었다. 대부분의 오래된 라틴 아메리카 공화국들과 식민지 이후 새로운 40개국의 아프리카 국가들은 지속적인 정치적 관심과 다양한 형태의 경제적 원조를 요구하며 절규하고 있었다. 만약 자신이 외교정책 계획과정의 최고자리에 머물러 있다면 케네디는 국무부의 역할을 약화시키기 위해서가 아니라 중앙집권화가 없으므로 효율적인 지도력과 점증적으로 마구 뻗어나가고 외교와 방위정책을 형성·실행하는 미로같은 관료정치를 통제할 수 없기 때문에 백악관에서 그것을 재조직하고 그것의 조화를 중앙집권화해야만 한다고 확신하였다.

로스토우는 현직 대통령의 운영 스타일에 맞는 방식으로 대외정책의 형성이 조직되어야 한다고 지적하였다. 대통령은 필연적으로 정보를 받고, 부하들을 다루고, 그들 간의 성격, 정책 그리고 '세력(turf)' 다툼을 해결하고 관심과 자원에 대한 경쟁적 외침 중에서 우선순위를 정하고 충고의 질을 가늠하고, 제기된 대안적 행위경로의 찬·반을 평가하고, 마지막으로 결정을 하는 방법을 선호하였다. 쉴 새 없이 진행되는 대통령의 의무와 다양한 정부적 원천과 특별한 이익집단으로부터의 모순적인 국내 압력의 유입의 와중에서 이러한 모든 것들은 인지되고 불충분하게 이해된 국제 환경의 맥락 내에서 추정상의 국가 이익을 추구함으로써 이루어져야만 했다.

국무장관에 제2의 선택이라고 거의 모든 사람들이 생각하였던 러스크는 일상적인 외교업무를 수행하는 데 있어 훌륭한 전문 기술인이었다. 그는 언제나 위엄을 갖추었고, 의회의 위원회 앞에서, 그리고 국제회의와 외무장관들과의 회합, 대사관들과의 상담 시, 그의 모습은 인상적으로 유능해 보였다. 그는 국무부와 재외 공관근무의 능력 있는 최고의 행정가였고, 아주 중요한 통신왕래의 흐름을 감시하였다. 그는 자신의 주요 부하들 대부분을 직접 선택하지 않았고 정책결정의 최고 수준에서 진행되었던 것을 항상 알지 못했으나 대통령에게 대외 상황에 관한 브리핑을 하고 요청을 받았을 때에는 언제나 조언할 준비를 잘 갖추었다. 그는 흔하지 않은 개별적 만남에서 언제라도 자신의 생각을 대통령에게 말할 수 있도록 준비하였다. 백악관의 더 커다란 모임에서 그는 케네디에게 더 영향력이 있다고 알려진 사람들과의 논쟁을 피하였다.

기질상 군사력 사용에 관해서 비우호적이었지만 그럼에도 불구하고 케네디는 신뢰할 만한 억지와 방위능력은 외교정책에 없어서는 안 될 기반이라는 것을 깨달았다. 그는 국방부와 전체적인 군사체계를 운영하는 데 있어 많은 신뢰와 권위를 맥나마라에게 위임하였다. 러스크와는 달리 맥나마라는 그 자신의 팀을 선정하였다. 방위기술의 바탕보다는 외교정책 문제의 미묘한 정치적·심리적 성격에 보다 더 관심이 있었던 대통령은 국방부의 재조직화나 혹은 자신과 자신의 국방장관이 동의한 기본적인 지침원리를 넘어서는 미국 전략의 세밀한 수정을 면밀히 감시하지는 않았다. 실제로 케네디는 군사적 성향을 가진 사람들과 친하지 않았다. 피그 만 사건의 경험으로 적어도 그의 부하인 테일러가

1962년 10월 합동참모본부장이 될 때까지는 군사적 조언을 신뢰하지 않았다. 그때까지도 케네디는 군부가 추천한 것보다도 쿠바 미사일 위기 동안 맥나마라의 추천에 깊은 감명을 받았다. 국방장관과 그의 '젊은 인재들(whiz kids)'은 방위 예산을 운영하고 전략을 재형성하는 데 있어 조작적 분석과 비용·효과 계산의 주인들이었다. 그것은 도움이 되는 측면이었다. 손해가 되는 측면은 경제학과 업무생산의 영역에서의 효유성이 (매우 바람직스러운) 군장비의 조달뿐만 아니라 (바람직스럽지 못한) 전체적인 전략 차원에서의 효율성과 동일시될 수 없었다는 점이다. 전략은 최대한의 효율성으로, 즉 최대한의 확실성과 최소한의 비용으로 목표성취를 향해 분발해야만 한다. 그러나 전략은 먼저 경제적 틀보다는 정치적 틀 내에서 분석되어야만 한다. 여러 가지 다양한 요소의 외교와 방위정책의 통합을 보장하기 위해 케네디는 국가안보담당 특별보좌관의 역할을 강화시켰다. 그 자리는 번디가 맡았다. 만약 번디의 나이가 많았더라면 그는 국무장관의 유력한 후보자였을 것이다. 번디와 백악관 참모진[9]은 다음과 같은 수많은 관련 업무를 할당받았다:

첫째, 대통령이 국제 상황뿐 아니라 그의 관심을 요구하는 외교·방위정책의 모든 측면에 관해서 모든 정보를 보고 받을 수 있도록 조치하는 것

둘째, 가능하다면 광범위한 대외 업무체제를 구성하는 다양한 부서와 기관들 — 국무부, 국방부, 중앙정보부(CIA), 국제개발처(AID), 재무성, 농무성 등 — 의 업무를 전체적으로 일관성 있게 정리하는 것

셋째, 관료정치가들의 이익에 방해가 되지 않도록 대통령의 선택 사항을 제한하고자 하는 하급 기관에서의 관료적 타협정치의 영향을 극복하기 위해 대외 업무의 관료정치를 감시하는 것과 대통령에게 모든 관련 있는 관점을 제시하고 그들 자신의 제안을 제공하는 것

---

9) 처음에 케네디는 국무부의 정책기획국장에 로스토우를 생각했으나 러스크는 맥기를 앉혀야 한다고 대통령을 설득하여 자신의 흔치 않은 임명 성공의 한 예를 기록하였다. 로스토우는 맥기가 부차관이 되어 정책기획국을 맡을 때까지 거의 1년 동안 번디의 부관으로 일했다.

넷째, 대통령의 외교 왕래, 외국의 고위 인사들의 방문, 연설, 해외 순방 등의 활발한 역할을 수행하는 것을 도와주는 것

다섯째, 대통령의 결정 사항들이 실행되고 있는지를 확인하기 위해서 변함없이 끝까지 노력하는 것

아무리 지배적이라 할지라도 어떠한 단일 국가에 의해서 방지될 수 없을 뿐만 아니라 통제될 수도 없는 국제체제의 정치적, 경제적 그리고 기술공학적 변화기에 케네디는 외교정책을 활발히 주재하였다. 그의 중요한 성공은 자신의 성격에서 우러나오는 심리적·정치적(psychopolitical)인 것이었다. 그는 진보적이고 창조적인 한 지도자의 이미지를 세계에 투영시킬 수 있었다. 대중적 언사에 있어 그는 제3세계에서의 민족주의와 빈곤 추방의 발전에 찬성하는 반식민주의자였고 진보를 위한 동맹, 평화봉사단 그리고 평화를 위한 식량의 제안자였으며, 비록 유엔과 전반적인 군축에 관해서는 보울즈, 험프리 그리고 스티벤슨보다는 더 회의적이었지만, 데탕트와 핵무기 통제를 향해 냉전의 경직성을 탈피하고자 하는 운동에 대한 감명적인 주창자였다. 그의 최악의 외교정책 실패는 피그 만 사건이었고, 나중에 생각해보면 동남아시아였다. 아프리카와 중동에서의 그의 업무 수행은 단지 혼합적인 평론을 받았다; 아마도 어느 누구도 더 잘 할 수 없었을 것이다. 쿠바 미사일 위기를 제외하고 그의 가장 뛰어난 성공사례는 미국의 군사력 증강, 베를린 위협에 대한 처리 솜씨, 그의 일대일 외교, 부분적인 핵실험금지 조약의 협상, 1963년 동안 미소 관계에서의 논조 변화, 그리고 자신이 대서양동맹에 정신을 재투입시킨 것 등이다. 나토의 믿음직스러운 방위자인 그는 반식민지적 대의명분에 대한 자신의 지지, 모스크바에 대한 데탕트 제의, 그리고 대서양 간(transatlantic)의 전략에 관한 불일치가 실제적으로 서방동맹을 약화시키지 않는다는 것을 확신하기 위해 열심히 일하였다. 그는 자신의 지성 덕분에 재치 있고 매력적이었다. 전체적인 그의 스타일은 정치적이었다. 재임 기간 대부분 동안의 외교정책의 처리에 있어서 케네디는 실제적으로 미 국민 대다수로부터의 지지뿐만 아니라 전체적으로 언론 매체의 우호적이고 때로는 찬양적인 지지를 누렸던 마지막 대통령이었다.

제6장

존슨의 외교정책

비극에서 각성으로

존슨(Lyndon Baines Johnson)은 케네디 대통령의 암살로 해서 상황이 가장 나쁜 시기에 대통령직을 맡았다. 미국은 충격과 비극적인 암흑 상태에 빠져 있었다. 퍼스낼리티(personality)와 정치 스타일이 케네디와는 아주 대조적인 존슨 대통령은 케네디가 임명했던 모든 중요한 인물들을 그대로 유임시켰다. (이전 행정부와의) 연속성을 유지하고 새로운 행정부로의 효율적인 전환을 꾀하고 그리고 가능하다면 자신을 케네디의 전설과 연계시키고자 했던 존슨은 그들을 필요로 하였다. 케네디 팀의 대부분 인사들은 1964년의 선거 때까지, 적어도 1년 동안은 머물러 있어야 한다는 데 의무적으로 동의하였다.

대통령으로서 케네디는 부통령을 공정하고 사려깊게 대했으나, 백악관에 있는 그의 절친한 일부 동료들은 적대감을 갖지 않았다 하더라도 존슨을 경멸적으로 대한 것으로 알려졌다. 그리고 지금은 그들의 태도가 더욱 증폭되었다. 1960년 로스앤젤레스(Los Angeles) 전당대회에서 로버트 케네디(Bobby)가 텍사스인이 공천 후보자의 제2의 자리에 지명되는 것을 막고자 한 이래로, 두 사람 간의 관계는 적대적이었다. 1963년까지 존슨은 로버트 케네디가 1964년 존 에프 케네디의 런닝 메이트로 자신을 비방하고 있다고 믿게 되었다. 상호 적대감에도 불구하고, 존슨은 로버트 케네디에게 현직에 있어 줄 것을 요청하였고, 로버트 케네디는 상당한 고심끝에 그렇게 하기로 동의하였다. 케네디의 대통령 임기 마지막 6개월 동안, 로버트 케네디는 시민권에 몰두하여 외교정책 문제에는 별 관심을 보이지 않았다. 그는 디엠 정권의 전복에 관해서 조언을 받지 못했다. 로버트 케네디는 존슨 대통령에게 결코 신임받는 보좌관이 되지 못했다. 외교정책에 관한 두 사람의 견해, 특히 라틴 아메리카와 핵무기 통제에 관한 이들의 견해차는 더욱 커졌다. 1964년 초기 몇 달 동안, 존슨-케네디 공천 후보에 관한 말이 있었으나, 이는 현실적으로 결코 불가능하였다. 케네디 가의 명성을 빌지않고 당선되기를 희망한 존슨은 런닝 메이트로 로버트 케네디를 원치 않았다. 그리고 자신의 가능성에 대해서 확실할 수 없었던 로버트 케네디는 뉴욕의 상원의원으로서 형의 유산을 수행할, 보다 더 영향력 있는 자리에 있기로 최종 결심하였다. 케네디의 다른 주요 각료들 중에서 러스크는 자신의 임기가 끝날 때까지 존슨 행정부에서 충실히 일했으며, 맥나마라 역시 1968년 세계은행 총재가 될 때까지 존슨 행정부에 남아 있었다. 번디는 1966년 3월까지 국가안보담당 특별보좌관을 지냈다. 로스토우는 번디와 교체되어 백악관으로 들어가게 된 1966년 4월 1일까지 정책기획이사회(Policy Planning Council)를 책임졌다.

존슨의 배경과 철학

야망적이고 정열적인 존슨은 미국의 민주주의 체제에서 존 에프 케네디를 승계하여 대통령이 되었다. 그는 결코 지적이지 않았다. 존슨은 광활하고 탁트인 산지가 많은 텍사스에서 성장했으며, 교육의 속성상 자신의 지력을 향상시키지 못한 지방 학교를 다녔고, 케네디의 케임브리지 대학 교육의 박식함이나 혹은 세련된 매너를 소유하지도 못했다. 사실 존슨은 조잡하고 비속한 설명으로 종종 청중들을 놀라게 하였다. 그의 자발적인 대국민성명은 거의 상투적인 표현으로 가득 찼다[그는 케네디의 연설문 작성자였던 소렌센(Theodore Sorensen)의 이임을 정말로 아쉬워하였다]. 케네디와 자신 간의 스타일 상의 차별성을 인식한 존슨은 아마도 질투적 비교에 대한 분개와 평민으로서 그리고 미국의 대다수 근본적인 도덕적 가치와 애국적 미덕이 생기는 그러한 지방적 환경의 산물로서 자신을 표현하고자 하는 경향을 증대시켰다. 그러나 상원의 다수파 지도자가 되었을 때 충분히 입증하였듯이, 그는 권력의 지렛대를 조정하는 예리한 능력을 갖고 있었다. 또한 부통령으로 재직한 3년 동안, 별로 알려지지 않는 역할을 맡으면서도 자신이 귀족적이며 세련되고 자기 부정적인 인물이 될 수 있다는 점을 보여주었다. 모이어즈(Bill Moyers)는 존슨을 "작은 우리 안에 있는 커다란 말"이라고 칭했다. 그는 오래 전부터 대통령이 되길 원했으나, 그 자신이 한때 심사숙고했듯이, 국가가 "애퍼매톡스[Appomattox: 남북전쟁에서 18 65년 4월 9일 남군의 리(Lee) 장군이 북군의 그랜트(Grant) 장군에게 항복한 옛 전쟁터]로부터 충분히 떨어져 있지 않았기 때문에" 아마도 존슨은 1960년과 1963년의 이상한 상황적 결합하에서만 대통령이 될 수 있었을 것이다.

비록 강탈자와 같은 느낌을 가졌지만, 대통령에 취임한 이상 존슨은 의심의 여지없이 역사에 훌륭하고 강하며 위대한 대통령으로 기록되기를 원했다. 존슨 대통령은 국제 문제보다는 자신의 위대한 사회(Great Society) 프로그램으로 해결될 유형의 국내의 쟁점과 사회 문제들 — 시민권, 국민의료보장, 교육, 빈곤추방 원조 등 — 에 더 관심이 많았다. 이것은 부분적으로는 자신의 뉴딜 유산(New Deal heritage)에서 그리고 또 부분적으로는 남부 텍사스의 '고립주의자' 분파 출신의 정치인으로서의 자신의 경험에서 유래하였다. 그가 대외 문제에 관심을 갖는 한 그는 유럽이나 아프리카보다는 라틴 아메리카와 아시아 문제를 다루는데 더 여유가 있었다.

존슨은 케네디와는 대조적으로 의정서, 의전 그리고 외교 고관들의 끝없는 행렬에 대해서 참을성이 없었고, 따라서 그러한 것들을 러스크에게 맡겼다. 외교정책에 대한 그의 철학은 상대적으로 복잡하지 않았다. 침략은 항상 그 궤도상에서 중지되어 원상태로 회복되어야만 하였다. 미국은 국제법을 지지하나 또한 미국은 국가 이익에 대한 현실적 견해를 갖고 있고, 어느 때라도 그것을 보호할 준비가 되어 있다는 점을 전 세계에 명백히 하였다. 마지막 분석에서 미국은 국제기구에 의한 집단안전행동에 의존할 수 없었다. 그럼에도 불구하고, 존슨의 견해로는 유엔은 일부 장기적인 건설적 목표들을 위해서 기능하였다: 그것은 미국의 지지를 받을 만하고 그리고 가능한 한 미국의 가치와 정책목적과 일치하는 명시된 목적들을 위해서 이용되어야만 하였다. 물론 유럽의 안보가 미국의 국가 이익에 절대적이었기 때문에, 존슨은 나토의 열렬한 옹호자였다. 마지막으로 존슨은 미국의 헌법체계 내에서 대통령이 외교정책을 결정한다고 주장했으나, 의회의 지속적인 반대를 불러일으키는 목표들을 추구할 수는 없었다. 적어도 의회의 묵시적 동의가 필요하였다. 존슨은 트루먼과 한국전쟁을 상기하면서 외교정책이 선거를 승리로 이끌기보다는 패배로 이끌 가능성이 더 높다고 확신하였다.

라틴 아메리카에서의 분쟁

우리가 살펴보았듯이, 케네디 행정부는 미-라틴 아메리카 관계의 새로운 장을 연다는 희망으로 진보를 위한 동맹에 착수했었다. 그 프로그램으로 해서 우익 독재자들은 냉대를 받았고, 민주주의적 좌익지도자들은 굶주림, 가난, 질병 그리고 문맹 퇴치를 목표로 한 개혁을 받아들여 사적 투자에서 정부 차원의 행동으로 발전과정상의 강조점을 전환시키도록, 특권 지배계급에게 압력을 행사하도록 격려받았다. 그것은 극도로 불균형을 이룬 사회구조(특히 토지소유제에 있어)를 변경하고 국가의 소득구조 형태를 개선하기 위한 전략이었다. 그러나 진보를 위한 동맹은 사회적·경제적 상황의 어려움 때문에 실패하였다. 특권계급은 개혁에 대해 완고하게 반대하였다. 산출 면에서 소규모의 증가가 현실화되었으나, GNP 성장률에 있어 연간 소득은 3%가 넘는 인구성장률로 상쇄되었다. 카스트로주의와 공산주의의 옹호자들은 그 지역 전반에 걸쳐서 대중의 불어나는 불만을 격화시키고 그들의 불만을 반미적, 마르크스주의적 그리고 가능하다면 친 쿠바적, 친소적 방향으로 돌리고자 하였다.

케네디와 그 주변 사람들은 희망적 어조와 광범위하게 퍼진 불행한 현실 간의 갭이 좀처럼 좁혀지지 않자, 차츰 각성하게 되었다. 미국의 회사 경영진들과 보수주의자들이 케네디 자신을 라틴 아메리카의 민주주의적 온건 좌파의 지도자로 의심하는 한, 케네디는 카스트로를 방해자라고 비난하였다. 그리고 케네디는 카스트로 때문에 모든 '혁명적' 운동에 자신의 행정부가 신중한 대외 영향력을 행사하게 된다고 비난하였다. 암살당하기 불과 몇 일 전에, 그는 다음과 같이 경고하였다: "바로 이 서반구에서 우리는 …… 이 서반구에서 제2의 쿠바의 탄생을 막기 위해서 가용할 수 있는 모든 자원을 사용해야만 한다." 후에 존슨은 의욕적으로 그러한 방침을 인용할 상황에 직면하게 되었다.

파나마에서 민족주의자의 소요

존슨이 대통령에 취임한 지 불과 6주도 안 되었을 때, 파나마(Panama)에서 첫 소요가 발생하였다. 그는 1964년에는 주요 외교정책 문제가 발생하지 말아야 선거유세 활동 이전에 국내의 의회활동에 전념할 수 있다고 생각하였다. 케네디 행정부는 세금 감면, 시민권, 특히 1965년의 투표권법(Voting Rights Act) 그리고 국민의료보장 등을 위한 일부 진보적인 제안들을 마련해왔었다. 그러나 34개월간의 공직생활 동안, 케네디는 의회를 통해서 자신의 프로그램들을 진척시키지 못했다. 이것이 존슨의 특기였다: 그는 상원에서 능숙한 다수파 지도자의 명성을 구축해왔다. 그러나 그에게는 자신의 이전 동료들을 달래는 데 시간이 필요하였다. 그러므로 만약 세계의 제 국가들이 당분간 안정적 행태를 보인다면, 존슨의 구상에 그것은 도움이 되는 것이었다.

파나마와의 1903년 조약으로 미국은 운하와 10마일 범위의 운하지역(Canal Zone)에 대한 '영구적' 주권을 주장하였다. 미국은 파나마에 1,000만 달러를 지불하고 1913년부터는 매년 25만 달러를 지불하기로 합의를 보았다(1921년 상원은 콜롬비아에 2,500만 달러를 지불하는 조약을 승인하였고, 1939년 파나마에 대한 연금 액수는 43만 달러로 증가했다). 미국은 그 운하를 요새화하고 관리하였다. 파나마 운하지대에는 대략 2만 7,000명의 미국인들('Zonians')이 살았고, 그들은 가난하고 초애국주의적 이었으며 그리고 본국인들의 문화로부터 소외되었다. 2차대전 후 파나마인들의 민족주의 감정이 분출되기 시작하였고, 파나마 운하지대는 가장 감정적인 상징이 되었던 깃발과 더불어 자연스럽게 불만의 초점이 되었다. 파나마 운하지대 내에서는 오직 성조기만 게양될 수 있었다. 일단의 지역 학생들이 그 지대로 들어와 그들의 국기를 게양하려고 하였다. 1959년의 이 사소한 충동끝에 수명의 파나마인들이 죽었다. 1년 후, 아이젠하워는 '상징적 주권'의 표시로 그 운하지대에 파나마 국기의 게양을 명령하였다.

1962년 케네디 행정부는 파나마 치아리(Roberto F. Chiari) 대통령 정부와 일련의 실험적 대화를 시작했으나 미국 내의 정치적 반동을 우려하여 1903년의 기본조약의 재협상 문제를 논의하지는 못했다. 1963년 7월 두 대통령은 운하지대에서 일하는 파나마 고용인들의 임금과 혜택을 개선하고, 이전에는 미국의 국기만이 게양되었던 50개 장소에 양 국가의 국기를 나란히 게양할 수 있다는 성명을 발표하였다. 이후에 미국의 민간 당국은 갈등의 잠재적 점화점을 최소화하려는 노력의 일환으로 깃대를 단계적으로 없애기로 결정하였다.

1964년 1월 한 고등학교에서 깃발사건이 발생, 3일간의 폭동이 벌어져 (3명의 미국인 병사를 포함하여) 20명이 죽고 수백 명이 다쳤으며, 운하지대의 많은 재산이 파손당했다. 파나마는 이를 '부당한 공격'이라고 비난하고, 미국과의 외교관계를 단절하였다. 그러한 상황 속에서 존슨 대통령은 의정서를 위반했다는 전화 대화를 통해서 4개월 후 선거를 치를 치아리 대통령에게 자신은 당신의 처지를 이해하고, 일단 폭력사태가 진정되면 자신은 해결책을 모색할 준비가 되어 있다고 말했다. 치아리 대통령은 이를 받아들였으나, 또한 새로운 조약을 협상해야 한다고 주장하였다. 존슨은 파나마가 요구한 조건을 수락하지 않았다. 그러나 그는 양키의 비타협적 모습을 보이지 않기 위해서 고심했고 따라서 자신의 텍사스 동료인 전 멕시코 대사였던 만(Thomas C. Mann)을 파나마 시티로 파견하여 미주기구의 틀 내에서 그 문제를 해결하는 회담을 착수하도록 하였다.

몇 주 동안, 양 정부는 새로운 조약을 토의 혹은 협상을 해야할지의 여부로 진퇴양난에 빠졌다. 3월 15일 미주기구는 '논의와 협상'에 관한 합의가 이루어졌다고 발표하였다. 그러나 보수주의적 상원들로부터 약한 모습을 보이지 말라고 압력을 받은 존슨은 미주기구의 성명을 공식적으로 부인하고, 미국은 1903년 조약의 수정을 약속하지 않았다고 선언하였다. 일주일 후 그는 양 국가의 오랜 우호관계를 재천명하였고, 치아리 대통령의 주장은 "대단한 정직감과 파나마의 정당한 욕구"에 기반을 두었다고 언급하였다. 새로운 조약의 협상을 약속하지 않으면서도 그는 파나마가 제기하는 모든 쟁점들을 재검토할 것이라면서 재협상을 배제시키지 않았다. 4월 초 양국은 공동성명을 통해 외교관계를 재개하였고, "어떠한 종류의 제한이나 전제조건 없이" 갈등 원인의 신속한 제거를 약속하였다. 공화당 후보인 골드워터(Barry Goldwater)에게 압승을 거둔 지 한 달이 지난 1964년 12월까지 그는 미국은 양 국가의 이익을 모색하기 위해 파나마 운하에 관한 전반적인 새로운 조약을 협상할 의향이 있으며, 동시에 파나마와 다른 관련 국가들과 함께 중미나 혹은 콜롬비아에 제2의 대양 간 운하를 탐색할 수 있다고 말했다. 그러나 협상은 카터 행정부가 집권한 1980년대까지도 체결되지 않았다.

도미니카 공화국에서의 미국 해병대

1964년 4월 도미니카 공화국에서 보다 더 심각한 소요가 발생하였다. 우익 독재자 트루히요(Rafael Trujillo)가 암살당한 지 18개월이 지나 자유주의적 정치 성향을 가진 유명한 작가인 보시(Juan Bosch)가 자유선거를 통해 대통령에 당선되었다. 도미니카 공화국은 민주주의적 발전도상에 들어선 것처럼 보였다. 권좌에 오른 지 불과 7개월 만인 1963년 중반, 그는 군사 쿠데타로 축출당했다. 군부지도자들은 보시 정권하에서 공산주의의 영향력 확대를 두려워했던 우익 정당의 지원을 받는 3두 민간정치를 수립하였다. '민주주의의 시범대' 구축을 위해 보시에게 기대를 걸었던 케네디 행정부는 레이드 이 까브랄(Donald Reid y Cabral)이 이끄는 산토 도밍고 훈타(the Santo Domingo junta)에 대한 대외 원조를 중단하였다. 이로 인하여 도미니카 공화국이 지나치게 의존하고 있는 설탕의 수출가격이 저가로 떨어져 나라의 경제적 고통이 악화되었다.

보시의 추종자들뿐만 아니라 극좌와 극우세력으로부터 무시를 당한 중도파 레이드 이 까브랄은 경제를 회복시키기 위해 개혁과 긴축조치들을 제도화하고자 했다. 그의 일련의 노력들은 파업, 결핍, 실업확산 그리고 조세 수입의 하락 등으로 고초를 겪었다. 1964년 4월 불만에 찬 군중들의 시위와 결부된 쿠데타로 인해서 훈타체제는 붕괴되었다. 군 장교들은 군부의 전통에 충성하는 노장파와 보시의 권좌복귀를 지지하는 소장파 모반자들로 분열되었다. 소장파 장교들이 반정부 슬로건을 외치는 민간인들에게 거리에서 무기를 나누어 주었다고 보도되었다. 수도에서는 파벌 간의 전투가 발생하였다. 상황이 악화됨에 따라 혼란이 가중되었고, 보도는 왜곡되었다. 레이드는 군부의 지지를 못받자 사임하였다. 모반자들은 보시가 미국에서 귀국할 때까지 그의 추종자를 임시 대통령으로 추대하였다. 보시를 공산주의에 관대한 인물이라고 생각한 '충성파'들은 '모반자'들에 대한 행동을 개시하였다. 산토 도밍고에서는 법과 질서가 무너졌다. 존슨은 대서양 함대에 미국의 시민들을 철수시킬 준비를 명령하였다. 그리고 다른 국가들은 호전적인 군중들로 인해 점증적으로 테러화된 수도에서 자국민들의 철수를 도와달라고 미국에게 요청했다.

베네트(W. Tapley Bennett) 미 대사는 고향 조지아에서 공관으로 급히 돌아왔다. 산토 도밍고에 있는 대사관 직원들과 국무부, 국방부 그리고 중앙정보부(CIA) 관료들은 보시의 복귀는 공산주의의 정권 인수의 길을 열어 놓을 것이라고 우려하였다. 4월 28일 베네트는 다음과 같은 내용의 전보를 워싱턴에 보냈다: "미국인의 생명이 위험에 처했다. …… 나는 즉각적인 상륙을 권고한다." 대통령은 500명의 미 해병대를 즉시 상륙시키겠다고 응답하였고, 그리고 2주 안에 2만 1,000명 이상의 병력을 증강시켰다. 존슨 대통령은 텔레비전 연설을 통해 미국민들에게 수백 명의 미국인의 생명을 보호하고 그들을 안전하게 미국으로 철수시키기 위해 그와 같은 행동을 취했다고 말했다. 며칠 후 존슨은 국제적 음모를 언급하면서 공산주의의 권력장악을 예방하는 것이 개입의 제1차적인 동기였다고 말했다. 양 설명 간에는 필연적인 모순은 없었다. 미국인의 생명을 보호하기 위해 소규모의 해병대가 파견되었다. 만 하루가 지난 후, 온건파 장교들이 항복하기 시작함에 따라 점차적으로 3개의 공산주의 조직체의 영향력하에 들어간 모반자운동에 의한 권력 접수를 방지하라는 명령이 대규모 병력에게 내려졌다. 그들의 조직은 하나는 친소, 또 하나는 친중국, 그리고 나머지는 친 쿠바 진영이었으며 그들 중 어떤 조직도 규모는 크지 않았지만, 그들 모두는 고도로 규율이 잘 잡혔고, 잘 무장되었으며 그리고 전문적인 혁명가들이 그 조직체들을 이끌고 있었다.

의심의 여지없이, 존슨은 미국인들의 생명이 위험하다는 상황을 과장하였다. 5월 3일 그는 다음과 같이 말하면서 베네트의 전보를 잘못 인용하였다: "미국인들의 피가 거리에 흘러 넘칠 것이다." 6주 후, 한 기자회견에서 대통령은 당시를 회상하면서 1,500명의 무고한 사람들이 죽고 사형당했으며 그리고 총알이 대사관 창문을 향해 발사되어 미 대사는 책상 밑에서 전화를 걸었다고 말했다. 정말로, 무고한 많은 사람들이 죽었다. 후에 적십자 조사단에 의하면 1,300명이 죽은 것으로 평가되었다. 일부는 아주 잔인하게 죽었다. 머리 없는 시체가 몇 구 발견되었다. 그러나 이들 중에는 미국인 거주자들이 한 명도 없었다. 연이어서 베네트는 미국의 대사관이 공격을 받았거나 혹은 자신이 책상 밑에서 워싱턴으로 전화를 했다는 것을 부인하였다. 미국인들은 대사관으로 몰려와 자신들을 후송해 달라고 아우성이었다. 28일 아침, 베네트는 해병대의 상륙이 필요할 정도의 상황은 아니라고 전보를 쳤지만, 그는 해병대가 해안가에 대기하기를 원했다. 몇 시간 지나 상황이 급속하게 악화되었다. 도미니카 경찰국장이 베네트에게 송환자들이 이동하는 도로를 더 이상 보호할 수 없다고 말한 후, 미국인들의 생명이 위험에 빠져 있다는 내용의 전보가 들어왔다. 그래서 존슨은 도움을 요청하는 다른 나라들의 국민과 미국민들의 생명을 보호하기 위해 해병대를 파견하기로 결심하였다. 그는 러스크에게 라틴 아메리카의 모든 대사들과 미주기구에 통보하라고 명령하였다. 그날 저녁, 의회의 지도자들은 대통령의 행동을 지지하였다.

번커(Ellsworth Bunker) 대사가 발생한 사태에 대해서 미주기구위원회(the OAS Council)에 통보했을 때, 감정적인 논쟁이 뒤따랐다. 회원국들은 부당한 개입, 즉 (니카라과에서) 1925년 이후로 보이지 않았던 제국주의적 함포외교 형태로 전환된 군사력에 대한 조급한 호소와 사전에 미리 미주기구에 자문을 구하지 않고 일방적으로 행동하여 미주기구의 원칙을 위반했다고 미국을 강력히 비난하였다. 어떤 경우에는 대사들이 워싱턴에 보고하고 있었던 것과 그들의 직원들이 산토 도밍고에 보고하고 있었던 것 간에 커다란 모순이 있었다. 나중에 미주기구의 논쟁을 회고하면서, 존슨은 다음과 같이 썼다:

> 교환은 20개국 정부 대표자들이 행동노선에 관해 합의를 보거나 혹은 위기 시에,

> 특히 그들이 현장에서 멀리 떨어져 있고 주로 정보에 대한 뉴스 해설에 의존하였을 경우에 신속히 행동하도록 그들을 설득하는 어려움을 보여주었다. 많은 원망의 표현이 있었으나 도미니카의 사태발전에 대한 효과적인 대응을 위한 제안은 거의 없었다. 미주기구 대사들은 완전한 협의 없이는 어떠한 것도 그들 정부들에게 언질을 주지 않았다.

미주기구의 회담이 열렸을 때, 산토 도밍고의 상황은 계속 악화되고 있었다. 베네트는 미국인들의 보호차원을 넘어 질서를 회복하고, 공산주의의 권력장악을 막고, 식량과 의료품의 절대적 부족을 극복하고 그리고 반대 파벌 사이에 미국의 병력을 위치시켜 미주기구가 정치적 해결을 모색할 수 있는 무장개입을 촉구하였다. 존슨은 도미니카 공화국에 더 많은 병력을 파견하였다. 로스토우에 의하면 500명의 해병대를 파견한 초기의 결정 이후로 공산주의 지도자들이 친중도보시파인 모반자 지도자들이 달아난 후 수도의 중심지역에 있는 모반자 진영에서 우세하게 되었기 때문에 상황은 급속하게 변하였다. 비록 라틴 아메리카와 미국의 많은 사람들이 공산주의자 위협이 과대평가되었다고 주장했지만, 존슨은 그 점에 대한 자신의 확신에서 조금도 물러서지 않았다. 공산주의자들의 수가 4,000명을 넘지 않는 소규모적이었다는 점을 인정하면서도 그는 권력은 상대적인 것이며 그리고 소규모의 잘 훈련된 집단이 만약 효과적인 저항이 없을 경우에는 우세할 수도 있다는 점을 주시하면서 자신의 평가를 정당화하였다.

그렇다면 미국이 일방적으로 행동할 법적 근거가 있었는가? 존슨 행정부는 1962년 1월의 푼타 델 에스따 결정(Punta del Esta decisions)에 기반을 두고 일방적 행동을 하였다. 그 결정은 공산주의는 "미주체제의 원칙과 양립할 수 없다"고 선언하고 미주기구 회원국들이 "그들의 개별적 그리고 집단적 자기 보호를 위해 타당하다고 여겨지는 조치들을 취할 것"을 촉구하였던 것이다. 친 보시파의 임시정부가 붕괴된 후, 자신들의 목적은 평화와 자유선거를 위한 준비라고 선언한 급조된 군사 훈타체제가 미국의 원조를 요청했다. 이것은 의지하기에는 연약한 법적 근거였으나, 훈타체제는 외형상 권위를 가진 유일한 조직이었고,

미국의 개입을 위한 훈타체제의 요청은 합리적이었다. 미주기구 회원국들은 그것은 헌장 15조에 명백히 금지된 일방주의적 개입이라고 비난하였다. 미국은 도미니카 공화국을 점령하지 않았다. 미 군병력은 모반자 진영을 공격하거나 혹은 측면을 차지하지도 않았다. 그러나 미 군병력은 로마교황 대사를 통해서 정전을 이루고, 자유롭고 공식적으로 검열받는 선거를 준비하는 임시정부를 협상하기 위한 상황을 조성하기 위해 그 진영을 고립시켰다.

5월 후반, 미주기구는 그 역사상 처음으로 브라질 출신 장군의 명령하에 7개국으로 구성된 임시적 미주평화유지군을 창설하였다. 평화유지군은 산토 도밍고에 대하여 군사적 책임을 졌고 그리고 미 군병력의 감축이 시작되었다. 미국, 미주기구 그리고 도미니카의 경쟁적 파벌들을 포함한 질질끌고 복잡한 협상 결과, 고도이(Hector Garcia Godoy) 대통령하의 임시정부가 9월에 탄생되었다. 1966년 6월 1일 미주기구의 18개국 대표들은 트루히요가 암살당했을 때 대통령이 된 중도파 벨라게르(Joaquin Belaguer)가 보시와 한 보수주의적 후보자를 압도적으로 누르고 당선된 민주적 선거를 감시하였다.

로버트 케네디와 '진보를 위한 동맹'을 준비하는 데 처음에 참여했던 사람들은 존슨의 라틴 아메리카 정책에 대해서 점증적으로 미몽에서 깨어나게 되었다. 그들은 1964년 1월의 파나마 사건을 다루는 존슨의 방식을 싫어했고 그리고 3개월 후 브라질 장군들이 굴라르(Joao Goulart) 정권에 대한 쿠데타를 일으켰을 때, 그들은 존슨이 군사정권을 지나치게 승인한다고 생각하였다. 그들은 도미니카 개입에 대해서 격노하였다. 그들은 존슨 행정부에서 라틴 아메리카 담당 초대 국무차관보를 지냈고, 후에 경제담당차관을 맡았던 만(Thomas Mann)이 그 프로그램의 목표 중의 두 가지 — 사회개혁과 정치적 민주화 — 를 경시한 반면에, 발전에 있어 사기업의 역할을 강조함으로 해서 '진보를 위한 동맹'을 급격하게 바꿔 놓았다고 확신하였다.

그 당시 상원의원이었던 로버트 케네디는 1965년 5월 6일 서반구에서 공산주의를 휴지하게 하려는 미국의 결정은 "단지 그들이 고무된 공산주의자라는 이유만으로 그러한 민중봉기의 목표들을 부정과 억압에 반대하는 민중봉기에 대한 반대로 해석해서는 안 된다"고 경고하였다. 같은 해 얼마 지나지 않아 로버트 케네디가 페루, 칠레, 브라질 그리고 베네수엘라를 방문하였을 때, 그는 좌익 대학생들과 공감대를 형성하기 위해 자신의 방식에서 벗어났다. 비록 그가1968년 대통령 선거에 입후보할 준비를 하고 있었지만, 로버트 케네디의 언행은 도미니카 공화국의 개입에 대한 라틴 아메리카의 분노를 시인하고, '진보를 위한 동맹'에 대한 존슨의 개념을 신랄하게 비판하고 그리고 자신과 대통령 간에 차별성을 두려는 천박하게 위장된 노력 등으로 광범위하게 해석되었다.

미국의 도미니카 개입의 결과로 미주기구가 약화되었다는 결론을 피하기는 어렵다. 공산주의에 반대하는 라틴 아메리카의 많은 중도자들은 1965년 5월 2일에 공표된 존슨 독트린에 대해서 오해를 가졌다: "미주국가들은 서반구에서 또 다른 공산주의 정부의 수립을 허용할 수도, 허용해서도 그리고 허용하지도 않을 것이다." 그들의 실제적인 생각은 일치하였다. 그러나 발생했던 맥락에서 보았을 때, 그들은 장래의 결정들은 다자적이 아닌 일방적이 될 것이라고 우려했다.

미소의 군비통제협정

케네디 대통령의 장례식 동안 존슨은 소련 부수상 미코얀(Anastas Mikoyan)과 회담하면서 자신의 행정부는 세계의 긴장완화를 위해 노력할 것이라는 점을 그에게 확신시켰다. 후에 자신의 저서『유리한 지위(The Vantage Point)』에서 존슨은 다음과 같이 썼다: "나의 행정부 기간 동안 우리는 소련지도자들에 대한 인신공격을 피했고, '포위된 민족,' '무모한 전체주의'와 같은 표현의 사용도 자제했다. 이것은 비약적 발전은 아니지만, 나는 그것이 수위를 잔잔하게 한다고 생각했다." 1963년 12월 유엔 연설에서 존슨은 미국은 냉전종식을 기대하고 핵무기의 확산을 방지하고 그리고 군비통제와 군축에 진전이 있기를 바란다고 말했다.

1964년 1월 중순경 18개국 군축위원회(ENDC: Eighteen Nation Disarmament Committee)의 제네바 회담이 열리기 10일 전에, 존슨은 연두교서에서 미국은 4개의 플로토늄 공장을 폐쇄하여 무기 목적용 핵융합 물질의 생산을 1/4로 감소시킬 것이라고 발표하였다. 4월 흐루시초프는 소련은 플로토늄 생산용인 두 개의 새로운 원자 반응로에 대한 예정된 파괴를 중지하고, 또한 '다음 수년 동안'

핵무기용 우라늄 235의 생산을 실질적으로 줄이겠다고 말했다. 소련이 약속한 상당히 애매모호한 성격은 주로 소련이 단기간 동안 핵융합 물질을 생산해왔다는 사실과 미국보다 공장의 숫자가 더 적다는 데서 연유하였다. 양 초강대국은 각자의 방위예산을 어느 정도 줄이는 데 관심이 있었던 것 같다. 1964년 초반 모스크바는 4%, 워싱턴은 2%의 삭감을 발표하였다. 그해 말 모스크바는 1965년에는 2%의 삭감을 워싱턴은 4%의 삭감을 하겠다고 발표하였다. 군비통제자들은 이것을 '신뢰구축(confidence-building)' 성격의 '호혜적 일방주의 조치들'이라고 말했다. 그러나 소련의 전략 프로그램과 베트남에 대한 미국 공약의 확대의 가속화로 1965년 말까지 그러한 것들은 희석되었다. 소련의 방위예산은 5%까지 올라갔다. 490억 달러에서 570억 달러로 증가한 미국의 방위예산 중 100억 달러는 베트남 전쟁에 할당되었다. 해를 거듭하여 양국의 방위예산은 계속 늘어났다. 1960년대 후반 동안 소련의 대량 증가액수는 핵전략에 투입되었고, 궁극적으로 전반적인 미국의 증가액수는 재래식 무기와 게릴라 대항 장비 그리고 인력비용에 쓰였다.

존슨은 오래전부터 미국의 우주 프로그램에 관심을 보였다. 상원병역위원회(the Senate Armed Services Committee)의 준비소위원회(the Preparedness Subcommittee)의 의장으로서, 그는 1957년 10월 소련이 스푸트니크 인공위성을 발사한 후 강화된 미국의 기술적 · 공학적 노력을 촉구하였다. 이후 1958년 6월 상원특별위원회장으로서 그는 군사기관이 아닌 민간기관인 미 항공우주국(NASA: National Aeronautics and Space Administration)을 창설하고 우주 활용은 평화적 목적에 공헌해야만 한다고 선언한 법안을 통과시키는 데 있어서 핵심적 역할을 하였다. 취임 이전에 케네디는 우주 프로그램의 감독자를 배정해야 한다는 존슨의 요청을 기꺼이 받아들였다.[1] 대통령으로서 존슨은 우주를 전략적 차원뿐만 아니라 소련과의 협력의 차원으로 생각하는 데 주저하지 않았다. 1963년 6월 이후 케네디 · 흐루시초프의 군비통제 데탕트 기간 동안, 양국은 정치적 혹은

1) 1961년 4월 케네디는 대통령이 아닌 부통령이 우주위원회 의장을 맡는 우주법의 수정을 의회에 요청하였다. 존슨은 미 항공우주국의 초대 책임자로 웹(James Webb)을 선출하여, 그에게 60년대 말 이전에 성취해야 할 목표로 미국의 달 착륙 연구를 맡겼다.

군사적 이유에 근거하여 비록 기술적·공학적으로는 실행 가능하지만, 우주에서의 핵무기 전개를 바람직하지 않다고 생각했으며 그리고 어느 국가도 그러한 위험한 경쟁의 형태에 자원을 할당하지 않을 것이라는 신호가 두 우주 강대국으로부터 나왔다. 1963년 10월 유엔 총회는 모든 국가들은 우주에 핵무기나 혹은 다른 대량파괴 무기를 설치하지 말 것을 촉구하였다. 그 시기 이전에 미국은 검증 문제에 관한 우려를 자주 나타내곤 하였다. 그러나 미국은 양국 간의 추정된 상호 관심뿐 아니라 자국의 우주궤도와 다른 능력들에 의존하는 것에 만족했기 때문에 유엔 결의를 지지하였다.

그러나 공식적인 협약이 협상되기도 전에 3년 이상이 경과되었다. 1967년 1월 27일에 서명된 우주조약(The Outer Space Treaty)은 핵무기나 대량살상의 다른 무기들을 궤도상에 올려놓거나 달이나 다른 천체에 설치하거나 혹은 우주에 정거하는 것을 금지시켰다. 모든 국가들이 우주를 자유롭게 탐험·이용할 수 있고, 우주는 주권의 천명이나 혹은 점령으로 어느 국가의 전유물이 될 수 없었다. 금지되지 않은 우주활용용 군사요원의 이용을 제외하고는 어떠한 천체에도 군사기지나 혹은 군사시설을 설치할 수 없었다. 서명국들은 우주에서 자신들의 작전에 대해 국제적 책임을 졌다. 베트남에 대한 국제적 긴장의 강화에도 불구하고, 1967년 4월 25일 상원은 만장일치로 그 조약의 비준에 동의하였다.

존슨 행정부 기간 동안, 소련과 맺은 가장 중요한 군비통제협정은 핵확산금지조약(NPT: Nonproliferation Treaty)이었다. 1963년의 제한핵실험금지 조약의 체결 이후, 군비통제 외교의 주요한 목표는 핵무기를 보유하고자 하는 다른 잠재적 국가들의 핵무기 획득을 방지하거나 혹은 못하게 하는 것이었다. 세계의 일부(several) 국가들이 핵무기를 보유하고 있는 것이 소수(a few) 국가들만이 핵무기를 보유하고 있는 것보다 더 안정적일 수 있고, '핵보유국(nuclear club)'으로의 가입은 (중국과 같은) 군사 대국으로 하여금 보다 더 세심한 주의와 책임감을 갖고 행동하게 한다고 때때로 주장하는 일부 학자들의 제안에도 불구하고, 대부분의 군비통제 분석가들은 세계의 12-15개국의 핵보유는 계획적인 공격뿐만 아니라 기술적 사고, 권한 밖의 사용, 전략적 오판 혹은 재래식 전쟁에서 핵전쟁으로의 단계적 확전의 개연성이 통계적으로 더 높기 때문에 세계의 4~5개국의 핵보유보다 훨씬 더 위험스럽다는 것을 당연하게 여겼다. 프랑스는 1960년에 4번째의 핵보유국이 되었다. 바로 그 무렵, 흐루시초프가 중국의 핵 프로그램에 대한 소련의 기술적 원조를 중단한다는 보도가 있었다. 소련 서기장의 권력이 중소 분쟁이 더 격화되고 있었던 쿠바 미사일 위기 이후에 어느 정도 약화된 것 같았다. 중국이 자국 최초로 핵실험을 수행하기 바로 전 날인 1964년 10월 14일에 흐루시초프는 브레즈네프(Brezhnev), 고시킨(Kosygin) 그리고 포드고니(Podgorny) 팀에 의해서 실각당했다. 유엔에서의 중국의 대표 문제와는 별도로, 이것은 세계의 5대 핵보유국이 안전보장이사회의 영구 회원국으로서 유엔 헌장에 명시된 국가들과 똑같음을 의미하였다. 사실 원자폭탄과 거부권은 결부되어 왔었다. 1971년 중화인민공화국(PRC)은 유엔 회원국이 되었다.

1960년대 중반의 문제는 핵보유 국가의 수를 5개국으로 한정하는 국제 레짐(international regime)을 조약으로 탄생시키는 것이 가능한가의 여부였다. 그것은 특권적 5개국이 핵무기를 보유하고자 하는 다른 국가들을 도와줌으로써 자신들이 누리는 핵무기의 특권적 지위를 희석시키게 되는 동기를 없애는 것이었다. 핵기술과 노하우를 이전하지 않기로 약속하는 조약은 자신들의 이익을 위해서 하지 않겠다고 자제함으로써 거의 필요치 않았다. 그러나 다른 모든 것에 대해서는 어떤가? 왜 그들은 그렇게 불공평한 이익과 부담을 분배하는 조약을 고수해야만 하는가? 핵확산금지조약은 가입국들에게 언젠가 그들의 안보에 필수적일지도 모르는 선택을 포기할 것을 요구한다. 일부 국가들은 핵무기가 다른 방식으로는 누릴 수 없는 전례 없는 권력을 제공하고 그리고 핵무기만이 핵을 보유한 적국을 억지할 수 있다는 점을 인식했지만, 그들은 국가의 핵력에 대해 반대하는 맥나마라의 논리적 주장을 반박하는 프랑스처럼 인상적이지는 않았다. 물론 대부분의 국가들은 핵무기를 획득할 수 있는 경제력과 기술공학적 기반을 결여하였다. 따라서 그것에 서명하는 것이 그들의 이익이었을 것이다. 그들은 핵확산금지조약을 지지한 유엔 총회에서 다수를 이루었다. 그러나 아르헨티나, 벨기에, 브라질, 캐나다,[2] 체코슬로바키아, 독일연방공화국, 독일민주공화국, 인

2) 캐나다는 핵무기를 보유할 수 있는 능력을 갖추었으나, 핵시대 초반에 그러한 선택

도, 이스라엘, 이탈리아, 일본, 폴란드, 남아프리카, 스페인 그리고 스웨덴을 포함한 10여 개국 이상은 핵무기를 보유할 수 있는 능력이 있거나 그에 근접하였다.

비동맹국가들, 특히 산업화 과정에 있고 평화적 사용을 위해 핵무기를 보유하기로 결정한 제3세계 국가들은 그 조약에 대해서 상당히 회의적인 반응이었다. 인도는 그 조약을 "비핵보유 국가들을 무장해제 시키려는 핵보유 국가들의 노력"이라고 간주하고, 그 조약에 대한 반대를 주도하였다. 인도 정부는 핵보유 국가들이 비핵보유 국가들에게 신뢰할 수 있는 안보보장을 기꺼이 확대할지의 여부를 계속해서 물었다. 인도는 중국의 핵공격이나 핵위협의 가능성에 대해서 우려하였다. 미국, 소련 그리고 영국은 유엔헌장하에서 평화에 대한 위협에 대처할 자신들의 의무감을 재천명하는 것 이상의 것을 기꺼이 행하였으나 인도를 만족시키지는 못했다. 인도는 또한 국제체제에서 핵무기를 획득함으로써 중국의 국제적 위신이 계속 강화되어 왔다는 사실에 분개하였다. 민간핵에너지 프로그램의 성장에 의존하고 있는 일부 저개발국가들은 인도의 입장에 공감하여 그 조약은 자신들의 반응로를 사찰하에 둠으로써 자신들을 차별적으로 대하는 반면에 핵보유 국가들의 반응로는 국제적 사찰을 받지 않는다고 불만을 토로하였다. 이러한 반대를 충족시키기 위해 미국은 비군사적 핵무기 공장을 국제적 사찰하에 둘 것을 제의하였다. 그러나 소련은 미국의 제안을 반대하였다. 마지막으로, '비핵보유 국가들'은 국제체제 내에서 자신들은 2등급의 국가로 전락하고 있으며, 그 조약은 핵보유 국가들의 핵무기비축량에 대한 '수직적 확산'에 대해서는 아무런 제재도 없으면서 국가들 사이의 '수평적 확산'만을 목표로 하였다고 신랄하게 비난하였다. 그러한 문제를 다루기 위해 미소 양국은 그 조약에서 핵군축에 대한 진보를 약속하는 규정(4조)을 초안하였다.

미국과 연합한 선진 산업국가들이나 소련은 다른 범주를 구성하였다. 체코슬로바키아, 동독 그리고 폴란드와 같은 인민공화국들은 소련이 이들 국가로의 핵무기 획득을 결코 허용하지 않았기 때문에 아무 문제가 없었다. 그러나 미국의 동맹국들은 독자적인 국가들이었다. 설사 그들이 자신들을 방위한다는 미국

을 전술적으로 포기하였다.

의 공약을 그 당시에는 신뢰할 수 있는 것으로 여긴다 할지라도 그들이 일반적으로 그렇게 여겼듯이, 그들은 미국의 공약이 항상 신뢰성이 있을지 확신하지 못했다. 그것은 1960년대 초반 대서양동맹 내에서 '핵분담'에 대해서 왜 그렇게 많은 논쟁이 있었고 5장에서 논의되었던 나토 다국적군(MLF) 창설을 위한 제안들이 왜 필요했는지에 대한 이유였다. 미국이 다국적군(MLF)을, 특히 그것이 독일의 핵무기 획득을 저지하고 영국과 프랑스의 전략적 핵력의 통합을 가져온다면 핵확산금지조치로 간주한 반면에, 소련은 그것이 나토 내에 "핵무기의 소유, 통제 혹은 사용에 참여할 권리"를 확대했다는, 특히 독일에게 그러한 역할을 허용했다는 이유로 다국적군(MLF)을 핵확산의 한 예라고 비난하였다. 1966년 가을 미국은 나토 회원국이 핵무기 소유권에 참여할 수 있는 어떠한 핵무기의 '이전'도 배제한다고 러스크가 그로미코를 확신시켰을 때에야 비로소 미국과 소련의 핵확산금지조약을 향한 진보가 이루어졌다. 그러한 주요한 양보는 소련의 우려를 완화시켰으나, 그것은 서독의 오해를 불러일으켰다.

미국의 동맹국들은 다른 몇 가지 사항에 대하여 추가적인 확답을 요구하였다. 일본과 독일연방공화국은 산업스파이의 위험부담이 따르는 어떠한 국제사찰 체제에도 종속되기를 꺼려했다. (서독을 포함한) 유럽공동체 회원국들은 조약 위반 시 비핵융합 물질들을 핵무기 제조로 전환하는 것을 보장하고, 동시에 유럽원자력공동체(Euratom)의 이익과 특권을 보전하는 협정을 국제원자력기구(IAEA)와 집단적으로 협상해야 한다고 주장하였다. 사실상 서유럽국가들은 (서유럽동맹조약의 의정서하에서) 1954년 이후로 효력을 가진 지역협정 아래 사찰받을 권리를 옹호하였다. 나토 회원국들의 분열 속에서 미국은 그 조약을 운반체계가 아닌 핵무기에만 적용되는 것으로 해석하는 데 동의하였다. 즉 핵방위에 관한 나토의 자문과 계획을 금하지 않고 비핵화된 나토 회원국의 영토 내에서 미국 소유의 그리고 미국 통제하의 핵무기의 전개에 대한 금지를 철회하고, "나토 회원국의 일국이 핵무기를 보유할 경우, 새로 탄생할 연방적 유럽국가들이 이를 계승할 수 있다는 점"을 배제하지 않았다. 소련은 이러한 미국의 일방주의적 해석에 도전하지 않았다.

존슨 대통령이 그 당시까지 "핵시대의 개막 이후로 가장 중요한 국제적 협정"으로 묘사한 핵확산금지조약은 1968년 7월 1일에 조인되었다. 로스토우는 그것을 필연적으로 "비공산세계의 조직화를 위한 하나의 헌법적 협정"이라고 칭했다. 그것은 실제적으로 소련에게 어떤 희생도 요구하지 않았으나 나토의 결집력에 심각한 부담을 지웠고, 반면에 그것은 1960년대 초반부터 논의하에 있었고 18개월 동안 협상되어왔다. 더군다나 중국의 선동으로 그 조약에 반대하는 중립국이나 저개발국가들은 미국에 대한 자신들의 불만을 토로하였으나 소련은 그러한 비난을 받지 않았다. 미국은 확산쟁점에 대한 국제적 책임감을 떠맡는 대가를 지불하였다. 프랑스와 중국은 그 조약에 서명하지 않았지만 양국은 특히 중국보다는 프랑스가 더 명확하게 다른 국가들의 핵무기 획득을 도와줄 의사가 없음을 표명하였다. 그 조약에 서명하지 않은 다른 국가들은 아르헨티나, 브라질, 인도, 이스라엘, 일본, 파키스탄, 남아프리카공화국 그리고 스페인이었다.[3] 그 조약에 대한 서명이 시작된 날에 미소 양국은 곧 전략무기제한협정(SALT: Strategic Arms Limitation Talks)을 시작할 것이라고 공표하였다. 그러나 1968년 8월 바르샤바 조약기구의 체코 침공으로 전략무기제한협정은 1969년 12월까지 연기되었다.

방위논쟁

1964년 대통령 선거유세 활동에서 방위 문제가 중대하게 대두되었다. 공화당 후보자인 골드워터는 미국이 수년 내에 전략적으로 소련에 뒤지지 않을 것이라는 점을 보장하지 못했다고 존슨 행정부를 비난하였다. 구체적으로 그는 맥나마라하의 국방부가 1970년까지 유인전략폭격기의 단계적 철수를 계획하고 있다는 사실과 그리고 의존력이 떨어지고 '취소할 수 없는' 미사일에 의존하여 핵화력에 있어서 국가의 운반 가능한 위력의 90% 정도를 제거하고자 하는 계획을 반대하였다. 이에 대한 답변으로 맥나마라는 1,700개가 넘는 운반수단

---

3) 유럽경제공동체(European Economic Community) 회원국들은 수개월 내에 그 조약에 서명하였다. 그러나 그들은 비엔나에서 국제원자력기구와 협상된 사찰협정하에서 자신들의 기본적 이해관계를 확보한 후인 1975년 5월에야 그 조약을 비준하였다. 일본은 1970년에 그 조약에 서명했으나, 1976년까지 비준하지 않았다.

[1,000기의 미뉴트맨 I, II와 대륙간탄도미사일, 656기의 폴라리스 해상발사탄도미사일(SLBM) 그리고 54기의 지상발사타이탄(Titan) II]을 갖춘 계획된 장거리미사일 위력은 미국이 소련보다 앞서고 가상적인 (적의) 선제공격으로부터 살아남고, 적의 잔여 미사일을 파괴함으로써 피해를 제한하고 그리고 적의 주민과 경제적 기반에 대한 보복에 있어 "도저히 받아들일 수 없는 피해 수준"으로 타격을 입힐 수 있는 미국의 능력을 보장할 수 있을 정도로 충분하다고 지적하였다. 또한 국방장관은 전략공군사령부(Strategic Air Command)는 적어도 1969년 내내 작전 가능한 700기의 전략폭격기를 유지하고 있으며, 그것들의 대부분은 일반적인 계획 범위를 넘어서는 것이라고 주장하였다. 그는 대규모의 미사일과 새로운 미사일 운반의 전략폭격기가 1970년까지 필요하다는 점을 부인하였다.

골드워터가 핵무기 발사명령이 백악관으로부터 해제되거나 전자암호신호로 '풀릴 때'까지 나토의 야전군사령관이 핵무기를 발사할 수 없는 명령체계인 나토의 '자유행동연계' 체제를 비난하면서 유럽연합군 최고사령관, 즉 나토의 미국인 사령관(SACEUR)은 군사적 비상사태의 경우에 전술핵의 사용을 명령할 신중한 수권을 가져야만 한다고 주장하였을 때, 또 다른 논쟁이 일어났다. 억지력을 약화시키고 싶지 않았던 존슨은 '대통령 통제'에 의해서 그가 의미했던 것을 구체화시키는 것을 반대했다. 대통령 통제는 어떤 형태로든 모든 사람들의 동의를 필요로 하였다.

의회에 대한 1965년의 방위보고서에서, 맥나마라는 "우리가 소련과 공산주의 중국에 불리한 지구적 핵전쟁과 지역적 전쟁을 할 수 있는 종류의 힘을 유지하는 한, 우리는 그들이 그러한 분쟁을 일으키지 못하도록 할 수 있다"고 말했다. 그는 공산주의자들은 자신들의 노력을 민족해방전쟁으로 전환시키는 데 기민하지만, 미국은 아직도 그러한 위협에 대한 효과적인 대항조치들을 고안하는 데 장시간이 걸린다고 부언했다. 1966년 초반, 전 세계에 걸쳐서 40개의 연장된 게릴라 활동이 전개되고 있었다.

비록 방위비에 대한 의회의 특별지출금이 1966년 이후로 매년 100억 달러에서 120억 달러로 증가했지만, 국민총생산 또한 증가해왔고 군사비용은 3년 동안의 케네디 행정부의 예산보다 더 적은 국민총생산의 8%를 겨우 상회하였다.

1966년 의회는 1970년대 중반까지 새로운 폭격기의 개발을 위한 자금을 승인하였다. 공군의 유인궤도실험실(MOL: Manned Orbital Laboratory)의 개발, 지하 격납고에서 발사할 수 있는 미뉴트맨 미사일, 다탄두 각개 목표 재돌입 미사일 체제의 개발(MIRVs: Multiple Independently targetable Re-entry Vehicles), 핵잠수함용의 폴라리스 A-3 미사일의 획득과 개량된 포세이돈(Poseidon) 미사일의 개발, 적의 방위력을 뛰어넘는 미사일과 폭격기를 위한 투시보조기구(penetration aids) 개발 등. 의회와 공군은 새로운 유인전략폭격기 개발을 위한 맥나마라의 계획을 부적절하다고 생각하였다. 그러나 1960년대 중반의 가장 뜨거운 논쟁점은 탄도탄미사일방위(BMD: Ballistic Missile Defense)나 탄도탄요격미사일(ABM: Anti Ballistic Missile)과 관계가 있었다.

그 당시에는 유사한 두 문자어(acronym)인 BMD나 ABM 문제가 1960년대에 걸쳐서 전략분석가들과 군비통제 지지자들 간의 방위기술공학에 관한 가장 지속적이고 격렬한 논쟁을 야기시켰다. 국방장관 맥나마라는 다음과 같은 일련의 이유로 그것에 반대하였다. 그의 견해로는 현존 기술공학은 무적의 방어물을 제공할 수 없고 추가적인 탄두나 레이더 탐지방해용 모조물(dummy decoys)과 다른 투시보조기구 등으로 집중공격함으로써 미사일 방위체제를 무너뜨리는 것이 상대적으로 쉬우며 만약 미국이 '육중한(heavy)' 탄도탄요격미사일체제를 전개한다면, 소련은 미국의 방위 이점을 상쇄시키기 위해 자국의 공격능력을 증대시키고자 할 것이다. 그리고 양 진영이 수십억 달러를 소비한 후에는 어느 진영도 자국의 안보를 강화시킬 수 없는, 전략적 핵균형이 필연적으로 이루어질 것이다. 그러나 1967년 9월 존슨 행정부는 '경량의(thin)' 탄도탄요격미사일 체제의 전개로 계속 전진하기로 결정했다고 맥나마라는 발표하였다. 맥나마라가 기술적·경제적으로 무용하고 미국의 확증파괴 독트린하에서 전략적으로 불필요하다고 생각한 그러한 체제는 소련의 위협에 대한 것이 아니라 비이성적인 중국의 핵공격의 위협에 대한 신중한 대처로 이루어진 것이었다.

육군성, 해군성 그리고 공군성 3군 모두는 서로 다른 이유와 특정 조건으로 탄도탄요격미사일 체제의 전개를 지지하였다. 미사일 방위는 전략적 핵력에 대해서 육군이 역할을 수행할 수 있는 유일한 분야였다. 육군이 해상발사 탄도미사일을 지지하는 대가로 해군은 지대공 탄도탄요격미사일을 지지하였다. 공군은 육군이 지대공 대륙간탄도탄미사일을 갖는 것을 달갑지 않게 여겼다. 그러나 공군은 병역조달 예산에 대한 국방부의 입장에 있어 만장일치 원칙을 지키기 위해 자금을 전략적 공격력으로 바꾸지 않는 한, 육군의 나이키-제우스(Nike-Zeus) 탄도탄요격미사일을 지지하였다.

국방부의 민간 진영은 군 진영보다 더 분열되었다. 방위연구·기획책임자인 포스터(John S. Foster)는 기술적 개연성에 대해서 맥나마라보다 더 낙관적이었고 첨단방위를 지탱시키는 과학적 연구와 무기실험의 중단을 원치 않았기 때문에 탄도탄요격미사일 프로그램을 지지하였다. 엔소벤(Alain Enthoven)이 이끄는 시스템 분석실(OSA: The Office of Systems Analysis)은 새로운 전략적 공격미사일, 폭격기 그리고 잠수함에 대한 요구를 완화시키는 수단을 탄도탄요격미사일에서 찾았다. 탄도탄요격미사일은 전략적으로 불안정하고 군비경쟁을 가속화시키며, 군비통제의 전망을 어둡게 하고 더 좋은 목적을 위해 사용될 수 있는 방위비를 낭비한다고 주장하는 점에 있어서 국제안보 문제(ISA: International Security Affairs)담당 국방부차관보인 원크(Paul Warnke)는 군비통제군축국(U.S. Arms Control and Disarmament Agency)과 의견을 같이했다. 맥나마라 자신은 생명을 구하기 위한 '피해 최소화(damage-limiting)' 프로그램을 위해서는 방사능 낙진 대피소에 대한 전국적인 프로그램이 보다 더 비용·효과적 이라고 주장하였다.

맥나마라의 판단에 때때로 경의를 표했던 국무장관 러스크는 또한 이러한 문제에 대해서 그와 의견을 같이했고, 외교적인 이유로 탄도탄요격미사일 전개에 대해서 반대하였다. 탄도탄요격미사일체제를 옹호하는 미국인들은 그러한 상황들을 잘 제시한다면 미국의 억지능력과 나토에 대한 미국의 공약을 강화시킬 것이기 때문에 서유럽도 그것을 환영할 것이라고 주장하였다. 그러나 그 당시에 유럽인들은 애매모호한 미소의 데탕트, 서독의 동방정책(Ostpolitik)의 태동 혹은 동유럽을 향한 개방정책에서 진행되고 있었던 진전을 방해할 그 어떠한 것도 원치 않았다. 더군다나 미국이 아시아에 점점 더 관심을 둠에 따라 미국은 유럽에 관심을 두지 않는다는 감정적인 오해가 있었다. 따라서 많은 유럽인들은 그 프로그램을 궁극적으로는 미국을 보호하되 미국의 동맹국들은 보호

받지 못하는 것으로 의심하였다. 역으로 만약 미국이 나토의 핵우산을 제공한다면, 유럽인들은 실제적으로 그것을 충당할 자신들의 방위예산을 올려야 하였다. 영국과 프랑스의 전략분석가들은 그 당시에는 별로 인상적이지 않았던 자신들의 전략적 핵력에 대한 억지적 가치는 만약 두 초강대국이 탄도탄요격미사일 능력을 획득한다면 더 떨어질 것이라고 생각했다.

결국 1967년의 탄도탄요격미사일 결정에 있어서 국내의 정치적 고려가 중요한 역할을 하였다. 탄도탄요격미사일체제를 옹호하는 자들은 그것은 기술적으로 가능하고, 비록 100%가 아닌 50~60%의 효과밖에 없더라도, 그렇지 않다면 목숨을 잃을 수천만 명의 생명을 구할 수 있다고 주장하였다. 더군다나, 소련은 미사일 방위를 개발하고 모스크바 주변에 탄도탄요격미사일을 배치한 것으로 알려졌다. 그들은 결코 그 분야를 놓칠 수 없었다. 의회는 국가안보에 절대적인 것으로 여겨진 주요 전략무기 프로그램에 대한 통합본부의 만장일치적 추천을 받아들였다. 그 외에 많은 의원들은 미국의 전략무기 프로그램이 베트남 전쟁 동안 뒷전으로 밀려나 있었다고 생각하였다. 1968년 대통령 선거에서 공화당원들에게 '방위 갭' 쟁점을 주고 싶지 않았던 존슨 대통령은 소규모의 센티넬탄도탄요격미사일(Sentinel ABM) 프로그램으로 그러한 가능성을 방지하기로 결정하였다.

유럽과 대서양동맹

비록 존슨이 대통령 임기 대부분에 걸쳐서 동남아시아에 몰두했지만, 때때로 그와 그의 행정부는 유럽과 나토의 심각한 문제에 관심을 둘 수밖에 없었다. 키프로스(Cyprus)에 대한 그리스와 터키의 분쟁, 동맹의 통합군 명령체계로부터 프랑스의 이탈 그리고 소련과 다른 바르샤바 조약기구의 체코슬로바키아 침공과 같은 일부 문제들은 중대한 시점까지 이르렀다. 그러나 대부분의 문제들은 보다 미묘하고 천천히 발전하는 유형이었다. 대체적으로 그러한 문제들은 대중의 태도, 엘리트의 사고 그리고 유럽에서 불안정한 동·서 데탕트 기간 동안 그들의 안보와 정치적·경제적 이익에 관해서 끊임없는 합의의 협상을 모색하는 정부정책에 있어서의 제도전들을 내포하고 있었다. 유럽의 방위에 대한 미국의 공약의 신뢰성에 대한 반복적인 의심과 아시아에서 심화되고 있는 미국의 개입은 유럽에 대한 이익의 쇠퇴를 반영하는 것이 아닐까하는 감정적 우려감이 존재하였다. 많은 유럽인들은 만약 미국이 동남아시아에서 확고한 입장을 견지하지 않는다면, 서유럽동맹국들은 대서양동맹의 의무를 책임질 워싱턴의 결정에 있어서의 신뢰상실로 고통받을 것이라는 일부 행정부 대변인들이 이따금씩 발표한 주장들을 의심하였다. 그들은 휴(Hue)와 다낭(Da Nang)은 베를린과 파리가 아니라고 말했다.

키프로스 분쟁

1960년 8월 영국의 왕정 식민지(crown colony)에서 독립공화국이 된 키프로스에서 위험한 폭력이 분출한 1964년에 나토의 남쪽 측면에서 긴장이 급격히 고조되었다. 키프로스는 나토 회원국가인 그리스와 터키 간의 오랜 분쟁의 진원지였다. 그리스계 키프로스인들(주민의 77%)은 항상 그리스와의 병합을 원해왔다. 터키계 키프로스인들(주민의 18%)은 분할을 요구해왔다. 1950년대 줄곧 그 섬의 생활은 영국의 축출을 목표로 한 그리스계 키프로스인들의 게릴라 활동으로 특징지어졌다. 나토 사무총장은 3개국의 동맹국들이 동맹의 틀 내에서 평화적으로 그들의 문제를 해결할 것을 촉구하였다. 영국과 터키는 기꺼이 찬성했으나, 그리스는 아마도 아테네인들이 나토 내에서 불리할 것이라고 우려했기 때문에 이를 거절하였다. 영국과 터키의 이해 관계는 그리스의 이해 관계에 반대하는 데 일치하였고, 미국은 영국과 터키에 더 커다란 전략적 비중을 두는 것 같았기 때문에 일국에 대한 나토 두 회원국의 반대가 있었다. 그리스인들은 자신들의 문제가 서방의 전략적 이해 관계보다는 민족자결주의를 위한 투쟁이 훨씬 더 인기가 있는 유엔 총회로 이관되기를 선호하였다. 그럼에도 불구하고, 1959년 세 가지 원칙이 미묘한 타협하에 이루어졌다. 그리스계 키프로스인들은 병합을 위한 자신들의 요구를 포기하고 터키계인들은 분할에 대한 자신들의 요구를 포기하였다. 키프로스는 그리스계 대통령(대주교 마카리오스 3세: Archbishop Makarios III)과 터키계 부통령, 영국, 그리스, 터키에 의한 독립에 대한 공동보장으로 독립공화국이 되었다.

뒤얽힌 역사적 열정으로 깨지기 쉽고 잠재적으로 폭발될 수 있는 해결이 이루어졌다. 얼마 지나지 않아 게릴라 공격과 대항 게릴라 공격이 재개되었다. 정전협정을 단속하기 위해 1964년 봄까지 그 섬에 7,000명의 유엔 평화유지군을 파견하는 것이 필요하였다. 6월에 존슨 대통령은 그 분쟁이 나토에 미칠 악영향에 대해 우려하면서, 동지중해에 간섭하고자 하는 소련의 의도를 의심하면서 그리스와 터키의 수상 파판드레오(Georgios Papandreou)와 이노누(Ismet Inonu)를 워싱턴으로 초대하여 협상을 벌였다. 그들은 개별적으로 워싱턴에 도착했다. 존슨의 노력은 성공하지 못했다. 그리스에서 반미 감정이 분출되었다. 나토에 대한 양국 적대자들의 태도에서 더 중립적으로 되고 있다는 징후들이 있었다. 미국은 그리스·터키 간의 적대심과 키프로스 분쟁이 자국에게 유리할 것이 없다고 생각하였다. 소련과 체코슬로바키아는 그 섬에 무기를 선적하고 동시에 모스크바는 동구권과 터키 간의 외교·무역 관계를 더 밀접하게 형성하기 위한 노력을 한층 강화시키고 있었다. 유엔 평화유지군이 키프로스에 주둔하였다. 그러나 그리스와 터키군이 그 섬에서 철수하는 상황하에서 존슨의 특별대사 반스(Cyrus Vance)가 협정을 작성할 때까지인 1967년에 그리스와 터키는 전쟁 발발 직전이었다. 그 분쟁은 잠시 수그러들었으나, 계속해서 불만이 누적되었고 남쪽 측면에 대한 나토의 계획을 괴롭혔다.

드골과 나토

1964년과 1965년에 걸쳐서 나토로부터의 이탈, 베트남에 대한 미국의 접근방법에 대한 비난(자신은 중립적이어야 한다고 생각), 계획된 나토의 다국적군(MLF)에 대한 반대 그리고 프랑스의 지도력하에 유럽은 미국과 소련 간의 '제3의 세력'이 되어야 한다고 주장하면서 드골은 프랑스의 국가적 독립성을 강화시키는 정책을 추구하였다. 그의 성명은 독일연방공화국으로부터 신랄한 비난을 받았다. 독일연방공화국에서는 루드휘그 에르하트(Ludwig Erhard)가 아데나워(Konrad Adenauer)의 뒤를 이어 1963년에 수상이 되었다. 드골과 아데나워가 이룩한 친교회복(rapprochement)의 결과로 상당히 밀접해진 프랑스·독일 관계는 1964년과 1965년에 현저히 악화되었다. 대서양주의자이자 유럽주의자임을 자인한 서독 정부는 동맹과 유럽의 방위의 근본적인 쟁점들에 대한 신랄한 논쟁에 관여하고 있는 두 주요 동맹국 간에서 어느 일국의 입장을 선택해야 하는 처지를 원망했다. 보다 더 긴밀한 유럽통합은 미국과의 군사적 연계에 대한 의존과 양립할 수 없다는 것을 은연중 암시하고 유럽경제공동체의 두 주요 회원국 간의 분열의 위험성에 대해서 드골이 경고했을 때, 서독은 자국의 정책은 워싱턴과 파리에 종속되지 않았다는 점을 어느 정도 실험적으로 응수하였다. 물론 그것은 진실이 아니었다. 모든 대서양동맹 국가들 중에서 서독은 지리적 위치 때문에 자국의 군사안보와 정치안정을 위해 미국에 가장 심하게 의존하였다. 만약 현실과 동떨어진 유럽집단 방위와 미국의 억지력 중에서 선택을 해야만 한다면 서독 정부가 택할 길은 의심의 여지가 없었다.

드골은 그 점을 인식했으나, 아마도 경제적 이유로 에르하트 정부에 압력을 행사하는 수단으로써 대서양동맹과 유럽통일 간의 딜레마를 이용하는 것이 유효하다고 생각하였다. 에르하트는 아데나워보다는 약하고 자기 의식이 뚜렷하지 못한 수상이었다. 아데나워 수상은 드골의 호적수였고, 드골은 그와의 게임을 피했다. 드골은 특히 농업생산과 관련해서 공동시장의 회원국으로서 프랑스의 경제적 혜택을 증진시키는 데 관심이 많았다. 아마도 드골은 프랑스 농부들 [아래의 '대서양 공동체의 경제학(The Economics of the Atlantic Community)'을 보라] 을 위해 자신이 원하는 것을 얻기 위해서는 정치적 허세와 위협에 의존할 수밖에 없다고 결론지었다. 에르하트는 그의 의도를 진지하게 고려할 수밖에 없었다. 결국 드골은 서독이 좋아하지 않았던 몇 가지 방법 — 1964년 초반 공산주의 중국을 승인하고, 독일·폴란드 국경선을 영구적으로 받아들이고(반면에 서독과 미국은 국경선 문제는 평화정착이 이루어질 때까지 보류되어야 한다고 주장하였다), 그리고 유럽경제공동체와 나토를 탈퇴하였을 경우, 프랑스에 미치는 영향에 관해서 연구하라고 행정부처에 지시하면서 — 으로 자신의 독립성을 내보였다.

베이징의 승인, 베트남의 중립화 제안, 대부분의 경제학자들이 고풍스럽다고 여긴 국제통화 체제의 기반으로서 금본위제로의 복귀 요청 그리고 유럽경제공동체나 혹은 나토 다국적군(NATO MLF) 내에서 다수 투표(majority voting)와 같은 정치적·경제적 혹은 군사적 질서에서 '초국가적' 통합을 향한 모든 경향에 대한 신랄한 비난 등 드골의 거의 모든 외교정책은 미국 정부를 노하게 하였다. 드골이 미국에 기반을 둔 다국적 기업들이 유럽에 있는 새로운 제조공장에 직접 투자하여 유럽경제공동체의 고조되는 공동 역외 관세장벽을 '뛰어 넘어' 프랑스를 '침략적인' 미국 자본주의 지배하에 두려고 한다고 비난한 반면에, 국방부 관료들은 초보적인 프랑스의 핵전력에 대해 비난적인 성명을 퍼부었다.

나토로부터 프랑스의 이탈은 급작스럽게 일어난 것이 아니라 오랜 시기에 걸쳐서 일어났다. 프랑스의 지중해 함대는 드골이 권력으로 복귀한 지 1년이 지난 1959년 초에 나토 사령부에서 그리고 1963년에 대서양 함대에서 철수하였다. 1964년 4월에 프랑스 해군 장교들은 지중해와 영국 해협에 있는 대서양 통합사령부 조직에서 철수했다. 1966년 3월 7일 존슨 대통령에게 보낸 친서에서 드골 대통령은 대서양동맹 그 자체가 아닌 통합사령부(나토)에서 프랑스의 완전한 철수를 발표하였다. 즉 프랑스는 북대서양조약 참여국으로는 남아 있으나[나토 내의 '조직(the O)'] 조직과의 모든 관계를 끊는다는 것이었다. 나토 내에 아직까지 남아 있는 5척의 잠수함과 군사참모뿐만 아니라 나토에 배속된 프랑스의 모든 육군과 공군은 7월 1일까지 철수하였다. 나토 군사학교(NATO Defense College)와 더불어 유럽연합군 최고사령부(SHAPE: Supreme Headquarters, Allied Powers, Europe)와 중유럽연합군(AFCENT: Allied Forces, Central Europe)은 1967년 4월 1일까지 프랑스에서 떠날 것을 통고받았다. 북대서양이사회는 벨기에의 카스티유(Casteau)에 유럽연합군 최고사령부, 네덜란드의 림버그(Limburg) 지역에 중유럽연합군을 재배치하였다. 나토 군사학교는 로마로 옮겨졌다. 프랑스에 주둔해 있던 미국과 캐나다 병력은 철수하거나 혹은 프랑스 수권하에 있을 선택이 주어졌으나 철수하는 쪽을 택했다. 동맹국들은 한 달 간격으로 승낙받았거나 혹은 보류된 특별한 허락을 제외하곤 프랑스 영공을 비행할 권리를 상실하였다. 대서양동맹의 정치적 측면에 대해서는 계속 참여한다는 자국의 입장을 상징화하기 위해 프랑스는 북대서양이사회를 계속 파리에 두고자 하였다. 동맹국들 중에는 프랑스가 서방 내에서 고립되지 않는다면 이러한 조치를 찬성하는 일부 감정이 존재하였다. 그러나 결국 그 이사회는 브뤼셀에 자리를 잡았다.

존슨은 프랑스의 철수에 대해 다소 철학적으로 반응하였다. 상황을 조정하면서 존슨은 드골에 저항하거나 혹은 그를 벌주기를 원하는 사람들의 충고를 물리쳤다. 왜냐하면 존슨은 보복적인 접근방법은 프랑스의 민족주의를 더욱 자극할 뿐만 아니라 프랑스와 독일의 긴장관계를 악화시키고 유럽경제공동체의 진퇴양난을 고착화시킬 것이라고 생각했기 때문이었다. 서방의 전략분석가들은 프랑스의 철수가 나토의 근본적인 억지와 방위개념의 유효성에 미치는 영향을 최소화하고자 하였다. 그들은 프랑스가 동맹군의 프랑스 영공비행권을 계속해서 인정한다는 사실에서 약간의 위안을 받았다. 그들은 다루기 힘든 드골의 이탈로 대서양동맹이 동맹의 군사적 협력과 계획을 개선시키고 동맹의 공식적 독트린을 최종적으로 '대량보복'에서 '유연반응'으로 전환시킬 수 있기를 희망하였다. 그들은 또한 드골은 불사조가 아니고 프랑스도 언젠가는 나토(the fold)로 복귀할 것이라는 점을 인식하였다. 심지어 드골 이후의 프랑스가 민족적 독립노선을 추구한다 할지라도 그 조약에 대한 프랑스의 집착은 정책에 있어 기본적인 현실주의를 반영하였고 국가 이익을 보호할 절대성(imperative)으로 인하여 아마도 프랑스가 나토의 병참적 그리고 다른 노력들에서 협력을 모색해야 한다는 것은 장래를 위해 좋은 조짐이었다.

서독: 초조한 동맹국

독일연방공화국은 존슨 행정부 기간을 초조하고 불확실한 시기로 보냈다. 에르하트의 기독교 민주당이나 브란트(Willy Brandt)의 사회민주당(SPD: Social Democrats)도 동·서의 긴장이 고조되는 것을 원치 않았다. 양당은 냉전과 데탕트의 혼합을 향한 방향전환에서 기인하는 완화되는 분위기를 환영했으나, 약화되고 있는 에르하트 내각은 독일을 희생으로 하는 '거래'를 초래할지도 모르는 미소 간의 군비통제협상에 대해서 국민의 지지가 높아짐에 따라 확신감을 얻고 있는 사민당(SPD)보다 더 많은 오해를 했다. 케네디 행정부 당시 설득력 있는 보좌관들에 의해 나토의 다국적군 계획에 열중했었던 에르하트는 제 사건들에서 정확하게 입증되었듯이 존슨·맥나마라 팀은 소련과의 핵확산금지조약을 체결하기 위해 다국적군의 계획을 포기할지도 모른다고 우려하였다. 서독은 다국적군 제안을 확실하게 지지한 유일한 나토 회원국이었다. 그러한 지지는 서독의 국가적 핵력에 대한 관료적 혹은 국민적인 바람을 회피하기 위한 수단이 아니었다(그러한 바람은 없었다). 서독은 단순히 1960년대 초반에 미국이 원했던 모든 것을 추구하고 거기에 자국이 참여함으로써 불평등과 차별적인 정치적 오명을 완화시킬 수 있다고 생각했다. 국제적 협정(1954년의 서유럽연합·WEU·의정서)에 의해서 핵무기에 대한 직접적인 접근권을 배제당한 유일한 나토 회원국으로서 서독인들은 그러한 오명에 민감하였다. 서독은 자국의 핵력을 원치 않았다. 서독은 2등급의 동맹국처럼 보이지 않기 위해서 나토의 핵전략에 있어서의 발언권을 원했다. 명백히 나토 다국적군은 모든 핵무기를 미 대통령의 통제하에 두려는 집단협정하에서 정확하게 그러한 점을 제공하기 위해 계획되었던 것이다.

소련은 독일의 군국주의적 보복주의와 (사정이 그렇지 못했던) 서독에 핵전략의 주도권을 주기 위한 방안으로서의 다국적군에 대한 집약적인 선전활동을 강화시켰다. 에르하트는 미국이 단순히 모스크바를 달래기 위해 다국적군 계획을 포기하는 것을 원치 않았다. 그러나 워싱턴은 다국적군 계획이 조용히 폐기되기를 바라는 다른 믿을 만한 이유를 갖고 있었다. 의회는 다국적군 계획에 부정적이었고, 미국의 일부 군사지도자들은 그 계획을 비난하였다. 서독 이외의 다른 유럽의 동맹국들도 열의를 보이지 않았고, 영국은 적극적으로 반대하고 매우 상이한 구조를 가진 대서양 핵전력(Atlantic Nuclear Force)을 위한 자국의 제안을 선호하였다. 1965년 12월 워싱턴에서 에르하트가 존슨을 만났을 때, 두 사람은 다국적군 계획을 미루는 것처럼 보였다. 에르하트는 우려감에 휩싸였다. 그가 아데나워에게서 물려받은 외교정책은 산산이 부서져 부분적으로 봉합되고 있었다. 그는 두 주요 동맹국 사이에 끼여 있었다. 두 주요 동맹국은 서로간에 그리고 독일로부터 더 멀어지는 노선을 걸었다: 프랑스는 나토를 떠나고 있었고, 미국은 군사적으로 아시아에서 진퇴양난에 빠져들고 있었다.

미국에서는 상원의 다수파 지도자인 맨스필드(Mike Mansfield)가 미국의 금고갈을 완화시키고 대서양에 걸쳐 영구적으로 주둔하고 있는 미국의 병력 수를 실질적으로 낮춤으로써 나토 동맹국들이 더 커다란 방위노력을 기울이도록 계산된 결의안 지지를 구축하기 시작하였다. 더군다나 아래서 논의하겠지만 유럽

통합운동이 중단되었다. 동독을 인정하는 어떠한 국가와도(소련 정부는 별도로) 외교적 관계를 피하거나 단절하는 것이 서독의 정책임을 밝힌 홀스타인 독트린(The Hallstein Doctrine)은 서독이 동유럽국가와의 보다 밀접한 관계증진에 관심을 갖고 있었던 시기에 시대착오적인 것으로 여겨지고 있었다. 홀스타인 독트린의 아랍판이 1965년 서독에 적용되었다. 서독 정부가 이스라엘과 외교관계를 시작한 후 아랍국가들은 서독과의 관계를 단절함으로써 이에 대응하였다.

1966년 동안, 에르하트의 문제와 그의 통치력은 약화되었다. 1966년 9월 국무장관 러스크와 소련외상 그로미코는 유엔에서 만나 만약 소련이 나토 내의 '이원체제(two-key system)'[4]와, 만약 발전시킨다면 핵보유국인 영국과 프랑스의 합법적 계승국이 될, 정치적으로 통합된 유럽공동체의 권리를 반대하지 않는다면 미국은 다국적군 계획을 포기할 것이라는 점에서 명확히 이해를 같이하였다. 이러한 이해는 핵확산금지조약의 협상을 위한 발판을 마련하였다.

그들은 또한 독일연방공화국의 심각한 오해를 불러일으켰다. 처음부터 다국적군 계획을 지지하였던 많은 서독인들은 지금은 그것이 야기시켰던 정치적 분할비용에 의해서 그 계획의 정치적·군사적 이점들이 없어지는 것이 아닌가 하고 의아해 했다. 하지만 주요 당사국의 모든 지도자들은 워싱턴과 모스크바가 독일의 장래에 절대적으로 영향을 끼치는 문제에 관해서 쌍무적 합의에 도달하고 있다는 불안감을 느꼈다. 난처한 입장에 빠진 에르하트 수상은 다국적군 계획을 보류하기로 한 결정은 서독의 위신에 엄청난 타격을 가했다고 비난하고, 이에 강력 대응하였다: "우리는 워싱턴의 위성국이 아니다."

1966년 10월 에르하트 정부는 붕괴되었다. 기독교 민주당의 지도자로 알려진 키징거(Kurt Kiesinger)는 국내와 국제 상황이 너무 민감하고 복잡해서 주요 양 정당의 '대연정(Grand Coalition)'을 위한 시기가 무르익었다고 판단하였다. 존슨 행정부는 다국적군 계획을 폐기한다면 나토 내에 핵공유에 관한 특히, 서독과 관련해서 어떤 것을 행해야 한다는 것을 알고 있었다. 1966년 12월 맥나

---

4) 이원체제하에서 유럽에 기반을 둔 핵무기는 미국과 핵무기가 배치된 국가(host country)의 긍정적 승낙 없이는 발사될 수 없었다.

마라는 나토의 방위장관들이 승인한 핵기획 그룹(NPG: Nuclear Planning Group)을 포함한, 동맹 내에 일련의 새로운 협의구조의 신설을 추천하였다. 핵기획 그룹은 7명의 회원을 두고(독일은 항상 회원자격을 보장받았다) 전략핵미사일, 탄도탄요격미사일체제, 전술핵체제 그리고 미국과 핵무기가 배치된 당사국 간의 더 좋은 협의와 관련된 문제들을 고려하는 것이었다. 1967년 4월 워싱턴에서 핵기획 그룹의 첫 회담이 열렸다. 이 새로운 기구는 상당히 만족스러운 것으로 입증되었다. 다국적군 계획에 대한 장기적이고 격렬한 논쟁이 비록 쉽게 잊혀지진 않았지만 곧 수그러졌다.

소련의 체코슬로바키아 침공

키징거의 대연정으로, 브란트 외상과 더불어 서독은 동유럽 제 국가들과의 무역 관계를 형성하는 속도를 가속화시켰다. 브란트 수상의 동방정책의 전조가 되었던 서독의 '교량건설(building bridges)' 정책은 필연적으로 인민 민주주의 국가들, 특히 체코슬로바키아(Czechoslovakia)의 정치적·경제적 그리고 사회적·심리적 환경에 변화를 일으켰다. 1948년 프라하 쿠데타 이후로 노보트니(Antonin Novotny)하의 체코슬로바키아는 그 어떤 동구권 국가들보다도 모스크바에 보다 더 확실하게 종속되어 있었다. 1968년 1월 노보트니는 체코 공산당에 의해서 축출당했고, 젊은 이상주의자 두브체크(Alexander Dubcek)가 서기장으로 정권을 잡았다. 두브체크는 '인간의 얼굴을 한 사회주의'를 목표로 일련의 개혁을 단행하였다. 그는 언론, 집회 그리고 종교의 자유, 파업권, 해외여행권 등 모든 수준의 당조직에서 토론과 비밀선거의 자유를 도입하였다. 또한 새로운 정권은 엄격한 마르크시스트 사회주의 정통성의 사상보다는 자유시장의 사상에 더 기반을 둔 경제질서에 있어서 몇 가지 실험적 조치를 단행하였다. 모스크바는 처음에는 동요하지 않고 소련에서 배우고 훈련받아 왔던 규율이 잡힌 당원으로 두브체크를 신임하였다. 두브체크는 자신의 개혁으로 공산주의는 약화되기보다는 강화된다고 주장하면서 소련에 대한 체코슬로바키아의 충성을 재천명하였다. 그러나 '프라하의 봄(Prague Spring)'이 만개함에 따라, 크레믈린은 중유럽의 핵심지역에 있는 전략적으로 절대적인 위성국가가 궤도에서 이탈할 가능성을 보고 놀라게 되었다.

소련의 선전이 더욱 격앙됨에 따라, 서유럽의 관찰자들은 프라하의 '대항 혁명적' 요소에 대한 군사적 진압을 위한 만반의 준비를 주시하였다. 바르샤바 조약기구는 체코 지도자들에게 당신들은 재난을 당하고 있다고 명백히 경고하면서 6월 체코슬로바키아에서 전개될 군사작전을 계획하였다. 7월 중순 모스크바는 확고한 최후통첩을 발하였고, 서유럽국가들은 주요 위기가 임박함에 따라 오직 미국만이 1956년 이후로 소련 제국에 대한 가장 심각한 정치적 위협을 분쇄할 소련의 행동을 억지할 수 있다고 결론지었다.

베트남에서 상당히 궁지에 몰린 미국은 동유럽에서 소련과 대결할 분위기가 아니었다. 존슨의 보좌관들은, 특히 서유럽에서 여론의 비등 그리고 유럽에서 미소 데탕트의 좌절과 같은 가능성 있는 결과의 평가에 의해서 모스크바의 행동이 억지될 수 있는 좋은 결과를 기대했다. 1966년 9월 이후로 워싱턴과 모스크바의 관계는 유럽의 경쟁지대에 관하여 개선되고 있는 것처럼 보였다. 6일전쟁의 결과로 중동에서의 데탕트는 무너졌고, 동남아시아에서는 결코 데탕트가 형성될 수 없었다. 그러나 다국적군 계획의 폐기로 핵확산금지조약을 위한 분위기가 조성되었고, 존슨 행정부는 공격용과 방어용 미사일에 관한 회담을 여는 데 관심이 있었다. 존슨 대통령과 소련의 코시킨 수상은 1967년 6월 말 이틀 동안 뉴저지주의 글라스보로(Glassboro)에서 성급하게 마련된, 개인적으로는 우호적인 정상회담을 가졌다. 거기에서 양국의 지도자들은 최근의 6일전쟁, 베트남 문제, 핵확산금지조약 그리고 미사일의 상한선을 고정시켜 군비경쟁을 억제할 수 있는 전망 등에 뒤이은 상황에 관해서 토론하였다. 이듬해 핵확산금지조약을 위한 성공적인 협상체결이 있었고, 1968년 7월 1일 그 조약에 대한 서명이 이루어졌다.

그럼에도 불구하고, 8월 20일 바르샤바 조약기구의 5개 회원국 – 소련, 폴란드, 헝가리, 불가리아 그리고 동독 – 으로 구성된 65만 병력은 체코슬로바키아에 대해 최정예로 잘 조직되고 압도적으로 강력한 침공작전을 피한방울 흘리지 않고 수행하였다. 왜냐하면 체코는 저항의 무용성을 인식하였기 때문이었다. 체코의 침공은 유럽에 충격을 가했고, 이로 인하여 유럽은 실망과 불안감에 빠졌다. 왜냐하면 그것은 5년 동안 천천히 발전한 희미한 데탕트를 반전시켰을 뿐만 아니라 나토의 중부전선에 강화된 안보위협을 제시하였기 때문이었다. 모든 사태에 대해 서독의 방위분석가들이 가장 우려하였다. 돌연 소련만이 추가적으로 10개 사단을 체코슬로바키아로 이동시켰으나, 나토는 경계태세로 들어가지 않았다. 이전의 2년 동안, 영국과 미국의 정책입안자들은 나토의 전략과 핵력 입장에 관한 토론에서 압도적인 바르샤바 조약기구의 서방 쪽으로의 공격의 위험성을 낮게 평가하는 경향이 있어왔다. 실질적인 침공 이전에 아마도 '정치적 경고'와 군 이동에 관한 정보가 있기 때문에 그들은 나토의 지역안보를 심각하도록 위태롭게 하지 않고 독일로부터의 일부 군 단위의 로테이션이 이루어질 수 있다고 말했다. 그러한 이론은 8월 20일의 사건으로 인해 심히 손상을 받았다. 그래서 서방의 분석가들은 중유럽의 심장부에서 최근의 소련의 작전전개와 결부되어 나토의 초기의 프랑스 영토와 항공영역의 상실은 대서양동맹군이 재래식 전략을 선호하여 핵무기에 대한 의존도를 완화시킬 수 있다는 가능성을 더욱 없게 만들었다고 결론지었다.

전진방위 지역에서 훨씬 멀리 떨어진 다른 나라의 외교정책과 방위 결정자들은 공격의 즉각적인 위험에 대해 서독보다는 덜 걱정하였으나, 그럼에도 불구하고 그들은 그 침공으로 몹시 동요하였다. 프랑스는 침공에 참여하지 않았던 루마니아에 대해 소련이 엄격한 조치를 취할 가능성을 우려하였다. 영국과 이탈리아는 모스크바가 '브레즈네프 독트린(Brezhnev Doctrine)' — 사회주의 진영 내에서 '반혁명적' 요소들을 분쇄하기 위해 무력을 사용할 수 있는 소련의 권리로 명명된 것을 이후에 적용하려는 시도 — 을 염려하였다. 특히 영국은 미국이 얄타에서 전술적으로 인정한 사실상의 영향권의 분배를 존경한다 할지라도 티토(Tito) 이후의 유고슬라비아에서의 소요가 비극적인 소련의 오판, 즉 (1948년 소련에서 벗어난) 그 나라에 대한 소련의 통제력의 재수립을 위한 노력을 초래할 것이라고 두려워했다. 그것은 제3차 세계대전을 촉발할 수 있기 때문에 비극적이었다.

대서양동맹의 모든 국가들은 미국이 단호한 조치를 취하지 않은 것을 보고 분노하고 실망하였다. 8월 20일 저녁 소련 대사 도브리닌(Anatoly Dobrynin)은 백악관을 방문하여 존슨 대통령에게 "체코슬로바키아의 현존하는 사회질서에 대한 외부적, 내부적 공격세력의 음모"에 대항하기 위한 소련과 그 사회주의 동맹국들의 군사개입을 정당화하고, "작금의 사태가 소-미 관계에 해를 끼치지 않기를" 희망한다는 장문의 성명을 낭독하였다. 유럽의 많은 비평가들은 미소 관계는 거의 동요를 받지 않았다는 견해에 일치하였다. 존슨은 시급한 전략무기제한 협정을 위한 초기의 지침을 작성하기 위해 소련과의 또 다른 정상회담을 고려해왔었고, 또한 보좌관들이 어느 한 조치를 취하기에는 정치적 환경이 좋지 않다고 자신을 설득할 때까지 핵확산금지조약에 따라 행동하기 위해 상원에 특별회기의 요청을 고려해왔었다. 그는 양 조치를 연기하고 유럽의 분위기가 가라앉을 때까지 기다리기로 하였다. 유럽의 동맹국들은 미국의 미온적 대응에 대해 일반적으로 실망감을 느꼈다. 그들은 확실히 군사적 행동을 원하지 않았다. 그들은 지도력의 확고한 과시는 별도로 하고 미국으로부터 그들이 무엇을 원했는지를 확신할 수 없었다. 그들 중 일부는 8월 20일 이전에 미국이 소련에게 확고한 외교적 경고를 하지 않고, 대신 좋은 결과가 있기를 기대함으로써 마치 존슨 행정부가 전술적으로 소련 지도자들에게 다음과 같은 신호를 보낸 것처럼 소련이 '프라하의 봄'을 억압하는 비용을 계산하는 것을 너무 쉽게 해주었다고 불평하였다; 우리는 당신들이 해야만 한다고 생각하는 것을 할 것이라는 것을 알고 있다. 그것을 막기 위해 우리가 실제로 할 수 있는 것은 별로 없다. 가능한 한 고통 없이 빨리 끝내고 그리고 세계 여론의 적대적인 정치적 비용을 수락하라. 그러면 우리는 우리의 안건에서 보다 더 중요한 문제들(items)로 돌아갈 수 있다.

대서양공동체의 경제학

1968년 소련의 체코 침공 이전 존슨 행정부 대부분 기간 동안, 경제적 어려움은 정치적·군사적 안보 문제와 더불어 대서양공동체의 주요 관심사였다. 정치인들과 외교관들이 데탕트와 군비통제를 강조함에 따라, 유럽에서의 위협감은 주로 모스크바와 베이징 간의 깊어가는 불화 때문에 쿠바와 베를린 위기 이후 현저하게 줄어들었다. 민주주의 국가들이 "평화가 정착되어왔다"고 생각할 때마다, 정치인들이 방위비용보다는 번영, 사업, 저세금의 증진을 지지하는 것은 아주 인기 있는 대의명분이 되고 군사동맹은 어느 정도 그 결속력을 상실하기 시작한다.

1966년 동안, 서독에 있는 영국과 미국의 병력유지 비용의 상쇄와 '분담몫'에 대한 쟁점들은 대서양 경제 안건의 최우선적인 문제가 되었다. 전 병력을 합쳤을 경우, 라인 강 지역에 있는 영국 군대(BAOR)는 총 5만 5,000명이었고 국제수지에 대한 영국의 부담은 연 2억 달러를 상회하였다. 미국의 병력은 약 24만 명에 달했고, 이는 서독의 외환잔고에 연 8억 달러 이상을 기여하였다(이러한 금액은 영국과 미국의 병사들이 자신들과 서독에 있는 부양가족을 위해 사용한 액수였다). 1966년 7월 영국의 윌슨(Harold Wilson) 수상의 재무장관인 칼라한(James Callaghan)은 외환비용이 완전하게 상쇄되지 않는다면 병력의 일부를 본국으로 소환할 것이라고 서독 정부에 통지하였다.

영국의 병력철수는 1966년 8월에 도입된, "유럽에 영구적으로 주둔하고 있는 미국 병력의 실질적인 감축은 미국의 결의나 혹은 북대서양조약하에서 미국의 공약을 만족시킬 수 있는 능력에 악영향을 미치지 않고 이루어질 수 있다"고 선언한 맨스필드 결의안(Mansfield Resolution)에 대한 미국의 추가적인 지지를 유발시킬 가능성이 있기 때문에 매우 중대하였다. 그러한 상황 이전에, 서독은 미국으로부터 군사장비를 구입하여 미국 병력의 외환비용을 상쇄시켜 왔었다. 아시아에서의 분쟁이 확대됨에 따라, 국방부는 서독에서 일부 병력을 빼내 베트남으로 재배치해야 한다는 압력을 받고 있었다. 4월 미국은 제7군(the Seventh Army)에서 일부 전투 경험이 있는 부대들을 철수시키고, 1만 5,000명의 감축을 위해 그들을 신병으로 교체하겠다고 발표하였다. 존슨 행정부는 22만 5,000명의 주둔 병력을 1965년에 서명한 13억 5,000달러의 상쇄합의에 대한 독일의 약속이행과 연계시켰다. 에르하트 수상은 9월에 워싱턴을 방문하여 그 협정을 이행할 것이라는 확답을 주었으나, 장래의 협정은 교환비용의 절반 정도만을 포함시킬 것이라고 주지시켰다. 미국, 영국 그리고 서독은 나토의 전략이 병력감축과 상응할 수 있는지의 여부를 결정할 목적으로 비용, 분담몫 그리고 나토의 병력필요성에 관한 3국 토론을 열기로 결정하였다. 영국은 긴장이 완화된 유럽의 풍토에서 가능한 일부 감축을 생각하였다. 추정적이고 변화 가능성이 있는 소련의 의도보다는 알려진 소련의 능력에 더 초점을 맞춘 미국은 특히 다소 유럽인의 입장에서 위기 시에 즉각적으로 나토를 강화시킬 수 있는 적절한 공수가 이루어질 수 있기 전에는 재래식 병력의 감축을 반대하였다.

존슨은 교환·비용 상쇄에 관한 다자적 협상이 두 패로 나뉜 쌍무회담보다 덜 분열적이라는 결론을 내렸다. 에르하트 내각에서 키싱거하의 연정으로의 정권 이양 동안, 미국은 영국으로부터 3,500만 달러에 해당하는 군사장비의 구매를 제의함으로써 윌슨의 교환손실을 완화시키는 데 도움을 주었다. 1967년 4월까지 계속적으로 문제가 되는 것에 대한 임시 해결책으로 여겨진 결정이 이루어졌다. 서독인들은 5억 달러 어치의 중기적인 미국의 국채를 매입하는 데 동의하였다. 서독과 미국은 구매로 영국을 공동으로 원조하는 데 합의를 보았다. 서독은 또한 달러를 금으로 태환하는 대신 달러를 보유함으로써 미국의 금 유출을 완화시키기로 약속하였다. 마지막으로 국방부는 미국의 전투여단과 항공대대가 전투태세를 갖춘 채 미국의 정규기지로 이동한다는 '이중 기지(dual-basing)' 순환계획을 작성하였다. 그들이 모국에서 달러를 소비하기 때문에 외환수지불균형에 일조하지 않았으나, 이러한 계획은 더 비싼 조작비용을 수반하였다.

미국과 유럽동맹국가들 간의 관세와 무역에 관한 협상은 장기적이었고 매우 힘들었다. 1962년의 무역확대법(The Trade Expansion Act)으로, 대통령은 1934년 루스벨트·헐 호혜무역협정법(Roosevelt-Hull Reciprocal Trade Agreements Act)의 한도를 넘어서 현존의 관세를 호혜적으로 50%까지 낮추고, 전체적으로 5% 미만의 의무감을 폐지할 수 있었다. 이러한 입법은 경쟁력이 증대하는 유럽경제공동체와의 앞으로의 회담에 있어서 미국의 융통성을 보강하기 위한 조치였다. 그 무렵 유럽경제공동체는 공동 역외 관세장벽을 높이고 공동체 내에서는 상품유통에 대한 관세를 낮추고 있었다. 그 이후 계속되는 시기 동안, '케네디 라운드(Kennedy Round)'로 알려지고, 다자적 관세와 무역에 관한 일반협정(GATT: General Agreement Tariffs Trade)의 틀 속에서 행해진 이러한 협상들은 서구의 산업국가들뿐만 아니라 그들과 경제적으로 연계된 개발도상국가들에게 있어서도 세계의 상업과 번영을 촉진시킬 것으로 기대되었다. 그러나 이러한 것들은 미국, 서유럽 그리고 후에 일본이 '보호무역주의(beggar-my-neighbor)' 정책을 추구하는 무자비한 경쟁보다는 그들 자신들이 보다 더 협력적인 동반자로 행동할 때에만 성취될 수 있었다. 1959년 이후로 유럽 그 자체는 6개국의 공동시장(Common Market) 국가들과 오스트리아, 영국, 덴마크, 노르웨이, 포르투갈,

스웨덴, 스위스 그리고 핀란드로 구성된 유럽자유무역연합(EFTA: European Free Trade Association)으로 양분되어 왔었다.[5] 많은 유럽인들은 유럽지역이 2개의 무역그룹으로 분열되는 것과 1963년 초 드골이 영국의 유럽경제공동체 가입을 반대한 이후 깊어가는 반목을 우려하였다.

대서양동맹의 구성국들이 각자의 블록을 형성한 이후로, 미국의 외교정책결정자들은 유럽의 경제적 분열은 나토의 응집력에 악영향을 미칠 것이라고 우려하였다. 그러한 점은 미국의 기업과 농업적 이익을 보호하는 것 이외에 케네디라운드에 커다란 중요성을 둔 또 다른 이유를 제공하였다. 영국과 자유무역연합의 무역참여국들은 일반적으로 1962년의 무역확대법안에서 시작된 서구 산업국가들 간의 관세를 절반으로 낮추기 위한 미국의 이니셔티브를 찬성하였다. 그러나 그 작업은 매우 복잡하였고, 2년간의 준비기간과 1964년에서 1967년까지의 공식적 협상을 위한 추가적인 3년을 필요로 하였다.

미국은 특히 미국의 농민들이 공동시장에 대한 판매에서 배제되지 않는 것을 확실히 하고 싶었다. 농산물 무역에 관한 유럽경제공동체에서 드골이 생성시킨 곤경 때문에 이 쟁점에서의 진보는 고통스럽게 천천히 전개되었다. 로마 조약(Rome Treaty)이 발효한 이후 7년 동안, 프랑스 대통령은 서독의 기업이 프랑스의 농업보다 더 많은 이윤을 기록했다고 확신하였다. 역내장벽이 점진적으로 낮아진 결과, 산업상품에 대한 관세는 1958년 이전에 시행되었던 것의 40%밖에 떨어지지 않았다. 농산물에 대한 유럽경제공동체 역내의 관세도 그와 마찬가지였다. 프랑스 농민들은 실망하고 분개하였다. 왜냐하면 그들은 초기에 자신들이 경제공동체의 '식료품 장수들'이 될 것이고, 유럽경제공동체의 가격공급체계는 자신들에게 다른 생산자들과의 '형평성'을 부여할 것이라고 약속받아 왔기 때문이었다. 1964년 7월 30일 낙농 생산물, 소고기 그리고 쌀을 위한 공동농업정책(CAP: Common Agriculture Policy)이 시행되었으나, 곡물가격의 조정에서 진퇴양난에 빠졌다.

1964년 10월 드골은 만약 곡물에까지 확대된 공동농업정책을 위한 서독과의

---

5) 자유무역지대는 회원국가들 간의 관세는 제거하나, 비회원국가에 대하여 공동관세를 제정하지 않았다는 점에서 공동시장과는 다르다.

협상이 이루어지지 않는다면 프랑스는 유럽경제공동체에서 탈퇴하겠다고 위협하였다. 그러한 이유로 인해서 그는 미국, 영국 그리고 서유럽의 많은 사람들로부터 공동시장을 해체시키려 한다고 비난을 받았다. 그 당시에 서독은 프랑스보다 경제적으로 더 강한 입장에 있었고, 이전에 훌륭한 경제장관이었던 에르하트도 그것을 알았다. 드골 역시 그 점을 알았다. 그것이 드골이 정치적 위협으로 전환한 이유였다. 모든 가능성에 비추어 보아 드골은 유럽경제공동체에서 실제적인 프랑스의 탈퇴를 의도하지는 않았다. 프랑스 경제는 이미 완전히 공동시장에 관여되어 있었으므로 갑작스런 탈퇴로 야기되는 경제적 혼란은 엄청난 것이었을 것이다. 그러나 드골은 협상과정에서의 정치적 위협의 효용성을 이해하였다. 1965년 나토와의 관계단절 과정에서 그가 이미 행하였다는 사실로 인하여 경제적 측면에 대한 자신의 단절의 위협은 그렇게 하지 않는 경우보다는 더 신뢰가 있게 되었다. 그는 통합이 더욱 진척되는 것이 중단될 때까지 유럽경제공동체와의 모든 협의를 보이콧트하였다. 그는 브뤼셀에 있는 — 일부 경제적 결정들이 다수결에 의해서 결정될 수 있는 유럽경제공동체위원회(EEC Commission)보다 — 각 정부대표자가 거부권을 행사할 수 있는 각료이사회(the Council of Ministers)에 더 중요한 권위를 부여할 것을 요구하였다. 그는 또한 스트라스부르그(Strasbourg)에 위치한, 완전한 정상적 가동상태에 있지 않은 유럽 의회가 예산을 통제하는 어떠한 권위도 갖지 말아야 한다고 주장하였다. 결국 드골은 자신의 목적들을 달성하였다. 공동농업정책은 곡물무역으로까지 확대되었고, 통합의 과정은 정지되었다.

케네디 라운드의 협상가들은 영국의 유럽경제공동체 가입에 대한 드골의 반대에서 또 다른 장애에 직면하였다. 윌슨은 영국의 유럽자유무역연합 참여국들의 승인으로 1967년 5월에 유럽경제공동체를 부흥시켰다. 이것은 노동당 진영에서 정책의 반전을 수반하였다. 노동당은 공동시장이 너무 자유시장의 경쟁원칙에 집착하여 노동당의 사회·복지 프로그램에 위협을 가한다는 이유로 영국의 유럽경제공동체 가입을 반대해왔었다. 노동당과 보수당원들 간의 심각한 오해에도 불구하고, 윌슨 내각은 영 연방과의 유대와 특별한 앵글로·아메리카 관계가 점점 더 약화되고 그리고 보다 더 대륙지향적인 영국의 무역과 더불어 유럽자유무역연합만으로는 더 이상 충분치 않다고 결론지었다. 1966년까지 프랑스·독일 간의 관계악화는 해결되었다. 그리고 1968년까지 공동시장은 완전한 관세동맹과 공동농업정책을 달성할 것이 확실시되었다. 영국이 유럽경제공동체에 더 멀리 떨어져 있으면 있을수록 영국의 유럽경제공동체의 가입 대가는 훨씬 더 비쌌고 그 조정은 더욱 더 고통스러웠다. 따라서 윌슨 정부는 최선의 행동노선은 특히 높은 식량가격과 관련하여, 가능한 한 영국에 가장 유리한 조건을 모색할 뿐만 아니라 영국과의 무역에 크게 의존하고 있는 뉴질랜드와 같은 영 연방 국가들을 위한 완충장치는 물론 영국의 지도력을 따를 것으로 기대되는 유럽자유무역연합 참여국들을 위한 우호적인 협정도 모색하면서 다시 한 번 회원자격을 신청하는 것이라고 결정하였다.

케네디 행정부와 마찬가지로 존슨 행정부도 영국의 신청을 지지하였다. '우호적인 5개국,' 즉 독일연방공화국, 이탈리아 그리고 베네룩스 3국 역시 지지하였다. 주요 장애물은 드골이었다. 앵글로·색슨(les Angle·Saxons)에 대한 드골의 불신은 줄어들지 않았다. 드골은 자신의 반대를 반복하였다. 영국은 진정한 '유럽국가(European)'가 아니다. 영국은 아직도 미국과 너무 밀접하게 연계되어 있다. 저식량가를 선호하기 때문에 영국은 수출보조금, 고수준의 농산물 가격의 유지 그리고 농업 근대화에 있어서 재정투자에 대한 지불 등을 수반하는 공동농업 정책을 수락할 수 없을 것이다; 영국은 특정 영 연방 국가들과의 특별한 무역협정들을 보전하기를 원할 것이다. 그리고 영국의 신청은 다른 일부 유럽 국가들로부터 새로운 신청들을 야기시킬 것이며 그러한 국가들의 가입은 이미 6개국 간에 조심스럽게 체결된 합의를 희석시킬 것이다. 드골은 단순히 그 공동체의 지배를 위해서 영국(아마도 서독의 지원을 받고)과 프랑스의 경쟁을 원치 않았던 것처럼 보였다. 1967년 11월 드골은 영국의 가입은 공동시장의 최고의 이익과 조화되지 않는다고 발표하였다. 경제적 고려나 혹은 유럽경제공동체를 위한 걱정에서 기인한다기보다는 영국에 반대하고 프랑스를 위한 드골의 깊은 애정에서 발생한 이러한 2차적 거부라는 많은 견해들은 1967년 여름 캐나다 방문 동안 드골이 몬트리올의 프랑스 어를 사용하는 주민들에게 "자유 퀘벡 만세(Vive le Quebec libre!)"라고 외쳤고, 캐나다 주 당국들이 나쁜 외교적 형태로 여겼던 이와 같은 행동에 대해 유감을 나타냈을 때, 드골이 오타와(Ottawa) 방문 계획을 취소하였다는 사실에 비추어 보면 그럴 듯 하였다.

56개국의 가트(GATT) 회원국가들을 대표하는 장관들이 케네디 라운드 협상에 참여하였다. 유럽경제공동체는 한 국가로 행동하였다. 목표는 상품주의의 협정을 최소한도의 예외만 두고 모든 산업용품을 포괄하는 전면적 삭감협정으로 대체하는 것이었다. 미국의 주장으로 처음으로 가트(GATT) 협상에 농산물이 포함되었다. 유럽경제공동체 국가들은 강경한 협상자세를 보이며 자신들의 관세는 미국의 관세보다 이미 낮고 보다 더 단일적이기 때문에 전면적인 50% 삭감은 미국의 관세와 형평에 맞지 않는다고 주장하였다. 대다수의 세부적인 협상은 그 삭감에서 면제된 생산물들의 품목에 관한 것이었다. 미국과 유럽경제공동체는 관세삭감에서 제외되는 의무적 수입품목에 대한 대략적으로 동등한 목록들을 상정하였다. 1967년 5월 협정이 체결되기 전에, 유럽경제공동체, 미국, 영국 그리고 일본 모두가 실질적으로 양보하였다. 모든 관련 국가들 내의 보호주의자 집단의 끊임없는 원성은 다시 한 번 관세장벽이 외교정책보다는 일상적으로 국내 정치의 문제이며 국가 이익보다는 하위 국가적 이익에 있어 더 좋게 기능한다는 점을 시사해 주었다.

50% 삭감은 자동차, 세탁기, 타자기, 레코드 테이프, 타이어, 기계류, 정밀기계 그리고 화학제품들과 같은 항목에 적용되었다. 화학제품은 미 의회가 관세 목적을 위한 평가액으로서 수입가격보다는 미국의 판매가를 설정하는 법을 폐지한 이후에 적용되었다. 케네디 라운드의 제결과는 그들이 희망했던 유럽의 농산물 시장에 대한 접근을 획득하지 못한 미국의 농민들과 그들의 일차 생산물에 대해서 가장 제한적인 관세삭감 진보만 이루어진 제3세계 국가들에게는 다소 실망스러운 것이었다.

존슨, 아랍세계 그리고 6일전쟁

5년 전 기간의 존슨 행정부에 걸쳐서, 아랍세계는 다양한 혁명적, 사회주의적 이데올로기에 종속된 보다 더 급진적인 국가들(알제리, 이라크, 시리아 그리고 아랍연합공화국)과 다소 보수적인 진영[모로코, 튀니지, 레바논, 요르단, 당시 이드리스 왕(King Idris)하에 있었던 리비아, 사우디아라비아 그리고 페르시아 만의 회교국가들]으로 양분되어 있었다. 후자 진영과 미국의 관계는 아랍·이스라엘과의 갈등을 제외하고는 가장 우호적이었으며, 미국은 일부 자국의 우호국들에게 군사원조를 제공하였다. 소련으로부터 무기를 제공받는 급진 진영과 미국의 관계는 아랍 이데올로기, 어조 그리고 외교정책의 변덕스러운 진폭에 따라서 일상적으로 냉담한 관계에서부터 보다 더 격한 긴장관계에 이르기까지 다양하였다. 일례로 쿠데타로 벤 벨라(Ben Bella)를 계승하여 카스트로와의 밀접한 연관에서 벗어난 보우메디네 대령(Colonel Houari Boumedienne) 이후의 알제리와 미국의 관계는 다소 개선되었다. 또한 1965년 낫세르가 레오폴드빌(Leopoldville)에 있는 콩고의 반군들에 대한 군사 원조를 청산하고 예멘의 내전에서 이집트 군대의 철수를 약속하여 사우디아라비아와 협정을 맺는 것처럼 보였을 때, 미국과 이집트 간의 관계는 일시적으로 해빙경향을 보였다. 그러한 협정의 발표에 뒤이어 미국은 '연화(soft currency)' 대가로 아랍연합공화국(UAR: United Arab Republic)에게 식량곡물 판매를 위한 협정을 쇄신하였다. 다른 때에는 급진적인 아랍국가들과의 관계는 악화되었다.

다소 덜 선동적인 측면의 보수주의적 국가들을 포함하여, 아랍의 모든 국가들은 이스라엘에 대한 미국의 경제적·군사적 원조를 비판하거나 비난하였다. 그러나 아랍국가 자신들은 일순간적인 경우를 제외하고는 자신들이 열망한 '시온주의자 제국주의'에 대한 통일을 결코 달성할 수가 없었다. 아랍국가들은 요르단 강 물줄기를 네게브 사막(Negev Desert)으로 전환시키려는 이스라엘의 노력에 대한 자신들의 정책을 효과적으로 조정하지 못했다. 튀니지의 보르기바(Habib Bourguiba)는 양 진영이 존경할 만한 원칙에 기반을 두고 팔레스타인 문제를 해결할 것을 촉구하였다. 튀니지를 제외한 모든 아랍국가들이 서독이 이스라엘을 승인하였을 때 본(Bonn)과의 외교관계를 끊었으나, 일 년 이내에 그들 중 일부 국가는 자신들이 정치적으로 얻은 것보다 경제적으로 더 많은 것을 잃어버린 것은 아닌지 하고 의심하였다. 1963년 혁명적인 바스 당(Baath)의 사회주의자들에 의한 쿠데타의 결과로 시리아와 이라크는 낫세르의 아랍연합공화국(UAR)과의 새로운 통합노력을 준비하는 것처럼 보였다. 그러나 자연스럽게 이스라엘의 방위를 환기시킨 통일적인 아랍 군사령부의 거듭되는 발표에도 불구하고, 1967년 5월까지 아랍세계는 어떠한 계획도 세우지 못했다. 그리고 예멘에서의 이집트·사우디의 갈등에 대한 해결책이나 이집트 군대의 철수를 위한 실질적인 어떠한 진보도 이루어지지 않았다. 1966년 6월 미국은 공공법 480(P.L. 480)호하에서 대 이집트 식량선적에 대한 협정을 쇄신하지 않았다.

존슨이 중동에서 직면했던 가장 심각한 문제는 1967년 6월의 6일전쟁이었다. 그해 초, 시리아와 이스라엘 사이의 국경선을 따라서 긴장이 고조되어 왔었다. 시리아는 오래전부터 아랍세계의 공동적에 대하여 아랍세계에서 가장 강한 이집트의 군사력을 사용하기 위해 낫세르를 유혹해왔다. 시리아는 알파타(Al-Fatah) 조직과 팔레스타인해방기구(PLO) 게릴라에 의한 이스라엘로의 습격을 점차적으로 활발하게 지원하였다. 이스라엘의 에스콜(Levi Eshkol) 수상은 5월 12일에 자신의 정부는 시리아에 기반을 둔 게릴라들의 도발적인 공격을 보복하기 위한 시기, 장소 그리고 수단을 선택할 것이라고 발표하였다. 그 다음날 모스크바는 이스라엘이 공격을 준비하기 위해 시리아 국경선에 걸쳐서 대규모의 병력을 배치하고 있다고 낫세르에게 주의를 주었다. 이스라엘은 이러한 소문을 격렬하게 부인하였다. 아랍 민족주의자들과 일부 아랍국가들의 언론으로부터 어떠한 조치를 취하도록 고조되는 압력을 받은 낫세르는 시나이 반도(the Sinai) 동쪽으로 자국의 병력을 이동시키기 시작하였다. 자국의 병력들이 아직도 예멘에서 교착상태에 빠져 있다는 사실에도 불구하고, 그는 아랍세계의 지도자로서의 자신의 이미지를 보유하기 위해서는 극적인 반응을 취해야만 한다고 결론지었다.

자국 국경선에 이웃하고 있는 많은 아랍국가들과 직면해 있는 이스라엘은 자국의 적들과 게릴라 전투에 관심을 둘 상황이 아니었다. 따라서 대신 이스라엘은 기술적·공학적으로 우월한 자국의 재래식 병력에 의존하기를 선호하였다. 이것은 12차례 정도의 알파타 조직의 습격이 있은 후에 이스라엘은 그 당시에 이미 유엔의 반 이스라엘 다수 결의안으로 아랍국가보다는 이스라엘에 더 많은 비난을 자아냈던 재래식 병력과 특별 공격대(commando units)에 의한 대규모의 무력행사로 누적적인 도발행위를 보복하겠다는 것을 의미하였다. 따라서 1967년 봄 이스라엘은 유엔이 이러한 사태를 공정하게 중재할 수 없다고 생각하였다. 에스콜 수상은 시리아에 대한 경고와 이스라엘의 다른 관료들의 이와 유사한 성명으로 소련이 자국의 종속국인 시리아를 제지하기를 기대하였을지도 모른다. 의도가 무엇이었든지 간에, 텔아비브(Tel Aviv)의 그러한 경고는 아랍국가들을 자극하여 반 시리아 음모가 '제국주의자와 시온주의자 진영'에서 시작되고 있다고 믿게 하였으며, 모스크바가 이스라엘의 침공계획에 대한 비난을 유포시키는 것을 더 용이하게 하였다.

1956년 수에즈 운하 위기 후 근 1년 동안 낫세르는 호전주의자들로부터 아랍연합공화국·이스라엘 국경선을 따라 시나이 반도와 샴엘 시크(Sharm el-Sheikh)에 주둔해 있는 유엔긴급군(UNEF: United Nations Emergency Force)을 철수시키도록 촉구를 받아왔다. 그들은 낫세르가 아일라트(Eilat) 항구로 향하는 아카바만(Gulf of Aqaba) 경유행의 이스라엘 선박에 대한 티란 해협(the Strait of Tiran)을 폐쇄시키기를 원했다. 5월 16일 이집트 출신의 총사령관은 병력들을 시나이반도 국경에서 철수해야만 한다는 메시지를 유엔긴급군(UNEF) 사령관에게 보냈다. 뉴욕에서 유엔 사무총장 우 탄트는 아랍연합공화국 대표에게 그 요청을 받아들일 수 없다고 말했다: 유엔긴급군은 이스라엘 국경선으로 이집트 군대가 병력을 이동할 수 있도록 단순히 부대 이동을 할 수 없었다: 유엔긴급군은 그곳에 주둔해 있거나 아니면 완전히 철수할 수밖에 다른 도리가 없었다. 사무총장은 만약 아랍연합공화국이 철군을 요청한다면, 자신은 즉시 이에 응할 것이라는 확신을 주었다. 낫세르는 공식적으로 유엔긴급군의 철수를 요청하였고 그래서 유엔긴급군은 다음날 철수하였다.

일부 국제법과 국제기구 권위체들은 추상적인 방법으로 유엔평화유지군이 요청국의 동의하에서만 기능하므로 우 탄트는 응할 수밖에 달리 방도가 없다고 주장해왔다. 유엔긴급군은 원래 일부 다른 이해 당사국 간의 미묘한 협상의 결과로써 탄생되었으며, 그들 중의 어느 국가도 낫세르의 요청에 관해서 조언을 받지 못했다. 사무총장은 즉각적인 승낙이 주요 국제적 위기를 재촉할 것이라는 점을 잘 알았다. 그것은 그러했다. 그가 행동으로 옮기는 데 있어서 법률적으로 우 탄트는 확실히 평화의 대의명분에 공헌하지 못했다.

유엔긴급군 부대는 완충지역의 안정자이자 정전의 보장자로 기능하도록 계획된 소규모적 부대였다. 어떤 일이 있어도 그것은 전투 역할의 수행과 진격하는 이집트인들에 저항할 수 없었으나, 상담은 아마도 사건의 속도를 늦출 수 있었을 것이다. 긴박한 긴장지역에서의 신속하고 근본적인 변화는 항상 위기의 전조이다. 아마도 낫세르 자신은 그 시나리오가 그렇게 빨리 이루어지리라고는 예상하지 못했을 것이다. 자신의 성공에 놀란 낫세르는 아랍세계에서 고조되는 감정적 물결에 줄곧 휩싸였는지도 모르며, 세밀한 계획보다는 충동에 기반을 두고 행동을 시작했을지도 모른다. 그는 소련의 지원을 받는다는 사실에 의해서 고무되었다. 1964년 이후로 소련 함대는 지중해에서의 현존(presence)을 유지하였다. 1967년 5월 동안, 미 제6함대에 대한 소련의 정찰과 정보수집 활동이 현저하게 강화되었다. 6월 초 중동의 긴장이 발화점에 도달함에 따라, 50척 이상의 러시아 군함 — 역사상 가장 많은 수 — 이 지브랄타(Gibraltar)와 터키 해협 사이에서 작전을 전개할 때까지 모스크바는 흑해(Black Sea)로부터의 증강으로 지중해에서의 해군의 현존을 증대시켰다. 서방의 모든 분석가들은 이것을 낫세르를 지지하는 확실한 시위로 받아들였고, 이것은 전례없는 모험을 감행할 정도로 낫세르를 대담하게 만들었다. 소련 함대는 지중해에 있는 미 해군의 현존에 도전하기에는 충분치 않았다. 그러나 그것은 적대적 고립화에 대한 이스라엘의 두려움을 증대시켰다.

5월 22일 낫세르는 이스라엘 선박의 아카바 만 항해를 폐쇄시켰다. 존슨 대통령은 자신의 회고록에서 그 행동은 아마도 소련과는 별개로 이루어졌을 것이라고 적었다. 5일 전인 5월 17일 존슨은 에스콜 수상에게 자제를 촉구하는 외전을 보냈다: "우리와 상의하지 않은 행동의 결과로 발생하는 상황에 대해서 나는 미국을 대표하여 어떠한 책임도 질 수 없다." 낫세르가 아카바 만의 폐쇄를 결정한 날, 그러나 자신이 그것을 알기 전에, 존슨은 시리아에 기반을 둔 세력들이 시리아의 부대상황과 더불어 이스라엘을 괴롭히는 것은 그 지역에서의 전쟁을 야기시킨다는 점과 그 지역 국가들에 대한 미국과 소련의 유대는 "내가 확신하는 바, 우리들 중의 어느 누구도 추구하지 않을 어려움에 우리를 빠지게 할 수 있다"는 점을 소련의 고시킨 수상에게 상기시켰다. 존슨은 각 진영은 중용의 대의명분을 위해 각자의 영향력을 행사하기를 희망한다고 피력하였다. 동시에, 존슨은 이집트 국민들에 대한 미국의 우정과 그들의 자존심과 열망에 대한 그 자신의 이해를 확신시키는 메시지를 낫세르에게 전달했다. 존슨은 해결책을 모색하기 위해 험프리(Hubert Humphrey) 부통령을 파견하겠다고 말했다.

존슨은 그 해협과 아카바 만의 통행에 관하여 1957년 초 이스라엘과 어떠한 종류의 양해가 이루어졌느냐고 아이젠하워에게 물어 보았다. 아이젠하워는 존슨에게 이스라엘이 유엔긴급군을 지지하여 시나이 반도로부터의 철수에 동의했을 때 이스라엘의 항해접근권은 명확하게 미국 공약의 일부였었다고 말했다. 봉쇄가 불법이라고 규정하면서 존슨은 미국이 자유항해의 원칙을 지지할 의무가 있다고 결론지었다. 그는 또한 모든 관련 당사국들의 정치적 독립과 영토보전의 유지를 위한 미국의 지지를 재천명하였다.

미국은 국제적 수로로서 모든 선박에 대하여 아카바 만의 개방을 유지하기로 결정하였으나, 의회는 만약 어떠한 행동을 취해야만 한다면 그것은 일방적이 아닌 다자적 조치가 되어야만 한다는 점을 명확히 하였다. 워싱턴은 1950년의 3자 선언(the Tripartite Declaration)에 관한 그들의 입장에 대해서 파리와 런던의 의중을 떠보았다. 그 선언하에서 서방의 주요 3개국은 중동에서 현존 국경선을 무력으로 변경시키려는 어떠한 노력도 저지하기로 약속하였다. 미국의 3자 선언의 고수는 트루먼과 존슨, 아이젠하워와 케네디 사이에서도 되풀이 되었다. 프랑스 정부는 그 선언에 호소하는 것은 실수라고 생각하여 어떠한 공동대응에도 관심이 없는 것 같았다. 영국은 기꺼이 협력하였다. 그들은 가능한 한 많은 항해 국가들에 의한 아카바 만의 자유항해권과 봉쇄를 저지할 해군의 특수임무부대(naval task force)의 창설에 대한 국제적 재천명을 제기하였다. 이스라엘의 에반(Abba Eban) 외상은 워싱턴으로 가서 존슨 대통령에게 이스라엘 정보는 아랍연합공화국의 총력적 공격준비에 대해서 경고를 보내고 있다고 보고하였다. 맥나마라와 존슨은 중앙정보부의 보고서에 기반을 두고 공격이 임박하진 않았지만, 만약 아랍연합공화국이 전쟁을 개시한다면 그들은 처참하게 패배할 것이라는 견해를 밝혔다. 그러나 존슨 행정부는 먼저 유엔을 통해서 성취될 수 있을 것을 찾아 보고 의회와 공조체제를 유지할 것이라는 점을 강조하였다.

에반은 존슨의 이러한 견해에 대해 다소 회의적이었다. 존슨은 이스라엘은 어떠한 전쟁 발발에 대한 책임감도 피해야만 한다고 주의를 주었다. "이스라엘이 혼자 가기로 결정하지 않는다면," "이스라엘은 혼자가 아닐 것이다"라고 그는 말했다. 그날은 5월 26일이었다.

4일 후, 에스콜 수상은 5월 26일 합의가 이루어졌고 에반 외상과 존슨과의 대화가 상황전개를 좀 더 기다리기로 한 이스라엘의 결정에 영향을 미쳤다고 시사하였다. 그는 "국제적 해군의 호위가 1~2주 안에 해협을 통과하는 것이 중대하다"고 말했다. 존슨 행정부는 그것은 적어도 6월 11일까지 2주가 걸릴 것이라고 보았다. 6월에 접어들자 미국, 영국, 네덜란드 그리고 오스트레일리아의 4개국이 마치 해군의 특수임무 부대를 맡는 것처럼 보였다.

이스라엘에게 있어서, 그것은 단지 항해자유의 문제 그 이상이었다. 시나이 반도에는 아랍연합공화국의 7개 사단이 있었다. 5월 말, 요르단의 후세인(Hussein) 왕은 아랍의 대의명분에 동참하였다. 그는 낫세르와 방위조약을 체결하여 자국의 병력을 아랍연합공화국 장군의 명령하에 귀속시켰고, 아랍연합공화국의 특별공격대가 암만(Amman)에 들어가는 것을 허용하였고 이라크의 전투사단이 요르단의 동쪽 국경선과 서안 지대(West Bank) 쪽의 상단을 통과하는 것을 승인하였다. 이스라엘 19년 역사에 있어서, 아랍연합공화국, 요르단, 이라크 그리고 시리아의 정예세력들에 의한 조정된 고립화로 인해 자국의 생존이 위협을 받고 있었던 때는 결코 없었다. 더 이상 기다릴 수 없다고 결정한 이스라엘 내각은 선제 전쟁을 선택하였다.

6월 5일에 시작되어 정확히 6일간 지속된 그 전쟁은 근대사에 있어서 가장 결정적인 군사적 승리의 한 예를 보여주었다. 결론적으로 이스라엘 병력은 최초의 기습공격의 전략적 우위를 보여주었다. 아랍연합공화국, 요르단, 시리아 그리고 이라크의 공군은 대부분의 비행기들이 이륙하기도 전에 사실상 파괴되었다. 시나이 반도에 있던 아랍연합공화국의 7개 사단은 대파당해 1만 명의 병사들을 잃었다. 아랍연합공화국의 기갑부대, 포병 그리고 해군의 상당 부분이 파괴되거나 포로로 잡혔다. 가벼운 사상자를 낸 이스라엘 병력은 (75만 명의 아랍인들이 살고 있는) 서안 지대, 예루살렘의 도시 전체, 샴 엘-시크(Sharm el-Sheikh) 그리고

(이전에 시리아가 점령하였던) 골란 고원(Golan Heights)을 점령하였다.

전쟁 이틀째, 카이로 방송(Cairo Radio)은 요르단의 레이다 기지로부터 함재기(carrier-based planes)가 서쪽에서 접근하고 있다는 오보를 입수하여 미국의 전투기들이 이집트 공격에 참여하고 있다고 발표하였다. 아랍의 6개국 — 아랍연합공화국, 알제리, 시리아, 이라크, 수단 그리고 예멘 — 은 아랍연합공화국이 6월 8일에 정전협정을 수락했다는 거짓 발표를 근거로 미국과의 외교적 관계를 단절했으나, 이스라엘은 소련의 특별한 보호국인 시리아와 계속 거래를 하였다. 같은 날 그 전쟁에서 유일하게 미국의 사상자들이 생겼다. 미 해군의 통신선박인 리버티(Liberty) 호가 이스라엘 함정의 실수로 어뢰공격을 받았다. 10명의 미국 병사들이 사망하고 100명이 부상당했다. 이스라엘은 그러한 비극에 대해서 심히 유감을 표하였다.

6일전쟁으로 미국과 소련의 관계는 극도로 미묘한 상황이 되었다. 미국은 이스라엘의 주요 보호국이었다. 소련은 낫세르의 현저한 반서방 입장 때문에 그리고 그의 '부르주아 민족주의자'의 이집트 공산주의에 대한 억압에도 불구하고 오래전부터 낫세르를 도와주었다. 따라서 전쟁이 계속 진행 중인 동안 워싱턴과 모스크바는 이들 국가들에 대한 원조를 필연적으로 자제하였다. 운좋게도 미국의 입장에서는 그 전쟁이 신속하게 끝났다. 미국은 그 전쟁에 개입할 의도가 없었으나, 항상 천천히 그리고 조심스럽게 움직이는 소련은 아랍연합공화국이나 혹은 시리아를 지원하기 위한 확고한 조치를 취할 시간적 여유를 갖지 못했다. 그 당시까지만 해도 실험적 경우와 경축 인사의 경우에만 가동되어 왔던 핫 라인(the hot line)이 바쁘게 이용되었다. 존슨은 미국은 그 전쟁에 참여하지 않을 것이며, 전쟁을 조기에 끝내기 위해 미소 양국이 영향력을 행사해야 한다는 점을 고시킨에게 설득하기로 작정했다. 그 전쟁 마지막 날인 6월 10일 고시킨은 강경한 메시지를 보냈다: 일국이 '중대한 대재난'의 위협에 관여하는 '아주 중대한 순간'이 다가오고 있다. 이스라엘은 몇 시간 내에 대시리아 작전을 중지해야만 한다. 그렇지 않을 경우, 모스크바는 '독자적 결정으로' 명확히 군사행동을 포함한 '필요한 행동'을 취할 것이다. 존슨은 신중하게 제6함대를 시리아 근해로 이동시킬 것을 명령하였다. 얼마 지나지 않아 이스라엘은 시리아와 정전협정을 맺었다.

소련은 자국의 선전, 경고, 군함이동 그리고 유엔과 그 밖의 다른 곳에서의 외교적 책략으로 1967년 위기를 야기시키는 데 일정 역할을 담당하였다. 크레믈린은 아마도 주요한 국제적 위기보다는 자국의 종속국인 시리아 정권을 지탱하기 위해 다소 제한적인 지역적 분쟁을 원하였다. 소련 지도자들은 이스라엘을 지지하는 서방측의 미온적 대응과 낫세르의 정치적 승리를 기대하였을지도 모른다. 만약 그러했다면, 서방에 대한 그들의 평가는 이스라엘의 능력과 아랍의 무능력에 대한 평가보다도 더 표준점에 근접했을지도 모른다. 이스라엘은 대부분의 제3세계 국가들을 정치적으로 소외시켰다는 사실에도 불구하고, 그 전쟁으로 그 이전보다 더 강한 전략적 지위로 부상했으며, 제3세계 국가들에서는 이스라엘의 공격적 행태에 대한 평판이 강화되었다. 모스크바는 놀랄 정도로 단시간 내에 아랍세계에서 자국의 지위를 회복하였다. 1969년 초까지 소련이 무기를 재공급한 결과, 이집트, 시리아 그리고 이라크의 공군력, 탱크 그리고 해군력은 전쟁 전의 수준으로 복구되었거나 더 개선되었다. 지중해에서의 소련 해군의 전개는 미국의 제6함대의 그것보다 열등했으나, 새로운 상황에 대한 심리적 결과는, 특히 이제 자국의 북쪽과 남쪽 해안선에서 소련의 해군력에 직면한 터키에게 있어서는 중요하였다. 터키 해협을 자유롭게 통행할 수 있게 된 소련은 1945~1947년에도 그랬듯이 몬트렉스 협정(Montreux Convention)을 수정하기 위해서 더 이상 압력을 행사할 필요가 없었다.

베트남 곤경

회고컨대, 케네디는 논쟁적으로 보이는 베트남 정책을 존슨에게 물려주었다. 이 점은 일부 케네디의 찬미자들에게 있어서도 사실이었다. 한편으로는 계속 늘어나는 미국의 정치적 공약과 군사적 개입이 있었고, 또 다른 한편으로는 계획된(혹은 적어도 모호하게 희망하였던) 미 군병력의 단계적 철군이 있었다. 케네디가 취임하였을 때, 베트남에는 685명의 미 군사고문관들이 있었다. 1963년 10월까지, 그 숫자는 16,700명 이상으로 늘어났다. 확실히 케네디는 아이젠하워의 도미노 이론을 믿는 것 같았다: 1963년 7월 케네디는 "우리의 철군은 남베트남뿐만 아니라, 동남아시아의 붕괴를 의미한다"고 말했다. "그래서 우리는 그곳에 계속 주둔할 것이다."[6] 케네디는 미국은 고문관, 훈련관, 장비, 공급물자 그리고 다른 형태의 원조를 제공해야만 한다고 주장하였다. 그러나 케네디는 베트남에서 싸울 미국의 전투병력을 공약하는 것에는 반대하였다. 그것은 '그들의 전쟁'이고 '우리'가 아닌 '그들'이 승리해야만 하는 것이었다.

1961년 초 케네디는 두 명의 유명한 장군인 맥아더와 드골로부터 아시아 본토로까지 전쟁을 확전시키지 말 것을 경고받았다. 그럼에도 불구하고, 그는 자신이 좋아하지는 않았으만 이에 동의하겠다는 일련의 타협을 통해서 조금씩 조금씩 빠져 들어갔다. ≪뉴욕타임스(The New York Times)≫, ≪워싱턴 포스트(The Washington Post)≫ 그리고 다른 영향력 있는 신문들은 베트남에서 공산주의에 저항하는 것을 선호하였다. 통합참모장들은 그 물결을 반전시키기 위한 보다 더 효과적인 군사행동을 취할 것을 촉구하였다. 케네디의 딜레마는 그 분쟁을 주로 외부의 국제적 침공의 예로 파악하는 자들과 현지의 내란으로, 그리고 '국가 건설' 과정의 일부분으로 생각하는 자들 간의 분열로 복합되었다. 후에 통합참모본부장이 된 휠러(Earle G. Wheeler) 장군이 이끄는 전자의 파벌과 대베트남 군사원조사령관(head of Military Assistance Command-Vietnam)인 하킨스(Paul Harkins) 장군은 그 위협을 첨단 과학기술을 사용하는 재래식 병력으로 대처해야 할, 일차적으로 군사적인 것으로 파악하였다. 애버렐 해리만, 왈트 로스토우 그리고 국무부의 정보·연구(State Department Intelligence and Research)의 로저 힐즈만 등으로 대표되는 후자는 게릴라전 유형의 작전(마을 사람들을 베트콩으로부터 격리시키기 위해 고안된 '전략적 마을'의 지시를 포함한) 사회적·경제적 프로그램 그리고 (디엠의 권위주의적 정권의 개혁을 포함한) 정치적, 외교적 주도권에 강조점을 두고 반 게릴라 활동 접근방법을 선호하였다.

---

6) 1963년 3월 초 케네디는 동남아시아의 붕괴는 필연적으로 인도의 안보에 영향을 미치고 "아마도, 중동으로 이르는 모든 길이 통제되기 시작할 것"이라고 언급하면서, 도미노 이론을 확대·해석하였다. 1963년 9월 브링클리(David Brinkley), 헌틀리(Chet Huntley)와의 텔레비전 인터뷰에서, 케네디는 그 질문에 대한 답변으로 자신은 도미노 이론을 수용한다고 세 번이나 말했다.

케네디 사후 근 15년 만에 책을 쓴 슐레진저(Arthur M. Schlesinger)에 따르면, 케네디는 베트남으로부터 자신과 미국을 구출하기 원했던 몇 가지 경우에 대해서 사적으로 말했으나, 그는 대체방법을 몰랐다. 1964년 11월 대통령 선거 이전에 케네디가 자신의 재선기회에 악영향을 미치지 않고 그 문제를 해결할 수 없었지만, 1962년 7월 초 케네디는 남베트남 병력이 자신들의 전쟁 노력을 수행할 수 있을 정도로 충분히 잘 훈련될 것이라는 가정하에 1965년 말까지 미 군사요원의 단계적 철수를 시행하라고 맥나마라에게 지시하였다. 케네디가 재선되었다면, 그것이 가능했을지도 모른다. 그러나 케네디는 먼저 선거에서 이겨야만 하였다. 때문에 케네디는 그로 인해 동남아시아 국가들에게 파괴적인 비도덕적 결과를 부과하기 때문에 자신의 계획을 공개적으로 말할 수 없었다. 한편 그 자신의 어조와 케네디 행정부를 대변하는 모든 사람들의 어조는 통상적인 군사·경제적 원조의 증대로 주 베트남 미군을 증파하여 베트남에 대한 미국의 정치적 공약을 강화시킨다는 것이었다. 국무장관 러스크는 밀러(Merle Miller)와의 구술적 역사 인터뷰에서, 자신과 케네디는 베트남에 대해서 '수백 번'도 더 토의했지만, 대통령은 결코 철수의 의향이 없었다고 말했다. 만약 대통령이 1964년 선거 이후에만 병력을 철수하기로 결정했다면, 그것은 국내의 정치적 고려 — 어떠한 대통령도 할 수 없는 것 — 때문에 변함없이 미국인들이 전투상황에 있는 것을 의미하는 것이라고 러스크는 말했다. 여하튼 볼이 지적했듯이, "존슨이 취임하기 전에 단계적 확전이 매우 빠르게 진행되고 있었다." 확실히 존슨은 공산주의자의 동남아시아 인수를 저지하기 위한 케네디의 강력한 공약을 물려 받았다는 점을 의심치 않았다. 그는 또한 케네디의 모든 주요 보좌관들을 물려 받았다.

존슨은 미국이 디엠 정권에 대한 쿠데타를 선호했는지에 관해서 놀팅, 하킨스 장군 그리고 디엠의 열렬한 지지자인 다른 사람들처럼 알고 있었기 때문에 힐즈먼이나 혹은 볼에 의해서 유혹되지 않았다. 1961년 4월 케네디가 존슨에게 베트남에서 발생하고 있었던 것에 관해서 라오스의 이웃 국가들을 가라앉히기 위해 동남아시아를 순방할 것을 요청하였을 때, 존슨은 처음에는 모험적인 여행을 별로 달가워하지 않았으나, 점차적으로 그 업무에 열중하게 되었고, 자신이 "동남아시아의 윈스턴 처칠"이라고 불렀던 디엠을 찬양하게 되었으며 그리고 그에게 가능한 한 미국의 지원에 대한 확고한 보장을 해주었다. 그러한 공약과 더불어 그는 맹세를 하였다. 존슨의 고향에서는 한 사람의 말이 한 사람의 계약보다 더 좋은 것이었다. 1963년 가을 초 존슨은 미국이 디엠에 대한 쿠데타를 묵인해야만 한다는 데 동요되었다. 그는 힐즈먼과 디엠을 포기해야 한다고 생각하는 백악관과 국무부의 다른 사람들을 자신의 적으로 간주하였다. 그리고 자신이 대통령이 된 후, 그는 그에 상응해서 그들을 다루었다.

미국의 군사개입을 심화시키는 조치들

디엠과 케네디는 21일 간격으로 암살당했다. 존슨은 악화일로에 있는 베트남 상황을 물려 받았다. 훨씬 더 무능력한 장군들이 디엠을 계승하였다. 타락, 혼란 그리고 사회적 불안정의 문제들이 악화되었다. 베트남의 젊은이들은 그들의 지도자들에 대해서 더 회의적이었고, 그 달 말까지 그들로부터 소외당했다. 1964년 봄까지 베트남에 있는 미국인들과 일부 군관료들은 상황이 미국에게 불리하게 전개되고 있다고 생각하기 시작하였다. 존슨은 동남아시아가 공산주의에 대한 지구적 투쟁의 중요한 장소가 되었다고 확신하고, 베트남인들과의 약속을 지키고자 했으며, 자신의 행정부는 "확고하게 예정된 진로를 향해 나아갈" 것이라고 말했다. 1964년 3월 맥나마라와 테일러는 다시 사이공으로 갔다. 복잡한 체계에 대한 최고의 분석가이자 비용·효과의 산출가인 맥나마라는 베트남이 적절한 자원을 기꺼이 투자하는 한, 그 나라가 실제로 원하는 것을 얻을 수 있다고 확신하였다. 그러나 그는 베트남인들에 의해서만 그 전쟁을 승리로 이끌 수 있다는 케네디의 논제를 반복하였다. 그는 존슨에게 만약 베트남이 정치적 질서를 다시 회복하여 군사작전들을 효율적으로 전개한다면, 1965년 말까지 미국은 병력을 철수시킬 수 있다고 권고하였다. 일부 관료들은 존슨이 듣기 원한다고 생각하는 것을 말하기 시작하였다. 다른 사람들은 통일된 모양새를 유지하기 위해 사석에서는 공개 석상 때와는 다른 것을 대통령에게 권하는 형편이었다. 거의 어느 누구도 그것은 "장기적이고 힘든 전쟁"이 될 것이라는 점을 의심치 않았다.

반 디엠 쿠데타를 최초로 옹호한 힐즈먼과 해리만은 1964년 초 존슨에 의해서 해임된 몇 안 되는 케네디 진영의 사람들이었다. 국가안보담당 특별보좌관의 형이자 애치슨의 사위이고 그리고 그 당시까지 국방부 차관보였던 번디는 힐즈먼을 대체하여 국무부 극동문제차관보가 되었다. 로지가 1964년 공화당 대통령 후보지명을 얻기 위해서 대사직을 사임하였을 때, 존슨은 통합 참모본부장인 맥스웰 테일러를 임명하고 그의 부관으로 최고의 외교관인 알렉시스 존슨을 선택하였다. 동시에 그는 하킨스의 후임으로 웨스트모랜드(William C. Westmoreland) 중장을 미 군사고문 단장으로 임명하였다. 존슨 행정부의 모든 주요 인물들은 대통령이 얼마나 중요하게 베트남에 집착하는지를 깨달았다.

1964년 초 로스토우는 대만과 금문도와 마조도의 해안섬들에 대한 중국 공산주의의 위협에 대처하기 위해서 그리고 존슨 행정부나 혹은 민주당을 서로 반목케 하여 어부지리를 얻으려는 중국의 가능성을 배제하기 위해 1955년 초 아이젠하워가 획득하였던 것과 유사한, 아시아에서 전쟁을 수행할 수 있는 자유 재량적 권위를 대통령에게 부여하는 초당적 결의안을 의회로부터 얻어내는 것이 유용할 것 같다고 제안하였다. 북베트남에 대한 전쟁수행을 선호한 번디 역시 의회의 결의안을 위한 그 계획을 지지하여, 6월에 의회에 안건을 상정하기 위해 5월에 초안 작성을 진행하였다. 그러나 6월 중순까지 존슨은 그러한 결의안을 위한 요청을 11월 대통령 선거 이후로 연기하였다. 이는 그가 군사력 확장을 위해 대통령에 당선되고자 하는 인상을 유권자들에게 주고 싶지 않았기 때문이었다.

수년 동안, 사보타지, 선전 그리고 남베트남에서의 호치민의 전복활동에 대한 보복으로 중앙정보부가 훈련시킨 남베트남의 군지원자들은 북베트남에 대한 비밀습격을 벌여 정보수집 활동을 하였다. 1964년 한 해 동안 번디와 국방부 관료들은 북베트남을 폭격하는 불확정적 계획에 착수하였다. 전쟁의 확전을 예견한 호치민은 소련에게 대공미사일과 레이더 기지를 요청하여 그것들을 받았다. 이러한 사태 진전을 감지한 미국의 공군과 해군은 U-2기의 고도 비행과 통킹 만(the Tonkin Gulf)에 있는 전자·정보함의 순항과 더불어 감시활동을 강화하였다. 영해에 대한 국제법하에서의 상황은 통킹 만에서는 매우 혼란스러웠고, 호치민은 아마도 그런 상태를 유지하기를 선호했을 것이다.

통킹 만 결의안

부분적으로는 이러한 혼란 때문에 8월 2일 그 해안에서 7마일 그리고 인접 도서들에서 4마일 밖으로 순항하던 미 구축함 매독스(Maddox) 호는 3척의 북베트남 순찰 보트의 추격을 받았다. 미 구축함은 즉각적인 어뢰공격을 두려워한 나머지 발포했으나 빗 맞혔다. 북베트남의 추적 보트가 구축함에 어뢰를 공격하여 실패하였을 때, 함재기 티콘데로가(Ticonderoga)의 도움을 받은 매독스 호는 순찰정 한 척을 명중시키고 다른 함정에 큰 타격을 입혔다.

선거 3개월 전에 존슨은 주전론자와 유화정책자의 이미지 모두를 피했다. 그는 미국인들이 다치지 않았기 때문에 북베트남에 대한 보복을 명령하지 않았다. 존슨은 핫 라인을 통해 흐루시초프에게 미국은 그 문제를 확대시키지 않을 것이며 그리고 국제적 수로에서 북베트남이 미 함정들을 공격하지 않는다면 별 문제가 없을 것이라고 말했다. 그러나 그는 미국에 대한 어떠한 공격도 막기 위해 해군 병력을 통킹 만으로 파견하였고, 하노이에 경고 서한을 보냈다. 러스크는 몇 달 전에 초안을 작성한 제기된 의회의 결의안 문제를 참모진에게 준비시켰으나, 임시적으로 이를 보류하였다. 북베트남에 대한 일련의 공격목표들을 이미 진전시킨 통합참모장들은 추가로 미국의 전투 폭격기들을 남베트남과 태국으로 보냈다. 8월 4일 매독스 호 함장이 공산주의 순찰정들의 절박한 공격을 다시 감지했지만, 뚜렷한 공격 징후는 보이지 않았다. 그럼에도 불구하고, 존슨은 미국의 구축함들이 공격받았다고 발표하여 미국의 보복을 허용하는 결의안을 의회에 요청할 것이라고 말했다. 그 시점에서, 존슨은 만약 자신이 행동하지 않는다면 우유부단하게 보일까봐 걱정하였다. 비록 나중에 "계획적인 2차 공격" 문제가 상당한 논쟁점이 되었지만, 존슨은 4곳의 북베트남 순찰정 기지와 대규모의 연료창고에 대한 폭격을 승인하였다.

그러한 상황으로, 존슨은 의회로부터 "미 군병력에 대한 어떠한 무장 공격도 격퇴하고 더 이상의 침공을 막기 위해 필요한 모든 조치들을 취할 수 있는" 자유행동권을 획득할 수 있는 기회를 가졌다. 통킹 만 결의안(The Tonkin Gulf Resolution)은 하원에서는 466 대 0으로, 상원에서는 알라스카의 그루닝(Earnest Gruening) 의원과 오레곤의 모스(Wayne Morse) 의원만이 반대하여 88 대 2로 채택되었다. 상원에서 그 결의안을 통과시키는 데 가장 도움이 컸던 사람은 후에 미국의 베트남 정책을 격렬하게 비난한 풀브라이트 상원의원이었다. 그 당시 의회에서는 실제적으로 반대가 없었다. 몇 년 후 의회에서 전쟁권한(the war powers)에 대한 1970년의 논쟁이 있었을 때, 양원의 일부 의원들은 결과적으로 자신들이 속았거나 현혹되었고 혹은 그 결의안의 중요성을 이해하지 못하였고 그 결의안이 몇 년간의 전쟁을 초래할 것이라는 생각을 전혀 하지 못했다고 말했다. 그러나 그 결의안의 용어는 대통령이 남베트남에 적당하다고 생각하는 것은 무엇이든지 할 수 있는 권한과 대통령에게 어떠한 시간적 제한도 가할 수 없다는 것을 아주 명확하게 보여주었다.

1964년 동안 베트남에 있는 미국의 병력 수는 1만 6,000명에서 2만 2,000명으로 늘어났고, 사상자 수도 105명에서 245명으로 불어났다. 아직까지 미국의 여론은 그 분쟁의 영향을 거의 느끼지 못했다. 선거유세 기간 동안, 존슨은 "우리는 아시아 청년들이 해야만 하는 일을 우리가 대신하여 우리의 젊은이들을 고국에서 9,000~1만 마일이나 멀리 떨어져 있는 곳으로 보내지 않을 것"이라고 말했다. 남베트남 군대로부터의 탈주가 늘어남에 따라, 베트콩은 더 과감해졌고, 비엔 호아(Bien Hoa) 공군기지의 미 군사시설에 대한 최초의 주요 공격이 시도되었다. 격노한 테일러 대사는 선별적으로 북베트남 목표들을 폭격할 수 있도록 워싱턴에 촉구하였다. 통합참모장들은 이보다 더 대량적인 폭격을 원했다. 그러나 그 때는 불과 선거 이틀 전 이었다. 존슨은 자신의 재선이 확실할 때까지 기다렸다. 그리고 그 이후에 대안들을 강구하라고 행정부에 지시하였다. 군사개입의 심화로 인해 야기되는 참사를 인지한 일부 정책결정자들은 정치적 해결·중립화 방안을 촉구하였다. 다른 사람들은 미국이 베트남에 너무 개입하여 포기나 다름없는 중립화 방안과 따라서 점차적인 공산주의의 장악을 받아들일 수 없다고 생각하였다.

로스토우는 미국이 공산주의의 의지를 꺾기 위해 필요한 어떠한 수준의 확전도 받아들일 준비가 되어 있다는 점을 보여주기 위해서라도 대대적인 무력시위를 벌여야 한다고 생각하였다. 일부 전략이론가들은 지금은 쿠바 미사일 위기 시에 전략적 핵우위를 과시한 경험이 있는 미국이 오래 끈 게릴라 전쟁의 린

피아오(Lin Piao) 전략에 맞설 전례없이 유리한 기회를 이용하는 것이 낫다고 생각하였다. 그들은 베이징이 중국과 베트남 간의 오랜 적대관계에도 불구하고 동남아시아에서의 공산주의 폭동의 주요 후원국이라는 번디의 견해에 일반적으로 동의하였다. 그들은 호치민의 군사참모인 지압(Vo Nguyen Giap) 장군을 "농촌으로부터 도시를 포위하는" 린 피아오 계획의 신봉자라고 추측했다. 만약 그 전략을 단 한 번만 단호하게 꺾을 수 있다면, 제3차 세계대전을 야기할 수도 있는 이후의 대규모적 분쟁의 가능성을 완화시킬 것이다. 1965년 2월 맥나마라는 하원군사위원회(House Armed Services Committee)에서 "중국 공산주의자들은 베트남을 그들 이론의 결정적인 시험대로 삼았으며," "이 투쟁의 결과는 동남아시아 국가들에게뿐만 아니라 전 세계의 약하고 불안정한 국가들의 장래에 중대한 결과를 미칠 수 있다"고 말했다.

미국의 군사 증원과 점증하는 국내의 반대

미국의 요원들이 단순히 '고문관'의 역할을 중지하고, 전투작전의 주요 참가자들로 전환된 1965년은 전쟁의 전환점이 되었다. 1964년 선거유세 기간 동안 존슨은 그 자신의 확고한, 그러나 신중한 정책을 "주위에 폭탄투하를 시작하고" 중국과의 전쟁에 미국의 젊은이들을 끌어들이기를 원하는 사람들의 정책과 자주 대조시켰다. 하노이로부터의 증가된 원조와 더불어 베트콩이 남베트남에 대한 공격을 강화하자, 존슨은 1965년 2월 주로 북베트남의 도로, 교량, 철도 그리고 군사시설에 대한 폭격을 명령하였다. 처음에는 남베트남의 국경과 인접한 지역에 걸쳐서 폭격이 이루어졌으나, 나중에는 더 넓은 지역으로 확대되었다.

봄과 여름의 몇 달 동안, 그 지역으로 파병되는 전체적인 해병대와 육군 사단들과 더불어 베트남에 대한 미국의 대규모적 병력증원이 있었다. 1965년 말까지, 아시아에서 '백인의 전쟁(white man's war)'이 되는 것을 피하기 위해 남베트남이 전투를 수행하도록 한 초기의 전략은 포기되었다. 미국의 많은 병사들이 헬기의 지원을 받으면서 탐색과 파괴 임무에 투입되었다. 1965년 미국의 사상자 수는 작년의 거의 10배에 해당하는 2,400명 이상으로 늘어났다.

미국의 군사증원은 계속되어 1966년 12월까지는 지상에 38만 명, 해안의 함정에 60만 명, 그리고 추가적으로 태국에 3만 5,000명이 배치되었다. 1966년에 4,000명 이상의 미국인들이 목숨을 잃었다. 1966년까지 동남아시아에 대한 총 미국의 병력투입은 한국전쟁의 절정기 때보다도 40%가 더 많았다(오스트레일리아, 뉴질랜드 그리고 한국 역시 1966년까지 베트남에서 전투를 벌였다). 1966년의 맥나마라의 폭격계획은 제2차 세계대전 동안 전체적인 태평양전쟁 때에 투하된 폭탄의 총 톤수보다 더 많은 톤수를 필요로 하였다.

매달 10억 달러에 이르는 전쟁비용은 미국 경제에 악영향을 미치기 시작하였고, 게다가 그러한 것은 명백히 소용없는 일이고 너무 깊이 개입했다는 국내의 불만을 고조시켰다. 미국 내에서는 가전제품들과 폭탄의 부족, 훈련시설과 프로그램의 부적실성, 대통령의 예비군 소집의 실패 그리고 선별적인 병역체계(Selective Service system)의 공정성 등에 관한 격렬한 논쟁이 있었다. 중산 계층을 소외시키지 않기 위해서, 존슨은 대학생들의 징병유예를 승인하였고, 그것은 징병부담이 부당하게 저소득층 특히, 흑인들에게로 전가되었다는 비난을 불러일으켰다. 전쟁반대, 특히 캠퍼스 '티치인(teach-ins)'으로서의 학생들 사이에서 늘어난 전쟁 반대는 시민권 운동과 합류하게 되었고, 이는 이들 집단들을 보다 더 강경하게 만들었다.

북베트남 도시지역에 대한 미국의 폭격에 대한 동맹국의 비난이 아시아에서 공산주의의 봉쇄를 위한 유럽인들의 공헌도가 미비하다는 확산적인 미국인들의 불만과 조응함에 따라, 대서양동맹 내에 긴장감이 일었다. 유럽인들은 그 지역에서 자신들의 이익에 대한 아무런 위협도 느끼지 않았을 뿐만 아니라, 미국의 베트남에 대한 전념으로 해서 그들 자신들의 지역에서의 안보가 감소되거나 혹은 자신들이 나토의 방위 부담의 더 많은 몫을 맡게 되는 것을 우려했다. 유럽의 동맹국 중에서 오직 영국만이 미국의 정책에 대하여 외관상으로 외교적 지지를 보냈다.

미국의 철군 모색

1965년부터 미국은 아직까지는 남베트남의 독립을 보전하는 그 분쟁을 종식시킬 수 있는 협상토대를 추구했으나 실패하였다. 1965년 4월 존스 홉킨스 대학교(Johns Hopkins University) 연설에서, 존슨은 단순히 (베트콩의 정치적 목적인) 민족해방전선(National Liberation Front)만이 아닌 관계 정부들과의 무조건적 논의를 개시할 것과 인도차이나의 모든 국가들을 위한 10억 달러가 소요되는 지역발전 계획에 북베트남의 참여를 제의하였다. 존슨은 메콩 강 유역 프로젝트(The Mekong Valley Project)는 아시아의 테네시 강 유역 개발공사(TVA)가 될 것이며 그리고 자신은 그것을 전쟁을 만족스럽게 해결할 수 있는 홍정수단으로 이용할 수 있다고 생각하였다. 존슨은 어떤 때에는 "늙은 호치민은 나를 물리칠 수 없다"고 말했다. 교황 폴 4세(Pope Paul VI), 우 탄트 유엔 사무총장 그리고 다른 사람들은 협상된 평화를 위한 노력을 호소하였다. 폭격이 격화되거나 중지되었을 때의 어떤 시점에서도 호치민은 협상 개시에 추호의 관심도 보이지 않았다. 1966년 10월 존슨은 오스트레일리아와 뉴질랜드를 방문하였고, 마닐라에서 열린 7개국(미국, 오스트레일리아, 뉴질랜드, 필리핀, 태국, 남한 그리고 남베트남) 회담에 참석하였다. 그 회담에서 동맹국들은 다른 진영이 북베트남에서 병력을 철수한 후 6개월 이내에 남베트남에서 자국의 병력들을 철수하기로 약속하였다. 공산주의 국가들은 즉각적으로 마닐라 제의는 일고의 가치도 없는 것이라고 비난하였다. 호치민과 지압(Giap)은 승리를 위해서 필요하다면 10년, 20년 혹은 50년이라도 계속해서 싸우기로 결심하였다.

존슨 대통령 재직 시에 일어난 그 밖의 다른 것들을 위해 여기서 외교적으로나 혹은 군사적으로 전쟁과정의 역사를 자세하게 제시하는 것은 불가능하다. 전반적으로 상황이 계속해서 나빠졌다고 말하는 것으로 충분하다. 미국인들과 베트남인들의 사상자 수가 계속해서 꾸준히 늘어났다. 1967년 이전에 폭격목표물에서 제외된 하노이-하이퐁(the Hanoi-Haiphong) 지역의 목표들이 대대적인 폭격 대상이 되었다. 그러나 그것은 북베트남을 협상 테이블로 나오게 하기보다는 북베트남의 저항을 강화시켜주었을 뿐이었다. 미국의 육군, 국무부, 중앙정보부 그리고 국제개발처(AID)는 사이공과 워싱턴에서 정보 평가, 필요한 원조 형태, 전략과 전술 그리고 보고된 진전과 혹은 후퇴 정도에 관해서 서로 간에 끊임없이 경쟁하였다.

북베트남은 '중립국가'인 라오스를 통해 호치민 루트(Ho Chi Minh Trail)를 따라서 남베트남으로 게릴라원들과 재래식 군사병력을 대대적으로 이동시켜 남베트남에서의 전투를 더 격력하게 만들었으며, 전쟁사에 있어서 어느 정도 가장 유혈적이고 가장 집약적인 교전공간을 제공하였다. 고향에서 쫓겨난 200~300만 명의 베트남인들로 인해서, 급등하는 식량가의 인플레이션과 결부되어 전쟁의 와중에 토지개혁과 다른 필수적인 사회·경제개혁을 수행하는 어려움은 극복할 수 없게 되었다. 심지어 덜 나쁜 상황하에서 불안정적, 타락적 그리고 무능력한 키(Nguyen Cao Ky)와 티우(Nguyen Van Thieu) 정부의 개혁은 성취될 수 없었다. 키·티우(Ky·Thieu) 정권과 미국의 전쟁에 대한 승려들의 시위와 자기 희생이 다시 시작되었다. 테러리즘의 사건들이 만연하였다. 미국과 유럽의 특파원들은 사이공과 워싱턴에서 발표하는 모든 공식성명에 대해서 점증적으로 회의적이었다.

1967년 9월 존슨은 그러한 조치로 해서 만약 하노이가 "즉각적으로 생산적인 논의"를 가져온다는 것을 보장하고 논의기간 중 폭격중지를 군사적으로 이용하지 않겠다고 약속한다면 미국은 "북베트남에 대한 공군과 해군의 모든 폭격을 중지"할 용의가 있다고 발표하였다. 호치민은 즉석에서 그 제안을 거부하였다. 일부 폭력적인 전쟁반대 시위의 확산뿐 아니라 의회와 언론 내의 전쟁반대 고조는 호치민의 비타협적 자세를 강화시켜주는 데 도움이 되었다. 호치민은 전쟁반대 저항은 존슨 행정부를 미 국민들과 유럽동맹국들로부터 고립시킬 것이라고 확신하였다.

1966년 초부터 맥나마라는 전쟁 노력의 진전에 관한 그의 낙관적인 공식 성명에도 불구하고, 북베트남에 대한 폭격이 전쟁을 종식시키거나 혹은 호치민을 협상 테이블로 유인할 수 있는지에 관해서 두 번째 생각을 갖기 시작하였다. '비현실적인 온건론자'가 된 그는 폭격을 완화하고자 기꺼이 더 많은 군대를 보내고자 하였다. 그의 보좌관들은 상대적으로 거의 없는, 북베트남의 산업적 목표물들에 대한 공격으로 근본적으로 자급적 농업경제인 북베트남으로부터 항복을 받아낼 수 있을지 의심하였다. 북베트남의 인력·집약적 군사력은 실제로 산업적 목표를 필요로 하지 않았다. 폭격에도 불구하고, 북베트남의 충원과 침투는 증대되었으며, 그러한 폭격은 적의 민족주의적 결의를 강화시키는 효과를 가졌다.

그러나 통합참모장들은 폭격은 북베트남에 타격을 주고 있으며 강화되어야만 한다고 믿었다. 그들은 군사적 필요성이 요구하는 것을 할 수 있는 자유행동권이 주어진다면, 미국의 해군과 공군의 우월성을 이용하여 그 전쟁을 성공적으로 끝낼 수 있다고 말했다. 상원군사위원회 의장인 스테니스(John Stennis)뿐만 아니라, 웨스트모랜드 육군 대장, 그랜트 샤프(Ulysses Grant Sharp) 해군 대장, 로스토우 그리고 러스크 모두는 승리를 위한 계속적인 폭격을 찬성하였다. 1967년 동안 맥나마라와 국방부의 민간인 조력자들은 절대적으로 철군을 모색하고 있는 풀브라이트와 맨스필드 상원의원 쪽으로 기울기 시작하였다. 러스크는 원래 심화되는 개입에 대해서는 유보적이었으나, 일단 미국이 대규모적 전쟁에 개입하게 되자, 그는 철군논의를 최강국이 전쟁에서 철수하려고 하고 불과 1,700만 인구밖에 되지 않는 작은 국가와 협상하려고 한다는 신호를 너무 일찍 하노이에게 보낸 중대한 실수라고 생각했다.

'확전론자들'과 '비확전론자들' 사이에 끼어 입장이 난처해진 존슨은 넓어지는 이념적 간격에 걸쳐 있는 낙관주의와 비관주의 사이에서 급격하게 양극화되고 있는 파벌들을 관망, 타협 그리고 진정시키고자 하였다. 1967년 가을까지 번디, 볼 그리고 모이어즈는 사임하고 전쟁의 미몽에서 깨어났다. 자신이 확신한 기획 전부가 잘못되었다는 것을 인정할 수 없었던 맥나마라는 의기소침하고 회의적이었으며 그리고 흉조의 사자로서(as a bearer of bad tidings) 존슨에게 환영받지 못했다. 8월 말경 맥나마라는 북베트남에 대한 폭격은 남베트남에서의 분투적인 지상군의 대용이 아니라는 점을 언급하면서 상원군사위원회에 암울한 정세를 보고하였다. 사실상 그는 효과적이지 못했던 전쟁을 수행한 이후로 북베트남과 남베트남 사이의 비무장 지대의 아군측에서 전투를 벌이는 것이 더 좋았을 것이라고 말했다. 존슨은 그 당시까지 맥나마라가 군지휘관들을 격앙시켰기 때문에 그의 해임을 결정하였다. 1967년 11월 말 국방장관이 국제부흥개발은행(IBRD: International Bank for Reconstruction and Development), 즉 세계은행(World Bank) 총재직을 수락한다고 보도되었다. 국방장관의 후임은 클리포드(Clark Clifford)였다. 그러는 동안 존슨은 자신의 '위대한 사회' 건설의 꿈이 무너지자 침울해 졌고, 점증적으로 사악하고 불공정한 비난에 직면하여, 종종 편집병적이었고 비참하게 되었다. 언론을 달래기 위해 그러한 분투적인 노력을 하였던 대통령은 이제는 자신이 진실을 은폐하거나 혹은 조작했다는 비난을 받았다. 결코 사랑받지 못했던 존슨 대통령은 이제는 많은 사람들로부터 불신임받고 일부로부터는 경멸당했다.

클리포드 국방장관도 처음에는 확전전략을 선호하였다. 맥나마라의 해임 이후 하노이는 아마도 존슨 주변의 사람들에 의한 미국의 공격적인 입장을 저지하기 위해 1967년 말에 신호를 보냈다: 폭격중지는 강화회담을 가져올 수 있다. 그러는 동안 북베트남은 사이공의 허약한 정부와 분열적인 미국 정치체제에 대한 공격보다는 동남아시아에 50만 이상의 병력이 주둔해 있는 미국의 군사력에 대한 덜 직접적이지만, 최종적인 대대적 공격준비를 증가시켰다. 1968년 1월 26일부터 2월 2일까지 베트남의 음력 설인 테트(Tet)를 경축하기 위해서 정전이 이루어졌다. 조심스럽고 기만적인 준비를 마친 후 7만 명의 베트콩은 정전협정을 위반하고 사이공을 포함한 5대 주요 도시, 많은 읍과 60여 곳 이상의 지방도시에 대한 전면적이고 동시다발적인 공격을 고조시켰다. 공산주의자들은 자신들의 이러한 기습 공격으로 그 정권에 대한 혁명적 봉기를 야기하고, 남베트남을 미국으로부터 분리시키고 그리고 아마도 지치고 분열된 미국을 전쟁으로부터 물러나게 할 정도로 깜짝 놀랄 만한 심리적 승리를 거두기를 기대하였다. 군사적으로 테트 작전은 공산주의자들에게 비참한 실패였다. 베트콩과 북베트남이 6만 명의 사망자를 기록한 것에 비해서 미국과 남베트남의 사망자는 2,600명이었다. 남베트남에서의 2만 6,000명의 민간인 사상자와 60만 명 이상의 피난민에도 불구하고, 사이공 정부는 전복되지 않았다.

미국의 폭격 중지

호치민은 미국의 정치체제에 대하여 승리하였다. 대통령은 웨스트모랜드 장군과 백악관으로부터 나오는 낙관적인 성명도 '신뢰감의 갭'을 넓히는 것 이외에는 더 이상 어떠한 영향도 끼치지 못하고 그리고 예비군을 징집하여 또 다른 10만 병력을 파견하거나 폭격을 강화하지 않겠다고 결론지었다. 매카시(Eugene McCarthy)와 로버트 케네디 상원의원이 전쟁반대 강령을 기반으로 민주당 대통령 후보로 나설 것이라는 보도가 있은 후, 1968년 3월 31일 존슨은 대통령 선거에 재출마하지 않겠으며 — 자신의 희망은 미국의 베트남 정책이 분열적인 당파심을 초월하는 것 — 그리고 자신은 북베트남 지역의 90%를 상회하는 폭격중지를 명령하고 있다고 발표하였다.

이에 대하여 3일 내에 하노이는 무조건적인 폭격중지와 다른 행동 이전에 기꺼이 평화회담에 참여할 의사를 밝혔다. 그것은 정책상의 변화를 나타내었고, 일부 정책결정자들은 그러한 정책 변화를 북경의 영향력으로부터 자유로운, 독립적인 북베트남의 외교정책을 재구축하기 위해서 중국의 문화혁명에 의해서 야기된 소요를 이용하고자 하는 하노이의 바람에 기인하는 것으로 생각하였다. 베이징은 존슨의 제의를 '협잡'이라고 비난하였으나, 그것은 중화인민공화국이 아직까지도 베트남 전쟁 종식을 소련과 자국의 분쟁에 있어 중국에게 어떤 잠재적인 혜택을 내포하고 있는 것으로 생각하고 있다고 추측될 수 있을 뿐이었다. 1968년 동안 중국이 베트콩에게 주로 식량과 다른 소비재, 트럭, 보트, 소형화기 그리고 대포 등을 원조한 반면에, 소련은 지대공 미사일, 고사포, 레이더 장비, 미그 전투기 그리고 탄약 등의 형태로 하노이에 대한 군사적 원조를 실제적으로 증대시켜 왔었다.

5월 파리에서 해리만이 이끄는 미국 대표단과 회담이 시작되어 북베트남이 모든 폭격과 미국의 다른 전투행위의 즉각적인 중지를 요구했을 때, 회담은 진퇴양난에 빠졌다. 험프리·닉슨 간의 대통령 선거가 채 일주일도 남지 않았고, 존슨이 해군과 공군의 모든 폭격중지를 명령하고 하노이가 파리 회담의 한 당사자로 남베트남의 참가 허용에 동의했을 때인 1968년 10월 31일에서야 비로소 새로운 조치가 취해졌다.

미국의 베트남 정책에 관한 혼란과 논쟁

베트남 전쟁은 미국의 역사에 있어서 가장 충격적인 외교정책 경험 — 재선자격이 있는 현직 대통령이 자신의 후보직을 어쩔 수 없이 포기할 정도로 그렇게 깊은 국내적 분열을 발생시킨 유일한 예였다. 그것은 국가의 가장 장기적이고 가장 좌절적인 전쟁이 되었다. 지구 반대편의 반도에서 일어난 분쟁은 국내에서 정부 제도로부터의 지식인과 젊은이들의 유례 없는 소외, 군복무의 침식, 사회질서의 붕괴 그리고 미국의 일부 도시에서의 정치적 폭력발생의 증가 등을 야기시켰다. 더군다나 국가의 상당한 제 기구들은 실패나 패배감에서부터 배반혐의, 도덕적 반소와 심리적 자학으로 향하는 경향에 걸친 다양한 감정적 반작용의 이상한 혼합을 경험하였다. 이러한 모든 현상들은 이전의 어떠한 국가가 이룩한 것보다 가장 결정적이고 세계적인 정치적·군사적 승리를 거둔 지 4반세기도 채 지나지 않아 발생하였다. 미국의 제국주의적 웅대함의 시대는 조기에 끝나는 것 같았다.

한국전쟁이 야기시킨 당혹감은 그 전쟁의 본질, 생명과 재산을 희생하면서 얻고자 했던 국가의 목적 그리고 그러한 목표를 달성하기 위한 최고의 정치적·군사적 전략에 관해서 더 많은 혼란이 있었던 베트남 전쟁에 상당히 혼합되었다. 존슨 행정부는 미 국민들(American body politic)에게 미국은 미국과 상관없는 한 내전에 개입하기보다는 공산주의 침략의 희생국을 원조하면서 실제로 국제적 전쟁에 관여하고 있다고 솔직하게 표명할 수 없었다. 미국이 그 자신의 도덕적, 법적, 정치적 가치들(힘 없는 민족을 원조하고 조약 의무를 이행하거나 혹은 공산주의 체제의 부과에 대한 한 민족의 선택의 자유를 보전시키는 것)에 대한 책임감에서 혹은 그 자신의 국익이라는 현실적 평가 — 그리고 만약 그렇다면 어떻게 그러한 이익이 정의되어져야 하는가 — 로부터 행동하고 있었는지의 여부는 결코 확실해질 수가 없다.

베트남에서 싸웠던 미국의 많은 군 장교들은 전략과 전술이 달랐다는 데 동의하였다. 그러나 그들은 또한 미국 체제의 상당한 계층들 특히 대학 교수들과 학생들을 미국의 전쟁개입에 반대하는 쪽으로 전환시키는 방법으로 '존슨 씨의 전쟁(Mr. Johnson's war)'이라고 보도한 언론의 반생산적인 역할을 비난하였다. 웨스트모랜드 장군은 언론이 공산주의의 군사적 패배를 하노이의 심리적 승리로 전환시킴으로써 테트 공격의 진실된 결과를 왜곡했다고 방송을 비난하였다.

마지막으로 비판자들은 존슨과 그 행정부는 논리적 설명력과 일련의 전략 목표들을 표명하지 못했고, 대통령의 국내의 위대한 사회 프로그램을 위태롭게 하지 않기 위해서 전쟁 노력을 위한 미국민의 전폭적 지지를 동원하지 못했다고 비난하였다. 심지어 테트 공세가 있은 후, 대다수의 미국인들은 아직도 철군을 원하지 않았고 승리나 혹은 철수의 양자택일의 전략을 선호하였다. 재직 마지막 2년 동안 존슨과 그의 보좌관들은 '너무 과다한 것'과 '너무 과소한 것,' 즉 대규모적인 소련과 (혹은) 중국의 개입도발과 공산주의자들에게 남베트남을 상실하는 것 간의 타협 방향을 알아내는 실험적인 시행착오를 추구하는 것 같았다. 이것으로는 적을 한계점으로 이끌기에는 불충분하였다. 그것은 적의 열성적인 집요함과 자신의 목표를 성취하기 위해서 필요한 만큼의 많은 피를 흘리겠다는 적의 지도력의 의지와 능력을 과소평가하였다. 존슨 행정부는 매일 매일 전쟁터에 쏟아붓는 ― 출격 횟수, 폭탄 투하량, 적중된 목표물, 적의 사망자 수, 확보된 마을 ― 통계에 그 주의를 집중시켰다. 호치민과 지압은 자신들의 시선을 워싱턴과 미국의 주요 신문들의 기사에 고정시켰다. 웨스트모랜드 장군은 자신의 소모 전략은 일단 기술공학적으로 우월한 미국의 병력이 북베트남의 많은 부대를 재래식 전투에 참가시킬 수 있다면 승리를 가져올 수 있다고 확신하였다. 그는 북베트남의 지구력을 과소평가하였다. 할버스탬(David Halberstam)은 그것을 다음과 같이 간략하게 요약하였다. "미국은 강대하나, 제한전을 치루는 분열된 민족이었고 북베트남은 약하나, 총력전을 펼치는 통일된 민족이었다."

다른 분쟁 지역들

케네디처럼 존슨은 자신이 전 세계를 조심스럽게 조정할 수 없고 다른 모든 지역에 대한 외교정책의 세세한 사항에 개인적으로 관여할 수 없다는 것을 알았다. 자연스럽게 존슨의 대부분의 시선은 동남아시아에 집중되었으며 그리고 대부분의 그의 해외 순방도 전쟁의 외교적 행동과 관련되었다. 콩고의 트숌브(Moise Tshombe)를 전복시킨 카사부부가 이번에는 1965년 모부투(Joseph Mobutu)에 의해서 전복되었을 때, 존슨 행정부는 몇 주 동안 케네디를 전렴케 하였던 그 나라에서의 정권 변화에 거의 반응을 보이지 않았다.

주로 중국과 친중국계로 구성된 인도네시아 공산당이 아마도 독재자같은 수카르노 대통령의 협력으로 세계에서 다섯 번째로 인구가 많은 국가에서 쿠데타를 일으키려고 하였던 1965년 10월 아시아에서 보다 더 결정적인 사건이 발생하였다. 처음에는 성공적인 쿠데타처럼 보였던 것에서 인도네시아의 많은 고위 장교들이 매복당하고 죽었으나, 반격을 위해 군대를 소집할 수 있을 정도로 충분히 많은 민족주의 장교들이 살아남았다. 이전의 3년 동안, 미국과 인도네시아의 관계는 최악의 상태였다. 수카르노의 주장으로 미 대사관의 직원은 소규모로 줄어들었다. 미국은 대항 쿠데타에 참여하지 않았다. 존슨 대통령은 차후의 아시아 지도자들과의 대화를 기반으로 아시아에서 공산주의의 주요 정치적 재난을 구성하였던 인도네시아의 선회는 아마도, 만약 미국과 미국의 동맹국들이 그 지역에서 공산주의의 봉쇄에 대한 군사·정치적 공약을 증가시키거나 동남아시아에서 이익을 보는 것처럼 보이지 않았다면, 일어나지 않았을 것이라고 확신하였다.

존슨은 모스크바에 대한 자신의 접근방법에서 나타났듯이 강경함과 합리성을 교체하면서 일부 미묘한 외교적 책략을 전개할 수 있었다. 워싱턴은 1964년 10월 흐루시초프의 실각으로 소련이 중국과의 분쟁과 미국과의 데탕트에 있어서 강경노선으로 나올 수 있다고 생각하였다. 점차적으로 베트남 전쟁에 몰입된 존슨은 모스크바나 베이징과 직접적인 갈등에 빠지는 것을 회피하고자 하였다. 미국은 중화인민공화국과 공식적인 관계를 가지지 못했으나 바르샤바에 있는 미국과 중국 사절단을 통해서 의견을 교환하였다. 우리가 살펴보았듯이, 미국의 정책결정자들은 중국을 북베트남의 이념적이고 전략적인 조언자라고 생각하였다. 그들은 또한 소련이 하노이에 현대적 무기를 제공하는 데 중국보다 더 유리한 입장에 있다는 것을 깨달았다. 그러므로 1964년부터 1968년에 걸쳐서 존슨과 그의 행정부는 중화인민공화국보다는 모스크바와의 관계개선에 더 몰두하였다. 워싱턴은 계속해서 중화인민공화국의 유엔 가입을 저지하였다.

1965년 9월 펀잡 지역(the Punjab)에서 분쟁이 일어났을 때, 존슨은 인도와 파키스탄 간의 허술한 정전협정을 성사시키기 위해 전술적으로 유엔을 통해 고시킨과 협력하였다. 주요 강대국 중의 어느 국가도 중국이 파키스탄의 입장에 가담하는 것을 원치 않았다. 그것은 문제를 더욱 악화시키기 때문이었다. 유엔 연설에서 국무장관 러스크는 소련의 건설적인 태도를 칭찬하였고 중국에게 간섭하지 않도록 경고하였다. 존슨 행정부가 바르샤바 채널을 통해서 유사한 경고를 보냈다고 전해졌다. 1966년 1월 고시킨이 파키스탄의 칸(Ayab Khan)과 인도의 바하두르(Lal Bahadur) 간의 해결을 매듭짓기 위해 타쉬켄트(Tashkent)를 방문하였을 때, 존슨은 고시킨의 업무를 도와주기 위해서 미국의 외교를 바꾸었고, 그 분쟁을 종식시킨 성공적인 협상을 했다는 공을 고시킨에게 돌렸다. 존슨은 후에 가끔씩 "나를 볼 수 없었지만, 나는 타쉬켄트에 있었다"고 말하곤 했다.

로스토우는 존슨이 "억제하기 가장 고통스러웠던 경험"은 1968년 1월 22일과 23일 북한의 순찰정들이 미국의 전자·정보함인 푸에블로(Pueblo) 호와 83명의 선원을 납포한 몇 주 동안이었다고 기록하였다. 그 사건은 남한과 북한 사이의 몇 달 간의 고조된 긴장과 북한 침입자들과 한국 비무장지대의 한·미 병력 간의 잦은 충돌이 있은 후 일어났다. 그것은 남한의 박정희(Park Chung Hee) 대통령의 암살 임무를 띠고 서울로 잠입한, 북한이 남파한 31명의 공산주의 게릴라들의 시도와 필연적으로 관련이 있었다. 미국의 정책결정자들은 또한 한국에서의 위기는 워싱턴의 관심과 아마도 미국의 해군과 공군력을 중요한 순간에 동남아시아로부터 딴 데로 돌리려는 목적으로 베트남에서의 테트 공격 불과 며칠 전에 양동작전으로써 시간적으로 조정되었다고 생각하였다. 북한 라디오 방송은 푸에블로 호 사령관의 의심스러운 '고백,' 즉 자신은 북한의 영해에 있었다는 자백을 내보냈다. 미국은 그 함정은 북한 해안으로부터 25마일 떨어져 있었다고 주장하였고 푸에블로 호와 그 선원의 즉각적인 석방을 요구하였다. 미국과 북한 간의 협상이 2월 초 판문점(Panmunjon)에서 시작되었다. 남한은 그 자신의 절대적인 안보 이익이 위험에 처했기 때문에 협상에서 제외된 것을 불평하였다. 서울과 다른 도시의 대학생들은 북한에 대한 미국의 '유화정책'에 반대하는 시위를 벌였고, 베트남에 있는 4만 명의 한국 병력의 철수를 정부에 촉구하였다.

북한이 또 다른 전선을 개시할 유혹에 빠질 수 있는 기회를 줄이는 데 관심을 가진 존슨은 동남아시아에 대한 미국의 군사적 입장을 약화시키지 말고 한국 부근에 미국의 공군과 해군력을 증강시킬 것을 명령하였다. 공군력에 있어서 북한이 남한보다 우위에 있었기 때문에 공군의 능력이 특히 중요하게 여겨졌다. 구출작전에서부터 보복위협에 이르기까지 일련의 대안들을 숙고한 후 존슨은 푸에블로 호 선원들을 안전하게 다시 되찾기 위해서는 우회적인 외교협상을 통하는 것 이외에는 다른 방도가 없다고 결론지었다.

남한인들은 엄청난 도발에 직면하여 자신들에게 수동적으로 보였던 미국의 입장으로 심히 심란해졌다. 미국은 푸에블로 호 사건에 있어 미국의 무반응은 미국인의 생명에 대한 우려 때문이고 대한민국을 방위하고자 하는 미국의 결정에는 아무 변화가 없다는 것을 남한인들에게 확신시키기 위해 전 국방부 부차관보(deputy assistant secretary of defence)를 역임한 반스(Cyrus Vance)를 급파하였다. 반스는 남한인들에게 경제발전에 있어서 급속하게 북한을 훨씬 앞서가고 있다는 사실로부터 만족을 얻으라고 권유하였다. 반스가 서울에서 보낸 기간은 아주 껄끄러운 시간였다. 한국 정부는 안심이 되지 않았다. 존슨과 그의 보좌관들은 1968년 12월에 마지막으로 푸에블로 호 선원들이 풀려나기까지 10개월 이상을 기다려야만 하였다. 그리고 나서 바로 미국은 그 함정이 북베트남의 영해 내에서 스파이 활동을 하고 있었다고 공식적으로 인정하였다. 미국은 일단 통상적인 국제법의 명확한 위반으로 야만적인 취급을 받았던 죄인들이 석방되고 안전하게 되자 즉각적이고 공식적이며 그리고 단언적으로 이러한 인정을 반박하였다.

정책 결정자로서의 존슨

우리는 이미 외교정책 결정자로서 존슨에 관하여 많은 것을 말하였다. 존슨은 필연적으로 자신이 그들을 좋아하거나 신뢰해서라기보다는 1960년에 선출된 행정부가 가지고 있는 정통성, 존경심 그리고 연속성의 분위기를 가지고 자신의 행정부에 그들을 투자할 필요가 있다고 생각했기 때문에 케네디로부터 물려받은 많은 중요한 인물들을 보유하였다. 존슨은 그들 중의 몇몇 – 러스크, (1967년 후반까지) 맥나마라, (그가 자발적으로 1966년에 떠날 때까지) 번디, 테일러 그리고 로스토우 – 에게 의지하게 되었다. 존슨이 싫어하거나 아주 불신임한 사람들은 로버트 케네디, 로저 힐즈먼, 애버렐 해리만(그 시기의 대부분 동안) 등이었다. 그리고 존슨은 그들을 국무부 내의 '아첨꾼들(cookie pushers)'이라고 간주하였다. 존슨은 열정적인 감정을 소유했지만, 자신의 정책진보에 공헌할 수 있는 사람들과 실용적으로 함께 일할 수 있을 정도로 충분히 자기 통제를 잘했다. 이것은 순수하게 개인적인 야망, 질투 혹은 집념이 강한 문제는 아니었다. 예를 들면 그는 반 디엠 쿠데타를 옹호하였던 보스톤 브라민(Boston Brahmin)으로서 로지(Lodge)를 싫어할 이유가 있었다. 로지가 공화당 공천을 위해 1964년 중반에 사임하였을 때, 존슨은 테일러로 그를 대신하였다. 그러나 1년 후 존슨은 테일러의 후임자로 로지를 다시 사이공에 보냈다. 반 디엠적 성향을 이유로 1964년에 해리만을 해임하였음에도 불구하고, 존슨은 1968년 5월 파리에서 북베트남과의 회담 개시를 위해서 그를 다시 선출하였다. 존슨은 그것이 자신의 정책목적에 도움이 되었을 때에는 개인적 성격에 관계없이 자신이 원했던 것을 할 수 있는 자질을 가진 사람을 임명할 수 있는 훌륭한 행정가였다.

존슨 대통령은 케네디 행정부 요원들뿐만 아니라 그 행정부의 외교정책기구도 물려받았고, 비록 자신의 선호에 맞게 그것을 작동시킬 수 있는 방법을 갖고 있었지만, 실제적으로는 그것을 재정비하지 않았다. 대통령이 된 이후로 존슨은 주요 보직을 맡은 사람들의 장단점들을 케네디보다 더 잘 파악하였다. 케네디 못지않게 존슨도 항상 외교적 해결책을 주장하고 무력사용에 대해서 소심한 국무부 내의 전문가들과 또한 통합참모장들과 대부분의 분쟁들을 무력적인 방법으로 해결하고자 하는 국방부 직원들에 대해서 의심을 품었다. 차이점이 있다면 존슨이 후자 진영보다는 전자 진영을 더 싫어했다는 점이다. 존슨은 자신을 양 극단에 위치한 자신의 보좌관들 중에서 중도를 추구하는 방법을 아는 강경하고 애국적인 미국인이라고 생각하였다. 그는 주위의 모든 사람들의 권고를 아주 열심히 경청하였고, 거의 무한정한 인내력을 보일 수 있는 대단한 능력을 가졌으나 회의진행 중에는 보좌관들에게 자신의 현재의 사고방향이나 자신이 기대하는 합의의 형체를 알리기 위해 의문점이나 논평에 대해 말참견을 하였다. 존슨은 빠른 결론을 내리지 않았으며 그리고 조급하게 행동하지도 않았다. 그는 디엠에 관해서 로지 대사에게 지침을 내린 1963년 8월 24일자의 국무부 전신을 '성급하고 무분별'한 것이라고 의심하지 않았다. 대통령으로서 존슨은 중요한 외교정책 결정은 자신의 결정이라는 것을 확인하고자 하였다; 그는 부하들에 의해서 조정되거나 혹은 선취되는 것, 즉 이미 기정사실이 되었거나 혹은 자신의 동의 없이 착수된 공약에 직면하게 되는 상황을 싫어했다.

이러한 거부감들이 행동으로 옮겨진 예들은 1964년 후반 그의 기록에서 도출해 낼 수 있다. 비엔 호아(Bien Hoa)의 공군기지에 대한 베트콩의 공격과 크리스마스 이브에 사이공의 미군 장교 숙소에 대한 폭격 이후에 테일러 대사와 통합참모본부장들은 존슨에게 북베트남에 대한 보복폭격을 촉구하였다. 존슨은 그러한 요청 모두를 반대하였다. 아마도 그는 인정하고 싶기보다는 그들의 견해에 더 민감해서 국내외의 지적 비판자들의 눈에 자신이 호전적으로 비쳐지기보다는 자기 억제적으로 비쳐지기를 원했기 때문이었다. 강화된 북베트남의 공격적인 활동에 대응할 중요한 결정들 – 북베트남에 대한 폭격과 남베트남에서의 미 군사력의 증강을 승인하는 결정들 – 을 미루는 것이 더 이상 불가능한 1965년 초에 존슨은 여러 차례의 국가안보보장회의의 회의 끝에 만장일치나 혹은 거의 만장일치적 합의를 이끌어냈다.[7)]

1965년 7월 존슨은 미국이 베트남에서 추구할 수 있는 다섯 가지의 유용한 과정의 윤곽을 그렸다:

1. 적을 굴복시키기 위해 전략공군사령부를 이용하는 방안
2. 철군 방안
3. 착륙 순위 대기 선회(holding pattern) 상태에 있고, 영토 상실과 사상자의 제결과를 묵인하는 방안 – 자식들을 야전에 보낸 부모들이 반대할 방안
4. 의회로부터 엄청난 양의 전비를 요구, 예비군 소집, 징병 증대, 전시 체제를 갖추고 비상 사태를 선포하는 방안 – 중국과 러시아로부터 북베트남에 대한 증가된 원조를 야기시킬 가능성이 큰 행동 노선

---

7) 국무장관 러스크는 몇 번의 회의 기간 동안 도시를 떠나 있거나 아팠었다. 1965년에 러스크와 의견일치를 본, 정기적 혹은 특별한 국가안보보장회의의 참여자들은 다음과 같다: 맥나마라, 휠러(Earle G. Wheeler) 장군, 반스, 볼, 톰프슨, 맥조지 번디, 윌리암 번디, 맥콘, 헬름즈, 맥나우튼(John McNaughton), 딜런(Douglas Dillon), 구드패스터(Andrew Goodpaster) 장군, 파울러(Henry Fowler), 로완(Carl Rowan), 카첸바크(Nicholas Katzenbach), 구드윈(Richard Goodwin) 그리고 클리포드였다. 명백히 이러한 회의에 참가하여 합의에 반대를 한 유일한 사람은 맨스필드 상원의원이었다.

5. 필요한 병력과 보급품을 야전군 사령관들에게 제공하는 방안

각각의 가능한 행동 지침에 관한 모든 주장과 이의를 들은 후, 존슨은 미국은 '지나치게 극적이지' 않으며, 주요 전쟁을 야기시킬 수도 있는 긴장을 불러일으키지 않고 침공을 저지하기 위해 필요한 모든 조치를 취해야만 한다고 결론지었다. 5년 동안 그는 남베트남을 포기하는 것과 대규모의 전쟁을 도발시키는 것 간의 중간 과정을 모색하였다. 그것은 시간이 경과함에 따라서 의심의 여지없이 존슨이 갈망했던 일종의 협상을 통한 해결을 모색하기 위해 다양한 무력 적용과 외교적 요소를 검토하고 만들어낼 수 있는 역사상 위대한 전략 사상가들 — 손자(Sun Tzu), 마키아벨리(Machiavelli) 그리고 클라우제비츠(Clausewitz) — 의 결합으로 자신을 생각하기 시작했다는 점을 시사해주었다. 아마도 존슨의 가장 커다란 실패는, 한스 모겐소가 가설화했듯이 그가 미국 정치체제와 상원에서 훌륭한 정치인이었다는 사실에서 연유하였다. 상원에서 그는 미 국민들에게 일반적으로 개화되고 공정하고 선했던 자신이 품고 있었던 입법 목표들을 지지하기 위해 자신의 동료들을 매수, 협박 그리고 속이는 정치적 거래를 할 수 있는 불가사의한 능력을 가졌다. 높은 지위에 있는 위대한 많은 미국인들처럼, 그는 국제체제는 그 작동 특징에 있어서 미국의 민주주의적 체제와 근본적으로 상이하다는 것을 명확히 이해하지 못했다. 교대로 미국의 불구대천의 적이 되는 전체주의 국가들의 정치지도자들은 전혀 미국의 정치인들처럼 생각하지 않고 미국의 정치 게임의 규칙에 따라서 최고의 지위로 올라가지도 않는다.

제7장

닉슨·포드 행정부와 세계평화를 위한 새로운 구조

닉슨(Nixon) 행정부는 미국에서 외교정책에 대한 깊은 분열이 나타나는 시점에 들어섰다. 1960년대 말의 논쟁은 국내 정책과 대외정책에 부여해야 할 우선순위와 다수의 새로운 행위자들의 출현과 더불어 구조적인 변화를 겪고 있는 세계에 있어서 미국의 대외정책의 성격에 관한 것이었다. 키신저(Henry Kissinger)에 의하면, 전후시대는 모든 대륙들이 처음으로 상호작용하는 시기였다. 1945년에 세계공동체는 51개국으로 이루어졌으나 1968년까지 그 숫자는 두 배 이상으로 증가하여 거의 130여 국가에 달하게 되었다. 근대의 매체들은 뉴스와 생각들(ideas)을 즉각적으로 전달한다. 뉴스, 경쟁, 스캔들, 국내적 대변동, 자연참사 등과 같은 국지적이었던 사건들이 갑자기 세계적인 중요성을 띠기 시작했다. 닉슨 행정부가 들어서는 때에도 국제관계의 모든 요소들이 동시적으로 밀려들었다.

새로운 행정부는 1940년 말 이후로 미국의 대외정책을 지탱해 온 합의(consensus)가 베트남에서 산산조각이 나고 있었던 듯한 바로 그 때에 소련에 비해 상대적으로 미국의 군사력이 약화되고 있었던 세계에 직면하게 되었다. 닉슨 행정부가 선출된 것은 무엇보다도 베트남에서 '영예로운 평화'를 얻기 위해서였고 역사에 있어서 곧 가장 긴 전쟁이 될 지 모르는 상황으로부터 미국을 구출시키기 위해서 였다. 미국이 직면한 과제는 군사적으로 동등해지고 있는 소련과의 세계적 경쟁을 관리하고 행정부의 대외정책이 될 것에 대한 지지의 확보 그리고 20세기 후반의 4반세기에 있어서 국제체제에서 펼쳐지고 있었던 변화에 비추어 미국의 외교, 역량, 관여의 조절 등을 포함했다.

1960년대 말까지 지난 세대에 미국 외교정책의 기반이 되었던 많은 가정들이 비판의 대상이 되었다. 비록 닉슨 자신이 그러한 가정 — 특히 자유주의적 비판가들이 지나치게 경직된 반공산주의라고 본 그것 — 을 좇았던 사람이었지만, 닉슨 행정부는 어떤 본질적으로 중요한 면에서 과거와의 완전한 단절을 드러내는 대외정책에 대한 접근을 시작했다(회고컨대 닉슨 행정부와 2차대전 후의 먼저 행정부들 사이의 미국 외교정책은 의미 있는 지속성이 남아 있었다). 비록 닉슨 자신의 대외정책에 대한 접근방법이 1960년의 실패로 끝난 그의 대통령직에 대한 첫 번째 도전과 1968년의 승리를 거둔 선거운동 사이에 진화되었지만 1960년대 후반의 미국 외교정책에 대한 비판가들의 생각 중 일부를 받아들였다면 그의 행정부가 대외정책에 대한 합의를 재형성시킬 수 있었을 것이라는 주장을 펼 수도 있다. 어느 정도 닉슨 행정부는 그렇게 했다. 닉슨 행정부에서 부상하게 될 생각들과 더불어 1968년 닉슨의 선거운동의 연설을 특징지었던 대외정책의 주제는 그 시대의 비판으로부터 지적으로 유래된 것이었다. 즉 정치적, 경제적 힘의 분산으로 인한 부가적인 행위자를 포함하는 세계의 등장, 공산국가들 사이에 존재하는 상이한 점들을 이용할 필요성, 힘이 좀 더 광범위하게 분배되어 있는 세계에서 다른 국가들에 가용한 역량을 고려하여 미국이 부담하게 될 안보부담에 대한 재평가, 소련과 덜 적대적인 관계를 수립할 수 있다고 주장되어온 가능성 등이 그것이다.

닉슨 독트린

닉슨 행정부가 미국의 대외정책을 위한 개념적 틀을 발전시키기 시작했을 때 그러한 생각들은 중요한 역할을 했다. 닉슨 독트린(Nixon Doctrine)은 괌, 필리핀, 인도네시아, 태국, 남베트남, 인도, 파키스탄, 루마니아 그리고 영국을 포함하는 세계 순방 중에 닉슨 대통령에 의해 1969년 7월 23일 제창된 괌 독트린(Guam Doctrine)이라 불리는 것에서부터 시작되었다. 한국전쟁에서나 베트남전쟁에서처럼 인적 자원과 무기를 제공하는 것이 과거 미국의 정책이었음에 비하여 닉슨은 앞으로 미국은 자신을 방어하기 위해 군인들을 가용하게 할 준비가 된 국가들에게 단지 군사적, 경제적 원조만을 제공할 것을 선언했다. 닉슨은 이 새로운 독트린으로 인해 아시아·태평양이나 혹은 그 밖의 세계의 지역으로부터의 전면적인 미국의 철수에 이를 것이라는 해석은 부인했다. 그에게 있어서 닉슨 독트린은 아시아로부터 미국이 물러나기 위한 공식이 아니라 아시아에 머무르면서 비공산국가들과 중립국들 그리고 아시아의 동맹국들이 자신의 독립을 수호할 수 있도록 도와주는 데 있어서 책임 있는 역할을 계속하기 위한 단단한 기초를 제공하기 위한 것이었다.[1)]

닉슨 독트린의 지적 기반은 세력균형 개념, 특히 안보란 국가 간의 균형에서 찾아질 수 있다는 가정에 깊이 뿌리박고 있었다. 20세기 후반의 세계 평화의 기초는 그의 보존 속에서 모든 국가가 이익을 얻는 국제체계를 발전시키는 데 있었다. 유럽의 고전적인 세력균형의 관점에서 그리고 특히 (키신저의 박사논문의 연구대상이었던) 비인 회의(the Congress of Vienna)의 관점에서 볼 때 그 당시의 외교관들의 과업은 정치학의 현대 용어에서 언급되는 정당성(legitimacy), 즉 절차적 합의에 기초한 국제체계의 재건이었다. 즉 국가들을 갈리게 하는 문제들은 국제체제의 구조 자체를 포함하지 않는 것이었다.

닉슨 행정부는 미국과 소련은 물론 일본, 중국, 서유럽도 중요 행위자가 되는 국제체제를 그리고 있었다. 그러한 체계는 군사력에만 기초를 두는 것이 아니라 다른 나라들, 특히 자신의 안보에 좀 더 많은 책임을 질 수 있는 일본과 서유럽국가들과의 동반자 관계 혹은 적어도 보다 성숙한 관계에도 기초를 두고 또한 대결의 상태에서 긴장완화의 상태로 바꾸기 위한 의도의 적국들, 특히 소련

---

1) Richard Nixon, *RN: The Memoirs of Richard Nixon*, New York: Grosset and Dunlap, 1978, p.395

과의 협상에도 그 힘의 기초를 두게 될 미국 외교정책의 중심점을 제공할 것이다. 닉슨 독트린은 시간을 두고 여러 가지 보상을 제공하거나 취하하는 것을 통해서 소련의 행태를 바꾸는 것이 가능할 것이라는 믿음에 기초를 둔 것이다. 동시에 미국은 악화되고 있는 중소 관계에 있어서 1969년까지 명백해진 분열을 유리하게 이용함으로써 소련에 대한 지렛대를 얻게 될 것이다. 일찍이 1969년 미국은 고전적 세력균형 이론에 따르는 닉슨 행정부에 의해 개념화된 5강국 국제체제에 있어 중요한 행위자가 된 중국을 약화시키는 소련의 어떤 군사행동에도 반대할 것이라는 것을 표명했었다. 미국은 중국이 소련에 대해 갖는 격차의 최소화를 추구하면서 동시에 소련에 대항하는 중국을 강화시키는 전략적인 관계를 발전시킬 것이었다. 이렇게 해서 닉슨 독트린의 중심적 요소가 등장하게 되는데 그것이 곧 미국 소련 중국을 포함하는 정치적·전략적인 3각 관계라 불리게 된 것이었다.

1972년 닉슨은 다섯 개의 경제대국의 종국적인 발전에 대해 언급하긴 했지만 닉슨 독트린의 5극 체제(pentapolar system)는 3개의 중요한 경제대국(미국, 서유럽, 일본)과 2개의 군사강국(미국, 소련), 2개의 대륙강국(중국, 소련)을 포함했다. 그중 단지 미국만이 거대한 경제력과 군사적 능력 모두를 소유했다. 중국은 경제력에서 다른 주요 강대국에 훨씬 뒤쳐져 있을 뿐만 아니라 문화혁명(Cultural Revolution)이라고 알려진 국내의 권력다툼에 의해 더욱 약화되어 있었다. 서유럽은 일관성 있는 대외정책을 수립하거나 통합된 방어력을 유지할 수 있는 통합된 정치체는 아니었다. 일본의 자위대는 다른 강대국들에 비해 아주 보잘 것 없었다. 따라서 5극 체제는 현실이라기보다는 하나의 관념으로 존재했다. 이 다섯 국가들은 그들의 역량에 있어 동등하지 못했다. 미국은 경제적·군사적 두 측면에서 상대적으로 우월한 힘으로 인하여 두 개의 가상된 3각 관계, 즉 미국, 중국, 소련을 포함하는 정치적·전략적 삼각형과 미국, 일본, 서유럽을 포함하는 경제적 삼각형 모두에 위치할 수 있었던 유일한 국가였다. 이러한 구조는 명백히 미국의 창조물이다. 왜냐하면 미국만이 이의 중심적 요소를 제공할 수 있었기 때문이다.

닉슨 독트린과 이전의 미국 행정부들의 정책 사이에는 또 다른 근본적 차이가 존재한다. 1973년 10월 전쟁 당시 국무장관 키신저가 보인 것처럼 세력균형 정책은 균형을 찾아 재빠르게 옮겨가는 능력, 즉 기습과 융통성을 특징으로 하는 대외정책에 의존했으며 그 때 미국은 먼저 이스라엘 군이 이집트에 깊숙이 침투할 때까지 막대한 군사 원조를 지원했다. 그리고 곧 키신저는 이스라엘을 억제하고 휴전을 달성하며 또한 이집트와의 새로운 관계를 구축하기 위한 노력을 개시했다. 그의 생각은 닉슨 독트린의 부분이 된 두 가지 원칙과 관련되어 있었다. 즉 첫째는 대외정책에 있어 온건을 추구하는 것이고, 둘째는 정치적 해결을 달성하기 위한 외교적 노력의 여지를 극대화하기 위해 패배한 국가를 치욕스럽게 하는 것을 회피하는 것이다.

한 국가가 안보를 추구하면 할수록 다른 국가들의 안보요구를 침해하기 마련이기 때문에 국가 이익의 무제한적 추구는 국제분쟁의 씨앗을 포함할 것이라고 키신저는 역설한다. 그래서 가능한 한 많은 국가들에 의한 제한된 국가 이익의 추구가 닉슨 독트린에서 구상된 평화를 위한 세계구조의 작동에 있어 핵심적인 것이다. 그러한 구조 자체에 의해서 특히 정치적·전략적 삼각 관계의 조정에 의해서 미국은 다른 국가들, 특히 소련의 행동의 절제의 가능성을 제고시킬 수 있을 것이다. 동맹국들과의 협력강화는 다원적 세계의 발전을 더욱 증진시킬 것이다. 더 많은 행위자가 관련되면 될수록 국제체제가 실질적 국가경영에 있어서의 절제의 규범으로 특징지어질 가능성이 더 커질 것이다.

미중소 삼각관계

1960년대 말까지 소련은 전략핵무기 측면에서 미국과 동등한 지위에 다가서고 있었다. 동시에 소련은 제3세계, 특히 중동뿐만 아니라 남아시아 그리고 동남아시아에서 자신의 영향력의 확대를 추구하고 있었다. 소련의 이러한 중요한 소득들과는 달리 중국과의 깊어진 분열로 인한 세계 공산주의 운동의 분절화도 고려되어야만 한다. 한때 일체감을 가졌던 중소 블록의 균열로 말미암아, 특히 중국 인민들에게 있어서 소련에 대항해 다른 국가들과 전략적 관계를 이루어야 할 급박함이 이념보다 우선이라는 결론을 맺게 되었다. 한편 소련에 대해 닉슨 독트린은 상호이해에 기초한 협상을 통한 의견의 일치를 전제로 하고 있었다.

소련에 대한 '연계' 개념

이전 행정부들의 재임 기간 동안 '긴장완화'라는 말이 미소 관계와 연관하여 종종 쓰여 왔음에도 불구하고 그 말은 닉슨 행정부에서 대소 미국 외교에 있어서 주요 개념이 되었고, 포드 행정부가 임기를 마칠 때까지 그것은 1970년대, 특히 1976년 대통령 선거운동에서 등장한 미국 외교정책에 대한 심도 있는 많은 비판의 바탕이 되었다. 키신저에 의하면 긴장완화는 강대국 간의 상호이익의 균형에 기초한 소련과의 좀 더 건설적인 관계를 추구하는 것으로 여겨졌다. 닉슨 행정부는 한 영역에서의 진보가 다른 분야의 발전 전망을 제고시키면서 광범한 문제에 걸쳐서 합의에 다다르는 것이 틀림없이 가능하다고 보았다. 이런 관점에서 어떤 단일한 합의도 미국과 소련이 직면하고 있는 다른 문제들로부터 격리되어 있을 수 없을 것이다. 서로 간에 그리고 미국과 소련 간의 전반적인 관계에 충격을 주는 문제들의 범주 때문에 일련의 협상 결과를 다른 중요한 문제와 연계시키는 것이 가능하면서도 필요한 것이 될 것이다. 그래서 미국과 소련이 직면하고 있는 분리된 것 같으나 밀접히 연관된 문제들 간에 '연계(linkage)'라는 것이 있다고 말해졌다. 닉슨 행정부는 소련과 함께 연계된 합의의 확대되어 가는 망에 구체화될 상호적인 이해에 기초한 국제 행동의 표준 혹은 코드(code)를 발전시켜 나가려 했다. 소련은 적대감으로의 복귀가 덜 일어날 수 있도록 할 수 있을 만큼 충분히 강력하고 오래 지속될 서구와의 관계 망을 발전시킴에 있어 상당한 이익을 얻게 될 것이라고 예견되었다.

더군다나 강대국들이 직면한 문제들은 2차대전 이후의 세대에 있어 동서라는 경계를 구성했던 경계선들을 끊어 버렸다. 20세기 후반의 이 같은 국가의 경계를 뛰어넘는 세계적인 문제는 에너지 공급의 유지, 적정한 경제 성장률의 유지, 증가하는 인구에게 식량제공, 환경보전과 삶의 질의 향상, 과학적·의학적 노력에 있어서의 협력, 해저와 해양자원 이용의 규제를 포함한다. 이러한 문제들은 한 세대 이상 미국과 소련을 갈라놓았던 긴장이 완화된다면 더욱 충실하게 해결될 수 있다고 닉슨 행정부는 생각했다.

이러한 접근 속에서 닉슨 행정부는 이전 행정부의 비판의 중요한 요소들을 이루었던 가정들과 규정(prescriptions) 모두를 외교정책 의제에 통합시키는 방향으로 멀리 나아갔다. 1970년대의 문턱에서 닉슨 행정부가 새로운 미국의 외교정책에 대한 합의를 추구하는 데 있어서 정치적·경제적 쟁점들에 적어도 전쟁의 위협이나 군사력의 사용과 같은 정도의 무게가 주어졌다. 다극적 정치구조의 필요성에 의해 깊이 영향받은 안보 이익의 개념은 닉슨 행정부의 지도적 원칙들 중 하나였다. 이것은 미국의 이익에 대한 과거 명백했던 위협의 감소를 의미했다. 존슨 행정부는 중국의 동남아시아로의 세력확장을 견제할 필요성에 거의 근거를 두고 베트남에서 군사행동을 벌였다. 미국이 1970년대 초에 증가하는 소련의 힘에 대한 평형추로서 중국과 새로운 관계를 설정해 나가려고 시도하자 베트남에서의 군사적 개입이 미국에게 덜 중요한 것이 되었다. 이처럼 미국은 특별히 세계의 지정학적 개념과 워싱턴, 베이징, 모스크바 사이에 떠오르는 것으로 보이는 삼각 관계와 관련된 국가이익의 개념을 포함했다. 이러한 일련의 전략적인 관계들은 미국의 좀 더 광의의 동맹 이익 내에 존재하고 20세기 말에 중요성이 증대되고 있는 비전략적이고 세계 경제적 정치적 문제들 내에 존재했다.

소련과의 관계에서 닉슨 행정부는 그의 개념 틀을 주요한 쟁역(issue areas)에 연결시키는 힘든 과제에 직면했다. 존슨 행정부 시기였던 1968년 미국과 소련은 비록 전략무기제한협정(SALT)에 동의하기는 했지만 미국에서의 행정부의 교체와 소련의 체코슬로바키아 침공은 1969년 11월까지 그 협상을 연기하는 결과를 낳았다.

닉슨 행정부에게는 전략무기에 대한 경쟁의 제한이야말로 전개되고 있던 대소 외교정책의 가장 중요한 요소로 여겨졌다. 1960년대 말에 전략무기제한의 기초는 핵무기의 소유에 의해 얻게 되는 어떠한 군사적 우위도 엄청난 노력이 있어야만 얻어질 수 있다는 믿음 속에 있는 것으로 간주되었으며 이러한 믿음은 소련 지도자들에 의해서라기보다는 오히려 미국에서 말해졌다. 키신저는 비용의 수준과 자원의 투자가 엄청날 뿐만 아니라 적국에 의해 대등하게 되어 그 결과 평형이 이루어지게 될 것이고, 또한 전략적 역량이 한층 더 높은 수준에 이를 것이라고 판단했다. 그러한 상황에서 어떤 결정적인 군사적 혹은 정치적 우위가 가능하지 않다면 양쪽 모두 협상을 통한 군비통제협정이 그들에게 이익이 될 것이라고 결론을 짓게 될 것이다. 왜냐하면 그렇지 않을 때는 그들 모두가 막대한 돈을 그들의 전반적인 안보력에 있어 단지 미미한 증가만을 가져오는 데 쓰게 될 것이기 때문이다. 닉슨 행정부에 따르면 미국 국방정책을 위해 필요한 조건은 소련과의 핵력 면에서 전반적인 전략적 균형의 유지 혹은 '전략적 충분성(strategic sufficiency)'이라 이름 붙여진 것에 있었다. 비록 1974년 키신저가 수사적으로 전략적 우위의 의미에 대해 의문을 제기하려 했지만, 그는 전략적 핵무기력에서 열세는 미국에게 불리한 정치적 결과를 가져올 것이라는 것을 인정했다. 미국은 핵전쟁을 방지하려는 열망으로 단호한 때에 양편에 유용할 수 있는 전략핵무기 능력의 수준을 제한하기 위한 노력을 해야 했다. 닉슨 행정부는 연계의 개념을 고수하면서 소련의 제한되지 않은 군비강화 노력은 긴장완화 관계와는 양립할 수 없을 것이라고 주장했다.

미국과 전략적 균형을 이룬 초강대국으로서의 소련의 등장으로 인해 닉슨 행정부가 극복해야 할 많은 문제가 생겨났다. 협상을 통한 무기제한을 달성하기 위한 노력이 행해지고 있다는 것이 명백히 드러나는 한에 있어서만 미국은 국내의 반대 속에서도 방위계획을 위한 필요한 국내적 지지를 구축할 것을 기대할 수 있을 것이다. 그러한 협상이 없다면 소련의 증강 계획은 통제 없이 계속될 것이고, 국제 정치에서 국내 정치로의 우선순위의 재조정이 강조되고 있는 시기에 미국은 평화를 위해서 필요하다고 생각되는 군사적 평형을 유지할 수 없게 될 뿐만 아니라 특히 닉슨 행정부에 의해 계획된 미소 관계를 추진할 수도 없을 것이다. 이처럼 미국은 1970년대가 시작됨에 따라서 많은 사람에게 놀라울 정도의 소련의 군사력 증강을 억제할 수 있는 틀을 구축하려 했다.

닉슨 독트린의 다른 특징에 있어서와 마찬가지로 미국 외교정책에 영향을 미치는 국내적 요소들과 그 시기의 정치전략적 국제환경 사이에는 직접적인 관계가 있었다. 닉슨 대통령 재임 기간 동안 국방계획은 의회에 의해서 1969년부터 1975년 사이에 연간 60억 달러 삭감된 반면, 국방예산이 아닌 지출은 평균 47억 달러씩 해마다 증가했다. 1970년대 전반에는 닉슨 행정부가 국방예산을 자체적으로 삭감하고 또한 여론의 지지를 회복하기 위한 목적의 대외정책을 형성함으로써 의회를 달래기 위한 노력을 보였음에도 불구하고 국방비에 할당된 GNP의 비율은 줄어들었다. 미국은 B-1 폭격기(곧이어 1977년 카터 행정부에 의해 취소되었다가 1981년 레이건 대통령에 의해 다시 부활되었다), 트라이던트(Trident) 잠수함, 순항미사일, 미뉴트맨 III의 머브화(the MIRVing of the Minuteman III)의 개발을 시작했으나 재래식 병력은 상당히 삭감되었다. 일부는 베트남으로부터 미군이 철수한 결과였다. 미 육군과 해병대 사단들은 1968 회계년도에 23개였던 것이 1974 회계년도에는 16개로 줄어들었다. 해군은 976개 함정에서 479개 함정으로 줄었으며 1970년대는 더욱 더 줄어 그 결과 1970년대 말에는 미국이 제2차 세계대전에 참전한 이래로 가장 낮은 수준에 이르렀다. 비록 미국 해군이 질적인 우위는 유지했지만 1970년대에 이르러서 소련은 세계 모든 대양에 해군을 배치할 수 있을 만한 해양강국으로 등장했다.

전략무기제한협상

미국이 소련과 1969년에 전략무기제한협상에 임한 것은 국내 정치적 그리고 세계 전략적인 맥락에서 였다. 일찍이 소련은 1967년에 열린 글라스보로(Glassboro) 정상회담에서 탄두미사일을 제한하자는 생각을 거부한 후 미국과의 대탄두미사일(ABM) 조약의 체결을 재촉했다. 비록 미국은 소련이 이미 모스크바 주변에 배치한 방어체계를 향상시키기 위해 보다 정밀한 대탄두미사일을 개발하고 있다는 것을 우려했지만 1960년대까지 미국은 대탄두미사일의 능력을 개발, 완료했다. 회고컨대, 소련은 이러한 미국의 대탄두미사일 능력을 대탄두미사일 조약을 통해서 제한하고자 했다. 1970년까지 미국은 대탄두미사일 조약에서의 전략적 방어에 있어서의 제한과 공격적인 전략적 핵력, 특히 육상과 해상에 기지를 둔 탄두미사일에 있어서의 상한선을 포함하는 군비통제협정을 위한 협상에 몰두하였다. 1971년 5월 미국과 소련은 소련뿐만 아니라 미국의 중요 군비통제론자들에 의해 추구되어 온 대탄두미사일 조약체결을 위한 협상의 돌파구를 마련했다. 동시에 급격히 증가하는 소련의 전략미사일의 수준을 제한하고자 미국이 추구해왔던 공격용 미사일에 관한 가협정(Interim Agreementon Offensive

Missiles)의 협상 종결에 미국과 소련은 동의했다. 급격히 증가하는 소련의 전략미사일이 제한되지 않을 경우 그것은 궁극적으로 미국에 대해 특히 고정된 육상기지의 전략적인 핵력에 위협을 가할 것이었다.

닉슨 행정부의 시각에서 볼 때 전략무기 제한의 논리는 미국을 목표로 한 소련의 공격용 전략체계의 배치를 효율적으로 제한할 필요에 근거하고 있었다. 만약 동시에 소련과 협정이 체결된다면 그것은 대탄두미사일 능력에 의해 그러한 공격으로부터 목표들을 방어할 미국의 능력을 제한할 것이다. 소련의 관점에서 보아 소련은 당시 이미 혹은 막 배치하려 했던 소련의 탄두미사일에 대항하기 위해 미국이 전략적 방어체제를 설치하는 것을 방지할 수 있는 대탄두미사일 조약에 관심이 있었다. 미국에게 있어 전략무기제한협상은 초강대국 사이에 있어서의 전략적인 핵억지를 보존하려는 지속적인 노력의 일환이었다. 미국의 입장에서 결정적으로 중요한 것은 소련의 공격으로부터 살아남고 적에게 감당할 수 없는 수준의 파괴를 가져오는 충분한 힘의 보복을 가하는 전략적 힘의 능력이었다. 1960년대 초에 소련이 대륙간탄도미사일의 수에서 우세를 점하자 전략적 안정을 위한 조건이 복잡해졌다. 1970년대에 그것은 미국의 정책결정자들과 전략적 군사공동체에게 더욱 감당하기 어려운 것이 될 것이었다. 닉슨 대통령이 핵위기하에서 어떠한 대통령도 소련이 지상의 미국 전략적 핵력의 파괴를 위협하여 미국으로서는 소련의 도시를 보복할 수 있는 해상력만 남을지도 모르는 상황에 처하게 되어서는 안 된다고 제안이 되었을 때 이러한 문제들은 닉슨 대통령에 의해 간결하게 언급되었다. 그런 상황하에서 미국은 수적으로 훨씬 많은 소련의 잔여 전략병력과 대결을 벌여야 하며 소련의 병력은 미국의 남아 있는 목표에 상당한 정도의 파괴를 가져올 것이다.

1970년대 초까지 미국은 머브화된 대륙간탄도미사일인(MIRVed ICBMs) 총 550기의 미뉴트맨 III(Minuteman III) 미사일을 배치하기 시작했다. 이 미사일은 세 개의 탄두를 갖고 있으며 소련이 배치했을 어떠한 대탄두미사일 체제도 침투할 수 있도록 고안된 것이었다. 전략무기제한협상 협정에서 미국은 양측이 대탄두미사일 발사대를 200개로(나중에 1974년에 100개로 줄어들었다) 제한할 것을 요청했으며 이처럼 상호확증파괴(mutual assured destructuin) 이론에 기초한 억지형태의 유지를 요청했다. 전략적 방어를 감소시켜 핵전쟁의 파괴적인 결과를 크게함으로써 억지가 보전되리라고 가정되었던 것이다. 1972년 모스크바 정상회담에서 닉슨 대통령과 소련의 브레즈네프 서기장 사이에 조인된 대탄두미사일 조약은 무기한적인 것이었다.

공격용 미사일 협정이 체결되기 훨씬 더 어렵다는 것이 입증되었기 때문에 1차 전략무기제한협상 회담의 결과는 1977년 10월 3일까지 이어지는 5년 기한으로 제한된 잠정적인 협정이었다. 동 협정은 양측이 소유하고 있는 대륙간탄도미사일과 해상발사탄도미사일의 수를 현 수준으로 동결했다. 즉 소련은 1,619개의 대륙간탄도미사일과 740개의 해상발사탄도미사일 그리고 미국은 1,054개의 대륙간탄도미사일과 656개의 해상발사탄도미사일이었다. 잠정협정에서 제외된 것은 1972년에 미국이 소련에 대해 수적 우위(460 대 140)를 갖고 있던 전략폭격기이다. 사실상 미국은 소련의 미사일 수에서의 우위와 미국 미사일의 정확도, 탄두설계, 로켓 추진력 그리고 잠수함 건설에 있어서의 기술적인 우위와 맞바꾸었다. 그러나 양측은 전략무기제한협상의 틀 내에서 잠정협정에 포함된 총 보유 수 내에서 질적인 개량을 시킬 수가 있었다. 소련은 용인된 허용치를 충분히 이용할 것으로 기대되었으며 실제에 있어서도 그러했다. 미국 관리들이 전적으로 기대하지 않았던 것은 SS-17, SS-19 그리고 SS-18로 불리는 몇몇 새로운 미사일 발사대를 포함하는 새로운 세대의 전략시스템을 배치하는 움직임의 속도였다. SS-18은 미국의 미뉴트맨 III보다 발사 무게에 있어서 다섯 배나 더 나갔다. 소련은 잠정협정에서 SS-18만큼 큰 무기의 배치를 금지할 거대한 미사일의 정의를 포함시키고자 하는 미국의 노력에 동의하려 하지 않았다.

이처럼 잠정협정의 효력은 양측에 있어서 현존하는 혹은 당면한 전략적인 능력의 수준에서의 전략적인 균형의 형식을 명문화하는 것이며 한편 체약국에게 연구개발 계획을 추구할 인센티브마저 주는 것이다. 소련의 경우는 미국과의 격차를 줄이고 미국의 경우는 미국이 그 당시 지니고 있던 기술상의 우위를 유지할 인센티브를 갖는 것이었다. 1972년 여름 미 상원에서 비준된 전략무기제한협정(SLAT I)은 워싱턴의 상원의원인 잭슨(Henry Jackson)이 잠정협정은 미국과 소련의 전략적 핵력의 동등한 총계를 일일이 열거하는 조약에 의해 대체되어야 한다는 취지로 제안한 결의안의 통과 기회를 제공했다. 동등한 총계를 위한 틀을 발전시키는 데에 내재해 있는 본질적인 문제는 엄청난 것으로 판명될 것이었다. 왜냐하면 미국과 소련은 심지어는 전략무기제한협정(SALT II)의 조약의 조건하에서 각기 열 개씩이나 되는 머브화된(MIRVed) 탄두를 탑재할 수 있는 SS-18이 1972년 이후 10년 동안 적어도 300개나 배치된 것을 포함해서 몇몇 근본적으로 중요한 면에서 그들의 전략적 핵력의 크기와 구성에서 달랐기 때문이다. 그런 문제는 닉슨 행정부의 후계 행정부도 직면하게 될 것이었다.

전략무기제한협정이 조인된 정상회담은 초강대국의 행동을 이끌어나갈 일련의 원칙들을 포함하는 다른 미소 간의 협정을 위한 무대를 제공했다. 1955년 5월에 열린 제네바(Geneva) 정상회담이 아이젠하워 행정부 기간 중 미소 관계가 가장 좋았던 때였으나 곧이어 점증하는 소련의 낫세르의 이집트에 대한 군사원조와 1956년 10~11월의 수에즈 위기가 뒤따랐던 것과 꼭 마찬가지로 1972년 5월의 정상회담 이후 거의 같은 기간의 개월 수 안에 1973년 아랍·이스라엘 간의 10월 전쟁이 발발했다. 비록 상황은 달랐지만 두 경우 모두 중동과 같은 언제 폭발할지 모르는 지역에서는 초강대국의 정상회담도 심각한 정치적 견해 차이를 완화시킬 수 없다는 것을 여지없이 보여주었다. 그럼에도 불구하고 1972년 5월 회담에서 닉슨 대통령과 브레즈네프 서기장은 다음과 같은 것을 동의한 선언문에 서명했다.

> 군사대결을 피하고 핵전쟁의 발발을 억제하기 위해 최선을 다한다. 양국은 상호 관계에 있어서 항상 신중하고 평화적인 수단에 의해 분쟁을 협상하고 해결하도록 한다. 미해결의 쟁점들에 대한 토론과 협상이 호혜성, 상호조정 그리고 상호 이익의 정신에서 행해질 것이다. 양측은 상대방을 간접적으로든 직접적으로든 희생시킨 채 일방적인 이익을 취하려는 노력이 이러한 목적들과 일치하지 않는다는 것을 인정한다.

미국의 관점에서 본다면 평화공존의 원칙에 기초하여 평화를 위한 구조를 수립하려는 이러한 노력은 연계라는 아이디어를 구현한 것이다. 전략무기제한협정 조약에 서명하면서 미국은 소련으로 하여금 새로운 전략 — 군사적인 평형의 공식적인 수락과 명문화 — 을 달성할 수 있게끔 해주었다. 그 대신 소련은 제3세계, 특히 중동에 만연한 다양한 갈등에서 일방적인 이득을 취하려는 유혹을 억제할 준비가 되어 있어야 했다. 어떤 때고 소련은 그러한 연계형식을 받아들일 준비가 되어 있지 않았다. 1973년 핵분쟁과 핵무기 사용의 위험을 제거하기 위한 노력을 공동의 목표로 확인하는 핵전쟁방지협정이 조인되었다.

소련에게 주어진 데탕트에 대한 인센티브는 무역과 기술이전이었다. 산업화된 모든 국가들은 무역 관계를 발전시키고 있었기 때문에 미국이 소련을 고립시키거나 보이콧트하는 것은 명백히 불가능한 것이었다. 키신저가 이해하고 있듯이, 소련으로서는 북대서양의 선진 산업국가와 일본과 상업적 교역을 증가시키는 것이 저하되고 있는 경제성장률, 농업에 있어서의 반복된 실패 그리고 저하되고 있는 노동생산성 등의 결과에 대응하는 데 도움이 될 것이었다. 소련은 천연자원 특히 석유와 천연가스에의 투자를 위해 서방 자본시장으로의 접근이 필요했다. 소련은 전자공학, 전자기기의 극소화(microminiaturization)와 컴퓨터 그리고 석유화학 같은 분야에서 비공산권의 산업국가에 한참 뒤져 있었다. 1917년 볼세비키 혁명이 일어나고 반세기가 지난 후인 1970년대에 소련은 짜르 치하의 러시아와는 달리 미국이나 다른 농업생산국으로부터 농산물, 특히 곡물의 막대한 양을 수입하지 않고는 인민들을 먹여 살릴 수 없었다(1980년대에도 이러한 상황은 기본적으로 바뀌지 않았다).

서방에 인센티브가 된 것은 데탕트 정책이 야기시킬지 모르는 수출시장의 확대였다. 비록 키신저는 경제적 관계는 정치적 맥락과 동떨어질 수 없다는 것을 인정했지만, 정치적 관계의 정상화는 상업부문에 있어서의 비슷한 과정을 수반할 것이라고 주장했다. 따라서 미국은 1970년대 초에 서로 병렬적으로 상응하는 정치적 그리고 경제적인 협정을 위한 교섭을 벌였다. 이것들은 2차대전 이후에 아직 못갚고 있는 소련의 차관(Soviet lend-lease debt)의 해결, 호혜성에 기초한 소련에의 최혜국 지위의 연장, 미국의 여신업무시설의 이용을 가능케 하는 것을 포함하여 미국의 산업체가 소련과 사업을 할 수 있도록 다양한 실질적인 제도의 개발, 수출입품의 수송을 위한 해운협약 등을 포함한다. 이러한 협정들은 만일 정치적 상황이 좀 더 호전되었을 시의 강화된 통상 관계를 위한 골격을 제공하기 위해 마련된 것이다.

나중에 드러났듯이, 닉슨 행정부는 곧 소련과 전개되어 가고 있던 무역정책에 긴 그림자를 드리우는 국제적 그리고 국내적인 제약에 직면했다. 1970년대 중반의 악화되어 가고 있던 정치적 관계는 잭슨 상원의원이 전면에 나선 의회의 다른 형태의 연계를 수립하려는 노력과 더불어 무역을 미소 관계의 가장 중요한 요소로 만드려 했던 닉슨 행정부의 노력에 종지부를 찍게 했다. 1970년대에 미국에 있어서의 사업적 이익 때문에 호소력을 지녔던 상당히 증가된 무역에 대한 생각은 다시 한 번 앞으로 나아갔던 만큼 뒤로 물러서는 신기루와 같은 것이 되어버렸다. 닉슨 행정부 내에서의 상충하는 이해 관계의 충돌은 농무부와 상무부가 무역과 정치의 연계에 저항하는 노력을 하는 가운데 명백해졌다. 1972년에 미국은 소련에 헐값으로 많은 양의 곡물을 판매했는데 그러한 결과는 미국 소비자들의 식비의 증가로 나타났다. 이에 뒤이어 미국이 소련에게 일년을 단위로 하여 곡물을 판매하는 것에 동의하는 협정의 체결을 위한 협상이 뒤따랐다. 만일 소련과의 통상관계의 증진이 국내의 농업과 사업에 종사하는 유권자를 즐겁게 했다면 미국 여론의 다른 부문에 있어서는 적들에 직면했다. 결론적으로 소련이 기꺼이 응할 것 같지 않은 정치적인 양보와의 교환조건인 경우를 제외하고는 무역량의 증가에 반대한 사람들이 승리했다. 그럼에도 불구하고 한동안 닉슨 행정부는 정부의 거대한 관료들 간에 적절히 조정된 연계정책을 수립하는 데 성공하지 못했다.

닉슨의 중국 개방

닉슨 대통령의 삼각관계에서 또 다른 결정적으로 중요한 요인은 중국에 대한 문호개방이었다. 1960년대에 케네디와 존슨 행정부는 주로 바르샤바에 있는 중국 대사관을 통하여 중화인민공화국과 비공식 회담을 개최했다. 그러나 베트남 전쟁과 중국의 문화혁명 등으로 인하여 중국과 미국 사이의 뿌리 깊은 적대감을 누그러뜨리려는 어떠한 조화된 노력도 불가능해지거나 바람직하지 않게 되었다. 그러나 닉슨 독트린에 내재해 있는 세계에 대한 관념과 위협을 규정짓는 데 있어 국가 이익을 결정적인 요인으로 바라보는 견해를 통해 미국은 대중국정책에 대한 재평가를 시작했다. 1969년 3월 우수리 강(Ussuri River)을 따라 발발한 중소 국경충돌에서 극적으로 표출된 중국과 소련 간의 긴장이 1970년대 초에 미국의 정책결정자들을 북경을 향해 불러들이는 상황의 변화를 가져오는 데 결정적으로 기여했다. 1972년 2월 닉슨 대통령이 중국을 방문할 때에는 소련이 중국의 주요한 적으로 대체되었다. 나아가 닉슨 행정부는 중국의 초기단계에 있는 핵능력을 파괴하기 위해 소련이 행할지 모르는 어떠한 노력도 좌시하지 않겠다는 명백한 신호를 보냈다. 닉슨 독트린의 세력균형 개념과 일치하여 미국은 중국을 몇 개의 힘의 중심을 갖고 있는 새롭게 등장하는 국제체계의 본질적인 행위자로 간주했다. 이는 소련의 증가하는 군사적 능력에 대한 효과적인 억제를 개발하려는 미국의 노력에 있어서 본질적인 것이었다. 중국에게는 미국의 군사력의 동남아시아로부터의 철수는 미국이 가했을지 모르는 위협을 감소시켰으며 같은 이유로 해서 아시아 태평양에서 소련이 강대국이 될 가능성을 증대시켰다. 이런 상황하에서 미국과 전략 관계를 진전시키는 것은 중국의 안보 이익에 도움이 될 것이었다. 중국과의 관계정상화가 미국의 이익에 도움이 될 것이라는 닉슨 대통령의 지적은 그 후 계속된 탁구팀의 중국 방문 그리고 키신저와 주은래(Zhou Enlai) 수상 간의 비밀회담 후 닉슨이 중국을 방문하고 여건이 허락한다면 중국과 전면적인 외교관계를 수립할 준비가 되어 있다는 1971년 6월 15일의 놀라운 발표에서 절정에 이르렀다.

이러한 정상화 과정은 3대의 미국 대통령 임기 동안 진행되었고 1978년 후반 카터 행정부에서 완결되었다. 닉슨 대통령의 방문은 긴 논의의 기회를 제공했고 이러한 논의의 주된 목표는 공통 혹은 병행하는 이해 관계의 쟁점들과 영역을 찾아내고 그들을 적으로 분리시켰던 다양한 상치점들에 관해 논하고 새로운 관계를 수립하기 위한 기반을 닦아놓는 것이었다. 북경과 워싱턴 간을 갈라놓았던 것 가운데 가장 큰 문제는 대만의 미래였으며 미국은 대만과 1972년에 중국 본토에 대항한 방위조약을 유지하고 있었다. 북경은 대만을 아직도 중국의 일부로 간주하고 있었다. 대만의 민족주의 정권 역시도 미찬가지로 대만을 중국의 일부로 생각했지만 그 자신을 모든 중국의 합법적인 정부로 간주했기 때문에, 대만의 장래에 관한 의견의 차이를 줄일 수 있는 기초가 놓였다. 1972년 2월

27일 닉슨의 역사적인 방문의 마지막에 상해공동성명(the Shanghai Communique)이 발표되었다. 이 성명에서 미국은 대만에 대한 방위공약을 재확인했으나 대만으로부터 점진적으로 모든 군대를 제거하고 중국과 대만 간의 갈등의 평화적인 해결을 지지하는 데 동의했다. 중국과 미국의 이익이라는 광범위한 전략적인 맥락에서 상해공동성명은 아시아에 있어서 어떠한 강대국에 의한 패권에도 양국은 반대한다는 것을 기술하고 있었다. 이로써 그것은 소련을 명백히 언급하였고, 중국과 미국의 새롭게 등장하는 관계의 기초를 재확인했다.

미국과 나토와 일본과의 관계

닉슨 독트린에 가시화된 평화를 위한 구조에 필수불가결한 것은 미국이 1960년대 말까지 경제적 대국이 되었고, 어떤 생산지수에 있어서도 미국을 능가한 일본과 서유럽과의 밀접한 무역의 동반자 관계의 수립이었다. 삼각 관계로 명명된 것은 비공산권 세계의 세 중요 경제단위체들 사이에서 발생했다. 일본과 다른 국가들 특히 아시아 태평양에 있는 국가들의 경제부흥의 결과로 산업화된 국가들이 직면하고 있는 경제적인 문제들을 엄격히 유럽이라는 기반에서만 이해하는 것이 더 이상 가능하지 않았다. 따라서 미국은 20세기 말에 2차대전 후 방어적 행동에 기반을 둔 현존하는 안보구조를 좀 더 복잡하고 이질적인 세계의 주요한 경제적인 문제들을 포괄하는 광범위한 개념을 가지고 보완할 필요에 직면했다. 비록 군사적으로 소련이 하나의 초강대국이 되었지만 경제력은 분산되어 일본과 서유럽이 점점 중요한 경제적 실체들로 나타났다. 닉슨 행정부가 직면한 문제는 이러한 동맹국들이 20세기 후반에의 다극구조의 세계에서 수행할 역할이었다. 일본과 서유럽은 그들의 방위를 위한 부담의 더 많은 부분을 점차적으로 떠맡도록 기대되고 있었고 이는 미국으로 하여금 국내 그리고 대외정책에로의 변화된 합의와 일치하여 미국의 힘과 자원을 집중시킬 수 있게 할 것이었다.

동맹 내부에서의 좀 더 큰 독립

이전의 어떤 행정부보다도 훨씬 더 닉슨 행정부는 드골 대통령이 사용했던 외교정책의 특징과 테크닉에 정치적이고 철학적으로 조율이 되어 있었다. 비록 프랑스의 방위에 있어서의 독립의 추구가 10년 전보다는 반대에 덜 직면했지만 닉슨 행정부는 프랑스의 핵력의 개념을 포함하는 드골의 접근법이, 동맹의 회원국가가 좀 더 많은 독립성을 갖는 것에 기초한 동맹관계라는 닉슨 행정부의 견해와 일치한다는 것을 인정했다. 이전의 미 행정부는 강화된 공동시장을 연방주의 원칙 위에 긴밀하게 짜여질 궁극적인 유럽정치체의 기초로서 지지했다. 이와는 전혀 달리 닉슨 행정부는 드골이 그랬던 것처럼 서유럽이 곧 고도의 정치통합을 이룰 것 같지 않다는 점을 인정했다. 어떠한 통합체가 등장하든, 그것은 기존의 민족국가 간의 협력에 기초할 것이며 실제로 이러한 현상은 1970년대에 유럽공동체 회원국의 외무장관들 간에 점증하는 협의와 정책의 집중과 더불어 나타나기 시작했다. 1969년 6월 드골이 사임한 지 몇 달 안 있어 취임한 닉슨 대통령은 1969년 2월 대통령의 최초 유럽순방 시 프랑스를 주요 방문국으로 하였다. 드골처럼 닉슨도 유연성에 기초를 둔 외교를 하였는데 이러한 외교에서 전술적인 차이점들이 전통적인 세력균형 원리에 따라 이용되었다. 드골은 미국에 앞서 특히 동유럽과 중국에 대해 그러한 접근법을 사용했다. 드골은 나토(NATO)와의 연대를 느슨하게 하고 동남아시아와 중동에 대한 미국의 정책을 반대하였고 소련에 대해서는 독립적으로 행동했다. 프랑스의 관점에서 무엇이 장점이라고 인식되었든지 간에, 이러한 전술은 1960년대 유럽에 있어서의 긴장을 고조시켰다.

닉슨 행정부가 1970년대 초에 직면한 문제는 어느 정도로 미국이 놀라움, 유연성 그리고 기동성에 기초한 외교를 특히 대서양동맹이 설정하고 있는 적들에 대해 다른 동맹국들의 의혹과 반대를 불러일으키지 않고 행할 수 있는가 하는 것이었다. 간단히 말해, 닉슨 행정부는 소련과의 협상추구와 동맹국들과의 동반자 관계의 강화를 어떻게 조화시키느냐는 딜레마에 직면했다.

브란트하에서의 동방정책

1970년대 초 대서양의 양측에서 소련과의 관계정상화 노력이 병행된 시기였다. 닉슨 행정부는 동유럽국가들과의 접촉을 증가시키려는 작업을 착수했다. 이러한 노력은 1969년에 닉슨의 루마니아 방문(미국 대통령으로서는 최초의 동유럽국가의 순방이었음), 1970년의 유고 방문과 1972년 귀국 길에 바르샤바에 잠시 머문 것을 포함한다. 1970년 브란트 수상하의 서독에 의해 시작된 동방정책(Ostpolitik)은 닉슨 독트린에서 예견된 동서관계의 진전의 또 다른 면모를 대표하는 것이었다. 브란트 정부는 에르하트와 키징거의 기민당 정권 때 시작된 동방정책을 바꾸었다. 그들의 동방정책은 소련이 아닌 동유럽국가들과의 긴밀한 관계의 발전을 강조한 것이었다. 브란트 정부는 소련과 다른 공산국가에 동시에 접근했다. 본은 2차대전 후의 동유럽의 국경들을 좀 더 광범한 경제적 그리고 정치적 정상화의 일부로서 수용했다. 1970년 8월 서독은 소련과 불가침 조약을 체결했다. 여기서 양측은 그들의 현 국경 내에 있는 유럽의 모든 국가의 영토보전을 제한 없이 존중한다는 서약을 했다. 이처럼 서독은 1945년 이전에 가지고 있던 독일 영토의 폴란드와 소련에의 상실을 공식적으로 인정했다. 1970년 12월 브란트는 오데르/나이세 라인(Order/Neisse line)을 폴란드와 서독 간의 국경선으로 인정하는 조약에 서명했다.

이러한 조약들에 뒤이어 1971년 9월 3일의 4대 강대국협정(the Four Power Agreement of September 3, 1971)이 체결되었다. 여기서 베를린에 주둔하고 있던 미국, 영국, 프랑스 그리고 소련의 점령국가들은 서방국가들이 동독의 영토를 통과하여 봉쇄된 도시에 접근하는 데 동의했다. 이 협정은 1971년 12월 동서독 간에 이 조항을 실행에 옮기는 조약을 체결한 이후 그 효력을 발생했다. 동 협정은 서베를린으로 그리고 서베를린으로부터의 도로교통과 통신을 관리하고 서베를린 사람들의 동베를린과 동독으로으로의 접근을 허용했다. 이 협정의 체결과 더불어 두 번이나 국제적인 위기를 낳았고 악명높은 베를린 장벽으로 귀결된 논란을 거듭했던 베를린 문제는 해결되었다. 동서 데탕트 외교의 후속적인 평가에 의하면 동 협정은 성공과 실패의 대차대조표에서 가장 구체적인 소득 중에 속했다. 인구가 점점 노령화되어가고 경제기반이 쇠퇴해가던 서베를린은 새로운 전기를 통하여 생기를 회복했다.

서독과 폴란드 간에 외교관계가 수립됨에 따라 브란트 정부는 유럽에서 전후 영토의 현상유지를 공식적으로 인정하는 또 다른 협정을 체결했다. 1972년 12월 서독은 관계를 정상화시키고 소련이 지원하는 동독 정권을 공식적으로 국제적으로 받아들이는 동독과의 협정에 조인했다. 그와 같은 승인은 역대 서독 정부와 미국에 의해 저항을 받았다. 하나의 독일 민족 내에 두 개의 독일 국가를 제공하는 골격으로 명명된 것 속에서의 관계 정상화와 더불어 1973년의 양독일의 유엔 가입, 확대된 독일 내 교역의 발전, 1970년대 서독의 대소 그리고 대 동유럽국가에 대한 수출과 차관의 실질적인 증대가 있었다.

헬싱키 회의

서독의 동방정책을 위한 쌍무적 논의가 핀란드 헬싱키에서의 유럽안보협력회의(CSCE: the Conference on Security and Cooperation in Europe)을 위한 환경을 조성했다. 이것은 1970년대에 있어서의 동서 관계의 정상화를 위한 또 다른 노력을 나타냈다. 소련은 유럽에 있어서의 전후 영토적 그리고 정치적 현상유지의 국제적인 승인을 얻기 위한 수단으로서 그러한 회의를 갖기를 강력히 원했다. 서독이 상실한 영토에 대한 요구를 철회하지 않거나 철회할 때까지는 유럽안보협력회의 아이디어는 그 때가 된 것이 아니었다. 1970년과 1972년 사이에 서독이 서명한 조약은 이러한 유럽안보협력회의를 위한 전제조건을 형성했다.

닉슨 행정부는 소련이 상호적이고 균형잡힌 군축(MBFR: mutual and balanced force reductions)을 위한 협상을 개최하는 데 동의하는 것을 유럽안보협력회의를 위한 필수조건화함으로써 연계 개념을 실질적인 것으로 만들려고 했다. 비록 '상호적이고 균형잡힌 군축'이라는 제안은 1968년 아이스랜드에서 개최된 나토 각료회의에서 처음으로 승인되었지만 1972년 5월 모스크바 정상회담에서야 비로소 유럽안보협력회의와 상호적이고 균형잡힌 군축을 위한 협상으로 나아가기 위한 동서 간의 합의가 이루어졌다. 유럽안보협력회의와 상호적이고 균형잡힌 군축 간의 연계에 관해 미국이 어떠한 희망을 가지고 있었는지 모르지만 그러한 희망은 이루어지지 않았다. 왜냐하면 전자의 협상이 후자보다 훨씬 빨리 진행되었기 때문이었다.

1815년 비인 회의 이래 정부 수반들의 가장 큰 모임인 1975년 헬싱키 회담은 평화회담이 아니라 전후 유럽의 국경선에 관한 다자적인 승인을 상징하는 것이었다. 서면국들은 현재의 국경을 무력으로 변경하려는 어떠한 시도도 없을 것이라는 데 동의하였다. 유럽안보협력회의는 안보 논의뿐만 아니라 경제 문화적인 문제들을 고려할 수 있는 논의의 장을 제공했다. 서방국가들은 인간의 권리에 대한 원칙을 준수하고 사상의 자유로운 교환, 사람의 이동과 경제적 관계의 증진을 약속하는 것을 포함하는 서류에 서명하도록 소련에 압력을 가했다. 종종 헬싱키 협정(Helsinki Accords)으로 불리는 헬싱키 최종 의정서(Helsinki Final Act)는 1975년에 모든 나토 국가들, 바르샤바 조약 국가들, 스페인, 스위스 그리고 유고를 포함한 34개 국가에 의해 서명되었다. 단지 알바니아만이 서명을 거부했다.

유럽안보협력회의는 강제집행 장치를 결하고 있는 교류와 협력을 위한 일련의 협정을 가져왔다. 처음에는 벨그라드 그리고 두 번째는 마드리드에서 개최된 5년간의 검토회의와 더불어 유럽안보협력회의는 헬싱키 협정에 포함된 원칙의 적용에 관한 토론의 장을 갖게 되었다. 그러한 회의에 있어서의 논의 가운데 많은 것은 소련의 인권침해에 대한 서방측의 주장과 미국과 미국의 동맹국들의 모스크바로부터 문화적 그리고 인간적 접촉에 대한 보다 큰 공약을 확보하는 것이었다.

1970년대 초 닉슨 행정부는 그의 동맹정책 특히 유럽에서의 미 지상군의 유지에 관한 국내적인 도전에 직면했다. 닉슨 행정부는 동남아시아로부터 미군의 철수를 요청하면서도 맨스필드 상원의원이 주도하는 미국이 나토에 관여하고 있는 병력의 감축을 명령하려는 의회의 이니셔티브에는 완강히 저항했다. 만일 유럽에 바르샤바 조약기구의 군사력이 광범위하게 포진되어 있지 않았다면 안보가 위협받고 있는 국가가 주가 되어 지상군을 제공한다는 닉슨 독트린의 논리는 서유럽에 적용될 만한 것으로 간주되었을 것이다. 소련과 바르샤바 조약기구 군사력에 상응하는 것을 제공할 수 있는 통일된 서유럽의 정치체가 부재했기 때문에 서유럽각국의 노력은 통일적인 방식으로 결집될 수 없었다. 그러므로 나토 내에서의 미국의 군사공약은 없어서는 안 되었다. 나토의 전진방위의 일부로서 배치된 미군이 점진적으로 혹은 급격히 철수한다면 서유럽은 필요한 수준의 정치적인 통합과 방위의 통합을 구축하도록 고무될 수 있을까? 이러한 질문이 1980년대 초까지도 제기되고 있었다. 서유럽동맹국들은 유럽에 있어서의 미국의 방위보장의 구체적인 표현으로서 미군의 유럽 주둔을 유지코자 하였다. 미국은 서유럽이 재래식 방위의 좀 더 많은 부담을 떠맡기를 원했다.

이와는 반대로 그들이 더 많은 역할을 분담하게 되면 미군의 철수를 장려할 뿐이라는 두려움에서 그렇게 하기를 주저하였다. 재래식 방위를 위해 서유럽이 많은 역할을 하겠다는 의지의 표명이 없는 상황에서 미국 내에서 미군의 감축을 요구하는 주장은 더욱 강화되었다. 북대서양을 가로지르는 대화가 종종 열렸으나 어느 쪽도 상대 쪽의 관심에 대해 적절하게 거론하지 않았으며 현존하는 방위공약과 기여를 바꿀 행동을 취할 준비가 되어 있지 않았다.

이러한 맥락에서 상호적이고 균형잡힌 군축협상은 닉슨 행정부와 유럽의 나토 회원국들 모두에게 유용했다. 1971년에 미국 행정부는 미군의 철수를 요구하기 위해 맨스필드에 의해 제안된 결의안을 간신히 부결시켰다. 행정부의 논리적 근거의 일부는 미군이 일방적으로 철수한다면 군축제 안에서 필요한 미국과 소련의 군사력의 협상에 의한 감축 전망을 난관에 빠뜨릴 것이라는 것이었다. 소련이 그러한 협상에 임하겠다는 브레즈네프의 1971년 6월 선언은 유럽에 주둔하고 있는 미군의 일방적 감축에 반대하는 닉슨 행정부의 입장을 강화시켰다. 만약에 군축이 행정부와 의회 간의 협상에 사용될 수 있다면, 그것은 또한 서유럽동맹국들이 미군의 감축을 최소화시키고 또한 어떠한 감축의 경우에도 미국과 나토의 군사력 모두가 바르샤바 조약기구의 회원 국가들과의 협상에 포함되는 것을 확실히 하려는 것에 견인차를 제공할 수 있었다. 만일 미국이 서유럽에 주둔하고 있는 군사력의 감축을 협상할 준비가 되어 있다면 동맹국들 역시 나토에 관여하고 있는 병력을 삭감할 필요가 있을 것이다고 추론했다. 미국과 다름없이 서유럽국가 정부들도 방위비 감축에 대한 국내의 정치적이고 경제적인 압력에 직면해 있었다. 이러한 의미에서 만일에 의도한 바대로 소련과 바르샤바 조약기구 병력의 비례적인 감축 — 이것은 협상이 명백히 달성하는 데 실패한 목표였다 — 으로 이어지지 않는다면 군축은 미국의 방위비 부담에 있어서의 보다 균형 있는 분담을 얻어내려는 노력과 양립할 수 없었다. 대신에 1970년대 동안 소련과 바르샤바 조약기구의 군사력은 질적으로나 양적으로 증가한 반면 나토는 가능한 공격에 대한 경고시간이 단축되는 상황(48시간밖에 안 됨)에 직면하게 되었다. 그러나 소련과 바르샤바 조약기구의 군사력의 증강은 유럽 내에 정치적 데탕트라는 맥락 내에서 일어났던 것이다.

일본의 제 갈길 가기

미·일 관계에 있어서 닉슨 행정부는 어떤 면에 있어서는 나토 동맹국들과 비슷하나 다른 한편으로는 실질적으로 상이한 문제들에 직면했다. 만일 닉슨 독트린에서 일본이 부상하고 있는 힘의 중심으로 간주된다면 GNP 비율 면에서 자신의 방위를 위한 일본의 부담은 유럽의 나토 가맹국들과 비교하여 훨씬 뒤처져 있었다. 일본의 방위비 지출이 실질적으로 증가될 전망은 요원했다. 서독과는 달리(독일의 경우는 재군비는 나토 회원국들의 동의와 더불어 나토라는 다자간의 틀 속에서 이루어져왔다), 아시아 태평양에는 일본이 원한다 해도 일본으로서 이웃국가들(그들 중 많은 국가들은 독일의 경우와 마찬가지로 2차대전에 있어 침략의 희생자들이었다)의 지지를 획득할 수 있는 서독의 경우와 비교될 장치가 없었다. 일본으로 하여금 지금까지 미국이 떠맡아 왔던 안보부담을 떠맡도록 할 수 있는 방위력의 수용할 수 있는 수준과 형태에 대한 국내적, 지역적 그리고 국제적인 합의가 존재하지 않았다. 그러나 미국은 서유럽에서 그렇게 할 수 있었을 것처럼, 동북아시아로부터 군사력을 현실적으로 철수시킬 수 없었다. 한국에서 미국은 4만 명의 병력을 유지했다. 그들은 약 63만 5,000명의 한국군들과 함께 한국을 두 개로 분단시킨 비무장지대(DMZ)를 지키고 있었다. 미국은 일본과 오키나와에 7만 2,000명의 군대를 주둔시키고 서태평양에 주요한 해군력을 지속적으로 유지했다.

군대철수를 고려하는 대신에 닉슨 행정부는 닉슨 독트린에서 밝힌 세계의 모습을 유지하는 데 도움이 될 아시아 태평양에 있어서의 세력균형을 재편할 필요성이 있었다. 광범위한 지리전략적인 관점에서 볼 때 동북아시아는 닉슨 행정부가 가시화한 세계의 중심 강대국의 세 나라, 즉 소련, 중국, 일본이 교차하는 지점을 의미했다. 닉슨의 중국개방은 이 지역에 있어서 4극의 세력 관계를 낳았다. 그 속에서 소련은 중국, 일본 그리고 미국에 의하여 균형을 이룰 것이었다. 앞으로의 소련 군사력의 증강의 규모에 따라서 이러한 등장하는 정치적 양태는 소련의 영향력의 확산을 억제하는 데 적합할 것이었다.

일본은 미국을 뒤따라 그 자신의 중국과의 관계를 규정했던 즉각적인 딜레마에 봉착했다. 닉슨이 중국을 방문하겠다는 갑작스런 미국의 선언은 다나카

(Tanaka) 정부를 경악시켰다. 그럼에도 불구하고 일본의 정책은 미국결정의 뒤를 이어 재빠르게 움직여 나갔다. 다나까는 중국에 대해 과거의 침략을 사죄하고 중국과 전면적인 외교관계를 수립하기 위하여 1972년 가을에 중국을 방문했다. 이러한 외교적인 이니셔티브는 일본의 관심이 소련과의 상업적인 관계를 증대시키는 것에 증대하고 있는 것과 일치했다. 소련과의 상업적인 관계는 특히 1970년대의 에너지 위기가 고조되어 감에 따라 시베리아의 석유와 천연가스 자원의 개발을 포함했다. 일본은 이에 대한 동반자로서의 미국의 참여를 추구했다.

닉슨 독트린의 효과는 처음에는 일본을 대경실색케 했음에도 불구하고 2차대전의 유산이었던 일본에 대한 미국의 보호감독을 완화시켰다. 일본은 중국과의 정상화된 관계를 발전시키는 데 고무되었다. 이는 대신에 일본의 소련에 대한 융통성을 어느 정도 고양시킬 수 있었다. 1972년 이후로 진전된 중·일 관계의 강화는 비록 2차대전의 종결 시 소련이 차지한 일본의 북방영토를 되찾을 정도로 충분하지는 않을지언정 아마도 대소련 외교에 있어 보다 많은 지렛대를 제공할 것이었다. 동시에 일본은 1950년대 초 이래 미국과 형성해온 안보관계를 유지했다. 이러한 안보관계는 1970년대에 동아시아의 새롭게 등장하고 있는 안보환경에도 여전히 방어를 위한 방패를 제공했으며 이러한 방패 뒤에서 일본은 북경과 모스크바에 대해 유연성의 외교를 극대화할 수 있었다. 일본은 또한 에너지 위기가 성장률을 보다 완만한 비율로 감소시켰을 때까지 무역의 확대와 경제성장의 속도를 유지했다.

1970년대 초의 미·일 관계에 있어서 일본의 종속적인 지위를 종결짓는 다른 명백한 것이 있었다. 닉슨 행정부는 일본과 2차대전 후 미군에 의해 접수된 이래 미국이 점령해온 오키나와의 반환을 위한 협상을 완결지었다. 1972년 5월 15일에 있었던 일본 주권에로의 반환조건하에서 미국은 오키나와에 있는 군사기지에의 접근을 유지했다. 동시에 닉슨 행정부는 특히 미 국내의 섬유산업으로부터 일본의 대미 수출을 제한하라는 점증하는 압력을 받았다. 이러한 섬유산업의 많은 부분은 닉슨이 1968년의 선거에서 지지를 받았던 남부 주들에 위치하고 있었다. 1970년대 초 이전에도 일본의 호경기는 미국에게 만성적인 수

지적자를 만들어냈다. 일본의 대미 수출은 미국의 대일 수출을 훨씬 웃돌았다. 섬유 문제는 미·일 관계에 있어서 주요한 골칫거리가 되었다. 미국은 1917년의 적과의 교역협정(the 1917 Trading with the Enemy Act)의 조건하에서 행정명령에 의해 수입 쿼타를 제한할 것을 위협하는 가운데 1971년 10월 15일이 되서야 일본의 섬유류 수출을 제한하는 협정을 맺었다. 미국은 전략적인 이해 관계는 공유하고 있었지만 경제적으로는 경쟁 관계에 있었던 일본과 다른 산업화된 국가들과 그 이상의 문제들에 직면했다.

베트남에서 미국의 철수

아이젠하워처럼 닉슨 대통령도 미국 내에서 미군의 개입이 점차적으로 인기가 없어져가던 아시아에서의 전쟁 와중에 취임했다. 1968년 대통령 유세 기간 동안 닉슨은 베트남 전쟁에의 직접적인 개입을 끝내겠다고 약속했으나 이것을 달성할 수 있는 구체적인 방법에 대해서는 언급하지 없었다. 닉슨 독트린의 괌 구상은 나토와 유럽보다는 오히려 동남아시아에 적용됐다. 1969년과 1972년 사이에 미 지상군의 철수(존슨 행정부의 최종 몇 달간에 시작된)는 거의 완료되었다. 닉슨 행정부에 있어서 베트남은 미국의 개입을 중국의 남쪽으로의 팽창을 저지하는 데 필요하다고 생각했던 전임자들의 견해와는 상당히 구별되는 중요성을 지니고 있었다. 중소 갈등의 심화는 닉슨 행정부가 중국과 형성하기 시작하고 있었던 새로운 관계와 더불어 베트남 전쟁에의 미국의 개입의 이런 중심적 전제를 제거했다.

그러나 여전히 남아 있는 문제는 닉슨 행정부 대변인이 '영예로운 평화'를 달성하기 위한 필요성이라 명명한 것이었다. 이러한 목적을 위해 미국과 미국의 베트남 전쟁의 동맹국들의 남아 있는 이해 관계를 보장하는 조건하에 미군의 철수가 이루어져야 한다는 것이 본질적이었다. 미군의 지나치게 빠른 철군은 사이공의 티우 정권의 붕괴를 가져올 것이며 세계의 다른 지역에서 믿을 만한 동맹으로서의 미국의 신뢰를 져버리고 소련과의 데탕트를 위험에 빠지게 하며 중국과의 화해에 있어서 미국의 입지를 약화시킬지도 모른다는 것을 두려움을 낳았다. 이미 군사적인 사상자나 경제적 자원 면에서 상당한 희생을 치른 미국은 미국이 철수할 때 남베트남에 비공산 정권의 생존을 확실히 하기 위해 가능한 모든 것을 하고자 했다.

이처럼 권위와 힘의 두 개념이 미국의 동남아로부터의 철수에 있어서 그 시기와 방법에 영향을 미쳤다. 닉슨 행정부가 사용한 기본 전략은 북베트남에 군사적인 압력을 가하면서 북베트남과 정치적인 해결의 협상을 하며 동시에 전쟁의 '베트남화'라 불리는 것을 달성하기 위해 사이공 정부의 방위능력을 강화하는 것이었다. 미국의 지원을 받는 세력은 미 지상군의 철수가 완료된 후에 그들 적으로부터의 정치적이고 군사적인 압력을 이겨내기에 충분할 정도로 강할 것이라고 생각되었다. 닉슨 행정부가 직면한 딜레마는 미군의 철수와 남베트남의 군사력의 증강을 확실히 일치시키는 것이었다. 이 목표는 베트남에 있어서의 미국 정책 입안자들을 피해갔다.

남베트남은 미국이 50만 명의 병력을 가지고 성취하는 데 실패한 것을 달성하도록 요청받고 있었다. 베트남화의 중요한 시험 속에서 남베트남군은 중장갑무기와 탱크로 무장한 대규모 재래식 병력에 의해 시작된 1972년 봄 비무장지대를 넘어 공격해 오는 북베트남군을 격퇴하는 데 실패했다. 그 당시 대부분이 철수한 미 지상군 없이 남베트남은 북쪽 지방들을 잃었다. 이것은 닉슨 대통령에게 또 다른 딜레마를 안겨주었다. 즉 만약 미국이 다시 한 번 공군과 해군력에 의한 행동을 취함으로써 전쟁을 확대시킨다면 1972년 5월로 계획된 모스크바 정상회담이 취소되어야만 하는 문제였다. 닉슨은 미국은 무기의 유입을 늦추기 위해 북베트남을 봉쇄하고 폭격할 수 있다고 옳게 결론을 내렸다. 왜냐하면 중국에의 개방은 소련이 미국과 회담할 인센티브를 높였기 때문이었다. 모스크바의 이해 관계는 다음과 같은 전망에 의해 의심의 여지없이 강화되었다: 정상회담은 전략무기제한협정 조약으로 귀결될 것이고 이 조약의 효과는 미국과의 동등한 조건하에 소련의 핵초강대국으로서의 지위를 명문화할 것이다. 이는 1962년 10월의 쿠바 미사일 위기에서 소련이 모욕을 당한 후 하나의 주요한 성취작이 될 것이다.

닉슨 행정부의 베트남 전략은 명백히 1970년 4월의 결정, 즉 특히 국경지대(여기로부터 남베트남에로의 공격이 감행됐다)를 따라 북베트남의 군사적 입지를 파괴하기 위해 6주 내지 8주 동안 캄보디아로 전쟁을 확대시키는 결정에서 명백히 드러났다. 이런 결정에 뒤이어 캄보디아의 시아누크 왕자가 전복되었고 이전의 부하였던 론놀(Lon Nol) 정권이 대신 들어섰다. 론놀은 북베트남이 자국의 영토를 남베트남으로의 군사적 공급선으로 이용하는 것을 받아들일 준비가 되어 있지 않았다. 남베트남과 미국이 캄보디아에 침입하자 폭풍같은 국내의 반대가 들이닥쳤다. 이러한 국내의 반대는 닉슨 행정부의 1970년 4월 20일의 발표, 즉 1970년 4월까지 넉 달에 걸쳐 베트남에서 철수한 5만 명에 더해 15만 명의 미군이 1971년 봄까지 철수할 것이라는 발표에 암운을 드리웠다.

닉슨 행정부가 직면한 위험은 베트남화가 성공하고 있다는 증거가 없는 상황에서 수용할 만한 정치적인 해결이 이루어지기 전에 미군이 점진적으로 철수하게 되면 미국의 협상자세가 약화될 것이라는 점이었다. 키신저는 파리에서 1970년 2월 20일을 시작으로 북베트남과 일련의 비밀회담을 갖었다. 이러한 회의 동안 하노이는 만약 미국이 티우 정권에 대한 지지를 철회하지 않고 또 조건 없이 베트남으로부터 미군을 철수하지 않으면 전쟁을 끝낼 의향이 없다는 것을 명백히 했다. 비록 미국이 북베트남의 항구에 폭격과 기뢰부설을 강화한 1972년 봄에 이르러 닉슨 행정부는 하노이의 입장을 상당히 변화시켰지만 그와 같은 조건은 미국으로서는 여전히 받아들일 수 없는 것이었다. 닉슨 행정부는 대신에 정전을 제의했고 그럼으로써 북베트남군이 남베트남에 그대로 있게끔 했으며 더불어 적대행위가 끝나고 4개월 안에 모든 미군의 철수를 제안했다. 이러한 미국의 제의는 티우 정부의 생존에 관한 특정의 언급 없이 단순히 다양한 베트남의 파벌들 간의 정치적인 해결을 요청한 것이다. 닉슨 행정부는 티우 정부를 공식적으로 포기하는 것을 제외하고는 그 상황하에서 가능한 한에 있어서 타협했다.

명백히 하노이로 하여금 해결을 위한 초기의 조건을 수정하게 한 것은 오직 다가오고 있는, 닉슨이 이길 가능성이 높았던 1972년의 대통령 선거였다. 그리고 그것은 하노이가 닉슨 대통령이 압도적으로 재선된다면 북베트남에게 만족스런 해결을 위한 협상을 회피하고자 할 것이라는 믿음 속에서 였다. 조건은 전쟁포로의 교환과 더불어 국제적으로 감시될 정전이 시작된 후 두 달 내에 미군의 전면 철수였다. 조건들은 또한 티우 대통령으로 하여금 모든 군사적 중심지를 포함한 나라의 대부분을 통제하도록 해두었다. 그럼에도 불구하고 티우는 해결의 조건들에 완강히 거부했으며 남베트남의 전지역에 대한 그의 정부의 권위가 인정되어야 한다는 것과 14만 5,000명의 북베트남군이 철수해야만 한다고 요구했다.

비록 티우가 해결의 조건을 바꾸는 데 성공하지 못했지만 1973년 1월까지도 최종협정은 체결되지 않았다. 파리 평화협정들은 단지 직접적인 미국의 군사적 개입만을 종결시켰으며 마지막 미국의 전투병력이 떠난 다음에도 계속된 전쟁 그 자체는 끝내지 못했다. 미국은 베트남 전쟁에서 5만 7,000명의 사망자와 10만 명의 부상자를 낳았다.

1975년 4월 티우 정권이 최종적으로 붕괴하기 전에 남아 있던 기간 동안 국내 정치적 요인들은 베트남에 대한 미국의 지지의 성질과 수준에 결정적으로 계속해서 영향을 미쳤다. 닉슨 행정부가 도달한 해결은 소련이 하노이에 대해 취한 것과 마찬가지로 미국이 계속해서 남베트남에 군사 원조를 제공한다는 가정에 기초하고 있었고 또한 남베트남의 군사력이 사이공의 통제하에 있는 영토로의 적의 어떠한 전진도 막을 수 있을 것이라는 가정에 기초하고 있었다. 더 나아가 미국은 북베트남의 공세가 재개될 경우 베트남에의 폭격임무를 재개할 것이라고 가정하고 있었다. 그러나 닉슨 행정부가 워터게이트(Watergate) 사건에 점진적으로 휩쓸려 들어가고 그에 수반하여 닉슨의 남은 잔여 기간 동안에 대외정책에 있어서 행정수반이 약해짐에 따라 미국의 남베트남에 대한 지원은 계속될 수 없었다.

티우 정부가 파리 평화조약 당시 예상된 미국의 지원의 수준과 더불어 독립된 베트남을 위한 기반을 제공할 수 있을지의 여부는 결코 알 수 없었다. 어쨌든, 1973년 1월 북베트남은 약 16만 명의 병력을 남베트남에 갖고 있었다. 어떠한 새로운 부대도 남베트남에 들어와서는 안 된다는 파리 협정을 어기고 북베트남은 소련이 대부분 공급한 상당한 양의 현대 장비와 더불어 추가로 30만 명의 군인을 파견했다. 이러한 증강된 병력과 더불어 북베트남군은 일련의 공세를 취했다. 베트남의 경험으로 인한 자기회의와 힘의 한계에 대한 집착의 시기와 일치한 워터게이트 사건의 와중에서 의회는 직접이든 간접이든 미국의 베트남에의 개입을 지속적으로 지지할 분위기가 아니었다.

1973년 11월 의회는 장차 미국을 군사적인 행동에 관여하게 할 대통령의 능력을 제한할 노력의 일환으로 전쟁권 결의안(War Powers Resolution)을 통과시켰다. 전쟁권 결의안에 따르면, 대통령은 의회로부터의 전쟁선포를 추구하지 않고 긴급 시에 군사력의 사용을 권한으로 허가할 수 있다고 규정하고 있으나 의회에 즉각 알려야만 한다. 60일 후 의회가 지속적인 군사력의 사용을 인정하지 않는다면 군사력은 소환되어야 한다. 대외정책에 있어서 효율적이고 단호하게 행동할 닉슨 행정부의 능력에 대한 결의안의 영향을 두려워하여(그것은 중동에서 1973년 10월 전쟁으로부터 야기된 위기 때에 제정되었다) 닉슨은 그것에 거부권을 행사했으나 결과적으로 의회는 그의 비토를 무효화했다. 이처럼 미국은 파리 평화협정들이 서명되고 1975년 4월에 남베트남이 붕괴되는 사이의 대부분의 기간 동안 법적으로 군대를 베트남에 다시 불러들이겠다는 위협을 할 수 없었다. 1974년 의회는 남베트남에 대한 군사 경제적 원조를 삭감했다. 1975년 초 의회는 이러한 모든 원조가 끝나야만 한다는 신호를 보냈다. 워터게이트 사건의 결과로 닉슨이 사임하자마자 1974년 8월 10일 대통령이 된 후 포드(Gerald Ford)는 남베트남과 캄보디아를 위한 군사 원조로서 14억 달러를 요청했으며 그중에서 10억 달러가 승인되었으나 단지 7억 달러만이 지출승인을 받았다. 여기서 포드는 선출되지 않은 대통령으로서뿐만 아니라 심지어 부통령으로도 선출됨이 없이 백악관에 들어섰다. 그는 1973년 10월에 애그뉴(Spiro Agnew) 부통령의 후임자가 되었다. 따라서 포드는 선출된 대통령이 가질 만한 어떠한 권위적인 명령을 결하고 있었다. 그는 대통령이 되었을 때 상당한 호의를 누릴 수 있었지만 어떠한 대중의 지지도 그로 하여금 1970년대 중반의 베트남 문제를 극복해 나가도록 하기에는 충분치 않았다. 1975년 4월 포드는 의회에 남베트남에의 인도주의적 그리고 경제적 원조로서 2만 5,000만 달러와 더불어 군사 원조로 7만 2,200만 달러를 요청했다. 그러나 이 때까지 미국의 재정적 원조의 양이 어쨌든 간에 조류를 거슬러 나아갈 수 없었던 것 같았다. 포드의 요청은 거부되었다. 4월 17일 크메르 루즈(Khmer Rouge)의 군대가 캄보디아의 수도인 프놈펜을 장악했다. 베트남에 있어서는 사이공 정부에 충성을 바치던 군대가 철수하자 1975년 3월 말 추가로 지역(provinces)을 잃었다. 공산군이 사이공에 들어옴에 따라 미국으로서는 가능한 한 많은 남베트남 피난민과 남베트남에 남아 있는 잔여 미국인을 완전히 철수시키는 일이 남아 있었다.

베트남 전쟁의 여파로 1970년대 말 베트남과 소련의 동맹 관계가 밀착되었다. 이는 전쟁에서 북베트남을 지원한 중국에게는 놀라운 일이었다. 1979년 초 중국은 베트남인에게 교훈을 가르치기 위해 짧은 기간 동안 북베트남을 침입했다. 베트남 전쟁이 끝나고 하노이에 충성을 하는 병력들이 나중에 캄푸치아(Kampuchea)로 불리는 그 당시의 캄보디아를 침입했다. 새로운 지배자에 의해 박해를 받는 수천 명의 남베트남 '보트 피플(boat people)'이 바다로 나아가 이웃 국가에서 피난처를 찾기를 희망했다. 이로 인해 또 다른 끔직하고 비극적인 난민 문제가 나타나게 되었다.

중동

닉슨 행정부에게 있어서 초강대국 간의 대결로 가장 큰 위험을 받은 것은 베트남이 아니라 중동이었던 것 같다. 중동에 있어서의 평화란 닉슨 독트린에 구체화된 세계구조에 중심적인 것이었다. 그러나 이스라엘과 그의 이웃국가들 간의 뿌리 깊은 갈등은 그 지역에 있어서의 일차적인 주요 국가들이 수용할 수 있는 틀 속에서나 해결 가능한 것이었다. 이 지역에 있어서의 긴장완화의 전망은 희망적이지 않았다. 왜냐하면 2차대전 후의 역대 대통령들이 그와 같은 돌파구를 만들지 못했기 때문이었다.

미국, 불안한 정전을 협상함

중동은 닉슨과 키신저의 대외정책의 중요한 초점의 대상이었다. 1970년대 초 닉슨 행정부는 1970년대 초에 중동에서 주요한 후견국가들이 직접적인 대화의 채널을 공식적으로 갖고 있지 않는 상황에 직면했다. 소련은 특히 이집트, 시리아, 이라크와 같은 몇몇 국가들에게 무기 및 다른 직접적인 원조의 공급자로서 이 지역에 깊이 관여하고 있었다. 따라서 1969년과 1971년 초 사이에 미국의 외교는 소련과 다른 이해당사국들을 포괄적인 정치적인 해결에 끌어들이고자 하는 노력에 기초를 두고 있었다. 이런 점에서 미국의 정책은 두 개의 뚜렷한 단계를 갖고 있었다.

우선, 첫째로 미국은 적극적인 외교를 시작했다. 이러한 적극적인 외교는 워싱턴에서의 소련과의 일련의 쌍무적인 회담과 더불어 중동에 이해 관계를 갖고 있는 유엔 안보리의 상임이사국과(영국, 프랑스, 소련)의 4강대국 토의를 포함하는 것이었다. 4강대국 토의는 유엔 사무총장의 특별대표인 자링 대사(Ambassador Gunnar Jarring)의 노력에 유용한 해결책들을 제공하도록 의도되었다. 1968년 이래 자링은 1967년 11월 22일의 유엔 안보리 결의안 242호에 의해 정치적인 해결을 달성하고자 노력해왔다. 유엔 안보리 결의안은 "위협과 힘의 행사가 없는 안전하고 승인된 국경들"에 대한 대가로 1967년 6월 6일 전쟁 동안 이스라엘이 점령한 영토로부터 이스라엘의 철수를 요청했다.

둘째로 1970년 중반기에 시작하여 미국은 외교적인 목표의 추구로서 중동에 있어서의 폭력의 수준이 상승하고 전쟁으로 나아가려는 것을 방지하고자 나름대로의 노력을 했다. 그러나 이러한 목표 추구는 그 당시의 상황으로는 불가능한 것 같았던 포괄적으로 해결한다는 목표의 추구가 아니었고 남아 있는 문제에 대한 생산적인 협상을 위해 필요한 동기를 줄 수 있는 잠정적인 협정의 추구였다. 이러한 잠정적인 협정의 필요성은 이 지역에 있어서 점점 악화되어 가고 있는 정치적인 상황과 초강대국 간에 있어서의 이해 관계의 상치로 인해 더 절실해졌다. 소련의 협조는 포괄적인 해결을 달성하는 데 있어서 필수적인 것이었다. 그러나 1970년대 중반까지 미 행정부에 있어서 소련이 이러한 것을 달성할 준비가 되어 있지 않은 것 같았다. 소련은 그와 같은 해결을 위해 필수적인 긴장완화에 관심을 보이지 않았을 뿐만 아니라 이 지역에 있어서의 대규모의 무기공급에 실질적으로 관여했다.

1970년까지 이스라엘과 이집트군을 갈라놓는 수에즈 운하를 따라 소모전이 행해지고 있었다. 소련은 이집트에 최소한 80기의 지대공 미사일 시설과 이의 운용을 위한 많은 수의 인원을 소련인 조정사를 갖고 있는 전투기 몇 개 편대를 배치했다. 수천 명의 고문과 기술자를 이집트에 보내고 있는 소련은 이스라엘과 이웃국가들 간의 비극적인 정치적인 분열을 자신에게 유리하도록 이용하기 위해 지난 20년 동안 그래왔던 것처럼 모든 노력을 경주하는 듯했다. 1969년 봄 이집트와 이스라엘 간의 6일전쟁 후 존재했던 정전협정이 깨졌다. 이집트와 이스라엘 간의 적대행위가 수에즈 운하를 가로질러 재개되었다. 이러한 적대행위는 포화를 서로 주고받았으며 이스라엘 공군은 이집트 내 깊숙이 공습을 감행했다. 동시에 아랍 게릴라대(fedayeen)인 팔레스타인 게릴라들이 요르단과 레바논으로부터 이스라엘을 공격했다. 이스라엘과 시리아 간의 전투와 더불어 이스라엘의 팔레스타인 게릴라들에 대한 보복이 뒤따랐다.

닉슨 행정부는 '공명정대(even-handed)'라는 중동정책에 대한 철학적 공약을 내세우며 들어섰었다. 공명정대한 중동정책이란 전임자 못지않게 이스라엘 정책들을 지지하는 것을 의미했다. 1969년 12월 9일 미 국무장관인 로저스(Rogers)는 점령의 무게를 반영하지 말아야 하고 상호 안전보장을 위해 필요한 미미한 변경에 한정되어야만 하는 '승인된 정치적 국경들(recognized political boundaries)'을 요청하는 연설을 했다. 이집트와 이스라엘의 경우 이것은 이집트가 1967년 전쟁에서 잃은 모든 영토의 실질적인 반환을 의미했다. 양측에 의해 거부된 제안을 포함하여 로저스 계획(the Rogers Plan)은 아랍국가들과 이스라엘 모두로부터의 반대를 야기했다. 1970년 초 공명정대함(even-handedness)의 또 다른 표현으로 닉슨 행정부는 소련도 이집트에 대해 비교할 만한 억제조치를 취할지 모른다는 희망을 갖고 이스라엘의 추가적인 팬톰(Phantom)과 스카이호크(Skyhawk) 전투기요청을 유보했다.

닉슨 행정부의 중동정책의 제2기에 있어서 미국 외교의 가장 중요한 업적은 1970년 8월 8일에 효력을 발생한 이집트와 이스라엘 간의 정전협정의 교섭이었다. 추측건대 이집트의 낫세르는 또 다른 이스라엘의 선제공격을 두려워했고 또한 그것이 수에즈 운하에 대한 이집트의 입장을 강화할 수 있는 구실을 제공할 수 있기 때문에 — 실제에 있어서 소련은 나중에 이를 달성코자 시도했다 — 정전을 받아들였다. 정전협정이 1973년 10월 전쟁 때까지 계속되었지만, 정전선(cease-fire line)으로부터 동서로 50킬로미터 지역 내에서의 행동은 현 시설의 유지로 한정되고, 새로운 시설의 반입을 금지시킨 규정을 소련·이집트가 위반함으로써 휴전협정은 흠이 갔다. 소련이 협정을 위반하여 SA-2와 SA-3 지대공 미사일을 위한 많은 새로운 장소를 배치함으로써 닉슨 행정부는 이 지역에 있어서의 군사적 균형을 유지하기 위해 이스라엘에의 군사 원조 또한 레바논과 요르단에 대한 좀 더 적당한 무기 원조를 위한 주요한 추가적인 지출금을 추구했다.

정전협정의 목적은 악화되고 있는 정치적, 군사적인 상황을 중지시키는 것뿐만 아니라 닉슨 행정부가 이루고자 추구했던 해결을 위한 협상의 기초를 제공하는 것이었다. 1971년 미국은 이스라엘 군의 제한적인 철수와 수에즈 운하의 재개통과 함께 시작될 단계적인 접근법을 위해 압력을 가했다. 1971년 여름과 가을에 로저스 국무장관에 의해 추구된 이 접근방법은 잠정적인 협정과 전반적인 평화정착 간의 관계라는 기본적인 문제에 걸려 무너졌다. 다른 문제들도 장애요인들이 되었다. 장애요인이란 이스라엘 군의 철수 범위, 이스라엘이 철수할 영토에서 이집트 군의 주재의 범주, 이스라엘의 수에즈 운하 사용시기 그리고 정전협정의 지속 기간이었다.

한편 미국은 잠정적 그리고 단계별 완화에 관여했다. 그러나 자링 대사는 전반적인 평화정착을 추구했다. 양 접근법은 극복할 수 없는 장애물에 부딪쳤다. 이스라엘은 안전한 국경을 달성하기 위해서는 1967년 이전의 국경에 대한 본질적인 변경이 있어야 한다고 주장했다. 반면 이집트는 만약 이스라엘이 1967년 6월 이전에 존재했던 국경경계로 철수할 준비가 되어 있지 않다면 이집트는 평화협상 심지어 잠정적인 협정을 위한 평화협상에도 응할 수 없다고 주장했다. 요르단 역시 평화정착의 원칙들을 받아들였으나 그것은 이스라엘의 서안지역(West Bank)의 반환과 예루살렘에서의 요르단의 주권회복을 전제로 하고 있었다. 안전보장에 대한 실질적인 보장이 없는 가운데 이스라엘은 1967년 전쟁에 의해 획득한 안전을 위한 영토지대를 포기하려 하지 않았다. 이스라엘로부터의 명백한 보장 없이 이집트는 이스라엘이 점령한 영토에 대한 자국 주권의 포기로 해석될지도 모르는 조치를 취하기를 꺼렸다.

1970년 가을 요르단에서 후세인 왕 정부와 팔레스타인 난민 캠프로부터 이스라엘을 기습공격한 아랍 게릴라(fedayeen) 간에 내전이 발발했다. 1964년에 수립되어 팔레스타인의 민족주의를 대표한다고 주장하는 팔레스타인해방기구(PLO)가 레바논의 베이루트에서 지도력을 수립했지만, 팔레스타인해방기구는 요르단에서 권력을 장악하려고 시도했다. 나중에 소위 검은 9월(Black September)이라고 불리게 된 때에 팔레스타인해방기구는 후세인에 반대하는 노력을 감행했다. 더군다나 1972년 팔레스타인해방기구는 뮌헨 올림픽 경기(Munich Olympic Games)에서 이스라엘 선수에 대한 테러 행위, 탑승객을 태우고 요르단으로 향하는 3대의 비행기의 공중납치 그리고 1973년에 카르툼(Khartoum)에서 두 명의 미국 외교관 암살에 대한 자신들의 소행을 주장했다. 후세인 왕은 자국 영토 내에 있는 팔레스타인해방기구 게릴라 부대와 1967년 전쟁 이래 요르단 동쪽의 영토를 점령해온 1만 7,000명 이라크 부대를 공격했다. 이러한 군대의 주둔은 후세인 정권의 존재에 위협을 가했으며 후세인 정권의 전복은 이 지역을 더욱 불안하게 만들었을 것이다. 시리아 군대의 개입으로 위기는 심화되었다. 미국은 지중해의 제6함대를 증강시켰다. 이스라엘은 요르단으로부터의 있을지 모르는 공격을 위해 군대를 동원했고 시리아의 측방에 대한 위협으로서 골란 고원의 병력을 증강시켰다. 시리아는 요르단으로부터 군대를 철수했다. 후세인은 요르단의 영토로부터 이스라엘에 저항하고 있는 게릴라 부대들을 축출했다. 1970년까지 팔레스타인들은 요르단과 레바논에서 준독립적인 세력이 되었다. 요르단으로부터 축출된 후 팔레스타인해방기구는 레바논으로부터 독립적인 팔레스타인 국가를 위한 공세를 계속할 것이었다.

로저스 국무장관은 처음에 중동 문제에 관한 미 행정부의 중요 정책결정자였으나 키신저가 마침내 다른 곳에서와 마찬가지로 여기에 대해서도 자신의 우위를 주장했다. 1970년의 정전협정에 의존하여 키신저는 쉬운 문제를 먼저 해결하고 팔레스타인 국가와 같은 좀 더 어려운 문제는 마지막으로 남겨 놓는 단계별 접근을 증진시켰다. 키신저의 틀에서 동등하게 중요한 것은 소련이 아닌 미국만이 이 지역에 있어서 온건파들의 목표를 달성하는 데 있어서 가장 중요하다는 것을 과시하는 것이었다. 따라서 미국의 외교는 아랍의 과격파와 소련은 이스라엘에게 잃은 영토를 되찾을 수 없다는 것을 입증하도록 고안되었다. 일단 이러한 사실이 명백해진 후, 키신저는 아랍의 온건파들이 미국과 좀 더 가까운 관계를 위해 소련을 포기할 것이라고 추측했다. 그런 순간 미국은 외교적인 해결을 향해 결정적으로 나아갈 수 있는 것이었다.

1970년 9월 28일 낫세르가 사망한 후 사다트(Anwar Sadat)가 이집트에서 권좌에 올랐다. 1972년 2월 모스크바 방문 중 사다트 자신이 추구한 무기공급을 소련으로부터 얻어내지 못했다. 1972년 5월 미소 회담으로부터 나온 중동 문제의 해결에 있어 미미한 국경변경 이상의 것이 가능하지 않다는 성명은 사다트로 하여금 소련에 의해 방기되었다는 느낌을 갖도록 했다. 더군다나 사다트가 소련에 대해 점차적으로 불만족을 느끼자 1972년 4월 비밀연락 채널이 워싱턴과 카이로 간에 개설되었다. 1972년 7월 19일 사다트는 4,000명의 소련의 군사고문과 1만 2,000명의 소련 군인을 이집트로부터 축출했으며 소련에 의해 설치된 군사장비들은 이집트의 재산이 된다고 밝혔다. 2,000명이나 되는 소련인이 남아 있었다.

10월 전쟁

만약 미국만이 사다트로 하여금 잃어버린 영토를 회복하도록 도울 수 있다면 소련의 군사주둔의 축출 그 자체는 이러한 목표의 달성을 위해 공헌한 것이 거의 없다. 만약 협상을 위한 심리적인 기초를 형성할 엄격히 제한된 그리고 일시적인 군사적 이익을 달성하기 위해서라면 수에즈 운하를 넘어 공격을 감행하는 것이 본질적으로 필요하다고 사다트는 생각했을 것이다. 따라서 사다트는 1973년 10월 6일 이스라엘을 공격하기로 결정했다. 골란 고원에서 시리아의 공격과 조율된 이러한 수에즈 운하를 넘어선 기습공격은 유태인 달력에서 속죄의 날(Yom Kippur: the Day of Atonement)이라는 가장 성스러운 날에 이스라엘을 경악케 했다.

1973년 6월 정상회담에서 브레즈네프는 새로운 중동전쟁의 가능성을 암시했다. 9월달에 그로미코 소련 외무장관은 백악관에 비슷한 경고를 전달했다. 공격이 임박했음을 공식적으로 통보받은 카이로 주재 소련 대사는 10월 3일 알렉산드리아(Alexandria)와 포트 세이드(Port Said)에 있는 소련 함대와 더불어 그의 스탭들을 철수시켰다. 직접적인 소련의 음모가 있었든 없었든지 간에, 모스크바는 공격을 막으려고 하지 않았으며 이집트와 시리아 모두에게 막대한 양의 무기를 운반하기 위해 재빠르게 움직여 나갔다. 동시에 소련은 석유수출국기구(OECD)에 의해 발표된 대미 석유수출금지에 지지를 표명했다. 전쟁의 초기 단계에서의 이스라엘의 대규모의 장비손실에 응하여 미국은 대규모의 공수를 감행했다. 이스라엘은 골란 고원으로부터 시리아 군을 몰아냈으며 수에즈 운하의 서쪽 제방 쪽으로 진격함으로써 이스라엘에 공격을 가했던 이집트 군을 동쪽 제방에서 덫을 놓아 잡았다. 사다트는 일시적인 군사적 성과를 위한 능력을 과시했지만, 정전과 궁극적인 군대의 철수를 위해 압력을 가하는 미국의 결정이 없었더라면 그는 궁극적으로 이스라엘에게 패배했을 것이다. 소련이 군대를 파병하겠다고 위협했고 미국이 전 세계에 있는 자국 병력에게 경보상태를 발했지만, 이스라엘과의 총체적인 해결의 일부로서 이집트가 잃은 영토를 회복시켜 주겠다는 약속을 조건으로 전투중지를 가져온 것은 미국의 외교였다. 카이로 당국은 소련이 아닌 미국이 이 지역에 있어서 정치적인 해결을 가져올 수 있다고 볼 수 있었을 것이다. 소련은 시리아와 이집트가 이길 수 없는 군사적인 대결에서 그들을 지원했다.

키신저는 자신이 원했던 외교적 노력의 길이 열렸다고 결론지었다. 중요한 순간에 미국은 정전협정에 동의하고 궁극적으로 카터 행정부의 캠프 데이비드 협정의 기초를 제공할 철군과정을 서서히 시작하도록 이스라엘에 압력을 가하는 선택을 했다. 키신저는 우선 이집트의 시나이와 골란 고원에 있는 병력의 철수를 협상했다. 뒤이어 시나이에 있는 두 전략거점으로부터의 이스라엘 군대의 철수를 위한 협정이 있었다. 이집트와 이스라엘 사이에 미국의 기술자에 의해 운용되는 조기 경보체제가 수립되었다. 1976년 사다트는 이집트와 미국의 관계가 진전됨에 따라 15년된 소련과의 우호조약을 폐기했다.

소련과의 관계에 있어서 닉슨 행정부는 엄연한 현실 속에서 데탕트의 내재적 한계에 봉착했다. 워싱턴의 관점에서 소련은 모스크바 정상회담에서 서명된 중동지역에서와 같은 지역적 갈등에 어느 일방도 일방적인 우위를 추구하지 않을 것이라는 미소 간의 협정을 명백히 어겼다. 키신저의 외교적 노력과 사다트의 정책을 비난하는 한편 소련은 점차적으로 시리아에 있는 좀 더 호전적인 이스라엘의 적과 팔레스타인해방기구를 뒤에서 지원했다.

에너지 의존과 동맹 문제들

10월 전쟁이 전개됨에 따라 미국은 동시에 석유가격의 5배 인상과 석유수출국기구로부터의 석유 금수에 직면했다. 비록 금수의 효과는 오래가지 않았지만 석유 가격의 상승은 인플레의 상승을 야기시켰다. 이것은 1930년대의 대공황 이래 산업화된 석유수입국가들에 있어서 최악의 경제침체를 가져왔다. 석유생산국가들은 자신들이 서유럽과 일본으로부터 자신들의 이해 관계와 양립할 수 있는 외교정책의 입장을 얻어내고, 동시에 증가하는 석유 가격으로부터 자신들의 재원을 신속하게 증가시키기 위한 무기로서 석유를 사용할 수 있다는 것을 알았다.

상승하는 유가가 대서양동맹에 미친 영향

1970년에 미국은 처음으로 석유수입국이 되었다. 1960년대의 서유럽과 일본에 있어서의 놀랄 만한 경제성장은 싼 에너지 수입이 가능한 덕이었다. 실질적으로 1960년대를 통해 에너지 가격은 다른 공산품 가격에 비해 하락했다. 1973년까지 서유럽 전체로서 그들 에너지의 70%를 중동으로부터 수입했다. 페르시아 만으로부터의 석유 수입의 의존이 증가함에 따라, 이 지역에서 벌어지는 일들에 대한 서구의 영향력은 감소해갔다. 1971년 말까지 영국은 페르시아 만으로부터 철군을 완료했다. 비록 미국이 이 지역의 주요 석유수출국가들과, 특히 사우디아라비아와 이란과 긴밀한 관계를 유지했지만, 이란의 샤(Shah)와 같은 지도자의 이해 관계는 미국의 그것과는 같지 않았다. 이 지역에 있어서의 안보의 필요성과, 특히 소련 영향력의 축출의 필요성에 대한 믿음을 공유하고 있는 이러한 지도자들은 높은 석유 가격이 가져다 줄 실질적인 경제적 보상(이란에 있어 샤의 야심적이고 불운한 근대화 계획과 같은)을 예견했다. 그러나 그들이 직면한 것은 석유재원은 서구에서 교육받은 엘리트들이 갈망한 근대화뿐만 아니라 서구로부터 수입된 가치와 도덕의 부과와 이슬람 전통의 부패를 거부하는 이슬람 근본주의의 행태에 있어서의 반작용을 가져 올 위험이었다. 1970대 초의 관점에서 볼 때, 이란은 페르시아 만에서 미국의 안보 이익을 공유한, 지역강국의 중심으로 등장하는 국가 중의 하나였다.

10월 전쟁의 맥락에서 에너지 의존의 문제는 미국과 서유럽의 미국 동맹국들 간의 관계에 즉각적인 의미를 부여했다. 초강대국들과 서유럽 간의 군사력에 있어서의 불균형은 상당히 크다는 것이 광범위하게 인정되었다. 그러나 1970년대 초 유럽은 점차적으로 미국과 경쟁하는 강력한 경제 블록으로 등장하는 것 같았다. 미국은 자국의 국제수지상의 적자가 증폭됨에 따라 유럽경제공동체를 점점 우려스럽게 바라보았다. 그러나 중동 위기의 한 효과는 평화를 위한 다극적 세계구조 안에서의 유럽의 힘의 중심이 궁극적으로 진화해나갈 경제적 기초를 크게 감축시키는 것이었다. 유럽의 경제적 문제들은 정치지도자들이 석유생산국가들과 쌍무적인 거래를 만들어낼 뿐만 아니라 아랍세계로부터의 정치적인 압력에 부응하려는 열렬한 노력에서 명백했다. 유럽은 닉슨 독트린과 10년 후 케네디 행정부 기간 동안 원래 구체화된 것처럼 미국의 동반자도 그리고 새롭게 등장하는 힘의 중심지도 아니었다. 오히려 개별적으로 또는 집단적으로 산유국들과 가능한 한 거래를 하려는 일단의 약한 국가들이었다.

1973년 4월 키신저는 닉슨 행정부의 삼각외교의 경직됨을 겪고 있는 대서양국가들과의 관계를 강화시키고자 하는 노력의 일환으로 뉴욕에서 '유럽의 해(Year of Europe)' 연설을 했다. 심지어 10월 전쟁 이전에도 유럽동맹국들은 미국의 '유럽의 해' 아이디어에 대해 노골적인 적대감은 아니더라도 혼동과 의혹감을 가진 반응을 보였다. 1970년대에 있어서 대서양국가들과의 합의를 이룰 기초로서의 키신저의 새로운 대서양 헌장 제안은 유럽동맹국들과 적절한 협의 없이 발해졌다는 비판을 받았다. 1949년 나토가 형성된 이후로 나토에게 가장 심각한 위기를 부여하면서 그해가 저물었다. 미국과 미국의 주요 서유럽동맹국들은 대서양동맹사에서 유례 없는 대서양 간의 성명 교환에 몰두했다. 이것은 중동 문제에 관해 협의가 없었다는 상호비난을 포함했다. 서유럽은 미국이 지나치게 친 이스라엘 정책을 취하고 있다고 비난했고 미국은 중동 문제에 대한 유럽식 접근방법을 형성하는 데 유럽공동체의 협의가 없었음에 불쾌함을 표명했다. 키신저에 따르면, 서유럽은 미국의 정책과 거리를 두는 정책에 의해 측정되는 독자성을 추구했다. 대서양동맹이 동맹 외부의 안보 문제에 관해 합의를 이루지 못한 또 다른 예인 1956년 수에즈 운하 위기 시 영국과 프랑스는 낫세르의 이집트에 대항하여 이스라엘과 동맹을 맺었다. 그러나 서유럽 경제의 중동의 석유에 대한 증가하는 의존은 친 이스라엘 정책으로부터 친 아랍정책으로의 변화와 일치했다. 대서양국가들 사이의 분열은 상당히 심하여 10월 전쟁 당시 이스라엘에게 재보급을 하기 위한 미국의 대대적 공수 기간 동안 미국은 서유럽동맹국들로부터 비협조와 그리고 종종 노골적인 반대에 직면했다.

동맹 간의 긴장을 완화시키려는 노력으로 미국은 영국, 캐나다, 서독, 프랑스, 이탈리아, 일본, 노르웨이 그리고 네덜란드를 워싱턴에서 열린 에너지 회의에 참석하도록 초청했다. 이 회의에서 주요 소비국가들로 구성된 에너지정책조절그룹에 대한 동의가 이루어졌다. 그것은 국제에너지기구(IEA)의 형성을 야기했다. 이것은 명백히 에너지 보전, 긴급한 경우와 상당한 부족 시 석유공급의 할당, 공급을 다양화하기 위한 에너지원의 개발촉진, 국가 간의 협력을 통한 에너지 연구와 개발계획의 증가를 위한 협조적인 정책기구를 추구했던 미국의 승리였다. 더 나아가 10월 전쟁과 에너지 위기에 뒤이어, 미국과 서유럽 간의 관계는 그들의 중동정책상의 차이점이 완화됨에 따라 개선되었다. 10월 전쟁 이후 미국의 아랍세계에 있어서의 영향력의 증가는 최소한 미국의 이익만큼 유럽과 일본과 같은 다른 석유수입국들의 이익에도 도움이 됐다. 이러한 미국의 영향력의 증가는 1974년 6월 닉슨 대통령의 이집트, 사우디아라비아, 시리아 방문 그리고 키신저의 '왕복외교(shuttle diplomacy),' 이집트와 이스라엘 간 그리고 이스라엘과 시리아 간의 철수협정의 달성으로 상징적으로 나타났다.

포르투갈의 대혼란

1970년대의 전반부에 미국은 유럽에서 다른 문제에 직면했다. 비록 1973년 10월 전쟁 기간 동안 포르투갈은 미국과 완전히 협력했으며 아조레스(Azores)의 라헤스 공군기지(Lajes Air Base)를 이스라엘로 군사장비를 운반하는 미국의 비행기의 재급유를 위해 미국이 사용할 수 있도록 허용했지만, 1974년에 일어난 사건들은 포르투갈과 나토와의 관계의 미래에 잠정적으로 의구심을 불러일으켰다. 1974년 4월 앙골라의 남서아프리카 식민지에서 과격화된 일단의 장교들이 게릴라 반란을 통해 포르투갈을 반세기 이상 지배해 온 권위주의적 정부를 붕괴시켰다. 포르투갈은 1970년대 말에는 중도좌파 반공산주의 정권에 의해 지배되고 1980년대 초에는 중도우파 연립정부에 의해 다스려진 다당제 국가로 등장했지만, 소련의 지원을 받는 포르투갈 공산당이 1970년대 중반의 혼란 속에서 권력을 잡을 전망이 있었다. 공산당이 총선거에서 대중의 12.5% 이상의 지지를 받지 못했을 때, 공산주의자들은 급진적인 장교들과 더불어 시정부들(municipal governments), 신문들, 노동조합 그리고 심지어 시골의 많은 땅을 포함한 권력수단의 많은 것들을 통제했다. 동시에 포르투갈은 포르투갈의 해외영토로부터 빠르게 철수했으며 이로 인해 경쟁적인 종족 간, 지역 간 그리고 정치적 파벌 간의 양극화 현상이 빚어졌다. 소련은 앙골라에 있어서의 지속적인 내전을 이용했다. 모스크바는 미국과 프랑스로부터 충분한 지원을 받지 못하는 친서구주의적 세력을 제압하고 있던 앙골라해방인민운동(MPLA)을 지지하기 위해 상당한 양의 군사장비를 보냈을 뿐만 아니라 군사고문 그리고 1만 2,000명 이상의 쿠바군을 파병했다. 1975년까지 워터게이트와 베트남의 여파로 자신의 대외정책 특권이 약해져 왔던 포드 행정부는 미국의 원조라는 아이디어에 대한 의회의 적대감에 직면했고, 모스크바의 대규모 지원을 상쇄시키는 데에도 무기력했다. 1975년 12월 미 상원은 앙골라에 대한 더 이상의 어떠한 군사 원조도 투표로서 저지했다. 비록 포드 행정부는 미국의 지상군을 남아프리카에 파견할 의향이 없었지만, 상원의 행동 결과는 소련이 선택한 지역 세력들에게 원조할 수 있는 권한을 갖지 못하는 소련에게 양도하는 것이었고, 그 지역에 있어서 미국이 자국의 이익을 지킬 수 있는 기회를 갖지 못하는 것이었다.

소련은 앙골라와 포르투갈 모두에서 갑자기 이용할 수 있게 된 기회를 마음껏 이용했다. 아프리카의 남쪽 대서양 해안에 가능한 교두보를 확립한 소련은 동시에 나토의 한 회원국가인 포르투갈의 공산당에게로 기금제공과 조언에 관여했다. 그러나 반공산주의의 포르투갈 사회당은 소아레스(Mario Soares)의 지도력하에 그리고 서유럽과 미국에 있어서의 ECC의 다른 사회민주당으로부터의 지지와 더불어 공산주의자들의 권력추구를 패퇴시킬 수 있었고 점차적으로 다원주의적 정치체계의 기초를 창출할 수 있었다.

서유럽에서 선거를 통한 공산당의 전진

비록 포르투갈의 공산당은 스스로 공인하듯이 전적으로 친소적이었지만,

1970년대 중반 프랑스와 이탈리아의 공산당들은 일정한 범주의 문제들에 있어 소련으로부터의 예상된 독립을 토대로 선거에서 좀 더 많은 지지를 얻기 위한 조치를 취했다. 비록 그와 같은 정당들이 그들 내부의 지도력에 있어 위계적으로 중앙집권화된 상태에 머물러 있었지만, 그들은 자신들이 언론, 출판 그리고 결사의 자유의 옹호자로 또한 다원적 정치체계에 관대한 모습으로 비춰지기를 원했다. 특히 프랑스와 이탈리아에서 연립의 파트너로서 공산당은 선거를 통해 권력을 잡기를 희망했다. 1974년 프랑스의 대통령 선거에서 사회당과 연립한 공산당은 1% 정도를 더 얻어 승리하는 상태에 이르렀다. 1976년 6월의 이탈리아 총선에서 공산당은 1974년의 27.2 %에서 34.4%로 지지율을 증가시켰다. 중소 관계에 대한 접근방법, 즉 중소 관계의 분열을 이용하고자 하는 것과는 뚜렷하게 대조적으로 닉슨·포드 행정부는 유럽공산당(Euro-Communist parties)이라 불리는 것들이 유럽의 지배연합으로 진출하는 것을 막고자 했으며 이는 그러한 정부들은 정치적 다원주의 및 서구의 민주주의 원칙과 양립할 수 없다는 것을 미리 발표하는 방법을 통해서였다. 서유럽의 공산당들은 재정적인 지원을 위해 소련에 계속해서 의존했다. 특정 문제에 관해 소련과 어느 정도 문제가 있어서도 그들의 권력에의 접근은 대서양동맹의 상당한 약화를 의미했다. 서유럽의 공산당들은 전유럽을 통해서 공산주의의 승리를 가져오고, 서유럽과 미국과의 정치적·군사적 연결을 단절시키고 그리고 기본적으로 서구의 그것과 기본적으로 양립할 수 없는 경제체제를 창출하고자 하는 자신들의 목표에서 통일되어 있었다.

닉슨·포드 시절의 전략적 관점에서의 제3세계

1970년대 전반의 미국 외교정책은 동맹들 간의 안보조약들과 다른 협조뿐만 아니라 중공과 소련과의 삼각 관계에 전략적 초점을 두었지만, 제3세계는 여전히 경제적인 것과 실질적인 군사적인 대결 모두에 있어 중요했다. 미국의 정책결정자들이 다루어야만 하는 문제들은 동남아시아나 중동뿐만 아니라 남아시아, 아프리카 그리고 라틴 아메리카로부터도 유래했다. 동남아시아에 적용된 닉슨 독트린은 그 밖의 다른 제3세계에서의 미국 외교정책에도 의미를 지녔다. 비록 미 행정부는 5개 강국이 중심이 되는 세계를 예견했지만, 미 행정부의 평화를 위한 구조는 그들 각자의 지역 내에서 좀 더 작은 국가들을 위한 풍부한 영역을 포함했다. 지역 강대국들은 그 자신의 방위뿐만 아니라 그들 자신의 경제적인 복리도 점차적으로 제공할 수 있을 것으로 예견되었다. 이란이 그 한 예를 보여주었다. 군사적이고 민간 목적의 기술의 확산은 높은 수준의 경제성장과 더불어 일련의 크고 작은 국가를 포함하는 국제적 구조의 진화에 공헌을 할 것이다.

이런 의미에서 닉슨 독트린은 역대 행정부들이 대외 원조를 통해서 너무나 많은 것을 추구한 경향이 있다고 인식하고 이에 대한 반응과 교정을 나타냈다. 만약 다른 사회들을 미국의 이미지대로 개조하는 것이 미국의 수단 밖에 있더라도 원칙적으로 그러한 사회를 자신들에 의해서 취해진 노력들을 지원할 수 있었다. 미국의 군사적, 경제적 후견은 자립의 철학에 의해 대체되어야만 하였다. 닉슨·포드 행정부는 정부 수준에서 지속적으로 경제 원조를 제공했지만, 점차적으로 사적 부문을 강조했다. 1973년 5월 의회에 보내는 그의 마지막 보고서에서 닉슨 대통령은 아프리카에 있어서의 미국의 경제정책에 관해 보고하면서 이렇게 썼다:

> 경제영역에서 미국은 정부적 원조의 수준을 유지할 수 있지만, 아프리카 개발을 재정적으로 지원하기 위한 가장 유력한 자본의 원천은 지금 무역과 사적인 투자이다. 아프리카 개발을 위한 미국의 지지수단은 이처럼 필연적으로 좀 더 다양해질 것이며 에너지와 자원을 동원할 첫 번째 책임은 분명히 아프리카 사람들 자신에 달려 있을 것이다.[2)]

엄격한 군사적 측면에서 소련과 비교해 볼 때, 아프리카에서 벌어지는 사건들에 영향을 미칠 수 있는 미국의 능력은 대단한 양의 군사장비와 고문관들 그리고 쿠바 및 다른 대리세력들의 형태로 소련의 힘이 증가함에 따라 감소했다.

---

2) Richard M. Nixon, *U.S. Foreign Policy for the 1970s: Shaping a Durable Peace*, A Report to the Congress, May 3, 1973, p.153.

이것은 우리가 앙골라에서 보았던 것과 같다.

비록 미국이 남아프리카의 인종차별정책을 비난했지만, 닉슨·포드 행정부는 이 지역의 변화에 영향을 미칠 폭력의 사용을 마찬가지로 단호하게 거절했다. 미국은 계속해서 남아프리카로의 무기금수를 시행했고, 로데지아의 스미스(Ian Smith) 인종주의적 정권을 비난했으며, 유엔의 경제제재 프로그램을 준수했다. 그러나 자신의 대외정책에 대한 접근방법과 일치하여 닉슨·포드 행정부는 남부아프리카에서 무슨 변화가 일어나든 이것은 외부로부터의 압력에 의한 것이 아닌 그 지역에 있는 국민들과 국가들이 취한 행동의 결과이여야만 한다고 주장했다.

쿠바에서의 또 다른 소련의 위협

1970년 미국은 소련이 쿠바의 시엔후에고스(Cienfuegos) 항구에 핵탄두미사일을 장착하고 있는 잠수함이 머물 해군기지를 건설하고 있다는 증거를 포착했다. 이러한 시설은 쿠바를 침략하지 않겠다는 미국의 보장을 대가로 소련의 공격용미사일을 철수시키겠다는 1962년의 케네디·흐루시초프 양해에 대한 미국측 해석을 어긴 것이었다. 동시에 중동, 특히 요르단에 있어서 긴장이 고조되고 있었다. 설상가상으로 미국은 쿠바로 향하는 소련의 소형함대를 찾아냈다. 미국은 소련에게 쿠바 미사일 위기가 끝났을 때에 맺었던 협정을 어기려는 어떠한 시도도 묵과하지 않을 것이라고 경고했다. 만약 소련이 미국의 의지를 시험하고 있다면, 미국은 모스크바가 자국의 해군부대를 철수하고 또한 기지 자체의 건설을 중지하도록 하기에 충분한 반응을 할 것이었다.

칠레에서의 마르크스주의 정부의 선출

1970년대 서유럽에서 마르크스주의 정부의 선출이 요원했다면, 그와 같은 가능성이 1970년 9월에 현실로 나타난 곳은 서반구인 칠레에서였다. 칠레의 경제사회적 구조의 급진적인 변형과 서반구에서의 폭력혁명에 깊이 관여했던 마르크시스트 아옌데(Salvador Allende)는 가까스로 대통령에 선출되었다. 62.7%의 표가 그의 두 명의 상대 후보로 갈린 것과는 대조적으로 아옌데는 36.2%을 얻어 소수파 대통령으로 권좌에 올랐다.

아옌데는 칠레 헌법을 개정하고 반대당들과 언론매체에 제한을 가할 의향을 발표했다. 라틴 아메리카 결속기구(the Organization of Latin American Solidarity)의 창시자로서 아옌데는 서반구에서 미국과 미국의 지지자들에 대항하는 무장 투쟁과 혁명을 촉구했다. 권력을 잡은 지 얼마 안 지나 그는 권력을 장악하기 위해 폭력사용에 전념한 테러 조직인 혁명주의 좌파운동(MIR: Movement of the Revolutionary Left)의 투옥된 구성원들을 사면했으며, 다른 라틴 아메리카 국가들에서 호전적인 그룹의 구성원이라고 생각되는 수천 명의 사람들과 칠레에서 만들어질 준 군사세력의 핵심인물들의 칠레 입국을 허용했다.

아옌데는 칠레의 사적 경제부문의 통제를 장악하기 위해 신속히 움직였다. 구리광산을 포함한 기간 산업체와 외국회사들이 국유화되었다. 때때로 국유화를 위해 지불하는 금액을 초과한 음성적 세금이 그러한 회사들에게 부과되었다. 1971년 칠레는 미국 정부와 사적 재정기관을 포함한 해외 채권자들에게 진 대부분의 채무이행을 게을리했다. 저하되는 국내 생산력과 정부의 명령에 의한 임금인상은 인플레의 상승을 가져왔고, 인플레는 1973년까지 연간 350%를 넘어 칠레의 중산층에게 끔직한 결과를 가져다주었다.

좀 더 긴박한 문제인 베트남 문제, 중동 문제 그리고 시엔후에고(Cienfuego) 잠수함 기지 문제에 몰두된 닉슨 행정부는 1970년대 후반에 있어 칠레와 다른 라틴아메리카 국가들에게 거의 주의를 기울이지 못했다. 그럼에도 불구하고 1964년의 칠레 대통령 선거와 1968년의 의회선거에서 미국은 아옌데와 그의 지지자들의 선거적 야심을 꺾기 위한 노력으로 상당한 양의 돈을 가용케 했다. 1970년 닉슨 행정부의 노력은 민주당 출신 대통령들이 전에 그래왔던 것과 비교해 규모 면에서 작았고 또한 시기 면에서도 훨씬 늦었다. 이것은 미국이 다른 곳에서 동시에 당면하고 있던 문제들과 위기 탓일 뿐만 아니라 아옌데를 권좌에 들어서게 할 3파로의 분열 가능성을 과소평가한 탓이었을 것이다. 그럼에도 불구하고 닉슨은 그의 전임자 못지않게 칠레에 마르크시스트 정부가 들어서는 것을 서반구에 있어서의 미국의 이익을 위협하는 것으로 간주했다. 소련은 다른 국가들, 특히 칠레와 국경을 맞대고 있는 아르헨티나, 볼리비아 그리고 페루를 전복시키는 데 사용될 수 있는 무기 저장고를 갖게 될 것이었다. 1970년 선거에서 아옌데는 쿠바로부터 재정적이고 또 다른 지원을 받았지만, 미국은 몇 천 달러를 넘지 않은, 말뿐인 은밀한 지원 이상의 것을 민주주의를 옹호하는 후보들에게 주지 못했다. 이는 1964년 선거 당시 미국으로부터 칠레로 건네진 자금에 훨씬 못미치는 것이었다.

칠레를 '불안케 하려는' 추정된 노력을 포함한 미국의 정책은, 특히 의회에서 격렬한 비판의 대상이 되었지만, 사실 미국은 1973년 9월의 아옌데 암살로 이어지는 일련의 사건에서 결정적인 역할을 수행하지 않았다. 아옌데가 미국인 소유의 기업을 빼앗았지만 아옌데 집권 기간 동안 칠레는 여전히 일 인당 기준으로 미국의 대외 원조를 가장 많이 받는 국가들 중에 속했다. 이것은 평화를 위한 식량(Food for Peace) 계획에 1,680만 달러, 두 개의 칠레 대학에 대한 미주개발은행차관 1,150만 달러에 대한 미국의 지지, 군사원조에 4,200만 달러, 그리고 칠레의 대외 부채 2억 5,000만 달러의 지불연기를 포함했다. 아옌데의 집권동안 칠레는 모든 재정원으로부터 9억 5,000만 달러를 신규로 차입했으며 이 중에서 6억 달러는 공산국가로부터 왔다.[3] 아옌데의 집권 기간 동안 미국은 총 수백만 달러에 달하는 재정적인 지원을 칠레의 야당들과 언론매체에 제공했다. 이것은 1973년 3월의 총선에서 민주주의 정당을 위한 기금을 포함했다. 공산주의자들의 재정원으로부터 받은 훨씬 많은 총액이 1973년 9월 아옌데를 전복시킨 쿠테타를 막을 만큼 충분치 않았던 것처럼, 미국이 1964년에 비해 훨씬 적은 지원을 아옌데의 경쟁후보들에게 제공한 1970년 대통령 선거에서 아옌데가 1964년에 받았던 것보다 낮은 지지율로 집권했다는 것을 기억해야만 한다. 각기의 경우에 있어서 일어난 변화에 결정적으로 영향을 미친 것은 칠레 정치의 내적인 동태성이었다. 그럼에도 불구하고 닉슨 행정부는 반대진영에 대한 자신의 지원은 어려운 시기에 그들의 생존에 공헌했기 때문에 정당하다고 주장했다.

피노체트(Augusto Pinochet)를 수반으로 하는 군사평의회가 아옌데의 뒤를 이었다. 피노체트는 아옌데를 지지했던 군간부들을 숙청하고 치솟는 인플레를 감

3) Henry A. Kissinger, *White House Years*, Boston: Little, Brown, 1979, pp.681~682.

소시키고 칠레 경제를 회복시키기 위한 조치를 취해 나갔다. 피노체트 정권은 비록 아옌데 정권에 비해 덜 억압적이고 정책에 있어서 덜 반미적이었지만, 1970년 이전의 언론의 자유를 회복시키지 않았기 때문에 1976년까지 미 의회에 의해 모든 원조를 박탈당했다. 이러한 의회의 행동은 카터 행정부의 대외정책에 대한 접근과 미국의 지정학적인 이해관계와 대조되는, 그리고 때때로 상충하는 인권상황이라는 반복되는 주제를 예견하는 것이었다. 또 다른 의미에서 미국은 높은 국내 정치행위의 기준을 좌파정부보다도 우파정권에 적용하는 것처럼 보였다.

동파키스탄의 분리

제3세계의 다른 곳에서 닉슨 행정부는 세계적인 지정학적인 관점의 일부로서 일련의 힘의 균형을 창출하거나 유지하고자 했다. 비록 파키스탄과 적대적인 비동맹의 인도가 미국의 지지를 받아왔지만, 남아시아에서 미국은 파키스탄과 아이젠하워 행정부 때부터 시작한 동맹관계를 맺고 있었다. 1947년에 분리되자마자, 파키스탄은 인도의 아대륙(subcontinent)의 회교인구의 대부분을 포함하는 국가로 건립되어왔다. 한편 힌두족(Hindu)이 절대 다수를 이루고 있는 인도는 영토와 인구수 면에서 지배적인 국가로 등장했다. 파키스탄은 1,000마일의 인도 영토에 의해 분리된 두 개의 이슬람 영토로 구성되어 있었다. 1960년대 말 독립에 대한 요구가 동파키스탄에서 일어났다. 동파키스탄에서 분리의 압력이 가중되자(이러한 압력은 1970년 11월 파괴적인 대폭풍에 뒤이은 구조노력이 변변치 못함으로써 가중되었다) 칸(Yahya Khan)의 서파키스탄 정부는 동파키스탄의 7,500만 국민들에게 군사통치를 부과하려 했으나 실패했고, 아와미 연맹(Awami League)으로 불리는 동파키스탄 독립운동의 지도자인 라만(Sheikh Mujibur Rahman)을 체포했다. 서파키스탄의 개입에 뒤이어 몇 주 동안 수백만의 동파키스탄인이 인도로 도주했고, 수천 명의 사람들이 살해되었다.

바로 이 시점에서 닉슨 행정부는 딜레마에 봉착했다. 닉슨 행정부는 파키스탄의 군부대에 의한 탄압을 용인할 수 없었다. 그러나 미국은 이 당시 파키스탄 정부를 중국에의 개방을 준비하는 데 있어서 중국과의 대화 채널로 이용하고 있었다. 중국은 인도에 대항하여 파키스탄과 비공식적인 동맹관계에 있었다. 그리고 북경은 국경분쟁으로 1962년 인도와 전쟁을 벌였었다.

인도의 아대륙의 정치는 1971년 인도와 파키스탄 간의 긴장이 고조되면서 더욱 복잡해졌고 간디 수상은 파키스탄의 칸 정부에게 인도군이 파키스탄에 군사적 행동을 취하겠다고 공식적으로 경고를 했다. 소련은 인도의 동파키스탄 내로의 작전을 지지했고 중국으로부터의 보복에 대한 보호를 제공했다. 인도는 1960년대 동안 양국 간의 친밀한 관계가 진전된 결과, 1971년 8월 9일 인도는 소련과 20년 간의 평화우호협력조약을 체결함으로써 비동맹시대를 마감했다. 이처럼 아대륙의 지역정치와 세계체계는 긴밀히 연결되어 있었으며 소련은 인도와 파키스탄 간의 뿌리 깊은 분열을 자국의 목적에 유리하게 이용했다. 또한 소련은 중 · 미 관계 회복에 앞서 중국과 미국이 동쪽 영토에 대한 지배권을 유지하도록 서파키스탄을 도울 수 없다는 것을 보여주고자 했다. 인도는 동파키스탄을 침공했다. 서파키스탄은 12월 3일 보복조치를 취했다. 이러한 갈등은 동파키스탄의 분리가 완료된 후 월등한 군사력을 갖은 인도가 서파키스탄을 공격할 가능성을 제기했다. 만약 이런 일이 일어난다면, 인도 아대륙의 모든 것이 궁극적으로 인도의 지배하에 재통합될 것이었다.

미국은 이것을 인도의 군사적 개입 없이도 필연적이라고 보았기 때문에 미국의 정책은 동파키스탄에서의 독립국가의 창설을 막는 것뿐만 아니라 서파키스탄까지도 분리하기 위한 역사적 기회처럼 보이는 것을 인도가 이용하는 것을 막는 것이었다. 1971년 미국은 해군부대를 인도양으로 보냈으며, 소련에게 자제력을 행사하도록, 그렇지 않으면 계획된 1972년의 정상회담이 위험에 처할 것이라고 압력을 가했다. 그리고 미국은 인도에 대한 경제 원조를 중지하라고 소련에게 압박을 가했다 — 비슷한 행동이 동파키스탄에서의 탄압 이후 이미 파키스탄에도 취해졌다. 미국의 정책은 인도의 아대륙에 대한 세력균형으로 남아 있는 것을 보존할 노력으로 파키스탄에 '편향'되어 있었다. 왜냐하면 미국은 넓은 의미의 지정학적인 관점에서 파키스탄과의 관계를 미국이 중국 및 소련과 형성하고 있는 외교적 유대와 궁극적으로 관련되어 있다고 보았기 때문이었다.

닉슨 독트린과 '연계'의 실패

닉슨 행정부와 그 후임 행정부 모두에 의해 미국과 중국의 관계가 점진적으로 꾸준하게 강화되었으나 다른 한편 소련과의 데탕트 추구 정책은 오래가지 못했다. 10월 전쟁 당시 소련과의 대결 및 자국에게 유리하도록 다른 쟁점들을 이용하려는 소련의 경향은 미국 내에서 소련에 유리한 일방적인 정책으로 보이는 것에 대한 반대를 증가시켰다. 닉슨의 두 번째 임기에 있어서 자유주의자들과 보수주의자들을 포함하는 데탕트 정책에 대한 비판이 등장했다.

자유주의자들의 비판

자유주의자들에게 있어서 초점은 반체제자를 억압하고 탄압받는 그룹들, 특히 유태인들의 이민을 막는 소련 정권의 형태였다. 닉슨 행정부는 데탕트를 이루려는 열정으로 인권 문제에 주의를 너무 기울이지 않았다고 비난을 받았다. 소련이 국내의 탄압을 완화하려 한다는 증거가 없는 상태에서 장기적이고 광범위하게 기초를 둔 미소 관계를 위한 토대는 존재할 수 없었다. 이러한 비판은 윌슨주의적 이상주의, 즉 보다 평화로운 세계를 위한 전제조건은 대의제정부를 가진 국가들의 존재라는 개념에 내재해 있는 미국 외교정책의 오랜 규범적인 요소를 구체화했다. 소련이 그러한 정치체제로 변형되는 것은 결코 기대할 수 없었던 반면, 가장 저명한 사람들을 언급하자면 작가인 솔제니친(Alexander Solzhenitsyn)과 물리학자 사하로프(Andrei Sakharof)를 포함하는 반체제 인사들을 괴롭히는 것은 데탕트 정책과 양립할 수 없는 것으로 보였다. 닉슨 행정부는 데탕트를 소련의 국내 정치구조를 미국의 민주적 가치와 보다 더 가깝게 일치시키도록 변화시키는 데 이용하지 않았다는 비판을 받았다.

닉슨 행정부는 소련과의 관계에 있어서 주요 국제적인 쟁점들 간의 연계를 수립하고자 했다. 1973~1974년까지 닉슨 행정부는 소련의 국내 정책 문제들에서 양보를 얻어내기 위해 연계를 이용하는 데 실패했다는 고조되는 비판에 직면했다. 그러한 반대는 동·서무역과 소련으로부터의 유태인의 이민을 연계시키고자 한 의회의 노력에서 가장 명명백백하였다. 소련이 이민의 숫자를 대폭적으로 증가시켜 왔기 때문에 그 수자는 1968년 400명에서 1973년에는 거의 3만 5,000명에 이르렀다. 키신저는 이를 닉슨 행정부의 조용한 외교적 노력과 그 당시 미소 관계에 있어서의 전반적인 개선 탓으로 돌렸다. 1972년 미국은 소련과 무역협정을 체결하였다. 이 협정은 미국이 소련에게 최혜국(MFN) 지위를 부여하는 대신 소련은 2차대전 시의 미국에 대한 채무, 즉 무기대여빚을 해결해야 한다고 규정했다. 이 무역협정이 상원에서 비준되기 전에 잭슨(Jackson) 상원의원은 먼저 소련이 이민자에게 새로이 부과하는 출국세를 제거하라는 압력을 넣어 이에 성공했고, 나중에 최혜국 지위를 유태인의 이민을 증가시키겠다는 소련의 명백한 약속과 연계짓는 개정안을 도입했다. 닉슨 행정부가 잭슨-바닉 수정안(Jackson-Vanik Amendment)을 물리치기 위해 노력했음에도 불구하고, 그것은 1973년 12월 11일 319 대 80이라는 압도적인 표차로 하원을 통과했다. 닉슨 행정부는 이러한 의회의 주도적 행위를 무역정책의 실패뿐만 아니라 1974년 1만 2,000명으로 줄어든 소련으로부터의 유태인 이민자 숫자의 급격한 감소를 가져왔다고 비난했다.

보수주의자들의 비판

닉슨 행정부의 데탕트 정책은 또한 보수주의자들로부터도 비판을 받았다. 일부는 소련과 협정을 협상하려는 노력을 본질적으로 무용한 것으로 보았으며, 일부는 소련이 전략무기제한협정 과정을 전략적 군사적 우위를 달성하기 위한 수단으로 이용하고 있다고 믿었다. 닉슨 행정부는 전략무기제한협정을 소련의 지정학적인 행위와 연계시키고자 했다. 실제로 미국은 초강대국 간의 전략적 균형을 명문화하여 소련에게 국제적 위신을 부여하는 대가로 1972년 모스크바 정상회담에서 소련으로부터 제3세계에 있어서의 긴장을 이용하는 것을 자제하겠다는 약속을 끌어내고자 했다. 모스크바가 그와 같은 연계를 인정하지 않는다는 점이 명백해지자, 전략무기제한협정 과정의 정치적 기초의 일부가 깨졌다. 총체적인 미소 관계를 개선한다는 조건하에서 미국이 전략무기제한협정 과정에서 인지한 결점들을 수용하는 것이 보다 더 쉬웠을 것이다.

1973~1974년까지 그러한 정치적 조건들이 이행되지 않았을 뿐만 아니라 소

련은 4개의 새로운 미사일들을 개발하고 있었다. 이러한 것들은 4개의 탄두를 갖춘 SS-17, 최소한 10개의 마브식(MIRVed) 탄두를 운반할 수 있는 SS-18를 포함했다. 이러한 미사일들은 미사일이 점화되기 전에 발사대로부터 들어 올려지는 소위 '콜드 런치(cold launch)'라는 새로운 기술에 의해 발사될 수 있었다. 이것은 미사일 발사대를 재사용할 수 있음을 의미했다. 1973년까지 소련의 세 번째 미사일인 SS-19가 실험되었다; 이것은 6개만큼의 마브식 탄두를 운반할 수 있었다. 이러한 전략적인 병기와 더불어 소련은 궁극적으로 기습공격을 통해 미국의 전략적 세력의 3대 요소 중 고정된 지상발사부문, 특히 미뉴트맨을 파괴할 수 있었다.

소련의 이러한 전략무기의 배치로 인해 미국은 1972년의 잭슨 결의안을 통해 규정된 전략적 동등성, 즉 원칙적으로 제2차 전략무기제한협정에서 미국이 공약한 것을 달성하는 것이 더욱 어렵게 되었다. 1973년까지 미국은 계획된 총 550기 중에서 350개의 마브식 미뉴트맨(한 기의 미뉴트맨 III은 3개의 마브식 탄두를 장착할 수 있다)을 배치했다. 당시 소련은 아직 마브식 시스템의 배치를 시작하지 않았다. 미국은 동등한 총계와 모든 지상발사미사일의 마브화(MIRVing)의 동결을 제안했다. 미국은 잔여 200기의 미뉴트맨 III 미사일에 600개 이상의 마브식 탄두를 배치할 계획이었다. 반면 소련은 7,000개나 되는 탄두를 운반할 수 있는 지상발사대를 만들고 있었다. 따라서 소련은 미국의 제안을 거절했다.

1970년대의 전략적 환경 속에서 미국은 전략 시스템에 있어서 궁지에 빠졌다. 즉 마브식 탄두의 수에 제한을 두지 않는다면 동일한 수를 고집하는 것은 소련에게 우위를 주는 것이었다. 미국이 소련의 동의를 얻을 수 있는 동등한 수의 수준은 미국이 무기고에 가지고 있었던 혹은 가지기를 원했던 것보다 높았다. 따라서 동일한 수를 구체화하는 협정은 그 자체가 소련에게 사실상 수적 우위를 주는 것이었다. 더군다나 더 큰 규모의 소련의 새로운 시스템, 특히 SS-18은 소련으로 하여금 미국보다 많은 수의 마브식 탄두를 배치할 수 있게 하는 것이었다. 심지어 규모와 무게를 제한하지 않고 발사대 수를 감소시키는 것은 미국에게 엄청난 문제들을 부과할 것이었다. 이처럼 전략적 동등성의 문제는 미국과 소련의 전략적 세력 간의 근본적인 비대칭성에 의해 엄청나게 복잡해졌다. 그리고 그 문제는 제2차 전략무기제한협정을 넘어 1980년대 초에 들어와 더욱 복잡해졌다. 1973~1974년 제2차 전략무기제한협정 협상이 직면한 중요 문제는 양측이 갖도록 허용된 마브(MIRV)의 총계였다.

1974년 3월 모스크바에서 '개념적 돌파(conceptual breakthrough)'라고 자신이 명명한 것을 달성하기 위한 노력으로 키신저는 두 가지 옵션을 제안했다. 첫 번째 것은 미국과 소련 양측 모두에게 마브(MIRVs)의 배치를 총 미사일의 무게를 동일하게 제한하고 1972년의 잠정협정을 1977년 10월 협정 종료일 이후 3년간 더 연장하는 일시적 협정을 요청하는 것이었다. 이러한 옵션은 브레즈네프가 거부했다. 그러자 키신저는 잠정협정을 연장하는 외에 첫 번째 옵션에서처럼 미국은 좀 더 많은 마브식 미사일을 배치, 소련은 더 많은 총 미사일 무게를 마브화할 수 있도록 제안했다. 이는 두 초강대국의 핵병기간의 근본적인 차이를 유지하면서 실질적으로 소련에게는 더 적은 수의 미사일에 더 많은 수의 마브식 탄두를 장착할 수 있도록 그리고 미국에게는 더 많은 수의 미사일에 더 적은 마브식 탄두를 장착할 수 있도록 하는 것이었다. 이 제안 역시 소련이 거부했다.

이러한 마브 제한 쟁점은 1974년 6월 25일과 7월 3일 사이에 열린 모스크바 정상회담 말에도 해결되지 않았다. 이 마지막 미소 간의 회의에서 — 워터게이트 사건으로 닉슨의 권력은 빠르게 소실되어가고 있었으며 그의 사임도 몇 주 남지 않았었다 — 미국과 소련 양측은 1974년 항구적인 조약체결 추구를 포기하고 대신 1977년에 시작하는 8년간의 협정체결을 시도하기로 합의했다. 제2차 전략무기제한협정의 기본적인 틀을 위한 협정체결은 블라디보스톡 정상회담에서 포드 행정부에 남겨졌다. 미국은 그 조약에서 미사일의 무게에 제한을 가하려는 시도를 포기했다. 양측은 2,400기의 전략무기발사대를 배치할 수 있도록 허용될 것이며, 그중 1,320기는 마브식으로 될 수 있었다. 소련은 소련 영토에 타격을 가할 수 있는 미국·나토 시스템을 고려해야 하거나 혹은 영국과 프랑스의 핵력을 소련과 경쟁할 수 있는 서구의 총수의 일부로 간주해야 한다는 자신의 요구를 철회했다. 비록 소련이 양측이 동의한 총계 내에서 크기와 수 모두에서 훨씬 큰 시스템을 배치하고 있었으나 미국은 동등한 총계의 원칙을 수용했다. 전략

폭격기는 그 2,400기 내에 포함되었다.

제2차 전략무기제한협정에서 마브 탄두를 계산하는 만족스런 공식의 개발은 1975년 1월 소련이 처음으로 마브식 미사일을 배치함으로써 그 긴급성을 더해 갔다. 소련과 미국 양측은 마브식 대륙간탄도미사일은 특정의 미사일 분야로 제한해야 한다고 제안한 후, 미 행정부는 1975년 7월 30일과 8월 2일 사이에 열린 헬싱키 회담의 마지막 회기에서 포드와 브레즈네프간의 회담에서 검증에 관해 소련과 마지막으로 협정을 맺었다. 이 협정은 마브식 탄두를 운반할 수 있는 모든 전략발사대는 블라디보스톡에서 합의된 총계 수준 내로 계산되어야 한다는 이전의 미국의 제안을 소련이 받아들인 것을 의미했다.

그러나 훨씬 더 어려운 것은 순항미사일과 백파이어(Backfire) 전략폭격기 문제였다. 미국은 정확성과 첨단추진 시스템을 갖고 있는 순항미사일의 궁극적인 생산을 위한 기술을 개발했었다. 이 순항미사일은 잠수함, 해상함정, 항공기 그리고 지상발사대와 같은 다양한 발사단(launch platforms)에 배치될 수 있었다. 순항미사일은 낮은 고도로 비행하면서 적의 레이더나 다른 조기경보 시스템을 피할 수 있었다. 음속보다 느린 속도로(약 시간당 650마일) 비행하는 순항미사일은 1차 공격무기로 간주될 수 없었다. 왜냐하면 그것은 탄도미사일과 비교하여 정해진 목표에 도달하는 데 시간을 더 필요로 했기 때문이었다. 만약 군비통제 주창자들이 그 속도와 정확성때문에 1차 공격무기가 될 수 있는 잠재성을 지닌 무기들을 '탈안정적(destabilizing)'인 것으로 간주한다면, 음속보다 느린 순항미사일은 단지 보복공격을 위한 무기로서 전략적인 균형을 안정시킬 수 있을 것이다. 그럼에도 불구하고 순항미사일은 다양한 발사단으로부터 발사될 수 있었기 때문에 검증의 문제를 야기했다. 미국은 블라디보스톡 총계에서 순항미사일을 제외시키려고 압력을 가했다. 미국은 블라디보스톡 총계를 단지 탄도미사일에만 적용되는 것으로 파악했다.

순항미사일을 포함시키고자 한 소련은 제2차 전략무기제한협정의 전략적 핵력 수준에서 자국의 새로운 백파이어 폭격기를 제외시키고자 했다. 그 폭격기는 확실히 유럽과 동아시아의 목표들을 공격할 수 있었으며, 쿠바와 같은 제3의 국가에 착륙할 수도 그리고 심지어는 미국을 공격하기 위해 핵무기를 운반할 수도 있었다. 포드 행정부는 백파이어 폭격기를 블라디보스톡 총계의 전략적 핵력 수준의 일부로서 계산되기를 원했다.

그 결과는 이러한 쟁점 모두에 있어서 미소 간의 불화를 가져왔다. 1976년 1월 모스크바에서 키신저 국무장관은 순항미사일의 거리를 2,500Km로 제한하고, 1,320기의 마브식 최대치 내에서 그 수를 계산할 것을, 소련에게는 최대거리를 제공할 기지에 백파이어를 전진배치하지 말고 그 폭격기가 미국을 위협하지 않을 것이라는 다른 보장의 약속을 제안함으로써 순항미사일과 백파이어 폭격기 문제에 대한 분쟁을 해결하고자 했다. 이처럼 백파이어는 주변 국가들을 목표로 한 기존의 거대한 소련의 핵능력을 증가시켰다. 이런 의미에서 문제는 소련 영토를 공격할 수 있는 나토의 전진기지 시스템이 아니라 서유럽, 중국, 일본을 목표로 하는 소련의 점증하는 능력, 즉 처음에는 백파이어였고 1970년대 말에는 SS-20 탄도미사일이었다. 소련이 그랬듯이, 백파이어기는 미국을 목표로 하기보다는 주로 단거리 임무를 위해 만들어졌으며, 따라서 이것은 전략무기제한협정으로부터 배제되어야 한다고 주장하는 것은 미국의 안보는 대서양동맹의 나머지 국가들의 안보와 분리될 수 있다는 서유럽의 의혹을 증폭시켰다. 포드 행정부의 나머지 기간 동안에도 순항미사일과 백파이어의 쟁점은 해결되지 않았다. 비록 전략무기제한협정의 과정은 계속되었으나, 그것은 데탕트에 대한 국내적 지지가 줄어들면서 점차적으로 비판에 직면했다.

닉슨과 포드하에서의 외교정책 결정과정

닉슨은 대통령이 되기 전에 '국가안보보장회의(National Security Council)'를 국가안보 계획에 있어 최우선적 역할을 하도록 회복시키겠다고 약속했다. 아이젠하워 행정부 때 부통령을 역임한 닉슨은 국가안보보장회의가 대통령으로 하여금 최종적인 결정을 내리도록 제시하는 정책입장들을 만들어내는 기구로서의 역할을 한 정책결정 구조를 관찰했고, 또한 그에 참여했다. 아이젠하워는 강력한 국무장관인 덜레스를 두고 있었는데 그의 효율성은 대통령이 그에게 두고 있는 신임에 정비례했다. 그럼에도 불구하고 아이젠하워는 백악관 내에서 국가안보보장회의 구조를 발전시켜 나갔다. 덜레스가 국가안보보장회의의 구조를 지배했다면, 그것은 그가 국무장관이라는 사실보다는 오히려 그가 아이젠하워와 긴밀한 관계에 있었다는 사실에 근거하고 있었다.

국가안보보장회의의 제1차성

닉슨은 외교정책 행위에 대한 대통령의 긴밀한 통제를 행사하고자 했으며 폐쇄적인 관료기구, 특히 국무부를 의심스레 바라보았기 때문에 그는 중앙집권화된 정책결정 과정에 대한 자신의 선호를 반영하는 시스템을 정착시키기 위해 재빠르게 움직였다. 닉슨은 아이젠하워 시절의 구조를 세 가지 면에서 수정했다: ① 그는 대통령의 결정을 위해 준비된 서류에 개진된 정책대안들의 중요성을 고양시켰다. ② 그는 강력한 국가안보보장회의 참모진을 수립하였다. 이는 첫째 자신의 최종적인 결정을 위한 정책대안들을 통합하기 위한 것이었고, 둘째 자신의 결정을 위해 제출될 정책대안들의 분석을 위해 필요한 연구물과 메모들을 다양한 부서로부터 얻기 위함이었다. ③ 그는 국가안보담당 보좌관이 주재하는 일련의 부서 간 위원회를 창출했다.

안보담당 보좌관에게 보고하는 전문적 참모진들을 보유하고 있는 국가안보보장회의의 이용은 닉슨에게 있어 현존하는 어떤 부서도 동등한 기능을 수행할 수 없다는 현실 인식을 의미했다. 만약 국무부이 정책조정과 통합을 위한 도구로서 선택된다면 국방부는 국무부가 부당한 이익을 얻게 된다고 인식할 것이다. 자신의 관료적 이해 관계와 관점을 갖고 있는 국무부는 다른 부서의 노여움을 살 것이며, 또한 닉슨 행정부로부터 완전한 신뢰를 받지 못할 것이다. 닉슨은 개개 부서가 선호하는 것에 기초한 일련의 정책대안이 아닌, 또 그가 공허한 관료적 합의라고 간주하는 것에서 나온 합의된 입장도 아닌, 대통령의 선택에 근간을 이룰 명백히 개발된 대안들을 갖기를 고집했다. 1970년에 발간된 미국외교정책에 대한 의회보고서에서 닉슨은 "대통령의 지도력이란 각 부서들 간에 도달한 합의를 단순히 추인하는 데 있는 것이 아니다"라고 선언했다. 만일 대외정책이 본질에 있어 일관성을 갖는다면, 그것은 반드시 순차적인 심사숙고가 허용되는 정책결정 구조에 바탕을 두어야만 한다.

닉슨 행정부는 자신의 '세계평화를 위한 새로운 구조'를 위한 토대로서 사건에의 단순한 반응을 창의성과 체계적인 계획으로 대체하는 외교정책을 진전시키고자 했기 때문에 현재의 정책을 세계전략의 틀에 통합시키고 장기적인 정책을 형성할 수 있는 것이 필요했다. 가장 시급한 문제들이 필연적으로 미국이 직면하고 있는 근본적인 문제들은 아니었다. 따라서 정책결정 과정은 이러한 문제들이 위기로 변화되기 전에 고려되는 것이 허용되어야만 했다. 닉슨 행정부는 행정부 자체가 문제와 사건들에 의해 모양새가 지어지기보다는 오히려 그러한 문제와 사건을 규정짓도록 시도했다. 그러다 보니 정책결정 구조와 닉슨 독트린의 다양한 요소들을 창출하고 강화하는 정책들 간에 풀리지 않는 관계가 형성되었다.

우리가 존슨 행정부의 융통성과 이따금씩의 무질서와 아이젠하워 시기의 형식성과 다소 경직된 틀이라고 파악한 것 대신에 닉슨은 양쪽의 가장 좋은 요소들을 결합한 정책결정 과정을 찾으려 했다. 이것은 관료들의 선호하는 바를 단순히 다시 늘어놓지 않고 대통령 앞에 대안을 가져다주는 정책입장들과 일련의 절차들의 체계적인 개발을 위한 조직의 구조를 포함했다. 결과는 특정의 외교정책 쟁점을 연구하도록 지침을 받을 수 있는 부서 간 위원회의 창설 혹은 재조직화였다. 닉슨 행정부에서 부서 간 그룹(IGs: inter-departmental groups)은 — 비록 국무부 차관이 계속해서 이를 주재하긴 했지만 — 존슨 행정부의 부서 간 검토 그룹(IRGs: interdepartmental review groups)을 대체했다. 내각의 각료 바로 밑의 최고위 공무원 — 예컨대 국무부과 국방부 차관 — 으로 구성된, 1967년 존슨 행정부에 의해서 만들어졌었던 고위 부처 간 그룹(SIG: Senior Interdepartmental Group)은 해체되었다. 국무부 차관이 주재한 고위 부처 간 그룹 대신에 닉슨 행정부는 국무부 차관을 수석으로 하는 차관위원회(USC: Undersecretaries Committee)라고 불리는 것을 만들었다. 닉슨과 존슨 행정부의 위원회 구조에 있어서의 중요한 차이는 닉슨하에서는 각종 위원회는 국가안보보좌관으로서의 키신저가 주재하는 고위 검토 그룹에 보고를 한다는 것이다. 간단히 말해, 국무부 차관, 국방부 차관, 중앙정보국장 그리고 합창의장으로 구성된 고위 검토 그룹이 형식적으로 하위 수준에서 준비된 그리고 국가안보보장회의 참모진에 의해 통합된 연구물을 재심의하고 그것들을 정책 행동을 위해 대통령에게 제출했다.

1969년 키신저를 위원장으로 하는 4개의 다른 기관 간 위원회(interagency committees)가 설치되었다. 키신저가 안보담당보좌관으로서의 자신의 임기를 끝맞칠 때까지 총 9개의 그러한 위원회가 설치되었다. 차관위원회와 고위 부서 간 그룹 이외에 그것들은 동남아시아와 중동에서 행정부의 신경을 집중시키고 있는 것과 같은 국제적 위기 시에 긴급정책과 계획을 수립하는 임무를 맡은 '워싱턴 특별활동 그룹(WSAG)', 전략무기제한협정 회담과 군축 협상, 그리고 다른 군비통제 문제를 위한 대안을 개발하기 위해 필요한 기술적 분석을 수행하도록 조직된 '검증 패널(Verification Panel)', 베트남 전쟁에 관한 자료들, 특히 그 당시의 각종 정전 제안의 안보에의 의미와 직접적으로 관련 있는 요인들을 수집·분석하는 것을 주된 임무로 하는 베트남 특별연구 실무그룹(Vietnam Special Studies Working Group), 전략적, 정치적, 경제적 차원의 방위계획을 통합하고 군사적으로 필요한 것을 예산상의 제약과 다른 국가적 우선순위의 것들과 관련짓는 것을 목적으로 하는 방위계획심의위원회(Defense Program Review Committee)를 포함했다. 닉슨 행정부 동안에 만들어진 다른 두 기관 간 위원회는 1973~ 1974년 에너지 위기 때 만들어진 '국제에너지심의위원회'와 주로 중앙정보국, 국가안보국(National Security Agency) 그리고 방위정보국(Defense Intelligence Agency)으로 구성된 정보공동체를 위해 정책을 설정하도록 구성된 정보위원회(Intelligence Committee)였다.

키신저의 정책결정 과정의 지배

안보담당보좌관으로서 키신저는 닉슨을 대신하여 그리고 닉슨에게 직접 보고하는 국가안보보장회의의 최고 정점에 있었다. 각종 부처 간 그룹들과 부처들은 정책대안을 개발하고 또 최고위 수준에서의 최종적인 결정에 미치는 의미를 평가하기 위한 수단으로서 백악관의 국가안보보장회의로부터 국가안보연구보고서(NSSMs: national security study memoranda)의 형태로 과제들을 받았다. 항상 성공적인 것은 아니었지만 단지 그럴듯한 하나의 정책 대안 혹은 신중히 고려해 볼 만한 가치도 없는 두 개 이상의 허깨비들을 제시하기보다는 엄격한 분석에 기초를 둔 명백히 정의된 대안들을 만들기 위한 노력들이 행해졌다. 국가안보보좌관의 위치는 국가안보연구보고서에 응해 만들어진 연구물들이 키신저가 주재하는 고위 심의그룹(Senior Review Group)에 제출된다는 사실에 의해 고양되었다. 키신저는 원래 자신을 운영자라기보다 개념화하는 사람 그리고 관료라기보다는 창의적인 의견을 제공하는 사람으로 생각했다. 그러나 점차적으로 닉슨과 가깝고 제한 없이 직접 닉슨에게 접근할 수 있다는 이유로 그는 2차대전 이후 가장 영향력 있는 대통령 보좌관이 되었다. 1973년 8월 닉슨이 그를 국무장관에 임명한 후에도 그는 계속해서 1975년 11월 포드가 키신저를 국무장관에서 해임시킬 때까지 안보보좌관으로서의 공식적인 지위를 견지했다. 이 기간 중에 그는 부처 간 위원회의 구조에 대한 통제를 견지했다. 이로 인해 국민들은 외교정책 기구가 한 사람의 손에 지나치게 집중되어 있다고 비판했다.

결론적으로 키신저의 지배력은 조직의 양상에서 온 것이라기보다는 그가 처음에는 닉슨과 나중에는 포드 — 포드의 대외정책에 관한 지식과 경험은 닉슨보다 덜 광범위했다 — 와 발전시켜 나갔던 전문적인 관계에 기인했다. 국무장관으로서 키신저는 백악관의 국가안보보장회의 구조를 덜레스가 그랬던 것과 다소 유사한 방식으로 지배해 나갔다. 그의 영향력은 덜레스처럼 그가 지닌 관직을 뛰어넘었지만, 키신저의 입지는 그가 국무장관으로 임명됨으로써 강화되었다. 키신저·닉슨의 외교정책 결정구조의 강점은 장기적인 문제와 급박한 문제 간의 관계에 대한 이해에 기초한 외교정책에의 통합된 접근법을 발전시키고자 한 노력에 있었다.

역설적으로 통합된 의사결정의 기초로서의 힘의 집중은 의도하지 않은 결과를 낳았다. 급히 해결해야 하는 사건들이 주는 압박은 국가안보보장회의 내에서 장기적인 정책대안을 분리하여 개발하는 것을 불가능하게 아니면 어렵게 했다. 국가안보보좌관을 통해 대통령에게로 걸러진 많은 국가안보연구보고서에의 반응은 제약된 시간으로부터 기인하는 필연적인 지연에 직면했다. 그러한 상황하에서 그 당시의 문제들은 일차적인 주의를 받았으며 다른 한편 필연적으로 급박하지는 않으나 그럼에도 중요한 다른 문제들은 무시되었다. 또 다른 반드시 비의도적인 것은 아니었지만, 결과는 심지어 로저스 국무장관을 포함한 중요 관료 행위자들이 1972년 중국 개방과 같은 중요한 결정에서 배제된 것이었다. 만약 의사결정구조가 닉슨·포드 행정부에서 상당히 중앙집권화되어 있다면 동맹국들과의 협의의 문제들이 필연적으로 악화될 것이다. 더군다나 한 명의 대통령 보좌관에게 권력이 집중되어 있다는 것은 대통령 보좌관의 지위를 향상시키지만 그의 부하관리들이 직접적으로 대통령에게 접근하지 못함으로써 그들의 지위를 약화시킨다. 대통령의 긴급한 정책의 필요성을 돕기 위한 촉박한 요구들을 고려해 볼 경우, 키신저는 국가안보보장회의 참모진들(이들의 관료적 영향력의 강도는 키신저와 어떻게 연계되어 있는가라는 인식으로부터 나왔다)과 적정 수준의 접촉을 항상 가질 수 있는 것은 아니었다. 키신저가 대통령을 효과적으로 대변할 수 있다 하더라도 그의 부하 관리들이 그를 대신해 직접적으로 행동한다고 마찬가지로 주장할 수 없었다. 그 결과는 닉슨 행정부 출범 당시 키신저가 끌어들였던 영향력 있는 참모진들 가운데 상당수의 사직을 통한 마찰이었다.

닉슨·포드 행정부는 역대 그리고 후대의 행정부와 마찬가지로 거대한 관료정책결정 구조 내에서 외교정책에 있어서의 관점의 일관성과 통합을 추구하는 불완전한 노력을 한 것으로 대표된다. 비록 닉슨·포드 행정부가 이러한 지속적인 문제에 대한 최상의 해결을 찾아내지 못했지만, 그럼에도 불구하고 국가안보보장회의에 의해 제공된 백악관 구조를 미증유의 발전된 수준으로 가져왔으며 그것에다 장기적 목표와 시급한 외교정책의 필요를 지원하는 성격 변수들을 결합했다.

닉슨·포드 행정부와 대외정책: 비판

1960년대 말은 미국 내에서 외교정책에 있어서의 심각한 분열의 시기였다. 심지어 닉슨·포드 행정부가 끝나기 이전에 소련과의 관계가 다루어질 수 있는 평화를 위한 세계적 구조를 강조하는 닉슨 독트린의 한계는 명백해졌다. 1973년 10월 전쟁은 국제적인 힘, 특히 에너지 가격의 상승과 공급단절에 미국의 동맹국들이 얼마나 취약한가를 생생하게 보여주었다. 그것이 의미하는 바는 두 가지였다. 첫째, 동맹국들이 장래에 예상되는 석유공급 부족에 대처하기 위해 산유국들과 그들 자신의 거래를 하려함에 따라 대서양동맹의 기초는 상충하는 이해 관계로 인해 손상받았다. 닉슨 독트린은 북대서양조약기구 밖의 다른 문제영역에서 우방들과 협력적인 관계를 발전시켜 나갈 수 있는 틀을 갖추지 못했다. 둘째, 힘의 중심으로서 서유럽과 일본을 포함하는 전 세계적 구조의 효율성이 산유국으로부터의 경제적 정치적 압력에 직면해 있는 우방국들이 갖고 있는 명백한 취약성에 의해 손상되었다. 서유럽과 일본은 여전히 그들의 방위를 위해 미국에 상당히 의존하고 있었다. 소련과 관련하여 닉슨 독트린이 요구하는 자립성의 확대와 우방들의 실제 능력 간의 격차는 1969년과 비교하여 닉슨·포드시대의 종반에도 더 좁혀지지 않았다.

가장 좋게는, 평화를 위한 구조에 구체화된 개념은 1970년대의 실제 세계에 있어 너무나 일렀다. 비록 경제력과 군사력, 특히 재래식 무기의 수준에서의 군사력은 다수의 국가들에게(그리고 심지어 비국가적 요소들에까지) 분산되어 있었지만, 국제체계는 여전히 총체적인 군사적 능력에서 다른 모든 국가들을 훨씬 능가하는 초강대국들을 포함하고 있었다. 1970년대 초까지 소련은 처음으로 전략무기제한협정에 명문화된 전략적 균형을 달성했다. 가장 나쁘게는, 닉슨 독트린은 국제체계의 구조와 미국이 소련과의 관계를 대결에서 협상으로 또한 일방적인 이득을 위한 기회의 이용에서 상호자제의 행사로 바꿀 수 있는 능력에 대한 환상에 기초하고 있었다. 평화를 위한 세계구조에 필수적인 것은 초강대국들이 그러한 틀의 성격에 대해 공동의 비젼을 수용하고 또 어떤 일방도 자신의 국가이익을 위해 취할 수 있는 행동에 대한 제약을 수용하는 것이었을 것이다. 키신저 자신이 『복구된 세계(A World Restored)』에서 썼듯이, 비인 회의의 주요한 성과는 세력균형에 기초한 틀의 복구였으며 이러한 틀에 있어 분쟁은 구조 자체의 정당성에 초점이 주어진 것이 아니고 오히려 본질적인 문제에 주어졌다.

그러나 소련의 지도자들이 마르크스·레닌주의 이념에 여전히 사로잡혀 있는 한, 소련은 닉슨 독트린에서 미국의 국가정책을 이끄는 원칙에 근본적으로 반대되는 세계질서의 창출에 지속적으로 깊이 관여할 것이다. 마르크스·레닌주의 원칙을 포기하는 것은 소련 공산당이 권력의 독점을 유지했던 지상명령을 져버리는 것과 같았다. 비록 소련이 전술적인 이득을 위해 협정을 체결할 수 있지만, 소련의 지도력은 명백히 반대되는 정치체제와의 이념적 투쟁을 줄이지 않고 지속시킬 것임을 지적하고 있었다.

그와 같은 적에 직면해서 미국은 무역과 기술의 이전을 유인책으로 사용하는 것을 기대할 수 없었다. 소련의 지도부를 그러한 회유책으로 매수하여 행동을 바꿀 수가 있었다면 이는 소련의 국가 이익의 뿌리 깊은 관념과 마르크스·레닌주의 세계관의 부재 속에서만 가능할 수 있는 기념비적인 업적을 대표했었을 것이다. 어쨌든 미국이 사용할 수 있는 물질적인 유인책은 소련의 외교가 기초하고 있는 다른 가치들에 가까이 접근할 수 없었다. 1970년대 초 닉슨 독트린은 미국에 있어서는 변화된 세계에서 산산조각이 난 외교정책에 대한 국내적 합의를 재건설하는 기초를 의미했으며, 이러한 합의 속에서 닉슨 행정부는 세계의 안정을 위한 틀을 수립하기 위해 진력했다. 키신저가 인정했듯이, 미국이 직면한 과업은 그 역사에 있어 제국주의 단계라고 불리는 것에 있는 소련을 억제하는 것이었다. 물론 역사적으로 러시아는 16세기 이래로 인접 영토로의 지배력을 확장시키는 데 몰두해 온 제국주의 세력이었다. 후에 러시아는 유라시아 대륙의 광활한 지역을 가로질러 더 먼 지역에까지 이르는 확장을 시도했다. 1970년대 초까지 미국은 닉슨 독트린에서 소련을 봉쇄할 필요성을 보았다. 미국의 군사력이 상대적으로 쇠퇴하고 있었고, 또한 점차적으로 대결장이 되고 있던 제3세계에서 벌어지는 사건에 영향을 미치는 미국의 능력과 의지가 줄어든 시기에 소련의 군사적 능력은 증가하고 있었다. 닉슨·포드시대에 미국이 제한된 수단으로서 제한된 목적을 추구할 필요가 명백히 외교정책에 영향을 미쳤다. 소련의 경우는 같지 않았다. 이러한 상황하에서 닉슨 독트린에 구현된 평화를 위한 세계구조 형성의 기초는 치명적으로 훼손되었다.

제8장

카터 행정부

봉쇄를 넘어선 세계질서 정치

1976년의 대통령 유세기간 중 민주당 대통령 후보였던 지미 카터(Jimmy Carter)는 포드 행정부와 닉슨·키신저 외교정책이 동·서 문제 그리고 특히 소련이 부과한 안보 위협에 지나치게 사로잡혀 있다고 주장하면서 이를 비판했다. 대통령이 되고 나서 가진 첫 번째 대외 문제에 관한 연설에서 카터는 자신의 행정부는 '공산주의에 대한 두려움을 갖고서 우리와 합류했던 모든 독재자들을 포용하도록 했던 공산주의에 대한 적절하지 못한 두려움'을 떨쳐버렸다는 만족감을 표현했다. 대신 카터는 새로운 세계, 즉 가치에 대한 부단한 존중과 역사를 바라보는 시각에 있어서의 낙관주의에 기초를 둔 외교정책에 의해서 미국이 그 실현을 도울 수 있는 새로운 세계의 등장을 직시했다

제3세계와 인권에 관한 카터의 강조

카터는 미국이 20세기 잔여기간 동안 러시아와의 안보관계 이외의 여러 문제에 직면해 있다는 견해를 가지고 있었다. 이러한 문제들은 경제개발, 국가 간의 교역 및 투자, 에너지, 인구과잉, 핵확산, 국제통화 체제, 무기이전, 환경파괴

그리고 무엇보다도 세계 각국에 있어서의 인권존중을 강화시킬 필요를 포함하였다. 미국과 여타의 국가가 이러한 문제들을 만족스럽게 극복하지 못할 경우, 미국 및 다른 핵강대국이 연루되는 전쟁으로까지 비화될 갈등을 야기할 혼란이 초래될 수 있다는 두려움이 존재했다. 미국은 여느 때처럼 소련과의 안보관계를 다룰 필요를 느끼고 있었지만, 20세기 후반의 세계체계의 변화된 여건 – 카터는 이를 새로운 세계라고 칭함 – 으로 인해 변화를 다룰 외교, 특히 제3세계에 특별한 중요성을 두는 외교를 전개할 필요가 있었다. 소련과의 관계에 있어서 미국이 봉착해 있는 쟁점들이 아무리 복잡해도 비공산세계가 안고 있는 문제들은 많은 쟁점들을 포함하고 있으며, 이러한 것들에 대한 해결책의 발견이야말로 카터 행정부가 미국 외교정책의 적절한 중점 사항이라고 간주하는 것이었다.

카터와 뜻을 같이하는 사람들은 20세기 후반의 중요한 세계쟁점들을 해결하는 데 있어서 3대 비공산 산업국가의 중심인 일본, 서유럽, 미국 간의 3자 관계를 심화하는 것이 필요불가불하다고 보았다. 이들 모두는 인본주의적인 세계질서의 가능성을 제고시킬 수 있는 자본, 인적자원, 기술, 정치행정 기술을 보유하고 있다. 그 자신이 3자위원회(the Trilateral Commission)의 일원이었으며, 이로부터 고위 국가안보인력을 충원하기도 한 카터는 선진 산업민주국가들을 더 긴밀한 정치적 협력을 위한 체계적인 노력에 관여시킬 필요가 있다고 생각했다. 또한 카터는 가능한 많은 세계의 문제영역에 있어서 보다 나은 경제협력을 위한 기반을 닦아 놓을 필요성 역시 알고 있었다. 이런 연유로 카터 행정부는 사회적, 정치적, 경제적인 상호의존이 심화된 세계에 있어서 제3세계 국가들과의 협력을 증진시키기 위해 산업화된 미국의 맹방들과의 협력장치를 필수적인 것으로 보았다.

3자주의(trilateralism)는 새롭게 부상하고 있는 제3세계 국가들, 특히 풍부한 자원이라든가 지역 내의 힘으로 인해 20세기 후반의 국제체계를 휘몰아치고 있다고 알려진 체계변형을 예증한 국가들과의 다른 유형의 연계를 통하여 보강될 예정이었다. 군사력, 정치력 그리고 경제력의 이러한 국가로의 분산은 좀 더 심화된 상호의존과 관련이 있고 또 이를 촉진하는 쟁점들의 점증하는 다급함과 더불어 새로운 정책의 우선순위와 카터 행정부가 추론한 좀 더 효율적인 틀의 필요성을 지적했다. 금후로 브라질, 나이지리아, 인도, 베네수엘라, 사우디아라비아, 인도네시아 그리고 이란과 같은 국가들이 각자의 지역에서 좀 더 중대한 역할을 할 것이다. 이런 의미에서 카터 행정부의 접근방법은 그런 국가들을 지역 내의 세력균형의 한 부분으로서의 중요성을 덜 부여하는 한편, 경제적인 쟁점들과 인권의 강화에 큰 중요성을 부여한다는 점에서 닉슨·키신저의 외교와는 달랐다. 여기에서 카터 행정부는 국익에 대한 강조와 인권의 전망을 고양시켜야겠다는 열망 간에 결코 해결될 수 없는 것 같은 내적인 불화에 직면했다. 이러한 딜레마는 이란 위기 시에 극명하게 드러나게 될 운명이었다. 왜냐하면 샤 이란 국왕은 비록 그의 정부가 인권을 제한하고 있다는 비판을 받았으나 닉슨·포드 행정부에 있어서는 미국의 힘의 대리자로 간주되어 왔기 때문이다. 카터 행정부 내에서의 불화는 주로 반스(Cyrus Vance) 국무장관과 브레진스키(Zbigniew Brzezinski) 국가안보보좌관 사이에서 때때로 드러나는 갈등에 집중됐다. 반스 혹은 심지어 카터 자신보다도 브라운(Harold Brown) 국방장관으로부터 점증하는 지지를 받고 있던 브레진스키는 카터가 중시 여기는 인본주의적 목표의 달성을 위한 선결조건으로서 미국의 군사적 능력의 재건을 촉구했다.

만일 카터 직전의 미국의 대외 관계가 미국과 소련의 지정학적인 투쟁에 너무나 편협되게 뿌리박아 왔다고 주장되어 왔다면, 카터는 자신의 행정부의 정책기초를 제3세계 국민들의 열망과의 좀 더 큰 감정이입에 두고자 했다. 구체적으로 카터 행정부는 남아프리카공화국의 인종차별정책에 대해 노골적인 비판을 할 필요성과 남아프리카공화국에서 대다수를 차지하고 있는 흑인에게로의 더 빠른 정권 이양의 필요성을 깨달았다. 카터 행정부는 미국이 미국의 정책과 제3세계 인민들의 목표를 일체화시킴에 따라 미국에 대한 적대감과 소련의 매력이 감소되리라고 추측했다. 그와 같은 강조는 기본적인 미국의 가치와 일치했기 때문에 국가안보의 적절한 개념에 대한 지지를 유지하는 데 있어서 모든 행정부가 필요로 했던 합의의 소생을 도와줄 가망성을 갖고 있었다.

1970년대 중반 베트남과 워터게이트 사건의 상처가 미국이라는 정치적 통일체에 남아 있었다. 이들이 미친 결과는 선출된 지도자 특히 대통령에 대한 미국인들의 신뢰를 상당히 저하시켰으며 외교정책의 형성과 이행에 있어서의 대통령의 재량권을 제한했다. 이러한 요인들은 외교정책에 있어서 비밀보다는 공개를 선호하는 역사적인 경향과 더불어 의사결정 과정에 의회의 감독을 증가시키는 결과를 가져왔다. 베트남에 의해 야기된 정치적 환경을 주어진 것으로 볼 때 닉슨과 키신저가 외교정책 형성에 있어서 비밀을 유지하는 데 눈에 띄게 성공적이었다는 부분적인 이유 때문에 카터는 '공개된' 행정을 약속했다.

제3세계 쟁점들과 인권에 대한 그의 강조점 못지않게 카터는 자신의 행정부 출범 초기에 정책결정 과정 그 자체를 합의를 이끌어내는 장치로서 이용하고자 하였다. 얼마 전까지의 지정학적 그리고 세력균형에 사로잡혀 왔던 것과 구별되는 '세계질서정치(world order politics)'를 요청하면서 카터는 국민의 지지를 이끌어내는 하나의 수단으로서 미국인의 이상주의적 전통에 호소하고자 하였다. 이러한 인권에 대한 강조는 카터 자신이 깊숙이 지녀온 종교적 견해와 일치했으며 또한 일관적인 외교정책 형성을 위해 현재의 환경 속에서 무엇이 필요한가에 대한 그의 명백한 개념과도 일치했다.[1] 우호적이고 또한 적대적인 국가들에의 인권기준의 적용 강조는 보편적인 민주주의 적용 가능성이라는 윌슨주의적 원칙으로부터 나왔다.

이것은 카터 행정부가 윌슨(Woodrow Wilson) 이상으로 가장 좋은 상황하에서조차도 이상적 세계와 현실 간의 괴리가 상당히 남아 있다는 점을 인식하지 못했다는 것을 의미하지는 않는다. 그럼에도 불구하고 인권의 준수를 촉구하는 데 있어서 카터 행정부는 자신의 외교정책을 미국 건국의 아버지들(Founding Fathers)이 「독립선언문」과 헌법에서 간직하고 보편적인 적용 가능성을 부여한 이상들과 연계시키고자 했다. 인권에 기본이 되는 자유의 전망이 성장할 수 있

1) 인권의 위반, 즉 그로 인해 외국 정부가 미국의 경제원조를 받지 못하는 인권 위반 유형은 다음을 포함한다: 야당탄압, 정적암살, 언론탄압, 선거폐지 혹은 부정선거, 종교, 인종, 언어 그리고 여타의 다른 그룹을 박해하거나 차별하는 것, 의견을 달리하는 사람을 제멋대로 체포하고 정당한 재판 없이 처벌하는 것, 고발 없이 혹은 가족들에게 소재지를 알리지 않고 사람들을 오랫동안 억류하거나 구금하는 행위, 테러적 통치방법의 구사 그리고 서구 민주사회가 당연시하는 정치적 시민적 자유를 박탈하는 것.

는 세계는 세계의 수백 만 인민의 가장 기본적인 열망과 일치하며 이들의 이익은 미국의 이익과 일치할 것이다. 윌슨의 정치적 이상과 일치하면서 미국의 민주주의적 가치와 일치하는 원칙에 정부의 토대를 두고 있는 국가들로 이루어진 세계체계는 권위주의적 혹은 전체주의적 국가들을 갖고 있는 세계보다 좀 더 안정적일 것이다. 카터 행정부에게 있어서 미국 외교정책의 인권에 대한 강조는 정치적 실용주의와 역사적 원칙 및 기본 가치에 그 기초를 두고 있었다

하지만 미국과 정치적으로 다원적인 미국의 동맹국들의 국경을 벗어난 세계는 카터 행정부가 옹호하는 인권기준의 실현을 위한 전망을 거의 갖고 있지 않았다. 대신에 인식된 국가 이익의 성격과 그로 인한 안보필요와 함께 근본적으로 상이한 역사적 환경과 지배 엘리트와 피지배자와의 관계에 대한 관념이 카터 행정부가 역대 행정부와 마찬가지로 외교정책을 수행해야만 하는 외부세계의 환경을 규정지었다. 억압적인 정권으로 하여금 인권을 존중하도록 자극하는 것과 이란과 니카라과에서처럼 정권의 몰락을 가져오거나 혹은 소련의 경우에서처럼 오히려 훨씬 심한 국내적인 탄압의 형태로 반발을 가져오는 정부에 대한 압력 사이에는 미세한 차이가 존재한다. 미국 내에서 외교정책의 수행을 위한 합의형성의 과정에서 필요하다고 생각되는 것은 다른 많은 국가들의 지배적인 정치와 사회구조와는 반대되는 것이었다.

1970년대 말의 미소 관계

비록 카터 행정부는 봉쇄를 넘어서는 미국의 외교정책을 위한 광범위한 초점을 고안하려 했으나 모스크바와의 관계는 다음의 두 가지 이유로서 필연적으로 여전히 주된 관심사였다. 첫째, 만일 미국이 자국의 에너지를 20세기 후반의 세계적인 쟁점들에 집중하기 위해서는 미소 관계에 있어서 경쟁적인 면을 감소시킬 필요가 있었다. 특히 이것은 제2차 전략무기제한협정(SALT II)의 형태로서 소련과의 무기제한협정의 타결, 다른 무기제한협정, 특히 포괄 핵실험금지조약의 체결 그리고 유럽에서 소련·바르샤바 조약과 나토군의 수준을 제한하기 위한 상호적이고 균형잡힌 군축(MBFR)을 위한 협상의 진전을 의미했다. 둘째, 카

터 행정부는 점증하는 군비에 의해 지원되고 또 1970년대 말 베트남, 에티오피아, 남부 아프리카 그리고 중앙 아메리카처럼 멀리 떨어져 있는 지역과 소련과 국경이 접해 있는 아프가니스탄으로 힘과 영향력을 투사하려는 경향을 보이고 있는 소련의 대외정책에 직면해 있었다. 소련과 무기제한협정을 추구하는 데 있어서 카터 행정부는 소련의 군사력 증강을 억제하는 데 이전의 행정부보다 큰 성공을 거두지 못했다. 동시에 카터 행정부는 소련으로부터 미국의 인권정책은 소련의 정치체제를 약화시키려는 의도를 갖고 있다는 비난을 불러일으켰다. 포드는 제2차 전략무기제한협정의 협상을 위태롭게 할지도 모른다는 두려움 때문에 솔제니친을 백악관으로 맞아들이는 것을 거부했으나, 카터는 소련의 수소폭탄 개발에 있어 주요한 역할을 한 사하로프에게 편지를 쓰기까지 했다. 카터는 인권준수를 위해 소련에 압력을 가하고자 했을 뿐만 아니라 포드 행정부에 의해 협상 중이던 제2차 전략무기제한협정을 크게 능가하는 군비통제협정을 소련과 체결하고자 했다. 이들과 관련해서 성과는 처음 예상에 훨씬 미치지 못했다.

카터 행정부는 소련의 백파이어 폭격기를 엄격한 전략무기제한협정의 제한 속에 포함시킬 것인가와 1980년대 초 미국이 배치하려던 순항미사일에 어느 정도로 거리제한을 가해야만 할 것인가에 대한 논쟁적인 문제들을 제외하고는 가장 중요한 모든 쟁점들에 관해 합의를 보았던 제2차 전략무기제한협정 조약 협상을 물려 받았다. 제2차 전략무기제한협정을 처음 검토한 후 카터 행정부는 포드와 키신저의 최종적인 협상자세를 상당히 넘어서는 결정을 취하고자 하였다. 카터 자신은 미국 혹은 소련의 병기고에 있는 것보다 훨씬 적은 수의 전략핵무기 발사장치에 기초를 둔 핵억지개념에 집착했다. 예컨대 취임전 합동참모본부의 브리핑에서 카터는 두 초강대국이 발사장치의 수를 각가 200기로 삭감한다 해도 핵억지가 유지될 수 있는가의 여부를 물었다.

1977년 3월 반스 국무장관은 두 개의 전략무기제한협정 (제)안을 소련으로 가져갔다. 첫 번째의 '우선적인 대안(preferred option)'이라 불려진 것에서 전체 전략적 핵력의 수준을 2만 4,000기의 발사장치와 1974년 블라디보스톡 회담에서 마련된 1,320기의 마브식 시스템에서 총계 1,800 내지 2,000개의 발사장치로 그리고 1,100 내지 1,200기의 마브식 시스템으로 감축할 것을 2,500Km의 범위한도를 갖는 순항미사일 제한과 더불어 규정했다. 두 번째의 '포괄적인 제안(comprehensive proposal)'이라고 불리는 것에서는 소련만이 보유하고 있는 대형미사일의 수를 블라디보스톡에서 합의한 308기에서 총 150기를 초과하지 않도록 감축할 것을 규정했다. 비록 소련이 1977년까지 세 가지의 신형급 대륙간탄도미사일을 배치했고 이보다 10년 전에 미국은 마지막 미뉴트맨 발사장치를 배치했지만, 미국의 제안은 모든 새로운 대륙간탄도미사일의 제조금지를 포함하고 있었으며 미국의 엠엑스(MX) 미사일(다수의 기지에 배치되어 1차 공격의 정확한 표적이 되는 것을 피하기 위해 여기저기로 움직일 수 있는 왔다 갔다 할 수 있는 이동미사일)은 제외하기로 되어 있었다.

전략적 군사력의 대폭적인 감축을 요청함에 있어서 카터 행정부는 적은 수의 시스템에 대한 카터 자신의 기호뿐만 아니라 소련 시스템에 배치된 핵탄두의 정확성과 많은 수로 인해 고정된 육지에 기지를 둔 미뉴트맨 대륙간탄도탄에 점진적인 위협을 가하고 있는 소련의 중형 대륙간탄도미사일, 특히 SS-18에 제한을 가할 필요성에 대응하고 있었다. 잭슨 상원의원과 같은 전략핵 균형과 군비통제 분석가들은 소련 군사력의 성장을 우려했다. 그들은 미국의 전략적 군사력, 특히 육지에 기지를 둔 미사일에 대한 기습적인 1차 타격능력을 갖는 것 이외의 어떤 다른 목적을 갖고 있지 않는 듯한 소련의 대형 시스템에 의해 가해지는 위협을 줄이는 수단으로서 주로 상당한 감축을 지지했다. 사실상 잭슨은 카터에게 블라디보스톡 총계에 반대를 표명하고, 특히 대형 미사일의 대폭적인 삭감을 요청하는 메모를 보냈다. 만약 군비통제협정이 이러한 부상하는 소련의 위협을 억제할 수 없다면 어떤 유용한 목적에 이바지할 것인가 의심스러웠다. 군비통제를 상당히 낮은 수준의 힘을 나타내는 것으로 생각하는 사람들에게, 이 경우 카터 자신에게 대폭적인 감축제안은 관심을 끌었다. 이처럼 카터 행정부의 우선적인 선택 대안은 소련 핵력의 강화가 미국의 대륙간탄도미사일의 생존력에 가하고 있는 위급한 위협에 주요 관심을 갖고 있는 사람들로부터 군비통제를 초강대국의 핵능력의 감축이 달성될 수 있는 과정으로 보는 사람에 이르기까지 광범위하게 다양한 생각들을 짧은 시간 내에 통합할 수 있다는 이점을 가졌다.

이미 논의한 인권 문제와 유사하게 군비통제에 관한 미국의 국내적 합의를 위해서 충분하거나 혹은 필요불가결한 것이 무엇인가 하는 의문이 상당히 다른 국제적 환경 속에서 논의되었다. 소련은 즉각 미국의 포괄적 제안, 즉 대폭적인 감축안과 블라디보스톡의 최고 한계치를 수락하고 순항미사일과 백파이어 전폭기 쟁점을 유예하는 미국의 두 번째 제안을 거절했다. 소련은 대형 미사일을 포함하는 육상에 기지를 갖춘 시스템상의 우위를 유지하길 추구했으며, 한편 추진력과 유도 시스템 기술에 있어서 미국이 앞선 순항미사일의 배치를 위해 카터 행정부가 가용할 수 있는 선택 대안을 철저히 제한하고자 했다. 연이어 제2차 전략무기제한협정의 반대자들은 협상으로부터 궁극적으로 부상하는 제2차 전략무기제한협정을 판단할 적절한 기준으로서 대폭적인 감축제안을 지적하려 했다. 그들은 또한 제2차 전략무기제한협정 협상에서 소련으로부터 어떠한 양보도 얻지 못한 채 1977년 6월 B-1 폭격기를 취소했다고 카터 행정부를 비판했다. B-1 폭격기에 반대하여 카터 행정부가 주장한 것은 곧이어 배치될 순항미사일을 장착할 B-52가 미국의 전략적 3대 축 중 폭격축의 전략적 임무를 B-1보다 훨씬 저렴한 가격으로 수행할 수 있다는 것이었다. 카터 행정부에 비판적인 사람들은 미국이 전략무기제한협정에서 양보의 형태로서 소련으로부터 얻은 것은 아무 것도 없을 뿐만 아니라 오래된 B-52는 그들 조정사의 대부분들보다 더 오래되었다고 주장했다. 카터 행정부는 결국 1980년 대통령 유세 기간 중에 거의 발견될 위험 없이 고도로 치밀한 소련의 대공 방위망을 침투할 수 있는 첨단기술인 '스텔스(stealth)' 폭격기를 20세기가 끝나기 전에 개발할 수 있다고 밝힘으로써 B-1 폭격기 취소의 충격을 약화시키고자 했다.

단호한 소련의 반대에 직면하여 카터 행정부는 결국 하늘에서 발사되는 순항미사일(ALCMs)을 장착할 수 있는 중폭격기에 대한 미국의 최고한도(subceiling) 대신에 소련은 소련의 중형의 대륙간탄도미사일 시스템을 대폭적으로 감축하자는 입장을 바꿨다. 이러한 쟁점들을 연계지으려는 미국의 노력에 반대하여, 소련은 포드 행정부가 공중에서 발사되는 순항미사일을 장착하고 있는 폭격기의 수를 총 1,320기의 마브에 포함하기로 동의했다고 주장하여 이를 관철시켰다.

최종 제2차 전략무기제한협정은 소련이 제안한 모든 308기의 SS-18 발사장치를 배치하는 것을 허용했으며 이들 개개의 발사장치는 10개까지의 탄두를 장착할 수 있었다. 이에 반해 미국은 순항미사일을 갖는 모든 중폭격기를 1,320기의 마브 총 개수에 포함시키도록 되어 있었다. 나아가 1977년 말 미국과 소련의 협상 당사자들은 마브식 대륙간탄도탄 발사장치의 배치에 대해 1977년 3월의 미국의 포괄적 제안에서 밝혀진 550이란 숫자보다 훨씬 더 많은 820의 최고한도(subceiling)에 합의했다. 2,400이라는 총체적인 블라디보스톡 한계를 2,250으로 줄이는 타협이 또한 이루어졌다. 이처럼 1977년 말까지 미국과 소련은 몇몇 쟁점들을 제외한 모든 문제에 관해 합의에 이르렀다. 순항미사일의 범위제한, 허용될 수 있는 새로운 형태의 대륙간미사일, 현존하는 미사일의 개량에 관한 제한 그리고 소련 미사일 실험의 원격측정의 부호화 — 미국은 군비통제협정을 검증하기 위한 수단으로서 실험기간 중 소련 미사일이 발하는 무선신호를 도청하기 위해 개발한 기술에 의존했기 때문에 — 는 매우 중요한 쟁점이었다. 마지막으로 중요한 것은 제2차 전략무기제한협정이 체결되기 전까지 양측은 1977년 10월 3일 시효가 소멸할 공격용 무기 시스템에 관한 제1차 전략무기제한협정의 잠정협정을 계속해서 준수할 것이다.

아프리카에서의 지역적 혼란

만약 카터 행정부가 미국의 외교정책을 아마도 미소 관계를 뛰어넘는 제3세계의 세계적 쟁점들에 초점을 두고자 했다면, 그것은 1970년 후반기에 있어서 미국과 소련 간의 정치적 관계를 더 악화시켰던 아프리카와 동남아시아와 같은 지리적으로 멀리 떨어져 있는 지역으로의 초강대국의 경쟁의 이동이었다. 자신의 행정부 초기에 카터는 미국과 소련 간의 동·서 지정학적 안보관계는 좀 더 광범위한 세계적인 남·북 맥락과 구별될 수 있다고 믿었다. 소련은 카터 행정부에 의해 제기된 세계적 의제에 관여치 않거나 낫게는 그러한 쟁점들에 건설적으로 관여하는 것이 유리하다는 것을 알았을 것이다. 카터 행정부는 의식적으로 자신의 미소 관계에 대한 접근방법을 닉슨·포드 행정부의 그것과 차별화시키기 시작했다. 제2차 전략무기제한협정은 다른 쟁점들과의 명백한 연계 없이 그 자체가 바람직한 목표로 여겨졌다. 아마 미국은 다른 비공산 산업국가와 더불어 등장하는 세계적 의제들을 해결하기 위한 열쇠를 쥐고 있었기 때문에 카터 행정부는 소련과의 연계정책을 불필요한 것으로 간주했다. 그럼에도 불구하고 1970년대 말 소련은 동남아시아에서 남부 아프리카에 걸쳐 불안정한 제3세계 국가들에게 자국 병력의 주둔과 영향력을 투사하도록 고안된 정책을 보강했다. 비록 전혀 다른 전제에서 운영되었지만, 카터 행정부는 제3세계에서 소련의 선택대안을 배제하는 데 있어서 바로 전의 전임자들 이상으로 성공적이지 못했다.

결론적으로 쿠바를 대리인으로 이용하고 아프가니스탄의 침략으로 절정에 이른 소련의 정치적·군사적 팽창주의는 일종의 역연계(reverse linkage)를 가졌다. 닉슨·포드·키신저의 외교정책은 전략무기제한협정을 하나의 인센티브로 하여 소련으로 하여금 제3세계에서 공존원칙을 준수하도록 추구했다. 반면, 카터 행정부는 그러한 연계를 부인했기 때문에 소련의 아프가니스탄과 아프리카에서의 행위를 제2차 전략무기제한협정에 대한 미 상원의 비준에 대한 결정적인 장애로 보았다. 되돌아 보건대, 브레진스키가 공언했듯이, "전략무기제한협정은 오가덴(Ogaden) 사막에 묻혔다."

아프리카 동북부: 에티오피아와 소말리아, 오가덴 영토 분쟁

취임 후 얼마 안 있어 아프리카 동북부에서 소련과 쿠바의 변화하고 있는 동맹의 결과로서 카터 행정부는 소련과의 관계에 관한 개념에의 도전에 직면했다. 수년간 소말리아는 소련이 자국에게 무기를 제공하는 대가로 인도양과 수에즈 운하에 이르는 홍해(the Red Sea)사이의 해운항로를 가로지르는 전략적으로 중요한 아덴 만(Gulf of Aden)에 위치한 베르베라(Berbera)의 항만시설을 소련이 사용하는 것을 허용했다. 소말리아는 그러한 소련의 원조를 오가덴 영토에서 소말리아를 지지하는 병력이 에티오피아에 대항하여 벌이고 있는 민족통일전쟁에 이용했다. 그러나 1977년 중반에 이르러 소련은 편을 바꾸어 오가덴에서 분리운동을 타파하려고 분쟁에 개입해 있는 에티오피아를 지원했다. 소련의 새로운 제휴는 에티오피아가 보다 많은 인구, 홍해에의 지리적인 위치, 그리고 매리암(Mengistu Haile Mariam) 대통령이 이끄는 반미적인 마르크시스트 정부 때문에 소말리아보다 소련에 제공할 것을 더 많이 갖고 있다는 계산에 의해 마음이 움직여졌던 것 같았다.

아프리카 동북부(Horn of Africa)에의 소련의 주둔이 갖는 광범위한 지정학적인 의미는 그 지역이 아라비아 반도, 특히 석유가 풍부한 사우디아라비아에 근접해 있다는 사실에서 찾을 수 있다. 에티오피아에서 바로 홍해를 가로질러 있는 남예멘에 소련이 지원하는 정권이 들어서자, 결코 모든 사람은 아니지만 카터 행정부 내의 일부 인사들은 소련은 미국과 미국의 선진 산업동맹국가들이 의존하고 있는 석유공급을 궁극적으로 지배하기 위한 포석을 취하고 있다고 생각했다.

카터 행정부는 딜레마에 봉착했다. 카터 행정부는 법적으로 에티오피아 영토인 오가덴에 소말리아가 침입하는 것을 지지하는 것으로 보이길 원치 않았다. 동시에 소련이 에티오피아를 보호자로 하여 그 지역에 영향력을 확대하는 것은 미국의 이익에 반하는 것이었다. 두 개 군비협정의 조인 및 소련의 이익을 대변하는 쿠바 병력의 배치와 더불어 소련의 에티오피아 개입이 빨라지자, 소말리아 정부는 자국에 대한 무기공급자로서의 소련을 대체하기 위해 미국의 도움을 구하고자 했다. 1978년 1월까지 수천 명의 쿠바 용병들이 소말리아의 오가덴 침입을 격퇴하기 위해 에티오피아에 파견되었다. 카터 행정부의 대응은 소말리아에의 미국의 군사 원조를 제한하고 한편 모든 외국군의 철수와 다른 아프리카 국가들에 의한 갈등의 조정을 추구하는 것이었다.

카터 행정부는 자체 내에서 근본적으로 다른 점에 직면했다. 소련은 국지적 갈등을 단순히 자국에게 이롭게 이용하고 있으며, 오가덴을 둘러싼 전쟁이 끝나면 소련의 주둔은 줄어들 것인가? 아니면 소련은 홍해의 양쪽, 즉 남예멘과 에티오피아에 영속적인 주둔을 도모할 것인가? 반스는 그 갈등을 본질적으로 국지적인 문제로 파악하였다. 반면 브레진스키는 소련과 쿠바의 개입을 소련의 페르시아 만에의 직접적인 접근을 가능케 하는 보다 광범위한 전략적인 음모의 일부라고 보았다. 아프리카 동북부에서 카터 행정부가 이용할 수 있는 협상의 지렛대 자체가 심히 제한되어 있었다. 왜냐하면 소련은 에티오피아에 깊이 관여했음에 반해 미국은 소말리아에의 무기 원조에 있어 스스로 부과한 제한을 유지했기 때문이었다. 오가덴으로부터의 철군을 강요할 수 있는 소말리아에 대한 미국의 협상 지렛대는 크지 않았다. 이로 인해 에티오피아에 있어서의 소련과 쿠바의 억제를 유인하기 위해 할 수 있는 것은 거의 없었다. 이것은 일차적으로 아프리카 동북부와 좀 더 광범위한 미소 관계 간의 연계 문제를 남겼다. 카터 행정부는 전략무기제한협정을 미소 관계의 다른 영역과 직접적으로 관련시키지 않고 그 자체로서 가치 있는 것으로 간주하여 깊이 관여했기 때문에 초강대국 간의 군비통제협정과 에티오피아·소말리아 전쟁과 같은 제3세계 안보 쟁점들 간의 연계를 유리하게 이용하는 것이 불가능했다. 그럼에도 불구하고 증가하는 소련·쿠바의 에티오피아 주둔은 미소 관계에 어두운 그림자를 드리웠다. 왜냐하면 이것은 1970년대 말 소련이 제3세계의 혼란을 이용하고 지리적으로 멀리 떨어져 있는 국가들에 군사력을 반영하고자 하는 경향이 고조되고 있음을 보여주는 다른 징후들과 같이 나타났기 때문이었다.

중앙 아프리카: 자이레와 앙골라에 있어서의 반란

1977년 초 중앙 아프리카에서 분리세력들이 자생적으로 나타났다. 1960년 독립 직후 광물이 풍부한 카탕가 지역(Katanga Province)이 콩고로부터 떨어져 나왔다. 뒤이어 일어난 내전에서 미국은 이 새로운 국가의 붕괴를 막기 위해 개입한 다국적 국제연합군을 강력히 지원했다. 비록 카탕가 지역이 다시 콩고 중앙정부의 통치하에 들어왔지만 분리 정서는 강력히 남아있었다. 1977년 3월 자이레(이전의 콩고)의 모부투 세코(Mobutu Seko) 대통령의 카탕가 반대세력이 이웃 앙골라로부터 샤바(Shaba) — 이전의 카탕가 — 지역을 침입했다.

네토(Agostinho Neto) 대통령의 앙골라 정부는 소련과 쿠바의 군사적 지원으로 권력을 장악했다. 쿠바 군은 1974년 포르투갈 지배의 종식에 뒤이은 내전에서 앙골라해방인민운동(MPLA: Popular Movement for the Liberation of Angola)을 위해 싸웠다. 네토의 군대가 권력을 장악한 후에도 저강도(low-intensity) 전쟁이 샤바 지역으로부터의 지원과 더불어 앙골라에서 지속되었다. 자이레의 모부투 대통령이 앙골라 반란에 은밀히 제공한 원조에 대한 보복으로 네토는 앙골라로부터 샤바로의 침입을 허용 혹은 어쩌면 고무했던 것 같다.

여기에서 또 다시 카터 행정부는 넓은 의미를 가진 아프리카 쟁점들에 직면했다. 자이레로부터 샤바의 분리는, 특히 이것이 소련과 쿠바가 지원하는 앙골라의 지원하에 이루어진다면 중앙 아프리카에 있어서의 소련의 위상을 제고시킬 것이었다. 미국에 우호적이었던 세코 정부는 앙골라의 지원에 의한 샤바의 자이레로부터의 분리에 의해 불안해질 것이다. 카터 행정부는 자이레에의 지원을 소총의 총탄선적으로 제한했으며 중요한 것은 프랑스의 도움으로 자이레 전투부대에 보내곤 하던 항공기를 모로코에 지원했다. 1977년 10월 침략이 격퇴되었고 이로 인해 자이레 영토의 일체성이 보존되었다.

남아프리카공화국: 흑인 다수 지배를 향한 충동

중앙 아프리카와 아프리카 동북부 문제가 아프리카라는 특정 맥락에서 그리고 좀 더 광범위한 맥락에서 아무리 중요했다 하더라도 카터 행정부의 관심은 남부 아프리카(Southern Africa), 특히 로데시아(나중에 짐바브웨)와 남서아프리카(나미비아) 영토 문제에 훨씬 집중적으로 초점이 맞추어졌다. 흑인 다수지배를 강력히 밀고 나갔던 남부 아프리카에 있어서의 대외정책은 유럽의 제국주의 시대 말에 대륙을 휩쓸었던 아프리카 민족주의 조류로 대표되는 세력들과의 미국의 연계를 강화할 것이었다. 백인 소수정권에 의한 불안한 안정에 대한 미국의 협의의 전략적 이익이란 흑인정부에 의한 통치의 달성에 부차적인 것이 될 것이다. 카터 행정부는 그들의 주된 기능이 흑인 민족주의가 북부지역에 미치는 전반적인 영향으로부터 남아프리카공화국(South Africa)을 격리하는 것으로 보이는 세력들을 지원해온 미국의 유산을 거두는 것이 필요하다고 생각했다. 그러나 카터 행정부는 내부로부터(특히 반스 국무장관으로부터)의 압력에도 불구하고 쿠바 병력이 앙골라에 머무는 한, 네토 정부에게 외교적 승인을 부여하지 않았다.

닉슨·포드 행정부가 말년에 로데시아와 나미비아 두 곳 모두에서 여러 면에서 나중 행정부의 정책과 비슷한 정책을 취했지만, 카터 행정부는 자신의 전임자들의 정책과 구별되는 자신의 제3세계 정책을 남부 아프리카에서 최대한으로 추구했다. 초기에 카터 행정부는 융통성 있는 남·북 관계를 추구함에 있어서 1978년까지 흑인다수 지배로 로데시아에 있어서의 권력 이양, 남아프리카공화국에 있어서의 인종차별 정책의 부분적 철폐, 1980년까지 아프리카 대륙에서 미소의 무기 이전뿐만 아니라 소련과 쿠바의 군사적 주둔의 제거는 아니더라도 대폭적인 감축을 달성하려는 야심적인 목표를 세웠다. 동시에 카터 행정부는 나미비아의 독립을 향한 중요한 진전을 추구했다. 물론 이러한 정책들은 인권의 중요성에 대한 카터의 개념과 관련되어 있었다. 그리고 카터는 이러한 정책은 미국의 말과 행동이 일치되었을 경우에만 신뢰감을 가질 수 있다고 추론했다.

로데시아의 경우, 스미스(Ian Smith)와 그의 추종자들이 영국 통치로부터 독립을 선언한 후 1965년에 스미스 수상을 수반으로 하는 백인 소수 정부가 들어섰다. 비록 로데시아는 국제연합이 부과한 경제제재에서 살아남았지만, 이웃 모잠비크에 있어서의 포르투갈의 통치종식과 더불어 1972년에 엔코모(Joshua Nkomo)와 무가베(Robert Mugabe)의 지도하에 있는 흑인 민족주의자들에 의한 내전이 1970년대 중반에 점차적으로 포위되어가고 있던 스미스 정부의 힘을 약화시키기 위해 시작되었다. 1976년 포드 행정부는 로데시아의 흑인 다수지배의 지지를 표명했으며 키신저는 스미스와 흑인 정치대표들 간의 구성에 관한 협상을 갖는 과도정부의 결성을 포함하는 과도기를 위한 틀을 발전시켰다. 키신저의 이니셔티브의 결과로 1976년 12월 제네바 회담이 있었으나 회담은 교착상태로 끝을 맺었다. 왜냐하면 스미스는 오랜 기간 동안의 이양 기간을 추구한 반면, 흑인 민족주의자들은 가능한 한 빨리 완전한 통제를 떠맡기를 원했고 동시에 양측은 과도 기간 중에 지배적인 지위를 얻고자 했기 때문이었다. 1977년 초 스미스는 백인과 온건한 흑인들 간의 연합을 선호하며 영국과 흑인 해방파의 가장 과격한 사람들 모두를 배제하는 '내부적 해결(internal solution)'이라고 명명된 것을 발전시켰다. 스미스는 엔코모를 이 연합에 끌어들여 소위 '애국전선(Patriotic Front)'이라는 것에서의 무가베와의 전략적 동맹을 포기시키고자 했다. 무가베의 정치적 기반은 쇼나(Shona) 족이었다. 그들은 짐바브웨 인구의 2/3를 차지했으며 스미스 정부에 대항한 전쟁 와중에 중국으로부터 지원을 받았다. 엔코모는 짐바브웨 인구의 나머지를 구성하고 있는 마타베레(Matabele) 족을 이끌었다. 비록 엔코모는 전쟁에서 소련의 지원을 받았지만 그가 짐바브웨 지도자로서 부상한 후에 소련은 그 지원을 무가베로 돌렸다.

무가베를 권좌로 불러들인 분쟁 해결과 선거가 있기 전에 스미스는 온건한 흑인 그룹을 조정하기 위해 노력했다. 스미스에 의해 제안된 다인종족 접근방법의 중심은 아프리카민족회의(ANC: African National Congress)의 의장인 무조레와(Abel Muzorewa) 주교와 또 다른 흑인 지도자인 시쏠(Ndabaningi Sithole)이었다. 이러한 해결을 달성하는 데 있어서 스미스는 힘겨운 그리고 끝내 극복할 수 없는 문제에 봉착했다. 그러한 문제는 무조레와 주교와 아프리카민족회의와는 달리 애국전선이 소련으로부터 제공받은 군사장비와 잠비아와 탄자니아를 포함한 다른 이웃 '전선(Front-Line)' 아프리카 국가들의 적극적인 지원을 받아 이웃 모잠비크에 있는 기지로부터 게릴라전을 점점 성공적으로 감행하고 있었던 사실로부터 발생했다. 무조레와는 스미스와 평화적 해결을 향해 협력했기 때문에 엔코모·무가베 세력에 호의적인 진정한 형태의 아프리카 민족주의를 대표한다고 하는 '전선' 국가들에 의해 거부당했다. 특히 엔코모는 잠비아의 카운다(Kenneth Kaunda) 대통령의 지지를 받았고, 한편 무가베는 탄자니아의 엔이에레르(Julius Nyerere) 대통령과 모잠비크의 매첼(Samora Machel) 대통령의 지원을 받았다.

보통선거권을 규정할 헌법, 국제적으로 감시될 휴전, 자유선거, 게릴라 세력들의 독립 후의 군대로의 통합 그리고 백인 소수를 위한 입법대표를 포함하는 헌법적 권리와 더불어 카터 행정부는 영국이 관리하는 과도정부에 기초한 평화계획을 수립하기 위해 영국과 긴밀히 일했다. 그러나 스미스는 무조레와 및 그의 추종자들과 흑인들의 직접참여를 허용하는 정부를 구성키로 합의하였다. 영국과 미국의 1977년 평화계획에 기초를 둔 해결을 촉구하는 칼라한(James Callaghan) 노동당 정부하의 영국과 더불어 카터 행정부는, 특히 만약에 무조레와가 다인종족 정부를 구성할 경우 로데시아 문제에 있어 융통성 있는 접근방법을 택하라는 의회의 압력에 직면했다.

비록 무조레와는 1979년 4월 의회에서 100석 가운데 72석을 차지한 선거에 기반을 두고 그를 수상으로 하는 정부를 구성했으나 그 내적 해결은 애국전선을 자신의 계열에 들도록 하지 못했고 또한 엔코모를 무가베와의 동맹으로부터 이탈하도록 유인할 수도 없었다. 영국에서 대처(Magaret Thatcher)가 이끄는 보수당 정부의 등장은 스미스와 무조레와가 원했던 영국 정책의 기본적 변화를 가져오지 못했다. 대신에 새로운 영국의 외상인 캐링턴 경(Lord Carrington)은 카터 행정부와 더불어 엔코모와 무가베를 포함하고 또 필연적으로 1977년의 영국과 미국의 평화계획과 같은 틀에 기초할 해결책을 계속해서 밀고 나갔다. 영국도 미국도 무조레와 정부를 승인하려 하지 않았고 영국과 미국 모두 엔코모와 무가베를 무조레와 정부와 직접 교섭을 하도록 압력을 가하는 가운데 1979년 8월 초 애국전선과의 해결을 위한 토대가 마련되었다. 모든 당사자가 참여한 가운데 런던에서 개최된 회의에서 1980년 2월에 실시되어 무가베가 수상이 되는, 무가베의 정치적 완승을 가져온 선거에 대한 합의를 도출해 냈다. 짐바브웨는 1980년 4월에 최종적인 독립을 달성했다. 처음에는 백인 소수에 대해 온건한 정책을 택하는 듯했으나 곧이어 무가베의 역할은 스미스의 추종자들과 엔코모와의 점증하는 알력으로 특징지어졌다. 카터 행정부가 생각한 안정되고, 번영하며, 독립적인 짐바브웨는 독립의 뒤엉킨 정치로부터 등장하지 않았다.

카터 행정부의 대남부 아프리카 정책의 두 번째 목표는 1차대전이 끝난 이후 처음에는 국제연맹의 위임통치 지역으로서 그리고 나중엔 국제연합의 신탁통치 지역으로서 남아프리카공화국에 의해서 관리되어 온 나미비아 독립을 위한 만족할 만한 방식을 달성하는 것이었다. 나미비아 독립은 카터와 남아프리카공화국 자체가 바라는 변화를 향한 중요한 일보전진을 의미할 것이다. 더 나아가 카터 행정부는 남아프리카공화국 병력이 나미비아로부터 철수하는 것을 이웃 앙골라에서 쿠바의 병력주둔을 끝내기 위한 선결조건으로 보았다. 로데시아 경우처럼 나미비아에서 갈등이 확산되는 경우 쿠바 병력이 직접적으로 관여하게 되지 않을까 미국은 두려워했다. 미국은 또한 남아프리카공화국의 군사적 행동이 남부 아프리카에서 인종적 분극화에 미칠 영향을 두려워하면서 남아프리카공화국의 앙골라나 로데시아에서의 군사적 행동을 배제하려 했다.

나름의 정책방향을 결정하는 데 있어 카터 행정부는 이전 행정부의 이니셔티브에 의존했다. 키신저는 유엔 안전보장이사회가 나미비아에서의 인종차별의 종식, 정치범의 석방, 추방자의 본국송환, 국제적 감시하의 선거 그리고 남아프리카공화국 병력의 철수를 요청하는 결의안을 채택할 것을 재촉했다. 1976년까지 남아프리카공화국은 나미비아에서 반란에 직면했다. 로데시아에서 스미스 정부가 겪은 소요보다는 훨씬 적은 규모였다. 나미비아에서는 이웃 앙골라에 혁명적 정부를 수립한 엔우조마(Sam Nujoma)가 이끄는 흑인민족주의 남서아프리카인민조직(스와포: SWAPO)에 의해 게릴라전이 시작되었다. 남아프리카공화국과 앙골라 사이의 긴장이 남아프리카공화국이 앙골라 내부에 있는 스와포 병력을 급습함으로써 악화되었다. 남아프리카공화국은 네토 정부와 앙골라에 파견되어 있는 2만 명의 쿠바 군대에 대항한 사빔비(Jonas Savimbi)가 이끄는 반란군들에게 은밀한 지원을 제공했다.

스와포에 대한 하나의 대안으로서 1978년 남아프리카공화국은 그것이 형성된 건물 이름을 따서 지은 연합인 민주체육관동맹(DTA: Democratic Turnhalle Alliance)에 기초한 나미비아 독립안을 발전시켰다. 민주체육관동맹은 스와포가 기반을 두었던 오밤보(Ovambo) 족이 아닌 부족·종족 그룹을 합쳤다. 오밤보족이 나미비아 인구의 50% 이상을 차지하고 있었기 때문에 만약 이들이 권력을 획득하면 나머지 부족·종족 그룹들을 지배할 것이라는 우려가 있었다. 그 자신을 나미비아인들의 진정한 대변인으로 본 스와포는 소련과 유엔의 지원과 더불어 선거의 필요성을 느끼지 않았다. 체육관(Turnhalle)회의에서 스와포가 배제될 1978년 말까지의 나미비아의 독립계획이 만들어졌다. 물론 카터 행정부는 이러한 해결책을 받아들이지 않았다. 사실상 카터 행정부는 북쪽의 전선국가들(front-line states)에 수용될 수 있는 흑인 다수 지배형태에 깊이 관여하고 있었다. 오랜 기간의 협상에도 불구하고 여러 당사자들을 만족시킬 수 있는 해법은 나오지 않았다. 남아프리카공화국은 전면적인 휴전 없이는 나미비아로부터 철군할 의향이 없었다. 카터 행정부는 남아프리카공화국을 만류하여 결국 헌법제정회의에서 민주체육관동맹이 거의 모든 의석을 차지하게 되고 스와포는 참여치 않는 1978년 12월 선거를 치르지 못하도록 할 수 없었다. 이처럼 카터 행정부

말까지 그들의 목표인 모든 종족·인종적 그룹을 포함하는 정부를 갖는 유엔 감시하의 선거에 기초한 나미비아의 독립이 실현되지 않았다. 사실상 복잡한 나미비아 문제에 대한 항구적인 해결의 기초를 형성할 수 있는 스와포와 민주체육관동맹을 포괄하는 상호 수용할 수 있는 독립의 틀에 대한 전망은 극복하기 힘든 무수한 장애에 직면했다. 그것은 1980년대로까지 미결 상태로 남았다.

파나마 운하 조약과 라틴 아메리카

만약 카터 행정부의 아프리카 정책에 있어서 남부 아프리카에서의 흑인 다수 지배가 극히 중요한 것이었다면, 파나마 운하(Panama Canal) 조약의 체결은 미국의 대라틴 아메리카 정책에 필수적인 것으로 간주되었다. 카터 행정부는 파나마 운하의 지위를 변경하는 조약 없이는 반미감정이 라틴 아메리카 전역으로 증폭될 것이라고 주장했다. 아프리카에서처럼 미국의 정책은 부상하는 민족주의 세력을 조정하고 또 가능한 한 미국에 적대적인 정책으로부터 그들을 전환시키고 소련이 자국의 목적을 위해 그들을 이용하지 못하도록 고안하는 것이었다. 미국이 해외로 확장할 시기에 만들어진 파나마 운하는 서반구에서의 미국의 지배적 지위를 상징했다. 이런 점에서 다른 어떤 곳의 민족주의와 마찬가지로 라틴 아메리카의 민족주의는 평등에 기초한 관계를 추구했다. 카터 행정부가 자신의 제3세계 정책에서 호소하고자 시도했던·것도 바로 그러한 열망이었다. 이러한 이유로 해서 카터는 파나마 운하 조약을 서반구에서의 자신의 정책의제 중에서 가장 우선시했다.

카터 행정부가 바꾸기로 결정한 '식민지적 관계'는 파나마 운하와 대서양과 태평양 사이의 좁은 지협을 가로지르는 영토에 대해 항구적으로 완전한 주권적 권리를 미국에 준 1903년 조약에 기초하고 있었다. 1964년 파나마에서 반미폭동이 일어났을 때 존슨 행정부는 반스를 대통령 특별 사절로 해서 새로운 조약을 위한 협상을 개시하기로 결정했다. 1967년까지 조약초안이 협상되었으나 그것은 비준을 받기 위해 결코 상원에 제출되지 않았었다. 그리고 여하튼 간에 그해 군사 쿠데타로 토리요스(Omar Torrijos) 장군이 권좌에 오른 이후 파나마는 그것을 거부했었다. 닉슨·포드 행정부는 새로운 조약을 위한 협상을 계속했다. 사실상 1974년 2월에 키신저와 파나마의 외무장관인 택(Juan Tack)은 카터 행정부 동안에 체결될 조약에 기초를 제공할 일련의 원칙들에 관해 합의하였다. 어떠한 새로운 조약도 정해진 기간 동안만 효력이 있으며, 이것은 영구성이라는 생각이 포기되어야 한다는 파나마의 입장을 만족시켜 주었다. 새로운 조약의 효력이 지속되는 동안, 비록 운하지역(Canal Zone)은 파나마의 관할권으로 되돌려질 것이나 미국은 운하를 운영·방어할 권리를 견지할 것이다. 일정한 기간 이후에는 파나마와 미국 모두 운하의 영구적 중립을 공약했다.

따라서 카터 행정부에 남겨진 것은 본질적으로 두 가지 중요한 쟁점의 해결이었다. 조약의 지속 기간과 조약이 만료된 후의 파나마 운하의 방위문제였다. 미국은 항차 어느 때이건 간에 일방적으로 그리고 필요하다면 군사력을 갖고서 운하를 방위할 권리를 요구했다. 반면 파나마는 자국의 주권이 지배하는 영토에 개입할 권리를 미국에게 부여하는 것을 반대했다. 카터 행정부의 처음 몇 달 동안의 협상 끝에 두 개의 조약 초안이 만들어 졌으며 카터와 토리요스에 의해 1977년 9월 7일에 조인되었다. 첫 번째 조약에서 미국은 2000년 말까지 운하를 운영, 방위할 권리를 보유했다. 운하의 항구적 중립을 규정한 두 번째 조약은 미국에게 운하의 중립적인 지위를 확보하기 위한, 카터 행정부에 의해 필요 시 무력의 사용을 포함하는 것으로 해석된 권리를 양여했다. 이러한 새로운 협정하에서 미국은 국가적 위기 상황 시 다른 선박에 우선하여 자국 선박의 신속한 통과를 부여받았다.

운하협상을 파나마와의 성공적인 조약체결로 몰고 간 카터 행정부는 여전히 상원의 비준과 필요한 대중의 지지를 얻어야하는 어려운 일에 직면했다. 특히 상원의 조약 반대자들 간에 운하를 개방해 놓기 위해서 일방적인 행동을 취할 명백한 권리를 미국이 갖고 있느냐의 여부에 관해 의혹이 있었다. 만약에 그렇다면, 그 중립조약 내에 포함된 언어를 강화시켜야만 했다. 1978년 봄 비준이 완료되기 전에 많은 수의 상원 내 비판가들을 만족시키고 동시에 파나마인의 감수성을 누그러뜨릴 수 있는 언어가 삽입될 필요가 있었다. 이러한 문제들은 운하가 '개방되고 안전하고 접근할 수 있게' 할 목적을 위한 미국의 개입권리를 명백하게 단언하며 파나마 공화국의 정치 문제에 관여하거나 정치적 독립 혹은 주권의 일체성에 간섭할 권리를 갖거나 갖는 것으로 해석되지 않을 것이라는 말의 삽입으로 해결되었다.

파나마 운하를 둘러싼 논란에서 카터 행정부는 제3세계 쟁점들에 관한 자신들의 기본적 접근방법과 일치하는 주장을 견지하면서 미국은 완강한 파나마인의 반대에 봉착하여 파나마 운하를 옹호할 수 없다고 주장했다. 카리브 해와 중미에서의 점증하는 반란과 다른 혼란과 더불어 운하에 대한 파나마인의 민족주의는 미국으로 하여금 일련의 극복할 수 없는 문제들에 직면케 했다. 따라서 파나마 운하 조약들은 이 지역의 안정에 본질적으로 공헌하는 것으로 간주되었다. 그러나 비판가들에 있어서 이러한 조약들은 심지어 미국 자신의 뒤뜰에서까지도 세계강국으로서의 미국의 쇠퇴를 드러내는 또 다른 표식이었다. 나중에 드러났듯이, 조약에 대한 반대로 인해 카터 행정부는 파나마 관리들을 설득하여 필요한 어떤 수단에 의해서건 파나마 운하의 영구적 중립을 명백하게 규정하지 않는 협정은 비준될 수 없다고 주장하였다.

중동과 캠프 데이비드

중동은 카터 행정부의 가장 중요한 대외정책의 업적 중의 하나 — 즉 수십 년의 적대와 세 번의 전쟁 후에 이집트와 이스라엘 간의 정상화를 가져온 캠프 데이비드 협정 — 를 대표하게 되었다. 자신의 행정부 초기에 카터는 이스라엘과 이웃국가들을 오랫동안 분열시켜 왔던 쟁점들의 포괄적인 해결을 추구하기로 결정했다. 이러한 쟁점들은 ① 1967년 6월의 6일전쟁 이후 이스라엘이 점령해온 영토로부터의 이스라엘 병력의 철수, 1973년 10월 전쟁 이후 이스라엘과 이집트 병력의 격리를 위해 키신저가 취해온 단계적 접근법에 의존하는 것, ② 이스라엘이 점령한 서안(West Bank)에 어떤 형태든 자결(自決)에 기반을 둔 팔레스타인 국가의 발전, ③ 동예루살렘의 미래의 지위에 관한 협정, ④ 골란 고원을 둘러싼 이스라엘과 시리아 간의 차이점의 해결이었다.

6일전쟁에서 이스라엘은 이전에 요르단 영토였던 요르단 강의 서안을 점령했으며, 전략적으로 중요한 이 지역으로부터 감행될 지속적인 시리아의 공격 가능성을 없애기 위해서 시리아로부터 골란 고원을 빼앗았으며, 나중에 텔아비브(Tel Aviv) 대신에 이스라엘의 수도로서 선포된 동예루살렘을 점령했다. 바로 직전의 전임자들과 마찬가지로 카터 행정부는 이스라엘의 이해할 수 있는 안전한 국경의 추구와 지난 10년의 전쟁에서 이스라엘에 의해 점령된 영토가 반환되어야 한다는 마찬가지로 그럴듯한 아랍의 요구를 조정해야 하는 다루기 힘든 문제에 직면했다. 최근 과거의 가슴아픈 유산을 생각할 때 만약 이스라엘이 단순한 말 이상의 전면적인 외교적 승인이나 보장을 받지 않는다면 안전보장을 얻기 위해 점령한 땅으로부터 이스라엘이 철수하리라는 것은 기대할 수 없었다.

정치적 해결의 추구

카터의 관점에서 보았을 때, 미국 외교의 목표는 모든 당사국들을 평화와 안보 속에서 살 수 있도록 할 수 있는 정치적 해결을 이루는 것이었다. 이스라엘은 상당한 정도의 군사적 우위를 보존하고 있었음에도 불구하고 이스라엘과 이웃 국가들을 분열시키는 문제들이 해결되지 않는 한 1967년 6월에 발생했던 것과 같은 이스라엘의 선제폭격이나 1973년 10월 전쟁 때처럼 이스라엘에 대한 기습공격의 가망성은 언제나 존재했다. 어떤 우발적 사건도 미국과 소련의 개입을 야기할 확전의 불길한 가능성을 지녔다.

정치적 해결은 중동의 안정에 공헌할 가능성 이외에 카터 행정부의 평화로운 세계질서를 구축한다는 광범위한 전략의 일부를 형성할 것이다. 중동 특유의 갈등을 해결하지 않고서는 카터 행정부의 목표인 여타 지역에서의 평화적 변경을 위한 제도와 과정의 발전이란 중요치 않을 것이다. 그와 같은 혼란의 지역에서 정치적 해결을 달성했다면 미국은 여타의 곳에서도 평화적 변경의 가능성을 크게 높일 수 있었을 것이라는 추론이 가능했다. 키신저는 자신의 유명한 왕복외교에서 이집트와 이스라엘 그리고 이스라엘과 시리아 간의 격리와 궁극적인 평화를 향한 부분적인 조처에 집중했다. 이와는 대조적으로 카터는 갈등에 직접적으로 관여하고 있는 중동 국가들을 초청할 회의를 제네바에 소집함으로써 포괄적인 해결을 얻는 데 착수했다. 어떠한 정치적 해결도 소련의 지지 없이는 오래가지 못하기에 소련도 포함될 것이었다.

포괄적인 해결을 협의하기 위해 제네바에서의 회의를 밀고 나아감에 있어서 카터 행정부는 이스라엘과 인접국가들을 갈라놓는 핵심 문제들에 직면했다. 아랍국가들은 6일전쟁 전에 존재했던 국경으로의 복귀와 그들과 이스라엘 간의 전쟁상태의 종식의 대가로 팔레스타인 국가의 창설을 추구했다. 이스라엘은 단지 교전상태의 공식적인 종식뿐만 아니라 평화와 전면적인 정상화를 수립하고 이스라엘로 하여금 전략적인 완충지대로서 점령한 영토의 일부를 보유케 하는 조약을 추구했다. 더군다나 이스라엘은 전부가 아니라면 일부라도 해결될 수 있을 것이라는 희망하에 이집트, 시리아, 요르단과 개별적으로 협의하는 것을 선호했다. 이스라엘에 있어 평화란 전쟁의 부재뿐만 아니라 아랍국가들에 의한 전면적인 법적, 정치적, 경제적인 수용을 의미했다.

아랍과 이스라엘의 분쟁의 핵심에는 팔레스타인 문제가 놓여 있었다. 이스라엘은 팔레스타인해방기구가 지배하고 있는 서안에 완전한 독립국가를 받아들일 준비가 되어 있지 않았다. 이스라엘은 완전한 독립국가가 이스라엘을 공격하기 위한 끊임없는 공격의 거점이 될 것을 두려워했다. 사실상 이스라엘은 제네바 회의에 어떤 공식적인 팔레스타인해방기구의 참여를 거절했으며 요르단, 특히 후세인 왕의 정부를 팔레스타인 사람들의 대표로서 선호했다. 팔레스타인해방기구의 국제적인 승인과 정치적 정당성의 거부를 추구하면서 팔레스타인해방기구와의 직접 대화를 거부한 이스라엘은 팔레스타인해방기구가 아닌 팔레스타인인을 요르단의 대표의 일부로 수용할 태세였다. 그러나 아랍국가들은 팔레스타인해방기구 대표를 원했다. 이집트의 사다트 대통령, 후세인 왕 그리고 정도의 차이는 있으나 시리아의 아사드 대통령도 헌법적으로 요르단과 연결된 팔레스타인 국가의 가능성을 생각하고 있었다. 그와 같은 해결책의 성취는 서안에 팔레스타인해방기구가 아닌 다른 살아 남을 수 있는 정치적 세력의 설립에 달려 있었다. 그러나 팔레스타인해방기구는 어떠한 정치적인 해결에 앞서 이스라엘을 외교적으로 승인하거나 혹은 1967년 6일전쟁 당시 채택된 평화롭게 살 수 있는 중동의 모든 국가들의 권리와 관련된 유엔 결의안 242호를 완전히 받아들일 의향을 명백히 문자로서 나타낼 준비가 되어 있지 않았다. 아라파트(Yasir Arafat)하의 팔레스타인해방기구는 미국이 추구하고 있었던 결의안 242호의 완전한 수용을 발표할 준비가 되어 있지 않았다. 대신에 팔레스타인해방기구는 우선 미국으로부터의 정치적인 승인을 얻어내고자 했다. 팔레스타인 대표를 위한 상호 만족스러운 공식을 만드는 데 실패한 카터 행정부는 서안에 이스라엘의 정착민 촌이 지속적으로 건설될 전망에 직면했다. 그리고 이러한 전망은 워싱턴의 일부 사람들에게는 아랍·이스라엘 분쟁의 해결 가능성을 더욱 더 줄이는 고의적인 도발을 드러내는 것처럼 보였다.

사다트의 평화안

카터 행정부는 임기 첫 해의 대부분을 포괄적인 해결을 위한 제네바 회의를 시작하고자 하는 데 몰두했다. 사다트가 1977년 11월 역사적이고 극적으로 이스라엘을 방문하여 카터 행정부와 그 밖의 정부들을 놀라게 한 것은 바로 이러한 맥락에서 였다. 이스라엘의 의회에서 연설하면서 사다트는 1967년 이스라엘이 점령한 이집트의 영토로부터의 철수와 포괄적인 해결의 궁극적인 해결을 대가로 이스라엘에게 평화, 안전보장 그리고 완전한 외교적 관계를 제안했다. 카터는 이 점에 있어 사다트와 다를 바 없이 포괄적인 해결이라는 궁극적인 목표에 계속 집착했지만, 서안과 가자 지역에 팔레스타인 고국이라는 문제에 대한 잠정적인 해결과 더불어 이집트와 이스라엘 간의 쌍무적인 협정이 강조되었다.

사다트의 대담한 이니셔티브의 즉각적인 효과는 아랍국가들을 분열시켰으며 이들 국가는 시리아, 남예멘, 알제리아, 리비아는 팔레스타인해방기구와 더불어 사다트에 반대하여 거부 집단을 형성했다. 사다트의 움직임과 더불어 협상과정을 진전시키는 일은 미국에게 떨어졌다. 이집트와 이스라엘 간의 평화조약을 달성하는 최상의 그리고 아마도 유일한 현실적인 희망은 미국이 협상에 적극적으로 참여하는 것이었다.

사다트의 이스라엘 방문에 뒤이어 미국은 모든 당사국과 일련의 고위 회담을 가졌다. 그 당시 카터 행정부의 외교적 전략의 핵심은 중동에 있어서의 전반적인 미국의 입장을 강화할 평화조약을 유지하기 위해 사다트의 이니셔티브를 이스라엘로 하여금 양보, 특히 서안 문제에 관한 양보를 하도록 압력을 가하는 기반으로 사용한다는 것이었다. 이스라엘의 정책은 서안에서의 이스라엘의 지배적인 입장을 가능한 한 그대로 두는 이집트와의 평화조약을 달성할 필요가 있다는 인식에 기초하고 있었다. 이집트의 관점에서는 팔레스타인의 자율의 개념은 이스라엘의 철수와, 궁극적인 목표로서 어떤 형태의 팔레스타인의 자결(自決)을 갖도록 하는 단계적인 변화였다. 베긴(Menachem Begin) 정부는 팔레스타인 자립을 이스라엘이 서안과 가자 지역에 대한 전반적인 통제를 유지하는 제한된 형태의 자치정부로 파악하였다.

미국이 직면한 상당히 어려운 일은 서안과 가자 지역의 미래의 위상에 대한 근본적으로 상이한 이러한 접근방법들을 조화시키는 것이었다. 이스라엘이 서안 문제를 평화절차로부터 분리시키는 데 성공하면 할수록, 사다트의 고립과, 추측건대 미국의 다른 아랍국가들로부터의 고립은 더욱 심화될 것이었다. 따라서 협상에의 적극적인 참여자로서, 서안을 배제하지 않는 평화조약에서의 미국의 이익도 고립될 것이었다. 이런 상황하에서 카터 행정부와 베긴 정부 간의 차이점은 필연적으로 협상의 전망을 흐리게 했다. 카터 행정부는 사다트에게 이스라엘과의 별도의 평화를 위한 정당성을 부여함으로써 사다트의 아랍세계에 있어서의 대담한 입장을 강화할 필요성을 느꼈다. 이것은 오로지 사다트로 하여금 자신의 이니셔티브는 서안과 시나이 쟁점에 관해 상호 수용할 수 있는 조정을 달성하는 유일한 실질적인 방책을 의미한다고 주장하게 함으로써만 달성될 수 있었다.

캠프 데이비드 협정

1978년 여름 중반까지 협상을 성공적으로 결말까지 가도록 하기 위한 유일한 희망은 정상회담을 소집하는 것이었다. 메릴랜드(Maryland)에 있는 대통령의 휴양지인 캠프 데이비드(Camp David)로 베긴과 사다트를 초청한 카터는 말 그대로 '나무랄 데 없는 상대자(full partner)'의 역할을 떠맡았다. 러일전쟁 후 포츠마우스 조약을 가져온 회담을 개최한 이래 미국이 과거의 적들 간의 상치점을 조정하는 데 그와 같은 지배적인 역할을 한 적이 없었다. 그 당시 루스벨트 대통령 자신은 협상에의 적극적인 참여자는 아니었다. 이와는 대조적으로 카터는 캠프 데이비드 협정을 규정한 협상의 모든 과정에 직접적이고 또한 지속적인 참여를 했다.

1978년 7월에 열린 캠프 데이비드 회담의 결과는 마라톤 연쇄협상에서 발전된 틀에 기초하여 3개월 이내에 이집트와 이스라엘 간의 평화조약 체결에의 동의였다. 이스라엘은 3년 이내에 점령한 시나이로부터 모든 군사력을 철수하는 데 동의했다. 평화조약의 서명 9개월 이내에 이스라엘 군대의 부분적인 잠정적인 철수가 있을 것이다. 이 군대의 철수 후 이집트와 이스라엘 간에 완전한 외교적 관계가 수립될 것이다. 티란 해협(the Strait of Tiran)의 통과의 자유가 인정될 것이며, 필요한 안전보장지대와 감시소를 갖는 국제경찰이 이스라엘과 이집트의 국경에 배치될 것이다. 캠프 데이비드 협정에 중심적인 것은 서안과 가자에 대한 규정이었다. 서안과 가자의 자치정부를 향한 과도적 단계의 일부로서 이스라엘, 이집트, 요르단, 팔레스타인 당사자들의 대표들 간에 협상이 행해질 것이다.

간단히 말해, 캠프 데이비드의 성과는 이집트가 이스라엘과의 완전한 관계 정상화에 동의한 대가로 이스라엘의 시나이로부터 철수 시간표를 만들어 냈다는 것이었다. 서안과 가자 그리고 팔레스타인 국가의 장래와 관련있는 논쟁적인 문제들은 해결되지 않았다. 이처럼 1978년 9월 17일 백악관에서 조인된 캠프 데이비드 협정은 ① 이집트와 이스라엘의 평화조약에의 서명약속, ② 서안과 가자의 과도적인 해결을 협상하기 위한 틀을 제시했다.

캠프 데이비드 협정에 포함된 3개월의 시간표를 훨씬 초과하여 몇 달간의 고위급 협상이 있은 후에야 비로소 이집트와 이스라엘은 평화조약에 서명하려고 했다. 실망과 비관의 시기에 의해 중단되었던 협상이 절정에 달한 것은 당사국들에게 압력을 가해 남아 있는 문제들을 해결하여 평화조약이 최종적으로 조인될 수 있도록 1978년 3월에 카이로와 예루살렘을 오가며 정상 왕래외교를 펼친 카터의 부지런함 덕분이었다. 중동에 있어서 이러한 단계의 미국의 평화노력은 이란 위기로부터 야기된 페르시아 만의 정치적 상황의 악화와 시기적으로 일치했다. 사다트와 베긴을 그리고 다시 사다트를 연속적으로 만난 후 카터는 워싱턴에서 1979년 3월 25일 아랍국가와 이스라엘 사이에 역사적인 최초의 평화조약의 조인을 가져온 동의를 이끌어 냈다. 평화조약이 서명되기 전에 해결되어야만 했던 쟁점들은 다음을 포함했다. 이스라엘이 그 밖의 다른 곳에서 충분한 양의 석유를 구입할 수 없을 때 시나이 석유의 판매와 석유를 구할 수 있게 하겠다는 미국의 보장 규정을 둔 경제적 관계의 설정, 이집트와 이스라엘 간의 대사교환 규정, 서안과 가자의 자율성에 관한 회담에 관한 규정이었다.

이 마지막 쟁점에 대해 이집트와 이스라엘은 평화조약의 부속 합동 문건에서 요르단과 상호 수용할 수 있는 팔레스타인 대표를 포함하여 평화조약 체결 한 달 내에 협상에 들어 갈 것을 동의했다. 서안과 가자에 '완전한 자율성'으로 이어질 '자치정부당국(self-governing authority)'이 수립될 예정이었다. 팔레스타인 독립회담이 규정대로 열렸으나 곧 교착상태에 빠졌다. 팔레스타인해방기구는 계속해서 베긴이 유다(Judea)와 사마리아(Samaria)라는 성서 속의 이름으로 불렀던 서안지역에 새로운 정착촌을 건설하는 정책을 주장한 이스라엘에게 테러 행위를 했다. 비록 이집트와 이스라엘은 그들의 평화조약이 중동에서의 포괄적인 해결 추구의 일부를 대표한다고 했지만, 캠프 데이비드 협정은 그와 같은 정치적 해결에는 미치지 못했다. 왜냐하면 팔레스타인의 독립과 관련된 쟁점들은 이제 막 명문화된 이집트와 이스라엘 간의 쌍무적인 관계 이상으로 복잡하고 논란의 여지가 있었기 때문이었다.

미국과 중국과의 관계

카터 행정부가 스스로 설정한 목표 가운데는 닉슨·포드 행정부에 의해 시작된 중국과의 관계정상화의 완결이 있었다. 1977년 5월의 노테르담(Notre Dame) 대학 연설에서 카터는 "우리는 미·중 관계가 우리의 세계정책의 중심적 요소로 그리고 또한 중국을 세계평화의 가장 중요한 세력으로 본다"고 닉슨의 원래의 중국과의 관계에 대한 접근방법을 마찬가지로 잘 묘사했다고 할 수 있는 언어로 말했다. 안정된 중국은 세계의 균형에의 중요한 공헌을 대표한다. 이러한 점에서 다음 행정부와 마찬가지로 카터 행정부는, 특히 브레진스키 국가안보보좌관은 중 · 미 관계의 정상화를 미국이 중국 및 소련과 좀 더 나은 관계(일방이 타방과 가질 수 있는 관계보다)를 유지할 수 있는 능력을 제고하는 것으로 보았다.

비록 카터 행정부는 중 · 미 관계가 소련에 대항하는 것이라는 생각을 최소화시키려고 했지만, 관계 정상화에 대한 미국의 관심의 증가는 미국과 소련 관계의 악화를 가져왔다. 이처럼 공식적인 성명서에도 불구하고 중·미 관계 정상화의 과정에는 닉슨·포드 그리고 카터 행정부를 넘어서는 '전략적'인 요소가 있었다. 1978년까지 제2차 전략무기제한협정에 대한 차이와 소련의 전략적·군사적 증강에 대한 미국의 증가하는 우려뿐 아니라 아프리카 동북부와 남부 아프리카에서의 소련·쿠바의 활동에서 야기되는 근본적인 차이를 포함하는 미소 간의 긴장이 커지면 커질수록 미국은 미·중 간의 관계 정상화에서 전략적인 이득을 얻고자 했다.

그러나 여기에서 카터 행정부는 닉슨 행정부에 의해 시작된 과정을 끝맺을 인지된 필요성에 관한 것보다는 정상화의 시기와 방식에 관해서 내부의 분열이 있었다. 카터 행정부 내에 중국과의 전략적 관계에 두어야 할 강조를 둘러싸고 이견들이 존재했다. 반스는 비슷한 관계, 즉 두 국가 모두에게 최혜국지위를 부여하고 이러한 관계에서 군사적인 문제는 배제되는 중국과 소련에의 균등한 정책을 주장했다. 브레진스키와 브라운 국방장관은 중국은 소련보다 훨씬 약하며 미국에게 군사적인 위협을 가하지 않기 때문에 중국의 안보에 대한 욕망에 동정적인 고려가 주어져야 한다고 주장했다. 이것은 민간용과 군수용으로의 응용이 가능한 기술에의 접근을 포함했다. 이전에는 미국은 군사용으로 쓰일 수 있는 고급기술의 이전을 막기 위해 중국과 소련에 동일한 규제를 가했었다.

간단히 말해 반스와 국무부는 중국과의 외교관계의 수립을 두려워했고, 브레진스키와 브라운은 중국과의 안보관계의 필요성을 느꼈다. 소련에게 미국과의 관계를 증진시키도록 압력을 가하기 위해 중국과의 관계를 강화하려했던 사람은 바로 브레진스키였다. 이와는 대조적으로 반스는 1978~1979년 겨울에 제2차 전략무기제한협정에 대해 소련과 마찰이 증가한 것은 중·미 관계의 강화뿐 아니라 제2차 전략무기제한협정 협상이 막바지에 이르렀을 때 완전한 외교관계가 수립될 것이라는 발표의 시기 때문이었다고 보았다. 그럼에도 불구하고 카터 행정부는 중국 및 소련과 삼각외교 형태를 실제로 행하는 데 몰두했고 이러한 삼각외교에 대한 성공의 표시는 소련과의 제2차 전략무기제한협정의 체결과 중국과의 외교관계의 정상화 모두를 동시에 달성하는 것이었다. 이상적으로 미국은 제2차 전략무기제한협정의 논쟁적인 쟁점에서 소련으로부터 양보를 끌어내기 위해 '중국 카드(이 말은 카터 행정부에 의해 공식적으로 사용된 적이 결코 없었다)'를 사용할 수 있었을 것이다.

물론 매사 모든 일이 이런 식으로 되었던 것은 아니었다. 중·미 관계 정상화는 카터 행정부의 군비통제와 방위정책을 비판하는 사람들이 수용할 수 있는 제2차 전략무기제한협정을 규정지을 수 없었다. 소련의 전략적 군사력의 증강 기세는 카터 행정부 내에서 중국과의 관계정상화의 완료 주장을 강화했으며, 동시에 소련에 유리하게 기운 전략적 군사력의 균형을 명문화한 것 이상이 아닌 제2차 전략무기제한협정의 전망을 감소시켰다.

카터 행정부는 중국 정책을 형성하는 데 있어서 닉슨·포드 행정부의 틀을 받아들여야 했을 뿐만 아니라 몇몇 남아 있는 논쟁거리 문제들을 해결해야만 했다. 비록 1972년 상해공동성명에서 미국은 하나의 중국만이 있고 대만은 중국의 일부라는 중국의 입장을 받아들였지만, 카터 행정부는 남아 있는 직접적인 미국의 방위상의 유대를 단계적으로 줄여나가고 동시에 중국과 공식적인 외교관계를 수립하면서 대만과 남은 관계를 유지하기 위한 상호 수용할 수 있는 공식을 찾아내는 일에 직면했다. 중국의 지도력과 더불어 카터 행정부는 반스와 브레진스키의 방문을 포함하는 일련의 통로를 개설했다.

그러나 1978년 봄까지 중국과의 관계는 카터 행정부의 1차적인 몰입의 대상은 아니었다. 대신 카터 행정부의 관심은 제2차 전략무기제한협정, 파나마 운하 조약, 중동의 평화과정에 있었다. 파나마 운하 조약의 체결은 소련의 페르시아만의 중요 산유국들과 그 주변에 있어서의 — 에티오피아와 남예멘에 있어서의 — 지정학적인 입장을 강화하려는 소련의 노력과 더불어 소련에 상응하는 압력을 가할 필요성을 증가시켰다. 이러한 필요성은 특히 브레진스키에 의해 인식되었다. 1978년 5월 북경에서의 논의에서 브레진스키는 중국의 지도부에게 소련의 팽창주의에 반대하고 소련의 군사력 증강을 억제하는 데 미국이 깊이 관여하고 있음을 강조하고자 했다. 그 방문은 일련의 직접적인 신호를 보내는 기회를 제공했다. 미국은 중국과 완전한 외교관계의 정상화를 향해 빠르게 움직여나갈 준비가 되어 있다. 미국은 대만에 있어 미국의 군사적인 주둔을 더욱 감소시켜 나갈 것이다. 카터 행정부는 과학, 경제 그리고 문화교류와 협력의 발전과 확대를 호의적으로 생각할 것이다. 그리고 미국은 소련의 제3세계, 특히 아프리카 동북부, 남부 아프리카, 남아시아, 동남아시아에의 침투에 반대하여 중국과 안보상의 양보를 발전시켜 나갈 것이다. 중국은 한반도에 있어서의 안정의 촉진에 깊이 관여하기를 요청받았다.

중·미 간의 관계정상화를 가져온 협상의 종결은 1931년 만주 공격과 더불어 시작되고 1945년 일본의 패배로 끝난 일본의 중국 침략과 점령시대를 공식적으로 종결지은 중·일 평화화해우호조약(Sino-Japanese Treaty of Peace, Reconciliation, and Friendship)의 1978년 10월 서명을 가져온 사건과 일치했다. 그 조약에서 '반패권주의' 조항 — 소련의 팽창을 반대한다는 중국의 암호문자 — 을 받아들임에 있어 일본은 중국을 지지하여 중국과 소련 간의 등거리외교를 포기한 것처럼 보였다. 중·일조약과 공식적인 중·미 관계 정상화와 더불어 일본과 미국은 아시아 태평양에서 소련의 '패권주의'에 대한 우려와 반대를 상징하고 또한 신호로 보내도록 고안된 초기의 틀의 발전을 향한 주요 조치를 취했다.

1970년대 말 중국은 유럽과 아시아에서의 소련의 영향력의 확장에 반대하는 입장의 미국, 일본, 나토·유럽을 포함하는 연합, 즉 '연합전선(united front)'이라고 불리는 것에 회원국이 되는 방향으로 나아가고 있었다. 이러한 중국의 세계를 바라보는 관점에서 볼 때, 공식적으로 표현된 것과 마찬가지로 소련은 양면전략을 유지했으며 이러한 전략 목적들 중의 하나는 남아시아와 동남아시아에서 자국의 입장을 강화함으로써 중국을 고립시키고 포위하는 것이었다. 중국이 기술하는 바에 따르면, 소련 전략의 또 다른 면은 서유럽과 일본을 그들의 페르시아 만의 석유공급으로부터 차단하고 제3세계에 소련의 영향력을 수립하고 공고히 하는 것이었다. 중국은 긴 중소 국경에 대략 소련 군사력의 1/4 정도의 군사력을 배치하고 있었다. 한편 훨씬 더 많은 수의 소련 군사력이 서쪽으로 나토와 면하고 있었기 때문에 소련은 양쪽 전선에서 그 팽창이 효과적으로 억제되어 왔다. 그러나 소련은 남쪽, 즉 아시아의 변방, 동남아시아 그리고 아프리카로 밀고 나아가기 위해 상당한 자원을 써야만 했다. 중국이 주장했듯이 소련은 이웃국가들과 평등한 관계 속에 공존할 수 없었기 때문에 중국은 미국뿐만 아니라 일본이나 서유럽국가들과도 긴밀한 관계를 발전시키는 게 필요했다. 마지막으로 중요한 것으로서 중국은 중소 국경에 중국을 적대하여 배치된 소련의 병력에 점차적으로 뒤떨어지고 있는 군사능력을 근대화하기 위한 수단으로서 중국에 생산설비를 건설하는 것을 허용하는 형태로 발달한 서구의 기술에의 접근을 추구했다.

1978년 12월 15일 미국에 의해 제출된 관계정상화 협정은 미국과 본토 중국 간의 적대감이 절정에 이르렀을 때인 1950년도에 미국과 대만 간에 조인된 방위조약의 폐기를 규정했다. 비록 미국은 방위목적을 위해 대만에 무기판매를 할 수 있는 권리를 유보했으나 대만에 있던 잔존 미군이 완전 철수하였다. 미국은 대만과의 비공식적인 관계를 위한 틀을 만들었지만 공식적인 미국의 대만에 대한 외교적 승인이 철회되었다. 기실 중국과 미국은 관계정상화 협정에 이른다는 이해관계 속에서 대만 문제에 관해 서로 이견이 있다는 점에 동의해야만 했다. 미국은 공공연히 대만과 본토 중국 간의 미래의 관계에 문제가 있을 시 이를 평화적으로 해결해야 한다는 데 깊은 관심을 갖고 있음을 주장한 반면, 중국은 그러한 문제는 자국의 내부 문제라고 단언했다. 그 이후 미국의 관점에서 대만에의 무기판매는 대만해협(Strait of Taiwan) 양안의 당시의 안보환경을 고려하여 조절될 것이었다. 평화로운 화해를 향한 진보가 있게 되면 종국적으로 대만으로의 미국 무기판매는 감소하거나 생각건대 종료될 것이었다. 변화하는 미국의 대만과의 관계는 대사관 대신에 대만과의 비공식적인 관계를 행하기 위한 법적 구조인 미국 대만연구소(American Institute on Taiwan)을 설립하기 위해 의회에서 통과된 대만관계법안(Taiwan Relations Act)에 명문화되었다.

카터 행정부의 미지막 2년간 관계 정상화 협정에 의해 생긴 기세는 베트남에의 증가하는 소련의 주둔, 1979년 12월 소련의 아프가니스탄 침공, 아시아 태평양에의 소련 해군력의 증강 등 일련의 쌍방 이익을 가져다주는 이런 사건에 의해 지속되었다. 1979년 11월 소련은 베트남과 우호조약을 체결했으며 이 사건은 의심의 여지없이, 등소평(Deng Xiao-ping)의 말을 빌리자면, "베트남에게 교훈을 주기" 위해 1979년 2월 베트남 국경을 넘어 제한적 군사행동을 개시하도록 한 중국의 결정에 일조했다. 1979년 1월 관계 정상화 협정을 끝맺기 위해 미국을 방문한 동안 등소평은 사적으로 카터 행정부에게 캄보디아를 침입한 베트남을 중국이 공격할 의향을 갖고 있음을 통고했다. 베트남의 캄보디아 침입은 소련이 지원하는 베트남이 인도지나를 지배하게 되면 소련의 중국 포위를 더 가능하게 할 것이기에 중국이 반대했던 행동이었다. 성공적인 중국의 베트남에 대한 군사적 행동은 하노이에게 캄보디아로부터 베트남의 군사력을 끌어내는 제2의 전선을 만들 것이었다.

중·미 관계의 정상화가 완료됨과 더불어 미국에게는 중국이 '미국 카드'를 행사하는 것으로 미국에 비쳤다. 중·미 관계가 긴밀해지면 질수록 중국은 중소 국경을 따라 자국 내로 침입해 오는 소련을 덜 두려워할 것이며, 자유로운 중국은 동남아시아에서의 중국의 이익을 좇아 행동을 취할 수 있을 것이다. 카터 행정부의 반응은 중국과 소련 모두에게 자제를 촉구하는 것, 즉 캄보디아로부터의 베트남 군의 철수 그리고 베트남 국경지대로부터 중국군의 동시 철수를 제안하고 또한 소련에게 미국은 중국의 침입을 고무하거나 지지하지 않았으며 동남아시아나 혹은 중국과의 국경을 따라 소련의 군사행동이 강화되면 미국은 어떤 방식으로든 이에 대응할 것이라는 점을 지적했다. 중국의 공격이 시작된 지 일 개월도 못 되어 발생한 중국군의 철수는 그들의 전투의 질(質)에 관해 의문을 남겼다. 그럼에도 불구하고 중국이 소련의 대응조치를 야기함이 없이 그런 행동을 취할 수 있었던 능력은 소련의 동맹국이 소련의 충실한 지원을 불러일으키지 않고 공격을 받을 수도 있다는 것을 드러냈다.

비록 카터 행정부는 중국의 베트남에 대한 군사적 공격이 중국 혹은 소련 어느 일방과 미국과의 관계에 영향을 미치게 되는 것을 막으려고 했지만, 미소 관계가 악화되어 감에 따라 중·미 관계는 1979~1980년에 미국이 중국에 기우는 방향으로 나아갔다. 소련의 아프가니스탄 침공 이후 미국은 통신장비, 운반용 헬리콥터, 전자상쇄 수단들, 항공 방위 레이더를 포함하는 특정의 방위용 군사기술의 중국 판매를 승인했다. 1979년 8월 말 몬데일(Walter Mondale) 부통령의 방문은 중국에의 최혜국지위 부여 환경을 조성했다. 이처럼 미국은 중국과 소련에 동일한 규제무역 정책을 적용해 오던 미국의 정책을 수정했다. 마지막으로 중요한 것은 중국은 우호적인 국가로 선언되었으며 이로 인해 소련에는 가용(可用)하지 않은 상업차관의 자격이 중국에 주어졌다. 중국과 영사 관계, 상업 항공노선, 직물류 수입의 개방을 위한 협정들이 체결되었다. 이처럼 1980년까지 카터 행정부는 중국과의 관계를 발전시켜 나갔으며 이러한 관계는 카터가 처음 대통령직에 올랐을 때 자신이 가지고 있었던 세계관에 일치하기 보다는 원래 닉슨의 중국에의 개방의 전제들에 좀 더 일치하는 정치적, 전략적, 경제적인 측면을 갖었다. 중국은 이제 팽창주의자인 소련의 봉쇄를 위한 틀을 발전시키는 카터 행정부의 노력에 있어 필수적인 일부를 형성했다.

미국의 안보정책과 한반도

1953년 휴전협정 이후 미국은 한국에 지상군을 포함한 잔여 군대의 주둔을 유지해왔다. 1970년 중반까지 남한에 주둔하고 있는 미군은 4만 2,000명에 달했으며 이 중에서 3만 3,000명은 미국의 육군이었고 나머지는 공중방어에 기여하는 미군의 일부였다. 62만 5,000명에 이르는 남한군에 비해 아주 적었지만 그와 같은 군사적 능력은 한반도에 있어서의 평화유지에 대한 미국의 확고한 공약의 실질적인 증거를 제공하는 것이었다. 남한과 북한 사이의 비무장지대 이남에 주둔하는 미 지상군은 북한으로부터의 한국에의 공격 시 즉각적으로 개입할 것이었다. 따라서 한국전 이후 역대 행정부가 밝혔듯이 그들은 북한의 공격을 격퇴하는 데 필요한 수준으로 미국의 개입을 확대시켜 나간다는 의향을 상징했다.

한국은, 특히 1970년대 중반 이전의 10년간에 걸쳐서 놀랄 만한 경제성장을 이루었고 이로 인해 한국은 대만, 홍콩, 싱가포르와 더불어 신흥공업국가 대열에 올랐지만, 북한으로부터의 또 다른 기습공격을 이겨낼 능력은 불확실했다. 한국의 수도이자 상업의 중심지인 서울(Seoul)은 비무장지대로부터 35마일 안에 위치하고 있으며 북한의 항공기로 수분 내에 도달이 가능하다. 1970년대에 북한의 민간경제는 남한에 훨씬 뒤졌지만, 그럼에도 불구하고 북한은 대규모 무기생산 능력을 갖추었으며 이의 효과는 중국 혹은 소련에 대한 무기공급의 의존을 줄이는 것이었다. 비록 1970년대 초 서울과 평양(Pyongyang) 간에 통일 문제에 관한 접촉이 있었으나 긴장은 여전히 높았다. 1976년 소위 도끼만행사건(Tree-cutting accident)에서 수명의 미군이 살해되고 간헐적으로 폭력사건이 발생했다. 군대와 장비를 운반할 수 있도록 비무장지대 밑으로 북한이 판 땅굴이 발견되자 남한은 북한이 무력통일을 달성하기 위해 기습공격을 준비하고 있다는 두려움을 실질적으로 더 느끼게 되었다. 한국은 시간을 끌 영토가 적었다. 유럽의 나토처럼 남한은 가능한 한 빠른 시간에 공격을 막거나 멈추게 해야만 했다. 한국에서 미국의 보장의 목표는 더 큰 아시아 대륙에 부속되어 있는 반도의 남쪽 끝을 방어하는 것이었다.

중국, 일본, 소련이라는 이 지역의 3개의 주요 강국이 교차하는 지점에 있는 한반도의 안정에 관한 미국의 전략적인 이해 관계는 카터 행정부 내에서의 한국의 인권존중에 관한 우려에 의해 복잡해졌다. 그러나 확실한 것은 카터 행정부의 관점에서 얼마나 제한적이었는지 모르나 남한 내의 자유의 수준은 전체주의적인 북한의 공산주의 정권과는 견줄 바가 아니라는 것이었다. 여기에 카터 행정부는 인권에 대한 깊은 관심과 다양한 문화, 사회 그리고 정치적인 전통과 가치에 기초한 불완전한 정치체제의 세계에 있어서의 미국의 전략적 이해 관계 간의 딜레마에 봉착했다. 중국의 경우, 카터 행정부는 인권 기준으로 인해 자국의 안보 이익상의 개념이 어두워지는 것을 허용치 않았다. 미국의 한국과의 관계는 1970년대 중반 소위 '코리아게이트(Koreagate)'라고 불리는 사건에 의해 손상되었으며 이 사건에서 몇 명의 미 의회의원들은 한국의 영향력을 사들이기 의한 로비의 대상이 되었다. 인권 문제와 더불어 이 사건은 미국의 한국과의 관계에 치명적이었다.

1976년 대통령 선거유세 기간에 카터는 만약 자신이 선출된다면 한국으로부터 미 지상군을 철수시키겠다는 의도를 밝혔으며 이 약속은 그의 선출 즉시 재확인되었다. 미군의 주둔 없이 생존할 수 있는 지역적 힘의 중심지의 등장 — 이는 닉슨 독트린 원칙들 가운데 하나 — 을 고무하도록 계획된 미국의 외교정책의 맥락에서 볼 때, 미국과 한국 간의 안보관계에 대한 카터의 접근은 기본정책으로부터의 이탈을 나타내는 것처럼 보였다. 그러나 동남아시아로부터의 미군의 철수는 미국의 동맹국인 남베트남의 자위 능력의 과시가 뒤따르지 않고 소련과 긴밀히 동맹관계를 맺고 있는 공산국가의 강화로 이어지는 정치적·군사적 붕괴로 이어졌다. 후쿠다(Takeo Fukuda) 수상의 일본 정부를 포함한 아시아 태평양 지역의 동맹국들의 주한미군의 철수에 대한 반응은 부정적이었다. 아시아 태평양 지역과 미 의회에서의 반대 증가에도 불구하고 카터는 도쿄에서의 경제정상회의에 참석한 후 남한을 방문한 1976년 여름까지 자신의 정책결정을 견지해 나갔다. 카터의 방문은 북한으로부터 대통령에 대한 구두 공격과 남북 간의 평화적인 통일을 위한 대화요청에의 거부를 야기시켰다. 남한과 비교해 볼 때 상당히 우세해지고 있는 북한의 군사력을 다시 제대로 평가하는 새로운 정보 — 이는 북한이 경고 없이 비무장지대를 넘어 한국을 공격하는 것이 가능하다는 것을 가리킨다 — 의 발표와 더불어 이러한 반응은 카터 행정부로 하여금 1979년 7월에 남한으로부터의 지상군 철수계획을 중지하게 만들었다.

동맹관계의 관리: 나토·유럽

카터 행정부에 있어 3자주의(trilateralism)는 20세기 말의 세계적 문제를 극복하기 위한 수단으로서 서유럽 및 일본과의 전략적, 정치적, 경제적 관계의 창출을 의미했다. 사실 정치, 경제영역에서 높은 수준의 협력을 달성하는 것은 카터 행정부의 외교정책에 있어서 최상위의 위치를 점하고 있었다. 어떤 조직적 틀이 이미 세계의 주요 비공산주의 산업국가들 사이의 공동협의와 정책통합을 위해 존재했다. 캐나다뿐만 아니라 일본, 서유럽국가들 그리고 미국은 경제개발협력기구의 회원국이었고 현재에도 회원국이다. 특히 1973~1974년의 에너지 위기의 즉각적인 여파 속에서 경제개발협력기구 내의 국제에너지기구(IEA)의 형성과 더불어 협의와 조정을 위한 확대되어 가는 제도의 망이 산업화된 국가들 사이에 발전되어 갔다.

협력의 필요성에 대한 인식은 1976년 이래 매년 개최되는 영국, 캐나다, 서독, 프랑스, 이탈리아, 일본, 미국의 정부수반들을 포함하는 정상회담의 소집에서 상징적으로 나타났다. 경제적 문제에 전념하는 이런 회합들은 카터 행정부

기간 동안 계속되었을 뿐 아니라 1980년 6월 베니스(Venice) 회의 때까지 정치적 문제를 포함하기 위해 확대되어 왔다. 이란의 혁명, 페르시아 만의 불안정의 증가 그리고 1979년 석유가격의 급등과 더불어 경제적 문제와 석유공급과 관련된 전략적·정치적 문제들을 분리하는 것은 유용하지 않았다. 더군다나 자신의 행정부 초기에 카터는 1977년 5월 런던에서 개최된 나토 정상회담에 적극적으로 참석했다. 이러한 협의는 카터 행정부의 세계적 문제에 대한 3자주의 접근을 발전시킬 필요성에 대한 인식뿐만 아니라 더욱 성숙한 동맹국들과의 관계가 형성되어야만 한다는 닉슨·포드 행정부의 믿음을 상징하는 것이었다. 미국이 보호자 노릇을 하던 시대는 끝났다. 미국과 미국의 산업화된 동맹국들은 함께 점증하는 복잡한 문제들을 좀 더 효율적으로 다룰 수단을 발전시킬 수 있었다.

경제와 방위 문제는 순수한 대서양 연안 국가들 간의 틀과 미국과 일본 간의 쌍무적 관계를 벗어났다. 그러나 방위에 있어서의 안보 틀은 삼자 수준에서 존재하지 않았다. 또한 카터 행정부도 산업선진국들과 타국들을 연결할 제도를 창출하기를 추구하지 않았다. 나토 혹은 나토의 모든 회원국이 아니라면 일부 국가들은 대서양동맹의 지리적 경계 밖의 페르시아 만과 같은 지역으로부터 오는 안보위협에 직면했다. 서태평양 혹은 북대서양 밖의 안보위협에 대응하기 위한 미군 배치의 변화는 1970년 말에 페르시아 만과 인도양에서처럼 미국의 안보관계의 집단적인 힘에 중요한 의미를 가졌다. 비록 서유럽과 일본은 불안정된 국가나 지역으로부터의 석유수입에 미국보다 훨씬 더 의존적이었지만, 미국만이 그러한 자원을 안전하게 보호하거나 그러한 자원에의 접근을 회복하는 것을 도울 수 있는 수단을 유지했다. 명백히 한편으론 동맹국들의 전략과 이해관계 사이에, 또 다른 한편으론 그들의 능력 사이에 큰 격차가 존재했다.

요약하자면, 경제와 정치안보 문제 사이에 뚜렷한 구분이 지워질 수 없었다. 왜냐하면 처음 1974~1975년 그리고 1979년에 석유가격의 급격한 인상은 중동과 페르시아 만의 정치적 사건 — 1973년의 10월 전쟁과 1978~1979년의 이란 혁명 — 에 의해 시작되었다. 어떠한 기존의 동맹이나 안보관계도 이러한 예기치 못한 일을 극복하도록 계획되지 않았으며 안보 그리고 경제적 요인들을 공동의 전략으로 완전히 통합할 수 있는 틀도 부재했다. 미국, 미국의 나토·유럽동맹국들, 그리고 일본의 다양한 국가적 관점과 관련된 이유로 인해 현존하는 제도를 세계적인 틀로 변형시키는 것에 기초를 둔 3자주의의 협력을 달성할 전망은 요원했다. 대신에 카터 행정부는 동맹의 원래 목적과 직접적으로 관련된 대서양 연안 국가들 간의 관계에 있어서의 당면한 문제들, 즉 소련·바르샤바 조약기구의 군사력 강화를 고려하여 서유럽에 안보를 어떻게 제공할 것인가에 주의를 쏟았다. 이와 밀접하게 관련된 것은 미국의 일본과의 관계에서 비슷한 상대를 갖고 있었던 문제, 즉 어떻게 동맹국들이 공동방위의 좀 더 많은 부분의 부담을 떠맡도록 확실히 할 수 있을까 하는 문제였다. 방위분담의 중요성은 1970년대 말에 미국이 페르시아만·인도양에서 새로운 안보공약을 떠맡은 사실로부터의 결과로서 미국의 정책결정자들과 의회의 심중에서 고조되었다. 미국이 좀 더 많은 자원을 이익을 지키는 데 — 즉 석유공급을 안전하게 하는 것인데 이것은 미국에게보다도 서유럽과 일본에 훨씬 더 중요성을 갖는 것이다 — 로 돌려야만 할 때에 미국의 동맹국들, 즉 서유럽동맹국들과 일본은 그들 각자의 지역방위에 많은 기여를 해야만 한다고 생각되었다.

1977년 5월 런던 정상회담에서 나토 회원국들은 만장일치로 재래식 능력과 핵능력을 강화시킬 장기적인 방위계획에 동의했다. 비록 나토 군사력을 현대화하기 위해 취해질 자세한 조치는 일련의 실무 그룹에 맡겨졌지만, 그 동맹은 소련·바르샤바 조약기구의 힘의 수준에 있어서의 우위를 막기 위해 연간 방위비 지출의 3%(이는 인플레를 고려한 후의 실질적인 증가율임) 인상에 동의했다. 미국에 의해 강력히 지지된 3% 인상은 서유럽동맹국들의 군사비 분담을 증가시키고, 또 나토군이 대전차무기와 같은 군사능력을 개선하게 하고, 또 통합된 대공방위 체계를 발전시키기 위한 노력을 나타낸 것이었다.

중성자탄 논쟁

서유럽에 대한 장갑공격을 무디게 하고 또 아마도 멈추게 할 수 있는 기술 가운데는 향상된 방사능탄두(ERW), 즉 중성자탄(Neutron Bomb)으로 불리는 것이 있었다. 이 탄두는 소련·바르샤바 조약기구의 장갑차에 침투하기 위해 방사능을 발사했다. 이는 전진병력에 대항할 포와 단거리 전술미사일에 장착될 수 있었다. 중성자탄은 다른 핵무기와는 달리 거대한 폭발과 열을 내지 않기 때문에 주의의 재산에 큰 규모의 손상을 입히지 않고 적 전차 승무원을 무력하게 할 수 있었다. 사이에 콘크리트 벽에 의해 보호된 민간인들 또한 영향을 받지 않는다. 중성자탄은 간단히 인명은 살상하나 재산은 파괴하지 않는 무기로 특징지어졌다. 나토의 노후화되고 있는 전장 핵무기를 현대화하기 위한 프로그램의 일환으로 미국에서 얼마간 개발되어 온 중성자탄은 1977년 6월 초 ≪워싱턴 포스트≫지의 기사거리였으며 서유럽의 언론에 의해 재빠르게 입수되었다. 비록 카터는 중성자탄의 개발을 위해 지속적으로 돈을 대는 것을 승인했으나 군비통제에의 깊은 관심과 핵무기 배치에 대한 혐오 때문에 그는 개발전망에 불편해 했다. 카터는 유럽에 중성자탄을 배치하는 근본적인 조건은 나토 동맹국들이 그것을 기꺼이 받아들이겠다는 것을 명백히 표현하는 것이라고 생각했다. 미국의 지도력에 익숙해져온 서유럽 정부들로서는 미국이 그렇게 하기 전에 중성자탄에 대한 그들의 깊은 관심을 명백히 기술할 준비가 되어 있지 않았다. 특히 서독에 있어 중성자탄은 딜레마를 가져왔다. 나토의 중부전선(Central Front)에 위치해 있기 때문에 중성자탄 재고의 대부분이 서독의 영토에 배치될 것이었다. 그러나 서독은 그와 같은 무기가 배치되는 유일한 나토 회원국이 되고 싶지 않았다. 슈미트(Helmut Schmidt) 수상은 상당한 국내의 반대와 어떠한 중성자탄의 배치도 불가능하게 하기 위해 계획된 소련의 점증하는 선전공세에 직면했다. 배치할 경우 다국주의에 대한 슈미트의 고집은 그와 같은 반대를 무디게 할 의도였다. 영국 및 서독과 더불어 미국은 만약 소련이 3개의 150킬로톤(kiloton)의 탄두를 운반하는 정교함을 가진 중거리(500Km) 탄도미사일인 SS-20을 배치하지 않는다면 나토는 중성자탄의 배치를 금할 것이라는 공식을 만들어 냈다. 1978년 3월 20일의 북대서양이사회(North Atlantic Council) 회의 – 이 회의에서 이러한 공식이 발표될 것이었다 – 를 위해 최종 세부안이 종결되어 갈 때, 카터 자신은 중성자탄의 생산을 반대하는 결정을 내렸다. 핵무기에 대한 자신의 노골적인 철회와 함께 카터는 자신의 측근 보좌관들을(반스, 브라운 그리고 브레진스키) 통제했다.

만약 소련의 SS-20 배치를 막기 위한 군비통제협상이 실패한다면 중성자탄의 배치를 지지하는 동맹의 합의를 성사시키기 위해 열성적인 노력을 한 카터 행정부는 입장을 번복함으로써 미국의 동맹국들과 국내의 비판가들에게 우유부단한 이미지를 주었다. 본 정부 그리고 특히 슈미트 수상은 성공적인 SS-20 군비 통제협상의 부재 속에서 중성자탄의 배치를 위한 서독에 있어서의 훨씬 깨어지기 쉬운 지지를 달성하기 위해 상당한 정치적 자본(대가)을 지출했다고 느꼈다. 즉 카터 행정부는 사전협의 없이 그들 아래로부터 양탄자를 거두어간 셈이었다. 명백하게 진술된 배치에 대한 서유럽의 동의 없이, 그리고 미국측이 이 문제에 대해 동맹국의 지도력을 기꺼이 행사하려는 뜻도 없이는 중성자탄을 나토의 중부전선에 배치하기 위한 기초가 존재하지 않았다. 나토의 중성자탄 배치 실패에도 불구하고 소련은 서유럽과 동아시아(주로 중국과 일본)를 겨냥하여 1977년 이래 매 6일마다 하나의 새로운 시스템의 비율로 SS-20을 설치해 나갔다.

나토·유럽에서의 신형 중거리 핵미사일에 대한 논쟁

1980년대 들어서 SS-20은 대서양동맹이 직면한 또 다른 쟁점의 중심에 있었다. 소련의 SS-20 배치가 이루어져 나감에 따라, 비록 적절한 나토의 대응에 관한 쉽게 인식할 만한 합의를 산출함이 없이, 그것이 가져다 줄 의미에 대한 서유럽의 우려가 증가했다. 1977년 10월 런던의 한 연설에서 슈미트는 좀 더 광범위하게 보유된 유럽의 관점을 언명했다. SS-20이 제2차 전략무기제한협정에서 배제되었기 때문에 미소 간의 대륙간전략시스템을 제한하기 위한 조약의 효과는 유럽의 전장(戰場)에서 소련에게 유리한 불균형을 남겼다고 지적했다. 그는 전략무기제한협정의 협상에 일치하는 유럽에서의 군사력의 불균등을 제거하는 것이 필요함을 지적했다. 1978년 나토는 핵력의 현대화 문제를 다루고 또 새로운 세대의 중거리 핵력(INF)을 배치하기 위한 적절한 동맹 프로그램을 발전시키기 위하여 고위 수준그룹(High Level Group)을 수립했다.

결과는 1979년 12월 12일 서독에 노화된 단거리 퍼싱(Pershing I) 미사일을 대신해서 900마일 범위의 108기의 퍼싱(Pershing II) 탄도미사일을 배치한다는 북대서양이사회의 만장일치 결정이었다. 더욱이 나토는 지상발사순항미사일(GLCM) 464기를 벨기에, 영국, 이탈리아, 네덜란드뿐만 아니라 서독에도 배치시킬 것이나 또한 총 1,000기의 핵탄두를 서유럽으로부터 철수할 것이다. 이는 나토 현대화 계획이 궁극적으로 완료되면 서유럽 땅에서의 탄두수의 순전한 감축이 될 것이다.

소련은 나토의 이러한 미사일 배치 아이디어를 비난했다. 1979년 10월 브레즈네프는 나토 전장에 핵 시스템을 배치하지 않는 대가로 동독으로부터 병력 2만과 천 대의 탱크를 제거하겠다는 제안을 했다. SS-20 배치계획을 진행시키면서 소련은 나토의 어떠한 핵무기 현대화도 막기 위해 점점 강도를 더한 계획된 선전노력을 감행했다. 비록 퍼싱 II와 순항미사일 모두를 배치하기로 한 나토의 '두 가지 방침(double-track)결정'은 회원국 정부들 사이에 오랫동안 고려대상이 되어 왔지만, 일반 대중에 의해서는 광범위하게 논의되지 않았다. 만약 그 결정에 대한 광범위한 대중의 지지가 없다면 여론은 나토 핵력의 현대화에 반대하는 쪽으로 심하게 편향되었을 것이다. 그 결정 이후 몇 년간 서유럽, 특히 서독, 네덜란드, 영국의 대중은 배치 문제를 놓고 양분되어 있었다. 비록 반대의 이유는 국가마다 어느 정도 달랐지만, 하나의 공통분모는 핵전쟁의 높아진 위험에 대한 두려움이었으며 이러한 위험은 소련의 SS-20 배치 수준에 정비례하여 증가했다. 서독에서 슈미트는 사회민주당의 좌파와 핵발전소와 환경오염에 반대하는 생태학적 경향의 운동으로서 시작된 녹색당으로부터 점증하는 반대에 직면했다. 미국과 다른 나토 회원국가들의 주의를 소련의 SS-20 배치로부터 오는 유럽에서의 핵전력의 불균형에 집중적으로 쏟게 했던 슈미트는 흔들리기 시작했다. 중성자탄에 관한 논란 기간 동안의 행동과는 대조적으로 카터 행정부는 나토의 두 가지 방침결정을 꾸준히 지지하고 있었으며 이러한 두 가지 방침결정의 실현과 완전한 의미는 차기 행정부에 넘겨졌다.

미국과 나토 동맹국들 간의 불화

비록 카터 행정부 동안 대서양 국가들 간의 긴장이 고조되었으나 그 원인은 서유럽과 미국에서 1970년 중반 이전에 일어난 변화에 뿌리를 두고 있었다. 베트남 전쟁의 유산 가운데 하나는 미국에서 동남아시아에서의 미국의 군사행동에 반대하는 것과 마찬가지로 서유럽에서의 반문화(counter-culture)의 등장이었다. 미국에서 그러한 항의는 그 당시 집권하고 있는 행정부의 정책을 그 초점으로 했다. 서유럽에서는 그것은 물론 과장되어서는 안 되는, 일반화된 반미주의의 형태를 띠었다.

서구문명의 공통된 지적·문화적인 유산이 그랬던 것처럼, 비록 근본적으로 중요한 전략적, 정치적, 경제적인 이해 관계는 여전했지만, 1970년대에 유럽인과 미국인은 별개로 나누어졌다. 다음과 같은 여러 경향이 이러한 불화를 고조시켰다. 닉슨 행정부의 외교에 있어서의 일방주의(unilateralism) 경향, 1973년 10월 전쟁에의 서유럽과 미국의 상이한 대응, 서유럽시장에로의 미국 접근을 제한하는 유럽공동체 정책에 어느 정도 기초를 두고 있는 경제통합의 추구 그리고 미국보다 서유럽에서 더욱 강하게 인식되는 데탕트의 이득을 보존할 필요 등이었다.

일찍이 1968년 하멜 보고서(Harmel Report)에서 대서양동맹은 소련과의 데탕트 추구의 필요조건으로서 적절한 방위능력의 보존에 기초를 둔 안보에 관한 합의에 공식적으로 도달했다. 카터 행정부 때까지 방위와 데탕트에 주어질 우선순위에 대해 미국과 최소한 어떤 동맹국들 간에 차이 ― 1979년 5월의 보수당 대처 정부의 선거 이후 영국과는 덜했다 ― 가 벌어지기 시작했다. 1979년 12월 소련의 아프가니스탄의 침공 후 소련의 행동에 대한 구두상의 비난이 공식적인 수준에서 임박했지만, 서유럽 정부들은 카터 행정부보다 소련에 벌칙을 가하기 위한 구체적인 조치 ― 예컨대 곡물수출에 대한 미국의 금수조치 ― 를 취하는 데 있어서는 열성을 덜 보였다. 아프가니스탄에서의 소련의 군사적 행동에 반대하는 대중들의 데모는 새로운 나토 미사일 설치계획에 항의하기 위해 있었던 데모와는 비교가 되게 흐지부지되었다.

1970년대 말 전쟁억지에 대한 서유럽의 깊은 관심은 필요하다면 전략핵전쟁으로 확전시키겠다는 위협을 함으로써 무력갈등의 발발을 억지하거나 방지한다는 대서양동맹에 내재해 있는 보장에 여전히 기초하고 있었다. 그럼에도 불구하고 소련이 미국에 대해 핵무기를 발사할 수 있는 능력의 상당한 성장은 슈미트가 언급한 유럽에서의 부상하고 있는 전장의 불균형과 더불어 공격이 있을 시 약속한 미국의 전장으로부터 전략핵 수준으로의 확전이 어떻게 자동적일까에 대한 불확실성을 증가시켰다. 나토의 두 가지 방침결정정책에 대한 반대론자들은 그와 같은 시스템의 배치는 그 시스템이 소련에 있는 목표물들을 공격하기에 충분한 범주를 갖고 있기 때문에 미국으로 하여금 미 본토로부터 발사될 핵력의 사용을 피할 수 있게 할 것이라고 종종 주장했다. 이런 상황하에서 유럽은 파멸에 이를 것이고 미국은 해를 입지 않을 것이다. 이처럼 미국의 전략적 핵력은 이러한 논리에 따르면 유럽에 있어서의 갈등의 억제로부터 동떨어져 있었다. 따라서 새로운 세대의 나토 미사일 시스템의 배치는 전쟁의 가능성을 실제로 더 높일 수 있다. 이러한 생각은 나토의 두 가지 방침정책이 부분적으로 기초하고 있는 논리, 즉 가상의 소련·바르샤바 조약기구의 공격 시 초기에 소련에 대해 전장 핵무기를 기꺼이 발사하겠다는 의사표명은 억지의 기초로서 필요한 어떠한 수준으로든 확전시키겠다는 미국의 공약을 강화시킨다는 논리에 반대되는 것이다. 더욱이 공식전인 언명이 되풀이하여 암시하고 있듯이, 소련은 그 자신의 핵목표 정책에서 서유럽으로부터 발사된 미국이 통제하는 핵력과 미국 자체로부터 발사된 핵력을 구분하지 않을 것이다.

마지막으로 카터 행정부의 인권정책은 그것이 — 특히 중도우파 정부와 서유럽에 있는 그들의 추종자들에 의해 종종 비판을 받는 — 제3세계 정부보다는 오히려 소련에 적용되었을 때 서유럽에 있어서 반대를 불러일으켰다. 인권정책의 소련에의 적용은 소련의 국내 정책에 눈에 띌 정도의 효과를 갖지 않을 것이나 데탕트에 존재하는 것으로 보이는 서유럽에의 실질적인 이득을 다시 한 번 위태롭게 할 것이다. 서유럽인들은 미소 관계의 어떠한 악화도 그들의 국익에 부정적 효과를 가져올 것이라는 점을 두려워했다. 기실 카터 행정부 말까지의 미소 관계의 악화 그 자체는 대서양국가들 간의 긴장고조에 공헌했다. 비록 유럽동맹국들은 그들의 이익을 충분히 고려하지 않은 미소협정(제2차 전략무기제한협정으로부터 SS-20의 배제 그리고 이로 인한 결과적인 전장 핵력에 있어서의 불균형에서처럼)을 주의했지만 그들은 마찬가지로 미소 간의 긴장고조가 그들에게 미칠 정치적인 결과도 염려했다.

미국의 대일관계

대일정책에 있어 카터 행정부는 닉슨 행정부 당시 미·일 관계를 손상시켰던 일들(1972년 2월 닉슨 대통령의 중국 방문과 중국과의 관계정상화를 향한 첫 조치들을 갑작스럽게 발표하기에 앞서 일본에 이를 통고하거나 협의하지 않은 것)과 같은 충격은 피했다. 만약 카터 행정부가 3자주의의 가정과 원칙들에 근거한 일본과의 관계를 달성하지 않았다면, 이러한 초반의 문제들은 일본이 중국과의 화해를 달성하고자 재빠르게 움직이고 또 1973년 이후 석유가격의 급작스런 인상에 적응해감에 따라 진정되었다. 비록 카터 행정부 시기에 미·일 관계가 향상되었다 해도 미국과 일본은 두 가지 중요한 문제, 즉 무역불균형 및 일본의 방위책임 분담의 필요성에 직면했다.

대일 무역적자

1978년까지 단지 미국에 의해서만 추월당하고 있었을 뿐, 일본은 비공산권 국가 중 두 번째의 경제강국이 되었다. 세계적인 기준에서 미국과 소련이 각각 1, 2위의 자리에 있었고 일본은 총 GNP에서 3위에 올라 있었다. 제2차 세계대전의 파멸로부터 일본은 선진산업경제를 건립했으며 1972년까지 일본의 제조장비 및 설비의 65%가 5년이 안 된 것이었다. 이와는 대조적으로 미국은 같은 퍼센티지의 산업이 10년 이상된 것이었다. 결과적으로 일본은 상당수 산업의 전체 생산력에서 미국과 서유럽을 능가했다. 일본은 에너지를 포함한 원자재의 수입에 전적으로 의존하면서 자동차, 조선, 그리고 전자와 같은 수출산업을 발전시켰다. 이러한 수출산업은 미국을 포함한 상당수 국가의 국내 시장에서 거의 지배적인 위치를 차지했다.

선진기술의 사용과 고도로 숙련되고 동기를 부여받은 노동력을 토대로 한 일본의 상승하는 생산력의 결과는 수입에 대한 수출의 초과였다. 예를 들어 일본은 1977년 수입보다 수출을 970억 달러 더 했다. 그해에 미국은 대일 무역적자가 730억 달러였다. 유럽공동체는 일본에 수출하는 것보다 450억 달러나 더 많은 생산품을 수입했다. 많은 일본의 수출품은 같은 종류의 미국 생산품과 함께 직접 경쟁을 했다. 대일 수출품은 주로 일본이 국내적 등가물을 갖고 있지 않은 농산품과 일차원료들로 구성된 반면에 일본의 자동차, 전자제품, 직물 등의 수출품들이 미국의 생산품 판매에 깊숙이 파고 들었다.

결과는 미국과 유럽에서 증가하는 무역 불균형을 줄이기 위한 보호무역주의 감정의 발전이었다. 카터 행정부가 일본 수출품에 대한 제한을 원하는 미국의 노동조합과 다른 단체들로부터의 국내적 압력에 저항했지만, 미국과 일본은 자동차와 같은 특정의 수출품에 대해 일련의 자발적인 쿼터제를 만들어냈다. 더욱이 일본과 서유럽에서 1970년대에 있어 일본의 수출성공은 고도의 생산품질관리, 경영의 효율성, 마케팅 솜씨 그리고 좋은 노사 관계뿐 아니라 그들이 주장하는 '불공정한(unfair)' 무역관행에도 기인하는 것으로 보는 경향이 증가했다. 이것은 일본의 관세, 쿼터, 구매정책을 포함하며 이러한 정책의 효과는 일본 국내 시장으로부터 미국의 공산품의 배제라고 주장되었다. 일본은 수입품을 차별하는 자동차의 무게제한과 같은 비관세장벽을 유지하고 또 해외 금융시장에의 일본의 접근에 상호성을 부여하는 조건으로 외국 은행에 일본에서 영업을 하는 것을 허용치 않았다고 비판을 받았다. 1970년대 후반 일본은 1973년과 1979년 사이에 행해졌던 다자간 무역협상인 도쿄 라운드(Tokoy Round)에서 협의되었던 관세인하를 포함한 무역자유화를 향한 일련의 조치를 취했다. 카터 행정부는 일본에 특정 미국 상품의 수입할당을 늘리라는 압력을 가했다. 그럼에도 불구하고 무역적자는 계속해서 증가했다. 그 영향들 중의 하나는 비록 일본이 경제대국이 되었지만 방위를 위한 공정한 분담에 기여하고 있지 않다는 인식을 증대시켰다. 그 부문에서의 일본의 지출은 GNP의 1%에도 못미쳤다.

일본의 방위예산의 증가

'경제 초강대국'으로서의 일본의 지위는 취약했다. 왜냐하면 세계경제 체계와 군사·안보 환경의 변화는 일본의 번영에 광범위한 함축적인 의미를 갖기 때문이었다. 다른 국가들의 보호주의의 결과로서의 해외 시장의 상실, 원자재 공급의 붕괴, 아시아 태평양에 있어서의 미국과 소련의 상대적인 군사적 입장에 있어서의 변화는 일본에 있어 특별한 중요성을 갖는 것으로 인식되었다. 1960년의 상호 협력안보조약하에서 미국은 일본 영토에 있는 기지에의 접근을 유지했고 공격을 받을 시 일본을 방어할 의무를 떠맡았으나 일본은 미국에 대해 비교될 만한 의무를 떠맡지 않았다. 이처럼 이 조약은 '상호적(mutual)'이지 않았으며 대서양동맹과는 대조적으로 일방적인 것이 계속되었다. 그것은 또 다른 중요한 면에서 대서양동맹과도 달랐다. 즉 나토는 북대서양지역 공동방위에 서독이 기여할 수 있는 합의가 도출될 수 있는 다자적인 틀을 제공했으나 공동의 안보이해 관계를 지원하는 일본의 재무장을 위한 아시아 태평양의 합의를 위한 비교할 만한 다자적인 기초가 존재하지 않았다. 나토는 서독과의 엄격히 쌍무적인 안보관계로부터 야기될 알력과 우려를 미국으로 하여금 피할 수 있도록 했다. 대일 외교에서 카터 행정부는 이란 위기의 시작과 소련의 아프가니스탄 침공 이후 그랬던 것처럼 일본에, 특히 해상로의 보호를 위한 해군력과 항공방위의 강화를 위한 방위비를 증가하도록 주의를 환기시켰다. 미국은 일본에 주둔하고 있는 4만 3,000명의 미 군병력의 유지비에 대한 일본의 연간 기여금에 있어서의 상당한 증가를 달성했다. 정보의 교환과 위급한 상황하에서의 공동방위병력의 명령에 있어서의 미·일 간의 협력의 증강을 위한 조치가 취해졌다.

1970년대 말 국제안보환경의 몇 가지 변화로 인하여 일본에서는 어느 정도 더 많은 방위노력에 대한 지지를 향한 점진적인 변화가 있었다. 이러한 국제 안보환경의 변화는 베트남의 여파로 미 병력 주둔의 감축과, 특히 이란 위기 시 인도양에 미 해군력의 재배치와 같은 때에 벌어진 서태평양에서의 소련 해군력의 상당한 증가를 포함했다. 한때 미국이 가지고 있던 기지 사용을 포함하여 베트남에의 소련 병력 주둔의 증가(인도양과 페르시아 만을 잇는 해상로를 가로질러 막는)는 방위에 대한 일본의 관심을 고조시켰다. 소련의 아프가니스탄 침공, 일본을 목표로 한 소련의 SS-20 배치, 2차대전이 끝나갈 즈음 소련이 억류한 영토의 군사력 강화는 변화하고 있는 안보상황에 대한 일본의 인식에 공헌했다.

이러한 요인들은 카터 행정부의 촉구와 결합하여 일본으로 하여금 인플레를 고려한 연간 최소한 5.7%의 방위비의 꾸준한 증가를 하겠다는 결정을 내리도록 했다. 서유럽과 미국의 실질적으로 더 높은 퍼센티지와 대조적으로, 일본은 이러한 증가와 더불어 GNP의 1% 이하를 방위에 계속해서 할당했지만, 이것은 나토가 1977년에 3%의 실질적인 증가에 임했던 것과 비교된다. 총 24만 명의 일본 자위대는 미국이 해상로 방위와 같은 아주 중요한 임무에서 떠맡았던 부담을 떠맡을 수 없었기 때문에 미국과 타 국가에서 일본은 무임승차, 즉 자국의 재능을 무역확대에 전념하고 그럼으로써 미국과 그 밖의 나라의 노동자로부터 일자리를 빼앗고 있다는 주장이 계속되었다.

카터 행정부와 핵확산금지정책

비록 모든 미국의 행정부가 핵확산의 금지에 깊이 관여했지만 카터는 핵기술이 평화적인 목적에서 폭력적인 목적으로 전환될 수 있다는 가능성에 깊은 우려를 갖고 취임했다. 핵기술을 비군사적으로 응용함에 있어서 미국의 정책은 아이젠하워 행정부의 '평화를 위한 원자(Atoms for Peace)' 제안 이후에 만들어진 틀에 기초하고 있었으며 1968년의 핵확산금지조약에서 더욱 발전했다. 그러나 1970년 중반까지 화석연료의 공급감소의 결과로 인해 앞으로 증가할 것 같은 에너지원으로서의 핵력(nuclear power)의 사용은, 특히 카터 행정부에 있어서 핵발전소로부터의 고농축 우라늄과 플루토늄이 무기로 전환될지 모른다는 두려움을 고조시켰다. 1974년 인도는 핵무기 능력과 분명히 다르지 않은 '평화적인' 원자력 장치를 폭발시키기 위해 핵원자로부터 그러한 물질을 사용했다. 따라서 카터 행정부는 국제원자력기구에 이미 존재하고 있는 안전보호책은 농축 우라늄과 플루토늄의 전환을 방지하기에 부적절하다고 결론지었다.

새로 부상한 카터 행정부 정책의 핵심은 무기 수준의 물질생산을 가능하게 할지 모르는 핵 에너지 개발계획의 국제적인 일시 중지 요청이었다. 동시에 카터는 적절한 비확산 표준에 대한 국제적인 동의에 도달하기 위한 목적으로 핵연료순환(nuclear fuel cycle)을 평가할 다자간 노력을 제안했다.

에너지 수입에 있어서 미국보다 훨씬 더 의존적인 몇몇 서유럽국가들과 일본은 핵연료재처리공장을 포함한 실질적인 핵발전산업을 발전시켰다. 어떤 경우에는 1975년 서독과 브라질 간에 조인된 협정에서처럼, 유럽동맹국들은 핵원자로 기술의 수출과 자국과 타국 모두에 있어서의 원자력 발전소 건설에 종사했다. 이전에 미국은 영국, 프랑스, 서독, 일본과 같은 국가들과 핵연료 공급협정을 체결했다. 사용된 연료가 재처리되기 전에 미국의 사전동의가 필요했다. 동맹국들과의 사전 협의 없이 갑자기 발표된 카터 행정부의 새로운 확산금지

정책은 재처리에 반대하여 엄격하게 적용될 경우 그러한 국가들의 핵발전계획을 심각하게 손상시킬 것이다. 1977년 카터 행정부는 국제핵연료순환평가(INFCE: International Nuclear Fuel Cycle Evaluation)를 시작하여 강화된 안전에 관한 합의에 기초한 보고서를 만들어냈다.

그 정책의 두 번째 구성요소는 1978년 핵확산금지의정서(Nuclear Non-proliferation Act)였다. 이는 핵물질의 수출을 위한 면허 기준을 설정했으며 당사국의 모든 핵원자로와 발전소에 대한 국제적인 안전보호를 받아들이지 않는 당사국들에게 핵원료의 공급을 금지시켰다. 비록 카터 행정부는 파키스탄과 남한에게 재처리시설을 팔지 말라고 프랑스를 설득했으나 1980년 미국은 인도가 국제적인 안전보호의 수용을 거절했음에도 불구하고 인도에 핵연료를 판매했다. 이는 미국의 확산금지 정책과 모순되는 것 같았다. 그것은 인도의 선의의 보장에 근거한 결정이었다. 카터 행정부의 핵확산금지정책의 결과는 미국에 있어서의 핵발전의 개발의 규모를 크게 축소시켰으며 핵발전소와 원자로의 이용과 수출에 있어 미국에 대한 다른 선진국가들, 특히 프랑스와 일본 그리고 잠재적으로 영국과 서독의 기술적인 우위의 폭을 넓혔다.

미소 관계의 악화: 제2차 전략무기제한협정의 실패

소련이 제3세계의 갈등을 자국에게 유리하게 이용하고 지속적인 전략적 군사력을 증강시킨 것과 더불어 카터 행정부가 소련에서의 반체제 억압을 막기 위해 자신의 인권정책을 이용하지 못한 것은 1979년 6월 비인에서 제2차 전략무기제한협정 조약이 서명되기 이전에 18개월간의 전략무기제한협정 협상에 긴 그림자를 드리웠다.

소련 정책에 대한 내부 논쟁

더욱이 카터 행정부는 소련과 대결하는 데 사용될 전략을 둘러싸고 내부의 의견차가 있었다. 국무부와 국가안보보좌관인 브레진스키는 제2차 전략무기제한협정과 기술의 이전과 같은 쟁점들에 대해 좀 더 강력한 정책을 추구했다. 반면 국무부, 특히 국무장관인 반스와 군비통제군축국(ACDA: Arms Control and Disarmament Agency)의 국장이며 수석 전략무기제한협정 협상대표인 완크(Paul Warnke)는 제2차 전략무기제한협정 협상을 빨리 종결시키기 위해 남은 문제에 보다 많은 융통성을 부여했다. 전자 그룹은 제2차 전략무기제한협정은 좀 더 광범위한 전략적 대화의 일부로서 추구되어야한다고 믿었으며, 후자 그룹은 전략무기제한협정은 그 자체가 군비통제 노력으로서 그리고 상호 이해 관계를 갖고 있는 다른 쟁점들에서 소련과의 관계를 개선시키기 위한 기초로서 본질적인 이점이 있다고 주장했다. 점차적으로 카터는 1979년 12월 소련의 아프가니스탄 침공에서 절정에 이른 시기에 소련과의 관계가 악화됨에 따라 강력한 브라운·브레진스키의 정책입장을 취하는 것 같았다. 광범위하게 인용된, 소련과의 관계에 할애된 1978년 6월 미 해군사관학교(U.S. Naval Academy) 졸업식 연설에서 카터는 소련에게 "협력이냐 아니면 대결이냐"를 선택하도록 요청했다. 그러나 양 그룹은 1978~1979년 카터 행정부의 대소 정책에서 1차적인 초점인 제2차 전략무기제한협정의 체결을 선호했다. 상당히 충실하게 제2차 전략무기제한협정에 깊이 관여해왔고 군비통제협정을 다른 곳에서의 소련의 행동과 연계지으려는 어떠한 노력도 의식적으로 회피해왔던 카터 행정부는 소련의 부당한 행동을 최소화하기 위해 행사할 수 있는 지렛대를 거의 갖고 있지 않았다. 이번에는 제3세계에서의 미국의 이익을 손상시키는 소련의 정책들에 대한 점증하는 증거와 지속적인 소련 군사력의 증강은 제2차 전략무기제한협정 그 자체에 대한 논의를 가져 왔다. 결과는 협상으로부터 마침내 등장했을 때의 제2차 전략무기제한협정을 포함하여 카터의 대소 정책에 대한 국민들의 지지를 약화시키는 것이었다.

핵력 수준과 검증 쟁점들

카터 행정부에서 전략무기제한협정 회담은 통상적으로 두 수준에서 행해졌다. 비록 소련에서는 반스와 그의 소련측 상대와 그리고 미국에서는 소련 외상 그로미코와의 사이에 여러 차례 회담이 열렸지만, 통상적으로는 제네바에서 미소 대표단 사이의 공식적인 회합을 통해서 또한 미국에서는 반스와 도브린 소련 대사 사이의 비공식적인 채널을 통해서였다. 다른 국가안보 문제영역에서처럼, 미국의 입장은 정부 내의 끊임없는 합의형성 과정의 결과였다. 그러한 기구들은 군비통제군축국(ACDA)뿐만 아니라 국방부, 국무부, 국가안보보장회의를 포함했으며 이들은 미국정책 개발의 틀을 제공했다. 1978년 4월 미국과 소련은 총 전략무기발사대의 수를 각각 2,250기로 하는 데 합의했다. 이 숫자는 이전의 블라디보스톡 총계인 2,400기에서 약간 줄어든 것이었다. 각각의 총 마브 수준은 1,200이 될 것이며 이는 1,320이라는 원래의 블라디보스톡 숫자로부터의 또 다른 감축이었다.

이 단계의 협상에서 원격측정의 암호화(telemetry encryption) 문제가 논의되었다. 소련의 제2차 전략무기제한협정의 준수 여부를 검증하기 위해 미국은 소련 미사일이 실험 중에 발하는 전파를 탐지했다. 그와 같은 신호는 미국으로 하여금 제2차 전략무기제한협정에서 제한되어 있는 대륙간탄도탄의 현대화의 질적인 양상을 포함하는 미사일의 특징 가운데 많은 것을 결정할 수 있게 했다. 1970년대 말 소련은 그러한 신호를 암호화했다. 카터 행정부는 제2차 전략무기제한협정에서 검증을 위해 필요한 원격측정방법의 암호화는 금지될 것이라는 공약을 추구했으며 이를 얻어냈다. 1979년 1월 샤 정권이 붕괴된 후 미국은 이란에서의 두 개의 감시장소를 잃었기 때문에 미국에게는 국내에 기반을 둔 기술적 수단에 의한 제2차 전략무기제한협정의 검증 문제가 중대되었다. 소련의 정책을 숨기는 비밀성과 군사 계획에 관한 모든 정보에 대한 소련 정부의 통제 때문에 소련이 미국의 조약 준수를 감시하는 것보다 미국이 제2차 전략무기제한협정과 같은 군비통제협정에 대한 소련의 준수 여부를 검증하는 것이 훨씬 어려웠다. 사실이 아니지만 소련의 경우는 미국 방위예산의 하찮은 측면들이 세밀하고 지속적인 대중과 의회의 면밀한 조사의 대상이었다. 나토의 새로운 중거리 핵 시스템과 엠엑스(MX) 대륙간미사일과 같은 새로운 무기체계의 건설, 그러한 무기의 제안된 배치 장소와 같은 중요한 방위결정은 질질 끈 논쟁의 대상이다. 미국에서의 자유언론과 군비통제에 관심을 갖고 있는 많은 집단들의 존재는 소련에는 부재한 군비통제협정의 준수를 포함한 방위정책의 자체감시의 형태에 공헌했다. 따라서 미국은 소련의 속임수를 방지하기 위해 충분히 검증할 수 있는 군비통제협정들을 추구했다.

카터 행정부가 소련과 체결한 제2차 전략무기제한협정은 핵탄두의 수를 마브식 지상발사 대륙 간 시스템마다 각기 10개로 그리고 마브식 해상발사 미사일에는 각기 14개로 제한했다. 1985년에 효력을 상실할 제2차 전략무기제한협정 기간 동안에 미소는 각기 마브식 탄두를 갖거나 갖지 않는 하나 이상의 '새로운' 대륙간탄도미사일을 만들어 배치할 수 있었다. 제2차 전략무기제한협정에 관한 논쟁이 대중의 관심을 야기시킨, 미국이 직면한 문제들 중에는 1970년대 소련이 몇몇 새로운 전략 시스템을 배치했었다는 사실이 있었다. 이러한 것들은 SS-17, SS-18 그리고 SS-19를 포함했으며, 이들 각각은 미국의 미뉴트맨 지상발사 대륙간탄도미사일보다 더 많은 탄두를 미국 내의 목표로 운반할 수 있었다. 소위 제4세대의 소련의 대륙간탄도미사일 가운데 가장 큰 것인 SS-18은 약 1만 8,000파운드의 발사 무게를 지녔다. 이것은 거의 전체의 지상발사 핵력을 구성하고 있는 미국의 미뉴트맨 미사일의 4,000파운드와 대조를 이루었다. 1967년 총 1,000기의 미뉴트맨 미사일의 설치를 완료한 이래 미국은 비록 미뉴트맨의 탄두를 현대화하고 미뉴트맨에 마브식 시스템을 장착했지만 어떠한 새로운 세대의 지상발사 대륙간탄도미사일도 설치하지 않았다. 그러나 소련의 전략적 능력은 미사일의 수와 탄두 모두에 있어서 1960년대 이래로 크게 성장했다. 제2차 전략무기제한협정에서 소련은 SS-18에서만 308기나 되는 발사대를 배치하는 것이 허용되었으며, 이들 개개의 발사대는 총 10개의 탄두를 합법적으로 운반할 수 있었다. 비록 미국은 소련의 SS-18만큼 큰 미사일을 만들 계획은 없었지만(새로운 미국의 MX의 발사무게는 8,000파운드를 넘지 않았으며 이는 SS-18의 반도 안 되는 것이었다), 제2차 전략무기제한협정은 미국이 이와 비슷한 시스템을 배치하는 것을 금했을지도 모른다. 더군다나 제2차 전략무기제한협정은 논쟁거리인 백파이어기를 총체적 발사대 수에서 제외했으며, 좀 더 발전된 백파이어기는 재급유를 받을 경우 대륙 간의 범위를 갖는다. 제2차 전략무기제한협정 체결 시, 소련은 매년 30대의 백파이어기가 생산되고 있다는 미국의 양해를 확인했다. 한편 소련의 백파이어기는 전략무기의 발사대 제한에서 벗어나 있었지만 미국은 노화되고 있는 B-52기 하나 하나, 심지어는 더 이상 작동하지 않고 있는 것까지, 그리고 건조될지 모르는 B-1기 역시 계산하지 않을 수 없었다.

제2차 전략무기제한협정 조건에 대한 비판

비판가들은 SS-18과 백파이어기 규정을 잡아 제2차 전략무기제한협정은 소련에게 일방적인 우위를 제공했기 때문에 '불평등하다'고 주장했다. 비판가들은 SS-18과 백파이어기의 경우 모두에 있어 제2차 전략무기제한협정은 소련에 의한 핵 시스템의 배치를 전략적 안정을 위해 필요한 수준을 넘어 명문화하거나 합법화했다고 주장했다. 한편 강력한 미국의 방위정책을 옹호하는 사람들은 제2차 전략무기제한협정은 미국의 고정된 지상발사 미뉴트맨 병력에 1차 공격의 위협을 줄 만큼 충분히 큰(또한 제1차 전략무기제한협정 이래 정확도가 상당히 높아진) 전략적 핵력을 소련에게 양보했다고 주장했다. 더욱이 전략무기제한협정의 10년(1969~1979)은 이에 반응한 비교될 만한 미국의 노력 없이, 평시에 있어 소련이 취한 핵력의 최대한의 증강과 시기적으로 일치했다. 소련의 증강 — 제2차 전략무기제한협정에서 허용된 수준과 일치하여 마브화되었을 때 SS-18 홀로 개개의 미뉴트맨 격납고에 3개의 탄두를 발사할 수 있다 — 의 결과는 1980년대 미국에게 '취약성의 창(window of vulnerability)'을 열게 될 것이며 이는 소련에게는 '기회의 창(window of opportunity)'이 될 것이다. 특히 불안정한 제3세계 지역에서 소련이 정치적·군사적 작전을 과감히 강화시킬지도 모른다는 두려움이 있었다. 전략적 핵력과 재래식 능력 모두에 있어 우월한 소련의 군사력은 정치적 영향력의 긴 그림자를 드리울 것이다. 이런 관점에서 에티오피아, 남예멘, 아프가니스탄에서의 소련의 행동은 소련의 군사력의 성장과 일치했다.

다른 한편, 제2차 전략무기제한협정은 심지어 군비통제에 열성적인 사람들로부터의 점증하는 비판에 직면했다. 발사대와 마브(MIRVs) 모두의 총계는 너무 높다고 말해졌다. 물론 이러한 관점은 1977년 3월 소련에 의해 거절된 후 카터 행정부가 서둘러 물러섰던 원래의 '대폭적인 감축(deep cuts)' 접근방법과 일치했다. 1979년 미국에게 불리한 전략적·군사적 경향의 존재를 인정하면서 카터 행정부는 제2차 전략무기제한협정은 소련이 2,250의 총계 발사대 수준을 달성하기 위해 (오래된 폭격기와 같은) 250 시스템이나 폐기하지 않을 수 없는 틀을 의미한다고 주장했다. 이것에 대해 비판가들은 그렇다 해도 소련은 단순히 대부분의 그러한 시스템을 계산되지 않는 백파이어 폭격기로 대체할 수 있다고 반격했다. 미국은 2,250 총계보다 적은 수를 보유하고 있었기 때문에 카터 행정부는 제2차 전략무기제한협정에 소련의 전략적 전력의 총체적인 수를 줄여야만 한다고 주장했다. 카터 행정부는 제2차 전략무기제한협정이 없었다면 소련은 훨씬 더 큰 전략적 핵력을 건립했을 것이라고 주장했다. 반대자들에게 있어 제2차 전략무기제한협정은 소련의 SS-18과 백파이어기의 경우에서 처럼, 어쨌든 소련이 1980년 중반까지 배치하고자 계획한 것에 단지 공식적인 제재를 주는 것 같았다.

카터 행정부가 이 점에 있어서 차기 행정부와 마찬가지로 제2차 전략무기제한협정에서 허용된 2,250기의 발사대 총계로 미국의 핵전력을 건립할 계획은 아니였지만 핵전력 현대화의 필요성을 알았다. 1977년에 B-1을 취소한 후 카터 행정부는 B-52기에 장착될 순항미사일의 연구와 실험을 계속해 나갔다. 제2차 전략무기제한협정은 미국에게 개개의 항공기가 20개나 되는 순항미사일을 장착한 총 120개의 항공기 배치가 허용했었다. 비록 적절한 기지형태를 둘러싼 논란이 있었으나 제2차 전략무기제한협정의 서명 바로 직전에 카터 행정부는 200기나 되는 엠엑스미사일의 배치를 결정했다. 고정된 지상발사 미뉴트맨과 관련된 취약성 문제를 고려해 엠엑스의 생존성을 높이기 위한 대체 수단을 찾아야 할 필요가 있다는 것이 고려되었다.

1979년에 점차적으로 전략적 핵력의 현대화를 향한 조치는 국내의 합의의 발전과, 특히 제2차 전략무기제한협정의 비준을 위해 필요한 상원의 표결에 있어서 필수조건이 되었다. 이러한 근대화는 군비통제협상 행위가 현대화된 전장 핵전력의 배치를 위한 선결조건이었던 1979년 12월의 나토의 두 가지 방침결정정책과 비교되어야만 한다. 양 경우에 있어, 방위계획과 군비통제는 연계되어 있었다. 그러나 제2차 전략무기제한협정 논의에 있어 결과는 미소 간의 군사적 균형에 있어서의 역경향에 비추어 미국은 자국의 군사력을 증가시키고 또 소련의 팽창주의를 견제하기 위해 좀 더 단호한 정치적인 자세를 택할 필요가 있다는 대중의 인식이었다. 비록 제2차 전략무기제한협정이 1979년 말에 미국의 방위능력의 적정성에 대한 논쟁이 전개되어감에 따라 상당한 그리고 점증하는 반대에 직면했으나, 궁극적으로 그것을 운명지은 것은 특정의 군사적 고려보다는 미소 간의 정치적 관계에 더 관련된 광범위한 일련의 쟁점들이었다.

소련의 대리자로서의 쿠바

카터 행정부는 아바나에 있어서의 소련의 영향력을 차단하기 위한 수단으로서 카스트로의 쿠바와의 관계개선을 초기 목적 중의 하나로 삼았다. 만약 성공한다면 그러한 이니셔티브는 쿠바 내의 소련의 군사주둔을 감소시킬 수 있고 또한 아프리카와 그 밖의 곳에서 소련이 자국의 대리자로서 쿠바 군대를 사용하는 것을 줄일 수 있을지도 모른다고 미국은 생각했다. 1977년 초 카터 행정부는 쿠바와 15년 이상 기간 동안에 처음으로 공식적인 외교접촉을 가졌다. 그 결과 어업과 해상경계에 관한 협정이 체결되었고, 또한 1977년 9월 1일 워싱턴과 아바나에 외교를 위한 작은 사무실이 개설되었으며 이는 완전한 외교관계 수립의 결여를 중지시켰다. 그와 같은 조치는 소련과 쿠바 간의 관계에 커다란 영향을 미치지 못했다. 대신 1977년 에티오피아와 남부 아프리카에서 소련에 의한 쿠바 대리 군대의 사용이 증대되었다.

더욱이 1978년 가을 카터 행정부는 미그(Mig) 23기의 주둔을 포함하는 소련의 쿠바에의 군사 주둔의 증가를 알게 되었다. 만약에 그런 항공기가 핵무기를 운반하고 있다면 — 실제로 그럴 능력을 갖고 있다 — 소련은 쿠바 위기 후 쿠바에 핵무기를 설치하지 않겠다고 동의한 1962년의 약속을 위반하는 것이다. 아마도 미소 관계를 자극하거나 제2차 전략무기제한협정을 위태롭게 하지 않기를 열망했기 때문에 카터 행정부는 쿠바에 있는 미그 23기는 핵무기를 갖고 있지 않다는 소련의 보장을 수용했다.

그러나 1979년 중반 대중의 관심은 쿠바에서의 소련의 군사적 배치에 쏠리기 시작했다. 1979년 7월의 전략무기제한협정에 관한 청문회에서 플로리다 주의 상원의원인 스톤(Richard Stone)은 소련은 쿠바에 전투부대 1개 여단을 진주시켰다는 것을 제시했다. 강화된 미국의 정보활동은 이러한 주장을 입증하는 증거를 제공했다. 비록 소련 부대의 실질적인 전투능력과 그것이 쿠바에 얼마나 오랫동안 주둔해왔는가에 대한 논쟁은 여전했지만, 이 정보는 곧 공개되었다. 이러한 폭로의 영향으로 상원 대외관계위원회(Senate Foreign Relations Committee)의 의장인 처치(Frank Church) — 그는 힘든 재선유세를 벌이고 있었으며 이 유세에서 제2차 전략무기제한협정에 대한 그의 지지가 하나의 쟁점이었으며 결국 그는 선거에서 졌다 — 를 포함한, 심지어 상원 내의 카터 행정부의 옹호자들 중 일부도 제2차 전략무기제한협정을 열렬하게 지지하지 않았다.

카터 행정부는 소련에게 만일 소련의 여단이 쿠바에서 철수하지 않으면 제2차 전략무기제한협정의 비준 전망이 어둡다는 것을 알렸다. 소련은 그 부대는 단순히 1962년 이래 쿠바에 있어온 군사훈련 센터이고 따라서 소련은 그것을 철수시킬 의향이 없다고 명백히 말했다. 카터 행정부가 소련의 설명을 받아들였고 그 여단 문제는 대중의 관심에서 희미해졌지만, 그것은 제2차 전략무기제한협정 비준 전망에 손상을 입혔다.

소련의 아프가니스탄 침공

다른 어떤 사건보다도 제2차 전략무기제한협정의 운명을 결정한 것은 1979년 12월 25일 발생한 소련의 아프가니스탄 침공이었다. 카터 행정부는 군비통제와 미소 관계의 다른 측면들 간의 정치적 연계 아이디어를 거절했지만 전반적인 미소 관계의 악화가 제2차 전략무기제한협정에 미치는 결과를 피할 수는 없었다. 이처럼 일종의 역연계(reverse linkage)가 있었다. 즉 제2차 전략무기제한협정은 다른 쟁점들 — 브레진스키가 언급한 오가덴의 사막으로부터 아프가니스탄의 키베르 패스(Khyber Pass)에 이르는 문제들의 대부분은 제3세계에 집중되었다 — 에 있어서의 소련의 행동에 볼모가 되었다.

1947년 인도의 아대륙(亞大陸)으로부터 영국이 철수하고 10년간, 처음에 영국과 소련 사이에서 정치적으로 균형을 이루고 양쪽 모두로부터 원조를 받아왔던 아프가니스탄이 점진적으로 소련의 힘의 그늘로 끌려 들어갔다. 1978년 4월 아프가니스탄이 북으로는 소련 그리고 남으로는 이란과 파키스탄 간의 완충국가라는 주장은 다오드(Mohammed Daoud) 대통령의 민간 정부가 급진좌파 군인들과 타라키(Nur Mohammed Taraki)를 수반으로 하는 정권의 수립에 의해 무너지면서 사라졌다. 카터 행정부는 쿠데타에 직접적으로 소련이 연루되었다는 증거를 갖고 있지는 않았다. 그러나 타라키는 아프가니스탄에서 친소파를 대표했다.

쿠데타에 이어 몇 달 동안 광범위한 반대가 있었으며, 이는 1979년 9월 타라키에 대한 치명적인 공격으로 절정에 이르렀다. 타라키가 죽기 몇 달전 외무장관이며 1978년 4월 쿠데타 지도자 중의 한 명인 아민(Hafizullah Amin)은 정권의 반대자들에게 공세를 폈다. 그들은 변방의 많은 곳을 점령하고 있었다. 아민이 반체제를 진압하지 못하자 이에 불만을 품은 소련은 아프가니스탄에 대대적인 침공을 시작했다. 아민은 살해되었고 그의 정부는 전복되었다.

소련이 개입을 하기로 결정을 내린 직접적인 동기가 무엇이건 간에 그 결과는 소련이 전략적으로 중요한 호르무즈 해협(Strait of Hormuz)의 300마일 안에 아프가니스탄에 배치된 소련의 군사력이 놓일지도 모른다는 가능성을 안겨주었다. 소련은 궁극적으로 서유럽, 미국, 일본에로의 석유의 흐름을 막는 것을 가능하게 할 페르시아 만의 산유국들에 대한 지배적인 위치에 자신을 놓게 할 움직임을 심사숙고하고 있었다.

카터는 침공에 대응하여 궁극적인 조약의 비준에 대한 희망을 포기하지도 않았고 또한 미국은 제2차 전략무기제한협정 규정을 지킬 것을 언명했으나, 그는 1980년 1월 3일 비준을 위해 상원에 계류 중인 제2차 전략무기제한협정을 철회했다. 카터 행정부는 소련의 아프가니스탄 침공에 반대한다는 명백한 표시를 하기 위한 다른 조치들을 취했다. 미국 곡물의 대소 수출금지 부과, 일정한 고급 기술제품의 판매 정지, 1980년 모스크바 올림픽의 보이코트였다.

비록 소련은 1953년 동독, 1956년 헝가리, 1968년 체코에서 대규모의 군사력을 사용했지만 소련의 아프가니스탄 침공은 공식적으로 소련 블록 밖에 있는 한 나라에 소련이 그런 군사행동을 취한 것으로서 2차대전 이래 처음 있는 경우였다. 샤의 몰락과 인접한 이란에서의 미국의 영향력의 붕괴 이후 1년이 못되어서 소련의 아프가니스탄에서의 군사행동은 미국으로 하여금 동남아시아에 있어서의 미국의 이익을 지키기 위해 미국의 능력을 강화할 필요성을 고려하게 만들었다. 카터 행정부의 대응은 소련의 아프가니스탄 침공뿐만 아니라 이란혁명 그리고 1979년 11월 1일 테헤란에서 51명의 미국 대사관원들의 억류로 극적으로 표현된 페르시아 만에서의 미국 영향력의 급격한 감소 후인 1980년에 발표된 카터 독트린(Carter Doctrine)이었다.

이란 위기

특히 닉슨·포드 행정부에서뿐만 아니라 카터 행정부의 1977~1978년 기간 동안 이란은 석유가 풍부한 전략적으로 중요한 페르시아 만에서 대표적인 안정원(安定源)으로 인식되었다. 1952년 이래 권좌에 있어온 팔레비(Shah Mohammed Reza Pahlavi)의 권위적인 통치하에서 이란은 급속히 현대화되어가고 있었던 것 같았다. 이란은 주로 미국으로부터의 대규모 무기판매의 수령국이었다. 미국과 서유럽국가 정부들에 의해 부상하는 지역 강대국으로 간주되고 닉슨 독트린에 의해 미국의 대리자, 즉 그의 군사력이 직접적인 미국의 주둔 필요성을 줄인다고 보여진 샤(the Shah) 치하의 이란은 역대 미국의 행정부들과 점차적으로 긴밀한 관계를 발전시켜 나갔다. 돌이켜 볼 때, 샤 정권은 호메이니(Ayatollah Ruhollah Khomeini) 정권과 비교할 때 온건했지만, 샤 정권은 미국에서 인권에 관한 비판을 야기시켰다. 비록 샤는 이란의 현대화를 위한 야심적인 계획에 도움이 될 수입증대를 위해 석유가격 상승을 지지했지만, 1973년 10월 전쟁 그리고 그로 인한 석유가격의 급등기에 있어 아랍의 석유수출 금지에 합류하지 않았고 또한 석유를 정치적인 무기로 사용하는 것도 반대했다.

미국에서(그리고 심지어 샤 자신에 의해 조차) 충분히 이해되지 않은 것은 그의 정부가 의존하고 있는 국내의 정치적 지지 기반이 좁고, 또 좁아지고 있다는 것이다. 1970년대까지 샤의 현대화 계획은 유력한 이슬람 근본주의 성직자와 자신들의 이익을 위협받고 있는 지주로부터 증가하는 반대에 직면하고 있었다. 이슬람 근본주의 운동은 샤의 현대화 계획에 의해 대표되는 전통적 가치에 대한 공격을 확고히 되돌려 놓으려는 세력의 혼합물을 대표했다. 그와 같은 경제발전은 미국에 의해 가장 충실히 구체화된 서구의 풍습, 제도 그리고 기술을 들여오기 때문에 이슬람 근본주의는 반서구주의, 특히 반미주의로 충만했다. 카터가 1977년 말에 이란을 방문했지만, 곧 샤를 전복시킬 혁명세력의 완전한 충격은 1978년 늦가을 때까지 워싱턴에서는 쉽게 분간할 수 없었다.

샤의 전복

간헐적으로 그러나 점차 강렬하게 호메이니 추종자들을 샤의 정책과 국내 치안세력에 대항시키는 데모가 일어났다. 이란의 시아파(Shi'ite) 지도자로서 호메이니는 오랫동안 샤의 골수의 적으로 인식되어 왔다. 1963년 호메이니가 이끄는 반대운동은 진압되고 호메이니는 처음엔 터키로 나중엔 이라크로 그리고 최종적으로는 파리로 망명했다. 점점 고조되는 데모에 대응하여 샤는 딜레마에 봉착했다. 혼란을 진정시키기 위해 치안력을 사용하면 할수록 회교의 율법학자(mullahs), 즉 호메이니를 추종하는 이슬람 성직자는 새로운 항의를 조직하는 데 더욱 성공하는 것 같았다. 카터 행정부로부터 샤에로의 신호는 애매한 것 같았다. 테헤란에 있는 미국 대사관과 국무부는 샤와 그의 정적들과의 화해의 과정을 주장했으며 브레진스키 국가안보보좌관이 지지하는 이란의 군대에 의한 일제단속을 포함하는 강력한 힘을 사용해야 한다는 생각에는 반대했다. 카터 행정부는 자신의 인권에 대한 깊은 관여가 곤경에 처한 동맹국의 전략적 이익과 충돌하는 어려운 딜레마에 직면했다. 샤에의 도전에 대한 탄압은 궁극적으로 큰 유혈을 불러올 힘에 의해서만 가능했다. 반대를 진압하는 데 실패하면 외국인을 혐오하고, 반미적이고, 훨씬 심한 인권유린과 그의 반대자들에 대해 잔인할 수 있는 정부가 권력을 장악하게 될 것이다.

1978년 가을 카터 행정부가 캠프 데이비드 협정으로부터 궁극적으로 이집트와 이스라엘 간의 평화조약을 체결하고, 중국과의 관계정상화를 위한 협상을 종료하고, 또 제2차 전략무기제한협정 문제로 소련과 만났을 때, 샤 정부는 붕괴를 향해 급속히 움직여나갔다. 점증하는 소요에도 불구하고 샤가 택한 접근방법은 더 이상의 가두시위를 막기 위해 자유를 제한하고 더불어 정적을 분열시키기 위한 노력으로 1977년에 시작된 자유화 계획을 지속시키는 것이었다. 비록 그는 전면적인 군대 — 군대 자체도 점차 그의 통치에 대해 분열되었다 — 의 사용은 하지 않았지만, 샤는 소요상태가 가장 큰 도시들에 계엄령을 선포했다. 11

월 샤는 정부의 나머지는 민간통제를 유지하면서 이란 군대의 참모총장을 수상으로 임명했다. 1979년 1월 샤는 반대 정치 그룹인 국민전선(National Frant)의 지도자인 바크티아르(Shapour Bakhtiar)를 수반으로 하는 새 정부를 구성했다. 호메이니의 대안을 찾으려는 결사적인 노력으로 샤 정부는 온건한 반대자들에 의한 통치와 샤의 오랜 기간의 출국에 기초한 타협을 추구했다.

1979년 1월 16일 샤의 출국 – 결국 항구적인 것이 되어 버렸다 – 은 이란의 정치적 혼란에 거의 효과가 없었다. 카터 행정부는 파리에 망명 중인 호메이니에게 메시지를 보내 이슬람 근본주의자, 바크티아르와 국민전선이 상징하는 샤에의 정치적으로 온건한 반대세력 그리고 군을 포함하는 다양한 세력들의 연합을 가져오기 위한 노력이 이루어져야 한다고 촉구했으나, 이는 그와 같은 다양하고 적대적인 권력투쟁자들에 의해 대표되는 이해 관계, 가치 그리고 목표를 생각할 때 불가능한 것이었다. 국민전선, 군, 호메이니의 근본주의자들이 함께 일할 수 있다는 희망은 이란 혁명(Iranian revolution)이라는 현실에 길을 내주었다. 국민전선은 오랫동안 군에 의해 반대되어 왔다. 더군다나 소련과 긴밀한 관계를 맺고 있는 공산주의 투드(Tudeh) 당은 이란에서 점차적으로 중요해지고 있는 세력이었다. 호메이니의 이슬람 근본주의 추종자들은 그 자체 서구의 정치적 가치의 산물인 국민전선과 샤 정부에게는 결정적으로 중요한 요소로서 양성되고 지속되어 온 군 모두를 경멸했다. 2월 초 이란 군의 대부분은 분열되어 몇 부대들은 심지어 호메이니 지지를 선언하기도 했으며 그들 장교들은 바크티아르 정권에 병행하는 정부를 이미 세우고 있었다. 이란 군의 분열과 더불어 호메이니에 대항한 쿠데타에 대한 브레진스키의 희망도 사라졌다. 바크티아르는 사임했고 1979년 2월 1일 망명으로부터 이란으로 돌아온 호메이니에 의해 임명된 바자간(Mehdi Bazargan)을 수반으로 하는 임시정부가 들어섰다.

이란 혁명의 여파

이란 혁명 기간 동안, 카터 행정부는 중도의 길을 따랐다. 미국의 외교는 샤에 대한 지지를 표명하면서 이란 정부에 대한 국내의 정치적 지지를 넓히는 내부 개혁을 격려하는 방향으로 나아갔다. 샤가 머뭇거리며 권력에서 떨어져 나갔기 때문에 카터 행정부는 단기간 존재했던 바크티아르 정부를 공식적으로 승인한 후 바자간 정권에 조심스럽게 접근했는데 그 정권 자체는 호메이니와 그의 이슬람 근본주의 열광신자보다 훨씬 더 온건한 사람들을 포함하고 있는 것 같았다. 그럼에도 불구하고 사회민주주의 정부를 좋아하는 온건론자들, 과거의 종교적 그리고 사회적·정치적 가치로의 복귀를 추구하는 이슬람 근본주의자들, 잘 훈련된 마르크시스트 공산주의 세력 간의 갈등은 샤의 출국 후 몇 달 동안 강력하고 결집력 있는 중앙정부의 가능성을 배제했다.

비록 정부의 일상 행위로부터 제거된 것처럼 보였으나 호메이니는 정치적 권위의 궁극적인 원천으로서 등장했다. 그의 밑에서 혁명적인 이란의 정치적으로 급진화된 그룹들 간에 투쟁이 벌어졌다. 그들의 증오의 초점은 출국한 샤였으며 추측건대 그들 정부가 긴밀히 관련을 맺어왔던 미국이었다. 샤의 지지자들은 호메이니의 이슬람 혁명주의 정권의 손에서 샤의 정부의 과도함을 훨씬 더 넘는 규모로의 박해와 죽음에 직면했다. 비록 샤의 지지자들이 주된 희생자였지만 암살을 포함한 폭력행위가 권력을 추구하는 여러 그룹들 간에 유태인을 포함한 인종적 그리고 종교적 소수파에게 행해졌다. 카터 행정부는 이란에서 매일 일어나고 있는 인권위반에 항의하면서 이란의 새로운 통치자와의 알력을 극소화하고자 했다. 비록 샤의 몰락과 더불어 강력한 이란과 미국과의 관계가 있었던 시대는 끝났다는 것이 미국에 명백했지만, 카터 행정부는 상호 받아들일 수 있는 무기공급을 지속할 의향을 나타냈다.

비록 샤를 전복한 세력들이 오랫동안 형성되고 있었지만, 이란을 둘러싸고 있는 혼란을 막는 것을 도울 수 있는 그 어떤 것이 있는지 없는지 하는 문제가 여전히 남아 있었다. 1978년 말 미국은 반대세력에 대해 샤가 그의 치안력과 혹은 혼란이 퍼져나간 후 완전한 군사정부를 충분히 이용하는 것을 명백히 지지함으로써 샤를 권좌에 그대로 앉아 있게 할 수 있었을까? 샤는 영향력 있는 이슬람 성직자와 1960년대 샤의 개혁에서 땅을 빼앗긴 다른 그룹들을 적으로 만들었던 것이 아닌, 다른 현대화 정책을 추구할 수 없었을까? 샤에 대항하여 종국적으로 연합을 형성한 세력들 가운데 최소한 몇몇을 포함하기 위해 정치참여를 확대할 수는 없었을까? 정치적 민주화 속도와 미국과 서유럽에서 교육을 받은 학생 및 지식인들에 대한 불만족을 창출해내는 대신, 또한 근대화가 근본주의 이슬람 성직자들의 전통적 가치에 갖는 의미에의 반대를 조장하는 대신, 근대화 요소들의 지배를 확실히 하는 현대화 계획을 시작하는 것이 가능하지 않았을까? 비록 어떠한 두 상황도 모든 면에서 동일할 수 없으며 따라서 그들의 고유한 특징과 공통된 특징을 위해 조사되어야 하나, 이러한 질문을 한다는 것은 기타의 제3세계 국가들의 전통적인 정치통일체에 접목된 현대화에 이란혁명이 주는 교훈을 면밀히 조사하는 것이다.

이란 혁명이 가져온 즉각적인 결과들 가운데 하나는 1970년대의 두 번째 석유 위기였다. 샤에 대한 데모가 있는 가운데 1978년 10월 말 석유 관련 근로자의 파업이 발생하여 이란에서 일일 석유산출량을 580만 배럴에서 190만 배럴으로 재빠르게 줄였다. 이러한 격심한 산출량 감소의 결과가 세계시장에서 나타남에 따라, 석유의 배럴 당 가격이 1974년 석유수출국기구에 의해 정해진 12달러에서 미증유의 40달러로 뛰었다. 1979년 석유소비국 — 부유한 선진국이나 빈곤한 제3세계 국가나 마찬가지로 — 은 3~4배의 석유가격 인상을 흡수해야만 했다. 샤 치하에서의 반보다 적은 이란의 석유생산의 격심한 감소는 1980년대까지 지속되었으며 이전의 높은 수준으로 되돌아갈 가능성이 없었다.

재정적인 지원을 해야 할 야심적인 현대화 계획이 없었기 때문에 새로운 이슬람이란공화국은 엄청난 규모의 석유수입의 필요성이 없었다. 이전에는 어떠한 이란 정부에게도 현대화를 가장 중요한 것으로 간주하고 따라서 상당한 수준의 석유생산을 이란의 어떤 특정 정부를 넘어서는 이익으로 간주하는 것은 서구에 있어서는 전통적인 지혜였다. 이처럼 이란 혁명 지도자의 가치구조는 카터가 취임할 때의 세계주의(globalism)에 중심이었던 상호의존 개념에 포함되어 있는 가정과 일치하지 않았다. 소비국들이 여전히 페르시아 만의 석유에 상당히 의존적이라고 해서 모든 산유국들이 석유수입에 대해 동일한 필요를 가질 것이다라든가 혹은 그들은 현대화로부터 생기는 것이라고 주장되는 이득에 관한 서구의 가치를 공유한다는 것은 아니다. 그럼에도 불구하고 석유가격의 급격한 인상의 즉각적인 결과는, 특히 빈곤한 제3세계 국가에 있어서 국제수지의 적자, 또한 인플레 그리고 경제침체였으며 선진 석유수입국가에 있어서는 점증하는 실업이었다.

인질 위기

미국의 영토 밖의 사건에 영향을 미치는 데 있어서 미국이 가졌던 점증하는 어려움과 좌절을 가장 잘 극적으로 나타낸 것은 석유가 아닌 인질이었다. 석유는 생산자들에 의해 정치적 무기로서 또한 최대의 경제적 이익을 얻기 위한 상품들로서 이용되어 왔다. 1970년대는 또한 테러, 공중납치 그리고 인질잡기를 정치적 무기로서 점점 많이 사용한 경향이 있었다. 그러한 행위는 익명의 목표에 팔레스타인의 고국(homeland)과 같은 대의(大義)에 관심을 불러들이기 위한 수단이거나 혹은 예컨대 항공기의 공중납치 후 잡혀 있는 인질의 석방 대신에 다른 나라 감옥에 있는 죄인의 석방과 같은 특정의 목적을 달성하기 위한 수단으로서 자행되었다. 1979년 11월 4일 호메이니의 호전적인 추종자들에 의한 테헤란의 미국 대사관으로의 난입과 51명의 미국의 공식적인 외교대표들의 포획은 이러한 논리적 근거 가운데 어느 하나와도 완전히 일치하지 않았다. 대신에 대사관 건물에 대한 급습은 카터 행정부가 마지못해 내린, 암치료를 위해 샤의 미국 입국을 허용한 결정으로 촉발되었다. 처음 이집트에서의 사다트의 환대를 받은 샤는 나중에 모로코, 바하마스, 멕시코, 파나마 그리고 마침내 다시 이집트에서 시간을 보내다 거기에서 1980년 6월 사망했다. 권력에 있던 후기에 샤의 건강은 악화되어갔고 이는 그가 몰락하기 직전 기간을 특징화하는 정치적인 우유부단함에 공헌을 했을지 모를 요인이었다. 정치적 이유라기보다는 인도주의 견지에서 이루어진 샤의 미국 입국 결정의 영향은 이란에서 고조된 반미 데모와 샤의 도착 후 2주가 안 되어 인질포획을 야기시켰다.

미국대사관 직원을 체포하고 인질로 잡고 있던 호전적인 사람들은 그들이 주장하는 범죄에 대해 재판을 받게 하기 위해 샤를 이란으로 송환하고 팔레비 가족들의 자산을 이란으로 되돌려줄 것을 요구했다. 다른 단계의 이란과의 관계에서 카터 행정부가 했던 것처럼, 카터 행정부는 가능한 모든 지렛대를 사용하면서 이란 정부 내의 좀 더 온건한 사람들을 다루고자 했다. 그러나 미국인 인질의 억류가 있은 지 수일 내에 바자간은 고조되고 있는 이슬람 근본주의에 의해 권좌에서 강제로 물러났으며 그들에 대한 석방의 칼자루를 쥐고 있는 호메이니는 카터 행정부가 이란에 보내기로 제안한 사절단을 접수하기를 거절했다. 인질석방 교섭에서 미국이 직면한 어려움은 바자간 정부가 붕괴된 후 이란의 정치적 권력이 혁명의회(Revolutionary Council)에 놓여 있다는 사실에 의해 더 커졌다 ― 혁명의회는 자신들을 이란 혁명의 보호자로 생각하나 실제로는 출국한 샤와 미국에 대항해 거리에서 데모를 하는 대중들로부터의 최고의 지지를 받고 있었던 각종 성직자와 세속적인 호전적인 사람들을 포함했다. ― 카터가 이란에 부과한 제재는 이란으로부터의 석유수입의 중지, 미국 내 모든 이란 자산의 동결, 미국에 불법으로 체류하고 있는 이란인의 공식적인 추방을 포함했다. 추가적으로 미국의 해군이 인도양에 배치되었으며, 한편 카터 행정부는 인질석방의 방법을 찾았으나 성공하지 못했다.

처음에 카터는 인질 위기를 다루는 자신의 방식으로 인해 국내의 지지를 받았으나, 인질 위기가 오래 지속되면 될수록 1980년의 대통령 후보 예비선거와 선거유세가 전개될 때 카터는 더욱 더 비판을 받게 되었다. 대통령으로서 개인적으로 외교정책의 세부사항까지 면밀히 연구하는 경향에 일치하여 그리고 이 경우 이란의 호전적인 사람들의 행위에 의해 도덕적으로 박탈감을 느낀 카터는 인질석방을 긴급한 정책의 목표로 부상시켰다. 여기서 카터 행정부는 딜레마에 빠졌다. 미국이 인질에 중요성을 두면 둘수록, 그들을 억류하고 있는 사람들에겐 인질은 더욱 더 가치 있는 것이 되었다. 그의 개인적인 정치적 그리고 감성적인 관여에도 불구하고 카터가 만족스런 해결책을 달성하지 못하자, 필연적으로 카터의 지도력에 의문이 제기되었다. 이러한 요인은 인질상황을 에워싸게 된 쇠퇴하고 무기력한 미국의 상징과 더불어 1980년 대통령 선거에서 카터의 패배에 일조했다.

카터 행정부가 1980년 4월 결국 무위로 끝난 인질구출 임무를 개시했을 때 불충분한 군사적 능력과 연관된 결단성 없는 미국 정책의 이미지는 날카로운 초점의 대상이 되었다. 다른 모든 노력들이 실패로 끝난 뒤, 소규모의 미군이 테헤란의 대사관 건물에의 특공대 기습으로 인질들을 석방하기 위해 파견되었다. 사막의 수송집합기지에서 장비가 작동되지 않아 그 임무는 취소되었다. 구출하려는 사람들이 출발했을 때, 헬리콥터와 수송기가 충돌하여 몇 명의 군인이 사망했다. 인질석방을 확실히 하기 위한 군사력 사용에 반대해 온 반스 국무장관은 사임하고 메인주의 머스키(Edmund Muskie) 상원의원이 그를 대신했다. 대통령 유세 기간에 걸쳐서, 그리고 카터의 대통령 잔여 기간 동안에도 인질 위기는 계속되었다. 카터 행정부는 행정부의 쇠퇴기에 마지막으로 석방교섭을 벌였지만, 인질들이 이란을 떠난 것은 1981년 1월 20일 카터가 자신의 후임자인 레이건(Ronald Reagan)에게 대통령직을 내어주고 얼마 지나지 않아서였다.

카터 독트린과 미국의 방위정책

만약 이란의 샤가 페르시아 만에서 미국의 전략적 이익의 보호자로서 남아 있었다면 소련이 아프가니스탄을 침입했겠느냐 아니냐는 확실히 알 수 없다. 그러나 확실한 것은 소련의 아프가니스탄 침공은 이란혁명에 뒤이어 일어났다. 소련의 지도자는 샤의 몰락으로 대표되는 미국 정책의 심각한 후퇴를 아프가니스탄에 그의 힘을 확장하고 소련과 동맹 관계에 있는 마르크스주의 정권에 대한 내부의 반대를 진정시킬 수 있는 유일한 기회를 제공하고 있는 것으로 바라보았을지 모른다. 1979년 말까지, 카터 행정부의 대외정책에 대한 국내의 지지는 쿠바에 진주하고 있는 소련 여단을 제거하는 데 실패한 결과 줄어들었다. 소련 부대가 쿠바에 몇 년 동안 명백히 미국 정책수립자들의 관심을 불러일으키지 않고 배치되어 왔다는 사실은 소련의 제2차 전략무기제한협정 조약 준수의 검증에 필수적인 정보 수집과 분석에 대한 대중들의 확신을 강화하는 데 거의 어떤 것도 할 수 없었다.

카터 독트린은 봉쇄정책을 재확인하다

1979년 말까지, 카터 행정부는 소련과 페르시아 만의 정치적 변화로 인한 일련의 가공할 만한 도전에 견주어 미국의 외교정책이 조정되고 있다는 실질적인 증거를 제시할 필요에 직면했다. 이러한 사건들은 모두 함께 카터 독트린으로 불리게 되는 것의 배경을 제공했다. 1980년 1월 23일의 '연두교서(State of Union

Address)'에서, 카터는 미국은 소련이 페르시아 만에서 지배적인 강대국으로 자신의 위상을 수립하는 것을 방지하기 위해 필요한 행동을 취할 것이다고 언명했다. 즉 '우리의 입장이 절대적으로 명백하도록 하겠다', '페르시아 만 지역을 지배하려는 어떠한 외부 세력의 도전도 미국의 가장 중요한 이익에 대한 위협으로 간주될 것이며 그런 위협요소는 군사력을 포함한 필요한 수단에 의해 퇴치될 것이다'. 베트남 전쟁 이래의 미국의 대외정책의 관점에서 볼 때, 카터 독트린은 가까운 과거로부터의 극적인 이탈이며 또한 중동의 경우 우발적인 미국의 이해 관계와 능력에의 깊은 연루를 가져왔던 것으로부터의 새로운 극적인 출발이었다. 아이젠하워 독트린 이후 많은 경향들이 — 즉 유럽세력들의 그 지역으로부터 철수의 종료 그리고 특히 영국의 경우 페르시아 만으로부터의 철수 종료, 높아진 서구의 석유수입 의존, 그 지역의 정치적 불안정의 증가 그리고 소련의 군사력 증강 — 미국에게 일련의 새로운 안보 이해 관계와 짐을 부과했다.

'세력균형정치'를 '세계질서정치(world-order politics)'로의 대체와 선진산업동맹국들과 제3세계의 전 세계적 의제에 초점을 두는 방법으로의 동서 문제의 극복에 깊은 관심을 갖고 취임한 카터 행정부는 오래된 의제를 다룰 뿐 아니라 치명적으로 중요한 페르시아 만으로의 소련 팽창을 막기 위한 조치 — 위협받은 군사행동을 포함하여 — 를 취해야만 한다는 것을 알았다. 베트남의 몰락의 여파 속에서 선출되고 반베트남 신드롬을 그의 초기 외교정책의 관점에 구체화하고 있었던 카터 행정부는 미국의 안보에 대한 위협 때문에 세력균형의 관점으로 되돌아가지 않을 수 없었다 — 즉 점차적으로 페르시아 만 산유국들에 가깝게 위치하게 된 소련의 역량을 저지하는 수단을 찾는 것으로 회귀하지 않을 수 없었다.

카터 독트린에서 미국은 1947년의 트루먼 독트린에서 시작된 이전 행정부들의 봉쇄원칙을 서남아시아에까지 확장시켰다. 1957년의 아이젠하워 독트린은 비록 아이젠하워 행정부의 초점이 페르시아 만 자체보다도 동부 지중해와 특히 이스라엘과 이웃나라들 — 레바논, 시리아, 요르단, 이집트, 이라크를 포함하여 — 과의 관계에 있었지만 중동에 중요한 이해 관계를 갖고 있는 강대국으로서의 미국이 위난에 처해 있음을 상징적으로 보여준 것이었다. 비록 아이젠하워 행정부는 카터 행정부와는 대조적으로, 성공적으로 제한된 규모의 군사력을 사용했지만(1958년 7월 레바논에서), 카터 독트린의 효과는 소련으로 대표되는 외부의 위협으로부터의 페르시아 만의 안보에 대한 미국의 지속적인 깊은 관여를 선언하는 것이었다.

어떤 의미에선 카터 독트린은 미국의 능력과 동맹국들에 의해 소련을 봉쇄하는 수단을 동원하는 것을 추구하는 데 있어 미국의 대외정책을 특징지어 온 지속성의 재확인을 의미했다. 이 점에서 중성자탄 논쟁으로 대표되는 정책붕괴 이후 중거리 핵력에 의해 나토를 강화하려는 노력, 중국과의 잠정적인 전략적 관계의 부상 그리고 카터 독트린 자체는 1970년대 말 전개되고 있는 봉쇄정책의 중요한 요소를 이루었다. 중국 정책의 경우, 카터 행정부의 접근법은 사건에 의하기보다는 계획에 의해 규정되었다. 이와는 대조적으로 카터 독트린은 계획이라기보다 사건들의 결과물인 것 같았다. 여하튼 그들은 정책의 틀을 형성했으며 이 틀 속에서 그들은, 그들에게 동인이 되었던 상황이 어떤 것이었는지 관계없이, 소련봉쇄의 목적과 완전히 일치했다. 마지막으로 중요한 것은, 이러한 새로운 면의 카터 행정부의 대외정책을 포함하는 카터 독트린으로 이끈 사건들은 바로 전의 두 선임자에 의해 양성되고 1970년대 후반에 심각하게 긴장된 데탕트 관계의 공식적인 종말의 신호였다.

방위공약과 역량 간의 차이

카터가 제시한 것처럼, 페르시아 만에 대한 즉각적인 위협이 소련에 가용한 군사적인 능력에서 유래된다면 미국으로서는 이를 상쇄하는 데 필요한 방위력을 개발하는 것이 근본적인 것으로 생각되었다. 그럼에도 불구하고 카터 행정부는 군사지출의 감소를 공약하면서 취임했다. 카터 독트린의 즉각적인 효과는 미국의 안보공약과 미국의 군사적인 능력 사이의 상당한 차이를 과감하게 줄이는 것이었다. 미국 외교정책의 역사는 미국이 방위하기로 공약한 것과 그렇게 할 수 있는 가용한 수단 사이에 주요한 차이가 있었던 상황들의 예로 가득 차 있다. 예금자 모두가 동시에 그들의 돈을 인출하길 원하는 우연이 좀처럼 일어나지 않기 때문에 예금자들의 필요를 충족시키기에 충분한 돈을 수중에 갖고 있지 않는 은행처럼, 미국의 안보공약이 그 역량을 초월하는 것은 정상적인 관행이었다. 미국은 동시에 모든 곳에서 공약을 방위해야만 할 것 같지는 않다. 그러나 소련의 군사력의 증강은 카터 행정부가 떠맡은 페르시아 만·인도양에서의 방위공약과 더불어 제2차 전략무기제한협정 조약에 의해 불이 붙기 시작한 미국 방위능력의 적절성에 대한 논쟁을 촉진했다.

카터 행정부의 말에 존재한 점증하는 공약과 가용한 능력 사이의 차이는 카터가 취임했을 때와 1981년 1월에 그가 대통령직을 그만두었을 때와 같이 미국의 병력 수준과 방위비 지출에 관한 몇몇 자료의 언급을 통해 입증될 수 있다. 1977년 미국 정부는 방위를 위해 1조 7,720억 달러를 사용하도록 승인을 받았다. 1981년까지 이 수치는 2조 30억 달러로까지 상승했다. 이 두 해의 실질적인 방위비 지출은 각각 총 1조 5,780억 달러와 1조 7,780억 달러이었다. 1977년 미국의 방위비 지출은 정부예산의 24.2%, GNP의 5.3%에 해당했다. 1977년 미육군 16개 사단의 병력은 782,246명이었고 1981년에는 781,419명으로 약간 감소했다. 1977년에 미 해군은 근무 중인 529,895명으로 구성되었으며 1981년에는 540,504명으로 증가했다. 1977년에 미 해군은 414척의 배를 갖고 있었는데 1981년에는 423척으로 증가했다. 미 공군의 인원은 1977년에 총 570,479명으로서 76개의 항공전술비행단으로 조직되어 있었으며 항공기는 총 2,311대였다. 1981년 미 공군력은 570,302명이었으며 78개의 항공전술비행단으로 조직되어 있으며 항공기의 수는 2,442대였다. 1977년 나토·유럽에 배치된 미 군사요원의 수는 318,000명이었고 1981년까지 이 수는 329,000명으로 늘었다.

카터 행정부 기간 동안 방위비 지출의 증가에도 불구하고 그러한 수치는 1980년대 후반에 미국의 방위능력의 본질적인 부동의 정체된 질을 반영하는 것이다 — 이 경향은 그럼에도 불구하고 닉슨·포드 행정부 때 존재하던 것과는 달랐으며 닉슨·포드 행정부 때는 미국의 동남아시아에의 군사적 개입이 끝남에 따라 미국이 철군을 완료했기 때문에 이러한 지표들의 대부분에 있어서 급격한 감소가 있었다. 이처럼 카터 행정부의 방위 프로그램은 본질적으로 1970년대 전반부, 즉 닉슨·포드 행정부가 베트남의 경험의 결과로서 방위공약과 능력을 확대하는 것에 대한 의회로부터의 반대에 직면해 있었던 시기의 지출의 총체적인 삭감으로부터의 변환을 의미했으며 동시에 동남아로부터의 철수 후 미국의 군사적 능력을 감소시키는 과정에 있었다. 따라서 카터 행정부는 닉슨·포드 시기의 감축과, 동남아에서의 중요한 이해 관계를 인식하여 미국의 안보공약을 증가시키는 카터의 결정에 의해 강조되어 왔던 미국의 공약과 능력 사이의 큰 차이를 줄이려는 노력으로 레이건 행정부에 의해 시작된 실질적인 증가 사이에 놓여 있었다.

신속배치 개념

카터 독트린에 내재해 있는 군사적인 필요를 충족시키기 위한 카터 행정부의 1차적인 노력은 신속배치특별합동군(RDJTF: Rapid Deployment Joint Task Force)의 형성이었다. 신속배치특별합동군에 인력을 공급하기 위해 재래식 병력을 증가시키는 대신, 카터 행정부는 이미 미군의 구조의 일부이나 나토·유럽과 서태평양·동아시아에서 돌발적인 사태에 관여하는 부대를 이용하기로 결정했다. 신속배치특별합동군의 사령부는 이 부대를 훈련시키고 또 이 지역에서 소련의 행동이 있을 시 이 부대의 페르시아 만으로의 신속한 배치를 계획할 것이다. 카터 행정부는 의회에 병력의 기동성을 높이기 위해 병참선과 새로운 수송기를 위한 예산을 계산해주기를 요청했다. 카터 행정부의 목표는 35일 이내에 총 10만 명의 병력을 페르시아 만 지역에 배치하기 위한 수단을 향상시키는 것이었다. 몇 가지 문제점이 곧 명백해졌다. 소련은 이란과 국경을 맞대고 있었으며 이를 가로질러 대단히 많은 수의 사단(26개의 사단이나 이란에 근접해 배치되어 있다고 한다)을 진출시킬 수 있었기 때문에, 소련은 지리적인 위치가 가져다주는 이점을 즐겼으며 한편 미국은 거리에서 오는 병참상의 불이익을 겪었다. 만약에 미국이 유럽·아시아의 돌발적인 사태에 관여하고 있는 병력의 일부를 철수시켜 페르시아 만으로 보낸다면 소련은 '수평적 확전(horizontal escalation)'이라고 불리는 것 즉 적의 또 다른 취약한 지역이나 지점에 있어서의 공격을 개시할 유혹에 빠질지도 모른다.

미국의 안보계획에서 억제의 개념은 항상 초강대국 병력 간의 어떤 국가 또는 지역에 있어서의 군사적 갈등은 궁극적으로 전략핵전쟁의 수준으로 확대될지 모른다는 가능성을 고려해왔다. 소련이 그러한 것이 재래식 수준에서의 미국과의 교전의 결과일지 모른다는 것을 두려워하는 한, 소련은 나토·유럽에서

처럼 미국의 군사력이 배치되어 있는 곳에서 교전을 하지 않을 것이라고 생각되었다. 이러한 논리에 따르자면, 신속배치특별합동군은 이것이 소련의 공격으로부터 미국의 이익을 지키도록 계획되어 있는 한, 만약 페르시아 만에서 위기가 발생했을 때 이 곳에 소련군이 도착하기 전에 신속배치특별합동군이 배치될 수 있다면 이러한 목적에 가장 잘 부합할 것이다. 그러나 미국의 신속배치군의 사전예방적 배치는 미국이 잠재적인 전략적 핵력을 포함하는 더 높은 수준으로 확전시키겠다는 위협을 믿을만하게 가할 수 있는 한에 있어 소련의 개입에 대한 억제를 가져올 것이다. 미국이 명백한 전략적 우위를 가지고 있는 한에서, 그러한 확전의 위협이 신뢰감을 갖는다. 실제로 미국의 전략적 핵력의 지배적 우위는 특히 대규모 보복 핵전략을 강조하면서 재래식 전력을 상당히 줄인 아이젠하워 행정부 때, 감축된 재래식 전력을 보충하는 것을 도왔다. 미국이 베트남으로부터의 철수 후 1970년대 전반의 재래식 병력의 감축은 미소 간의 전략적 핵력에 있어서의 균형의 명문화와 시기적으로 일치하며 이로써 미국의 핵확전을 위협할 수 있는 능력을 제한했다.

핵억지의 '상쇄전략'

닉슨에서 카터에 이르는 역대 행정부는 이 문제를 핵의 목표물 개념(nuclear targeting concepts)을 세련화시켜 다루고자 했다. 취임한 후 얼마되지 않아 카터 행정부는 핵전쟁을 억제하기 위한 미국의 능력을 강화한다는 목적과 더불어 미국에 가용한 목표물 선택의 연구를 시작했다. 1970년대 말에 소련이 오랫동안 미국의 정책을 이끌어온 원칙과 실질적으로 다른 핵 독트린을 갖고 있다는 상당한 우려가 관리들과 학계의 전략적인 군사 문제 전문가 사이에 있었다. 미국의 억제에 대한 접근법은 핵전쟁은 상호 확실한 파괴에 의해 막을 수 있다는 생각에 기초를 두고 있었는 데 반해 소련은 핵전쟁이 발발 시 궁극적으로 회복할 수 있는 것을 확실하게 하는 것을 주된 목적으로 하는 개념에 집착했다. 상당한 규모의 그리고 점점 정확해지고 있는 SS-18을 포함한 변화하는 소련의 핵전력 수준은 미국의 지상기지의 대륙간탄도미사일을 기습공격으로 파괴하고 미국의 보복공격의 결과로부터 보호될 수 있는 충분한 병력과 다른 군사능력을 유지하는 것을 계획하고 있는 소련의 핵전략과 일치하는 것 같았다. 모든 수준에서 소련은 가상 핵공격을 주고받는 경우 더 높은 생존율을 가졌다. 그러한 상황에서 핵력 수준에서의 소련의 우세의 증가는 미국의 자제(self-deterrence)로 이어질 것이다. 결과는 재재식 수준에서의 초강대국간의 갈등의 억제로부터 핵 수준에서의 확전의 위협을 감소하는 것일 것이다.

이러한 망령은 나토 중부전선에서의 억제와 관련된 문제들을 다루는 사람들과 적대적인 소련의 재래식 능력보다 작은 신속배치특별합동군을 가지고 페르시아 만의 군사적 우발사태에서의 확전을 통제할 수 있는 미국의 능력에 대해 생각하는 사람들에 늘상 붙어 다녔다. 비록 그것은 B-1 폭격기를 취소시켰지만, 카터 행정부의 순항미사일을 배치하고, 트라이덴트(Trident) 잠수함 발사 탄도미사일 계획을 유지하고, 엠엑스를 배치하는 중요한 결정은 미국의 전략적 핵능력을 현대화하고 억지의 기초로서 다양한 능력을 유지하고자 하는 노력을 대표적으로 나타낸 것이다.

카터 행정부의 전략적 목표(strategic-targeting) 연구의 결과는 1980년 7월에 발표된 대통령 지시(PD: Presidential Directive) 59에 포함된 '상쇄전략(countervailing strategy)'이었다. 대통령 지시 59의 핵심은 억지이론의 기초인 적의 군사적 행동에는 위험과 이득에 대한 계산이 존재한다는 명제였다. 적의 위험이 있을 수 있는 이득을 초과한다는 것을 확실히 하기 위해 이러한 계산에 영향을 미치기 위해서는 미국은 소련에게 가장 큰 가치를 지닌 목표를 위험에 빠뜨리거나 혹은 보복을 하겠다고 신뢰성을 지닌 위협할 수단을 소유해야만 한다. 브라운 국방장관의 1981년 국무부 보고서에서 기술하고 있듯이, 그러한 목표들은 소련 국민들의 생명과 재산뿐 아니라 정권 자체의 군사적, 산업적 그리고 정치적 힘의 원천도 포함할 것이다. 정확히 그러한 것들은 전쟁 돌발 시 핵전쟁의 수행과 생존을 위해 소련이 필요로 하는 목표들의 유형이었다. 따라서 미국이 파괴하기 위해 핵수단을 가져야만 하는 목표들은 소련의 군대, 지도력 구조 그리고 내부 안보망뿐만 아니라 군사작전의 수행과 전후 생존과 복구에 가장 중요한 통신, 교통 그리고 산업시설로 구성되어 있다. 그와 같은 수단의 소유는 핵 수준에 있어서의 억제를 강화할 것이며 추론 하건대 소련에게 위험 대 이득의 계산을 더하도록 만들 것이라고 결론지었다. 결과는 전장 수준에서의 초강대국간 갈등의 억제와 소련 지도자에 의한 그릇된 계산을 억제하는 것과의 연결의 강화일 것이다. 이와 같은 상황에서 미국과 소련 간의 군사적 갈등은 방지될 수 있을 것이다.

카터하에서의 외교정책 결정

외교정책 결정체계를 계획하는 데 있어, 카터 행정부는 자신의 행동과 전임자들의 행동 간에 명백한 구분을 두고자 했다. 카터는 그처럼 큰 권력이 키신저에 의해 행사된 닉슨·포드 행정부의 '외로운 삼림간수(Lone Ranger)'식에 비판적이었다. 이와는 대조적으로 카터는 1차적인 조직의 특성이 단순함이고 대통령 자신의 통제에 대응적으로 될 수 있는 의사결정 구조를 개발하고자 노력했다. 이러한 철학은 국가안보회의 내에 단지 두 개의 부서 간 정책조절위원회의 구성으로 이어졌다. 하나는 지역적 그리고 기능적 대외정책 이슈(유럽 혹은 인권과 같은), 방위정책 문제, 그리고 석유와 같은 국가안보정책에 직접적인 함의를 갖는 국제경제 문제의 고려를 떠맡는 정책심의위원회(PRC: Policy Review Committee)이다. 정책심의위원회는 보통 의장으로 국무장관과 더불어 만났고 때로는 그런 역할을 수행한 국방장관과 만났다. 다른 부서 간 조절위원회가 예산과 은밀한 작전과 같은 예민한 문제들, 전략무기제한협정과 다른 무기제한 정책의 형성, 그리고 위기관리를 포함하는 정보정책을 다루기 위해 설립되었다. 특별조정위원회(SCC: Special Coordination Committee)는 국가안보문제 보좌역에 의해 주재되었다.

정책대안들을 형성하는 과정에서 대통령심의각서(PRM: Presidential Review Memorandum)라고 명명된 것이 대통령을 대신하여 행동하는 국가안보보좌관에 의해 요청될 것이다. 정책심의위원회의 경우, 대통령심의각서는 비록 과정의 목적이 단일의 대외정책 관료부서나 기관에 쉽게 가용하지 않은 통합된 관점을 나타내는 정책대안을 만들어내는 것이었지만, 국무부이든 국방부이든 그 회의를 주재하는 장관의 부서에 의해 주로 준비될 것이다. 특별조정위원회에서 대통령심의각서는 국가안보보장회의 참모들에 의해 준비되었다. 이 두 위원회의 개개의 회합은 최종적인 결정을 위해 카터에게 주어질 만장일치의 추천 혹은 일련의 대체적인 추천들을 만들어냈다. 이 두 위원회의 또 다른 결과물은 국가안보보장회의 회합(국무장관, 국방장관, 재무장관, 중앙정보국장을 포함하는)에서의 고려를 위한 일련의 선택 논문들(option papers)이었다. 정책심의위원회 혹은 특별조정위원회 회합 혹은 완전한 국가안보보장회의 회합으로부터 대통령에게 보내지는 보고서는 국가안보보장회의 참모들에 의해 준비될 것이다. 이러한 보고서는 국가안보보좌관에 의해 대통령에게 직접 제출되기 때문에 브레진스키는 그 과정의 가장 중요한 마지막 단계에서 대통령의 의사결정에 직접 접근할 수 있었다. 비록 카터는 최소한 그의 행정부 초기에 반스를 그의 대외정책의 최고 대변인이 되게 하려고 노력했지만, 그의 전임자와는 대조적으로 브레진스키에게는 각료의 지위가 주어졌다. 카터 행정부의 의사결정 구조의 결과물은 만약 문제가 대단히 중요할 경우는 대통령 지시(PD)형태로 나타나거나 혹은 국가안보 문제 보좌역의 서명하에 일반적으로 제출되는 보다 일상적인 문제에 관한 결정각서(decision memoranda)의 형태로 나타났다. 카터는 대통령 지시 59처럼 미국의 전략적 핵 목표 독트린에 있어서의 전환을 기록한 가장 중요한 성격의 대통령 지시들에 자신이 서명을 직접했다.

국가안보문제 보좌역의 사무실이 백악관에 인접해 있음으로 인해 더욱 가능한 지속적인 접근은 의심의 여지없이 국가안보보좌관이 행사하는 영향력을 설명하는 것을 돕는다. 비록 브레진스키는 그의 카터와의 관계에서 그러한 이점으로부터 이득을 취했으나, 미국 정부의 구조적 특징은 그의 영향력에 일조를 했다. 카터 대통령은 그 자신을 대외정책의 복잡함에 깊이 관련하고 있는 대통령으로 보고 있었기 때문에 그는 자신이 직면하고 있는 복잡한 정책 문제를 자신을 위해 통합해 줄 수 있는 국가안보 문제 보좌역을 필요로 했다. 대외정책 결정에 관한 이러한 대통령의 접근은 거의 필연적으로 대통령에게 지속적으로 가장 빨리 가용한 그러한 보좌관의 역할을 높였으며 다른 한편 국무장관을 포함하여 정책과정에 있어서의 다른 행위자의 영향력을 감소시켰다. 반스는 많은 경우에 있어서 협의되지 않았으며 대신에 남에 의해 결정된 기정사실이 주어지곤 했다. 그의 국무장관으로서의 임무는 장기간의 해외여행으로 이어졌으며 이로 인해 그는 중국과의 외교정상화를 위한 협상의 종료와 같은 가장 중요한 시기의 의사결정 과정의 중심에서 멀어졌다. 그러나 국무장관은 그 자신 카터에게로의 직접 통로를 갖고 있었다. 반스는 매일 하루의 끝에 국가안보보장회의를 통하지 않고 직접 카터에게 가는 일간 대외정책 브리핑페이퍼(briefing paper)를 제출했다. 카터와의 빈번한 회합 이외에 반스는 브레진스키와 브라운과 더불어 카터와의 주간 조찬모임에 참석했다. 주간 오찬회합 형태의 또 다른 조정장치가 있었으며 이 회의에서 브라운, 브레진스키, 반스는 부단스러운 공식적 의제 혹은 융통성이 없는 관료적 입장을 다룰 필요가 없이 생각을 교환하고, 결정을 내리고, 정책상의 차이를 해결했다.

그 자신의 대통령 의사결정 방식에 있어, 카터는 정책과정의 작은 세세한 것에 그 자신이 어느 정도로 관여하는가에 대해 명백했다. 카터는 완전한 정보가 주어지기를 기대한다는 인식과, 중성자탄 논쟁에서처럼, 그는 그의 가까운 보좌관들이 강력히 견지하고 있는 입장과 반대로 행동할 수도 있다는 증거는 다양한 부서와 기관에 의한 독보적이고 조정되지 않은 행동의 여지를 제한했다. 그럼에도 불구하고 카터의 세세한 주의의 결과는 또한 일관된 정책의 달성을 방해하는 것이었다. 그것은 나무에 집착하여 숲의 넓음을 보지 못하는 사람의 격언에 나타나는 문제였다. 하나의 문제영역의 세세한 면에 주의를 많이 쏟으면 쏟을수록 광범위한 정책우선과 틀뿐만 아니라 특정의 목표와 전략을 세우는 데 있어서의 어려움이 더욱 더 커졌다.

카터는 대전략(grand strategy)을 무시하고 전략에 지나친 것 같은 주의를 쏟았다. 그렇게 함으로써 그는 그 자신을 비판의 대상으로 만들었는지 모른다(그렇지 않았다면 정책실패에 가장 직접적으로 관련된 그의 부하들에 의해 흡수될 수도 있었다). 국가의 수반으로서 미국의 대통령은 자신을 그 당시의 정치적 투쟁을 초월한 입장을 견지한다. 그러나 정부의 대표로서 대통령은 정치적 과정에 직접적으로 관여한다. 효과적인 대통령의 지도력에 가장 중요한 것은 위에서 언급한 보기에 서로 모순되는 그의 일의 요소들을 결합하는 데 있어서 대통령이 보여주는 상상과 정치적인 세련됨에 놓여 있다. 그렇게 하기 위해 대통령은 물론 실제에 있어서는 그렇게 하지 않고 일상의 정책과정의 많은 것으로부터 자신을 분리시키는 것처럼 보여야만 한다. 비록 최종적으론 현직 대통령이 대내정책보다 적지 않게 대외정책의 실패와 성공에 대한 책임이 지워지나, 이런 상황하에서 그는 성공에 대한 좋은 평판을 얻고 실패에 대해 그가 져야할 짐을 극소화할 수 있다. 성공하지 않는 정책에의 지속적인 대통령의 직접 개입에 대한 대중의 인식을 키운다는 것은 카터가 그랬던 것처럼 그러한 정책을 그들 정책의 실질적인 중요성 이상의 수준으로 올려놓거나 또한 카터 행정부에서 일어났던 것처럼, 대통령이 필요한 자질을 결하고 있다는 대중의 인식을 강화한다. 카터의 경우, 그 자신의 세세하고 지속적인 참여 없이는 협상될 수 없었던 캠프 데이비드 협정으로 대표되는 개인적인 승리는 미국 인질의 억류와 실패로 끝난 구출작전을 포함하는 서남아시아에 있어서의 실패로 그리고 소련과의 악화되어가고 있는 관계로 중요성이 보다 적어졌다.

카터의 외교정책 수행에 대한 결론

이전 행정부의 동서 문제에 대한 초점으로부터 미국의 대외정책의 방향을 딴 방향으로 가져가는 데 강한 흥미를 갖고 출발했으나, 카터는 서남아시아에 있어서의 소련의 힘에 대한 봉쇄에 미국의 개입을 확대시키면서 그의 임기를 마쳤다. 카터 행정부는 1차적인 초점이 특히 남북영역에서 20세기 말의 세계적인 문제에 있어 미국의 비군사적인 능력을 관여시키는 대외정책 의제를 개발했다. 이런 의미에서 미국, 서유럽, 일본에 가용한 자산이 만약 삼자 상호협력관계에서 보다 충실히 연결된다면 세계의 개발, 무역, 투자, 인구과다, 인권 같은 쟁점들을 다룰 기초를 형성할 것이라고 주장했다. 소련은 서구와 일본의 산업선진국들과 이러한 뚜렷하게 가치 있는 노력에 동참하거나 그렇지 않으면 역사의 커다란 조류에 의해 무시될 것인지의 선택에 직면했다. 이러한 접근은 최소한 카터 행정부의 초기에 '세력균형정치'를 '세계질서정치'로 대체하고, 대외정책에 대한 전략적인 접근의 중요성을 감소시키고, 그리고 20세기 후반의 세계적인 사회경제적 쟁점들의 중요성을 좀 더 올려놓고자 하는 노력들을 대표했다.

만약 역대 이전의 행정부가 소련을 다극적 틀(소련이 미국 못지 않게 이의 보존에 가장 중요한 이해 관계를 갖고 있는 틀)에 기초한 평화를 위한 세계적 구조로 유인해 오는 것이 불가능하다는 것을 알았다면, 카터 행정부도 마찬가지로 이질적인 세계를 그의 가정, 우선적인 것 그리고 목적에 일치시키는 데 있어 험난한 장벽에 직면했다. 소련은 규제를 요청하는 공존의 원칙을 지키거나 특히 제3세계에 있어서 일방적인 이익을 위한 기회를 버리는 것(이것들은 닉슨·포드 대외정책이 소련으로부터 끌어내고자 했던 것들이었다)보다 카터 행정부의 세계적 정책의제를 수용할 준비가 더 되어 있지 않았다.

거의 처음부터 전략과 다른 정책 우선순위 간의 관계에 대해 자체 내에서 차이점들에 직면한 카터 행정부는 팽창주의적인 소련과 대결하고 봉쇄할 필요성을 강조하는 접근법으로 점차적으로 되돌아 왔다. 이것이 카터 독트린의 의미이며 카터 독트린은 어떤 경우에 있어서도 그 당시 카터 행정부에 가용한 짧은 시간 내에 개발될 수 없었던 수단의 비례적인 증가 없이 법적인 의미보다 정치적인 의미에 있어 미국의 공약의 실질적인 확장을 대표했다. 제3세계 국가들의 정치적, 사회경제적 열망에 대한 보다 큰 감정이입에 기초한 제3세계 국가와의 관계를 만들어 가는데 카터 행정부가 갖고 있는 깊은 관심은 그와 같은 가치들 — 이러한 가치들은 카터와 그와 뜻을 같이 하는 사람들의 철학과 양립한다 — 에 기초한 정책의 본질적인 중요성을 인정할 뿐 아니라 또한 제3세계에서의 소련의 영향력의 가능성을 줄이도록 고안되었다. 그러나 카터 행정부는 그 기원에 있어 그 지방 특유의, 즉 토착적이나 소련이 대개 쿠바를 대리인으로 하여 주된 역할을 하는 갈등 상황에 있는 제3세계에서 가장 큰 도전에 직면했다. 니카라과에서 소수 독재정치의 소모사(Somoza) 정권을 혁명적인 산디니스타(Sandinista)로서 대체하고자 하는 성공적인 노력을 지지한 카터 행정부는 감사함을 받지 않고, 대신 새로운 니카라과 정부에 의한 쿠바와 소련과의 점증하는 동맹의 과정의 시작과 그 근원이 정말로 복잡하고 레이건 행정부의 주요 안보정책 문제가 될 정치적 탈안정화에 직면했다. 만약 미국의 군사적인 수단이 특히 미국의 대외정책의 베트남 후기에 있어 제3세계 갈등에 부적절한 것처럼 보였다면, 중미에서 아프리카와 서남아시아와 동남아시아(그리고 특히 아프가니스탄과 베트남에서)에 이르는 많은 국가들은 정치적 운명이 군대의 사용에 의해 모양지어지고 있었다는 것도 마찬가지로 명백했다. 이처럼 미국에서의 국가의 군사적 그리고 비군사적 수단들 간의 적절한 관계에 관한 논쟁은 결코 해결되지 않았다. 카터 행정부는, 증가하는 미국의 선거구민들은 1980년 선거가 다가옴에 따라, 좀 더 큰 군사능력이 미국이 이미 떠맡거나 현재 떠맡고 있는 안보공약을 충족시키기 위해 필요해질 것이다는 결론에 이르렀다.

카터 행정부가 취임했을 때 직면한 과업은 베트남 전쟁의 여파 속에서 대외정책의 합의(consensus)를 재도출해내고 또한 훨씬 넓은 의미에서 워터게이트 스캔들의 외상에 의해 흔들린 미국의 정치제도에 대한 확신을 재구축하는 것이었다. 이와 같은 인식된 필요는 1976년 카터의 선거유세와 카터 행정부의 정책 우선과 스타일의 중요한 주제를 이루었다. 이와 같은 명령은 카터 행정부에 의해 형성된 대외정책을 유지할 만큼 깊게 뿌리박고 있지 않았다. 대신에 특히 서남아시아에 있어서의 미국에 대한 도전이 늘어나고 제2차 전략무기제한협정 협상에 의해 야기된 미국의 방위능력의 적절성에 대한 논쟁이 전개됨에 따라 적들, 특히 소련에 대한 강력한 접근을 요청하는 새롭게 부상하는 미국 외교의 관점(만약 완전한 합의가 아니라면)에 직면했다. 이 점에서 카터 행정부는 1980년 11월 산산조각이 나기에 이른 국내 지지 기반의 악화를 극복해야만 했다. 이러한 악화는 다소 초기에 카터의 대외정책에 대한 생각의 많은 부분을 이끌었던 관점과는 상당히 다른, 변모하는 국제 전략적 정치적 환경과 일치했다. 마지막 분석에서 그 결과는 제2차 세계대전 이후 미국의 외교정책의 기초였던 전략적 목적들에서의 지속성의 요소들의 재주장을 향해 카터 행정부를 밀어붙이는 것이었다. 그러나 그렇게 하는 것도 1980년까지 과거의 어느 때보다도 훨씬 더 복잡하고 이질적으로 된 세계 속에서였다.

제9장

레이건 행정부의 외교정책

복구된 목적과 힘의 추구

레이건 행정부는 미국 경제상황에 대한 광범위한 불만족의 풍조 — 높은 이자율과 인플레이션, 늘어나는 실업률, 생산성 저하 — 와 카터 대통령의 지도력, 그리고 그 외교정책에 있어서 일관성의 결여와 동요에 대한 인식을 발판으로 들어섰다. 카터(Jimmy Cater)가 1976년 선거활동과 자신의 행정부 초기에 1970년대 초반의 베트남 신드롬(Vietnam syndrome) 이후의 핵심적인 요소를 구성하였던 미국의 능력들과 공약들의 축소를 집약하였던 것처럼, 레이건(Ronald Reagan)은 현저한 국력의 쇠퇴를 겪은 미국의 국가안보에 대한 불리한 함축성에 관하여 증대되는 관심을 상징하였다. 카터 행정부 초기의 경향은 해외 공약들을 강제된 능력들과 균형을 맞추어야만 한다는 것이었다. 국가안보에 대한 위협들이 증가하는 상황에서 축소된 노력 수준의 명백한 효과들은 1970년대 중반의 많은 미국인들을 불안케 하는 것 같았다. 외교정책에 대한 느슨해진 자원배당의 대가는 미국의 대응이 즉각적으로 나타나지 않을 것이라는 기대 속에서 미국의 이익들에 도전하는 적대국들의 더 현저한 경향에서 기인하는 위험들을 포함하였다. 1980년 1월 소위 카터 독트린에서 페르시아 만과 경계를 이루는 영토를 방위하기로 한 카터 행정부의 결정은 단지 공약과 능력 간의 간격만 넓혔을 뿐이었다. 소련의 군사력이 증대하는 시기에 완화된 미국의 노력 수준에 따라서 중대한 이익들을 더 제한적으로 재정의하는 것이 불가능하고 잠재적으로 위험성을 내포하고 있다면 중대한 이익들에 기반한 공약들을 유지하기 위해 능력들을 증대시켜야만 하였다. 따라서 베트남전쟁 이후의 외교정책 접근방법에 대한 레이건 행정부의 비판은 군사력 감축에 내재되어 있는 인지된 위험들에 초점을 두었다. 카터 행정부가 주창한 '세계질서정치'는 미국의 정치적 수완을 위해 가치가 있었으나 그것은 요원한 목표를 제공하였다. 그럼에도 불구하고 그것은 세력균형을 형성하는 것이 필수적이었다. 그 상황에서는 미소관계가 핵심적 요소를 구성하였다. 따라서 레이건 행정부의 등장은 부분적으로는 최근의 미국 외교정책의 현저한 무능력에 대한 광범위한 우려감을 반영했다는 것을 뜻하였다.

봉쇄에 대한 레이건의 부활된 강조

소련의 아프가니스탄 침공 후 카터 대통령이 비로소 소련과 그 외교정책에 대한 자신의 처음의 인식이 잘못되었다고 깨달은 반면, 레이건 행정부는 처음부터 완전하고 숨김없이 소련을 미국에 대결하는 주요한 전략적 위협이라는 인식을 기초로 한 외교정책에 몰두하였다. 모든 미국 외교정책의 문제점들을 소련의 탓으로 돌릴 수는 없지만 미국과 그 동맹국들 그리고 다른 우방국들의 안보는 점증하는 소련의 군사력을 적절한 미국의 상쇄능력으로 제어하지 않는다면 위험에 처할 것이다. 1980년 3월 시카코 외교관계위원회(Chicago Council on Foreign Relations)에서 행한 연설에서 대통령 후보로 나선 레이건은 소련은 전략적·군사적 능력에 미국의 그것보다 세 배의 비율을 투자하고 거의 두 배에 가까울 정도로 재래식 병력에 방위비를 지출, 그 결과 "우리는 지금 우리의 주요 적대국인 소련이 군사적 힘의 거의 모든 범주에 있어서 우리를 능가하는 상황에 처해 있다"고 선언하였다.

레이건 행정부의 접근방법은 소련의 팽창을 봉쇄하려는 미국의 노력을 소생시키는 것이었다. 이런 측면에서 그것은 제2차 세계대전 이후로 미국외교정책의 기본적인 충동과 일치하는 것이었다. 미국이 모든 지역과 국지적 분쟁에 대한 지구적 책임을 맡을 수는 없지만 레이건 행정부의 외교정책의 전략적 접근방법은 주요한 전제로서 만약 적대국가에 의한 통제나 혹은 영향이 미국의 안보를 위협한다면 미국의 이익은 모든 지역에 놓여 있다는 것이었다. 이러한 개념은 모호함에 내재되어 있는 융통성이라는 장점을 갖고 있었다. 적대국은 군사적 힘이 복구된 미국이 개입하지 않을 것이라고 확신할 수 없을 것이고 반면에 레이건 행정부는 1980년대 초반까지 미국에 나타났었던 깨지기 쉬운 국가안보에 관한 합의를 분열시켰을 새로운 확대된 공약들을 억지로 착수할 필요가 없었다. 이러한 합의는 방위능력의 증강에 대한 보다 광범한 지지를 수반했으나 대외 개입에서, 특히 장기적이고 그 결과가 확실치 않은, 요컨대 베트남과 같은 분쟁에서 실제로 그러한 힘을 사용하기를 꺼려하였다. 미국과 레이건 행정부에게 유효한 방위능력이 크면 클수록 레이건 행정부의 외교는 보다 더 신뢰성이 있게 되고, 중대한 이익들을 지지하기 위해 그러한 군사적 수단들을 실제로 사용해야 할 가능성은 더 희박하였다.

1980년대 초반의 미국 외교정책은 전략과 외교정책에 대한 새롭게 나타난 민족주의적 혹은 일방주의적 접근방법과 함께 20세기 중반에 구성된 다자주의적 대서양주의의 요소들을 갖고 있었다. 서유럽에서 서태평양에 이르는 확장된 안보공약과 더불어 중앙 아메리카에서 페르시아 만에 달하는 국가안보에 대한 위협들이 증가된 시기에 미국이 유효한 자원들에 대한 주요 강제에 직면하게 되자 다자주의(multilateralism)와 일방주의(unilater- alism)의 고유한 딜레마들이 명백해졌다. 이상적 세계에서 미국은 그 자신의 국가적 능력에 배타적으로 의존할 수 있는 충분한 수단들을 소유하였다(일방주의). 또 다른 이상적 세계에서 미국은 동맹국들에게 중대한 이익에 대한 미국의 개념을 공유하도록 하고 공동의 안보목표들을 성취하기 위한 적절한 전략에 대한 유사한 시각들을 갖도록 하는 능력에 호소할 수 있었다(다자주의). 미국은 일방주의와 다자주의의 요소들의 결합을 담고 있는 국가안보 정책에서 수단을 목적에 관련시키는 전략을 고안하는 것이 필요하였다.

20세기에 있어서 미국의 전략적 이익의 연속성이라는 관점에서 종합·고찰하여 바라본다면 레이건 행정부의 공식적 성명들은 미국의 지구적 전략의 기본적 개념들을 산출하였다. 헤이그(Alexander Haig) 국무장관은 일련의 목표들, 즉 '4개의 기둥(four pillars)'으로 표명된 외교정책 접근방법의 개요를 밝혔다. 이러한 것들은 미국과 서구의 경제적·군사적 힘의 복원, 동맹국들과 다른 우방국들과의 관계회복, 평화적 변화의 환경 속에서 후진국들 사이의 진보의 증진 그리고 마지막으로 중요한 것은 대 소련 억지와 상호성에 기반을 둔 소련과의 관계발전을 포함하였다. 닉슨 독트린과는 대조적으로 레이건 행정부의 정책은 국제체제의 어떠한 단일한 전략적 개념 혹은 분석적 구조물을 인정하는 것을 삼가했다. 레이건 행정부의 외교정책은 군사능력의 재건뿐만 아니라 베트남전쟁 때의 국가적 자기의심 대신에 미국 정신의 재탄생을 포함하였다. 목적과 권력을 복원시키기 위한 필요조건으로 사부문의 창조적 에너지들을 쓸모없는 정부규제에서 풀어 미국의 경제를 강화시켜야만 하였다.

주변적 전략 대 대륙적 전략

1980년대 초반 미국 전략에 대한 두 가지의 대조적인 기본적 접근방법이 대두되었다. '주변적 전략(Peripheral Strategy)'은 동맹국들에 의한 보다 더 많은 방위 부담이라는 가정에 대한 실질적인 강조와 더불어 주로 전략적 핵력, 공군력, 해상의 우위성에 기반을 둔 군사능력을 촉구하였다. 주변적 전략은 동맹국들의 부담공유가 핵심적 요소였던 닉슨 독트린에서 전례를 찾을 수 있었다. 미국은 중대한 이익이 있는 모든 지역들에 군사력을 동시에 투입시킬 능력이 억제되었기 때문에 미국의 동맹국들이 방위에 대한 보다 더 많은 공약을 맡아야만 한다는 것이 주변적 전략이다. 미국은 북대서양 지역의 외부와 서태평양으로부터 발생하는 안보위협들에 반격할 수 있는 증가된 능력들을 제공할 것이다. 따라서 미국이 페르시아 만과 같은 다른 지역들에 미국의 방위력을 집중시킬 수 있도록 하기 위해서는 서유럽과 일본이 그들의 주변지역 내에서 더 많은 방위 부담비용을 맡아야만 한다. 페르시아 만에 대한 서유럽과 일본의 이익은 적어도 미국의 그것만큼이나 중요하다고 여겨졌다. 근대화된 유럽의 지상군과 일본의 자기방위 능력에 있어서의 실질적인 증가를 위해 합리적 노동분업이 허용될 것이다. 미국의 군사적 우선순위는 남아 있는 육군의 더 뛰어난 기동성과 화력과 더불어 많은 해군과 강화된 핵능력으로 전환될 것이다.

'대륙적 전략(Continental Strategy),' 즉 또 다른 접근방법인 전진방위(forward-defense) 개념은 보다 우수한 현대화된 소련의 능력을 반격하고 억지를 보존하기 위한 수단으로서 미국이 균형잡힌 병력상태를 갖추고 서유럽과 동북아시아에서 실질적인 지상군을 유지할 필요성을 가정하였다. 그러한 부담공유가 바람직스럽다 할지라도 이러한 전략은 소련의 능력신장으로 그에 상응하는 미국의 군사력의 증가와 전진방위의 유지가 필요하다고 주장되었다. 이러한 관점에서 보았을 때, 서유럽에서 미국의 지상군의 철수가 필연적으로 서유럽의 능력의 신장으로 상쇄되지는 않을 것이다. 사실 그것은 정치적 의지와 방위공약에 대한 뒤집을 수 없는 침식이 발생할 수도 있다는 것을 제시하였다. 그렇다면 재래식 병력과 핵병력 모두에 있어서 군사적 균형이 소련 쪽으로 기울어짐에 따라 서유럽은 증가하는 소련의 정치적 압력과 영향력의 목표가 될 것이다.

레이건 행정부는 중대한 이익에 대한 기본적이고 계속적인 미국의 개념들과 조화를 이루면서 양 접근방법의 요소들을 포함하는 전략을 전개시키고자 하였다. 그것은 적절한 전략 내에서 서유럽과 해상 주변의 핵심적 지역 모두에서 소련과 다른 적대세력들을 물리칠 수단들을 개발·보전하면서 소련의 취약성을 강조하는 것이 필요하였다. 클라크(William P. Clark) 국가안보보좌관이 1982년 5월 한 연설에서 말했듯이, 레이건 행정부는 소련으로 하여금 어쩔 수 없이 '자국의 경제적 결핍상태를 인내하도록 하고,' 그리고 미국의 전략은 '적극적이고 활발해야만 한다. …… 우리 모두가 원하는 미국과 우리 모두가 추구하는 지구적 안정과 번영을 보장하기 위해 우리는 편히 앉아서 그럭저럭 그러한 일이 발생하기를 기대할 수 없다. 우리는 우리가 하고 있는 것을 믿어야만 한다. 그것은 이니셔티브와 인내 그리고 지속성을 요구한다. 우리는 기회들이 나타남에 따라 그에 적극적으로 대처하고 이전에는 존재하지 않았던 기회들을 창출할 준비를 해야만 하는' 전략을 전개하고자 하였다.

소련과의 관계

레이건 행정부는 전임자로부터 악화되고 있는 소련과의 정치적 관계를 물려받았다. 헤이그 국무장관이 소련을 '국제적 불안정의 최대의 원천'으로 간주했었지만 소련 지도력에 대한 레이건 행정부의 접근방법은 외교정책의 주요 쟁역들 중에서 '연계'를 수립할 인지된 필요성에서 닉슨·키신저 시대의 정책과 유사하였다. 10년 전 소련에 비해 군사적으로 더 강한 미국의 상황하에서 닉슨 행정부는 1972년 정상회담에서 협상된 평화공존의 원칙으로 소련의 승낙을 얻고자 하였으나 실패하였다. 취임한 후 처음 몇 달 동안 레이건 행정부는 소련에게 미국과의 관계 개선이나 아니면 소련이 제3세계에서 분쟁과 영향력 확장을 계속적으로 이용하고자 하는 데서 기인하는 정치적 대결 중의 어느 하나를 선택해야 한다는 취지의 신호들을 보냈다. 소련에 유리한 '일방통행로'였던 이전 10년의 실패한 데탕트는 상호성에 기반을 둔 관계로 바뀌어야만 하였다.

레이건 행정부는 헤이그와 소련 외상 그로미코 간의 토론과 워싱턴 주재 소련 대사 도브리닌(Anatoly Dobrynin)과의 대화를 포함하여 다양한 수준에서 열린 회의에서 그러한 대화를 위해 재빠르게 움직였다. 미국측 진영에서 그러한 토론의 주요 테마는 소련과 미국 간의 정치적 관계의 악화를 반전시키는 것이 너무 늦기 전에 소련의 행동이 개선되야만 한다는 것이었다. 특히 미국은 1981년 폴란드에서 발전하고 있었던 위기와 몇 가지 형태로 소련이 개입한 수 많은 제3세계 분쟁들 모두에서 소련의 억제의 가시적인 증거를 요구하였다. 따라서 군비통제, 기술이전 그리고 무역신용과 같은 쟁점에 관한 미국·소련의 대화의 대가는 폴란드, 캄보디아, 예멘, 아프가니스탄과 같이 지리적으로 분리된 분쟁 상황에 대한 소련 개입의 축소였다. 레이건 행정부 초기 몇 달 동안 대소 정책들은 필연적으로 두 가지 수준에 기반을 두고 진행되었다: 나쁜 행동을 한다고 소련을 비난하는 공적인 어조였으며 그것은 초강대국들을 분열시키는 수많은 쟁점들에 관해서 소련 지도력을 외교적으로 바쁘게 하려는 시도와 결부되었다. 미국이 중앙 아메리카에서 좌익세력들에 대한 소련·쿠바의 지원을 방해하는데 필요하다고 여기는 행동을 취하는 것보다 소련이 동유럽에서 직면한 가공할 문제들에 대한 개입 이상으로 제한하는 것이 훨씬 더 용이하다는 것이 입증되었다. 제3세계에 대한 소련의 개입을 제한시키려고 계획된 전략을 발전시키고 소련의 수많은 취약성으로부터 미국이 혜택을 얻을 수 있다고 생각한 레이건 행정부의 노력에도 불구하고 1980년대 초반 미국은 다시 한 번 미국과 소련 간의 이러한 기본적인 부조화에 직면하였다.

폴란드 위기

1980년 폴란드는 거의 경제적 붕괴와 식량의 고갈상태에 처했다. 주로 서유럽과 미국 은행의 실질적인 차관으로 재정을 충당해왔던 이전 10년의 근대화 정책의 실패로 말미암아 폴란드 경제는 심히 파탄하여 1981년까지 바야흐로 자국의 차관변제를 이행하지 못할 지경이었다. 이전 10년의 경제적 실패는 1980년 7월 바웬사(Lech Walesa)의 지도력하에 그단스크(Gdansk)의 항구도시에 수립된 솔리다리티 노조(Solidarity trade union) 결성을 위한 좋은 토양을 제공하였다.

솔리다리티가 자신의 목표들을 성취해왔다는 것은 정치권력과 권위의 독점적 원천인 공산주의 국가에서 불길한 전례를 마련해왔다는 것이다. 창설 후 몇 주 내에 솔리다리티 노조원들은 어림잡아 1,000만 명에 달했다. 대중들이 저항할 가능성 때문에 소련의 지시를 받는 공산당의 즉각적인 대응은 억압이 아니었다. 대신 공산정권은 솔리다리티의 요구들을 수락하는 기만적인 입장을 취했다. 게다가 공산주의자 당국은 가톨릭 교회에서 상징화된 지속적이고 강화된 폴란드 민족주의에 직면하였다. 가톨릭 교회는 폴란드에서 지배적인 영향력이 있으나 종종 공산주의 정권과 불편한 공존을 유지해왔었다.

개혁과 억압

1956년 헝가리와 1968년 체코슬로바키아 침공과는 대조적으로 모스크바는 이번에는 군사력을 동원하는 보다 더 미묘한 정책을 선택했고 또한 궁극적으로는 폴란드 내의 반대자들을 약화시키려는 의도로 경제적 압력을 가했다. 소련은 자국의 경제적 원조를 보류한 반면에, 폴란드에 대한 서구의 신용과 다른 원조들에 대해서는 강하게 반대하지 않았다. 1981년 폴란드는 90억 달러 이상의 유입뿐 아니라 서방으로부터 대규모의 식량선적을 받았다. 그리고 미국은 폴란드의 시급한 경제적 필요물을 충족시키기 위해 11억 달러의 신용대부를 제공하였다. 1981년 7월 폴란드 공산당 대회 후 최근에 임명된 초대 서기장인 카니아(Stanislow Kania)가 축출되고 야루젤스키(Wojciech Jaruzelski)가 수상과 국방장관을 맡았다. 야루젤스키 장군의 임명은 소련의 군사 개입 없이 본래 개혁주의자 물결을 반전시킬 수 있는 효율적 세력으로서의 폴란드 공산당의 쇠퇴를 상징하였다.

미국이나 혹은 서유럽의 어느 누구도 크게 예견치 못한 분위기에서 1981년 12월 13일 야루젤스키는 계엄령을 선포하고 솔리다리티 지도부의 거의 모든 인사들을 포함하는, 명백히 기습적으로 이루어진 대규모 체포를 단행하였다. 폴란드 보안대와 군대는 다른 공산주의 국가에서는 당이 갖고 있는 효율적인 통제권을 맡고 있었다. 소련은 자국의 직접적인 군사 개입으로 야기될 보다 더 광범한 국제적 이익들, 특히 서유럽국가들과의 관계 악화 없이 야루젤스키 정권에 의한 탄압의 형태로 폴란드 토착세력의 행동을 통해서 자국이 필사적으로 추구했던 목표 ─ 폴란드의 정치개혁의 반전 ─ 를 성취했었다.

레이건 행정부의 대응

폴란드 위기(The Polish Crisis)에서 레이건 행정부는 본질적으로 두 가지 목표를 가졌다. 소련의 침공 방지와 솔리다리티가 이룩한 개혁을 원상 그대로 보존하는 것이다. 미국은 닉슨·키신저 시대에 부활된 연계 개념과 조화를 이루면서 소련의 침공으로 강대국 간의 관계가 위태롭게 되고 서로에게 이익이 있는 다른 영역에서의 새로운 협정들이 불가능하게 될 것이라고 소련을 설득하고자 하였다. 공산주의 정권의 경제적 실패를 입증하고 군사적 탄압에 대한 불만의 표시의 수단으로써 1981년에 원금과 이자를 합쳐 총 270억 달러를 빚진 폴란드의 막대한 외채불이행을 허용할지의 여부가 논의되었다. 서방의 은행들은 폴란드의 외채불이행으로 막대한 재정적 손실을 입을 것이고 서유럽과 미국의 금융계는 폴란드 정권이나 혹은 소련이 서방에 갖고 있는 것보다 폴란드에 더 커다란 기득권을 갖고 있었다. 최종적으로 서방 은행들은 폴란드의 외채지불을 1986년까지 연기하기로 결정하였고, 그리고 공산주의 국가들에 대한 대규모 대부에 내재해 있는 위험들에 관해서 귀중한 교훈을 얻었다. 무엇보다도 폴란드의 경험은 동유럽에서 정치변화의 본질적인 한계들을 다시 한 번 상기시켰다.

폴란드의 채무불이행이 적어도 채무자들처럼 채권자들에게도 부담이 되었다면, 다른 어떤 선택들이 소련과 폴란드 모두에게 미국과 그 동맹국들의 불만을 표시하기에 유효했는가? 레이건 행정부가 선택한 행동과정은 통상금지를 포함한 일련의 경제제재의 부과였다. 그러나 제재조치가 서방보다도 위반국들에게 더 해롭다는 것을 보장하는 어려움에 의해서뿐만 아니라 한편으로는 소련과 야루젤스키의 정권을, 다른 한편으로는 그들 대다수가 솔리다리티의 목적들을 지지하거나 혹은 적어도 동정적인 폴란드 국민들을 구별할 인지된 필요성에 의해서 문제가 복잡하였다. 또 다른 차원에서 레이건 행정부는 대서양동맹의 회원국들 사이에서 합의를 이루어야 하는 문제에 직면하였다. 왜냐하면 소련과 폴란드에 대한 복잡한 통상금지는 통상금지 품목을 공급할 수 있는 국가들의 지지를 얻을 필요가 있었기 때문이었다. 미국에게 부정적으로 작용했던 이전 10년간의 데탕트의 유산은 서유럽, 특히 독일연방공화국에게 무역에서 그리고 서독과 서방의 그 이웃국가들이 희생하기를 꺼리는 서독과 동독의 정상화에서 이득을 산출해왔었다. 더군다나 레이건 행정부에게 있어서 1975년의 헬싱키 최종의정서(Helsinki Final Act)과 함께 1970년대 독일연방공화국의 동방정책(Ostpolitik)에 의해서 이룩된 유럽의 정상화는 근본적인 변화, 즉 헤이그 국무장관이 말했듯이, 새로운 '국제관계의 틀'을 상징해왔다.

레이건 행정부는 제재조치로 컴퓨터와 전자품목과 같은 첨단기술 생산품을 포함하여 몇 가지 중요한 기술이전을 연기하거나 그에 대한 면허갱신을 허용하지 않기로 결정하였다. 이것은 카터 행정부 당시에 협상되어 왔던 소련·서유럽의 천연가스 파이프 라인 건설을 위한 파이프 부설 기계류를 포함하였다. 서유럽에게 있어서 파이프 라인은 1973년의 에너지 위기 이후로 공급을 다양화하고, 특히 현재의 소비율로 자국의 천연가스 필요양의 30%에 해당하는 25년 이상의 양을 얻기 위한 필요성에서 나온 반응을 의미하였다. 서유럽이 파이프 라인 설치비용으로 전체의 150억 달러를 지불하지만 서유럽의 산업은 그 프로젝트에서 많은 건설계약과 일자리를 얻을 수 있었다. 1981년 12월 미국은 파이프 라인 건설에 자국 회사들의 참여를 금지했었다.

레이건 행정부의 반대에도 불구하고 1982년 초반에 프랑스가 파이프 라인 프로젝트의 참여뿐 아니라 소련에게 새로이 1억 4,000만 달러를 대부하기로 결정함으로써 미국과 미국의 서유럽동맹국가들 간의 불일치가 심화되었다. 1982년 6월 베르사이유 정상회담(Versailles Summit)에서 타협을 이루고자 했으나 결국 실패하였다. 따라서 레이건 행정부는 금지법을 서유럽에 있는 미국의 자회사들과 미국인 회사의 면허소지자들에게까지 확대시켰다. 그것은 미국이 독점하고 있었던 중요한 터빈 기술공학의 수출을 막으려는 행동이었다. 이러한 치외법권 — 다른 나라에서 활동하는 미국인 회사의 자회사에 미국의 법을 확대적용 — 의 적용에 대응해서 서유럽 정부들은 그러한 회사들에게 그 금지를 무시하고 서유럽의 관할권 내에서 활동할 것을 지시하였다. 따라서 미국은 회사들이 통상금지된 기술들을 수출하는 것을 못하도록 하였다. 사실상 미국은 유럽의 미국인 자회사들이 미국의 정책과 반대되는 유럽 정부들의 지시에 따랐다는 이유로 미국의 모회사들을 제재하였다. 소련에게 값싼 상업적 신용대부를 끝내고 오직 하급시장률 신용대부로만 건설될 수 있는 가스 파이프 라인과 같은 장래의 어마어마한 프로젝트들에 선행하고, 소련에 대한 기술수출의 제한들을 강화시킨다는 유럽의 공약을 조건으로 미국이 자국 회사들에 대한 모든 제한들을 풀었을 때인 11월에 동맹 내에서는 가스 파이프 라인 논쟁이 재연되었다. 서유럽에게는 파이프 라인 논쟁이 국내의 산업정책의 한 부분으로 여겨졌다. 레이건 행정부에게 있어서 그것은 국제적 전략의 한 요소였고, 서유럽이 미국의 주요 적대국의 경제와 외연상 군사능력을 강화시키는 것은 아닐까 하고 우려할 정도의 근본적인 쟁점을 수반하였다.

레이건의 중앙 아메리카 정책

폴란드 위기에 직면하고 있을 같은 시기에 레이건 행정부는 그 근원이 미국·소련의 관계사에 깊게 자리 잡고 있는 또 다른 위협을 맞이하였다. 1970년대 후반까지 중앙 아메리카 특유의 정치적, 사회적, 경제적 문제들은 소련·쿠바의 무기선적과 혁명적인 좌익세력들에 대한 다른 형태의 지원에 의해서 악화되고 있었다. 국민적 신념과는 반대로 70년대 말의 미국은 중앙 아메리카의 극우 정권을 지지하고 있지 않았다. 사실 카터 행정부는 니카라과의 소모사 과두정에 대한 지지를 철회했었다. 이는 산디니스타 좌익혁명으로 상징화되었다.

레이건 행정부는 자신의 전임자와는 크게 차이가 날 정도로 세계의 다른 지역과 마찬가지로 중앙 아메리카를 전략적 맥락 내에서 고찰하였다. 중앙 아메리카와 카리브 해 연안국들의 전략적 중요성은 그 지역의 모든 혹은 대부분의 지역에 대한 소련의 통제가 세계의 그 밖의 다른 지역에서의 미국 외교정책에 가공할 만한 장애물을 부과할 것이라는 자각 속에 기초하였다. 소련이나 그 괴뢰정권이 카리브 해 연안을 지배한다면, 미국은 나토·유럽이나 서태평양에서 안보공약을 이행할 수 없었다. 서유럽으로 향하는 대부분의 미국 선박들은 평화 시나 전시에도 멕시코 만(the Gulf of Mexico)에 위치한 미국 항구에서 출항하였다. 중앙 아메리카는 미주 대륙, 즉 북쪽으로는 멕시코의 유전지대와 남쪽으로는 베네수엘라의 석유저장소 사이의 전략적이고 지리적인 교량 역할을 한다. 미국이 이 지역에서 부득이하게 많은 양의 자원들을 소비하는 것은 아마도 그 밖의 다른 곳에서 확대된 안보공약들을 축소시킬 필요성을 야기시키며 지구적 안보환경을 위한 막대한 부분에 역효과를 가져올 것이다. 소련·쿠바가 중앙 아메리카와 카리브 해 연안의 풍토병적인 정치적 불안정에 개입하는 것을 저지할 수 없다면 미국과 그 지역의 중도적 개혁세력들 — 쿠바 모델에 의거하여 과거의 권위주의적 과두제와 전체주의적 공산주의 정권의 경직된 대안들을 막으려고 함 — 은 근대사회를 구축할 기회를 확보해야만 한다. 소련·쿠바의 무기수송에 의해서 고무된 폭력이 현저하게 완화되지 않은 상황에서 근대화 세력들은 소련·쿠바의 극좌세력들에 의해서 자신들이 붕괴되기 이전에 필요한 정치적·사회적·

경제적 하부구조들을 조속히 건설할 수가 없었다. 따라서 레이건 행정부의 전략적 접근방법은 중앙 아메리카 국가들의 근대화를 위한 필수조건으로서 소련·쿠바의 무기수송과 다른 형태의 개입을 종식시키기 위한 조치들을 필요로 하였다.

그 지역에서 소련의 대행자인 쿠바

거의 25년 동안 소련은 비틀거리는 쿠바 경제를 엄청나게 원조해주었고 제3세계에서 모스크바의 권력주입능력(power-projection capabilities)의 핵심적 부분으로서 카스트로의 군사체제를 수립했었다. 육군 22만 5,000명, 공군 1만 6,000명, 해군 1만 1,000명 등 쿠바는 소련으로부터 막대한 원조를 받으면서 라틴 아메리카에서 가장 막강한 군사력을 발전시켰다. 만약 소련의 지구적 전략의 맥락에서, 즉 쿠바 병력들이 소련의 이익을 지지하면서 앙골라와 에티오피아와 같은 먼 지역에서 활동해왔었다고 이해한다면 하루에 총 1,100만 달러에 해당하는 쿠바에 대한 소련의 원조비용은 소련에게는 지나친 것이 아니었다. 1983년까지 니카라과에서는 수 천 명의 소련과 다른 동유럽 병원(兵員)과 더불어 7,000명의 쿠바 병력과 보좌관들이 있었다고 보도되었다. 장갑차, 대공포, 대전차 로켓 발사대, 자동 장전식 소화기, 탱크 그리고 박격포 등의 무기들이 엘살바도르의 게릴라 세력들을 지원하기 위해 소련으로부터 니카라과로 유입되었다. 그러한 능력들은 카스트로가 '혁명적 무장투쟁'이라고 언급한 것에 기초한 소련·쿠바의 '통일전략(strategy of unification)'을 지원하였다. 1959년 카스트로가 권력을 잡은 후 몇 년 내에 재정의된 그 전술은 그 당시에는 정치적 억압과 인권위반으로 비난을 받을 수 있는 집권정부에 의한 탄압을 유발시킬 의도로 계획되었고 또한 주기적인 폭력사용에 의한 무질서의 조장뿐 아니라 경제에 대한 사보타지와 무장공격도 포함하였다. 그러한 전술의 목적은 집권정부의 정치적 정통성을 약화시키는 것이었다. 그 전략은 은밀한 혹은 공공연한 쿠바 동조자들에게 꾸준한 무기유입을 포함하여 지속적인 원조와 함께 소련·쿠바 마르크시스트 목적과 아주 밀접하다고 알려진 야당세력들과 지방지도자들을 제공하는 것이었다.

니카라과의 산디니스타 혁명

1979년에 권력을 잡은 산디니스타 군사정부는 대의제와 다원주의적 정치체제를 구성키로 한 애초의 약속을 부인하였다. 대신 산디니스타스(Sandinistas)는 쿠바와 다른 공산주의 국가들에서 볼 수 있는 국가안보 조직과 주민감시 체제를 수립하기 위해 신속히 움직였다. 니카라과는 총 5만 명에 달하는 군사체제를 만들었다. 그 목적은 그 지역에서 더 많은 공산주의자 팽창을 위한 교두보로서 엘살바도르의 혁명정권의 수립을 원조하는 것이었다. 혹은 미국에게 뿐만 아니라 온두라스, 코스타리카, 과테말라 그리고 파나마 정부에게 그렇게 보였던 것은 반 소모사 혁명에 대한 많은 지역지지자들을 포함하여 산디니스타스 정권에 반대하는 자들이 고초를 당했기 때문이었다. 산디니스타 정권은 쿠바나 혹은 동유럽과 소련의 특징인 철저한 통제를 즉시 시행하지 않았지만 소모사 정권 때보다도 더할 정도로 독립적 언론, 가톨릭 교회, 반대 정당들 그리고 노조와 같은 집단들의 활동을 제한하였다. 산디니스타스에 반대한 한 집단인 모스키토 인디언들(Moskito Indians)에 대한 취급은 특히 심했다. 수없이 많은 부족원들은 온두라스 국경지대의 고향에서 강제로 쫓겨나 다른 곳으로 이주해야 하였다. 다른 반대세력들은 환멸을 느낀 퇴역군인들의 주위로 모여들었다. 이들 중에는 산디니스타 군사정부의 전임 멤버들과 콘트라스(contras)라 불리는 게릴라 운동을 형성하기 위한 이전의 소모사 정권의 지지자들이 포함되었다. 그들은 이웃국가들에서 산디니스타 정권을 공격하기 시작했다. 처음에는 산디니스타스 자신들이 그 이웃국가들에서 소모사 정권에 대한 공격을 시도하여 성공했었다.

엘살바도르 개혁주의자들의 쿠데타

니카라과에서 산디니스타의 승리는 엘살바도르(El Salvador)에서 다른 종류의 개혁주의자들의 쿠데타에 자극을 주었다. 1979년 10월 군 장교들과 민간 정치인들로 구성된 군사정부가 과두제지배를 대체하였다. 살바도르 군부는 그 나라에서 가장 커다란 정당인 기독교 민주당(Christian Democrats)으로 정부를 구성하였다. 새로운 정부를 전복하려는 살바도르 게릴라 운동에 소련·쿠바가 무기를 공급하고 있다는 많은 정보를 접한 후 카터 행정부는 임기 마지막 몇 주 동안 엘살바도르에 대한 미국의 군사원조를 재개했었다. 살바도르의 신정부가 토지 재분배를 포함한 잠정적으로 광범위한 경제적 프로그램에 몰두했지만 반대자들에 대한 암살단 활동을 포함한 인권위반으로 미국에서 신정부의 입지는 계속 손상되었다.

즉각적으로 레이건 행정부의 딜레마가 명확해졌다. 개인을 보호한다는 차원에 있어서 미국의 경우와 다른 정치적 유산으로 이미 부담을 가진 정부들이 소련이 공급하는 군사 고문들과 무기들에 의해서 고조된 국내의 안보위협에 처한다면 실질적으로 이들 정부들이 인권을 옹호할 가능성은 훨씬 적어질 것이다. 외부에서 공급되는 무장폭동의 위협이 크면 클수록 엘살바도르, 과테말라 그리고 온두라스와 같은 국가들이 미국이 선호하는 종류의 민주주의적 질서를 발전시키기란 더욱 더 어렵다. 소련·쿠바의 폭동으로 위협을 받은 국가들이 미국의 행동규범을 충족시킬 수 없다면 그것은 이번에는 이들 국가들에 대한 미국의 원조를 더 삭감하겠다는 미 의회의 압력을 야기시켰다. 1981년 미 의회는 6개월 간격으로 엘살바도르가 인권상황을 개선하고, 자유선거를 실시하는 방향으로 나가고, 농지개혁의 단행과 내란에 대한 평화적 해결을 모색하는 것을 확증하는 것을 대통령에게 요구하는 법안을 통과시켰다.

1980년대 초반 엘살바도르는 고조되는 격렬한 게릴라 폭동에 직면하였다. 내란으로 자본도피와 하락하는 생필품 가격으로 피폐해진 엘살바도르의 경제는 실질적인 마이너스 성장을 기록하였다. 농지개혁의 즉각적인 결과는 수출농작물을 감소시키는 것이었다. 정치적으로 엘살바도르는 좌익 폭동의 위협뿐 아니라 기독교 민주당의 지도자인 두아르떼(Jose' Napolean Duarte)와 제헌의회 의장이자 살바도르 군부 내의 주요 파벌 중의 한 파벌로부터 지지를 받고 있는 우익의 드아우브슨(Roberto D'Aubuisson)을 포함한 군사정부 내에서 심한 분열이 일어났다. 레이건 행정부는 보다 더 온건한 두아르떼를 지지하였고 신헌법을 제정하여 선거를 실시하도록 살바도르 군사정부에게 압력을 가했다. 1982년 3월에 선거가 실시되었다. 그리고 다시 1984년 3월과 5월에 선거가 실시되어 1982년과 마찬가지로 1984년에도 두아르떼가 대통령에 당선되었다.

레이건 행정부의 대칭전략

중미, 특히 니카라과와 엘살바도르에서 발생한 사건에 대한 레이건 행정부의 접근방법은 대칭을 이루려는 시도에 기반을 두었다. 만약 미국이 엘살바도르에서 선거 실시를 위해 압력을 행사한다면, 정치적 정통성을 위한 유사한 규범이 니카라과에도 적용되어야만 한다. 만약 산디니스타 정권이 엘살바도르에서 활동하는 폭도들에게 무기를 공급하고 있다면 니카라과에서의 반대세력들에게도 적어도 엘살바도르 폭동에 대한 산디니스타의 지원이 불가능할 정도로 그리고 니카라과 정권 그 자체를 전복시킬 수 있는 수준이 아니라 할지라도, 지원해야만 한다. 여기에서 레이건 행정부는 의회와 실질적인 마찰을 일으켰다. 1982년 하원이 통과시킨 보랜드 수정안(Boland Amendment)으로 이분법이 상징화되었다. 그것은 산디니스타 정권을 전복시키려는 집단들에 대한 미국의 자금제공을 금지하였다. 그럼에도 불구하고 레이건 행정부는 점증하는 반산디니스타 세력들을 지원할 수 있었다. 그들의 목적은 무기와 다른 군사장비들이 니카라과로부터 엘살바도르와 다른 중미 국가들에게로 유입되고 있었던 무기들과 다른 군사장비 집결지의 파괴에 있었다. 의회와 국민의 토론은 과연 미국이 산디니스타 정권과 대항하는 집단들에게(공공연한 원조에 반대함으로) 은밀한 원조를 해야만 하는냐로 모아졌다. 대칭전략(Strategy of symmetry)은 외교정책에 대한 감독이 강화되고 자금제공과 활동에 대해 의회가 부과한 제한들에서뿐만 아니라 니카라과와 엘살바도르의 상이한 정치적 상황들로 인해서 그 한계를 보였다. 저항세력들은 온두라스와 코스타리카에 위치한 기지들로부터 산디니스타 전초기지들을 공격하고도 실질적인 영토를 점령·유지할 수 없었다. 대조적으로 엘살바도르의 반대자들은 자신들이 통제하고 있는 영토를 확장시켰다.

중미정책에 대한 광범위한 국민적 지지를 이끌어내기 위한 노력 속에서 1983년 레이건 행정부는 키신저가 의장으로 있는 대통령위원회(Presidential Commission)를 소집하였다. 1984년 1월에 발행된 보고서에서 위원회는 그러한 문제들을 이용하고자 하는 소련과 쿠바의 대대적인 지원과 더불어 부와 빈곤 간의 커다란 격차, 늘어나는 인구 그리고 하락하는 경제성장이 점증하는 위험의 발생과 결부되었다는 핵심적 전제를 제시하였다. 미국은 이미 엘살바도르,

온두라스 그리고 코스타리카에 유효한 수천만 달러의 원조를 준비하고 있었다. 그러나 키신저 위원회는 군사적, 경제적 원조에서 엄청난 증액을 요구했다. 그러한 권고안 자체는 중앙 아메리카의 문제들이 주로 사회적 불평등과 빈곤에서 발생한다고 믿는 사람들과 불안정의 원인은 그러한 토착적인 쟁점들을 이용하는 소련·쿠바에서 찾아야 한다고 주장하는 사람들 간의 합의의 토대를 제시하였다. 키신저 위원회는 "제어되지 않는다면 폭동자들은 개혁자들이 수립할 수 있는 것보다 훨씬 더 빠르게 그들을 파괴할 수 있다. 이에 대한 한 가지 이유는 게릴라 저항의 명백한 목적은 사태를 더 악화시키는 것"이라고 결론지었다.

레이건 행정부의 중미정책은 주요 요소들로서 니카라과를 고립시켜 집중적으로 효과적인 압력을 행사하고자 하는 것이었다. 레이건 행정부의 주요 목표들은 소련과 쿠바의 니카라과의 이용을 저지하고(이는 경제적 근대화의 주요 프로그램의 성공을 위해 필수조건) 키신저 위원회가 언급했었던 안보 원조와 경제 원조 간의 차별화라는 딜레마를 막고자 하는 것이었다. 레이건 행정부는 엘살바도르와 니카라과에서 다당제 선거를 제공하는 대칭원리와 조화를 이루면서 산디니스타 정권의 정치적 다원주의에 입각한 정부로의 이행을 모색하였다. 니카라과에 대항하는 중미의 정치적 집단들을 증진시키는 노력 속에서 레이건 행정부는 온두라스에서의 합동연습과 훈련 프로그램을 포함하여 엘살바도르, 온두라스, 과테말라의 군사기구들 간의 협력을 장려하였다.

그러는 동안 멕시코, 베네수엘라, 콜롬비아 그리고 파나마로 구성된 콘타도라 그룹(Contadora Group)은 미국이 지원한 니카라과의 침공의 가능성을 배제하고 니카라과의 혁명을 보존시키는 협상된 해결을 위한 틀을 제공하고자 노력하고 있었다. 콘타도라 그룹은 니카라과의 지지를 받으면서 외국 군사고문단의 철수와 주변 국가들에 대한 공격을 위해 다른 영토를 집결지로 이용하지 않는다는 약속을 포함한 평화안을 만들어냈다. 국경들을 횡단하는 반란세력들에 대한 무기수송도 마찬가지로 금지되었다. 이러한 제안은 니카라과에서 엘살바도르의 무기수송이 중단되었다는 점을 입증해야 하는 점과 연결된 복잡한 문제들에 직면하였다. 미국은 엘살바도르 정부에게 무기수출을 중단해야만 하였다. 이제 엘살바도르 정부의 생존은 고조되는 폭동으로 위협을 받았다. 일반적인 상황하에서 아마도 살바도르 정부는 게릴라나 혹은 콘타도라 세력들의 압력을 버텨내는 데 니카라과의 산디니스타스보다 못했을 것이다. 그 결과가 중미에서 미국의 이익을 위한 모든 부수적 결과들과 더불어 반 산디니스타 집단들의 패배와 엘살바도르 정부의 붕괴라는 것은 당연하였다.

미국과 카리브 해: 그레나다 사건

관광수입뿐 아니라 설탕과 같은 일차산품에 지나치게 의존하는 대부분의 카리브 해 연안국들(the Caribbean)은 1960년대 최근에 독립했다. 레이건 행정부가 들어설 때까지 카리브 해 연안국들에 휘몰아쳤던 민족주의 세력은 다양한 방법으로 이전의 유럽의 종속(주로 영국)을 변형시켰다. 카리브 해 연안국들은 선진국가들에게 하나 혹은 몇 개의 생산물을 수출하는 데 의존하는 허약한 경제적 특성을 공유하였지만, 그들의 정치구조는 상이하였다. 그들의 정치구조는 쿠바의 엄격한 일당제 공산주의 모델에서부터 자메이카(Jamaica)를 포함하여 거의 모든 이전의 영국의 종속하에서 뿌리를 내렸던 의회제 정당구조에 이르기까지 다양하였다.

자메이카는 집권하는 레이건 행정부의 주목을 받아 지원을 받았다. 1980년 10월 사기업과 외국 자본을 허용하고 카스트로의 쿠바를 격렬히 비난하는 시가(Edward Seaga)의 자메이카 노동당은 만레이(Michael Manley)가 이끄는 집권 인민민족당(People's National Party)을 패배시켰다. 만레이 정부의 정치정향은 사회주의자였고 카스트로의 쿠바에 대해 우호적이었다. 레이건 행정부가 들어서자 시가는 미국을 방문하여 6억 달러의 대부를 위한 미국의 지원과 함께 국제통화기금으로부터 총 9,000만 달러에 이르는 대외 원조를 받았다.

카리브 해 연안국들의 경제적 문제해결이 시급했으나, 그들의 해결책은 기껏해야 먼 장래에 있었다. 레이건 행정부가 직면한 보다 더 시급한 쟁점은 1962년 영국으로부터 독립한 인구 11만을 가진 조금한 섬나라인 그레나다(Grenada)에서의 소련의 군사증강이었다. 1969년 비숍(Maurice Bi-shop)의 뉴주얼 무브먼트(New Jewel Movement)가 이끄는 좌익 쿠데타에 의해서 독립 이후에 들어선

정부는 축출되었다. 수상이 된 비숍은 카스트로의 쿠바와 밀접히 연계된 마르크시스트 정부를 수립하였다. 1980년까지 수 백 명의 쿠바 노동자들과 군요원의 도움으로 거대한 공항건설 작업이 시작되었다. 만약 이러한 시설물이 관광객들을 유치할 수 있는 그레나다의 능력을 극적으로 증가시킬 잠재력을 갖고 있다면(호텔과 같은 다른 시설물이 궁극적으로 건설된다면) 그것은 또한 서반구 외부에서 소련의 이익들을 지지하는 쿠바 세력들의 수송을 위한 병참체계의 일부분으로 이용될 수도 있었다. 그레나다에서 소련·쿠바 기지의 수립은 동카리브해와 대서양 간의 중요한 수송 라인을 위협하는 것이었다.

1983년 6월 비숍은 클라크 국가안보 보좌관을 포함하여 행정부 각료들과의 회담을 위해 미국을 방문하였다. 비숍이 꽉 조여진 소련·쿠바의 망에서 어느 정도로 이탈하려고 했는지는 결코 알 수 없었다. 여하튼, 10월 13일 비숍은 뉴주얼 무브먼트의 중앙위원회의 한 인물이 이끄는 쿠데타로 축출되었다. 10월 19일 비숍은 자신을 체포했던 사람들에게 처형당했다. 그 후 며칠 동안 이전에 영국의 식민지였던 일부 이웃정부들 — 동카리브 해 국가기구(Organization of Eastern Caribbean States) 회원국 — 은 급진화된 그레나다 정권이 부과하는 위협으로부터 두려움을 느껴 외부 개입을 요청했다. 그레나다 정권은 소련-쿠바의 군장비의 보고가 되어가고 있었다.

이러한 요청은 연금상태에 있었던 그레나다 총독 스쿤(Sir Paul Scoon) 경의 호소와 더불어 마르크시스트 정부를 무너뜨리고 선거기관을 작동시킬 수 있는 군사적 행동을 취하기로 한 레이건 행정부의 결정에 도움이 되었다. 특히 새로 들어선 그레나다 정권이 학생들의 송환을 미국 침공의 전조로 이해한다면 더 시급한 중요한 문제 중에는 그레나다의 의과대학에 있는 약 1,000명의 미국인 학생들을 인질로 삼을지도 모른다는 정보 보고에 첨가된 중요성이 있었다. 아직도 이란의 인질 위기를 생생하게 기억하고 있던 레이건은 그레나다에서 그러한 상황을 막기 위해 신속히 움직였다. 10월 25일 미 군병력이 그레나다에 상륙하여 논란이 된 공항을 확보하고, 학생들에게 접근했고, 총독을 풀어주었다. 미 군병력은 그 지역에서 더 광범한, 장차 군사작전으로 이용할 소련·쿠바의 계획을 폭로하였다. 그레나다에서 미국이 입수한 문서에 따르면, 소련은 기관총

4,000정, 자동소총 2,500정, 병력 운송차량 7,000대 그리고 군인 1만 명 이상을 포함한 대규모 무기수송을 제공하는 군사원조 협정을 체결하였다. 무기공급은 침공 전에 있었던 미국 정보의 평가를 훨씬 넘어서는 것으로 밝혀졌다.

미국은 그레나다에서 거의 사상자를 내지 않았고 12월 15일까지 모든 전투 병력을 철수하였다. 신속하고 제한적이며 뚜렷한 목적을 가진 미국의 개입은 그레나다와 미국 내에서 광범위한 지지를 받았으나 서유럽에서는 그렇지 못했다. 그럼에도 불구하고 그레나다 개입을 둘러싼 사건들이 명확해지자 서유럽의 비난은 수그러들었다. 카리브 해 연안 자체 내에서 미국의 구출작전의 즉각적인 효과는 카스트로의 미국 비난과 니카라과에서 미국의 그러한 행동이 발생할 경우 산디니스타 정권은 쿠바로부터 자동적이고 결정적인 군사 원조를 기대할 수 없다는 제안을 가져왔다. 그레나다와 니카라과의 상황은 크게 달랐다. 하지만 그레나다에서 마르크시스트 정권을 붕괴시키면서 보여주었듯이, 레이건 행정부는 다른 정부들이, 특히 그레나다의 경우처럼 내부적 붕괴에 직면한다면 이와 유사한 압력을 행사할 것이라는 표시를 보였다.

남아메리카와 포클랜드 전쟁

1970년대 일부 라틴 아메리카 국가들은 외부에서 빌려온 상당량의 자본으로 야심찬 경제발전 프로그램에 착수했었다. 1983년까지 제3세계 국가들의 외채는 총 5,000억 달러에 이르렀고 대략적으로 그 절반은 라틴 아메리카 국가들이 빌려쓴 결과였다. 아르헨티나는 850억 달러, 브라질은 800억 달러, 멕시코는 400억 달러에 이르렀다. 1980년대 초 세계적 경기후퇴로 이들 국가들의 수출실적은 하락하였고 대부분의 외채가 기반을 두었던 변동이자율은 상승하였다. 그 결과 미국과 서유럽 은행들로부터 대부를 받은 이자와 원금을 상환하기 위해 떨어지는 환율소득의 더 많은 비율을 소비하게 되었다. 점증적으로 불이행의 위협이 먹구름처럼 국제 금융계를 덮었다. 이러한 상황은 결과적으로 채무국 자신들뿐만 아니라 선진국가들의 상업은행들에게도 잠재적으로 해로운 결과를 낳았다. 선택된 즉각적인 노선은 장기대부로 상환 일정을 재조정하고, 많은 경우에 있어서 새로웠지만, 높은 이자율로 단기 신용대부가 채무국들의 시급한 재정적 욕구를 충당할 수 있었다. 레이건 행정부는 멕시코에 대해서 미국의 전략석유비축용(American Strategic Petroleum Reserve)으로 구매할 기름에 대해 선불지급을 포함한 다양한 협정으로 30억 달러를 승인하였다. 미국은 브라질에 대해서 10억 달러 이상의 다른 대부를 확장하였다. 국제통화기금은 브라질의 엄청난 외채불이행을 피하는 데 도움을 주기 위해 거의 40억 달러의 대부를 하였다. 비록 그러한 조치들이 라틴 아메리카의 주요 국가들과 다른 제3세계 국가들의 과도하게 확장된 경제에 유용한 미봉책을 제공하였지만 외채 문제는 남아 있었다. 긴급구조 대부 조건들은 긴축정책 프로그램의 부과였고, 그 결과는 국내의 소비와 고용을 축소시키는 것이었다. 늘어나는 도시화, 인구팽창 그리고 극심한 빈곤으로 이미 고통 받는 경제 내에서 그러한 쇠퇴들이 외채지불 대신에 그것을 거절하는 급진화된 정부들에게 권력을 맡기는가? 그러한 시각에서는 그들 국가들의 경제, 사회 그리고 정치적 미래는 서로 얽혀 있는 것으로 파악되었다.

외채 위기 와중에 아르헨티나는 1984년 알폰신(Raul Alfonsin) 대통령 당선자의 등장으로 권위주의적 정부를 청산하고 민주주의로 복귀하였다. 1976년 이후 아르헨티나를 지배해왔던 군사정부가 포클랜드 전쟁(Falklands War)에서 영국에게 패해 붕괴되었기 때문에 그러한 상황이 나타났다. 1833년 이후로 영국은 아르헨티나에서 대서양 남쪽으로 200마일 떨어져 있는 포클랜드 섬을 지배해왔었다. 아르헨티나는 자국이 명명했듯이 말비나스(Malvinas)는 아르헨티나 영토라고 오래전부터 주장해왔다. 연속적인 영국의 집권당들은 대부분이 양치기들인 2,000명 미만의 주민들에게 적당한 안정장치를 제공하는 포클랜드 논쟁에 대한 해결을 협상해왔었으나 성공적이지 못했다.

1982년 3월 말경 당시 갈티에리(Leopoldo Galtieri) 대통령하의 군사정부가 통치하였던 아르헨티나는 포클랜드를 침공하여 소수의 영국 방어자들을 신속히 무장 해제시켰다. 아르헨티나의 기습에 대한 영국의 대응은 신속히 군대를 소집하여 불확실한 성공의 전망을 가지고 8,000마일을 항해할 35척의 특수임무 부대를 파견하는 것이었다. 그 부대가 목적지에 도달하는 데에는 거의 3주가 걸리기 때문에 외교적으로는 시간이 있었다. 그 외교는 레이건 대통령이 포클랜드 작전을 벌이지 못하도록 갈티에리를 설득하는 직접적 통화에서 실패한 후 헤이그 국무장관의 왕복외교를 포함하였다. 유엔 안전보장이사회는 모든 세력들의 철수, 적대행위 종식 그리고 영국과 아르헨티나 간의 항구적 해결을 위한 협상을 촉구하는 결의안을 통과시켰다. 외교를 통해서 타협할 수 없는 쟁점들 중에는 포클랜드의 장래에 대해서 협상을 시작하기 전에 영국은 주권을 양도하라는 아르헨티나의 요구가 포함되었다. 영국은 그러한 상황하에서는 아르헨티나의 폭력사용을 묵인하는 것과 마찬가지인 어떠한 조건도 수락하기를 거부하였다. 대처(Thatcher) 정부는 섬 주민들의 자결권을 주장하였고 영국 정부에 대한 그들의 명확한 선호가 반복적으로 성명되었다.

양 진영에서 사상자가 생기고 함선이 손실되었다. 영국은 1982년 6월 14일에 종식된 전쟁에서 그 섬을 되찾았다. 일견 대서양 남쪽의 먼 지역에 더디게 군사력을 투입하는 것이 시대착오적 같지만, 그럼에도 불구하고 그 전쟁에서 최첨단 공대공 미사일과 공대지 미사일이 사용되었다. 회고컨대 갈티에리 정부는 영국이 포클랜드를 되찾기 위해 싸우지 않을 것이고, 미국은 서반구에 대한 자국의 이익과 공약이 손상되지 않는다면 영국의 어떠한 군사행동도 지원하지 않을 것이라고 생각한 것 같았다. 본질적으로 그 섬이 영국이나 미국에게 전략적 중요성이 없다는 것은 아르헨티나에게는 자명한 것이었다. 의심의 여지없이 갈티에리 정권은 다른 서반구 국가들로부터 받을 수 있는 지지를 과대평가하였다.

라틴 아메리카의 다른 국가들이 미주기구에서 아르헨티나에게 유리한 결의안을 채택했지만 미국은 기권하였고 폭력으로 포클랜드를 점령하려 한 아르헨티나의 시도의 성공으로 생길 수도 있었던 전례에 대해서 무리가 있었다. 1970년대 후반 칠레와 아르헨티나는 비글 제도(the Beagle)를 둘러싸고 전쟁 일보 직전까지 갔었다. 아르헨티나는 그 제도를 요구했으나 결국 칠레가 소유하였다. 유사하게 가이아나(Guyana)의 많은 영토가 베네수엘라에 의해서 논쟁이 되었다. 라틴 아메리카 국가들은 포클랜드 제도를 요구하는 아르헨티나를 지지하여 그 분쟁을 평화적으로 해결하길 바랐다. 그러나 아르헨티나가 취한 군사행동은 그 밖의 다른 곳에서의 유사한 상황에 잠재적으로 위험한 전례로서뿐만 아니라 국제법의 위반으로도 간주되었다.

레이건 행정부도 이러한 견해를 공유하였다. 그러나 미국의 정책이 차별성을 갖는 것은 국제법의 법적·도덕적 기반과 포클랜드 주민의 자결의 원칙에 입각해서뿐만 아니라 보다 더 포괄적인 지정학적 이유에 입각해서 영국을 지지하기로 결정한 명확한 선택이었다. 영국은 대서양동맹의 핵심적 회원국이자 미국의 가장 가까운 우방국이었으며 미국과 '특별한 관계(special relationship)'를 발전시켜 온 국가였다. 영토 요구에 직면한 다른 국가들에게 주는 그것의 함축성은 논외로 하고, 포클랜드에서 영국의 패배는 영국뿐 아니라 이미 여러 가지 쇠퇴적 위기와 분쟁과 싸우고 있는 대서양 간(transatlantic)의 관계에 심각한 정치적 그리고 심리적 피해를 가했을 것이다. 레이건 행정부는 포클랜드 위기에서 미국의 중대한 이익을 위해 필요하다면 일방주의적 행동을 하였을 것이다. 그리고 또한 서유럽의 반대나 혹은 자국의 무능력에 직면하였을 경우 레이건 행정부는 서반구 다른 국가들과의 결속보다는 대서양동맹을 선택하였을 것이다.

불안해진 대서양 간의 관계

앞에서 논의한 파이프 라인 논쟁 이외에, 레이건 행정부는 대서양 간 관계(transatlantic relationship)에서 다른 분열적 쟁점들에 직면하였다. 미국의 방위능력 재건에 대한 레이건 행정부의 강조는 서유럽으로부터 커다란 환영을 받았고, 또한 동·서 긴장을 완화시키고자 하는 외교에도 동등한 지지가 보내졌다. 서유럽의 많은 국가들이 소련을 '악의 제국(evil empire)'으로 특징짓는 레이건의 어조를 적절하다고 여겼지만 미국과 소련 간의 관계악화는 나토·유럽의 정치적 조망에 불안감을 주었다. 두 핵초강대국이 서유럽의 이익에 해로운 쌍무적 협정을 체결하는 초강대국 간의 관계개선에 대한 우려가 때때로 존재해왔다면 심지어 그 관계가 붕괴될 잠재적 함축성에 대한 더 커다란 우려도 있었다. 1980년대 초반 필요하다면, 그리고 실행 가능한 곳에서, 일방주의적 요소에 기초한 지구적 외교정책 내에서 미국의 힘과 영향력을 복구하려는 레이건 행정부의 시도는 서유럽에서 중립주의적 경향을 강화시켰다.

경제적 고통: 서유럽의 높은 이자율과 장기적인 경기침체

이전의 동맹국들이 자신들의 동맹을 분열시키는 쟁점들에 대해 점점 더 각자의 길을 가는 것처럼 보임에 따라 대서양 간의 수준에서 긴박한 정치적 '절연'에 관한 논의가 있었다. 1982년 베르사이유(Versailles), 1983년 버지니아 주의 윌리암스버그(Williamsburg), 1984년 런던 그리고 1985년 본에서 개최된 연례정상회담의 마지막에 발표된 완화성명(anodyne communiquees)에서 그러한 차이점들이 희석되었지만, 문제들이 놀랄 만큼 빠르게 자주 재등장하였다. 그러한 문제들은 특히 높은 이자율에 있어서 미국의 경제정책이 불경기인 서유럽 경제에 미치는 추정적 영향에 관한 계속되는 불일치를 포함하였다. 1982년에 굳건히 진행되었던 미국의 경제회복은 꾸물거리는 서유럽 경제를 자극하기 시작했다. 그러나 미국에서 높은 이자율의 지속은 유럽으로부터 자본을 끌어당겼을 뿐만 아니라 서유럽과 무역을 하는 제3세계 국가들의 외채부담을 가중시켰다. 대부분의 서유럽 정부들이 1978년에 합의했던 방위부문에서의 실질적인 3% 성장도 충족시키지 못했지만 그들은 레이건 행정부의 높은 무역적자를 비난하였다. 그러한 적자는 부분적으로는 동맹국들의 방위에 직접적으로 기여한 미국의 엄청난 방위예산에 의해서 생겨났다. 그러한 적자가 높은 이자율을 설명한다고 회자되었다. 그 이유는 미국 정부가 그렇지 않다면 사적 부문을 위해 이용할 수 있었던 자금으로 그 적자를 처리할 수 있었기 때문이었다.

더군다나 1980년대 초반까지 서유럽 경제는 실업의 증가와 사양 산업부문과 더불어 미국의 기준으로 보았을 때 비경제적인 공공사회복지 프로그램과 관련된 가공할 만한 구조적 문제들에 직면하였다. 1984년 이전의 10년 동안 미국은 1980년대 초반의 경기침체와 실업에도 불구하고 1,300만 개의 새로운 직업을 창출하였다. 반면 서유럽은 300만 개의 직업을 잃었다. 서유럽은 출현하는 미래의 기술공학 분야에서 일본과 미국에게 훨씬 더 뒤처져 그들을 따라잡을 전망이 별로 없는 것 같았다.

베트남 충격 이후 10년간 미국은 미래에 대한 다시 새로워진 확신감을 얻어가고 있었지만 '유럽회의주의(Europessimism)' 용어는 서유럽에서의 지배적인 분위기를 대변하였다. 미국과 미국의 유럽동맹국들은 기술 이전, 이자율 구조,

무역정책 그리고 외교정책과 국가안보에 직접적으로 관련된 수많은 쟁점들에 대해서 서로 다른 시각을 가졌다. 그러한 쟁점들 중에는 소련과의 관계의 운영, 공동방위를 위한 핵력과 재래식 병력의 현대화, 방위비 분담, 카리브 해, 중미 그리고 중동에서의 위기와 같은 지역 밖의 쟁점들이 있었다.

핵력 수준에 관한 계속되는 논쟁

이러한 쟁점들 모두가 대서양 간의 관계에 위험을 내포했지만 1980년대 초반 대서양동맹의 의제를 지배한 것은 바로 퍼싱 투(Pershing II) 미사일과 크루즈(Cruise) 미사일의 배치였다. 레이건 행정부가 들어서자 소련은 6일마다 하나의 새로운 시스템을 배치하는 비율로 SS-20 장거리 핵탄두 미사일을 배치하고 있었다. 그 결과는 1979년 12월의 '두 가지 방침'결정으로 나토가 합의했던 지상발사순항미사일(GLCMs: Ground-Launched Cruise Missiles)과 퍼싱 투 체제의 배치에 대한 지지에서 강화된 결의나 서유럽의 합의를 넓힌 것이 아니라 대서양 간의 정치적 신뢰의 위기를 악화시킨 것이었다. 동시에 서유럽에서는 동·서의 군사적 갈등에서 미국이 서유럽의 방위를 책임지거나 혹은 그렇지 않을 것이라는 우려가 높아갔다. 서유럽국가들에게 미국의 입장은 자국의 영토를 온전히 보존하는 반면에 서유럽이 파괴되는 전쟁을 준비하거나 아니면 군사적으로 관여하지 않고, 따라서 서유럽이 소련의 지배하에 들어가는 것을 허용하는 것처럼 보여졌다. 요컨대 초강대국의 전략적 핵력의 동등함이 미친 영향은 유럽에서의 변화하는 군사적 균형과 함께 나토의 억지능력의 신뢰성을 약화시키는 것이었다. 대서양 간의 차이점이라는 폭넓은 맥락에서 미국이 서유럽에 핵력을 배치하는 데 필요한 동맹들 간의 정치적 신뢰는 아이젠하워 행정부 동안 처음으로 핵무기들이 서유럽에 배치된 이후로 크게 부식되었다.

1982년 슈미트(Helmut Schmidt) 서독 정부는 사민당(Social Democratic Party)의 반핵 좌파와 녹색운동(Green/Alternative Movement)의 격렬한 반대로 고조되는 도전에 직면하였다. 1982년 10월 슈미트 정부가 물러나고 기독교 민주당원들이 들어섰다. 1969년 이후로 공직 밖에 있었던 그들은 사회민주연합에서 새로운 정부로 지지를 바꾸었던 작은 자유민주당(small Free Democratic Party)의 지지로 선출되었다. 1983년 3월의 연방선거에서 새로운 수상 콜(Helmut Kohl)이 이끄는 기민당은 경제 쟁점들과 미사일 배치 문제에 관해 논쟁을 벌였던 선거유세에서 실질적인 승리를 거두었다.

서유럽의 그 밖의 다른 곳에서, 특히 영국과 네덜란드에서 중거리 핵력(INF)에 반대하는 대규모 시위가 있었다. 영국의 노동당은 1979년 이전의 집권 시에는 나토의 핵력 현대화를 지지했었다. 그러나 선거에서 보수당에게 패한 후 노동당은 새로운 지도력하에서 일방주의적 핵감축을 선호하는 입장을 채택하였다. 1983년 6월 아직까지도 포클랜드 승리의 잔광을 받고 있는 대처 정부는 노동당에게 대승을 거두었다. 노동당의 지지 기반은 자유당과 민주당 연합결성의 출현으로 약화되었다. 노동당은 2차대전 이래 최악의 패배를 당했다. 벨기에와 노르웨이의 결속력이 약한 연합정부들은 원칙적으로 실질적인 배치가 가능한 한 오랫동안 연기되기를 바랐지만 두 가지 방침결정을 계속 따르겠다고 암시하는 것 이상의 어떤 것을 하기는 어려웠다.

1983년 11월 최초의 크루즈 미사일이 영국과 이탈리아에 도착하였다. 그리고 독일연방공화국은 퍼싱 투 미사일을 배치하기 시작했다. 유로 미사일(Euromissiles)에 반대하는 시위가 있었지만, 애초에 예상했던 '뜨거운 가을(hot autumn)'의 저항은 일어나지 않았다. 나토의 차세대 중거리핵력의 배치를 강하게 반대했던 녹색운동은 1983년 3월의 서독의 선거에서 총유권자의 5.7%의 지지를 받았다. 따라서 처음으로 연방의회에서 원내 교섭단체 자격이 주어졌다. 1983년 11월 전당대회에서 사민당은 슈미트가 수상직에 있었을 때 중거리핵력 배치를 지지하였던 입장에 대한 이전의 승인을 압도적인 표차로 반박하였다. 그럼에도 불구하고 콜 정부는 배치를 진행시켰으며 동시에 대규모 대부와 신용으로 동-서독 관계를 증진시키는 정책에 착수했다. 이에 대하여 동독 정부는 서독으로 이민가기를 원하는 2만 6,000명의 출국허가를 승인함으로써 이에 보답하였다. 결국 콜 정부는 두 독일 국가 내에서 '데탕트 지대(island of detente)'를 창조하겠다는 강조로 자신의 정적들에게 유용한 중요한 주장 중의 하나를 효과적으로 제거했다. 독일민주공화국은 서독과의 증가된 접촉으로 필요한 자본과 기술의 유입과 불만자들에게 이민의 형태로 불만을 줄이는 안전장치를 제공받았다.

중거리핵력의 배치는 보람이 없다고 입증된 일련의 군비통제협상 막바지에 시작되었다. 1981년 11월 레이건 행정부는 '제로·제로 옵션(zero-zero option)'을 제시했었다. 그 제안에서 미국은 소련이 서유럽을 목표로 한 자국의 모든 SS-20 장거리 핵탄두 미사일과 구형의 SS-4, SS-5 체제를 해체하는 대가로 계획된 464기의 지상발사순항미사일과 108기의 퍼싱 투 미사일의 배치를 단념하는 것이었다. 제로·제로 옵션은 그것이 유럽에서 전체적인 현세대의 매우 정확한 중거리 핵체제를 제거한다는 점에서 투명성이라는 장점을 가졌다. 제로·제로 옵션의 약점은 전장과 전략 핵억지 간의 결합을 보존하기 위해 필수적인 나토의 핵전력의 현대화를 배제했다는 점이다. 처음에 서유럽에서 제로·제로 옵션이 폭넓게 환영받았지만 레이건 행정부는 자신의 군비통제정책에서 더 많은 '융통성'을 보여주도록 점증하는 압력을 받게 되었다. 소련은 아직 배치되지 않은 미국의 능력을 그 보답으로 이미 배치된 자국의 시스템의 해체를 의미하였던 미국의 제안을 즉각 거절하였다. 1982년 3월 소련은 처음으로 나토 진영의 비배치를 대가로 그 당시 존재하고 있던 300개의 수준으로 자국의 SS-20 배치를 동결할 것이라고 발표하였다. 그 다음에 각 진영의 대략적으로 총 420기의 핵탄두는 그냥 나둔 채 소련의 SS-20 핵력을 영국과 프랑스 전체의 핵미사일 전력에 해당하는 162기 발사대로 감축할 것을 제의하였다. 소련의 두 번째 제안의 효과는 독일연방공화국에 대한 중거리핵력 배치도 허용하지 않는 반면, 서독을 겨냥한 소련의 장거리 핵탄두 미사일은 그대로 유지하는 것이었다. 더군다나 영국과 프랑스의 핵력은 나토·유럽에 대한 제1차 공격의 일환으로서 혹은 정치적 협박의 무기로서 사용될 수 있는 SS-20 수준의 정확성을 결하였다. 그와는 반대로 영국과 프랑스의 핵전력은 서독이나 다른 나토 회원국이 아니라 자국에 대한 공격만을 억지코자 하였다. 게다가 1972년 제1차 전략무기제한협정 잠정협정에서 소련은 잠수함발사탄도탄미사일을 고려했었다. 따라서 영국과 프랑스의 핵력이 장래의 군비통제협상에서 논의된다면 중거리핵력의 경우보다 더 포괄적인 포럼(forum)에서 고려되어야만 하였다.

1983년 봄까지 미국은 자국의 제로·제로 옵션을 수정하여 미소 양국이 영국과 미국의 계획된 전력인 총 572개 사이의 협상된 수준으로 핵탄두의 공동 한도를 촉구하였다. 이러한 제안은 1982년 늦여름에 미국의 협상가 니체(Paul Nitze)와 그의 상대자인 소련의 크비친스키(Yuli Kvitsinsky)가 토론한 '숲속 걷기(walk in woods)' 공식이 공표된 후에 나왔다. 서방측에는 총 300개의 핵탄두를 보유한 75기의 크루즈 미사일 발사대가 있었다. 소련은 자국의 SS-20기를, 1기마다 3개의 핵탄두를 보유한 채, 75기로 축소하였다. 워싱턴은 소련의 독점적인 초음파 탄도미사일의 배치를 허용하고 미국에게는 음속 이하의 순항미사일로 제한하였기 때문에 이러한 공식을 유보하였지만 결정적으로 니체·크비친스키 제안을 비난한 것은 바로 소련이었다. 회고컨대 소련은 제네바 협상을 나토 영토에서의 중거리핵력 배치를 막기 위한 포럼으로 이용코자 한 반면, 미국은 이미 먼저 배치된 소련의 체제를 해체시키고자 하였고, 대안으로 소련 진영에서 이미 보유하고 있는 수준보다 더 낮은 전체 수준에서 일괄협정을 체결하고자 하였다. 협상에 임할 때 자국의 애당초의 목적이 무엇이었든지 간에, 서유럽에 중거리핵력이 배치되어 자국의 목적을 이루지 못한 소련은 1983년 11월 협상에서 퇴장하였다. 협상이 결렬될 당시까지 소련은 약 378기의 SS-20 발사대를 배치하였다. SS-20은 3개의 핵탄두를 보유하고 서유럽과 중국, 일본 그리고 한국과 같은 동아시아 국가들을 목표로 하였다.

재래식 병력에 관한 나토의 딜레마

대서양동맹은 또한 방위를 위해 핵억지나 재래식 병력 어느 쪽에 더 많은 비중을 두어야 할지의 여부로 곤경에 처했다. 소련·바르샤바 조약기구가 재래식 무기에서 우위에 있기 때문에 소련은 그러한 수단이 열등한 경우에만 핵능력에 의존할 것이다. 소련이 서유럽과 미국을 목표로 한 많은 수의 근대적 핵무기를 획득한 것은 나토의 재래식 병력의 타당성에 대해서 근본적인 문제들을 게제하였다. 나토가 소련·바르샤바 조약기구의 재래식 수단에 의한 공격을 막아내지 못한다면 핵 수준으로의 확전이 필요하게 될 것이고 그 결과는 소련측에 유리해진 핵능력상의 변화 때문에 확실치 않을 것이다. 만약 나토 핵 수준으로의 확전을 고려하는 것이 점차 더 어렵게 되었다면 도출해 낼 수 있는 추론은 자명하였다. 군사력에 있어서 대칭적 기준이 부재한 상태에서 나토는 자신의 재래식 병력의 현대화에 더 많은 노력을 기울여 나가야만 하였다.

'선제사용불가(no first use)' 정책을 위한 많은 비공식적 제안들이 만들어졌다. 이러한 제안들은 곧바로 공격에 대한 유연반응 전략에 기초한 방위동맹으로서 나토는 공격을 물리치기 위해 어떠한 무기를 사용하는 것이 적절한가 하는 자신의 선택을 갖고 있어야만 한다는 비난에 부딪혔다. 소련·바르샤바 조약기구의 재래식 병력에 의한 공격이 있을 경우 나토가 핵무기를 사용하지 않을 것이라고 미리 발표하는 것은 소련이 유리하다고 인식한 상황하에서 공격을 부추기기 위한 노력이 될지도 몰랐다. 하여튼 소련이 전례없는 융통성을 갖게 된 가공할 만한 핵과 재래식 능력을 구축했지만 소련이 재래식 단계와 핵단계를 명확하게 구분한 군사 독트린을 고수한다는 확실한 증거는 없었다.

대서양동맹 내에서는 유럽 연합군최고사령관(SACEUR) 로저스(Bernard Rogers) 장군에 의해서 촉진된 핵무기의 '초기 선제사용 불가'를 가능케 하고자 한 재래식 병력의 현대화에 관한 논의가 있었다. 나토는 대서양동맹의 재래식 군사선택을 증가시키기 위해서는 새로운 과학기술에 입각한 차세대 무기를 배치하는 것이 필요하다는 것을 알았다. 낮은 출산율을 보이는 인구통계적 추세로 악화된 인적 제한 때문에 재래식 병력에 대한 지나친 의존은 인력에 덜 의존적이고 화기 집중적인 군대의 필요성을 야기시킬 것이다. 미래의 무기들은 뛰어난 목표포착, 정확성, 감시 그리고 빠른 반작용을 보이는 미소 전자기술(microelectronic technologies)에 기반을 두어야 한다.

영국과 프랑스의 경우에 있어서 나토의 핵력을 진척시킬 필요성에 관한 논의는 방위정책의 맥락에서 발생하였다. 영국과 프랑스의 경우 역설적으로 국가의 전략적 핵력의 현대화는 금후 몇 년 내에 유럽 안보에 대한 재래식 병력의 공헌도가 줄어들 것이라는 타당성 있는 전망으로 증대하는 재정적 요구를 제한된 방위예산에 위치시켰다. 새로운 재래식 기술들을 획득하기 위해서는 최소한 연 4%의 성장이 필요하다는 로저스 장군의 제안은 고사하고 대부분의 유럽의 나토 회원국들은 방위비 지출로 연 3%의 실질적 증가라는 합의된 목표를 충족시키려고 하지 않았다. 그것은 동맹에 나쁜 전조였다. 그 결과 한편으로는 나토 내에서 우세한 미국·소련과 미국에 불리한 유럽의 전략적 균형에서 핵 수준으로의 확전을 고려하기를 꺼려하였다. 다른 한편으로는 재래식 병력을 희생한 핵무기에 대한 영국과 프랑스의 계속된 강조였다. 서유럽의 어떤 나토 회원국가들에서 방위예산에 관한 합의의 분열은, 특히 핵 수준에 있어서 나토의 현대화에 대한 지지를 감소시켰다. 그것은 또한 보강된 재래식 방위의 공헌에 대한 유럽 회원국들의 능력과 의지에 관해서도 근본적인 의문을 갖게 했다.

중동에서의 계속적인 갈등

시초부터 레이건 행정부의 중동 접근방법은 핵실험 요소들로서 '전략적 가치(strategic asset)'로서의 이스라엘의 중요성을 가졌다. 그 용어는 또한 많은 아랍 국가들을 포용하였던 '전략적 합의(strategic consensus)'의 추구와 더불어 1980년 선거유세 기간 동안 사용되었다. 미국은 페르시아 만에서 미국의 이익을 위해 대행자 역할을 맡았던 이란의 샤 정권에 의지했던 불행한 경험을 겪은 후 최종 분석에서 그 지역에서 중대한 이익을 지지하기 위해 전개될 수 있는 미국의 전력을 위한 대체물이 존재하지 않는다는 점을 인정하였다. 따라서 레이건 행정부는 자신의 전임자보다도 해군력 건설과 카터 행정부 때 착수된 신속배치군(Rapid Deployment Force)의 역량증대를 보다 더 강조하였다. 1980년대 초반 미국이 직면한 작업은 외교적 수단들과 적절한 군사능력으로 소련의 권력을 봉쇄하고 중동 내에서 위험한 분쟁들을 완화시키기 위한 토대를 발견하는 것이었다. 세계의 그 어떤 다른 지역보다도 중동은 토착적 분쟁 — 이스라엘과 1개국 이상의 주변국 그리고 최근에는 이란과 이라크 간의 분쟁이 미소 간의 군사적 대결 — 으로 확전될 잠재성을 갖고 있었다. 미국은 소련이 이스라엘과 온건 아랍국가들에 부과한 위험들에 관한 전략적 합의 내에서 증가된 군사력에 기반을 둔 일방주의를 중동의 심각한 정치적 상이성을 승화시키고자 하는 시도와 조율시키고자 하였다. 레이건 행정부가 들어선 직후 중동 방문으로 시작된 헤이그 국무장관의 노력은 소련과 국경을 접하고 있거나 근접해 있는 일련의 국가들로써, 중동을 가로질러 남아시아로 이어지는 봉쇄장벽으로써 아이젠하워 행정부가 '북방층(northern tier)'을 구축하는 데 도움을 주었던 노력을 상기시켰다. 결과적으로 바그다드(Baghdad) 협정은 1950년대 후반 이라크와 이란의 친서방 정부들을 붕괴시킨 혁명세력들을 극복하지 못했다. 1980년대 전략적 합의에 바탕을 둔 새로운 틀이 필요하다면 터키와 파키스탄과 함께 이스라엘, 이집트, 요르단, 사우디아라비아 국가들이 포함되어야 하였다. 후자의 두 국가만이 과거의 '북방층' 개념에서 살아남았다는 사실은 1950년대 이후로 미국과 그 동맹국들의 전반적인 전략적 입장의 쇠퇴를 보여주었다.

지구적 강대국들이 갖고 있는 주요 특징은 그들의 이익이 어떤 특정한 지역을 포용할 뿐만 아니라 또한 그것을 초월한다는 점이다. 전반적인 능력은 별도로 하고, 강대국들과 약소국들을 구별하는 것은 보다 광범위한 정책 틀 내에서 지방적 혹은 지역적 쟁점들을 맞추고자 하는 경향이다. 대조적으로 약소국들의 전략적 급선무는 그들의 시급한 지역적인 것들이다. 중동뿐 아니라 다른 지역, 즉 서유럽과 서태평양에 이르기까지 미국과 그리고 미국과 더불어 공동정책을 발전시키려는 국가들을 구별짓는 것은 바로 그들의 대외정책상의 이러한 기본적인 구조적 상이성이었다. 중동에서 이러한 원칙은 그 지역 국가들에게 가장 시급한 안보 문제를 부여한 지방적 권력균형에서 명백하였다. 특히 사우디아라비아로의 미국의 무기이전의 증가는 안보에 대한 이스라엘의 인식에 영향을 미쳤다.

사우디아라비아의 중추적 위치

이스라엘이 아주 중요한 전략적 가치가 있다면, 특히 샤 정권의 몰락 후 미국의 페르시아 만 정책에 있어서 사우디아라비아는 필수불가결하였다. 사우디아라비아의 전략적 중요성은 주요 석유산유국이라는 입장에서뿐만 아니라 페르시아 만에 있는 소규모 석유산유국과의 연계 그리고 아랍세계에서의 사우디아라바아의 지도적 역할에서 나왔다. 국제 석유시장에서의 지배적 위치로 인해서 사우디아라비아는 석유수출국기구의 가격정책에서 온건적 역할을 하였다. 1970년대의 가격상승과 1970년대 말 세계적 경기침체의 여파로 석유에 대한 전반적인 수요가 하락했음에도 불구하고 이란과 이라크의 석유수출의 감소로 사우디아라비아의 석유 생산의 중요성은 더욱 커졌다.

평화 진척을 위해 압력을 행사하고, 특히 팔레스타인의 장래를 성공적으로 다루고자 하는 미국의 노력에서 레이건 행정부는 요르단의 후세인 왕과 같은 아랍의 온건지도자들과의 관계뿐 아니라 팔레스타인해방기구와의 연계의 결과로서 사우디아라비아가 중추적 역할을 맡을 수 있다고 보았다. 레이건 행정부가 들어섰을 때 사우디아라비아는 요르단, 시리아, 팔레스타인해방기구에게 재정적 보조금을 제공하고 있었다. 사우디아라비아가 캠프 데이비드 협정(Camp David Accords)을 체결했다고 사다트를 비난, 외교관계를 단절하고 이집트에 대한 재정 원조를 중단했지만 미국과 장기적인 연계를 가진 사우디아라비아 군주정은 급진세력들 — 공산주의나 혹은 이슬람 근본주의자 — 에 대한 변함없는 두려움을 가졌다. 따라서 사우디는 그들로부터의 보호를 모색하였다

사우디 지도자들은 인지된 아랍의 이익들을 지지하기 위해 1967년과 1973년에 석유수출량을 축소시키는 데 동참했었다. 하지만 그들은 소련의 아프가니스탄 침공, 자국과 국경을 접하고 있는 마르크시스트 국가인 예멘인민민주주의공화국(People's Democratic Republic of Yemen: South Yemen)의 수립, 아프리카 동북부의 소말리아·에티오피아 분쟁에서의 소련의 이득 그리고 이란의 호메이니(Khomeini)로 상징되는 혁명세력들을 우려하였다. 레이건 행정부는 사우디아라비아가 '제2의 이란이 되는것(to be an Iran)'을 허용치 않기로 약속했었다. 이것은 명백히 미국이 내부와 외부의 위협으로부터 사우디아라비아를 보호하겠다는 것을 의미하였다. 이런 측면에서 카터 독트린의 원칙을 보다 더 정확하게 구성하는 것이었다. 확실히 사우디아라비아는 이란과는 상당히 달랐다. 이란의 샤 정권이 점점 더 이란의 국민들로부터 고립되어 갔다면, 거의 4,000명에 이르는 사우디 왕가는 전국에 걸쳐 자신의 일가를 확대시켰다. 사우디아라비아는 영토 면에서 이란보다 크지만 인구 면에서는 훨씬 더 적었다(이란의 인구는 3,600만 명, 사우디아라비아는 800만 명). 사우디아라비아는 석유수입원으로 엄청난 근대화 프로그램에 착수했다. 그러나 이슬람과 밀접한 관계에 있는 사우디 군주정은 이란의 샤 정권을 무너뜨렸던 정치적 야망이 있는 율법학자들(mullahs)의 도전을 받지 않았다.

사우디아라비아는 미국과의 밀접한 관계를 원했지만 공식적 동맹관계나 미군의 주둔을 피했다. 미국과의 그러한 전략적 관계는 사우디아라비아가 갖고 있는 독립과 비동맹의 개념들과 조화를 이룰 수 없었다. 대신 사우디아라비아는 자국의 군사력을 위해 미국의 군패와 훈련을 원했다. 사우디의 군사능력이 페르시아 만에서 약화되고 있는 정치적·군사적 균형을 복구하는 데 도움이 된다면 그것은 또한 위협에 대한 이스라엘의 인식을 강화시키는 것이었다. 왜냐하면 사우디아라비아는 오랫동안 시온주의(Zionism)와 공산주의를 쌍둥이 적으로 간주해왔기 때문이었다. 더군다나 사우디아라비아는 팔레스타인의 대의명분에 상당히 동정적이었고 이슬람에 대한 그 도시의 종교적 중요성 때문에 이스라엘의 예루살렘(Jerusalem) 정책을 반대하였다. 사우디아라비아는 미국과의 관계의 정도를 자국에게 첨단 군사장비를 판매하고자 하는 미국의 의지의 측면에서 파악하였다. F-15 전투기 판매를 가능케 한 카터 행정부의 논쟁적인 합의로 해서 레이건은 350마일의 먼 거리에서도 다른 비행기를 감지, 추적할 수 있는 공중 조기경계 관제 시스템(AWACs: airborne warning and control aircraft)을 사우디에게 판매키로 결정하였다. 아왁스(AWACs) 판매로 사우디아라비아에 대한 미국의 공약이 시작되었다면 그것은 이스라엘에게 새로운 위협을 불러일으키는 것이었다. 1981년 10월 상원에서 레이건 행정부의 아왁스 판매가 가까스로 승인된 후 미국과 이스라엘의 관계는 현저하게 악화되었다. 미국과 이스라엘 간의 이러한 관계악화는 아왁스 판매 그 자체의 결과일 뿐만 아니라 미국이 레이건 행정부의 정책에 반대하는 이스라엘의 개입노력이라고 간주했기 때문이었다. 더군다나 6월에 이스라엘은 핵물질 등급의 무기를 생산하고 궁극적으로는 이라크를 핵무기 보유국으로 전환시킬 잠재성을 갖고 있는 이라크의 핵반응로를 파괴하기 위한 대담하고 성공적인 작전을 수행하는 데 있어서 사우디아라비아의 영공을 자주 넘나들었다. 그럼에도 불구하고 미국은 이스라엘의 군사행동을 비난하는 유엔 안전보장이사회가 채택한 결의안에 동참하였다. 아랍국가들에게 무기를 판매한 과거의 경우에서 보여주었던 것처럼, 미국은 그 지역에서 이스라엘의 '질적 우위(qualitative edge)'를 유지시킨다는 자국의 공약을 재천명하였다.

아왁스 판매가 자국의 지구적 전략적 이익들을 그 지역 우방국들의 보다 더 시급한 선결 문제들과 조화시키는 데 있어서 레이건 행정부가 직면한 딜레마 중의 하나를 설명하지만 1980년대 초반 중동의 분쟁상황은 그 지역의 역사에 깊게 뿌리박혀 있는 몇 가지 가공할 만한 문제들을 내포하였다. 이러한 문제들은 1982년 4월 캠프 데이비드 협정에 따라서 이스라엘의 이집트 영토에서의 최종 철수에 따른 이집트·이스라엘 관계의 장래를 포함하였다. 이집트·이스라엘의 평화증진의 시조였었던 사다트가 1981년 10월에 암살당했지만 그의 후임자인 무바라크(Hosni Mubarak)는 워싱턴과 이스라엘 간의 관계에 드리워진 암운에도 불구하고 예정대로 이스라엘의 시나이 반도에서의 철수를 진척시키기 위해 그 협정을 수행할 충분히 설득적인 공약을 하였다.

사우디의 평화안

캠프 데이비드 협정의 유산인 두 번째 쟁역은 팔레스타인 문제였다. 그것은 1979년에 서명된 합의에 내포된 '완전한 자율성'이라는 원칙에 내포된 의미에 대해서 이스라엘과 이집트 간의 심각한 차이점을 보였다. 이스라엘은 자율성에 대한 상호 수용 가능한 정의가 이루어질 때까지 서안(West Bank) 영토를 소유한다는 입장이었다. 그러한 상황은 이스라엘의 통제력을 강화시키는 정착과 행정 협정을 허용함으로 이스라엘에 유리하였다. 1983년까지 미국의 반대에도 불구하고 이스라엘은 더 많은 정착촌을 세울 계획으로 서안지역에 2만 7,000명의 이스라엘 정착민을 수용하는 100여 개의 정착촌을 건설했다. 팔레스타인 문제를 더 오래 끌면 끌수록, 베긴 수상이 언급했듯이, 1967년 이전의 이스라엘을 서안영토의 성경 이름인 유다(Judea)와 사마리아(Samaria)로 분리시키는 '녹색선(green line)'의 중요성은 그만큼 더 떨어졌다.

'완전한 자율성'을 제공하는 캠프 데이비드 협정에 내포된 팔레스타인 문제의 접근방법에 대한 대안으로 사우디아라비아는 미 상원이 아왁스 판매를 승인한 후 1982년 8월에 '평화안(peace plan)'을 제출하여 주목받았다. 동예루살렘을 그 수도로 하고 서안과 가자 지구(Gaza Strip)를 기반으로 팔레스타인 국가를 창설하기 위한 구체적인 제안과 더불어 사우디아라비아의 파드(Crown Prince

Fahd) 황태자가 압력을 행사한 그 평화안은 유엔 결의안 242호(1967년 6월 6일 전쟁 이후에 이스라엘이 점령했던 영토에서 철수할 것을 촉구)에 대해 아랍국가들이 재해석하여 구성한 것이었다. 1977년 10월 역사적 방문 동안 사다트가 예루살렘에 제시했던 것은 기본적으로 팔레스타인에 관한 제안이었다. 현존 상태로는 이스라엘이나 미국 어느 쪽도 받아들일 수 없었지만 레이건 행정부는 파드 플랜(the Fahd Plan)을 유용하다고 생각하였다. 이는 사우디아라비아가 평화진척에 참가하여 긍정적 역할을 맡아 외교적 성과를 위한 잠재성을 제공할 가능성이 있기 때문이었다. 파드 플랜에 이스라엘의 국명이 직접적으로 언급되지는 않았지만 구체적으로 중동의 모든 국가들이 평화롭게 살 권리가 인정되었다.

사우디의 제안을 토의하기 위해 모로코의 페스(Fez)에서 회합한 아랍연맹(Arab League)의 회담은 아랍세계 내의 깊은 분열을 여지없이 보여주었다. 파드 플랜에 반대한다는 입장표시로 시리아는 페스 회담에 참석치 않았다. 팔레스타인해방기구는 아랍국가들의 반대주의자 노선에 동참하였다. 파드 플랜의 실패는 또한 아랍세계 내에서 이스라엘과 급진적 세력들을 구별하는 광범하고, 외관상 조화될 수 없는 차이점을 드러냈다. 캠프 데이비드 협정의 자율성 논의의 부활에 대한 전망이 어두웠다. 1982년 후반 레이건 행정부는 이스라엘과의 손상된 관계를 회복하기 위해 부분적으로는 정보수집 교환을 재천명하고 페르시아 만에서의 군사적 우발사건에 대비하여 이스라엘에 미국의 의료공급품을 비축할 수 있는 합의를 체결하여 이스라엘과의 전략적 협력정책을 구체화시키고자 하였다. 동시에 레이건 행정부는 미 군사력의 이집트 영토주둔과 더불어 빛나는 별작전(Operation Brightstar)이라 명명된 합동훈련에 참가함으로 해서 이집트와의 방위협력을 진전시켰다.

1981년 12월 이스라엘이 취한 예기치 못한 행동에 대한 레이건 행정부의 첨예한 반응으로 이스라엘과 미국과의 관계개선은 곧 반전되었다. 이스라엘은 자국의 시민법을 골란 고원(Golan Heights)으로까지 확대하였다. 이는 사실상 1967년 6월에 점령한 영토에까지 주권을 행사하겠다는 이스라엘의 입장을 보여주는 것이었다. 이스라엘에게 있어서 골란 고원의 통제는 1967년 이전에 시리아가 가해왔었던 이스라엘 토착민에 대한 급습을 막기 위한 전략적으로 중요한 지리적 방어물을 나타내었다. 미국은 최근에 합의를 본 전략적 협력에 관한 협정을 연기하였고 골란 고원에 대한 이스라엘의 행동을 무효화시키는 유엔 안보리의 결의안에 동참하였다.

레바논 전쟁

팔레스타인해방기구의 거점이 레바논(Lebanon) 영토였을 뿐만 아니라 거기에서 시리아가 중요한 역할을 하였기 때문에 레바논의 혼미한 상황은 팔레스타인 문제의 불가결한 부분을 구성하였다. 시리아의 아사드(Hafez al-Assad) 정부에게 있어서 레바논은 시리아 영향력의 논리적 확장인 것 같았다. 팔레스타인해방기구의 하부구조와 더불어 시리아 군대의 주둔은 이스라엘에게 안보위협을 의미하는 것이었다. 1970년대 말까지 레바논은 다양한 정치적 정향을 가진 기독교도와 이슬람교도 사이의 동시다발적 무장투쟁의 장이 되었다. 그들 중에는 팔레스타인인뿐만 아니라 수니파(Sunni), 시아파(Shi'a) 그리고 드루즈파(Druze)도 있었다. 이들 모두는 질서를 부과할 수 있는 중앙정부가 부재한 국가에서 경쟁하였다. 그러한 혼란스러운 상황이 존재하는 모든 곳은 일반적으로 외부 강대국들에게 개입의 동기나 필요성을 제공해왔다. 소련의 지원을 받는 시리아는 이스라엘의 파괴뿐 아니라 가능한 한 레바논의 많은 부분을 장악하고자 하는 야망을 품었다. 팔레스타인해방기구는 궁극적으로는 서안을 합병하는 팔레스타인 국가 수립을 위한 토대로 레바논을 이용코자 하였다. 이스라엘은 시리아와 팔레스타인해방기구에 반대하는 기독교 세력들을 지원했다. 기독교도의 팔랑지스트(Phalangist) 세력에 대한 시리아의 군사적 위협이 증대하자 이스라엘은 소련이 시리아에게 제공한 지대공 미사일을 포함한 군사적 행동을 하겠다고 위협했다.

레이건 행정부는 확대되는 소요에 대한 대응으로 전쟁발발을 막는 데 오랜 외교적 경험을 가진 하비브(Philip Habib)를 중동으로 파견하였다. 하비브의 임무는 이스라엘과 팔레스타인해방기구 간의 증대되는 갈등까지 포함하는 것으로 늘어났다. 그 결과는 1981년 7월에 체결된 정전이었다. 그러나 그것은 단지 일시적 휴지기만을 제공하였다. 그 후 몇 달 동안 레바논 남쪽에서 활동하는 팔레스타인 세력들은 이스라엘 영토에 대해 공격을 시작했다. 그리고 국내외의 이스라엘 시민들이 공격을 받았다.

1982년 봄 이스라엘은 이에 대한 대응으로 레바논에 있는 팔레스타인 거점을 공습하였다. 회고컨대 이스라엘은 시리아와 팔레스타인이 부과한 위협, 특히 레바논 영토에서 위협을 부과한 팔레스타인 세력들을 제거하기 위해 적절한 시기에 결정적인 군사행동을 취하기로 결정하였던 것 같다. 1982년 6월 초 런던 주재 이스라엘 대사관에 대한 테러분자들의 공격으로 그러한 기회를 포착한 이스라엘은 레바논 국경을 넘어 소위 갈릴리 평화작전(Operation Peace For Galilee)을 전개하였다. 그 작전의 직접적 목적은 적대 세력들을 배제시킬 수 있도록 레바논 남부에 25마일의 완충지대를 설정하는 것이었다. 이스라엘은 서안과 가자 지구의 장래의 지위를 결정하는 데 팔레스타인해방기구의 영향력을 제거하기 위해 레바논에서 팔레스타인해방기구의 추출을 기도했다. 이스라엘은 또한 자국의 목표로써 자국에 우호적인 기독교도 세력들과의 평화조약을 체결하고 시리아의 영향력을 현저히 감소시키는 레바논 국가의 형성을 기도했다. 그러한 통일된 레바논이 불가능하다면 시리아와 이스라엘 간의 사실상의 분할은 이스라엘에 적대적인 세력들이, 특히 레바논 남부에서 그들이 제거된다면 수락 가능한 체결이 이루어질 수 있었다.

이스라엘의 군사행동은 직접적으로 의도한 결과를 보여주었다. 시리아 세력들과 대규모의 소련 군장비들이 파괴당했다. 오랫동안 팔레스타인해방기구가 점령한 레바논 영토가 해방되었고 이스라엘 병력이 처음으로 그곳의 주민들로부터 환영받았다. 레바논은 외형상 통일을 이룰 수 있는 마지막 기회를 얻은 것처럼 보였다. 레이건 행정부가 레바논에서 이스라엘의 군사행동을 반대하는 성명을 발표했지만 미국은 다양한 아랍국가들과 이스라엘을 오가는 하비브의 왕복외교로 적대행위의 중지와 베이루트(Beirut)에서 팔레스타인해방기구의 철수를 마련하는 데에서 주요 외교적 역할을 담당했다. 1982년 8월에 시작된 팔레스타인해방기구의 철수를 감시하기 위해 미국, 프랑스, 이탈리아로 구성된 다국적군이 레바논에 주둔하기로 한 협정이 이루어졌다.

이스라엘의 군사적 승리의 여파로 레이건 행정부는 연기된 캠프 데이비드 과정을 재개시키려는 노력에서 외교적 이니셔티브를 잡았다. 아마도 산산이 분열된 팔레스타인해방기구는 군사적 선택을 결했기 때문에 정치적 해결책에 보다 더 유연했을 것이다. 심지어 소련의 무기로 무장한 시리아도 이스라엘의 군사적 위용과는 경쟁이 안 되었다. 팔레스타인해방기구와 시리아가 철수한 상황에서 이스라엘은 수락 가능하다고 판단된 팔레스타인 문제의 해결책을 작성하는 데 별 두려움을 느끼지 못했을 것이다. 이것이 레이건 행정부가 1982년 9월 서안에 잠정적인 자치정부를 제공하는 평화안을 제기한 맥락이었다. 연이어서 서안의 최종적인 정치적 지위를 결정하기 위한 상세한 계획들을 발전시키기 위해 이스라엘, 요르단, 팔레스타인의 아랍인들 간에 협상이 이루어졌다. 슐츠(George Shultz) 국무장관이 핵심적 역할을 담당한 레이건 행정부의 계획에 있어서 핵심적인 것은 요르단과 서안 그리고 가자 지구를 결합시키는 것이었다. 미국은 이스라엘의 병합과 팔레스타인 독립국가의 창설이라는 극단적인 양 방안을 반대하였다. 미국의 시각에서 만약 이스라엘이 점령한 모든 영토를 보유할 수 없고, 또한 1967년 이전의 현상유지로 복귀할 수 없다면 레이건 행정부는 이스라엘의 정착촌의 연기와 이스라엘의 존재에 대한 팔레스타인해방기구의 승인을 추구하는 것이었다.

요르단은 레이건 행정부의 평화안에 있어서 중추적이었다. 후세인 왕은 레이건 행정부가 성공적인 희망을 가진 필수불가결한 행위자였다. 후세인 왕은 팔레스타인해방기구의 아라파트 지도자와 그리고 뒤이어 레이건 대통령을 만나기도 하였다. 미국은 요르단에게 후세인이 원했던 F-16 전투기가 포함된 첨단무기들을 제공하겠다고 약속했다. 더군다나 레이건 행정부는 페르시아 만에서의 우발적 사고에 대비하여 요르단의 기동타격대(mobile strike force)에게 장비를 제공하는 문제를 후세인 정부와 발전시키고 있었다.

워싱턴에서 그리고 후세인과 다른 아랍지도자들 사이에서 미국의 평화안과 레바논에서 외국 군대를 철수시키는 문제를 연계시키고자 하는 다양한 인식들이 있었다. 따라서 레이건 행정부의 평화안은 레바논에서의 사건들과 맞물리게 되었다. 이스라엘은 시리아가 유사한 행동을 취하지 않는 한 자국의 모든 병력을 철수시킬 수 없었다. 이스라엘은 서안에 대한 자국의 입지를 강화시키고자 하는 계속적인 노력에서 새로운 정착촌의 건설을 발표하였다. 아라파트는 심히 분열된 팔레스타인해방기구를 통일시킬 수 없었다. 다른 것들 중에서 팔레스타인해방기구는 1974년의 라배트(Rabat) 결정을 단념할 수밖에 없었을 것이다. 그 결정에서 아랍국가들은 팔레스타인해방기구에게 장래의 협상에서 모든 팔레스타인들을 대표할 배타적 권리를 부여했었다. 후세인은 레이건 행정부의 평화안에 자신이 적극적으로 참여하기 위해서는 그러한 팔레스타인 협정이 필수불가결하다고 생각하였다. 하비브의 도움으로 레바논과 이스라엘은 상호 간의 전쟁상태를 종식시키는 협정을 맺었다. 양국은 외교관계의 틀을 수립하고 이스라엘 병력의 철수일정을 논의하였다.

시리아가 주요 방해물로 남아 있었다. 시리아의 비타협적 태도는 최근 이스라엘과의 군사적 충돌로 소멸된 무기들에 대한 소련의 재공급과 거의 정비례하였다. 미국은 시리아가 머지않아 평화과정에 참여할 것이라는 희망을 가지고 이스라엘과 레바논 간의 협정체결에 최우선권을 부여하였다. 원래 사우디아라비아의 평화안에 반대하였던 시리아는 레이건 행정부의 평화안을 무용지물로 만들고 이스라엘에 의해 손상당했던 레바논에서의 자국의 입지를 만회하기 위한 무대를 마련하기 위해 자국의 영향력을 이용했다. 분명히 시리아는 레바논의 지위와 연계되었던 팔레스타인 문제의 해결에서 배제될 수 없었다. 시리아는 1983년에 성공적인 외교를 벌여 레바논에 복귀했다가 다시 쫓겨난 아라파트로부터 떨어져나간 팔레스타인해방기구의 한 분파를 시리아의 통제하에 두었다. 요컨대 시리아의 적대행위로 인해 후세인이 레이건 행정부가 바라는 건설적 역할을 할 수 있다는 어떠한 희망도 좌절되었다. 후세인 없이는 요르단과 서안, 가자 지구의 결합에 기초한 합의를 도출해낼 수 있는 기반이 없었다.

1982년 9월 레바논의 새로 당선된 게마엘(Bashir Gemayel) 대통령이 저격당한 후 이스라엘은 서베이루트로 군대를 이동시켰다. 동시에 이스라엘은 표면상으로는 팔레스타인 테러분자들을 수색하기 위해 기독교도 팔랑지스트 세력들의 팔레스타인 난민촌의 출입을 허용했으나 거기에서 그들은 수백 명의 민간인들을 대량학살했다. 무엇보다도, 이스라엘 국내에서의 원성으로 이스라엘 조사위원회가 구성되었다. 그 위원회는 베긴 정부가 레바논의 기독교도들과 팔레스타인인

간의 역사적 적대감이라는 측면을 게을리했다고 비난하는 보고서를 제출하였다.

레바논에서는 저격당한 대통령의 동생인 아민 게마엘(Amin Gemayel)이 그를 대신해 선출되었다. 그의 요구에 따라 병력을 철수시켰던 미국, 프랑스, 이탈리아는 레바논으로 다시 다국적군을 복귀시키기로 합의를 보았다. 이번에는 난민촌 대량학살의 직접적인 영향으로 질서유지를 도와주는 것이었다. 다국적군은 그해 말까지 레바논을 떠날 것으로 여겨졌다. 레이건 행정부는 레바논의 분쟁에 자국의 해병대 파견을 고려하지 않았다. 해병대의 임무는 베이루트 내부와 주변의 질서를 유지하여 게마엘 정부를 도와주는 것이었다. 그 후 몇 달 동안 게마엘은 서로 적대하는 정치적·종교적 집단들에게 중앙 정부의 권위를 부여하거나 혹은 1975~1977년의 내전 이후로 지속되었던 파괴로부터 질서를 복구시킬 수 있는 군대를 갖출 수도 없었다. 레이건 행정부는 레바논 군대를 훈련시키고 다른 원조를 하였다.

그러한 원조는 소련이 시리아에게 보낸 대규모의 무기선적에 훨씬 못미쳤다. 1984년까지 소련은 1982년 시리아가 잃어버린 군장비를 두 배로 제공하였다. 뿐만 아니라 통신, 방공망 설치와 미사일을 조작하는 8,000명의 소련 병원(兵員)을 파견하여 시리아의 무장병력들을 훈련시키는 것을 도왔다. 이스라엘이 강력한 기독교도 팔랑지스트의 영향력과 우호적인 정부하의 안정된 레바논을 추구했다면, 시리아의 이익은 이슬람 파벌들이 지배하게 될 재구성된 정권에 있었다.

레바논의 악화되는 정치적 상황은 미국으로 하여금 해군력을 사용하여 목표물을 폭격하고 레바논의 시리아 군진영에 대한 함재기 공습을 감행케 하였다. 1983년 3월까지 해병대 그 자체가 공격목표가 되었다. 4월에 차량폭탄이 베이루트에 있는 미 대사관을 파괴시켰다. 이후 몇 달 동안 미국과 이스라엘은 레이건 행정부의 첫 해 막바지에 갑자기 손상되어 버렸던 전략적 관계개선을 위해 다시 움직였다.

이러한 관계개선은 심각해지는 레바논의 문제들과 국경선 평화과정에 부과한 시리아의 위험과 동시에 일어났다. 1983년 후반 이스라엘 병력이 쇼프 산맥(Shouf Mountains)에서 남쪽의 더 방어적인 위치로 재배치되자 군사적 공백상태가 발생하였다. 그러한 상황은 상호 적대적인 레바논 집단들 간의 투쟁을 분출시켰다. 이들 집단들 중에는 게마엘을 지지하는 기독교도 팔랑지스트도 포함되었다. 그러나 게마엘은 그들을 효율적으로 통제할 수 없었다. 시리아가 지원하는 드루즈파 민병대(Druse militia)와 미국의 원조로 뒤늦게 재구성된 레바논 군대 간의 갈등은 내전의 수준을 확전시켰다. 레이건 행정부는 해안가에 위치한 미국의 군사력으로 쇠약해지는 게마엘의 세력을 미 해병대로 계속 지탱시켰다. 동시에 하비브를 교체한 맥파레인(Robert McFarlane) 신임특사와 더불어 상호 적대하는 기독교도와 이슬람교도 간의 국가적 차원의 화해 논의를 위한 합의를 협상하였다. 1983년 후반과 1984년에 다시 열린 제네바 회담에도 불구하고 레바논 상황의 지배적인 특징은 화해보다는 대결적이었다.

베이루트 공항 주변에서 정적인 상황을 방어하는 익숙치 않은 역할을 맡은 미 해병대는 1983년 10월 23일 테러분자들의 해병대 본부에 대한 폭탄테러로 249명의 목숨을 잃었다. 이는 다국적군의 프랑스 파견부대에 수많은 사상자를 입힌 한 테러분자의 습격과 동시에 발생하였다. 공격에 대한 즉각적인 여파로 레이건 행정부는 미 해병대의 계속적인 레바논 주둔을 반대하는 거센 물결에 직면하진 않았다. 그럼에도 불구하고 레바논에서 미국 병력을 유지하는 것에 대하여 우려하는 목소리가 높아져 갔다. 미 해병대는 현재의 인원과 전술로는 공격으로부터 자신들을 보호할 수 없을 뿐만 아니라 게마엘 정부를 효율적으로 지원할 수도 없었다. 팔레스타인 난민촌에 대한 대량학살이 있은 후 레이건 행정부는 미 해병대의 레바논으로의 복귀를 마지못해 승인했던 의회의 압력을 받고 1984년 2월 1,200명의 해병대를 철수시켰다. 남아 있는 다국적군도 그 이후에 곧 철수하였다. 게마엘은 시리아의 아사드(Assad) 대통령과의 회담을 포함한 외교적 노력을 전개하였다. 반대집단들 간의 정치적 양보를 토대로 한 권력공유 협정을 이끌어내기 위해 미국은 이를 중재하고 이스라엘은 이를 격려하였다.

이란·이라크 전쟁

레이건 행정부가 취임했을 때 이란·이라크(Iran-Iraq)는 1980년에 발발했던 군사적 투쟁에 몰두해 있었다. 다른 어떠한 이슬람 국가보다도 더 많은 시아파 인구를 가진 이라크는 전통적인 『코란(Koran)』의 가르침에서 연유한 문화적 해방보다는 서구의 사회주의와 민족주의의 개념에 기반을 둔 이라크의 후세인(Saddam Hussein) 대통령 정권과 같은 비정통적 정권을 향한 호메이니의 이슬람 근본주의자(Islamic fundamentalist) 선전에 효율적인 표적이 되어 왔었다. 이라크의 후세인은 사우디아라비아, 쿠웨이트, 요르단 그리고 이집트와 같은 국가들로부터 지지를 받지 못했다. 그럼에도 불구하고, 그는 호메이니의 이슬람 근본주의가 그 지역의 정권들에게 부여한 위협 때문에 그들로부터 실질적인 군사 원조를 받았다. 의심의 여지없이 아랍세계에서 위협을 느낀 다른 정치적 엘리트뿐만 아니라 사우디 군주정도 1979년 메카(Mecca)의 회교사원에 대한 이슬람 근본주의자들로부터 고조되었던 공격을 상기했다. 1984년까지, 특히 프랑스와 소련으로부터의 무기선적과 더불어 이라크는 아랍세계로부터 총 300억 달러에 이르는 경제 원조를 받았다.

한탄스럽게도 오판으로 밝혀졌지만 이라크 정부는 호메이니의 혁명으로 야기된 숙청과 다른 붕괴들에서 기인하는 군부 내의 파벌주의로 말미암아 이란을 쉽게 물리칠 수 있다고 생각했다. 야심찬 근대화 프로그램과 하루에 약 300만 배럴의 석유수출에서 얻어지는 재원을 바탕으로 한 이라크의 경제성장과는 대조적으로, 이란은 심각한 경제난에 직면하였다. 다른 아랍국가들과 마찬가지로 후세인 역시 이란을 공격하여 호메이니를 무너뜨릴 수 있다고 믿었다. 이라크는 1980년 9월 이란에 대한 선제공격을 개시하여 초기에는 군사적 성공을 이루었으나 수적으로 우세한 이란 군의 연속적인 맹공에 부딪혔다. 이란 군은 주기적으로 이라크 영토를 침입하여 후세인 정권을 붕괴시킬 정도로 위협을 가했다. 전쟁 발발 후 몇 주 동안 이라크는 대략 4,000평방마일의 이란 영토를 점령하였다. 1982년 중순까지 이란은 반격을 개시하여 점령당한 거의 모든 영토에서 이라크 군대를 내쫓았다. 그 이후로 전쟁은 이라크가 방어하고 있는 연속적인 군사적 위치에 대한 이란의 일련의 맹공으로 빠져 들어갔다.

처음에 소련은 이란을 지원했지만 이란의 공산당인 투드당(Tudeh party)을 탄압한 호메이니가 취한 반소련 입장과 더불어 이란이 승리할 가능성을 보이자 탄약, 무기, 대포, 항공기 등의 형태로 이라크에게 대규모 군사 원조를 하였다. 더군다나 1984년 초 소련의 직접적인 원조·무원조하에 이라크는 참호를 파고 방어하고 있던 이란 군에게 화학무기를 사용했다. 전쟁을 확대시키는 방안으로 이라크는 프랑스가 공급한 전투기와 엑소시트(Exocet) 공대지 미사일로 이란의 유전시설물들을 공격했다. 이란은 페르시아 만에 있는 유조선들과 다른 해상선박들에 대한 공격으로 이에 대응했다. 이란은 호르무즈 해협(Strait of Hormuz)을 폐쇄하겠다고 위협했다. 미국, 영국, 프랑스는 아라비아 해에 해군력을 배치시켰다. 레이건 행정부는 해협을 통한 석유수송의 공급중단을 용납하지 않을 것이라고 경고했다.

전쟁이 진퇴양난에 빠졌지만 양쪽의 손실은 엄청났다. 1984년까지 이란의 군 사상자는 50만 명 정도로 추산되었다. 하루에 200만 배럴 정도의 비율로 석유수출을 계속했지만 이란의 석유생산 시설물들은 막대한 피해를 입었다. 대조적으로 이라크는 15만 명 정도의 사상자와 뚜렷한 석유수출의 삭감을 보였다. 분명히 그 전쟁은 1980년대 초반에 외환보유량을 상당히 증가시켰던 이란보다는 소규모의 이라크 경제에 훨씬 더 나쁜 영향을 미쳤다. 처음의 이라크의 기대와는 정반대로 그 전쟁은 호메이니 정권에 대한 국민적, 종교적 지지를 강화시키는 명백한 결과를 낳았다.

레이건 행정부에 있어서 그 전쟁의 결과들 중의 하나는 다른 걸프 국가들과 미국 그리고 서유럽국가들 사이의 밀접한 군사협력에 관한 제한을 제거하지는 않았지만 그것을 완화시켰다는 점이다. 이란·이라크 전쟁(The Iran-Iraq War)의 확전으로 그들의 생존이 위협을 받았으나 이들 정부들이 직면한 딜레마는 이슬람 근본주의자가 이방인이며 적대국가라고 여겼던 미국과 밀접한 군사협력을 맺음으로써 그들의 정치적 정통성이 약화될지도 모른다는 것이었다. 만약 그들이 자신들의 정통성을 지지받기 위해 미국과 정치적으로 거리를 둔다면, 이들 정부들은 이슬람 근본주의자 운동으로 상징되는 혁명세력들에게 노출되는 위험에 빠질 것이다. 그러한 딜레마에서 벗어나는 부분적인 방법은 페르시아만 연안을 따라 위치한 위협받는 국가들 간에 더 긴밀한 협력관계를 발전시키는 것이었다. 1980년대 초반 이들 국가들은 그러한 유형을 선택하였다.

이란은 지리적으로 상당한 규모와 위치를 차지하고 있었다. 이란은 소련과 긴 국경선을 접하고, 호르무즈 해협과 그것을 넘어서는 페르시아 만의 요충지에 위치해 있다. 따라서 호메이니(Ayatolah Khomeini)가 극단적인 이슬람 근본주의자 정권임에도 불구하고 이란은 미국에게 광대한 전략적 중요성을 부여하는 나라였다. 미국은 호메이니를 '위대한 사탄(the great Satan)'으로 생각했다. 이 전쟁에서 미국의 이익은 이란·이라크 어느 국가도 승리하지 않는 데 있었다. 호메이니의 이란과 제휴한 이슬람 근본주의자 정권이 현존 이라크 정부를 대체했다면 그것은 사우디아라비아를 포함한 페르시아 만의 산유국가들뿐만 아니라 요르단과 이집트 같은 나라에게도 추가적인 충격파를 던졌을 것이다.

미국의 아프리카 정책

51개의 독립국가들로 구성된 광대한 대륙인 아프리카는 미국에게 수많은 외교정책 문제들을 부과하였다. 하지만 그것들 중의 어느 하나도 레이건 행정부의 의제에서 최상의 위치를 차지하지는 않았다. 이러한 측면에서 아프리카에 대한 레이건 행정부의 입장은 실제로 최근의 자신의 전임자들의 그것과 별반 차이가 없었다. 남부 아프리카(Southern Africa)에서는 앙골라와 모잠비크에서 끊임없는 내란이 있었고 때때로 긴장들은 남아프리카(South Africa)와 주변국들 간의 군사력 충돌로 이어졌다. 갈등의 원천이자 주도적 역할을 맡고 있는 미국과의 외교적 쟁점으로서 남부 아프리카에서 특별한 중요성을 가진 것은 나미비아의 장래였다. 그 밖에 차드(Chad)에서는 끊임없는 분쟁이 있었다. 그 곳에서는 리비아의 지도자인 용의주도한 가다피 대령(Colonel Muammar el-Qaddafi)이 핵심적인 역할을 하였다. 가다피의 영향력은 리비아를 넘어서 서유럽과 중동으로까지 확대되었다. 가다피 정부가 일련의 테러분자들의 행동을 지원한다고 여겨졌다. 사하라 서부에서는 알제리아와 리비아의 지원을 받는 폴리사리오(Polisario) 게릴라 부대가 1975년 모로코(Morocco)가 합병한 이전의 스페인 령 사하라의 통제에 대해 모로코와 계속적인 투쟁을 벌였다. 페르시아 만에 인접해 있기 때문에 전략적으로 중요한 아프리카 동북부(Horn of Africa)에서 레이건 행정부는 소련의 지원을 받는 에티오피아에 대항하는 소말리아를 원조할 필요성을 느꼈다. 에티오피아는 1970년대 후반에 소말리아가 요구한 오가덴 지역을 점령했었다.

아프리카에서의 수많은 분쟁들, 특히 소말리아와 에티오피아 간의 전쟁은 1980년대 초반까지 전 세계의 모든 난민의 절반가량에 해당하는 500만 명 이상의 난민을 양산했었다. 대부분의 아프리카 국가들의 경제상황은 이미 가장 빈곤한 대륙의 상태로 악화되었다. 1980년대 초반의 세계적 경기침체, 아프리카 국가들의 국제적 외채부담에 첨가된 높은 이자율, 아프리카 수출품의 가격 하락과 악화되는 무역조건, 줄어든 외국의 원조 그리고 유용한 자원들의 내부의 운영 잘못과 타락, 이러한 모든 것들이 아프리카의 경제악화에 공헌하였다. 대초원 지역(the Sahel), 서부와 중앙 아프리카, 아프리카 동북부, 남부 아프리카에서의 장기적인 가뭄과 그로 인한 기근뿐 아니라 불어나는 인구는 아프리카 경제에 심각한 타격을 가했다. 수백만 명의 사람들이 생존을 위해 다른 나라들이 기부한 비상식량 공급에 의존하였다. 대부분의 아프리카 국가들이 독립한 1960년대 초반 이후 식량생산은 인구성장을 따라가지 못했다. 더 많은 식량을 수입할 필요성은 이미 균형수지 적자에 직면한 경제를 더욱 악화시켰다. 아프리카 국가들의 외채 누적은 라틴 아메리카의 경우와는 달리 국제금융권에 심각한 문제들을 부과하진 않았다. 그러나 그것은 자급경제 체제의 국가들에게는 무거운 부담이 되었다. 점증적으로 아프리카 국가들은 국제수지에 필요한 임시 자본을 마련하기 위해 국제통화기금(International Monetary Fund)의 대부에 호소하였다.

정부 보조금보다는 사부문 투자를 선호했음에도 불구하고 레이건 행정부는 아프리카(남아프리카는 예외)가 외국 투자자들을 위해 가졌던 제한적 호소를 인식하여 한 해에 10억 달러 이하의 수준으로 경제적 원조를 유지하고, 적어도 비틀거리는 아프리카 국가들의 경제적 필요성에 있어서 어느 작은 부분이라도 충족시키기 위해 국제통화기금과 세계은행과 같은 금융제도 내에서 움직였다. 미국과 다른 선진국가들에서 착수된 사부문 이니셔티브와 대규모의 정부 보조금의 주입 그 어느 것도 설사 그러한 것들이 곧 나타난다 할지라도, 외관상 극복할 수 없는 것처럼 보이는 대부분의 아프리카 국가들의 문제점들을 해결하는 데에는 적절하지 못했다.

남부 아프리카: 남아프리카공화국, 나미비아 그리고 앙골라

외관상 영속적으로 보이는 아프리카의 경제적 위기에서 남아프리카공화국은 중요한 예외였다. 레이건 행정부는 남아프리카공화국과의 관계에 있어서 카터의 '대결'정책 대신 소위 '건설적 계약(constructive engagement)'에 기초한 접근방법을 수립하고자 하였다. 미국을 포함하여 외부 강대국들로부터의 끊임없는 압력으로 정치과정에의 더 많은 흑인참여와 나미비아의 독립 문제의 해결에 대한 남아프리카공화국의 태도를 경화시키는 의도하지 않은 결과를 가져올 수도 있다는 것은 논리적으로 합당하였다. '건설적 계약'은 다른 나라들의 인권상황을 개선키 위해 공공연히 압력을 가하기보다는 조용한 외교를 선호하는 레이건 행정부의 입장과 일치하였다. 레이건 행정부는 또한 남아프리카공화국과의 관계개선을 모색하였다. 이는 인도양과 남대서양 간의 희망봉(the Cape of Good Hope)을 지나는 사활적 해상로를 갖고 있는 남아프리카공화국의 전략적 중요성 때문이었다. 남아프리카공화국이 선진 산업국가들의 경제가 심히 의존하는 가장 중요한 몇 가지 광물들을 방대하게 소유하고 있다는 사실은 미국에 대한 남아프리카공화국의 전략적 중요성을 강화시켰다. 따라서 레이건 행정부가 직면한 업무는 전략적 필요성과 20세기 후반에 있어 남부 아프리카를 형성하는 다양한 권력투쟁 사이에서 화해를 이끌어내는 것이었다.

레이건 행정부의 외교적 초점은 나미비아였다. 미국은 '양면정책(two trach)'에서 나미비아의 독립을 앙골라에서 활동하는 쿠바 병력의 철수와 간접적이고 애매모호하게 연계시키고자 하였다. 카터 행정부가 알았듯이, 남아프리카공화국은 서남아프리카민족기구(SWAPD: South West African People's Organization)가 지배할 나미비아의 독립을 수락할 생각이 없었다. 스와포는 나미비아 총인구의 거의 절반에 해당하는 부족집단이나 혹은 소수인종인 백인으로부터도 지지를 받지 못했다. 스와포는 이웃 앙골라에서 나미비아로의 침입을 고조시켰다. 1975년 이후로 권력을 잡고 있는 앙골라해방인민운동(MPLA: Popular Liberation Movement of Angola) 정부는 스와포를 지지하였다.

앙골라해방인민운동 그 자체는 경쟁적인 관계에 있는 사빔비(Jonas Savimbi)가 이끄는 앙골라전면독립민족동맹(UNITA: National Union for the Total Independence of Angola)의 계속적인 도전을 받았다. 앙골라 정부는 사빔비의 세력들이 너무 막강해 중앙의 7개 지역과 남부 지역에 비상법을 부과하였다. 우니타(UNITA) 반란 세력들은 앙골라의 수도 루안다(Luanda)의 수백 마일 내에서 작전을 전개하였다. 그 결과 1980년대 초반 루안다는 점증하는 경제적 피폐와 정치적 불안정에 직면하였다. 앙골라에 주둔해 있던 쿠바 병력은 앙골라에서 남아프리카공화국의 군사작전에 대한 대응으로 1975년 처음으로 이 곳에 도착했었다. 이후 몇 년 동안 남아프리카공화국은 앙골라로부터 나미비아로 행해지는 스와포의 습격을 막기 위해 앙골라에 들어왔다. 1982년까지 3만 명에 이르는 남아프리카공화국의 군대(그들 중의 1/3은 나미비아 출신의 흑인들)가 나미비아와 앙골라 간의 국경을 순찰하였다. 남아프리카공화국은 나미비아와의 완충지대로서 그리고 앙골라해방인민운동이 지배하는 앙골라 정권에 대한 우니타의 작전을 지원하기 위한 기지로서 앙골라 남부에서 30마일 정도 떨어진 길고 가느다란 영토를 효과적으로 통제하였다.

이러한 상황하에서 나미비아 문제를 해결하기 위한 초석은 남아프리카공화국이 앙골라해방인민운동 정권에 대한 군사작전을 전개하지 않는다는 약속의 대가로 핵심적 요소로서 앙골라에서 쿠바 병력이 철수하는 것이었다. 그와 더불어 앙골라에서 우니타의 게릴라 활동에 대해 남아프리카공화국이 원조를 중단하는 대가로 스와포가 나미비아에서 공세를 취하기 위해 자국의 영토를 사용하지 못하게 앙골라가 약속하는 것이었다 그것이 아무리 매력적이라 할지라도, 이러한 일련의 양보는 독립적인 나미비아가 취할 정치적 정향이라는 가공할 만한 장애물에 부딪혔다. 비록 남아프리카공화국이 앙골라에서 우니타의 세력을 강화시키고 반면, 스와포의 작전을 중지시킬 수 있는 주요한 군사능력을 갖추었던 것처럼 보였지만 독립적인 나미비아는 마르크스주의 국가가 될 것이라는 합당한 두려움이 남아 있었다. 남아프리카공화국은 독립 후 수년 간 부족 갈등이 증가했던 짐바브웨(Zimbabwe)의 무가베(Robert Mugabe) 수상하의 일당지배를 편견적으로 대하는 경향이 있었다. 무가베는 이웃국가들로부터의 위협들을 응징하기 위한 군사행동을 증강하도록 남아프리카공화국을 고무시켰다고 미국의 정책을 비난했다. 그럼에도 불구하고 무가베는 자신의 일부 추종자들의 급진적 요구들과 대외 원조의 원천들, 투자 그리고 독립 후 남아 있기로 한 백인 숙련공들을 소외시키지 않을 필요성 사이에서 균형을 유지했다.

더 광범한 전략적 차원을 넘어서 나미비아에서 정치적 해결을 위한 선결조건은 그 나라의 다양한 세력들을 수용할 헌법제정을 위한 합의된 공식이었다. 레이건 행정부는 일련의 제안들을 발전시켰다. 그러한 제안들에는 대의제 정부의 원칙에 입각한 다당제와 인종차별을 금하는 국가를 창설하는 헌법을 2/3의 투표로 승인하는 제헌의회의 구성도 포함되었다. 그러한 정치적 틀은 유엔 안보리 결의안 435호에 의거하여 과도기에 걸쳐서 시행될 예정이었다. 정전이 이루어졌다. 유엔 평화유지군이 나미비아와 앙골라 간의 비무장지대에서 남아프리카공화국 부대를 대체하기로 하였다. 장애물 중에는 유엔군의 규모와 위상, 나미비아에서의 선거체제, 물론 앙골라에서 쿠바 병력의 철수와 같은 문제들이 남아 있었다.

북부 아프리카: 리비아에 초점을 두다

북부 아프리카에서 레이건 행정부의 관심은 리비아와 가다피 정권에 있었다. 리비아는 소련의 대규모 무기이전의 수혜국이었다. 리비아의 기지들은 소련의 군사 원조의 중간지점으로 이용되었다. 1969년 리비아에서 권력을 잡자마자 가다피는 몇 년 전에 발발했던 차드의 내전에서 다양한 세력들을 원조하기 시작하였다. 1980년까지 프랑스 군이 차드에서 활동했었다. 프랑스 병력이 철수한 후 차드의 오우에데이(Goukouni Oueddei) 정부는, 특히 하브레(Hissen Habre)가 이끄는 세력들을 물리치기 위해 리비아의 군사 원조를 받았었다. 하브레는 차드의 내란 동안 미국의 군사 원조를 받았었다. 내란의 결과는 차드의 분할이었다. 리비아와 인접한 북쪽의 1/3이 오우에데이 통제하로 들어갔다. 그 나라의 나머지는 하브레가 통제하였다. 리비아는 차드의 북쪽 지역에 대한 영토적 요구를 주장하였다.

1983년 프랑스는 리비아의 지원을 받는 고우코우니 세력이 차드의 북쪽 지역을 넘어 이동하는 것을 막고자 하브레 정부를 보호하기 위해 3,000명의 병력과 몇 대의 전투기를 보냈다. 레이건 행정부는 하브레 정부를 지원하는 데 있어서 군사적 공수보급 물자를 증대시켰다. 미국의 원조에는 아왁스 정찰기와 수단(Sudan)의 수도 하르툼(Khartoum)에 배치되었던 F-15 폭격기도 포함되었다. 분할과 진퇴양난으로 귀결된 차드 분쟁의 주요 당사자들의 군사적 입장은 협상을 위한 동기를 제공하였다. 비록 질질 끌어온 내란의 종식이나 혹은 이웃국가들을 불안케 하는 가다피의 관심이 줄어들 것이라는 그 어느 것에 대한 보장도 없었지만 그들의 협상결과는 차드에서 프랑스 병력의 철수를 가져왔다.

아시아 · 태평양

아시아 · 태평양(The Asian Pacific) 지역은 지구적 미국 외교정책의 중대한 전략적 초점을 구성할 뿐만 아니라 수많은 동적 경제교류를 위한 장을 구성하였다. 미국은 자국과 서유럽 간의 무역을 능가하는 이 지역 국가들과의 상업적 연계를 발전시키고 있었다. 일례로 1982년 미국과 아시아 · 태평양 간의 무역은 미국과 서유럽 간의 무역을 곧 능가할 상황이었다. 서유럽국가들의 경제가 침체된 것과는 대조적으로 한국, 대만, 홍콩, 싱가포르를 의미하는 '4개의 서로 다른 무리(the other Gang of Four)'와 같은 용어로 아시아 · 태평양의 신흥공업국들을 언급하는 것이 유행하게 되었다. 이들 모든 국가들은 대규모 사적 부문과 해외로부터의 투자 자극에 기초한 경제구조의 결과로 전례없는 경제성장을 이룩했다. 1997년이 되면 영국에서 중국으로 반환될 홍콩의 미래에 대해서는 약간의 불확실성이 있으나 아시아 · 태평양은 그 지역 대부분의 국가들이 4% 이상의 성장률을 보이는 경제적으로 동적인 상황이었다. 더군다나 최첨단 부문에서 미국은 미래의 정보화 사회를 이끌 생물공학, 미소전자학, 고품질 세라믹스 그리고 페이스 세팅(pace-setting) 혁신 분야에서 자국의 주요 경쟁국인 일본을 찬양, 시기, 우려감이 혼합된 감정을 가지고 주시하였다.

한반도의 안정화에 대한 강조

레이건은 비무장지대를 넘어오는 북한의 공격에 대한 억지력으로 주한 미군의 유지를 약속했다. 1983년 미국은 총 47억 달러에 달하는 한국의 무기구매를 포함한 5개년 군사향상 프로그램을 발표했다. 자신의 전임자가 인권위반을 공공연하게 비난한 것과는 달리 '조용한 외교(quiet diplomacy)'를 들고 나온 레이건 행정부는 한국의 야당 지도자인 김대중(Kim Dae Jung)의 석방을 일궈냈다. 전두환(Chun Doo Hwan) 대통령의 한국 정부는 주기적인 저항과 체포를 유발시킨 국내적 반대에 직면했었다. 그러나 1980년대 초반까지 한국은 1인당 국민소득을 기준으로 일본, 홍콩, 싱가포르 그리고 대만에 뒤이어 아시아에서 5번째의 부국이 되었다. 1983년 한국의 경제성장률은 북한의 경제적 침체와는 대조적으로 9.3%를 기록했다. 북한은 남한에 대한 공격을 전개할 수 있는 군사능력에 GNP의 1/4을 투자하였다.

북한의 인구보다 2배가 많은 한국은 경제성장으로 북한에 대한 군사적 우위성을 확보해 가고 있었다. 레이건 행정부는 한국에 대한 지지를 유지하면서 한반도 통일에 관해서 미국과 협상을 하려는 북한의 노력들을 반대하였다. 그러한 협상 틀에서 북한의 의도는 자신이 모든 한국민의 유일한 대표자로 인정받고자 하는 것이었다. 이는 명백히 한국이 받아들일 수 없는 일방적인 공식이었고 한국을 부차적인 옵서버(observer)의 지위로 강등시키는 것이었다. 레이건 행정부의 시각에서 보았을 때 그 지역의 주요 강대국들이 남한과 북한에 인접해 있기 때문에, 한반도의 안정화는 아시아·태평양에서 더 광범위한 미국의 안보 이익을 보존하는 데 있어서 중요한 요소였다.

1980년대 중반 일본과의 관계

방위비 분담과 무역이라는 두 가지 쟁점은 자신의 전임자들의 경우와 마찬가지로 레이건 행정부의 대일 관계를 괴롭혔을 뿐만 아니라 변화하는 국제 안보환경과 1980년대 초반 미국이 직면한 늘어나는 무역적자의 결과로 증대된 중요한 차원을 지녔다. 레이건은 카터 행정부 때보다도 훨씬 더 클 정도로 일본에 압력을 넣어 일본 정부가 서태평양에서 미국의 해군과 공군부대에 대한 보충으로 도쿄(Tokyo)의 1,000해리 내에서 해상로와 항공로의 안전을 확보할 수 있도록 자국의 방위비 지출을 증가하도록 하였다. 일본 자위대가 훈련과 비축량에 있어서 결함이 있다는 점이 인정되었다. 1980년대 초반 아마도 미국의 재촉으로 그러나 더 적절하게는 소련의 군사증강으로 야기된 안보 필요성에 대한 일본의 인식에서 일본 자위대의 방위비 지출은 실질적으로 매년 6% 가량 증가했다. 이것은 일본의 전체적인 예산성장을 넘어서는 것이었고 미국을 제외한 모든 나토 회원국들의 증가율을 초과한 것이었다. 그럼에도 불구하고 나토 회원국들의 그것보다 상당히 낮은 점에서 출발했던 일본의 방위비 지출은 자국이 스스로 정한 GNP의 1%에도 못 미쳤다. 이것은 1983년 서독의 GNP의 4.3%, 영국 5.3% 그리고 프랑스의 4.1% 와는 대조되는 것이었다. 그러나 매년 방위비 지출에 있어서 일본의 실질적 증가가 GNP의 성장보다 훨씬 더 높았기 때문에 일본의 방위가 상당히 느리지 않았더라면 GNP의 1% 장벽이 1980년대 후반에 무너질 가능성이 높았다.

1982년 집권 자민당(Liberal Democratic Party)의 지도자이자 수상으로 등용된 나카소네(Yasuhiro Nakasone)는 자신의 전임자들과는 현격히 대조되는 리더십 스타일을 보였고 일본이 부담하는 방위비의 증액과 일본의 무역정책의 자유화를 적극적으로 지지하는 입장을 발표하였다. 이러한 발표는 일본 내에서 논쟁이 되었으나 미국에서는 환영받았다. 1983년 버지니아의 윌리암스버그에서 개최된 회담에서 만약 SS-20 감축협정을 체결하여 서유럽의 안보욕구를 만족시키지 않는다면, 나카소네는 그 어떤 전임자들보다도 더 적극적으로 서유럽에 퍼싱 투 미사일과 크루즈 미사일의 배치를 지지할 것이라고 말했다.

최근 수년 내에 일본은 소련의 동쪽 지역에 배치된 SS-20을 우려해왔다. 따라서 일본은 지역적 수준에 있어서뿐만 아니라 지구적 수준의 중거리 핵미사일에 관한 유럽의 최고한도를 협상하기 위한 미국의 노력을 지지해왔다. 나카소네는 소련 항공기의 자국 영공비행을 막기 위해 일본의 항공 방위능력의 필요성을 강조해왔다. 비록 1984년까지 일본이 방위비 지출 면에서 세계 6위를 기록했지만 이러한 안보능력의 어떠한 것도 현존 방위 프로그램하에서는 일본의 능력에 못 미쳤다. 해상로의 보호와 항공방위에 필요한 바람직한 분담 몫을 일본으로부터 이끌어내는 것이 불가능했다면, 1980년대 초반에는 일본과 미국 간의 해상방위 문제들에 관한 공식적인 연구와 합동훈련의 형태로 방위협력을 증대시킬 수 있었다. 뿐만 아니라 일본은 이집트, 파키스탄 그리고 태국과 같은 국가들에게 경제 원조를 하였다. 이들 각 국가들은 전반적인 미국의 이익에 중요하였고, 일본의 '포괄적 안보(comprehensive security)' 개념과도 부합하였다. 이러한 미·일 간의 노동 분업은 내재적 한계를 갖고 있었다. 미국은 방위 측면에서 일본에게 계속적으로 '무임승차(free ride)'의 자격을 부여하길 꺼려했다. 반면에 일본은 미국 수출업자들에게 불리하게 보이는 조건으로 수출경쟁을 둘러싸고 그리고 그것을 고무시키는 정치적 수완의 경제적 수단들을 전문화했다.

방위비 분담 문제의 핵심에는 일본이 320억 달러의 무역흑자를 기록한 1983년에 미국은 200억 달러의 무역적자를 기록하면서도 1인당 국민소득을 기준으로 일본의 10배에 해당하는 방위비를 지출한다는 미국의 주장이 있었다. 1982년 일본은 거의 1,410억 달러 어치의 생산품을 수출하였다. 여기에는 자동차, TV 수상기 그리고 다른 가전제품, 컴퓨터, 조선, 섬유, 철강 등이 포함되었다. 1970년대 말 미국에서 일어난 보호주의자 감정은 원칙적으로 일본에 대해서 행해졌다. 그러한 직접적인 미국의 압력은 일본의 대미 자동차 수출에 대한 '자발적(voluntary)' 제한을 야기했을 뿐만 아니라 그것은 일본이 미국 시장에서 판매한 생산물에는 미국에서 제조된 부품들을 사용해야 한다는 국내 내용물법(domestic-content legislation)을 요구하는 미국 제조업자들과 노조들의 주장을 야기했다. 일본이 많은 수입품들에 대해서 관세를 인하했지만 석유화학 제품, 비료, 약제품, 정보처리 소프트웨어, 전자장비, 감귤류 과일, 쇠고기 등과 같은 많은 생산물에 대한 다른 다양한 장벽들은 남아 있었다. 일본은 효율성, 혁신, 효율적인 마켓팅 기술 때문에 자국 산업이 제재를 받고 있는 반면, 미국과 다른 수출국가들은 일본 시장에 진출하기 위해 지속적으로 이와 유사한 노력들을 하지 않았다고 주장했다. 일본에서의 원망은 하나의 초점으로서 자국은 재화와 서비스에 있어서 세계에서 가장 커다란 수입국 중의 하나라는 주장이었다. 천연자원이 부족한 일본은 거의 모든 원자재를 해외에서 수입해야 하기 때문에 일본의 제조품 수입은 상대적으로 적은 비중을 차지하였다.

나카소네 정부는 방위 분야와 무역정책에서의 마찰에도 불구하고 레이건 행정부와 긴밀한 관계를 발전시켰다. (미국 자동차 산업의 부흥에도 불구하고) 일본의 대미 자동차 수출에 대한 쿼터(quotas)가 늘어났지만, 레이건 행정부는 보다 더 보호주의적 무역정책을 요구하는 감정의 물결에 직면하였다. 이번에는 나카소네 정부가 수 많은 생산품에 대한 관세를 완하하거나 제거했고 다른 수입절차들을 간소화하고, 방위산업 관련 기술의 대미 수출금지를 철회했다. 미국과 일본은 그 영역과 중요성에 있어서 세계경제사에서 유례를 찾아볼 수 없는 관계로 발전하여 이를 상호 안보맥락 내에 두었다. 그러한 관계는 아시아·태평양에서 미국의 정책에 중추적이었다.

미국-중국 관계

레이건 행정부가 들어서자 미국의 대중 정책은 상호 혜택이 있는 곳에서는 협력을 보존·강화할 인지된 필요성에 입각한 변화를 겪었다. 또한 미국은 지구적 권력등식에서 중화인민공화국(PRC)에 대해 다소 덜 전략적인 관심을 보였다. 그 변화는 미국의 아시아·태평양 정책을 형성하는 몇 가지 요소들의 결과였다. 그러한 요소들은 미국 외교정책의 지구적 맥락 내에서 아시아가 차지하는 비중이 높아졌으나 중국은 미국이 그 나라의 이익들을 고려해야만 하는 주요 아시아·태평양 행위자들 중의 하나에 불과하다는 평가를 포함하였다. 카터 행정부의 집권 마지막 시기에, 특히 소련의 아프가니스탄 침공 후 전략적 협력을 예시하는 것 같은 보다 더 긴밀한 중국·미국관계가 이루어졌다. 레이건 행정부는 북경과 워싱턴 간의 긴밀한 연계의 잠재성과 한계에 대해 다소 초연한 접근방법을 취했다. 선도적인 외교정책 원칙으로서 인권에 대한 강조에도 불구하고 카터 행정부는 비대표적인 북경 정권과 전략적 이익에 기반을 둔 현실정치의 관계를 진전시켜 나가고 있었다. 역설적으로 소련에 대한 평형추로서 미 군사력과 다른 필요한 능력들의 복구에 전념한 레이건 행정부는 다른 이익들과 중국·미국관계를 비교 검토하였다. 그러한 것들 중에는 대통령이 되기 오래전에 레이건이 대만에 대한 미국의 공약으로 간주했던 것도 포함되었다. 1980년의 선거유세 기간 동안 레이건은 불필요하게 대만을 차별하는 중국 본토(Mainland China)와 외교정상화 협정을 체결했다고 카터 행정부를 비난했었다. 특히 대만과의 어떠한 형태의 공식적 연계도 없이 북경과 완전한 외교관계를 수립하는 데 합의한 것은 카터의 실수라고 거론되었다. 레이건의 비판은 일부는 중화인민공화국과 미국 간의 이데올로기적 불일치에 그리고 일부는 자신이 그렇게 보았듯이, 대만과의 '비공식적' 관계를 격상시키고 대만에 무기를 판매할 필요성에 기반을 두었다. 1980년 카터 행정부는 1979년의 대만관계법(Taiwan Relations Act)에 따라서 북경 정부의 반대에도 불구하고 대만에 대한 무기판매를 재개하였다. 레이건이 들어서자 미국의 대중 정책은 불확실한 시기로 접어들었고 그것은 주로 전략적 관계의 중요성에 대한 감소된 인식에서 기인하였다.

1980년대 초반까지 중국 지도부는 서유럽, 일본, 미국과 더불어 소련의 '패권주의(hegemonism)'에 대항하는 데 있어서 통일전선을 구축해야 한다고, 등소평(Deng Xiao-ping)이 이전에 표명한 사상에서 후퇴했었다. 미국의 방위력 증강과 중화인민공화국이 공식적으로 발표한 지구적 전략 시각의 많은 부분을 공유하겠다는 입장을 보인 ― 레이건 행정부를 들어서게 할 정도로 충분하게 방위부문에 대한 미국 내의 합의로 인해 미국과의 긴밀한 전략적 관계를 이루고자 하는 ― 중국 지도부의 열정은 가시는 듯 했었다. 소련에 대항하는 강력한 미국의 입장으로 해서 중국은 양 초강대국으로부터 등거리 입장을 구축하여 소련과 미국으로부터 자국의 독자성을 극대화시킬 수 있었을 것이다. 마찬가지로 미국의 시각에서는 현재의 국제정세의 특정 상황들이 중국과 긴밀한 외교관계를 수립할 필요성을 제한시켰다. 만약 미국이 중국으로부터 이끌어낼 수 있는 주요 혜택이 소련 병력의 약 1/4 정도를 중소 국경선을 따라 배치하게 만드는 것 ― 따라서 소련이 그 밖의 다른 곳에 병력을 배치할 수 없는 능력 ― 이라 할지라도, 미·중관계 정상화 이전에 많은 수의 병력들이 거기에 배치되어 왔었다는 사실이 남아 있었다. 사실 1969년 중소 간의 국경분쟁은 중국과 미국 간의 관계 변화에 선행했었다. 미국이 중국과 소련이 협력과 화해관계로 복귀하는 것을 저지하는 데 도움이 되는 어떠한 영향력을 행사하는 것이 필요할지도 모르지만 모스크바가 중소 분쟁에서 기인하는 뿌리 깊은 긴장 때문에 중국과의 국경선 인접지대에 많은 병력을 배치할 가능성은 높았다. 그러한 분석으로부터 이끌어낼 수 있는 논리적 추론은 미국이 중·미의 전략적 협력의 일환으로서 주요한 양보들, 특히 대만을 완전히 포기할 필요가 없다는 것이었다. 일반적인 상황하에서 중국은 그 자신의 이익을 위해 이미 지구적 전략적 측면에서 행하고 있던 것을 어느 정도 할 수 있었을 것이다. 중국의 경제적 후진성뿐만 아니라 소련에 유리한 커다란 군사적 불균형을 고려한다면 전략적 측면에서 중국이 미국에게 제공할 수 있는 것은 별로 없었다.

'중국 카드(China card)'에 대한 강조를 축소했음에도 불구하고 헤이그 국무장관이 카터 행정부의 마지막 기간 동안 브레진스키에 의해서 성공적으로 지지된 것과 비교할 수 있는 연합전략(coalition strategy)을 찬성하자 레이건 행정부는 중국과의 관계진전에 있어 내분에 빠졌다. 아마도 레이건 행정부는 상이한 내부 의견들을 조화시키기 위해 사례별(case-by-case) 입장에 근거하여 중국의 무기요청에 대해 긍정적 입장을 표명함으로써 대만에 대한 무기판매 계획을 반대하는 중화인민공화국의 입장을 달래고자 하였다. 레이건 행정부는 대만의 최신예 FX 전투기 구매요청을 자국의 방위에 필요하지 않다는 이유로 거절했지만 대만에게 그보다 다소 성능이 떨어지는 F-5E 전투기의 계속적인 공동생산을 허용하였다. 중국과 미국은 대만에 대한 무기판매에 관한 서로 상이한 입장들을 외교적으로 애매하게 조화시킨 협정을 이끌어냈다. 중국이 원하는 대로 그러한 무기판매에 대한 정확한 중단시일을 설정하지 않았지만, 그럼에도 불구하고 미국은 상황에 따라 그러한 거래를 줄이겠다는 자국의 의도를 발표했다. 추측컨대 그러한 상황은 대만과 중국 본토 간의 관계상태에 달려 있었다. 중국은 평화적 수단으로 통일을 모색하겠다고 대답하였고 중국의 자치주로서 대만은 그 자신의 군대, 정부 그리고 경제구조를 보유할 수 있다는 1982년의 한 계획을 재반복하였다. 요컨대 미국은 중화인민공화국이 무력으로 대만을 병합하려는 노력에는 반대하겠지만 레이건 행정부는 대만이 중국의 한 부분이라는, 하나의 중국이라는 개념에 충실하였다. 그러는 동안 미국은 중·미 정상화의 타결 이후로 질적·양적으로나 공급된 수준을 초과하지 않는 수준에서 대만에게 유용한 방어적 군사능력을 계속 제공하였다.

중·미 관계가 개선되고 동시에 미국이 대만에 대한 무기판매를 유지해나가자, 중화인민공화국은 소련과의 정상화 협상을 시작함으로써 외교정책에 있어서 자신의 독자성을 강화코자 하였다. 1981년 미국과 중국이 대만에 대한 무기판매에서 이견을 보이자, 소련은 중소 회담을 제안하였다. 중화인민공화국은 1979년 소련의 아프가니스탄 침공의 여파로 그 회담을 중단시켰다. 소련의 당면 목적은 의심의 여지없이 대만에 관한 중국과 미국 간의 의견 차이를 이용하는 것이었다. 그러나 소련은 중국과의 긴장을 해소하여, 따라서 그 밖의 다른 곳에서 군사적 그리고 다른 능력들을 재배치할 수 있는 정상화로부터 커다란 혜택을 얻을 수 있었다. 역으로 만약 중소 분쟁이 화해로 바뀐다면, 유럽과 아시아·태평양에서 미국이 직면한 안보 부담은 엄청나게 커질 것이다. 중국의 관점에서 소련과의 관계개선은 중국이 군사력에 대한 자원들을 경제적 근대화를 위해 전환시킬 수 있고 소련으로부터의 기술이전을 통해서 제한된 복구로부터도 혜택을 얻을 수 있었다.

1982년 10월 중국과 소련은 6개월 간격으로 북경과 모스크바를 오가며 일련의 회담을 시작하였다. 그러나 실상은 아프가니스탄과 베트남에서뿐만 아니라 국경선을 따라 배치된 소련 병력에 직면하여 중국은 소련과의 관계정상화에 몇 가지 조건들을 첨가했다. 베트남에 대한 소련의 군사 원조의 중단과 캄푸치아(Kampuchea)에서 베트남 병력의 철수, 아프가니스탄에서 소련군의 철수, 중국을 겨냥한 SS-20의 해체 그리고 중소 국경선을 따라 배치된 소련 병력의 철수 등. 요컨대 중국은 정치적 정상화에 대한 소련의 약속의 증거로서 소련 군사력의 수준과 배치유형 모두에 있어서 근본적 감축을 추구했다. 그러한 중국의 안보 관심들은 에너지를 포함하여 개발되지 않은 엄청난 천연자원이 묻혀 있는 인구가 희박한 영토를 보호하기 위해 중소 국경선에 대규모 병력을 유지해야 할 소련의 인지된 필요성과 갈등을 빚었다. 소련은 그 영토에 대한 상당한 투자를 계획하였다. 현대에는 인구성장이 영토팽창을 유발시키지 않았고, 중국이 출산율 억제를 위한 대대적인 운동을 전개하고 있다 할지라도 소련의 계속된 병력 배치는 중국의 인구성장으로 언젠가는 중국이 소련 영토를 점령할 것이라는 두려움에서 기인했을 것이다. 북경과 모스크바 간에 열린 회담은 중국이 윤곽을 제시한 각각의 논쟁부문에 있어서 소련이 지원한 세력들뿐만 아니라 소련의 계속된 능력 증강과 동시에 진행되었다. 1980년대 초반 중국과 소련 간의 무역이 1981년 1억 5,000만 달러 이하에서 1984년에는 10억 달러를 상회할 정도로 빠르게 성장했지만 중국과 미국을 분열시키는 주요 쟁점들과 양 초강대국들과 관련해서 중화인민공화국이 더욱 융통성 있고 독자적인 입장을 구축하려는 노력에도 불구하고 북경과 워싱턴 간의 전반적인 관계는 그보다 더 커다란 발전을 이루었다.

동남아시아에 대한 소련과 중국 정책 간의 차이는 모스크바와 북경을 분열시키는 더 광범한 문제들을 예증하였다. 베트남 전쟁의 유산, 소련과 베트남 인민민주공화국(Democratic People's Republic of Vietnam) 간의 밀접한 동맹관계는 동남아시아에 있어서 소련의 전략적 이익들과 목표들 그리고 중국의 팽창주의에 대한 하노이의 역사 깊은 우려감 모두에 기반을 두었다. 하루 500만 달러에 해당하는 소련의 보조금은 인도차이나(Indochina)의 주변 국가들에 대한 하노이의 군사활동을 지탱하였다. 소련은 사활적인 해상로에 인접한 정규기지에 배치된 비행기뿐만 아니라, 공격 잠수함을 포함하여, 27척의 전함을 위해 미국이 건설한 캄란만(Cam Ranh Bay)의 해군·공군기지를 이용하였다. 베트남과 다른 동남아시아 국가들에게는 이러한 소련의 현존(presence)이 중국의 팽창에 대한 방어물 역할을 하였다.

중국은 베트남에 대항하는 캄보디아의 세력들, 특히 삼판(Khieu Sam-phan)의 지도력하에 있는 악명 높은 크메르루즈(Khmer Rouge)를 지원하였다. 채 10년도 안 걸려 수백만 명의 캄보디아인들을 말살시킨 크메르루즈의 만행에 비추어 보아, 베트남 침략자들을 규탄하는 것은 광범한 국제적 지지를 받을 수 없었다. 1982년 동남아시아국가연합(ASEAN: Association of Southeast Asian States)은 하노이와 캄보디아의 투쟁적 세력들 모두가 수락할 수 있는 타협안을 만들기 위해 제 집단들의 연합을 구성하기 위한 노력을 이루는 외교적 이니셔티브에 착수하여 모든 병력을 철수시킬 수 없다면 베트남의 군사적 현존을 완화시키고 베트남이 캄보디아에서 상당한 정도의 정치적 영향력을 행사하게 하였다.

미국은 베트남을 제외한 모든 국가들과 연계를 맺고 있었지만 인도지나에서 미국의 효력(leverage)은 극히 한정되었다. 베트남 유산의 더 비참한 유산, 소련과의 안보동맹에 있어서 하노이의 지정학적 전략 이익들 그리고 더 긴밀한 중·미 관계 이 모든 것이 베트남과 미국 간의 즉각적인 외교적 화해를 방해하였다. 베트남 전쟁의 가장 중요한 결과들은 현저히 감소된 미국의 영향력과 인도지나의 정세를 형성하는 데 있어서 크게 신장된 소련의 효력이었다.

아프가니스탄과 남아시아

1980년대 초반까지 소련은 그 나라 변경지대의 80%를 통제한 자유전사들, 즉 무자헤딘(Mujaheddin)에 대항하는 카말(Babrik Karmal) 대통령하의 괴뢰정권을 지원하기 위해 아프가니스탄에 10만 5,000병력을 전개했으나 아무 소용이 없었다. 무자헤딘은 부족과 종교적 색채에 따라 분열되었기 때문에 일치단결하여 점령 소련군과 카말 정부군에 대항하는 것이 거의 불가능하였다. 소련은 필수적인 연락선을 유지하고자 군사행동을 고조시켰다. 반면 무자헤딘은 호위군과 다른 군부대, 전력(電力) 라인 그리고 다른 하부구조들의 요소를 공격했다. 소련은 무자헤딘을 무찌르려는 의도에서 의심이 가는 적의 본거지와 많은 지방민들에 대해 생화학무기나 사상균 독소의 사용을 포함한 야만적 공격을 단행하였다. 유엔의 후원하에 소련군의 철수를 제공하는 정치적 해결을 모색하려는 외교적 노력에도 불구하고, 소련은 적을 물리치기 위해 필요한 한 아프가니스탄에서 병력을 유지하고자 하였다. 레이건 행정부는 파키스탄을 통하여 무자헤딘에게 무기공급과 인도주의적 원조를 하였다. 사우디아라비아와 이집트를 포함하여 다른 지역으로부터도 무자헤딘에 대한 원조가 파키스탄을 통해서 들어왔다.

1981년 미국은 F-16 전투기, 구축함 그리고 대전함 미사일을 제공하는 32억 달러의 군사 경제적 원조협정을 파키스탄과 협상하였다. 파키스탄은 남아시아로의 소련의 남방팽창에 대한 방어물을 구성하였고 페르시아 만의 산유국들과 밀접한 연계를 형성하고 있었기 때문에 미국의 정책에 중추적이었다.

이번에는 레이건 행정부는 파키스탄과 자국 간의 강화된 연계가 인도와 자국 간의 걱정스러운 관계에 미치는 영향을 최소화하고자 하였다. 인도는 미국의 대 파키스탄 군사 원조를 유감스럽게 생각하였다. 인도는 1974년의 인도·파키스탄 전쟁(Indo-Pakistani War) 시에 미국이 파키스탄 쪽으로 기울었던 기억을 상기하면서 소련과 유대관계를 맺었다. 따라서 인도는 소련의 아프가니스탄 침공과 캄푸치아에서 베트남 무장세력하에 친소 정권의 수립을 어느 정도 관대하게 바라보는 입장이었다.

레이건 행정부와 소련: 현실주의와 합의의 추구

자신의 어떠한 전임자들과도 달리, 첫 번째 임기 시의 레이건 행정부는 두 번에 걸친 소련 지도부의 교체에 적응해야만 하였다. 18년 동안 소련을 통치한 브레즈네프(Leonid Brezhnev)는 1982년 11월에 사망했고 그를 계승한 안드로포프(Yuri Andropov)도 1984년 2월에 사망했다. 그 후 체르넨코(Konstantin Chernenko)가 소련의 지도력을 계승하였다. 그는 크레믈린의 권력승계 정치에서 안드로포프에게 패배했던 인물로 원래 브레즈네프의 부하였다. 이러한 급속한 지도력의 교체에도 불구하고, 소련의 외교정책은 공식 성명과 정책수행을 통해서 미국 내와 해외에서 레이건 행정부에 대한 지지를 약화시키려는 노력을 포함한 연속적인 원칙들을 보여주었다. 소련은 레이건 행정부의 정책정향이 일시적 혹은 장기적 현상인지를 확신할 수 없었다. 아마도 레이건 행정부가 힘의 우위의 입장에서 소련과 협상을 하기 위해 방위력 증강을 주장했기 때문에 모스크바는 한결같이 정부 관계자들과 일반 대중 모두에게 그러한 상황하에서는 협상을 하지 않겠다는 것을 확신시키고자 하였다. 대신 소련은 미국의 방위 프로그램들과 다른 정책들은 미국 내에서 덜 반소적인 세력들이 관직에 진출하는 선거 이전에는 결실을 볼 수 없다는 희망을 가지고 레이건 행정부에 대한 지지를 약화시키고자 하였다. 소련은 미국과 대서양동맹의 다양한 유권자들에게 호소함으로써 그리고 위협과 약속을 병행함으로써, 레이건 행정부와 레이건 행정부의 정책들에 대한 지지를 약화시킬 수도 있었다. 모스크바가 이러한 전략에 성공할 수 있는 정도는 소련에게 가장 불쾌한 미국 외교정책의 특색들에 대한 일반 국민들의 지지도에 달려 있었다.

그러나 1980년대 초반 소련은 자국의 이익에 합당한 쟁점에 관해서는 미국과 협상을 계속하였다. 1983년 미국의 대소 곡물판매를 위한 5년간의 새로운 협정이 체결되었고 1984년에는 모스크바와 워싱턴 간에 직접 통화를 할 수 있는 핫 라인(hot line)을 현대화하기 위한 협정이 이루어졌다. 초강대국들은 1982년 6월부터 1983년 12월까지 전략무기감축협정(START: Strategic Arms Reduction Talks)을 협상했다. 스타트(START)는 제네바에서 중거리 핵력과는 별도로 진행되었으나 시기상으로는 동시에 일어났다.

전략무기감축협정

1980년 대통령 선거운동 기간에 레이건은 제2차 전략무기제한협정이 '치명적인 결점'을 갖고 있다고 선언했었다. 그럼에도 불구하고 대통령이 된 직후 레이건은 미국은 소련이 유사한 억제를 보이는 한, 그 규정들을 '잘라내지' 않을 것이라고 발표하였다. 레이건 행정부의 안팎의 비판에 따르면, 그것의 주요 결점 중에는 제2차 전략무기제한협정은 그 협정의 조건 내에서조차도 미국의 핵목표들에 대해 소련이 전개할 수 있는 대량의 대륙간탄도미사일과 핵탄두 수에 관해서 효과적인 제한을 가할 수 없다는 것이었다. 그러한 전략체계를 가지고 소련은 미국의 고정된 지상발사 전략적 핵력(strategic forces)에 대하여 증가하는 엄청난 위협을 부과할 수 있었다. 제2차 전략무기제한협정은 유효기간인 1985년 12월까지 전개될 수 있다고 예견된 적정 수준에서 전략적 핵력을 문서화했지만, 미 의회로부터 비준받지 못한 그 조약은 조약에 내포된, 소련에 대한 모든 속박들이 철회된다 할지라도 미국이 군사적으로 훨씬 더 불리하기만 한다면 준수될 운명이었다.

레이건 행정부는 제2차 전략무기제한협정의 규정들을 준수하면서 미국의 전략적 핵력과 다른 방위능력들을 재구축하기 위한 필요한 조치들을 취하고 양국의 핵 비축량에서 실질적인 대칭적 감축을 위해 소련과 협상을 벌이기 시작했다. 이러한 협상에서 레이건 행정부가 선택한 접근방법의 핵심적인 것은 대문자에서 'SALT' 대신 'START'를 지칭했듯이 '제한(limitations)'이라는 용어를 '감축(reductions)'이란 용어로 대체한 것이었다. 이와 마찬가지로 중요한 것은 미국이 직면한 광범한 전략적·군사적 문제들과의 직접적 관계를 내포한 군비통제 개념을 발전시킬 필요성이었다. 제2차 전략무기제한협정은 그러한 문제들 — 발사수단의 규모, 탄두수와 정확성 수준 때문에 미국에게 위협을 주는 엄청난 소련의 대항 능력을 적절하게 표현하지 못했다. 그 개념화와 적절한 계산단위들의 발전에 있어서 미국의 군비감축 정책은 소련의 그러한 체계가 부과한 증가하는 위협을 줄이는데 초점을 맞추어야 했다. 왜냐하면 미국은 소련의 그러한 체계와 동등한 능력을 보유하지 못했기 때문이었다. 따라서 레이건 행정부는 제2차 전략무기제한협정에서 허용하는 수준보다 훨씬 더 낮은 수준으로 지상발사 탄두의 수를 감축할 것을 소련에게 요구하는 제안들을 강조하였다.

레이건 행정부는 전략적 핵력에 관한 군비통제협정을 위한 소련과의 협상은 미국의 전략적 핵력 현대화의 영역에 관한 결정에 선행되기보다는 이에 뒤따라야 한다는 신념을 가지고 다음과 같은 것을 제공하는 전략적 핵력 프로그램을 구성하는 데 자신의 첫 번째 임기 몇 달을 보냈다: 카터 행정부가 계획한 200개에서 100개로 감축된 엠엑스 미사일의 전개, 카터에 의해서 취소된 후 레이건 행정부가 다시 소생시킨 100대의 B-1-B 장거리 전투기의 구축 그리고 궁극적으로는 잠수함발사탄도미사일에 보다 더 높은 정확성을 부여하는 새로운 미사일에 따라 진행된 연구개발과 더불어 트라이던트(Trident) 탄도미사일 배치의 가속화였다.

1982년 6월에 착수한 미국의 처음의 스타트 제안은 미소 양국이 핵탄두를 총 5,000기로 감축할 뿐만 아니라 탄도미사일 수를 850개로 하는 근본적 감축을 촉구하였다. 미국의 제안에 따르면 전략비행기뿐만 아니라 미사일 규모, 말하자면 발사 무게(throw weight)에 대한 제한들이 협상의 2단계에서 논의될 예정이었다. 스타트의 계산단위는 미사일과 탄두를 발사할 수 있는 발사대보다는 미사일과 탄두였을 것이다. 이것은 본질적으로 제1차 전략무기제한협정 이래로 전략적 군비제한에서 훨씬 더한 복잡성을 상징화하는 변화였다. 소련의 반응은 미국의 제안에 동의하는 것은 자국의 전력을 개조해야 하기 때문에 그러한 군비통제 개념을 받아들일 수 없다는 입장이었다. 소련은 전략비행기와 크루즈 미사일에 대한 비교 가능한 억제 없이 탄도미사일을 강조한다고 미국의 제안을 비난하였다. 전략항공기와 크루즈 미사일 모두는 미국의 전략적 핵력구조의 중요한 요소들이었다.

소련은 자국의 입장에서 미소 양국이 총 1,800개의 전략적 운반수단들(ICBM 발사대, 잠수함발사탄도미사일발사대, 전략폭격기)을 보유할 수 있는 스타트 제안을 들고 나왔다. 이 제안은 그 당시 모스크바가 반대한 1977년 3월의 '대폭적인 삭감' 제안에서 카터 행정부가 원래 추구한 수준으로 발사대를 감축하는 것이었다. 그러나 그것은 계산단위로서 발사대에 기초하였다. 비록 소련이 소위 '핵장전(nuclear charges),' 이를테면 발사대에 실려 운반되는 미사일 탄두와 핵무기

수에서의 제한을 논의할 용의가 있음을 보였지만 그러한 제안으로서는 많은 탄두를 가지고 엄청난 대륙간탄도미사일이 부과한 위협을 억제할 수 없었을 것이다. 또한 소련은 이보다 선행한 자국의 전략무기제한협정 정책과 조화를 이루면서 6,000킬로미터를 초과하는 모든 크루즈 미사일에 대한 금지를 제안했다. 그 효과는 1979년 나토의 '두 가지 방침(double-track)' 결정에 따라서 지상발사 크루즈 미사일을 포함하여 개발 중이거나 이미 생산 중인 어떠한 장거리 크루즈 미사일도 미국이 전개할 수 없게 만드는 것이었다.

레이건 행정부는 자신의 군비통제정책에서 일련의 딜레마에 빠졌다. 미국은 미국의 주요한 전략적 이익들 — 더 소규모적인 자국의 지상발사 전략적 핵력을 목표로 한 많은 수의 매우 정확한 소련의 미사일 시스템을 더 낮추는 것 — 과 조화를 이루는 군비통제협정을 얻기 위해서는 소련의 전략적 핵력의 형세에서 주요 변화를 촉구하는 스타트 제안을 제기할 필요성을 느꼈다. 소련이 이러한 제안을 거절했을 때 레이건 행정부는 그것은 군비통제에 중대하지 않다는 입장을 보였다. 그러한 상황하에서, 즉 소련의 전략적 핵력들을 동요시키는 것으로 한정시키면서 소련이 수락할 수 있는 군비통제 제안을 찾는다는 것은 아마도 표현상으로 모순이 있었다. 더군다나 미국이 오래된 전략적 핵력의 구성요소들을 대체할 새로운 체계를 배치 않은 상태에서 소련의 입장에서는 효율적인 감축을 성취하기 위해 중대한 회담에 참여할 동기가 거의 없다고 레이건 행정부는 주장했다. 미국의 오래된 전략적 핵력의 많은 부분들은 20년 이상 경과했다. 반면 그와 비교할 수 있는 소련의 전략적 핵력은 채 10년도 지나지 않았다. 레이건 행정부의 비판자들은 새로운 배치는 단순히 군비경쟁만을 유발할 것이라는 입장을 보였다. 대신 이들 비판자들은 1980년대 초반 미국에서 벌어진 논쟁에서 미소 양 진영은 감축을 향한 첫걸음으로 현재의 수준으로 양국의 핵비축량을 동결해야 한다고 주장했다. 그러한 조건하에 핵체제를 동결하는 것은 소련에게 엄청난 현대화 프로그램을 부여하는 반면에, 미국은 지난 10년 동안 누적되어왔던 결점들을 고칠 수 없게 되는 것이었다. 레이건 행정부는 이러한 입장을 모든 핵가용체제에 적용한다면, 핵동결은 대륙 간 전략적 핵력에 있어서의 불균형을 기정사실화하고 미국에게 필요한 현대화 프로그램을 방해할 것이며 핵동결로 인해 소련은 서유럽과 아시아·태평양을 겨냥한 매우 정확한 지상발사 중거리 핵체제와 SS-20에 있어서 독점적 지위를 차지할 것이라고 주장했다. 엠엑스, 즉 오래된 미뉴트맨 대체용으로 배치될 더 커다란 지상발사미사일이 비난의 초점이 되었다. 왜냐하면 그것의 기지형태와 따라서 핵공격하의 생존성에 관한 문제들뿐만 아니라 비용 때문이었다. 전략적 현대화 프로그램에서 엠엑스를 제외하라는 의회의 압력에 직면하여 레이건 행정부는 초당적인 대통령위원회에게 미국의 전략적 억지의 필요성과 군비통제정책이라는 더 광범한 맥락 내에서 엠엑스용 배치형태에 관한 문제를 연구하도록 하였다[포드 대통령의 국가안보보좌관을 역임했던 스코우크로프트(Brent Scowcroft) 장군의 이름을 딴 스코우크로프트위원회(Scowcroft Commission)는 대안적 기지형태로 (1기에 10개의 탄두를 장착한) 최대 100기의 엠엑스 미사일의 배치와 초강도의 미뉴트맨 지하격납고를 추천하였다]. 그 위원회는 또한 미드제트맨(Midgetman)으로 명칭된 하나의 탄두를 장착한 더 작은 대륙간탄도미사일의 배치를 촉구했다. 미사일이 취약하다는 문제에 대한 하나의 장기적 답변은 각기 하나의 탄두만을 장착한 더 작은 미사일을 수적으로 많이 배치하는 거였다. 그러한 권고안이 미래의 전략적 핵력 구축을 위한 함축성을 지녔다면, 그것은 동등하게 레이건 행정부의 군비통제정책을 위한 중요한 개념적 변화양상을 가져 올 것이며, 사실 그것은 핵억지와 전략적 핵력의 생존성에 대한 인지된 필요조건들과 연계되었다.

스코우크로프트위원회 보고서의 영향으로 미국은 1년 전에 내놓은 제안을 상향 조정하여 1983년 6월에 스타트 제안을 제시하였다. 1982년에 내놓은 미국의 제안은 미소 양 진영이 각기 총 850기의 탄도미사일과 총 5,000개의 탄두로 제한하자는 것이었다. 그러한 제안은 1982년의 미국의 스타트 제안에서 제시된 양 진영에게 허용된 총 5,000개의 핵탄두를 감축하는 반면, 미드제트맨을 포함하여 미사일의 총수에 있어서는 850개 이상으로 하는 것이었다. 더군다나 미국은 첫 단계에서 탄도미사일에 대해서만이 아니라 모든 전략 시스템을 제한하는 합의를 협상하고자 하였다. 이것은 제2차 전략무기제한협정에서 허용된 수 이하로 그러한 항공기에 의해서 운송되는 중형폭격기와 크루즈 미사일의 수에 있어서 미소 양국이 똑같이 보유할 수 있는 최고 한도를 포함하였다. 수정된 미국의 제안에서 미국은 탄도미사일에 있어서의 소련의 우위성과 폭격기와 크루즈 미사일에 있어서의 자국의 이점을 맞바꾸고자 하였다.

스코우크로프트위원회의 권고안 이외에, 레이건 행정부는 자신의 스타트 제안에서 공화당의 코헨(William Cohen), 퍼시(Charles Percy) 상원의원과 민주당의 샘 넌(Sam Nunn) 상원의원이 처음으로 주창한 '이중감축(double build-down)' 개념을 혼합했다. 이중감축 개념에서 미국과 소련은 새로운 핵무기를 배치하기 위해서는 적어도 더 오래된 핵무기를 그리고 어떤 무기에 있어서는 1/2이나 2/3을 해제해야만 하였다. 미국의 제안은 대략적으로 연 5%의 보장된 감축을 제공하였다. 처음에 레이건 행정부에 의해서 선호되었듯이, 소련은 자국의 거대한 마브식 대륙간탄도미사일을 상당히 감축해야 했지만 미국의 크루즈 미사일에 대한 제한을 포함하는 타협을 벌여야 하는 무시 못할 여지도 있었다.

미국의 스타트 정책이 구축해왔던 초당적 합의가 이렇게 새로 형성되는 틀 내에서 협상된 조약에 대한 상원의 비준을 거의 보증한다고 해도, 그럼에도 불구하고, 그것은 레이건 행정부의 최초의 제안과 똑같은 이유로 인해서 소련의 거절에 부딪혔다: 소련의 한 성명에 따르면, 그것은 소련의 전략적 핵력을 '거세하는' 효과를 가졌다는 것이다. 소련이 그 회담의 재개 날자를 정하지 않음으로써 1983년 12월 스타트 회담은 중단되었다.

전략방위계획: 스타워즈

만약 기술공학이 보다 더 정확한 형태로 억지의 기반을 구성하는 공격적 보복력을 가진 핵공격하에서의 생존성에 대한 불안정한 함축성을 가졌다면 기술공학은 또한 초강대국의 전략적 관계에서 공격미사일에 대한 강조에서 궁극적으로는 그러한 능력들을 쓸모없게 만드는 방어미사일에 대한 의존으로의 변화를 야기시킬 수 있을까? 제1차 전략무기제한협정시대에는 배치될 수 있는 어떠한 방어 시스템도 무너뜨릴 수 있는 공격미사일을 추가적으로 구축하는 것이 가능했기 때문에 전략적 방위는 기술공학적으로 실현성이 없었다. 일방은 상대방이 보복공격을 저지하기를 바라면서 기습공격을 수행할 수도 있다는 두려움을 가졌기 때문에 전략방위의 배치를 불안정한 것으로 여겼다. 제1차 전략무기제한협정에서

1972년의 탄도탄요격미사일(ABM) 조약은 초강대국들이 효율적인 전략방위를 배치하는 것을 금지하였고 탄도탄요격미사일 조약에서 금지된 방위목표를 공격할 수 있는 공격력의 배치에 대한 철저한 제한들을 미소 양국에게 동등하게 부과했다.

1983년 3월 23일에 발표된 결정에서 레이건 행정부는 탄도미사일을 요격하는 방위 시스템의 기술공학적 실현 가능성을 결정한 연구 프로그램을 제안했다. 비공식적이자 부적절하게 '스타워즈(Star Wars)' 방위로 언급된 전략방위계획(SDI: The Strategic Defence Initiative)은 제1차 공격의 비용과 불확실성을 혼합시킨 전략적 입장에 대한 전망을 확실히 하고자 하는 노력이었다. 소련은 오래 전부터 그러한 연구에 몰두해왔고 탄도탄요격미사일 조약의 규정 내에서 세계에서 유일한 탄도탄요격미사일 체제를 배치해왔기 때문에 전략방위계획을 미국의 '발상(initiative)'이라고 보기는 힘들다. 그러한 전략방위를 전개하는 것이 가능하다고 입증되었다면 전략방위에 의해서 보호된 목표물들을 파괴시킬 수 없는 미사일을 배치할 동기가 거의 없기 때문에 공격 시스템을 감축할 필요성이 제기되었을 것이다. 심지어 도시 보호를 위한 완벽한 탄도미사일 방어 시스템을 구축하는 것이 불가능하다고 입증되었어도 전략적 핵력의 다른 요소들뿐만 아니라 사령부, 통신체제, 통제 센터와 같은 목표들을 방어하거나 혹은 적어도 그러한 것들의 생존능력을 크게 강화시킬 수 있는 능력은 억지력을 보강시켰을 것이다. 자신의 전략방위계획에서 레이건 행전부는 점진적 형태로 기술공학이 억지력을 증강시킬 수 있는 명확하게 정의된 목표물들의 범주를 위해 개발될 수 있는지의 여부를 결정하고자 하는 접근방법을 채택했다.

비판자들은 생존력을 더 높이는 핵전쟁을 하는 것은 만약 일방 혹은 쌍방이 핵전쟁을 할 수 있고, 설사 승리하지 못하더라도, 살아남을 수 있다고 생각한다면 실제로 분쟁의 전망을 증가시키는 것이라고 주장했다. 전략방위계획의 지지자들은 그러한 논리는 자동차 운전사가 안전벨트를 착용했으므로 사고가 나더라도 자신은 살아남을 수 있는 확률이 더 높기 때문에 무모하게 운전할 가능성이 높다는 주장처럼 결점이 있다고 반박했다.

전략방위계획은 공격지배적에서 방어지향적 전략환경으로의 전환기 동안 안보와 결부된 문제들, 특히 대서양동맹 내의 확장된 안보보장에서 재래식 핵발발의 함축성 그리고 마지막으로 그것이 군비통제협상에 미치는 영향들을 야기시켰다. 전략방위계획의 비판자들은 전략방위 시스템의 시험과 배치는 탄도탄요격미사일 조약의 폐기나 수정을 요한다고 주장하였다. 어쨌든 지지자들은 소련이 전략방위를 위한 자국의 기술공학을 개발하고 있다고 주장하였다. 미국과 달리 소련은 탄도탄요격미사일 조약하에서 세계에서 유일하게 전략방위 시스템을 갖추었다. 미국의 대항연구 프로그램의 존재는 소련이 그 자신의 전략방위를 가지고 탄도탄요격미사일 조약을 파기하고자 할 가능성을 줄일 수도 있었다. 만약 미국이 그러한 소련의 배치에 신속하게 반격할 수 없다면, 모스크바는 전략적 환경의 엄청난 결과로 대규모 전략방위 시스템을 실행할 동기를 가졌을 것이다. 사실 양 초강대국들이 기습공격의 가능성을 완화시켜주는 일종의 전략방위 시스템을 전개한다면 그들의 군사관계의 안정성이 공고해질 것이라는 주장도 있었다. 중요한 점이 하나 남았는데, 그것은 10년 이상에 걸친 전략무기제한협상의 결과는 본질적으로 그러한 회담이 공격적 핵력의 수, 치사율 그리고 정확성을 더 낮추지 못하는 내재적 무능력을 노출시켰다는 점이다. 따라서 공격능력을 감축시키는 데 필요한 동기를 제공하기 위해서는 전략방위의 형태로 기술공학을 이용할 필요성이 있었다. 이상적으로 그러한 상황하에서는 사람들을 죽이는 무기들보다는 무기들을 파괴시키는 무기들의 배치에 보다 커다란 강조점이 주어졌을 것이다.

제1차 전략무기제한협정시대에 소련은 제1차 전략무기제한협정 체결 이후에도 그 이전과 동등한 속도로 계속해서 배치해왔던 공격력의 전개에 대해서 미소에게 동등한 엄격한 금지 없이도 탄도탄요격미사일 조약체결을 찬성했었다. 1984년 소련은 우주에서 위성 대신에 혹은 전략방위 능력의 일환으로 사용될 수 있는 무기의 배치를 금지하는 협상에 참여하도록 미국에게 압력을 가했다. 미국이 지구 표면으로부터 100마일 상공에서 대륙간탄도미사일을 요격할 수 있는 미사일 실험을 성공적으로 끝낸 수일 내에 소련은 그러한 무기사용의 금지조약을 촉구하는 이전의 입장을 반복했다. 미국의 대응은 소련의 제의를 수락하는 것이었으나 우주에서 전략방위용 무기에 대한 어떠한 논의도 마찬가지로 공격수단들을 포함시켜야만 한다는 점을 지적했다. 요컨대 그것은 제2차 전략무기제한협정과 1983년 소련에 의해서 중단된 협상에서 미국의 시각으로는 부적절하게 표현된 공격시스템의 문제들로의, 일정한 형태상의 복귀였다. 1985년 1월 제네바에서 열린 회담에서 대륙 간 시스템, 중거리핵력 그리고 전략방위의 세 가지 측면의 회담을 담고 있는 '우산' 틀하에서 협상을 개최키로 한 협정이 이루어졌다.

1984년 초반에 레이건 행정부는 '세계의 불안정한 지역'과 군비 수준상의 감축에 대한 양국의 차이점들에 관한 대화에 기반을 두고 소련과 '건설적이고 현실적인 업무관계'의 수립을 촉구했었다. 이러한 접근방법은 1983년 9월 1일 대한항공 007 민항기(Korean Airlines Flight 007)가 캄차카(Kamchatka)와 사할린(Sakkalin) 상공의 소련 방공망에 들어왔을 때 소련이 이를 격추시켜 269명의 목숨을 앗아간 후 미소관계가 현저히 악화된 이후에 나왔다. 처음에 책임을 인정하지 않은 소련은 자국의 항공망에 들어왔던 '스파이 비행기'를 격추시킨 것은 전적으로 정당하다고 주장하는 일련의 성명을 발표했다. 미국은 "생명과 진실을 야만적으로 무시했다"고 소련을 비난했다. 모스크바의 어조는 한층 격화되어 "도덕성과 인간성에 대한 위선적 설교를 혼합한 상스러운 욕설"을 한다고 레이건 행정부를 비난하였다. 그러한 독설적인 성명에도 불구하고 소련 지도부는 자국의 목적에 부합할 때마다 레이건 행정부와 사업을 할 준비가 되어 있었다. 정말로 소련은 대한항공기 격추에 대한 미국의 비난을 규탄했음에도 불구하고, 안드로포프는 소련 정책은 '감정'이 아니라 '상식'과 '현실주의'에 입각하고 있다고 말했다. 이것은 소련이 1983년 후반 더 이상 자국의 인지된 이익에 도움이 안 되는 군비통제협상에서 철수하고, 1985년에 그러한 회담에 다시 복귀하는 맥락이었다.

레이건하의 외교정책 결정

처음에 레이건 행정부는 '내각책임제'에 대한 미국식 입장에 입각한 외교정책의 조직구조를 실행하고자 하였다. 내각책임제라는 용어는 일반적으로 영국에서 내각과 수상의 집단적 책임감을 기술하기 위해 사용된다. 영국의 의원내각제와는 대조적으로 미국 대통령과 각료들 간의 관계에서는 그러한 집단적 책임감이 존재하지 않는다. 영국의 수상과는 달리, 미국의 대통령은 자신이 원하는 것 이상이나 이하로 자신의 각료들을 개별적 혹은 집단적으로 공식적인 정책결정 과정에서 이용할 수 있다. 레이건 행정부는 부분적으로는 캘리포니아 주지사로서 레이건의 정책결정 스타일에 입각하여 각료들이 응집력 있는 단위를 구성할 것이라는 사상을 가지고 취임했다. 합의된 외교정책의 제 목표들을 지지하는 데 함께 일할 수 있는, 레이건의 일반적인 정치철학을 공유한 인물들을 그러한 지위에 임명함으로써 적어도 어느 정도는 근래의 행정부들이 국가안보보장회의진에 집중시켰던 정책통합 기능을 분산화시키는 것이 가능하였다.

더군다나 처음에 레이건 행정부가 선호한 내각책임제의 접근방법은 국가안보보좌관의 지위를 카터 행정부 동안 유지해왔던 각료 지위에서 강등하는 것을 포함하였다. 아마도 국가안보보좌관을 다소 찬미적인 지위로 낮추는 것은 카터 행정부 때 국무장관 반스와 국가안보보좌관 브레진스키 간의 관계를 손상시켰던 유형의 불협화음을 줄이고자 했을 것이다. 레이건 행정부 처음 몇 달 동안 레이건의 첫 번째 국가안보보좌관인 알렌(Richard V. Allen)이 대통령에게 일일 브리핑을 한 자신의 전임자들의 관례를 계속 따랐지만, 국가안보보좌관은 대통령에게 직접적이고 계속적으로 접근할 수 있는 권한 대신에 대통령의 고위 백악관 자문위원을 통해서 보고해야 하였다.

레이건 행정부 초기에 수립된 국가안보보장회의의 구조는 의도했던 것 이상의 정책결정 시스템을 이루었다. 3개의 고위 부처 간 그룹이 구성되었다: 외교정책의 쟁점들을 다루는 국무장관이 이끄는 첫 번째 그룹, 방위정책에 초점을 둔 국방장관이 관할하는 두 번째 그룹 그리고 중앙정보부장하에서 정보 쟁점들을 다루는 세 번째 그룹. 이러한 3개의 고위 부처 간 그룹은 국가안보 정책의 개발과 조정을 위한 장소로서 카터 행정부의 정책심의위원회(Policy Review Committee)를 대체하였다. 고위 부처 간 그룹 아래에는 일련의 부처 간 그룹(IGs: Inferdepartmental Groups)이 세워져 그것들을 관장하는 장관보좌관들과 함께 다양한 지역에 대한 각각의 정책을 조정하였다. 부처 간 그룹은 정책결정의 장소를 국가안보보좌관과 그의 참모진으로부터 국무부로 이동시켰다는 또 다른 의미를 지녔다. 국무부는 레이건 행정부에서 신설된 거의 30여 개에 달하는 부처 간 그룹을 관장하였다. 그러한 부처 간 그룹에서 국무부의 지배적 위치에도 불구하고 헤이그 국무장관은 레이건이나 백악관의 레이건 측근 그룹(inner circle)과 긴밀한 업무관계를 발전시키지 못했다. 헤이그의 경원적 태도는 그의 후임자인 슐츠의 스타일과 대조적이었다. 그리고 국무부 관료조직이 정책결정 과정의 가장 중요한 부분에서 배제되었던 시절에 주로 국무장관을 역임한 키신저와 덜레스 같은 전임자들의 경험과도 상당히 대조적이었다. 마지막으로 1981년 3월 부시(Bush) 부통령이 이끄는 위기관리위원회(crisis-management committee)가 창설되어 국내외의 긴급사태에 대응하는 데 있어서 자원들을 통합하는 업무를 맡았다. 레이건 행정부가 국무장관을 위기관리위원회 의장으로 지명하지 못한 것은 1982년 6월 그의 사임으로 절정에 달한 헤이그와 백악관 간의 여러 쟁점들에 걸친 불일치의 한 면을 보여주었다. 따라서 레이건 행정부에 의해서 발전된 국가안보보장회의의 구조는 정책결정 과정에서 정치적 '세력권'을 위한 관료 내의 투쟁과 경쟁을 최소화시키고자 한 기대에 못미쳤다.

1982년 초반에 레이건 행정부는 자신의 국가안보 정책결정진과 구조에서 중용적 수정에 착수했다. 알렌이 사임한 후 국가안보 보좌관으로 클라크(William P. Clark)가 임명되었다. 아마도 국가안보보좌관이 대통령에게 직접적으로 보고를 할 수 없었던 레이건 행정부 첫 해의 경험에 비추어보아 그리고 레이건과의 오랜 친교 때문에 클라크는 대통령과 직접적으로 일할 수 있었다. 국가안보보장회의 참모진의 역할이 강화되었다. 위기관리위원회를 지원하기 위해 추가적으로 부처 간 그룹들이 창설되었고 장래 위기의 우발성에 대처하기 위해 기획그룹이 구성되었다. 더군다나 재무장관을 의장으로 하는 국제경제 정책을 위한 고위 부처 간 그룹이 신설되었다. 우주, 공식외교, 기술이전 그리고 비상대책에 관한 다른 고위 부처 간 그룹들이 구성되었으며 이러한 부문에서의 정책을 통합하기 위해 국가안보업무담당의 대통령 보좌관이 이들 그룹들을 관할하였다. 1983년 후반 맥파레인(Robert Mcfarlane) 보좌관이 클라크를 승계할 때까지 정책결정 과정에서 국가안보보장회의의 역할은 추가적인 부처 간 조정 그룹들이 형성되었을 뿐만 아니라 학계, 민간 공무원과 군 공무원들 간에 거의 동등하게 나누어진 키신저 시대의 절정기 때보다는 수적으로 상당히 축소되었지만, 50명 이하의 참모진들로부터 지원을 받았기 때문에 상당히 증가되었다.

마지막 분석에서 레이건 행정부의 외교정책 결정과정은 다양한 고위 부처 간 그룹에서 나타난 공식적 구조의 요소들과 그것의 하위적 요소들에 경쟁적 접근방법을 곁들이는 것이었다. 다양한 집단들은 최고 수준에서 조정을 위한 선택들을 마련했다. 아이젠하워처럼 그리고 닉슨과 카터와는 상당히 대조적으로, 레이건은 더 낮은 행정조직 수준에서 처리될 수 있는 결정 부담에서 벗어나는 것을 선호했다. 레이건 행정부의 접근방법은 백악관 자문위원인 미세(Edwin Meese)가 '명확한 책임감을 가진, 정책시행을 위한 참여적 정책결정체계'로 묘사했던 것에 기반을 두었다. 실제적으로 이것은 대통령 하위 수준에서의 토론과 심지어는 분열을 의미하는 것이었다. 따라서 필요한 경우에는 최종 결정을 위해 레이건이 정책갈등을 처리해야만 하였다. 가장 중요한 3개의 고위 부처 간 그룹 ─ 외교정책, 방위 그리고 정보 ─ 는 제각기 국무부, 국방부 그리고 중앙정보부의 통제하에 있었다. 이러한 3개의 관료구조로 인해 그것들과 최대한 직접적으로 관련된 제도적 이익들과 편견들이 통합된 정책시각의 창조를 방해할지도 모른다는 우려감이 존재하였다. 따라서 그에 대한 일차적 해답은 그러한 고위 부처 간 그룹의 지도력을 국가안보담당 특별보좌관에게 이관하는 것 같았다.

레이건의 외교정책 수행에 관한 결론

레이건 행정부는 자신의 전임자들처럼 동적이고 급변하는 지구적 안보환경에서 미국 외교정책의 한계를 정의할 필요성과, 그리고 무엇보다도 먼저, 자국의 국제적 공약들을 국민들이 받아들 수 있는 방식으로 현존의 그리고 장래의 능력과 관련시킬 필요성에 직면하였다. 레이건 행정부는 방위에 더 많은 자원들을 투자하면서 외교정책 수행을 위한 국민적 합의를 진전시키고자 했다.

1984년 후반 와인버거(Caspar Weinberger) 국방장관이 장래의 군사력 사용에 대한 일련의 기준들을 구성한 것은 이러한 추구를 반영하였다. 베트남 충격의 재발을 막기 위해서 미국은 전투지역에 병력을 파견하는 데 있어 여섯 가지 기준을 마련하였다: ① 개입은 명확히 국가 이익이 존재해야만 한다, ② 공약은 승리하려는 명확한 의도를 가지고 진실되어야 한다, ③ 정치 군사적 목적들은 그러한 것들을 얻기 위해 투입된 병력사용을 위한 적절한 전략과 더불어 정확하게 정의되어야 한다, ④ 병력이 행동으로 들어간 후 수단과 목적들 간의 관계에 대한 끊임없는 재평가가 이루어져야 한다, ⑤ 미국민과 의회로부터의 강한 지지 가능성이 있어야 한다, ⑥ 전투에서 미 군사력의 사용은 오직 최후의 수단이 되어야 한다.

와인버거의 구성에서 해결되지 않은 것은 '국가 이익'에 대한 명확한 정의였는데, 그에 대해서는 1984년의 대통령 선거유세에서 입증되었듯이, 레이건 행정부와 레이건 행정부의 민주당 반대자들 간에 상당한 차이점이 있었다. 1984년의 대통령 선거유세에서 중미와 페르시아 만에서의 잠재적인 무력사용에 대해서 현저한 불일치가 표출되었다. 만약 이들 지역에서 미국의 이익을 지원하는 데 가능한 군사력의 사용에 관한 초당적 합의가 없다면 다른 지역들에서 무력사용을 위한 필요한 합의가 쉽게 형성될 것 같지 않았다. 따라서, 더 좋든 혹은 더 나쁘든 간에 군사력 사용에 관해서는 베트남의 유산이 미국 외교정책에 강압적인 요소로 남아 있었다. 레바논에 대한 미 해병대의 투입이 와인버거가 구성한 기준들에 못 미쳤었다면 그레나다에서의 구출임무는 정치적·군사적 측면 모두에서 성공적인 것으로 판명되었고 그 결과 미국민들의 대대적인 지지를 받았었다. 테러분자들의 공격과 베이루트에서 국내의 정치상황이 붕괴된 후 미 군병력이 철수한 레바논에서의 제한적인 개입은 국내 여론의 다양한 세력들이 받아들일 수 있는 틀 내에서 수단과 목적을 조화시키는 데 있어 레이건 행정부가 직면한 문제들을 설명하였다. 20세기 후반 미국이 직면한 위협들은 테러리즘을 포함한 다양한 형태의 대책을 쉽게 찾아낼 수 없는 저강도 분쟁(low-intensity violence)을 포괄하였다. 보복할 정확한 목표물을 식별할 수 없고 따라서 적절한 행동을 취할 수 없는 상황에서 전통적인 억지의 원칙들은 적용될 수 없었다. 여기에서 레이건 행정부는 미 대사관들과 해외의 다른 군사기지들에 대한 공격에 직면하여 그러한 행동을 일삼는 세력들을 찾아내어 응징하는 것보다는 그러한 시설물들을 위한 안보 예방책들을 더 쉽게 마련할 수 있었다.

레이건 행정부는 자신의 행정부의 주요 특징으로서 소련의 군사능력에 대한 우려와 소련의 동기들에 대한 불신을 가졌던 외교정책 합의를 반영했고, 그리고 어느 정도 그것을 형성하였다. 더불어 레이건 행정부는 안보쟁점들에 관한 모스크바와의 대화는 초강대국 관계의 필수적 요소라는 신념을 가졌다. 미소 관계의 상태에 관한 양극화된 논의에도 불구하고, 첫 번째 임기에서 레이건 행정부는 거의 자신의 모든 전임자들이 직면한 것들과 비교할 만한 소련과의 국제적 위기에 직면하지 않았다는 사실이 남아 있었다. 대신 미소 대결은 주로 어조적 수준에서 행해졌다. 1984년 가을 레이건 행정부가 선거에서 승리할 가능성이 높아짐에 따라 1984년 초반 미국이 제의한 '건설적 대화'에서 소련의 이익이 되살아났고, 따라서 그것은 두 번째 임기에서 레이건 행정부가 몰두해야 할 외교정책의 의제를 위한 무대를 마련하였다.

참고문헌

미국 외교사와 외교정책: 일반서

Bailey, Thomas A. 1980, *A Diplomatic History of the American People*, 10th ed., Englewood Cliffs, N.J.: Prentice-Hall.

Bemis, Samuel Flagg. 1965, *A Diplomatic History of the United States*, 5th ed., New York: Holt, Rinehart and Winston.

Blake, Nelson M. and Oscar T. Barck, Jr. 1960, *The United States in Its Worked Relations*, New York: McGraw-Hill.

Crabb, Cecil V., Jr. 1982, *The Doctrines of American Foreign Policy*, Baton Rouge, La.: Louisiana State University Press.

DeConde, Alexander. 1978, *A History of American Foreign Policy*, 2 vols., 3rd ed., New York: Scribner.

Ferrell, Robert H. 1969, *American Diplomacy: A History*, revised and expanded edition. New York: Norton.

Paterson, Thomas, G. Clifford, J. Garry and Kenneth J. Hogan. 1977, *American Foreign Policy: A History*, Lexington, Mass.: D.C. Heath.

Perkins, Dexter. 1966, *The Evolution of American Foreign Policy*, New York: Oxford University Press.

미국 외교사 1776~1933: 전공서

Beale, Howard K. 1956, *Theodore Roosevelt and the Rise of America to World Power*, Baltimore: John Hopkins University Press.

Bemis, Samuel Flagg. 1935, *The Diplomacy of the American Revolution*, New York: Prentice-Hall.

_____. 1973, *John Quincy Adams and the Foundation of American Foreign Policy*, New York: Norton.

Burton, David H. 1968, *Theodore Roosevelt: Confident Imperialist*, Philadelphia: University of Pennsylvania Press.

Campbell, Charles S. 1976, *The Transformation of American Foreign Relations, 1865~1900*, New York: Harper & Row.

Combs, Jerald. 1983, *American Diplomatic History: Two Centuries of Changing*

Interpretations, Berkeley, Calif.: University of California Press.

Dingman, Roger. 1976, *Power in the Pacific: The Origins of Naval Arms Limitation, 1914~1922*, Chicago: University of Chicago Press.

Dulles, Foster Rhea. 1963, *America's Rise to World Power, 1898~1954*, New York: Harper & Row.

Ellis, L. Ethan. 1961, *Frank B. Kellogg and American Foreign Relations 1925~1929*, New Brunswick, N.J.: Rutgers University Press.

_____. 1928, *The General Pact for the Renunciation of War*, Washington, D.C.: U.S. Government Printing Office.

Ferrell, Robert H. 1952, *Peace in their Time*, New Haven, Conn.: Yale University Press.

Friedel, Frank. 1958, *The Splendid Little War*, Boston: Little, Brown.

Graebner, Norman A. 1961, *An Uncertain Tradition: American Secretaries of State in the Twentieth Century*, New York: McGraw-Hill.

Gregory, Ross. 1971, *The Origins of American Intervention in the First World War*, New York: Norton.

Kennan, George F. 1951, American Foreign Policy, 1900~1950, Chicago: University of Chicago Press.

LaFeber, Walter. 1963, *The New Empire: An Interpretation of American Expansion, 1860~1898*, Ithaca N.Y.: Cornell University Press.

Levin, N. Gordon, Jr. 1968, *Woodrow Wilson and World Politics*, New York: Oxford University Press.

Link, Arthur S. 1964, *Wilson: Confusions and Crises, 1915~1916*, Princeton. N.J: Princeton University Press.

May, Ernest R. 1959, *The World War and American Isolation, 1914~1917*, Chicago: Quadrangle.

_____. 1968, *American Imperialism: A Speculative Essay*, New York: Atheneum.

Minger, Ralph E. 1975, *William Howard Taft and United States Foreign Policy*, Urbana, Ill.: University of Illinois Press.

Morgenthau, Hans J. 1951, *In Defense of the National Interest*, New York: Knopf.

Munro, Dana G. 1964, *Intervention and Dollar Diplomacy in the Caribbean*, Princeton, N.Y.: Princeton University Press.

Nevins, Allen. 1950, *The United States in a Chaotic World: 1918~1933*, New Haven, Conn.: Yale University Press.

Osgood, Robert E. 1953, *Ideals and Self-Interest in America's Foreign Relations*, Chicago: University of Chicago Press.

Owsley, Frank L. 1951, *King Cotton Diplomacy*, (1931) rev., ed. by Harriet C. Owsley. Chicago: University of Chicago Press.

Perkins, Dexter. 1927, *The Monroe Doctrine, 1823~1826*, Cambridge, Mass.: Harvard

University Press.

Smith, Daniel M. 1965, *The Great Departure: The United States and World War I, 1914~1920*, New York: Wiley.

Varg, Paul. 1963, *Foreign Policies of the Founding Fathers*, East Lansing, Mich.: Michigan State University Press.

루스벨트 행정부

Beard, Charles. 1948, *President Roosevelt and the Coming of the War*, New Haven, Conn.: Yale University Press.

Bullitt, Orville H.(ed.). 1972, *For the President-Personal and Secret: Correspondence Between Franklin Roosevelt and William C. Bullitt*, Boston: Houghton Mifflin.

______. 1970, *Roosevelt: The Soldier of Freedom*, New York: Harcourt Brace Jovanovich.

Burns, James M. 1956, *Roosevelt: The Lion and the Fox*, New York: Harcourt Brace Jovanovich.

Cole, Wayne S. 1980, Roosevelt and the Isolationist, 1932~1945, New York: Columbia University Press.

Corwin, Edward S. 1948, *The President: Office and Powers*, Princeton, N.J.: Princeton University Press.

Freidel, Frank. 1952~1973, *Franklin D. Roosevelt*, 4 vols. Boston: Little, Brown.

Grew, Joseph C. 1944, *Ten Years in Japan*, New York: Simon & Schuster.

Hull, Cordell. 1948, *Memoirs*, 2 vols. New York: Macmillan.

Kimball, Warren F. 1973, Franklin D. Roosevelt and the World Crisis, 1937~ 1945, Lexington, Mass.: D.C. Heath.

Langer, William L. and S. Everett Gleeson. 1952, The Challenge to Isolation: The World Crisis of 1937~1940 and American Foreign Policy, New York: Harper & Row.

Lash, Joseph P. 1976, *Roosevelt and Churchill, 1939~1941: The Partnership That Saved the West*, New York: Norton.

Offner, Arnold A. 1976, *American Appeasement: United States Foreign Policy and Germany, 1933~1938*, New York: Norton.

Wiltz, John E. 1968, *From Isolation to War, 1931~1941*, New York: Harper & Row.

제2차 세계대전과 전시외교

Baker, Leonard. 1970, *Roosevelt and Pearl Harbor*, New York: Macmillan.

Beitzell, Robert. 1972, *The Uneasy Alliance: America, Russia and Britain, 1941~1943*, New York: Knopf.

Churchill, Winston. 1948~1953, *The Second World War*, 6 vols. Boston: Houghton Mifflin.

Dallek, Robert. 1970, *Roosevelt Diplomacy and World War II*, New York: R. E. Krieger.

Divine, Robert A. 1969, *Roosevelt and World War II*, Baltimore. Md.: Johns Hopkins

University Press.
Feis, Herbert. 1953, *The China Tangle*, Princeton. N.J.: Princeton University Press.
_____. 1957, *Churchill, Roosevelt, Stalin: The War They Waged and the Peace They Sought*, Princeton, N.Y.: Princeton University Press.
_____. 1962, *The Road to Pearl Harbor: Warning and Decision*, Stanford, Calif.: Stanford University Press.
Leahy, William D. 1950, *I Was There*, New York: McGraw-Hill.
Lohbeck, Don. 1956, *Patrick J. Hurley*, Chicago: Regnery.
Murphy, Robert. 1964, *Diplomat among Warriors*, Garden City, N.Y.: Double-day.
Neu, Charles E. 1975, *The Troubled Encounter: The United States and Japan*, New York: Wiley.
Prange, Gordon W. 1982, *At Dawn We Slept: The Untold Story of Pearl Harbor*, New York: Penguin Books.
Sherwood, Robert E. 1948, *Roosevelt and Hopkins: An Intimate History*, New York: Harper & Row.
Snell, John L. 1963, *Illusion and Necessity: The Diplomacy of Global War, 1939~1945*, Boston: Houghton Mifflin.
Tuchman, Barbara. 1970, *Stilwell and the American Experience in China*, New York: Macmillan.

트루먼 행정부

Acheson, Dean. 1969, *Present at the Creation: My Years at the State Department*, New York: Norton.
Bernstein, Barton J.(ed.). 1970, *Politics and Policies of the Truman Administration*, Chicago: Quadrangle.
Byrnes, James F. 1947, *Speaking Frankly*, New York: Harper & Row.
Donovan, Robert J. 1977, *Conflict and Crisis: The Presidency of Harry S, Truman, 1945~1948*, New York: Norton.
_____. 1977, *The Tumultuous Years, 1949~1953*, New York: Norton.
_____. 1979, *Nemesis: Truman and Johnson in the Coils of War in Asia*, New York: Norton.
Druks, Herbert. 1979, *Harry S. Truman and the Russians, 1945~1953*, New York: Norton.
Goldman, Eric F. 1960, *The Crucial Decade-and after: America, 1945~1960*, New York: Knopf.
Heller, Francis H.(ed.). 1980, *The Truman White House: The Administration of the Presidency, 1945~1953*, Lawrence, Kan.: University Press of Kansas.
Millis, Walter(ed.). 1951, *The Forrestal Diaries*, New York: Viking.
Moseley, Leonard. 1982, *Marshall: Hero for Our Times*, New York: Hearst Books.

Pogue, Forrest C. 1973, *George C. Marshall: Organizer of Victory, 1943~1945*, New York: Viking.

Truman, Harry S. 1955~1956, *Memoirs*, 2 vols. Garden City, N.Y.: Double-day.

한국전쟁

Clark, Mark W. 1954, *From the Danube to the Yalu*, New York: Harper & Row.

Collins, J. Lawton. 1969, *War in Peacetime: The History and Lessons of Korea*, Boston: Houghton Mifflin.

Goodrich, Leland M. 1956, *Korea: A Study of U.S. Policy in the United Nations. New York: Council on Foreign Relations. Hearings on the Military Situation in the Far East*, Senate Armed Services Committee.

82nd Congress. 1st Session, 1951. Washington, D.C.: U.S. Government Printing Office, 1951.

Joy, Turner C. 1955, *How Communists Negotiate*, New York: Macmillan.

Leckie, Robert. 1962, *Conflict: The History of the Korean War*, New York: Putnam.

Marshall, S. L. A. 1956, *The River and the Gauntlet: Defeat of the Eighth Army by the Chinese Communist Forces*, New York: Morrow.

Osgood, Robert E. 1957, *Limited War: The Challenge to American Strategy*, Chicago: University of Chicago Press.

Paige, Glenn D. 1968, *The Korean Decision*, New York: Free Press.

Rees, David. 1964, *Korea: The Limited War*, Baltimore: Penguin Books.

Rovere, Richard H. and Arthur M. Schlesinger, Jr. 1951, *The General and the President*. New York: Farrar, Straus & Giroux.

Spanier, John. 1965, *The Truman-MacArthur Controversy and the Korean War*, New York: Norton.

아이젠하워 행정부

Adams, Sherman. 1961, *Firsthand Report: The Story of the Eisenhower Administration*. New York: Harper & Row.

Alexander, Charles C. 1975, *Holding the Line: The Eisenhower Era, 1952~1961*, Bloomington. Ind.: Indiana University Press.

Ambrose, Stephen E. 1984, *Eisenhower, Vol.II: The President*, New York: Simon & Schuster.

Beal, John R. 1956, *John Foster Dulles*, New York: Harper & Row.

Branyan, Robert L. and Lawrence H. Larsen(eds.). 1971, *The Eisenhower Administration, 1953~1981: A Documentary History*, 2 vols. Westport, Conn.: Greenwood Press.

Divine, Robert A. 1981, *Eisenhower and Cold War*, New York: Oxford University Press.

Eisenhower, Dwight David. 1963, *Mandate for Change*, Garden City, N.Y.: Doubleday.

_____. 1965, *Waging Peace*, Garden City, N.Y.: Doubleday.

Eisenhower, Milton S. 1967, *The President Is Calling*, Garden City, N.Y.: Doubleday.

Greenstein, Fred I. 1982, *The Hidden Hand Presidency: Eisenhower as Leader*, New York: Basic Books.

Guhin, M. A. 1972, *John Foster Dulles: A Statesman and His Times*, New York: Columbia University Press.

Hoopes, Townsend. 1973, *The Devil and John Foster Dulles*, Boston: Little, Broun.

Hughes, Emmet John. 1963, *The Ordeal of Power: A Political Memoir of the Eisenhower Years*, New York: Atheneum.

Killian, James R., Jr. 1977, *Sputnik, Scientists and Eisenhower: A Memoir of the First Special Assistant to the President for Science and Technology*, Cambridge, Mass.: MIT Press.

Kistiakowsky, George B. 1967, *A Scientist ant the White House: The Private Diary of President Eisenhower's Special Assistant for Science and Technology*, Cambridge, Mass.: Harvard University Press.

Neff, Donald. 1981, *Warriors at Suez: Eisenhower Takes America into the Middle East*, New York: Linden Press/Simon & Schuster.

Rostow, W. W. 1982, *Europe after Stalin: Eisenhower's Three Decisions of March 11, 1953*, Austin, Texas: University of Texas Press.

_____. 1983, *Open Skies: Eisenhower's Proposal of July 22, 1953*, Austin. Texas: University of Texas Press.

케네디·존슨 행정부

Ball, George W. 1976, *Diplomacy for a Crowded World.* Boston: Little, Brown.

Evans, Roland and Robert Novak. 1967, *Lyndon B. Johnson: The Exercise of Power*, London: George Allen & Unwin.

Fairlie, Henry. 1973, *The Kennedy Promise: The Politics of Expectation*, Garden City, N.Y.: Doubleday.

Galbraith, John K. 1969, *Ambassador's Journal: A Personal Account of the Kennedy Years*, Boston: Houghton Mifflin.

Geyelin, Philip V. 1966, *Lyndon B. Johnson and the World*, New York: Praeger.

Goldman, Eric F. 1969, *The Tragedy of Lyndon Johnson*, New York: Knopf.

Hilsman, Roger. 1967, *To Move a Nation*, Garden City, N.Y.: Doubleday.

Johnson, Lyndon Baines. 1971, *The Vantage Point: Perspectives of the Presidency, 1963~1969*, New York: Holt, Rinehart and Winston.

Kalb, Madeleine G. 1982, *The Congo Cables: The Cold War in Africa-From Eisenhower to Kennedy*, New York: Macmillan.

Kearns, Doris. 1976, *Lyndon Johnson and the American Dream*, New York: Harper &

Low.

Kern, Montague, Patricia W. Levering and Ralph B. Levering. 1983, *The Kennedy Crisis: The Press the Presidency and Foreign Policy*, Chapel Hill, N.C.: University of North Carolina Press.

Miller, Merle. 1980, *Lyndon: An Oral History*, New York: Putnam.

Parmet, Herbert S. 1983, *JFK: The Presidency of John F. Kennedy*, New York: Dial Press.

Rostow, Walt Whitman. 1972, *Diffusion of Power*, New York: Macmillan.

Rusk, Dean. 1963, *Winds of Freedom*, Boston: Beacon Press.

Schlesinger, Arthur M., Jr. 1965, *A Thousand Days: John F. Kennedy in the White House*, Boston: Houghton Mifflin.

_____. 1978, *Robert Kennedy and His Times*, Boston: Houghton Mifflin.

Sidey, Hugh. 1963, *John F. Kennedy, President*, New York: Fawcett.

_____. 1968, *A Very Personal Presidency: Lyndon Johnson in the White House*, New York: Atheneum.

Sorensen, Theodore C. 1965, *Kennedy*, New York: Harper & Row.

닉슨·포드 행정부

Ehrlichman, John. 1982, *Witness to Power: The Nixon Years*, New York: Simon & Schuster.

Evans, Rowland and Robert Novak. 1971, *Nixon in the White House: The Frustration of Power*, New York: Random House.

Ford, Gerald R. 1979, *A Time to Heal*, New York: Harper & Row.

Hersh, Seymour M. 1983, *The Price of Power*, New York: Summit Books.

Joiner, Harry. *American Foreign policy: The Kissinger Era*,

Kalb, Marvin and Bernard Kalb. 1979, *Kissinger*. Boston: Little, Brown.

Kissinger, Henry A. 1979, *White House Years*, Boston: Little, Brown.

_____. 1982, *Years of Upheaval*, Boston: Little, Brown.

Liska, George. 1975, *Beyond Kissinger: Ways of Conservative Statecraft*, Baltimore: Johns Hopkins University Press.

Morris, Roger. 1977, *Uncertain Greatness: Henry Kissinger and American Foreign Policy*, New York: Harper & Row.

Nixon, Richard M. 1962, *Six Crises*, Garden City, N.Y.: Doubleday.

_____. 1978, *RN: The Memoirs of Richard Nixon*, New York: Grosset & Dunlap.

Osgood, Robert E., Robert W. Tucker, Francis E. Rourke, Herbert S. Dinerstein, Laurence W. Martin, David P. Calleo, Benjamin M. Rowland and George Liska. 1973, *Retreat from Empire? The First Nixon Administration*. Baltimore: Johns Hopkins University Press.

Safire, William. 1975, *Before the Fall: An Inside View of the Pre-Watergate White House*,

Garden City, N.Y.: Doubleday.

Szulc, Ted. 1978, *The Illusion of Peace: Foreign Policy in the Nixon-Kissinger Years*, New York: Viking Press.

Wills, Gary. 1970, *Nixon Agonistes*, Boston: Houghton Mifflin.

카터 행정부

Brzezinski, Zbigniew K. 1983, *Power and Principle: Memoirs of the National Security Adviser, 1977~1981*, New York: Farrar, Straus & Giroux.

Cater, Jimmy. 1982, *Keeping Faith: Memoirs of a President*, New York: Bantam Books.

Johansen, Robert. 1980, *The National Interests and the Human Interest: An Analysis of U.S. Foreign Policy*, Princeton, N.J.: Princeton University Press.

Jordan, Hamilton. 1982, *Crisis: The Last Year of the Carter Presidency*, New York: Putnam.

Kissinger, Henry. 1981, *For the Record: Selected Statements, 1977~1980*, Boston: Little, Broun.

Mollenhoff, Clark R. 1980, *The President Who Failed: Carter Out of Control*, New York: Macmillan.

Sarkesian, Sam(ed.). 1979, *Defense Policy and the Presidency: Carter's First Years*, Boulder, Colo.: Westview Press.

Shogan, Robert. 1977, *Promises to Keep: Carter's First Hundred Days*, New York: Harper & Row.

Shoup, Laurence H. 1980, *The Carter Presidency and Beyond*, Palo Alto, Calif.: Ramparts Press.

Vance, Cyrus. 1983, *Hard Choices: Critical Years in America's Foreign Policy*, New York: Simon & Schuster.

레이건 행정부

America and the World, 1981, 1982, 1983, 1984. Special annual volumes of Foreign Affairs, the first three edited by William P. Bundy, the fourth by William G. Hyland. New York: Council on Foreign Relations, 1982, 1983, 1984, 1985.

Bark, Dennis L.(ed.). 1984, *To Promote Peace: U.S. Foreign Policy in the Mid-1980s*, Stanford, Calif.: Hoover Institution Press.

Cannon, Lou. 1982, *Reagan*, New York: Putnam.

Greenstein, Fred I.(ed.). 1983, *The Reagan Presidency: An Early Assessment*, Baltimore: Johns Hopkins University Press.

Haig, Alexander M., Jr. 1982, *Caveat: Realism, Reagan and Foreign Policy*, New York: Macmillan.

Kirkpatrick, Jeanne J. 1983, *The Reagan Phenomenon and Speeches on Foreign Policy*,

Washington, D.C.: American Enterprise Institute.
Oye, Kenneth A., Robert J. Lieber and Donald Rothchild. 1983, *Eagle Defiant: United States foreign Policy in the 1980s*, Boston: Little, Brown.

미소 관계

Bell, Coral. 1977, *The Diplomacy of Detente: The Kissinger Era*, New York: St. Martin's Press.

Bohlen, Charles E. 1973, *Witness to History, 1929~1969*, New York: Norton.

Browder, Robert P. 1953, *The Origins of Soviet-American Diplomacy*, Princeton, N.J.: Princeton University Press.

Clay, Lucius. 1950, *Decision in Germany*, Garden City, N.J.: Doubleday.

Davison, W. Phillips. 1958, *The Berlin Blockade*, Princeton, N.J.: Princeton University Press.

Dulles, Eleanor W. and Robert Crane. 1965, *Detente: Cold War Strategies in Transition*, New York: Praeger.

Duncan, W. Raymond(ed.). 1980, *Soviet Policy in the Third World*, New York: Pergamon Press.

Feis, Herbert. 1970, *From Trust to Terror: The Onset of the Cold War, 1945~1950*, New York: Norton.

Fleming, D. F. 1961, *The Cold War and Its Origins, 1917~1960*, 2 vols, Garden City, N.Y.: Doubleday.

Fontaine, Andre. 1970, *History of the Cold War*, New York: Pantheon Books.

Gaddis, John Lewis. 1982, *Strategies of Containment: A Critical Appraisal of Postwar American National Security Policy*, New York: Oxford University Press.

George, Alexander L. 1982, *Managing U.S.-Soviet Rivalry: Problems of Crisis Prevention*, Boulder, Colo.: Westview Press.

Graebner, Norman A. 1962, *Cold War Diplomacy*, Princeton, N.J.: Princeton University Press.

Griffith, William E. 1971, *Cold War and Coexistence: Russia, China, and the United States*, Englewood Cliffs, N.J.: Prentice-Hall.

Halle, Louis B. 1967, *The Cold War as History*, New York: Harper & Row.

Kaplan, Stephen S. 1981, *Diplomacy of Power: Soviet Armed Forces as a Political Instrument*, Washington, D.C.: Brookings Institution.

Kuniholm, Bruce R. 1980, *The Origins of the Cold War in the Near East: Great Power Conflict and Diplomacy in Iran, Turkey and Greece*, Princeton, N.J.: Princeton University Press.

Maddox, Robert James. 1973, *The New Left and the Origin of the Cold War*, Princeton, N.J.: Princeton University Press.

Payne, Keith. 1982, Nuclear Deterrence in U.S.-Soviet Relations, Boulder, Colo.: Westview Press.

Pipes, Richard. 1981, *U.S.-Soviet Relations in the Era of Detente: A Tragedy of Errors*, Boulder, Colo.: Westview Press.

_____. 1984, *Survival Is Not Enough: Soviet Realities and America's Future*, New York: Simon & Schuster.

Sobel, Lester A.(ed.). 1977, *Kissinger and Detente*, New York: Facts on File.

Ulam, Adam B. 1971, *The Rivals: America and Russia since World War II*, New York: Viking Press.

_____. 1983, *Dangerous Relations: The Soviet Union in World Politics, 1970~1982*, New York: Oxford University Press.

Yergin, Daniel. 1978, *Shattered Peace: The Origins of the Cold War and the National Security State*, Boston: Houghton Mifflin.

전략, 방위, 그리고 군비통제

Allison, Graham T., Albert Carnesale and Joseph S. Nye, Jr.(eds.). 1985, *Hawks, Doves and Owls: An Agenda for Avoiding Nuclear War*, New York: Norton.

Arms Control and Disarmament Agreements: Texts and Histories of Negotiations. Published for the Arms Control and Disarmament Agency, Washington, D.C.: U.S. Government Printing Office, 1982.

Aron, Raymond. 1965, *The Great Debate: Theories of Nuclear Strategy*, Trans. by Ernst Pawel. Garden City, N.Y.: Doubleday.

Blechman, Barry M. and Stephen S. Kaplan(eds.). 1978, *Force without War: U.S. Armed Forces as a Political Instrument*. Washington, D.C.: Brookings Institution.

Brennan, Donald G.(ed.). 1961, *Arms Control, Disarmament and National Security*, New York: Braziller.

Brodie, Bernard. 1959, *Strategy in the Missile Age*, Princeton, N.J.: Princeton University Press.

_____. 1973, *War and Politics*, New York: Macmillan.

Brown, Harold. 1983, *Thinking about National Security: Defense and Foreign Policy in a Dangerous World*, Boulder, Colo.: Westview Press.

Bull, Hedley. 1965, *The Control of the Arms Race*, 2nd ed. New York: Praeger.

Burt, Richard(ed.). 1979, *A Strategic Symposium: SALT and U.S. Defense Policy*, New Brunswick, N.J.: Transaction Books.

Carnesale, Albert, Paul Doty, Stanley Hoffmann, Samuel Huntington, Joseph Nye and Scott D. Sagan. 1983, *Living with Nuclear Weapons*, New York: Bantam Books.

Dougherty, James E. 1973, *How To Think about Arms Control and Disarmament*, New York: Crane, Russak.

Enthoven, Alain C. and K. Wayne Smith. 1961, *How Much Is Enough? Shaping the Defense Program, 1961~1969*, New York: Harper & Row.

George, Alexander and Richard Smoke. 1974, *Deterrence and American Foreign Policy: Theory and Practice*, New York: Columbia University Press.

Hitch, Charles J. and Roland McKean. 1965, *The Economics of Defense in the Nuclear Age*, New York: Atheneum.

Huntington, Samuel. 1961, *The Common Defense: Strategic Programs in National Politics*, New York: Columbia University Press.

Jastrow, Robert J. 1985, *How To Make Nuclear Weapons Obsolete*, Boston: Little, Broun.

Kahan, Jerome H. 1975, *Security in the Nuclear Age: Developing U.S. Strategic Arms Policy*, Washington, D.C.: Brookings Institution.

Kahn, Herman. 1960, *On Thermonuclear War*, Princeton, N.J.: Princeton University Press.

_____. 1984, *Thinking about the Unthinkable in the 1980s*, New York: Simon and Schuster.

Kaufmann, William(ed.). 1956, *Military Strategy and National Security*, Princeton, N.J.: Princeton University Press.

Kissinger, Henry A. 1957, *Nuclear Weapons and Foreign Policy*, New York: Harper & Row.

McNamara, Robert S. 1968, *The Essence of Security*, New York: Harper & Row.

Newhouse, John. 1973, *Cold Dawn: The Story of SALT*, New York: Holt, Rinehart and Winston.

Pfaltzgraff, Robert L., Jr.(ed.). 1974, *Contrasting Approaches to Arms Control*, Lexington, Mass.: D.C. Heath.

Pierre, Andrew J. 1980, *Arms Transfers and American Foreign Policy*, New York: Council on Foreign Relations.

Smith, Gerard. 1980, *Doubletalk*, Garden City, N.Y.: Doubleday.

Talbott, Strobe. 1984, *Endgame*. New York: Knopf.

———. 1984, *Deadly Gambits*, New York: Knopf.

Tucker, Robert. 1980, *The Purposes of American Power: An Essay on National Security*. New York: Praeger.

서유럽, 북대서양조약기구, 그리고 유럽경제공동체

Anders4on, Terry H. 1981, *The United States, Great Britain, and the Cold War*, Columbia, Mo.: University of Missouri Press.

Baylis, John. 1981, *Anglo-American Defense Relations, 1939~1980*, New York: St. Martin's Press.

Buchan, Alastair. 1960, *NATO in the 1960s*, New York: Praeger.

Camps, Miriam. 1964, *Britain the European Community, 1955~1963*, Princeton, N.J.:

Princeton University Press.

Cottrell, Alvin J. and James E. Dougherty. 1964, *The Politics of the Atlantic Alliance*, New York: Praeger.

Diebold, William. Jr. 1959, *The Schuman Plan.* New York: Praeger.

Fedder, Edwin J. 1980, *Defense Politics of the Atlantic Alliance*, New York: Praeger.

Griffith, William E. 1978, *The Ostpolitik of the Federal Republic of Germany*, Cambridge, Mass.: MIT Press.

Grosser, Alfred. 1980, *The Western Alliance: European-American Relations since 1945*, New York: continuum.

Haas, Ernst B. 1958, *The Uniting of Europe*, London: Stevens.

Hanreider, Wolfram F. and Graeme P. Auton. 1979, *Foreign Policy of West Germany, France and Britain*, Englewood Cliffs, N.J.: Prentice-Hall.

Hoffmann, Stanley. 1968, *Gulliver's Troubles or the Setting of American Foreign Policy*, New York: McGraw-Hill.

Ireland, Timothy. 1981, *Creating the Entangling Alliance: The Origins of the North Atlantic Treaty Organization*, Westport, Conn.: Greenwood Press.

Kaplan, Lawrence S. 1984, *The United States and NATO: The Formative Years*, Lexington, KY.: University Press of Kentucky.

Kissinger, Henry A. 1965, *The Troubled Partnership*, New York: McGraw-Hill.

Kolodziej, Edward A. 1974, *French International Policy under de Gaulle and Pompidou*, Ithaca, N.Y.: Cornell University Press.

Kraft, Joseph. 1962, *The Grand Design: From Common Market to Atlantic Partnership*, New York: Harper & Row.

Lundestad, Geir. 1980, *America, Scandinavia, and the Cold War 1945~1949*, New York: Columbia University Press.

Meyers, Kenneth A.(ed.). 1980, *NATO: The Next Thirty Years*, Boulder, Colo.: Westview Press.

Nee, Charles L. Jr. 1984, *The Marshall Plan: The Launching of Pax Americana*, New York: Simon & Schuster.

Osgood, Robert E. 1962, *NATO: The Entangling Alliance*, Chicago: Chicago University Press.

Pfaltzgraff, Robert L. Jr. 1969, *The Atlantic Community: A Complex Imbalance*, New York: Van Nostrand Reinhold.

_____. 1969, *Britain Faces Europe*, Philadelphia: University of Pennsylvania Press.

Richardson, James L. 1966, *Germany and the Atlantic Alliance*, Cambridge, Mass.: Harvard University Press.

Schlaim, Avi. 1983, *The United States and the Berlin Blockade, 1948~1949*, Berkeley, Calif.: University of California Press.

Watt, D. Cameron. 1984, *Succeeding John Bull: America in Britain's Place, 1900~1975*, New York: Cambridge University Press.

Wexler, Immanuel. 1983, *The Marshall Plan Revisited: The European Recovery Program in Economic Perspective*, Westport, Conn.: Greenwood Press.

동유럽

Braun, Aurel. 1978, *Romanian Foreign Policy since 1965*, New York: Praeger.

Dawisha, Karen and Phillip Hanson. 1981, *Soviet-East European Dilemmas*, New York: Homes & Meier(for the Royal Institute of International Affairs).

Fischer-Galati, Stephen(ed.). 1981, *Eastern Europe in the 1980s*, Boulder, Colo.: Westview Press.

Forster, Thomas M. 1981, *The East German Army: Second in the Warsaw Pact*, Winchester, Mass.: Allen & Unwin.

Holloway, David and Jane Sharp. *The Warsaw Pact: Alliance in Transition?* Ithaca, N.Y.: Cornell University Press, 1984.

Hutchings, Robert L. 1984, *Soviet-East European Relations: Consolidation and Conflict, 1968~1980*, Madison, Wis.: University of Wisconsin Press.

Jones, Christopher D. 1981, *Soviet Influence in Eastern Europe: Political Autonomy and the Warsaw Pact*, New York: Praeger.

Kalvoda, Josep. 1981, *Czechoslovakia's Role in Soviet Strategy*, Washington, D.C.: University Press of America.

Lukas, Richard C. 1978, *The Strange Allies: The United States and Poland, 1941~1945*, Knoxville, Tenn.: University of Tennessee Press.

_____. 1982, *Bitter Legacy: Polish-American Relations in the Wake of World War II*, Lexington, KY.: University Press of Kentucky.

Mandel, Ernest. 1978, *From Stalinism to Eurocommunism*, London: NLB.

Molnár, Miklós. 1978, *A Short History of the Hungarian Communist Party*, Boulder, Colo.: Westview Press.

Singer, Daniel. 1981, *The Road to Gdansk: Poland and the USSR*, New York: Monthly Review Press.

Sodaro, Michael J. and Sharon L. Wolchik(eds.). 1983, *Foreign and Domestic Policy in Eastern Europe in the 1980s*, New York: St. Martin's Press.

Wandycz, Piotr. 1980, *The United States and Poland*, Cambridge, Mass.: Harvard University Press.

Weschler, Lawrence. 1982, *Solidarity: Poland in the Season of Its Passion*, New York: Fireside/Simon & Schuster.

Woodall, Jean(ed.). 1982, *Policy and Politics in Contemporary Poland: Reform, Failure, Crisis*, New York: St. Martin's Press.

라틴 아메리카

Alexander, Robert J. 1978, *The Tragedy of Chile*, Westport, Conn.: Greenwood Press.

Ball, M. Margaret. 1978, *The OAS in Transition*, New York: Knopf.

Blaiser, Cole. 1976, *The Hovering Giant: U.S. Responses to Revolutionary Change in Latin America*, Pittsburgh: University of Pittsburgh Press.

Bonsal, Philip W. 1967, *Cuba, Castro and the United States*, Pittsburgh: University of Pittsburgh Press.

Draper, Theodore. 1962, *Castro's Revolution*, New York: Praeger.

Dreier, John C.(ed.). 1962, *The Alliance for Progress*, Baltimore: Johns Hopkins University Press.

Duncan, W. Raymond. 1976, Latin America: a Developmental Approach, New York: Praeger.

Gantenbein, James W. 1955, *The Evolution of Our Latin American Policy*, Englewood Cliffs, N.J.: Prentice-Hall.

Gleijeses, Piero. 1979, *The Dominican Crisis: The 1965 Constitutional Revolt and American Intervention*, Baltimore: Johns Hopkins University Press.

Hayes, Margaret Daly. 1984, *Latin America and the U.S. National Interest: A Basis for U.S. Foreign Policy*, Boulder. Colo.: Westview Press.

Levesque, Jacques. 1981, *The USSR and the Cuban Revolution*, New York: Praeger.

Martin, John Bartlow. 1966, *Overtaken by Events: The Dominican Crisis From the Fall of Trujillo to the Civil War*, Garden City, N.Y.: Doubleday.

Mecham, J. Lloyd. 1961, *The United States and Inter-American Security, 1889~1969*, Austin, Texas: University of Texas Press.

Nystrom, John Warren and Nathan Havestock. 1966, *The Alliance for Progress*, Princeton, N.J.: Princeton University Press.

Payne, A. 0J. 1980, *The Politics of the Caribbean Community, 1961~1979*, New York: St Martin's Press.

Report of the President's National Bipartisan Commission on Central America, Foreword by Henry Kissinger. New York: Macmillan. 1984,

Wesson, Robert. 1981, *The United States and Brazil: Limits of Influence*, New York: Praeger.

Wyden, Peter. 1979, *Bay of Pigs: Untold Story*, New York: Simon & Schuster.

중동

Abdulghani, Jasim. 1984, *Iraq and Iran: The Years of Crisis*, Baltimore, Md.: Johns Hopkins University Press.

Amirsadeghi, Hossein. 1981, *The Security of the Persian Gulf*, New York: St. Martin's Press.

Badeau, John S. 1968, *The American Approach to the Arab World*, New York: Harper & Row.

Badri, H. Magdoub T. and M. D. Zohdy. 1978, *The Ramadan War, 1973*, Dunn Loring, Va.: Dupuy Press.

Bidwell, Robin. 1983, *The Two Yemens*, Boulder, Colo.: Westview Press.

Bradley, C. Paul. 1960, *The Camp David Peace Process: A Study of Carter Administration Policies, 1977~1980*, Grantham, N.H.: Tompson & Rutter.

Campbell, John C. 1960, *Defense of the Middle East*, New York: Praeger.

Cooley, John K. 1982, *Libyan Sandstorm: The Complete Account of Qaddafi's Revolution*, New York: Holt, Reinhart and Winston.

Elazar, Daniel J. 1979, *The Camp David Framework for Peace: A Shift Toward Shared Rule*, Washington, D.C.: American Enterprise Institute.

Finer, Herman. 1964, *Dulles over Suez*, Chicago: Quadrangle.

Fischer, Michael M. J. 1980, *Iran: From Religious Dispute to Revolution*, Cambridge, Mass.: Harvard University Press.

Forbis, William H. 1980, *Fall of the Peacock Throne*, New York: Harper & Row.

Freedman, Robert O.(ed.). 1979, *World Politics and the Arab-Israeli Conflict*, Elmsford, N.Y.: Pergamon Press.

Heikal, Mohamed. 1980, *The Sphinx and the Commissar: The Rise and Fall of Soviet Influence in the Arab World*, New York: Harper & Row.

Jansen, Godfrey. 1980, *Militant Islam*, New York: Harper & Row.

Khourie, Fred J. 1976, *The Arab-Israeli Dilemma, 2nd ed. Syracuse*, N.Y.: Syracuse University Press.

Kuniholm, Bruce R. 1981, *The Origins of the Cold War in the Near East: The Great Power Conflict and Diplomacy in Iran, Turkey and Greece*, Princeton, N.J.: Princeton University Press.

Laqueur, Walter Z. 1969, *The Struggle for the Middle East: The Soviet Union in the Mediterranean, 1958~1968*, New York: Macmillan.

Ledeen, Michael and William Lewis. 1981, *Debacle: The American Failure in Iran*, New York: Knopf.

Lenczowski, George. 1980, *The Middle East in World Affairs*, 4th ed. Ithaca, N.Y.: Cornell University Press.

Mortimer, Edward. 1982, *Faith and Power: The Politics of Islam*, New York: Random House.

Novik, Nimrod and Joyce Starr(eds.). 1981, *Challenges in the Middle East: Regional Dynamics and Western Security*, New York: Praeger.

Polk, William. 1980, *The Arab World*, Cambridge, Mass.: Harvard University Press.

Pollock, David. 1982, *The Politics of Pressure: American Arms and Israeli Policy since the*

Six-Day War, Westport, Conn.: Greenwood Press.
Quabin, Fahim I. 1961, *Crisis in Lebanon*, Washington, D.C.: Middle East Institute.
Quandt, William B. 1977, *Decade of Decisions: American Policy Toward the Arab-Israeli Conflict, 1967~1976*, Berkeley, Calif.: University of California Press.
Ramazani, R. K. 1984, *The United States and Israel: Influence in the Special Relationship*, New York: Praeger.
_____. 1982, *The United States and Iran: The Patterns of Influence*, New York: Praeger.
Reich, Berhard. 1984, *The United States and Israel: Influence in the Special Relationship*, New York: Praeger.
Rubin, Barry. 1980, *Paved with Good Intentions: The American Experience and Iran*, New York: Oxford University Press.
Rustow, Dankwert A. 1982, *Oil and Turmoil: America Faces OPEC and the Middle East*, New York: Norton.
Safran, Nadav. 1973, *The United States and Israel*, Cambridge, Mass.: Harvard University Press.
Shaked, Haim and Itamar Rabinovich(eds.). 1980, *The Middle East and the United States*, New Brunswick, N.J.: Transaction Books.
Vernon, Raymond. 1976, *The Oil Crisis*, New York: Norton.

아시아·태평양

Barnds, William J.(ed.). 1977, *China and America: The Search for a New Relationship*, New York: New York University Press.
_____. 1979, *Japan and the United Sates*, New York: New York University Press.
Booker, Malcolm. 1978, *Last Quarter: The Next Twenty-five Years in Asia and the Pacific*, Melbourne, Australia: Melbourne University Press.
Bradsher, Henry S. 1983, *Afghanistan and the Soviet Union*, Durham, N.C.: Duke University Press.
Broinowski, Alison(ed.). 1982, *Understanding ASEAN*, New York: St. Martin's Press.
Brown, W. Norman. 1953, *The United States and India and Pakistan*, Cambridge, Mass: Harvard University Press.
Buss, Claude A. 1982, *The United States and the Republic of Korea: Background for Policy*, Stanford, Calif.: Hoover.
Crouch, Harold. 1978, *The Army and Politics in Indonesia*, Ithaca, N.Y.: Cornell University Press.
Dorrance, John C. 1980, *Oceania and the United States*, Washington, D.C.: National Defense University.
Fairbank, John K. 1981, *The United States and China*, rev.(ed.). New York: Viking Press.
Fifield, Russell H. 1963, *Southeast Asia in United States Policy*, New York: Praeger.

Gregor, James A. and Maria H. Chang. 1984, *The Iron Triangle: A U.S. Security Policy for Northeast Asia*, Stanford, Calif.: Hoover.

_____. 1984, *Crisis in the Philippines: A Threat to U.S. Interests*, Washington, D.C.: Ethics and Public Policy Center.

Jacobsen, C. G. 1981, *Sino-Soviet Relations since Mao: The Chairman's Legacy*, New York: Praeger.

Kim, Samuel S. 1981, *China, the United Nations and World Order*, Princeton, N.J.: Princeton University Press.

_____. 1984, *China and the World: Chinese Foreign Policy in the Post-Mao Era*, Boulder, Colo.: Westview Press.

Lall, Arthur. 1981, *The Emergence of Modern India*, New York: Columbia University Press.

Manchester, William. 1978, *American Caesar: Douglas MacArthur, 1880~1964*, Boston: Little, Brown.

Marwah, Onkar and Jonathan D. Pollock(eds.). 1980, *Military Power and Policy in Asian States: China, India, Japan*, Boulder, Colo.: Westview Press.

Newell, Nancy P. and Richard S. Newell. 1981, *The Struggle for Afghanistan*, Ithaca, N.Y.: Cornell University Press.

Pike, Douglas. 1978, *History of Vietnamese Communism, 1925~1976*, Stanford, Calif.: Hoover.

Pringle, Robert. 1978, *Beyond Vietnam: The United States and Asia*, New York: Random House.

_____. 1980, *Indonesia and the Philippines: American Interests in Island Southeast Asia*, New York: Columbia University Press.

Reischauer, Edwin O. 1977, *The United States and Japan*, rev.(ed.). New York: Viking Press.

Rothstein, Robert L. 1981, *The Third World and U.S. Foreign Policy*, Boulder, Colo.: Westview Press.

Schaller, Michael. 1979, *The Unites States and China in the Twentieth Century*, New York: Oxford University Press.

Sherwain Latif, Ahmed. 1980, *Pakistan, China and America*, Karachi, Pakistan: Council for Pakistan Studies.

Sigmund, Paul E., Jr.(ed.). 1963, *The Ideologies of the Developing Nations*, New York: Praeger.

Stueck, William W., Jr. 1981, *The Road to Confrontation: American Policy Toward China and Korea. 1947~1950*, Chapel Hill, N.C.: University of North Carolina Pres.

Tahir-Kheli, Shirin(ed.). 1982, *U.S. Strategic Interests in Southwest Asia*. New York: Praeger.

Tucker, Nancy B. 1983, *Patterns in the Dust: Chinese-American Relations and the Recognition Controversy, 1949~1950*, New York: Columbia Press.

Watts, William, George R. Packard, Ralph N. Clough and Robert B. Oxnam. 1979, *Japan, Korea and China: American Perceptions and Policies*. Lexington, Mass.: D.C. Heath.

_____. 1984, *The United States and Japan*, Cambridge, Mass.: Ballinger.

Weinstein, Franklin B. and Fuji Kamiya(eds.). *The Security of Korea: U.S. and Japanese Perspectives in the 1980s*, Boulder, Colo.: Westview Press.

Zagoria, Donald S.(ed.). 1982, *Soviet Policy in East Asia*, New Haven, Conn.: Yale University Press.

베트남 전쟁

Ashmore, Harry S. 1968, *Mission to Hanoi*, New York: Putnam.

Baskir, Lawrence and William Strauss. 1978, *Chance and Circumstance: The Draft, the War and the Vietnam Generation*, New York: Random House.

Braestrap, Peter. 1977, *Big Story: How the American Press Reported and Interpreted the Crisis of Tet in 1968 in Vietnam and Washington*, Boulder, Colo.: Westview Press.

Brandon, Henry. 1969, *Anatomy of Error: The Inside Story of the Asian War on the Potomac, 1954~1969*, Boston: Gambit.

Cantrill, Albert. 1976, *The American People, Vietnam and the Presidency*, Princeton, N.J.: Princeton University Press.

Goodman, Allen E. 1978, *The Lost Peace: America's Search for a Negotiated Settlement of the Vietnam War*, Stanford, Calif.: Hoover.

Halberstam, David. 1972, *The Best and the Brightest*, New York: Random House.

Haley, P. Edward. 1982, Congress and the Fall of South Vietnam and Cambodia, East Brunswick, N.J.: Fairleign Dickinson University Press.

Hoopes, Townsend. 1969, *The Limits of Intervention: An Inside Account of How the Johnson Policy on Vietnam Was Reversed*, New York: Mckay.

Karnow, Stanley. 1983, *Vietnam: A History*, New York: Viking.

Kattenberg, Paul M. 1980, *The Vietnam Trauma in American Foreign Policy, 1945~1975*, New Brunswick, N.J.: Transaction Books.

Lake, Anthony(ed.). 1976, *The Vietnam Legacy: The War, American Society and the Future of American Foreign Policy*, New York: New York University Press.

Lewy, Guenther. 1978, *America in Vietnam*, New York: Oxford University Press.

Oberdorfer, Donald. 1971, *Tet*, Garden City, N.Y.: Doubleday.

Palmer, Bruce, Jr. 1984, *The 25-Year War: America's Military Role in Vietnam*. Lexington, KY.: University Press of Kentucky.

Schandler, Herbert Y. 1972, *The Unmaking of a President*, Princeton, N.J.: Princeton University Press.

Sheehan, Neil, Smith, Hedrick, Kenworthy, E. W. and Fox Butterfield. 1971, *The Pentagon Papers*, New York: Bantam.

Windchy, Eugene. 1971, *Tonkin Gulf*, Garden City, N.Y.: Doubleday.

아프리카

Adelman, Kenneth L. 1980, *African Realities*, New York: Crane, Russak.

Arkhurst, Frederick S.(ed.). 1975, *U.S. Policy Toward Africa*, New York: Praeger.

Chaliand, Gerard. 1982, *The Struggle for Africa: Conflict of the Great Powers*, New York: St. Martin's Press.

Charles, Milene. 1980, *The Soviet Union and Africa*, Lanham, Md.: University Press of America.

Gann, L. H. and Peter Duignan. 1981, *Africa South of the Sahara: The Challenge to Western Security*, Stanford, Calif.: Hoover.

Goldschmidt, Walter(ed.). 1963, *The United States and Africa*, New York: Praeger.

Gorman, Robert F. 1981, *Political Conflict in the Horn of Africa*, New York: Praeger.

Hanf, Theodor, Heribert Weiland and Gerda Vierdag. 1981, *South Africa: The Prospects of Peaceful Change*, Bloomington. Ind.: Indiana University Press.

Jackson, Henry F. 1982, *From the Congo to Soweto: U.S. Foreign Policy Toward Africa Since 1960*, New York: Morrow.

LeGrande, William M. 1980, *Cuba's Policy in Africa: 1959~1980*, Berkeley, Calif.: Institute of International Studies, University of California.

Legum, Colin and Bill Lee. 1979, *The Horn of Africa in Continuing Crisis*, New York: Holmes & Meier.

Legum, Colin, Lee, Bill and I. William Zartman. 1979, *Africa in the 1980s*, New York: McGraw-Hill.

Ogene, Chidozie F. 1983, *Interest Groups and the Shaping of Foreign Policy: Four Case Studies of United States African Policy*, New York: St. Martin's Press.

Ottaway, David and Marina Ottaway. 1981, *Afro Communism*, New York: African.

Rothenberg, Morris. 1980, *The USSR and Africa: New Dimensions of Soviet Global Power*, Washington, D.C.: Advanced International Studies Institute.

Shaw, Timothy M. and 'Sola Ojo(eds.). 1982, *Africa and the International Political System*, Washington, D.C.: University Press of America.

Wai, Dunstan M. 1981, *The African-Arab Conflict in the Sudan*, New York: Holmes & Meier.

Whitaker, Jennifer S.(ed.). 1978, *Africa and the United States: Vital Interests*, New York: New York University Press.

외교정책 결정

Abel, Elie. 1966, *The Missile Crisis*, New York: Harper & Row.

Acheson, Dean. 1958, *Power and Diplomacy*, Cambridge, Mass.: Harvard University Press.

Allison, Graham T. 1971, *Essence of Decision: Explaining the Missile Crisis*, Boston: Little, Brown.

Allison, Graham T. and Peter Szanton. 1976, *Remaking Foreign Policy: the Organizational Connection*, New York: Basic Books.

Bloomfield, Lincoln. 1982, *The Foreign Policy Process: A Modern Primer*, Englewood Cliffs, N.J.: Princeton-Hall.

Campbell, John C. 1971, *The Foreign Affairs Fudge Factory*, New York: Basic Books.

Commission of the Organization of the Government for the Conduct of Foreign Policy, Report June 1975. Washington, D.C.: U.S. Government Printing Office, 1975.

Dallek, Robert. 1974, *The American Style of Foreign Policy*, Princeton, N.J.: Princeton University Press.

Estes, Thomas. and E. Allen Lightner, Jr. 1976, *The Department of State*, New York: Praeger.

Foster, Schuyler H. 1983, *Activism Replaces Isolationism: U.S. Public Attitudes*, Washington, D.C.: Foxhall Press.

Frank, Thomas M. and Edward Weisband. 1979, *Foreign Policy by Congress*, New York: Oxford University Press.

Gardner, Lloyd C. 1984, *A Covenant with Power: America and World Order from Wilson to Reagan*, New York: Oxford University Press.

Hoxie, R. Gordon. 1977, *Command Decision and the Presidency: A Study in National Security Policy and Organization*, New York: Readers Digest Press.

Johnson, U. Alexis. 1984, *The Right Hand of Power*, Englewood Cliffs, N.J: Prentice-Hall.

Kennedy, Robert F. 1968, *Thirteen Days*, New York: Norton.

Kirkpatrick, Lyman B., Jr. 1973, *The U.S. Intelligence Community*, New York: Hill & Wang.

Murphy, Robert. 1964, *Diplomat among Warriors*, Garden City, N.Y.: Double-day.

Neuchterlein, Donald E. 1978, *National Interests and Presidential Leadership: The Setting of Priorities*, Boulder, Colo.: Westview Press.

Neustadt, Richard E. 1980, *Presidential Power: The Politics of Leadership, with Reflections from FDR to Carter*, New York: Wiley.

Quester, George H. 1982, *American Foreign Policy: The Last Consensus*, New York: Praeger.

Sapin, Burton M. 1966, *The Making of United States Foreign Policy*, Washington, D.C.: Brookings Institutuion.

Sorensen, Theodore C. 1963, *Decision-Making in the White House*, New York: Columbia University Press.

Steinbruner, John D. 1974, *The Cybernetic Theory of Decision*, Princeton, N.J.: Princeton University Press.

Stoessinger, John G. 1979, *Crusaders and Pragmatists: Movers of Modern American Foreign Policy*, New York: Norton.

Thompson, Kenneth W. 1978, *Interpreters and Critics of the Cold War*, Washington, D.C.: University Press of America.

찾아보기(항목)

ㄱ

ㄴ

ㄷ

ㅅ

ㅇ

ㅈ

ㅎ

찾아보기(인명)

ㅁ

ㅂ

ㅅ

ㅇ

ㅈ

ㅊ

ㅋ

지은이

제임스 E. 도거티(James E. Dougherty)

성 조셉(St. Joseph) 대학교 교수

국제전쟁대학(National War College), 항공대학(Air University), 미주국방대학(Inter-American Defence College) 등에서 강의

주요 저서

Horn of Africa: A Map of Political-Strategic Conflict (1982)

Ethics, Deterrence, and National Security (1985)

Shattering Europe's Defense Consensus (1985)

JCS Reorganization and U.S. Arms Control Policy (1986)

Contending Theories of International Relations (1990)

로버츠 L. 팔츠그라프(Robert Louis Pfaltzgraff, Jr.)

1934년 미국 필라델피아 출생

1964년 펜실베이니아 대학교에서 정치학 박사학위 취득

1971년부터 터프트 대학교 교수로 재직

1977~1979년 미국전략연구소 소장 역임

1976년부터 외교정책분석연구소(Institute for Foreign Policy Analysis) 소장으로 재직

주요 저서

The Study of International Relations (1977)

The Peace Movements in Europe and the United States (1985)

The Debate on West-East Trade and Technology Transfer(1987)

National Security Decisions: The Participants Speak(1990)

옮긴이

이수형

한국외국어대학교 정치외교학과(정치학 박사)

대통령비서실 통일외교안보정책실 행정관

북한대학원대학교 겸임교수

통일부 정책 자문위원

국가안보전략연구원 학술협력실장

한울아카데미 206

미국외교정책사

루스벨트에서 레이건까지

지은이 **제임스 E. 도거티 · 로버트 L. 팔츠그라프** | 옮긴이 **이수형**
펴낸이 **김종수** | 펴낸곳 **한울엠플러스(주)**

초판 1쇄 발행 **1997년 3월 10일** | 초판 7쇄 발행 **2020년 9월 10일**

주소 **10881 경기도 파주시 광인사길 153 한울시소빌딩 3층**
전화 **031-955-0655** | 팩스 **031-955-0656** | 홈페이지 **www.hanulmplus.kr**
등록번호 **제406-2015-000143호**

Printed in Korea.
ISBN **978-89-460-6879-7 94340**

* 책값은 겉표지에 표시되어 있습니다.